中国社会科学院创新工程学术出版资助项目

世界社会保障法律译丛
（卷二）

美国社会保障法
（中）

中国社会保险学会
中国社会科学院世界社保研究中心
中国证券投资基金业协会
—— 组织翻译 ——

中国社会科学出版社

图书在版编目（CIP）数据

美国社会保障法 . 中／中国社会保险学会，中国社会科学院
世界社保研究中心，中国证券投资基金业协会组织翻译 . —北京：
中国社会科学出版社，2017.10
（世界社会保障法律译丛）
ISBN 978 - 7 - 5161 - 9103 - 3

Ⅰ.①美…　Ⅱ.①中…②中…③中…　Ⅲ.①社会保障法—研究—
美国　Ⅳ.①D971.221.82

中国版本图书馆 CIP 数据核字（2016）第 241748 号

出 版 人	赵剑英
责任编辑	王　衡
责任校对	朱妍洁
责任印制	王　超

出　　版	中国社会科学出版社
社　　址	北京鼓楼西大街甲 158 号
邮　　编	100720
网　　址	http://www.csspw.cn
发 行 部	010 - 84083685
门 市 部	010 - 84029450
经　　销	新华书店及其他书店

印　　刷	北京明恒达印务有限公司
装　　订	廊坊市广阳区广增装订厂
版　　次	2017 年 10 月第 1 版
印　　次	2017 年 10 月第 1 次印刷

开　　本	710×1000　1/16
印　　张	37.75
插　　页	2
字　　数	614 千字
定　　价	136.00 元

序一　社会保障法律的国际视野

　　社会保障是现代社会不可缺少的制度安排，是人民群众的"安全网"、社会运行的"稳定器"和收入分配的"调节器"，在促进经济发展、维护社会公平、增进国民福祉、保障国家长治久安等方面具有重要作用。改革开放以来，我国社会保障事业取得了显著成就，基本医疗保险实现全覆盖，基本养老保险参保率超过80%，覆盖城乡居民的社会保障体系基本建立，这些对于保障人民群众的基本生活、促进人民群众更加公平合理地分享经济社会发展成果发挥了重要作用。在改革开放的大背景下，随着我国计划经济体制逐步向社会主义市场经济体制的根本转变，我国社会保障制度实现了由政府和企业保障向社会保障、由职工保障向城乡全体居民保障的重大制度性变革，基本形成了社会保障、社会救助、社会福利和慈善事业相衔接的总体制度框架。在充分肯定成绩的同时，还必须看到，目前社会保障制度设计和运行还存在一些深层次的矛盾和问题，风险隐患不容忽视；以往改革实践中所呈现出来的制度碎片化，以及相关制度不能有效协同的现象，表明我国社会保障体系建设中面临的客观困难、观念障碍、机制约束仍然很深刻，极其需要从理论上理清是非曲直，在制度选择上实现统筹布局，在发展战略上分清轻重缓急。社会保障制度是最具有政治经济意义的一项社会制度，需要我们特别用心、特别用功，还要特别"用情"，就是说，我们要始终满怀深厚、热烈的感情，帮助那些特别需要帮助的困难群众。

　　制度建设贯穿于社会保障体系的方方面面，而法制建设在其中起着引领和基础性的作用。法治是治国理政不可或缺的重要手段，法制化是社会保障事业持续良性发展的根本保障。用法律保护多元主体的社会保障权利，从法治上提供解决社会保障问题的制度化方案，是中国法制建设和社会保障事业发展的必由之路。2010年，《社会保险法》问世，这是新中国

序二 社会保障法治的鸿篇巨制

前些时日，收到中国社会科学院世界社保中心翻译的《世界社会保障法律译丛》，看着这部鸿篇巨制，敬佩之情油然而生。8年时间，500多万字，作为一名社会法学研究工作者，我深知这需要付出多少心血和努力。拜读之后，更为本套译丛内容之浩渺、体现精神之深邃所震撼。当郑秉文教授邀请我为本套译丛作序的时候，我不愿也不能推托，因为这套译丛不仅凝聚着世界社保中心多年来的心血，也和中国法学会、中国社会法学研究会一贯以来促进社会法学研究的宗旨深深切合。

法律法规是社会利益与社会行为的规范，劳动关系是最基本、最重要的社会关系，社会保障法律体系不仅涉及最重要的社会关系，也涉及方方面面的利益。社会保险法、社会保障法、劳动法、劳动合同法等，均属于社会法学中的核心内容，相对于民法学、刑法学、行政法学等，社会法学研究的人数较少，学科不是很发达，与国外的学科研究规模差距也大一些，与中国社会保障事业发展和广大劳动民众的需求相比，存在的差距就更大了。应当讲，社会保障法律这个中国社会保障研究与法学研究的交叉领域，整体水平尚待提升。现有的社会保障法律相关著作数量偏少，而且往往偏重于一隅，缺乏社会保障和法学研究的融合。学界甚至有人认为在国内目前还未完全形成社会法的完整的学科体系。

这部鸿篇巨制的适时出版，可以弥补国内社会法学领域的严重不足。至今，国内还没有系统完整地翻译过国外的社会保障法律，从教学到科研，从政策建议到法规制订，从理论到实践，都急迫地期待一套较为系统完整的社会保障法律的原滋原味的译著，以满足国内社会保障事业、社会法学发展的需求。

展开译丛，可以清晰地感受到不同法系国家社会保障法律历史与现状在眼前流淌：美国社会保障法律占据四卷，从《1935年社会保障法》到现今影响极大的《2006 年养老金保护法》，在具体的机构职能、流程、管理与监督条文的变化中，80 余年法律的传承和制度的变革的融合静静展现在读者面前。

英国的《1977 年社会保障管理（欺诈）法》《1998 年公共利益信息披露法》《2001 年社会保障欺诈法》和《2004 年养老金法》，这些法规充分体现了海洋法系注重延续性的特征。加拿大、澳大利亚与新加坡历史上是英国的殖民地，这些国家社会保障法律规定与宗主国之间的差异更是值得我们关注。尤其是澳大利亚超级年金相关法律，已成为世界范围内研究企业年金立法的重要参照之一。

在大陆法系国家方面，德国是现代社会保障制度的发源地，法国的社会保障制度也独具一格，译丛中也不乏韩国、新加坡等亚洲国家与智利等拉丁美洲国家国的社会保障法律。智利养老体系的 3500 号律令首创了养老保险制度的个人账户模式；日本的《养老金公积金经营基本方针》为我国基本养老金投资运营提供了可资借鉴之经验；韩国《国民年金法》包括从 1986 年到 2005 年一系列的修订，条文无声的体现着法律变更的动因所在。

本套译丛中还包括了丹麦、瑞典等典型福利的社会保障法律，他们构建福利国家的努力以及再改革，都在书中呈现。此外，还有俄罗斯、马来西亚等卓有特色的法律规章。这套译丛，不仅是实用的工具，也是不同的社会保障制度、模式与道路的发展和演化的缩影，堪称世界社会保障比较法治的一个丰富的智库。中国的社会保障制度自建立以来，尤其是自 20 世纪 90 年代以来取得了举世瞩目的成就，但是相关的法律发展却相对滞后，亟待构建完整的中国社会保障法律体系。目前，中国经济进入新常态，社会保障事业的发展也步入了关键的变革时期。机关事业单位养老保险制度已经建立，劳动力跨地区、跨部门转移社会保险关系仍存在障碍，关于法定退休年龄调整以及十八届五中全会提出的"实现职工基础养老金全国统筹，划转部分国有资本充实社保基金，全面实施城乡居民大病保险制度""深化医药卫生体制改革，理顺药品价格，实行医疗、医保、医药联动，建立覆盖城乡的基本医疗卫生制度和现代医院管理制度"的各个目标明确，以上新老问题交织叠加在一起，在实践中已触碰到了现有法律的边界。

在这种情势下，落实贯彻十八届四中全会精神，"坚持立法先行，发挥立法的引领和推动作用"，"坚持立改废释并举，增强法律法规的及时性、系统性、针对性、有效性"，以立法促进制度改革已刻不容缓。这也是实现十八届三中全会要求，"建立更加公平可持续的社会保障制度"的关键所在。

一个国家的社会保障法制毫无例外的都具有本国特色和适合本国国情。但像其他事物一样，社保法制具有自身发展的规律性和特点。这些规律和特点，是人类的共同财富，是社会保障法制设立、发展的基础和支撑。从立法工作角度看，中国在立法过程中，一直坚持科学立法、民主立法，而开门立法是做到科学、民主立法的最重要方法；因此几十年来一贯注重吸收借鉴国际相关经验。在中国社会保障法制发展的关键时刻，《世界社会保障法律译丛》的出版发行，为系统了解世界社会保障立法情况提供了最宝贵的一手资料。这套译丛全面覆盖了不同法系国家、不同福利制度国家以及不同社会保障制度模式国家的相关法律资料，其翔实丰富程度是前所未有的。

最后，我再次向本书的译者们表示敬意，他们用了8年的时间，为完善中国的社会保障法律体系带来了一套完整的第一手资料，在这里我衷心希望，这套译丛能够在完善中国社会保障法律体系乃至社会保障制度改革中发挥更大的作用；希望这套著作尽快地普及开来，成为每一个法学界、社会保障学界人士手边的工具。

张鸣起

第十二届全国人大法律委员会副主任委员

中国法学会副会长，中国社会法学研究会会长

前全国总工会副主席、书记处书记

序三　他山石　攻我玉

2009 年年底，我国《社会保险法》草案经过全国人大常委会三读审议，接近面世，但还有一些难题在深入讨论；企业年金市场化运营已经 3 年了，也遇到进一步完善监管法规制度的问题。这些都亟须在更好总结自身经验的同时，更多参考国际经验。于是，当时担任中华人民共和国人力资源和社会保障社部副部长分管社会保险工作的我，责成当时的社会保障基金监督司尽快搜集国外相关法规资料，为我所用。后来得知，中国社会科学院世界社保研究中心承接了这项任务，2010 年组织翻译了十多部计 70 多万字的外国社会保障法律，满足了当时的急迫需求，应该说，这项工作的及时完成，对我国《社会保险法》的出台和企业年金监管制度的健全是做出了贡献的。

我以为，这件事至此就算过去了。直到不久前，该中心郑秉文主任告诉我，他们在那 70 万字的基础上，又经过 5 年努力，翻译了 500 多万字，编成了一部六卷的《世界社会保障法律译丛》。这确实令我惊讶。早年间，由于工作需要，我自己也曾尝试翻译过国际劳工组织有关社会保障的一些公约，深知翻译法律文件是最吃力、最枯燥的事情。该中心锲而不舍、孜孜以求，把当年我提出的"一件事"用 8 年心血演绎成"一项事业"，值得敬佩。

我敬佩此举，不仅出于赞赏这种做事的精神，更在于这部译著的现实和历史价值。回想我从事社会保障工作 20 多年，正是我国改革开放不断深化、社会保障事业蓬勃发展的时段，立足国情、勇于创新，同时又广泛借鉴国际经验是我们屡试不爽的成功之道。但客观地说，也不乏这样的尴尬情景：有时讨论起一个问题来，各方缺乏对基本事实的共同认知，都声言自己在国外考察时亲眼所见、亲耳所闻某种情况（政策、标准、处置方式等），引用的资料也出入甚大，并据此坚持己见、互不退让，结果往往使本应理性的论辩变成一场根本不在同一事实基础上的无谓争吵。这着实令人烦恼！如果那时有网络可以大量、方便、快捷地搜集相关信息，如果那时有经过翻译的成熟的国外法规集作相对准确的参照，而不是过度局限于个人体验，我们将减少多少时间和精力的消耗，并或许可以由此找到解决问题的更加经济有效的方法。我不是法学专家，在外语方面造诣亦浅，所以无从评价这部译著的质量；但我从它提供了诸多国家社会保障现行法律状态的基本事实的角度，足以肯定其价值：它不仅是一个可随时查阅的实用工具——对某国某项制度规定认知不清，查一查该国法规资料即可；更是为社会保障专业人士的科学比较、论证、辨识、借鉴乃至批判提供了事实基点，从而有助于摆脱这一领域或多或少的"盲人摸象"的困境。

我肯定这部译著的价值，还在于其广泛的包容性——所翻译的几十部外国法律，不是单一的模式，而是各式各样、多姿多彩的，甚至体现着不同的社会保障理念：美国的社会保障制度结构，政府提供直接援助较少，更多通过市场机构依法运作，反映了这个国度高度尊崇自由市场经济原则；德国这类雇佣双方缴费、由公法指定社会组织管理的社会保险模式，其法律规制体现着100多年来始终秉持的社会团结、代际赡养理念；曾被称为"第三条道路"典型的北欧丹麦、瑞典等国的社保法律，践行着贝弗里奇"从摇篮到坟墓"的梦想；韩国、新加坡、马来西亚等国的社保法规，可以让我们更多感受到东亚文化的基因……如此色彩纷呈、各具千秋的社保法规展示的"画廊"，使人很容易记起那个著名的感悟——我们不能照抄照搬外国某种模式！也实在是无法照抄照搬，因为外国也是多种模式并存的。我们由此也更明了，"立足国情"原来并非是我国的独有理念，实际上各国都在作这样的选择。

我肯定这部译著的价值，又在于其所译各国社保法律反映出内在的生命律动——单独看各部法律，充满了冷冰冰、硬邦邦的"法言法语"，似乎是僵化的；但多部法律彼此联系，就可以从中看出变异、发展、演进。例如，美国有《1935年社会保障法》与《2006年养老金保护法》的延展关系；英国以1942年为中点，其前后的社会保障法律要旨差别明显，体现出贝弗里奇报告对重构制度体系的深刻影响；加拿大、澳大利亚这些前英殖民地的社会保障法律，隐隐透出对宗主国既继承又发展的关联；所翻译的智利社会保障法规集中于20世纪80年代后，反映了那一时期包括养老金在内的一大批公共品私有化的国际风潮。触摸着时间流动冲刷下的印痕，我们也很容易记起耳熟能详的那句话——与时俱进！几十年来，国际政治、经济大格局发生了翻天覆地的变化，各国在国际大棋局中的绝对或相对位置都今非昔比，各国面对的国内主要矛盾和发展任务也随之变化，没有哪个治国理政者可以靠固守多年前的法规而获得进步。这也再次印证了不能照抄照搬外国理论和制度的必然性，因为人家也在变。如果说有什么共同规律，最本质的便是——法随势易、令因时变。所以，研究国外资料获取的真正价值，不是熟知或死抠哪个法条是如何规定的，而是明白他们在什么背景和条件下做出了这样的规定。如果研究国外法律、制度、经验能够达到"知其然，更知其所以然"的境界，就说明我们更加成熟了。

郑秉文主任邀我为《世界社会保障法律译丛》作序，这本非我擅长之事，但想到自己毕竟与这部译著还有些渊源，便不好推托，写下以上实话、实感、实情聊充序言。如果可以加一点对未来的期许之语，那就是：我希望有一天，中国的社会保障法律也被外国广泛翻译、引用和研究，那时就是中国更深融入世界，并对世界做出更大贡献的时候。

胡晓义

第十二届全国政协委员

中国社会保险学会会长

中华人民共和国人力资源和社会保障部原副部长

目　　录

第十二编[*]　州失业资金的预付款^①

对州失业资金的预付款^②

第 1201 条【《美国法典》第 42 编第 1321 条】（a）（1）预付款应由本部分规定的失业信托基金中的联邦失业账户对各州做出支付，并按照第1202 条第（b）款中规定的利率和第 901 条第（d）款第（1）项、第 903条第（b）款第（2）项、第 1202 条中规定的方式进行偿还。对任何 3 个月内州的赔偿支付划拨的预付款应在以下情况下做出：

（A）州官员在不早于这 3 个月的前一个月的第一天提出申请；

（B）他向劳动部部长提供了他对该预付款金额的估算，该估算是州在 3 个月内对偿还做出支付所必需的。

（2）在这 3 个月内根据本条规定对任何州提出的申请，劳动部部长都应该：

---

* *Compilation of the Social Security Laws*（*Volume I & II*）分为上、下两卷，上卷为 1935 年 8 月 14日颁布、2009 年 1 月 1 日修订的《美国社会保障法》（*The Social Security Act*）原文全文，收录在《公法》第 74—271 期（《美国联邦法律大全》第 49 编第 620 条）。下卷是《美国社会保障法》涉及的相关法律、法规（*Administration of the Social Security Act*）。本书翻译自 *Compilation of the Social Security Laws*（*Volume I*），正文脚注中出现的第 2 卷（Vol. II）指的是 *Compilation of the Social Security Laws*（*Volume II*），综合考虑翻译所需要的时间以及不同法律翻译所涉及的专业知识的难度，*Compilation of the Social Security Laws*（*Volume II*）没有翻译，但是在翻译 *Compilation of the Social Security Laws*（*Volume I*）时保留了原文的表述，方便读者进一步查阅。——译者注

① 《社会保障法》第十二编由劳动部负责执行。

第十二编参见《美国法典》第 42 编第 7 章第 12 子章第 1321—1324 条。

有关第十二编的劳动部部长的条例参见《美国联邦法规》第 20 编第 5 章。

在联邦援助项目中禁止歧视，参见第 2 卷《公法》第 88—352 期，第 601 条。

② 关于政府或政府机构的预付款，参见第 2 卷《公法》第 83—591 期，第 3302 条第（c）款第（3）项。

关于保留政府失业法律的证明，参见第 2 卷《公法》第 96—499 期，第 1025 条。

（A）要求该州确认在 3 个月内每一个月的补偿支付的数额；

（B）向财政部部长证明，根据第（A）目规定的金额（不超过州官员估计的数额）。

由劳动部部长证明的任何 3 个月内的对数额的合计不得超过财政部部长向劳动部部长报告的每 3 个月内联邦失业账户中的金额。

（3）依据本款的目的：

（A）对预付款做出的申请应该包含劳动部部长认为执行本编职责所必要和相关的有关州的《失业补偿法》操作和实施的信息和数据（财政或其他）；

（B）任何一个月份的州补偿支付所要求的金额都应当考虑适当的对于意外事件的补贴，以及当月其他适用于州补偿基金的金额；

（C）"补偿"是指由于个人失业而支付给个人的现金福利，管理花费除外。

（b）财政部部长应当在总审计局①做出审计和清算之前，每个月将联邦失业账户中的分期款项发送到州失业信托基金账户中，其金额为劳动部部长根据本部分规定应核查的金额。〔但是不得超过依据第 903 条第（b）款第（1）项规定在传送中未限制的联邦失业账户中的部分。〕按规定传送的任何一个月的付款不得超过州规定的该付款发放当月所要求的补偿支付金额。

对州失业基金预付款的偿还

第 1202 条 【《美国法典》第 42 编第 1322 条】（a）所有州的官员可以随时，依照第 1201 条的规定，要求该笔基金从该州的账户中划拨到联邦失业账户中，作为对预付款结算的支付。劳动部部长应当向财政部部长保证要求规定的数额；财政部部长应当在减掉该结算后，及时发放该款项。

（b）（1）除非本款另有规定，每个州都应当依照第 1201 条规定向该州支付预付款的利息。任何日历年中的时间段内可支付的利息都应当按照

---

① 《公法》第 108—271 期，第 8 条第（b）款规定"总审计局所参考的任何法律、法规、条例、证明、指示、指导或于本法（2004 年 7 月 7 日）颁布日期起生效的其他官方文件都被认为可以参考和适用于政府问责办公室"。

第（4）项规定的该日历年的利率进行支付。

（2）在任何日历年中依照第（1）项规定的预付款都不得要求支付利息，如果：

（A）在支付预付款的日历年的 9 月 30 日之前，该预付款被偿还；

（B）在该日历年中，以及预付款支付完成之后，依据第 1201 条规定未对该州做出其他预付款的支付；

（C）该州达到了由劳动部部长按照规定建立的资金目标，该目标与州失业信托基金有关。

（3）（A）在任何财政年度内产生的第（1）项规定的可支付利息都应当由州对财政部部长进行支付，日期应在下一个财政年度的第一天之前。如果依照第（1）项规定，对预付款的可支付利息（本目之后提到的"第一预付款"）是由于在第一预付款划拨的该日历年的 9 月 30 日之后对该州发放的另一种预付款所引起的，则在 9 月 30 日之前的第一预付款的利息应当在不晚于其他预付款划拨的日期。

（B）尽管有第（A）目的规定，在任何财政年度的后 5 个月支付的所有预付款中，该时间段内的预付款的利息不应该被要求在下一个税收年的最后一天之前支付。任何由于之前的条款而引起的利息的延期支付，应当按照除本目外的要求支付，与如期支付相同的方式承担利息。

（C）（ⅰ）在任何日历年中满足条例规定要求的州，在该日历年中被要求支付的所有利息应当按照以下方式支付：（Ⅰ）在该日历年中或之前的任何一天要求支付的金额的 25% 应当在此日期当天或之前支付；以及（Ⅱ）要求在次日当天或之前支付的总金额的 25% 应当在该日历年之后的 3 年内的任意一天进行支付。不得向所有延期的利息增加利息。

（ⅱ）在任何日历年中满足本节要求的州，如果已投保的失业率（依照《1970 年联邦—州失业补偿法》第 203 条①规定确定的）在之前日历年的前 6 个月内依照州法律等于或者超过 7.5%。

（4）依照本项决定的关于任何日历年的利率百分比（不能超过 10%）应当除以：（A）在之前最近的日历年中的最后一个季度的最后一天中依照第 904 条第（e）款向州账户支付的累计金额；除以（B）依

---

① 参见第 2 卷《公法》第 91—373 期，第 203 条。

照第 904 条第（e）款规定在该季度向州账户支付的每日平均结算的总和。

（5）第（1）项要求支付的利息不应该由州（直接或间接地）从其失业基金账户中支付。如果劳动部部长决定，任何州的行动会导致从失业基金账户中进行直接或间接地利息支付（从州失业税或其他款项中进行同等的扣除），劳动部部长不应当依照《1954 年国内税收法》第 3304 条①规定对州的《失业补偿法》进行核定。这种非认证应当按照该法的第 3304 条第（c）款规定进行。

（6）（A）依照第（2）项的目的，任何自愿偿还都应当适用于在初次支付基础之上的依照第 1201 条规定支付的预付款。

（B）依照本项的目的，"自愿补偿"是指根据第（a）款做出的任何偿还。

（7）本款内容仅适用于在 1982 年 4 月 1 日或之后支付的预付款。

（8）（A）关于 1983 年、1984 年或 1985 年 9 月 30 日应支付的利息，［除之前依照第（c）款第（3）项规定延期的利息］，州应当将该利息的 80% 分 4 年进行分期支付，每年应支付 20%，如果该州符合第（B）目中的标准。不得对延期利息增加利息。

（B）为了符合本目中的规定，州必须：

（ⅰ）在 1983 年 10 月 1 日后未采取减少其净失业税或者其失业系统净偿还能力所做出的努力的行动［依照《1954 年国内税收法》第 3302 条第（f）款②规定决定的］；

（ⅱ）（Ⅰ）1982 年 3 月 31 日之后在要求延期的日历年中，采取的（由劳动部部长认证的）依照州失业补偿系统以综合的适用的总百分比（相当于该税收和待遇之比）使其税收能力增加、待遇减少的行动，或者（Ⅱ）在 1982 税收年度中，已经拥有在该财政年度中相当于或者超过总工资 2% 的平均失业税率（该州未按照《失业补偿法》规定的限制要求进行决定的）；

在利息延期或者可支付的当年（超过 4 年期限），可适用的百分比应为 25%。在第二个年度，适用百分比应为 35%。在第三个年度，适用百

---

① 参见第 2 卷《公法》第 83—591 期，第 3304 条。

② 参见第 2 卷《公法》第 83—591 期，第 3302 条第（f）款。

分比应为50%。

（C）（ⅰ）基准年应为规定延期要求并批准的第一年。劳动部部长应当对基准年的失业率进行估算。至于第（B）目第（ⅱ）节第（Ⅰ）次节规定，劳动部部长应当决定在基准年中第（B）目第（ⅱ）节第（Ⅰ）次节规定的适用行动的待遇和税收的百分比是高还是低，依照具体情况而定。在做决定时，部长应当将第（B）目第（ⅱ）节第（Ⅰ）次节规定行动中的适用情况视为该基准年度寻求延期的有效途径。一旦延期依照第（B）目第（ⅱ）节第（Ⅰ）次节规定被批准，州必须继续维持其偿还能力。如果未能做到这一点，将会要求州对所有的延期利息进行立即支付。

（ⅱ）应缴税工资基准从6000美元增加到7000美元，或者1984年之后的最大税率增长到5.4%，以上行为不得以达到第（B）目的要求为目的。

（D）在一个州中，如果其创造的偿还能力为50%、80%或者90%，而不是第（B）目要求的25%、35%和50%，则利息应当按照低于其他适用利率的1%计算。

（9）日历年度内9月30日之前的任何利息都可以在不超过9个月的时间段内进行延期（并且不得增加利息），如果州的总失业率达到了13.5%或者更高，在最近的12个月内，数据在规定日期前仍然可用。

（c）依照本条规定由州支付的利息，应当归于依照第904条第（g）款规定建立的联邦失业账户。

对联邦失业账户的预付款

第1203条【《美国法典》第42编第1323条】特此授权对联邦失业账户进行拨款，作为偿还预付款，该笔金额对于执行本编规定是必要的。作为偿还预付款的拨款金额应当从联邦失业账户中转入总财政基金中，按照财政部部长和劳动部部长协商后决定的数额，其金额足以达到本条的目的。依照本编被作为偿还款转出的金额应当减去本条规定的预付款余额。无论何时，在任何财政年度后，第901条第（f）款第（3）项和第902条第（a）款关于就业保障管理账户超出部分的规定适用之后，仍然存在超额的部分，该部分未超过依据本条规定的预付款金额，则应当被转入总财政基金中，并且存入到预付款结算中。依照本款规定作为偿还预付款拨款的金额应当承担等同于平均利率的利息，在该预付款支付之前的一个日历月结束时进行计算，并承担美国义务，最终成为国债的一部分；除非该平均利率不是1/8的倍数，该利率应当为低于平均利率的1/8的倍数。

"官员"的定义

第1204条【《美国法典》第42编第1324条】 当在本编中使用时，"官员"包括哥伦比亚特区的专员①。

---

① 《公法》第93—198期，第711条，哥伦比亚特区的委员会办公室被废除，以及第421条规定用哥伦比亚特区的市长办公室取代。

第十三编　为水手恢复失业待遇[①]

---

　　① 《公法》第79—719 期（《美国联邦法律大全》第 60 编第 978 条，1946 年 8 月 10 日批准），第 306 条，增加了第十三编到《社会保障法》。

　　《公法》第 98—369 期，第 2663 条第（f）款，废除了第十三编，1984 年 7 月 18 日生效，但是这个修正案不应该被解释成改变或影响任何权利、责任、身份及依据本规定在此之前已经存在的解释。

第十四编　拨款给各州援助永久和完全残疾的人[①]

拨　款

第 1401 条【《美国法典》第 42 编第 1351 条】为了使各州能够提供财政援助，根据该州的实际情况，向穷困的年满 18 岁的永久和完全残疾的人，特此授权在每个财政年度拨足够数量的款项以执行本编的目的。根据本条提供的总额应该用于支付给已经提交，并且已经由行政官批准的援助永久和完全残疾的人的州计划。

援助永久和完全残疾的人的州计划

第 1402 条【《美国法典》第 42 编第 1352 条】（a）援助永久的和完

---

① 《公法》第 92—603 期，第 303 条，废除了第十四编，1974 年 1 月 1 日生效，有关波多黎各、关岛和维尔京群岛的部分除外。北马里亚纳自由联邦可以选择采用第十四编的社会服务项目；参见第 2 卷《公法》第 94—241 期（北马里亚纳自由联邦成立协议）。

《社会保障法》第十四编由卫生和人类服务部负责执行。家庭援助办公室、家庭支持管理局依据第十四编执行待遇支付。人类发展服务办公室依据第十四编执行社会服务。

第十四编参见《美国法典》第 42 编第 7 章第 14 子章第 1351—1355 条。

第十四编有关卫生和人类服务部部长的法规规定参见《美国联邦法规》第 42 编第 1 章和第 45 编第 13 章第 A 子章。

关于政府间合作的内容，参见第 2 卷《美国法典》第 31 编第 6504—6505 条。

关于对州和地方政府接受联邦财政援助进行统一审计的要求，参见第 2 卷《美国法典》第 31 编第 7501—7507 条。

关于禁止依据一定条件拒绝拨款的“《詹纳修正案》”，参见第 2 卷《公法》第 82—183 期，第 618 条。

关于联邦援助的计划中反对歧视的禁令，参见第 2 卷《公法》第 88—352 期，第 601 条。

关于依据第十九编对州接受支付的限制，参见第 2 卷《公法》第 89—97 期，第 121 条第（b）款。

全的残疾人的州计划必须：（1）除了部长批准的有关服务，规定其在该州的所有政治区划内有效，如果该州计划规定由它们实施，则它们有义务实施；（2）规定由州进行财政分配；（3）规定建立或指定一个单独的州机构实施该计划，或者规定建立或指定一个单独的州机构监督该计划的实施；（4）规定（A）对于申请永久残疾和完全残疾的残疾人援助的人，其申请在该州机构被拒绝或没有被以合理的速度采取行动，该州机构应当准予一次公平的听证机会，（B）如果该州计划在各州的政治区划中由当地机构实施，并且该当地机构对在前面的州机构听证会上可能出示的证据批准了一次听证，该当地机构可以立即实施其在该听证会上对所考虑的问题发布的决定；（5）规定（A）部长认为对于该计划的适当和有效经营所必要的实施方法（包括与基于价值基础的个人标准的建立和维持有关的方法，依照这些方法，部长无权处理的有关选举、任期和雇员补偿除外）①，（B）培训和有效使用付薪的次专业员工，尤其强调低收入的全职或兼职雇用的接受者和其他人，像社区援助服务一样，在该计划的管理中和在社会服务志愿计划中提供服务给申请者、接受者和援助州机构建立的咨询委员会；（6）规定该州机构在部长提出要求时制作报告，并且遵守部长认可的保证该报告正确性和真实性所必要的规定；（7）规定不对该计划期间正在接受依据本法第 2 条批准的州老年援助计划的人提供依据第四编第 A 部分建立的州计划的援助，或依据本法第 1002 条批准的州计划的援助；（8）规定州机构应该，在决定需求时，考虑申请永久残疾和完全残疾的人的所有其他收入和财产，以及转移这些收入的所有合理费用；除此之外，在做出这些决定时，（A）该州机构可以忽略少于 7.5 美元的收入，（B）对每月赚取的额外收入的最初的 80 美元，州机构可以忽略不超过最初的 20 美元加上剩余部分的 1/2 的收入，（C）在不超过 36 个月的期限内，州机构应当忽略其他收入和资源带来的额外数额，至于由州机构批准的取得自立计划的个人只有在这段时间内康复，对于履行该计划才是必要的②；（9）提供允许使用或披露申请者或接受者的信息的防护措

---

① 《公法》第 91—648 期，第 208 条第（a）款（3）项第（D）目，有关美国公务员委员会，1971 年 3 月 6 日生效，依照第（A）目部长的所有权力、职责和责任。

② 参见第 2 卷附录 K 部分，收入和资源排除，联邦法律中关于收入和资源排除规定的目录。

施，仅提供（A）公共官员要求的与他们公务职责相关的信息，或者（B）与该州计划的执行直接相关的其他人的信息①；（10）规定所有希望申请对永久残疾和完全残疾的残疾人进行援助的人有机会如此做，并且对永久残疾和完全残疾的残疾人进行援助应该合理及时地提供给所有符合条件的人；（11）1953年7月1日生效，规定如果该计划包括在私人的和公共的慈善机构向个人进行支付，应建立或指定州当局负责制定建立和维持该慈善机构的规范；（12）提供一份对服务的描述（使用所有认为便于实现本目的的适当的内部组织安排）以对申请者和永久残疾和完全残疾的残疾人进行援助，帮助他们实现自立或自顾，其中应包括对保证提供其他机构提供的相同或相关服务的效用最大化的措施的描述；以及（13）规定依照符合本法第1137条要求的州制度的收入和资格证明要求提供和交换信息。

（b）部长必须批准满足第（a）款规定条件的计划，除了部长不得批准强加条件的计划之外，依据该计划以下两点被作为获得对永久残疾和完全残疾的残疾人援助的资格条件：

（1）所有排除在提交永久残疾和完全残疾残疾人的援助申请前的9年内已经居住了5年和在申请前已经连续居住1年的该州居民的居住期限要求；

（2）所有排除任何美国公民的公民资格要求。

根据该州的选择，该计划可以规定免费向人们提供手册和其他政策文件，但是该规定不得成为部长根据本编批准该计划的条件。

对各州的支付

第1403条 【《美国法典》第42编第1353条】（a）每一个季度，财政部部长必须用分配的总金额向每一个已经批准永久残疾和完全残疾的残疾人援助计划的州进行支付，从1958年10月1日开始：

（1）【已废除②】

---

① 关于依据一定条件拒绝拨款的《詹纳修正案》，参见第2卷《公法》第82—183期，第618条。

② 《公法》第97—35期，第2184条第（c）款第（2）项第（A）目；《美国联邦法律大全》第95编第817条。

（2）至于波多黎各、维尔京群岛和关岛，金额为该季度永久残疾和完全残疾的残疾人援助计划花费总数的 1/2，不计算任意月份超过 37.5 美元乘以当月接受援助人数中永久残疾和完全残疾的残疾人总数得出的总花费金额；

（3）至于所有的州，金额为该季度部长认为的恰当和高效运行该州计划必要的花费总量的 50%。

（b）计算和支付的方法如下：

（1）管理者应该在每一个季度开始前，根据第（a）款的规定估计应当支付给该州的金额，这种评估应该基于：（A）该州提交的报告，包括它依据本款规定对该季度花费总金额的评估，说明该州和它的政治分支机构在该季度内能为这些花费划拨或筹集的总金额，并且如果该金额少于该州在评估费用总量中的比例，就要找出产生差距的原因；（B）表明在该州内的永久残疾和完全残疾的残疾人数量的记录；以及（C）管理者认为必要的其他的调查。

（2）管理者接着应该向财政部部长证明管理者评估的总金额，（A）应根据具体情况确定减少或增加，他认为他对前一个季度的评估约是该季度根据第（a）款规定应该支付给该州的金额；以及（B）按照该管理者的决定，减少金额为国家按比例合理分担的部分，前一个季度该州和所有政治分支机构依据该州计划提供该长期完全残疾的残疾人的援助已经康复的净金额；除了这些增加或减少，不应多于或少于之前一个季度由管理者估计的总金额，除非从已故的接受者的不动产中收回金额的任何部分不超过该州或所有的政治分支机构花费的金额，否则死者的丧葬费不应被认为是根据本项第（B）目的规定而减少费用的一个依据。

（3）财政部部长应该随即通过财政部的政府财政服务，并且由审计处进行审计和结算①，在管理者安排的时间向该州支付已经核实的金额。

州计划的实施

第1404条【《美国法典》第42编第1354条】 至于已经由卫生、教

---

① 《公法》第108—271期，第8条第（b）款，规定"总审计局所参考的任何法律、法规、条例、证明、指示、指导或于本法（2004年7月7日）颁布日期起生效的其他官方文件都被认为可以参考和适用于政府问责办公室"。

育和福利部部长批准的援助永久残疾和完全残疾的残疾人的州计划，如果部长对该州机构实施或监督计划的实践给予合理的通知和听证机会后，发现：

（1）该计划已经被修改成强加第 1402 条第（b）款规定中禁止的居住期限或市民资格要求，或者是在该计划的实施过程中强加了这些禁止要求，加之该州机构在大量的案例中对该要求的认识；

（2）或者，依据该计划中包含的第 1402 条第（a）款要求的规定该计划的执行中存在失误；

部长应该通知这样的州机构下一步的支付将不会支付给该州（或者由他斟酌决定，支付仅限于不受这些失误影响的种类和部分），直到部长满意，认为这些要求不再如此强加，并且不再有这种失误。在他满意以前他不应该对这样的州进行支付（或者应该将该支付限制在不受这些失误影响的种类和部分）。

定　义

第 1405 条　【《美国法典》第 42 编第 1355 条】在本编中，"对永久残疾和完全残疾的残疾人的援助"是指对贫困的年满 18 岁的永久和完全残疾的人的金钱资助，但不包括对公共慈善机构中的病人（不包括医疗机构中的病人）或者公共慈善机构中的肺结核病人和精神病病人的资助和照顾。这个术语也包括前一句定义中所不包含的支付，但是应该包括除了以穷人以及热衷于或关注这类穷人福利的个人，而且是关于依据第 1402 条批准州计划包括的以下的规定：

（1）依据这样的穷人的身体条件或精神条件，其并无能力经营支付给他的资金，这可能与给他的福利相悖，因此，州机构决定必须按照本句中描述的规定对其提供援助；

（2）进行这种支付的条件是，依据这些规则或者是其他可用的依据该州计划决定支付永久残疾和完全残疾的残疾人援助的需求和数量（连同其他的收入和资源），只有这种支付是符合人们的这种需要（the need）①；

（3）着手并继续努力以保护和提高这些人的福利，在可能的范围内，保护他的自我照顾的能力以及管理资金的能力；

---

①　如原文所述。应该是"needs"。

（4）定期审查州机构依据第（1）项中的决定确定证明这些决定正当的条件是否仍然存在，如果它们不存在并且需要寻找监护人或法律代表的司法任命，则规定这些支付终止，如第 1111 条所描述的如果这种行动将会最好地为这些贫困的人提供利益服务；

（5）在州机构做出与第（1）项中的人有关的决定前，为该人提供一次公平听证的机会。

依据州的选择（如果依据本编批准的计划进行了如此规定），该术语：（ⅰ）不需包括向已经离开该州连续超过 90 天（不管他在此期间是否一直住在该州）的人支付金钱，直到他已经居住在该州连续 90 天且出现在该州连续 30 天；以及（ⅱ）可以包括援助接受者或接受者团体利益的公共住房机构直接的租金报酬。

第十五编　联邦雇员的失业补偿^①

第十六编①　对各州援助老年人、盲人及残疾人的拨款②

拨　款

第 1601 条【《美国法典》第 42 编第 1381 条注释】 为了使各州能够依据该州的实际条件，为年满 65 岁的、失明的或者年满 18 岁完全终身残疾的贫困个人提供财政援助，特此授权每个财政年度拨付一份足够执行本编目的的款项。根据本条拨付的款项应该支付给已经提交并且由卫生、教育和福利部部长批准的援助老年人、盲人及残疾人的州计划的各州。

---

①　此标题的原文为：Grants to States for Aid to the Aged, Blind, and Disabled。其中，"老年人""盲人"及"残疾人"的用法遵循英文原文的表述形式。后文中出现的"盲人""残疾人"均遵循英文原文的用法，不一一加注。——译者注

②　《社会保障法》第十六编由健康和人类服务部负责执行。家庭维持管理局的家庭援助办公室管理依据第十六编的待遇支付。人类发展服务办公室管理依据第十六编的社会服务。

第十六编参见《美国法典》第 45 编第 7 章第 16 子章第 1381—1385 条。

第十六编有关健康和人类服务部部长法规规定参见《美国联邦法规》第 45 编第 8 章和第 A 子章。

《公法》第 92—603 期，在 1974 年 1 月 1 日生效的第 301 条和第 303 条废除了本编，有关关岛、波多黎各和维尔京群岛的部分除外。北马里亚纳自由联邦可以选择加入第十六编的社会服务计划。

关于政府间合作，参见第 2 卷《美国法典》第 31 编第 6504—6505 条；关于对州和地方政府接受的联邦财政援助统一审计要求，参见《美国法典》第 31 编第 7501—7507 条。

关于反对依据一定条件拒绝批准援助的禁令"《詹纳修正案》"，参见第 2 卷《公法》，第 82—183 期，第 618 条。

关于在联邦援助计划中反对歧视的禁令，参见第 2 卷《公法》，第 88—352 期，第 601 条。

关于依据第十九编对接受拨款的州拨款的限制，参见第 2 卷《公法》，第 89—97 期，第 121 条第（b）款。

援助老年人、盲人及残疾人的州计划

第 1602 条【《美国法典》第 42 编第 1382 条注释】（a）援助老年人、盲人及残疾人的州计划，必须：

（1）除了部长批准的关于服务的范围，规定其应该在该州的所有政治区划内有效，且如果规定由他们进行管理，则这些政治区划有义务实施。

（2）规定由州进行财政分配。

（3）规定建立或指定一个单独的州机构管理该计划，或者规定建立或指定一个单独的州机构监督该计划的管理。

（4）规定：（A）州机构应为依据该计划申请援助被拒绝或者没有以适当的速度采纳其申请的个人批准一次公平听证的机会；以及（B）如果在该州的每个政治区划内有当地机构管理该州计划并且这些当地机构为在前面州机构的听证会上可能出示的证据提供一次听证，这些当地机构对于该听证会上考虑的问题发布的决定可以立即生效。

（5）规定：（A）部长认为对于适当和有效实施该计划是必要的管理方法（包括有关基于功劳的个人标准建立和维持的方法，依据这些方法部长无权实施的有关被雇用者的选举、任期和补偿除外）[①]；以及（B）培训以及有效使用付薪的次专业员工，尤其强调低收入的全职或兼职雇用的接受者和其他人，像社区援助服务援助一样，在该计划的管理中和在社会服务志愿计划中提供服务给申请者和接受者和援助州机构建立的咨询委员会。

（6）规定州机构在部长提出要求时制定报告，以指定的形式包含指定的信息，并且遵守部长认可的保证该报告正确性和真实性所必要的规定。

（7）规定允许使用和披露申请者或接受者信息的保护措施，只能提供给：（A）为履行职责而要求提供这些信息的政府行政人员；或者（B）直接管理该计划的其他人。

（8）规定所有希望申请该援助计划的个人都有权利进行申请，并且这些援助应该以合理的速度提供给符合条件的个人。

（9）如果该计划包括对在私有的或公共的慈善机构中的个人的援助，

---

① 《公法》第 91—648 期，第 208 条第（a）款第（3）项第（D）目，转移到美国公民服务委员会，1971 年 3 月 6 日生效，部长依据第（A）目享有的所有的权利职能和责任。

规定为这些慈善机构建立或指定负责建立和维持标准的州政府机构。

（10）规定州机构对能够提供给（为实现此目的可以使用所有认为合适的内部组织安排）该计划的援助申请者或援助接受者并帮助他们实现生活自立或生活自理的服务进行描述（如果有的话），包括在这些服务的规定内容中保证提供同类或相关服务的其他机构发挥最大效用的措施。

（11）规定个人在接受依据第一编批准的州计划中的援助或依据第四编第 A 部分、第十编或第十四编的州计划资助的援助期间，该计划将不向该人提供援助。

（12）规定在确定一个人是否是盲人时，应该由富有经验的或由个人任意选择的眼科医生或验光师对其进行检查测试。

（13）按照本编的目标，确定关于可以享受该援助计划的资格和范围的合理标准。

（14）规定在确定老年人、盲人和残疾人的援助需求时，该机构应该考虑申请援助的个人的其他收入和财力，以及赚取这些收入花费的合理费用；除此之外，在对个人做出决定的过程中：

（A）如果他（她）是盲人，并且参加了一项州机构批准的达到生活自立的计划，州机构为履行该计划的需要：（ⅰ）应该将其每月赚取的收入减去 85 美元，超出 85 美元的部分以 1/2 计算，以及（ⅱ）在不超过 12 个月的时间内，并且可能在一个不超过 36 个月的时间内，忽略其他的额外收入和财力；

（B）如果他（她）不是盲人而是长期完全残疾的残疾人：（ⅰ）应将其每月赚取的收入减去 80 美元，且忽略剩余部分的 1/2 范围内不超过 20 美元的金额，以及（ⅱ）在不超过 36 个月的时间内，州机构应当忽略其他收入和资源带来的额外数额，至于由州机构批准的取得自立计划的个人，只有在这段时间内康复，对于履行该计划才是必要的；

（C）如果该人已满 65 岁并且既不是盲人也不是长期完全残疾的残疾人，州机构应先减去每月赚取的收入前 80 美元，且忽略剩余部分的 1/2 范围内的前 20 美元；

（D）该州机构可以在忽略以上提及的金额前，在所有收入中忽略不超过 7.50 美元①的金额。

---

① 参见第 2 卷，附表 K，收入和财力排除，有关收入和财力中进行排除的联邦法律的列表。

（15）规定根据符合本法第 1137 条要求的州制度的收入和资格证明要求提供和交换信息。

尽管有第（3）项的规定，如果在 1962 年 1 月 1 日和在一个州依据本编呈递其计划进行批准之日，管理或监督管理该州依据第十编批准的计划的州机构与管理或监督管理该州依据第一编批准的计划州机构和管理或监督管理该州依据第十四编批准的计划的州机构是不同的，管理或监督管理该州依据第十编批准的计划的州机构可以被指定管理或监督管理该援助老年人、盲人和残疾人州计划中的有关盲人的部分，并且可以建立或指定一个独立的州机构管理该计划的其他部分或监督该计划的其他部分的管理；并且在这些情况下，每个机构管理或监督管理的该计划中的相应部分应该被视为一个本编中的独立的计划。

（b）部长应该批准满足第（a）款所列条件的计划，不应批准强加以下要求作为享受该援助计划资格条件的计划：

（1）超过 65 岁的年龄要求；

（2）排除了在申请援助前的 9 年里已经在此居住了 5 年的和在申请前已经连续在此居住了 1 年的该州居民的居住期限要求①；

（3）或者，排除任何美国公民的所有公民资格要求。

依照该州的选择，该计划可以规定向人们免费（不收取所谓合理的材料费）提供指南或者其他政策文件，但是这些规定不应该被视为部长依据本编批准该计划的条件之一。至于在 1962 年 1 月 1 日适用《1950 年社会保障法修正案》② 第 344 条规定的州和当时适用第 1002 条第（b）款第（2）项内容的州依据本编所提交的批准援助老年人、盲人和残疾人的州计划，部长应该批准该计划。即使其不符合第（a）款第（14）项的要求，如果其符合批准一份援助老年人、盲人和残疾人计划的本编的其他要求；但是对于所有这样的州依据第 1603 条的支付，应该仅仅是指依据本条批准的计划为实现第 1603 条的目的而花费的费用。

（c）依据第（a）款的最后一句，本编中的内容不得被解释为允许一个州可以随时施行一个以上的依据本编批准的州计划。

---

①　如原文所述。逗号应该删除。

②　《公法》第 87—543 期，第 136 条第（b）款；《美国联邦法律大全》，废除了第 344 条，1962 年 7 月 25 日生效。

对州的拨款

第 1603 条 【《美国法典》 第 42 编第 1383 条注释】（a）从 1962 年 10 月 1 日起的每一个季度，部长应该从其拨款的总数中向已经依据本编批准计划的各州进行拨款：

（1）【已废除①】

（2）至于波多黎各、维尔京群岛和关岛，金额为：（A）依照该计划在该季度内援助老年人、盲人和残疾人所花费的总额的 1/2，老年人、盲人和残疾人援助计划的接受者在 1 个月内接受的超过 37.50 美元的有关援助不计算在内，加上（B）超过依据第（A）目②计算出的最大数额的部分花费数量的1/2，老年人、盲人和残疾人援助计划的接受者在 1 个月内接受的超过 45 美元的援助不计算在内。

（3）【已废除③】

（4）至于各州，拨款数量为部长认为在该季度内为了能适当和有效管理该州计划所必须花费的总数量的 50%。

（b）（1）在每一个季度开始之前，部长应该估算各州在该季度依据第（a）款应该得到的拨款金额，这种估算应当根据：（A）该州所提交的报告，内容包括该州自己依据本款规定对于这一季度花费总量的估算，并且说明该州和其政治分支机构在这一季度内对于这些花费的拨款能提供的金额，并且如果这一金额少于该州在估计花费总数中的应占比例，应当说明差额部分的财力可能从何处取得；以及（B）部长认为必要的其他调查。

（2）在部分中按照他的决定，部长到时应该向各州支付评估出来的金额，部长依据本条对该州相对于上一季度超支部分（不足部分）的减少（增加）以及相应金额的调整不依据本款进行支付，并且未包含在本款规定的支付当中。

（3）美国联邦合理分担的比例，由部长决定，在收回的净数量当中

---

① 《公法》第 97—35 期，第 2184 条第（d）款第（5）项第（A）目；《美国联邦法律大全》第 95 编第 818 条。

② 如原文所述。很可能，应该是"subparagraph"。

③ 《公法》第 97—35 期，第 2184 条第（d）款第（5）项第（A）目；《美国联邦法律大全》第 95 编第 818 条。

在所有季度中该州或其政治分支机构依据该州计划提供的援助，但是不包括从死亡的接受者那里收回的这类援助的金额中未超过该州或他的所有政治分支机构规定的死亡丧葬费用，部长应当依据本款认为是超支部分进行调整。

（4）依据本款中部长的估算，支付本款中所有的拨款是部长应尽的责任。

州计划的实施

第 1604 条【《美国法典》第 42 编第 1384 条注释】 在对依据本编批准的州计划进行管理或监督管理的州机构合理通知和给予听证机会之后，如果部长发现：

（1）该计划已经发生改变，不再适用于第 1602 条的规定；

（2）或者，该计划的管理未在实质上遵循相关规定；

部长应该通知该州机构，不会对该州进行预付（或者，在部长的自由裁量权限内，在该州计划未受失败影响的部分或类别对该州进行支付），直到部长认为满意，不再有这种违反规定的情况存在为止。在部长满意前部长应该不对该州进行进一步的支付（或者，在他的自由裁量权范围内，在该州计划未受失败影响的部分或类别对该州进行支付）。

解　释

第 1605 条【《美国法典》第 42 编第 1385 条注释】（a）① 在本编中，"援助老年人、盲人和残疾人"是指对于处于贫困中的 65 岁以上的老人、盲人或 18 岁以上的长期且完全残疾的残疾人的金钱支付，但是该术语不包括：

（1）对公共机构中的同住者（不包括医疗机构的患者）的这种支付或照顾；

（2）或者，对未满 65 岁的个人或慈善机构中的肺结核或精神病人的这种支付或照顾。该术语也包括那些依据前面一句不包括在内的支付，但那些热衷于或者关注贫困人群（由部长按照规定标准来确定）福利的个人向他们提供的援助除外，同时，关于依据第 1602 条批准的州计划包括

---

① 如原文所述。"（a）"应该被删除。

规定：

（A）由于生理上或精神上的原因，该贫困个人管理对它进行支付的基金的能力与对他提供福利的意义相悖，因此，有必要通过在本句中规定的支付提供这种援助；

（B）依据该州计划其他方面可以应用的规则来确认对老年人、盲人和残疾人援助的需求和金额（与其他收入和财产相关），该支付在符合该个人的需求（the need）① 的范围内；

（C）在可能的范围内，承担和持续努力保护和改善该个人福利，保护其生活自理能力和管理基金的能力；

（D）州机构对以下条款就第（A）目②的内容进行定期审查以查明证明这些决定正当的条件是否仍然存在，如果不存在，按照规定终止这种支付或者试图通过司法委托监护人或其他法律代表人的帮助，和第1111条规定一样，如果（当）这些做法对于实现该贫困个人的利益是最有利的；

（E）在州机构做出第（A）目③中的决定前，该决定针对的个人有要求公平听证的机会。

依据州的自由选择（如果依据本编批准的计划规定），该术语：（ⅰ）不必包括金钱支付给已经连续离开该州超过90天（无论他在此期间是否维持在该州居住）的个人，直到他在该州连续出现30天，以及在此期间或连续90日内仍维持在该州居住的个人；以及（ⅱ）可以包括公共住房机构依据该州计划对接受者或接受者群体的租金支付。

---

① 如原文所述。应该是"needs"。

② 如原文所述。很可能，应该是"subparagraph"。

③ 如原文所述。很可能，应该是"subparagraph"。

第十六编①　老年人、盲人和残疾人的补充保障收入②

目的、拨款

第 1601 条【《美国法典》第 42 编第 1381 条】为建立一项对年满 65 岁的人、盲人和残疾人提供补充保障收入的全国性项目，经授权划拨充足的款项以执行本编规定的内容。

享受福利的基本资格

第 1602 条 【《美国法典》第 42 编第 1381 条】 每一位依据第 A 部分在其收入和财产基础上认定的老年人、盲人或残疾人都可以根据本编的规定享受社会保险委员会提供的福利。

第 A 部分　福利认定

享受福利的资格及福利数额①

符合资格个人的定义

第 1611 条 【《美国法典》第 42 编第 1382 条】（a）（1）每一位没有合法配偶的老年人、盲人或残疾人，并且：

（A）其收入，不包括依据第 1612 条第（b）款排除的收入，在 1974 日历年或者之后所有的日历年享受不超过 1752 美元的等级（或者，如果高于该等级，则享受第 1617 条确定的数额）；

（B）其财产，不包括依据第 1613 条第（a）款排除的财产，且不超过，如第（i）节规定的，该人有一位与其共同生活的配偶，依据第（3）项第（A）目决定可以使用的数额；或者如第（ii）节规定的，该人没有共同生活的配偶，依据第（3）项第（B）目确定的可以使用的数额；

应视为本编要求的符合条件的个人。

（2）每一位有合法配偶的老年人、盲人或残疾人，并且：

（A）其收入（连同其配偶的收入），不包括按照第 1612 条第（b）款排除的收入，在 1974 年日历年或之后的所有日历年应享受不超过 2628 美元等级的可支付福利（如果高于该等级，则享受依据第 1617 条确定的数额）；

（B）其财产（连同其配偶的财产），不包括依据第 1613 条第（a）款排除的财产，不超过依据第（3）项第（A）目确定的可以使用的数额；

应视为本编要求的符合条件的个人。

---

① 关于符合资格个人的补充保险收入待遇，参见第 2 卷《公法》第 93—96 期，第 211 条。

（3）（A）在第（1）项第（B）目第（i）节和第（2）项第（B）目中提到的美元数额，在 1985 年 1 月 1 日前应该是 2250 美元，并且应于 1985 年 1 月 1 日增长到 2400 美元，1986 年 1 月 1 日增长到 2550 美元，1987 年 1 月 1 日增长到 2700 美元，1988 年 1 月 1 日增长到 2850 美元，1989 年 1 月 1 日增长到 3000 美元。

（B）在第（1）项第（B）目第（ii）节中提到的美元数额，在 1985 年 1 月 1 日之前应该是 1500 美元，并且应于 1985 年 1 月 1 日增长到 1600 美元，1986 年 1 月 1 日增长到 1700 美元，1987 年 1 月 1 日增长到 1800 美元，1988 年 1 月 1 日增长到 1900 美元，1989 年 1 月 1 日增长到 2000 美元。

福利数额①

（b）（1）没有合法配偶的个人依据本编应享受 1752 美元等级的可支付福利（如高于该等级，则享受第 1617 条确定的数额），在 1974 年和之后的所有日历年，扣除本人收入金额，不排除本人依据第 1612 条第（b）款所得收入。

（2）有合法配偶的个人依据本编应享受 2628 美元等级的可支付福利（如果高于该等级，则享受第 1617 条确定的数额），在 1974 年和之后的所有日历年，扣除本人和其配偶收入的金额，不排除第 1612 条第（b）款所得收入。

福利认定期

（c）（1）依据本编当月享受福利的个人，其资格应依据该个人（及其合法配偶）当月的收入、财产和其他相关特征认定，并且，除第（2）项、第（3）项、第（4）项、第（5）项和第（6）项规定以外，福利金额应该首先根据收入和其他特征确定，如果社会保障委员会做出该决定，则认定时间为当前月之前的第二个月。享受该福利的资格和金额应由社会保障委员会在该时间段或由社会保障委员提出的时间段重新确定。

（2）福利申请生效的该月，和福利申请失败后的近几个月（如果社会保险委员会如此决定，认定时间为这个月和下一个月），其福利金额（如果社会保障委员会如此决定，这个月和接下来的一个月的福利金额）应该：

---

① 参见第 2 卷附录 A 和附录 B，生活成本增加通知。

（A）依据该个人和其合法配偶的收入以及该人当月其他相关情况确定；

（B）申请失败后的第一个月第一天后，该人恢复资格，应享有与其在第一天恢复资格后相同比率的福利，资格恢复之日当天和其后的天数，应视为该月的总天数。

（3）在本款中，依据第二编对在该条款下享受福利的个人可支付福利金额的增加（高于该月前一个月的可支付金额，或由社会保障委员选取的该月前第二个月）应包含在该人在任意月份内依据本编用来认定福利资格的收入中，其中任意月份指：

（A）依据本编该人享受的可支付福利金额按照第1617条增加的第一个月；

（B）或者，依据社会保障委员会的选择，本月的后一个月。

（4）（A）尽管如第（3）项所述，如果社会保障委员会认定关于本人当月收入和其他情况的可靠信息在当前可行（包括有关该人所处阶层的信息及关于其他福利项目中预期生活成本调整的信息），该个人当月依据本编享受的福利金额可以依照此类信息来确定。

（B）社会保障委员会应依据本编并遵照规章，对有关情况进行规定，该情况中相关事件的信息可能会影响本编中依据第（A）目对福利金额做出的认定。

（5）尽管如第（1）项和第（2）项所述，在任意月份应该支付给个人的收入或代表个人的收入应按照：（A）州计划依据拨款，并遵照第四编第A部分；（B）本法第472条（有关收养照顾援助）；（C）《移民和国籍法》第412条第（e）款（有关避难援助）；（D）《公法》第96—422期第501条第（a）款（有关古巴和海地移民）；或者（E）《1921年11月2日法》（《美国联邦法律大全》第42编第208条）①的规定进行修改（有关印第安人事局提供的援助）。在决定该人在本编规定中的福利金额时，应考虑以上信息，但仅限于本月。在其他任意月份，以上信息都不影响其福利金额的确定、修改。

（6）依据第（b）款生效的本编中由第1617条规定的任何福利增加

---

① 参见第2卷《公法》第82—414期，第412条第（e）款，《公法》第96—422期，第501条第（a）款和《公法》第67—85期，《1921年11月2日法》。

所形成的美元数额，可以用来在福利增加的前两个月确定所有在决定本编中个人（或该人合法配偶）可支付福利时作为衡量因素的实物偿付支持和维护的价值。

（7）按照本编规定，本编中的个人福利申请可以在以下时间生效：

（A）提交申请之日后，下个月的第一天；

（B）或者，该个人具备该福利相关申请资格之日后，下一个月的第一天。

（8）社会保障委员会可以放弃第（e）款第（1）项第（A）目和第（B）目中的对个人资格和每月福利金额的具体限制（在某种程度上这样的限制对该个人当月在医院、扩充护理设施、私人疗养院、中等监护设施中的生活依然可以适用）。如果这种放弃行为，会促使该个人脱离这样的机构或设施。一旦放弃该限制，社会保障委员会应在离开前的一个月中，或者，如果社会保障委员会这样决定，在其离开前的两个月，按照适当的福利等级拨款以满足该人在离开机构和设施后的生活需要。

（9）（A）尽管如第（1）项和第（2）项所述，在所有符合资格期间的第一个月里支付给个人的所有非经常性收入，在依据本编确定该人（和他的符合条件的配偶，如果有的话）当月的福利金额时可以进行考虑，在确定其他月份的福利金额时不应当进行考虑。

（B）按照第（A）目中的规定，对具有同样或相似目的的，相同或相似来源的不同数量的个人支付不能够视为非经常性收入。

（10）按照本款规定，作为体制服务的一种，服务的再列举在其获得的当月应被视为已被接受，如果社会保障委员会认定这种做法，将促进本编授权计划的经济效益和有效率的管理。

总收入的特殊限制

（d）社会保障委员会可以依据本编的目的规定一项交易或业务（包括务农）的总收入充分纳入考虑范围，使当事人不具备享受福利的资格。在本款中，"总收入"的含义与《1954年国内税收法》第一章①中的含义相同。

---

① 参见第2卷《公法》第83—591期，第62条。
《公法》第99—514期，第2条，规定除了不适合时，《1954年国内税收法》可以包括《1986年国内税收法》的内容。

特定个人的资格限制

（e）（1）（A）除非在第（B）目、第（C）目、第（D）目、第（E）目和第（G）目中有规定，没有人可以成为本编规定中相应月份的具备资格的个人或具备资格的配偶，如果他在该月内自始至终都住在公共机构中。

（B）如果一位符合条件的个人或者他的合法配偶（如果有的话），在任意月份自始至终都住在医疗设施中心中［依照第（G）目］，按照第十九编批准的州计划接受支付（关于该个人或其配偶），或者符合条件的个人是在第 1614 条第（f）款第（2）项第（B）目中规定的儿童，或者是一位未满 18 岁的儿童，并且上述符合资格的人均接受由提供该保险的私营企业发布的任何健康保险政策的支付，（对于这样的个人）可以支付［依据第（E）目］：

（i）每年不超过 360 美元的等级［扣除在此中心中个人的所有，不排除第 1612 条第（b）款规定的收入］，如果是一位没有合法配偶的个人；

（ii）如果是一位已经有合法配偶的个人，如果他们其中一人在这个月内在这类设施里度过一整月，其所享受的福利等级不应超过以下金额：（I）每年 360 美元的等级［扣除所有的，不排除第 1612 条第（b）款规定的收入，符合条件的一个］，以及（II）第（b）款第（1）项规定的适用等级［扣除另一方所有的，不排除第 1612 条第（b）款规定的收入］；

（iii）每年不超过 720 美元的等级［扣除所有的，不排除第 1612 条第（b）款规定的收入］，如果该个人拥有合法配偶，并且双方整个月内都住在此类设施中。

按照本款规定，第 1917 条第（c）款第（1）项第（C）目描述的提供服务的医疗设施中心被视为接受依据第十九编批准的州计划对个人的支付，在这个人不符合第 1917 条第（c）款的州计划条件的期间。

（C）和第（A）目一样，"公共机构"不包括政府经营的不超过 16 个居民的社区居住场所①。

---

① 参见第 2 卷《公法》第 96—598 期，第 4 条，有关 Boundary County Restorium、邦纳渡口、爱达荷州。

（D）依据本编要求，如果该人在任何一个月居住在流浪者公共紧急避难所内（社会保障委员会的规章中规定定义的），则该人是符合福利资格的个人或配偶。除此之外没有人是符合条件的个人或符合条件的配偶，根据本目规定，在 9 个月内，该人有超过 6 个月的时间居住在此类避难所。

（E）尽管如第（A）目和第（B）目所述，所有个人：

（ⅰ）（Ⅰ）在第（A）目规定的任意月份中，是公共机构中的被收容者，其主要是接受医疗或精神病治疗护理，或者（Ⅱ）在第（B）目规定的任意月份内，住在一家医疗设施中心里；

（ⅱ）则该个人依据第 1619 条第（a）款或第（b）款，或在该月之前的一个月里，是符合条件的；

（ⅲ）依照公共机构或医疗设施中心的协议，允许该个人保留本目中的可支付福利；

符合上述条件的个人或配偶，依照本编要求［依据第（b）款中的适当等级确定有享受福利的资格］在第（ⅰ）节第（Ⅰ）次节或第（Ⅱ）次节所提及的月份内（如果这一次节仍然适用于之前的月份）享受福利。

（F）符合第（E）目规定的在当月符合条件的个人和配偶，依照第 1619 条第（a）款或第（b）款的规定，不得作为符合条件的个人，或者如本目第（ⅲ）节规定的，不得作为该月符合条件的个人。

（G）本编中符合条件的个人和符合条件的配偶，不适用于第（A）目和第（B）目，在任意特定月份内，他（她）住在公共机构中，其主要是接受医疗或精神病治疗护理（关于本人或配偶），或者是在医疗设施中心接受第十九编批准的州计划的支付，又或者是一位未满 18 岁的个人，并享受由该保险的私营机构发布的任何健康保险政策，如果按照第（H）目或第（J）目确定：

（ⅰ）该个人留住在该机构或设施中心（或者在连续的时间段内寄居于该机构或设施中心，以及一个或多个这种机构或设施中心）可能（由一名医生证明）不超过 3 个月，并且在头 3 个月中一个具体月份，该人在一个连续的时间段内在这样的机构或设施中心寄居；

（ⅱ）该人需要继续提供维持其住所和生活需求的花费，以供他（她）在离开该机构或设施中心后正常生活。

本编中适用于本目的任何个人每月的福利（包括州补充待遇，如果有的话）必须予以支付，不得中断支付，并依照他（她）在机构或设施中心居住前的第一个月份的可支付等级预发。

（H）社会保障专员应按照建立第（G）目第（i）节和第（ii）节的要求建立认定程序，并且就这些认定与适当的州、当地公共或私人机构及组织达成协定（或者提供与这些认定相关的信息或援助）。这些程序和协定应该包括，对那些由于生理或者精神上的问题，无法提供与认定有关的信息的个人提供适当的援助。

（I）（i）专员应该与第 202 条第（x）款第（1）项第（A）目第（ii）节①规定的所有具有权益的州或当地机构，包括监狱、看守所、惩教机构及矫正机构，以及以限制个人为目的的其他享有权益的州或当地机构达成协定，依据：

（Ⅰ）该机构应每月按照专员规定的具体方式向专员提供受管制者的名称、社会保障号码、出生日期、监禁开始的日期，以及专员要求的执行本段和本款中的其他规定需要的有关该监狱囚犯的其他识别信息；

（Ⅱ）专员可以对所有这些机构进行支付，在所有个人与在进入监狱、看守所、惩教机构或矫正机构的这个月里依据本编接受一份待遇的每一个人，这个人始终是提供第（Ⅰ）次节中个人的信息的该监狱、看守所、惩教机构或矫正机构的一名囚犯，或者是被囚禁在第 202 条第（x）款第（1）项第（A）目第（ii）节规定的机构（提供信息的）里，和专员依据这个机构提供的监禁信息确定的不符合享受本编待遇条件的人，支付 400 美元［依据第（ii）节减少］如果这个机构在这个人成为这个机构的因犯后的 30 天内向专员提供第（Ⅰ）次节规定的信息，或者支付 200 美元［依据第（ii）节减少］如果这个机构在这个人成为这个机构的因犯后的 30 天后提供这些信息。

（ii）第（i）节第（Ⅱ）次节中规定的美元金额应扣除 50%，如果专员也被要求按照第 202 条第（x）款第（3）项第（B）目中达成的关于同一个人向机构做出支付的协议。

（iii）依照该计划规定的条件和其他行政目的，专员可以保留，也可

---

① 第 202 条第（x）款第（1）项第（A）目第（ii）节应该被视为被《公法》第 160—170 期第 402 条第（b）款第（1）项第（C）目修改的第 202 条第（x）款第（1）项第（A）目第（ii）节。

在可补偿的基础上向任何联邦或联邦援助的现金、食物或医疗援助计划提供按照第（ⅰ）节达成的协议所获得的信息。

（ⅳ）第（ⅰ）节第（Ⅱ）次节要求的对机构的支付可以是依据本编提供的待遇支付资金，并且可以视为《1985 年平衡预算和紧急赤字控制法》中的直接开销。

（J）为了执行本项规定，社会保障专员可以按照第十八编或第十九编中卫生与公众服务部部长保存的数据进行定期的电脑匹配。部长可以以专员和部长双方同意的形式和方法向专员提供其为达成该目的所要求的信息。由此匹配获得的信息可以被除第（G）目第（ⅰ）节要求之外的医生证明取代。

（2）任何人不得作为本编中的符合条件的个人和符合条件的配偶，如果在社会保障专员通知其很可能符合第 1612 条第（a）款第（2）项第（B）目中按类型列举的援助的条件之后，该个人未在 30 天内按照所有适当步骤进行申请和（如果符合条件）获得这种援助。

（3）尽管在社会保障专员决定过程中使用的标准存在相反规定，当一位丈夫和妻子被认为是本编中的两个符合条件的个人，并且他们被同时认为是一位符合条件的个人和一位符合条件的配偶，依据本编其他计划管理或监督管理一项州计划的州机构可以（在该计划的管理中）将住在第（1）项第（B）目中规定的相同的医疗设施中心的一位丈夫和他的妻子在他们已经不间断地住在相同的设备中心 6 个月之后，视为本编中所说的一位符合条件的个人和他（她）的符合条件的配偶（不是两位符合条件的个人），如果把这位丈夫和妻子视为两个符合条件的个人将会妨碍他们享受该计划中的待遇或援助或因此减少福利金额。

（4）（A）如果该个人在本月内有以下行为，则不得作为本编中所说的一位符合条件的个人或符合条件的配偶：（ⅰ）逃避诉讼，或者逃避判罪后的拘留或监禁，依据当地的法律这个人逃走、犯罪，或者试图犯罪，按照该人逃走当地的法律是重罪，或者在裁判中不能将犯罪定义为重罪，应该以死刑或者超过 1 年监禁进行处罚；或者（ⅱ）违反依据联邦或者州法律执行的缓刑或假释条件。

（B）尽管有第（A）目的规定，专员可以根据正当理由，把第（A）目中的人视作一个符合条件的个人或符合条件的配偶，如果专员确定：（ⅰ）一个能够行使审判权的法院已经发现这个人无罪，撤销了有关犯罪行为的控告，取消了逮捕犯罪行为人的许可，或者发布了类似的证明无罪的命令（或者采取了类似的证明无罪的行为）；或者（ⅱ）这个人是由于身份欺诈错误地被犯罪行为牵连。

（C）尽管有第（A）目的规定，专员可以根据正当理由，基于减轻的条件，把第（A）目中的人视作一个符合条件的个人或符合条件的配偶，如果专员确定：（ⅰ）第（A）目第（ⅰ）节中规定的触犯法律的行为或潜在的第（A）目第（ⅱ）节规定的缓刑或者假释的执行是非暴力的和与药物无关的；以及（ⅱ）如果按照第（A）目第（ⅱ）节一个人未被认为是一个符合条件的个人或者符合条件的配偶，其违反缓刑或者假释导致的行为是非暴力的和与药物无关的。

（5）尽管有其他法律规定［不包括《1986年国内税收法》第6103条①和本法第1106条第（c）款］，但专员可以依照该官员的书面请求为联邦的、州的或者当地的法律执行官员提供本编待遇接受者现在的地址、社会保障号码和照片（如果可以的话），当该官员提供给专员接受者的姓名和专员要求的其他用于建立接受者唯一识别码的识别信息时，应通知专员：

（A）接受者是第（4）项第（A）目的第（ⅰ）节或第（ⅱ）节中规定的人；

（B）接受者的位置或顾虑是在该官员的职责之内。

对美国境外的个人的支付暂停

（f）（1）尽管本编有其他规定，但在这些月份内一直在美国境外的个人［第1614条第（a）款第（1）项第（B）目第（ⅱ）节中规定的儿童除外］不应该被视作本编中的符合条件的个人（并且在任意月份内一直处于美国境外的个人不应该被视作本编中符合条件的配偶）。如前面一句所述，在任意时间段一个人已经处于美国境外连续30天后，他就应该被视为处于美国境外直到他已经处于美国境内连续达30天。

（2）在不超过1年的时间内，第（1）项的第一句不适用于以下个人：

（A）在这个人处于美国境外之前的一个月内依据本编符合接受待遇的条件；

———————————

① 参见第2卷《公法》第83—591期，第6103条。

（B）向符合条件的社会保障专员说明此次离开美国：（ⅰ）将不超过1年，以及（ⅱ）其所进行的研究是教育计划的一部分，该计划：（Ⅰ）旨在大幅度提高该个人从事营利性工作的能力，（Ⅱ）由美国的学校、学院或大学发起，以及（Ⅲ）在美国不能提供给该个人。

符合财产测试的某些个人

（g）如果个人或个人和他的配偶（根据具体情况）：

（1）按照依据第一编、第十编、第十四编或第十六编批准的一项州计划在1973年12月接受了救助或援助；

（2）从1973年12月31日起，按照他或他们在1973年12月接受救助或援助的这个州计划一直连续居住在该州；

（3）从1973年12月31日起，一直（除了不超过6个月的时间）是补充保障收入待遇可以支付的符合条件的个人或符合条件的配偶；

这样的个人或这样的个人和他（她）的配偶（根据具体情况）的财产被认为在任何时间内不应超过第1611条第（a）款第（1）项第（B）目和第1611条第（a）款第（2）项第（B）目中规定的具体金额，该个人或者该人和他（她）的配偶（根据实际情况）的财产不超过州计划中规定的最大金额，该州计划在1972年10月生效，按照该计划他或他们在1973年12月接受这种救助或援助。

符合收入测试的某些个人

（h）在依据本条确定个人资格、可支付的待遇条件和金额时，如果个人或个人和他（她）的配偶（根据具体情况）：

（1）按照依据第十编或者第十六编批准的州计划在1973年12月接受了救助或援助；

（2）忽略该州计划中的术语，该州计划在1972年10月生效，按照该计划他或他们在1973年12月接受了救助或援助；

（3）从1973年12月31日起，按照他或他们在1973年12月接受这种救助或援助的州计划一直连续居住在该州；

（4）从1973年12月31日起，一直（除了不超过6个月的时间）是补充保障收入待遇可以支付的符合条件的个人或符合条件的配偶；

应该忽略的金额为以下较大的一个：（A）依据该州计划已经忽略的经营或非经营收入的最大金额，该计划在1972年10月生效，按照该计划他或他们在1973年12月接受的这种救助或援助；以及（B）第1612条

（不适用于本款）要求忽略的金额。

某些个人的申请和审查要求

（ i ）影响某些个人享受待遇资格的申请和审查要求，见第 1631 条第（ j ）款。

收　入

收入的含义

第 1612 条【《美国法典》第 42 编第 1382a 条】（a）在本编中，收入是指经营收入和非经营收入，并且：

（1）经营收入仅指：

（A）按照第 203 条第（f）款第（5）项第（C）目确定的工资，但是并不适用于第 210 条第（j）款第（3）项的规定┆并且，作为一种向统一着装的成员支付的现金工资［本款第（2）项第（H）目或第（b）款第（20）项中规定的支付除外］，不考虑第 209 条第（d）款中包含的限制┆[①]；

（B）自营职业的净收入，如第 211 条中定义的一样［不包括第（a）款第（11）项的第二句和第三句、第（a）款最后一段和第 210 条第（j）款第（3）项的适用条件］，包括第（c）款第（4）项、第（5）项和第（6）项规定的服务的收入；

（C）在隐蔽的工作地点或工作活动中心进行服务得到的报酬；

（D）个人从其相关的出版工作中赚得的版税，和因提供服务而收到的任何酬金中的一部分。

（2）非经营收入是指所有其他收入，包括：

（A）以现金或实物形式提供的供养和赡养；除了：（ i ）居住在其他人家中并且受该人供养和赡养的个人（和他的合法配偶，如果有的话），第 1611 条第（a）款和第（b）款规定的适用于这样的个人（和配偶）的美元数量应该减少 33.33% 以代替包括在本目要求的该人（和配偶）的非经营收入的供养和赡养；（ ⅱ ）至于居住在非营利退休收容院或

---

① 《公法》第 110—245 期，第 201 条第（a）款，插入"┆并且，作为统一服务的成员支付的现金报酬服务［不包括本款第（2）项第（H）目或第（b）款第（20）项中规定的支付］，不考虑第 209 条第（d）款中包括的限制┆"，对在 2008 年 6 月 7 日后的 60 天后开始的月份内可以支付的待遇生效。

相似的其他非营利机构的个人和他的符合条件的配偶，供养和赡养不应该包括因此接受援助的除了这种机构之外的该个人或其配偶（除非这种机构已经明确地保证有义务提供该人或其配偶全部的供养和赡养，因此无须所有现在的或将来的援助）或其他非营利性组织进行的援助；以及（ⅲ）供养和抚养不应该包括，并且第（ⅰ）节的规定不应该适用，如果在受其他人赡养的个人（和他的符合条件的配偶，如果有的话）开始接受供养和赡养但是居住在居住援助中心（包括私人住户）的期间和该个人（或者该个人和他的配偶）停止接受供养和赡养但是这个月的月末居住在该居住援助中心（或者，如果更早，自此后的第 17 个月月末），如果，在该个人（或者该个人和他的符合条件的配偶）开始接受供养和赡养但是居住在这样的居住援助中心之前不超过 30 天的时间：（Ⅰ）该个人（或者该个人和他的符合条件的配偶）是居住在该个人（或者该个人和其他人）自己提供的一处房子里，（Ⅱ）在这种住宅所在区域［并且第（Ⅰ）次节中的个人或者该个人和他的配偶正居住在这个住宅内］发生了《减轻灾难和紧急援助法》① 中的被总统宣布为重大灾难的灾祸，以及（Ⅲ）该个人宣布他（或者他和他的符合条件的配偶）由于这种灾祸停止继续生活在第（Ⅱ）次节中的住宅内；

（B）接受的像年金、养老金、退休金或残疾补助一样的所有支付，包括退伍军人补偿金和养老金，工人的补偿支付，老年人、遗属和残疾人保险待遇，铁路退休年金和养老金及失业保险待遇；

（C）奖金和奖品；

（D）由其他人的死亡造成的对该个人的支付，这种支付总量超过该个人用于死者的最后治病和丧葬的花费金额；

（E）抚养和赡养费支付，以及［按照第（D）目的规定最后治病和丧葬花费的金额］礼物（现金或其他）及遗产；

（F）第（1）项第（E）目中未规定的租金、分红、利息和版税；②

（G）所有收入，以及某一个人［第 1613 条第（e）款中的含义］适用于第 1613 条第（e）款建立的以该个人为受益人的信托的本金，并且，如果是一份不可撤销信托，该个人的待遇应从其收入和增加的固定资产中

---

① 《公法》第 93—288 期。
② 《公法》第 110—245 期，第 201 条第（b）款第（1）项第（A）目，删除"以及"。

支付；①

（H）② 对代表一种需穿着统一服装的援助中心成员［和他（她）的从属单元，如果有的话］进行的住房支付，包括依据《美国法典》③ 第37 编第 403 条规定的支付，依据该法典④第 10 编第 169 章第 4 子章获得的或建造的住房，或者所有相关法律规定，所有这种支付应该被视作依据本项第（A）目规定的供养和赡养。

收入中的排除⑤

（b）在确定个人（以及其合法配偶）收入时应该排除：

（1）按照社会保障专员规定的限制（如数量或其他规定），如果该个人不满 22 岁并且是由社会保障专员确定的，一名定期去学校、学院或者大学，或者为他（她）参加营利性工作做准备的职业或技术培训课程的学生，应排除该个人的经营收入。

（2）（A）每年收入的前 240 美元（或者更短的时间里的更小比例的金额），除了对符合条件的个人需要支付的收入；

（B）个人接受的每月（或者其他的周期）支付，按照 1973 年 7 月 1 日前建立的一项计划（或者于该日期以前建立的，但是随后按照州或者联邦的宪法性规范修改了的所有计划），如果：（ⅰ）该支付是由该个人作为一个居民接受这种支付的所在州做出的，（ⅱ）这种支付的个人资格不是仅基于需要并且是根据 65 岁的年龄或该州设置的其他年龄和在该州的居住期限，以及（ⅲ）在 1985 年 9 月 30 日或者之前，该个人：（Ⅰ）初次成为了本编中符合条件的个人或者符合条件的配偶，以及（Ⅱ）满足1983 年 1 月 1 日之前生效的该项目 25 年的居住期限要求。

（3）在任何季度，下列收入中的第一份收入：（A）60 美元的非经营收入；以及（B）30 美元的经营收入。该个人（或配偶，如果有的话）

---

① 《公法》第 110—245 期，第 201 条第（b）款第（1）项第（B）目，删除"这期间"并且替换为"；以及"。

② 《公法》第 110—245 期，第 201 条第（b）款第（1）项第（C）目，增加第（H）目，对在 2008 年 7 月 17 日之后的 60 天后开始的月份内可以支付的待遇生效。

③ 参见第 2 卷《美国法典》第 37 编第 403 条。

④ 参见第 2 卷《美国法典》第 10 编第 169 章第 4 子章。

⑤ 参见第 2 卷，附件 K，收入和财产排除，从有关收入和财产排除的联邦法律中的规定列表。

的，依据社会保障专员规定的标准，其接受次数太少或接受不规律。

（4）（A）如果该个人（或配偶）是失明的并且未满 65 岁，或者在他满 65 岁前按月依据本编接受待遇（或者按照依据第 1002 条或第 1602 条批准的州计划的救助），每年（或者更短期间内的更小比例的金额）本款中前一段规定包括：（ⅰ）经营收入的前 780 美元，加上剩余部分的一半，（ⅱ）数额是为赚取所有收入的所有合理花费，以及（ⅲ）这种其他收入的额外数额，如果该个人已经有了一份完成该计划所必需的，社会保障专员批准以达到自立为目的的计划；

（B）如果该个人（或配偶）是残疾的但非失明的［并且没有满 65 岁，或者在他满 65 岁前的每个月依据本编接受待遇（或者按照依据第 1402 条或第 1602 条批准的州计划的救助）］，（ⅰ）每年的经营收入不包括本款前一段排除的前 780 美元（或者是更短时间内的更小比例的金额），（ⅱ）该个人的经营收入的额外金额，如果该个人的残疾足够严重导致了功能限制，为使其继续工作，需要进行援助，因此应对其所必需的护理服务、医疗设备、器材、假体和相似的项目和服务（不包括常规药物或常规医疗服务，如果这些药物或服务不是管理禁止条件的必须）进行支付（社会保障专员在规章中确定的），无论这种援助是否是使他进行正常日常功能所需要的，只有排除的数量应该受到社会保障专员规定的这种合理限制，（ⅲ）不排除本目前面的规定适用后的经营收入金额的 1/2，以及（ⅳ）这种其他收入的额外金额，如果该个人已经有一份社会保障专员批准的使其获得自立的计划，可能是该计划满足所必需的；

（C）如果该个人（或配偶）已经满 65 岁并且不包括在第（A）目或第（B）目规定中，本项前面的段落未排除的每年（或者相应的按比例的更短的期间）经营收入的前 780 美元，加上剩余部分的 1/2。

（5）从所有公共机构接受的所有金额作为该个人（或配偶）购买的不动产或食物的退税进行支付。

（6）提供给代表该个人（或配偶）的援助，根据需要由所有的州或者一个州的政治分支机构提供。

（7）所有用来支付教育机构的学费和成本的所有津贴、奖学金、学术奖金或礼物（礼物的一部分）。

（8）该个人（或配偶）家庭消费使用的国货。

（9）如果该个人是一个儿童，则数额为他从一个不在场的家长那里接受的所有支付费用的 1/3。

（10）一起居住的儿童是不符合条件的个人，其接受所有的养育照顾和公共的或非营利的私立儿童安置机构或者儿童看护机构在这样的家庭里提供的金额。

（11）依据《减轻灾难和紧急援助法》① 接受的援助或者某项联邦成文法（按照有关总统宣布为重大灾难的灾祸）规定的援助。

（12）从接受该资金之日起的 9 个月内，第（11）项中规定的援助资金的利息收入（或者社会保障专员如果有延伸这个时间的正当理由的话，可以通过规章规定更长的时间）。

（13）根据需要提供给代表该个人（或配偶，如果有的话）的赞助或赡养援助（依照社会保障专员的规章确定的该州机构的行政总裁可以委托），包括帮助解决家庭抚养和维持家庭的生活而接受的援助（包括暖气装置和冷却装置），和（A）一所私立的非营利机构提供的援助；或者（B）家庭供暖燃油或燃气的提供者提供的援助，收入主要是由一项州的或者联邦政府单位规定的以回报率作为收入基础的提供家庭能源的单位，或者由一家提供家庭能源的市政公共事业单位提供。

（14）有关对该个人（或该个人和配偶）使用的住所单元所支付的援助，依据《1937 年住房法》②、《国有住房法》③、《1965 年住房和城市发展法》第 101 条④、《1949 年住房法》第 5 编⑤或者《1959 年住房法》第 202 条第（h）款⑥。

（15）商业运输票的价值，如果该个人（或配偶）在 50 个州、哥伦比亚特区、波多黎各联邦、维尔京群岛、关岛、美属萨摩亚群岛和北马里亚纳群岛之间旅行，该票被此人（或配偶）作为礼物接受并且没有更换成现金。

（16）依据第 1613 条第（a）款第（2）项第（B）目排除的，该个人（或配偶）在购买墓地时所签订协议的利息的增长并累积的金额。

---

① 参见第 2 卷《公法》第 93—288 期。

② 参见第 2 卷《公法》第 75—412 期。

③ 参见第 2 卷《公法》第 73—479 期。

④ 参见第 2 卷《公法》第 89—117 期。

⑤ 参见第 2 卷《公法》第 81—171 期。

⑥ 参见第 2 卷《公法》第 86—372 期。

（17）该个人（或配偶）从州为援助犯罪受害者而建立的基金收到的所有数量的金额。

（18）州或者当地政府对该个人（或配偶）提供的迁移援助，依据《1970 年统一迁移援助和不动产取得政策法》规定的援助，按照该法第 216 条①要求的待遇。

（19）任何依照《1986 年国内税收法》第 32 条②规定对该个人（或配偶）进行的联邦所得税退款（有关经营所得税贷款），和依据该法第 3507 条③（有关提高经营收入信贷支付）的雇主对该个人（或配偶）进行的所有支付。

（20）按照《美国法典》第 37 编第 310 条④接受的特殊工资。

（21）按照第 1631 条第（a）款第（2）项第（F）目建立或维持的账户的利息或者产生的其他收入。

（22）所有对年龄没有满 18 岁并且有危及生命的状况的个人的礼物或待遇，应从《1986 年国内税收法》第 501 条第（c）款第（3）项中规定的在该法第 501 条第（a）款⑤中免税的组织中支付：（A）实物礼物，如果这个礼物没有转换成现金；或者（B）现金礼物，仅按照本项规定，在这个日历年里从该个人的收入中排除的总金额数量范围内，这个礼物不超过 2000 美元⑥。

（23）财产的利息或红利收入：（A）依据第 1613 条第（a）款未排除的部分；或者（B）按照第 1613 条第（a）款之外的联邦法律排除的部分。

（24）⑦　一州向退伍军人（《美国法典》第 38 编第 101 条⑧中定义

---

①　参见第 2 卷《公法》第 91—646 期，第 216 条。

②　参见第 2 卷《公法》第 83—591 期，第 32 条。

③　参见第 2 卷《公法》第 83—591 期，第 3507 条。

④　参见第 2 卷《美国法典》第 37 编第 310 条。

⑤　参见第 2 卷《公法》第 83—591 期，第 501 条。

⑥　《公法》第 110—245 期，第 202 条第（a）款第（1）项，删除"和"。

⑦　《公法》第 110—245 期，第 202 条第（a）款第（2）项，删除"这期间"并且替代为"；以及"。

《公法》第 110—245 期，第 203 条第（1）项，删除"和"。

⑧　《公法》第 110—245 期，第 202 条第（a）款第（3）项，增加第（24）项，对 2008 年 6 月 17 日之后的 60 天后开始的月份内可以支付的待遇生效。

的）、盲人、残疾人、老年人或其配偶支付的所有年金①。

（25）②授予（或支付）依据《1990 年国家和社区服务法》第 123 条（《美国法典》第 42 编第 12573 条）③ 中的国家和社区服务公司批准的美国志愿服务队位置中的参加者所有待遇支付（无论现金或者实物)④。

财　产

财产排除⑤

第 1613 条【《美国法典》第 42 编第 1382b 条】（a）确定一个人的（和他的符合条件的配偶，如果有的话）财产时，应该排除：

（1）住宅（包括其随附的土地）；

（2）（A）家用商品、个人的不动产和汽车，如果它们的总价值不超过社会保障专员确定的合理数额，（B）墓地的价值（按照社会保障专员通过规章规定的价值数量上的限制）和表示墓地购买的协议（包括在其上积累的所有利息）的估价为个人、他的配偶或者他现在的家庭的其他成员的丧葬提供一个地方；

（3）该个人（和配偶）自行担保的排除必不可少的其他财产，按照并且遵循社会保障专员规定的限制要求，除非社会保障专员无法建立在贸易或交易中或者该个人作为雇员使用的财产限制（包括技工的工具和农民的机器和牲畜）；

（4）满足由失明或残疾的个人提出的并且被社会保障专员批准的达到自立计划所必需的财产；

（5）至于阿拉斯加州的本地人，在一个地区或者一个村庄公司持有的股票份额，按照《阿拉斯加州殖民地权利法》第 7 条第（h）款和第 8 条第（c）款⑥规定，在 20 年内这些股票不得进行转让；

（6）在接受该资金之日起的 9 个月内，第 1612 条第（b）款第（11）

---

① 参见第 2 卷《美国法典》第 101 条第（2）项。

② 《公法》第 110—245 期，第 203 条第（2）项，删除"这期间"并且替代为"；和"。

③ 《公法》第 110—245 期，第 203 条第（3）项，增加第（25）项，对 2008 年 6 月 17 日之后的 60 日后开始的月份内可以支付的待遇生效。

④ 参见第 2 卷《公法》第 101—610 期，第 123 条。

⑤ 参见第 2 卷《公法》，附件 K，收入和财产排除，有关从收入和财产中排除的联邦法律规定列表。

⑥ 参见第 2 卷《公法》第 92—203 期，第 7 条第（h）款和第 8 条第（c）款。

项提及的援助（或在该个人有延期的正当理由时，社会保障专员可以通过规章规定的更长时间内）；本项中提及的"援助"包括依据第 1612 条第（b）款第（12）项的收入中排除的利息；

（7）在前一个或更多月份由于待遇支付不足从国家接受的所有款项，按照本编或第二编，给该个人（或配偶）或者给其他人的收入，或者按照本编规定，其收入包括在该个人（或配偶）收入内的其他个人的收入；但是本段中对该个人的适用（和符合条件的配偶，如果有的话），关于从美国接受的所有款项，应该限制在接受该款项当月的前 9 个月，且这种限制的书面通知应该与金额同时提供给接受者①；

（8）第 1612 条第（b）款第（14）项提及的该个人（或该个人和配偶）占用的住房单元支付的援助价值；

（9）开始接受援助后的 9 个月内，该个人（或配偶）从一州为援助犯罪受害者而建立的基金内接受的援助金额，该金额被该个人（或配偶）证明是因他人犯罪导致或损耗的赔偿费用；

（10）在接受州或者当地政府对该个人（或配偶）提供的迁移援助，在按照本法第 216 条②要求的待遇开始之后的 9 个月内，相当于《1970 年统一迁移援助和不动产取得政策法》第二编提供的援助；

（11）在开始接受援助的当月后的 9 个月内：（A）《2001 年经济增长和减轻税收协调法》第 203 条规定，依据《1986 年国内税收法》第 24 条第（d）款对该个人（或配偶）联邦所得税退款的规定，以及（B）依据《1986 年国内税收法》（有关经营所得税信贷）第 32 条对该个人（或配偶）联邦所得税退款的规定，以及按照该法（有关提高经营收入信贷支付）第 3507 条③雇主对该个人（或配偶）进行的所有支付的相关规定；

（12）根据第 1631 条第（a）款第（2）项第（F）目规定建立和维持的所有账户，包括积累的利息或者由此产生的其他收入；

（13）《1986 年国内税收法》第 501 条第（c）款第（3）项④规定的按照该法典第 501 条第（a）款免除税收的组织对所有没有满 18 岁并且其

---

① 关于某些符合接受有追溯效力的待遇的通知，参见第 2 卷《公法》第 101—508 期，第 5041 条第（1）项。

② 参见第 2 卷《公法》第 91—646 期，第 216 条。

③ 参见第 2 卷《公法》第 83—591 期，第 32 编 3507 条。

④ 参见第 2 卷《公法》第 83—591 期，第 501 条。

生命受到威胁的个人的礼物，或者待遇：（A）对于实物礼物，如果这个礼物没有转换成现金，或者（B）对于现金礼物，仅按照本项，在这个日历年里从该个人的财产中排除的总金额范围内，这个礼物不超过 2000 美元；

（14）在接受援助当月之后开始的 9 个月内，该个人（或配偶）或其他人接受的所有金额，其他人的收入被认为应该包括在该个人的（或配偶的）本编中的收入中，并且依照本编、第二编或者第三编规定，作为代理收款人，依据第 205 条第（j）款、第 807 条或第 1631 条第（a）款第（2）项该个人（或配偶）或其他人已经被滥用待遇赔偿；①

（15）在接受援助当月之后开始的 9 个月内，所有津贴、奖学金、学术奖金或者礼物（或一份礼物的部分）用来支付教育（包括技术或职业教育）机构的学费和花费成本；②

（16）③　收到援助当月和此后的每一个月，州向退伍军人（《美国法典》第 38 编第 101 条④定义的）、盲人、残疾人、老年人或其配偶发放的所有年金。

一份保险单在决定一个人（或符合条件的配偶）的财产时应当仅考虑人寿保险退保解约金值；除非其生命保险单总值小于等于 1500 美元，否则所有这种保险单的价值应该全部被予以考虑。

财产安排

（b）（1）社会保障专员应当规定一个或者多个必须按照此规定进行处理各种财产的时间段，但不包括在确定一个人的待遇条件时。在所有时间段内支付给该个人的所有待遇应该限制这种处理，并且所有这样支付的待遇应该（在处理的时候）被看作在处理支付待遇的时间段开始时，他们不会被当作支付的范围内的超额支付进行处置。

（2）尽管有第（1）项的相关规定，但是只要不动产不进行销售，社会保障专员就不可以要求对所有这些不动产进行处置，因为：（A）它是

---

①　《公法》第 110—245 期，第 202 条第（b）款第（1）项，删除"以及"。

②　《公法》第 110—245 期，第 202 条第（b）款第（2）项，删除"这期间"并且替换为"；以及"。

③　《公法》第 110—245 期，第 202 条第（b）款第（3）项，增加第（16）项，对 2008 年 6 月 17 日之后的 60 日后开始的月份可以支付的待遇生效。

④　参见第 2 卷《美国法典》第 38 编第 101 条第（2）项。

共同所有（并且它的销售将会使其他所有者由于失去住房引起过度重负）；（B）它的销售是被法律所禁止的；或者（C）社会保障专员通过发布规章确定，所有者经过合理的努力没有将它成功销售出去。

对低于公平市价的财产的处理

（c）（1）（A）（ⅰ）如果在第（ⅱ）节第（Ⅰ）次节规定的回顾日之后，个人或配偶以低于正常市价的价格处理其财产，则第（ⅲ）节规定开始的时间等于依据第（ⅳ）节规定计算出的月份数月份开始的时间内该个人不符合享受本编待遇的条件。

（ⅱ）（Ⅰ）本节中规定的回顾日期是第（Ⅱ）次节中规定日期前的36个月。

（Ⅱ）本节中规定的日期是该个人依据本编接受待遇的当日起，或者更晚的该个人（或配偶）低于市价处理财产的日期。

（ⅲ）本节中规定的日期是低于公平市价的财产被处理后，且依据本项符合享受待遇的条件后的第一个月的第一天。

（ⅳ）依据本节计算出的月数应该等于：（Ⅰ）该个人（或配偶）自第（ⅱ）节第（Ⅰ）次节规定的回顾日期之后这样处理的所有财产累积的无偿总价值；除以（Ⅱ）依据第1611条第（b）款规定每月可以支付的最大金额，加上本法第1616条第（a）款或者《公法》第93—66期第212条第（b）款①的协议在第（ⅱ）节第（Ⅱ）次节中规定的开始日期那个月，依据个人生活安排和专员可以支付给该个人的条件类型按照州援助水平补充援助的最大数量（如果有的话）；

本条适用于最近时间段的所有部分，但是不得超过36个月。

（B）（ⅰ）尽管第（A）目有规定，本款不应该用来将一份财产转换成一份信托，如果这份财产的信托份额被视为按照第（e）款第（3）项提供给该个人的财产［或者可以被视为适用于除（e）款第（4）项外的其他规定］。

（ⅱ）一个人或者一个人和他的配偶［第（e）款中的定义］建立的一份信托，如果该信托份额（如果有的话）按照第（e）款第（3）项规定被视为可以提供的一份财产［或者可以被视为适用于除第（e）款第（4）项外的其他规定］，或者该信托终止的剩余财产：（Ⅰ）除了对该个

---

① 参见第2卷《公法》第93—66期，第212条第（b）款。

人的待遇进行支付；或者（Ⅱ）在任何条件下都不能对该个人进行支付；

因此，本款中，第（Ⅰ）次节规定的支付或者第（Ⅱ）次节规定的支付抵押品赎回权，依据具体情况，应该被视为该个人或者该个人的配偶在抵押品赎回权的日期内进行的一次财产转让支付。

（C）因本项中的适用条例，依据本编符合待遇条件的个人或者个人的配偶对财产的处理，应在以下范围内进行：

（ⅰ）财产是房屋，并且房屋的所有权被转移给：（Ⅰ）让与人的配偶，（Ⅱ）让与人是一个未满21岁、失明的或残疾的儿童，（Ⅲ）在这个家庭里已经有了一份股份收益，并且在让与人成为收容在社会福利机构中的个人之日前曾经居住在让与人的家里至少1年的让与人的一位兄弟或姐妹，或者（Ⅳ）在让与人成为收容在社会福利机构里的个人之日前，在让与人的家里居住了至少2年，并且允许让与人居住在家里而不是在这种机构或设备中心里，照顾让与人的让与人的一个儿子或女儿［不包括第（Ⅱ）次节规定的儿童］；

（ⅱ）财产：（Ⅰ）被转让给让与人的配偶或者享受让与人的配偶专有待遇的其他人，（Ⅱ）被让与人的配偶转移给享受让与人的配偶专有待遇的其他人，（Ⅲ）被转让给让与人的失明的、残疾的子女，或者被转让给仅仅为让与人的失明的、残疾的子女享受待遇的信托［包括第1917条第（d）款第（4）项规定的信托］，或者（Ⅳ）被转让给一份年龄满65岁的且残疾的个人专门享受的信托［包括第1917条第（d）款第（4）项规定的信托］；

（ⅲ）按照社会保障专员要求做出的符合要求的表现：（Ⅰ）处理了财产的个人打算以正常的市场价格处理财产，或者以其他的等价有偿处理财产，（Ⅱ）除了按照本编限定的待遇，这些财产被专门地为一个目的转让，或者（Ⅲ）低于正常市价转让的所有财产已经被送回让与人；

（ⅳ）或者，社会保障专员决定，按照专员建立的程序，根据专员建立的标准而对解决过度的困难的资格进行的否决。

（D）在本款中，个人持有的在一个共同租赁、共有财产或者类似的安排中和其他人一样的财产（或者受到影响部分的财产）应该被视为该个人采取行动时处理的，该个人或者其他人减少或者排除该个人所有或者控制的财产。

（E）依据本款，该个人不符合条件期间个人的配偶转移，专员可以分摊到该个人和该个人的配偶这期间（或者这期间的其他部分）如果该配偶成为符合本编待遇的条件。

（F）在本项中：

（ⅰ）"本编中的待遇"包括本法第 1616 条第（a）款中规定类型的支付和《公法》第 93—66 期第 21 条第（b）款①中规定类型的支付；

（ⅱ）"被社会福利机构收容的个人"与第 1917 条第（e）款第（3）项规定的含义相同；

（ⅲ）"信托"与本条第（e）款第（6）项第（A）目给出的这个词的含义相同。

（2）（A）当一个人（和该个人符合条件的配偶，如果有的话）申请本编中的待遇，并且重新决定一个人是否（和配偶，如果有的话）享受待遇的合格条件时，社会保障专员应当：

（ⅰ）通知第 1917 条第（c）款第（1）项规定中的该个人在依据本编和第十九编不符合享受待遇条件的期间，各自进行低于正常市场价值的财产安排，并且通知按照第（ⅱ）节获得信息的个人其是可以提供给依据第十九编由该州机构管理的州计划［和在第（B）目中规定的一样］的；

（ⅱ）从该个人处获得在决定是否符合第 1917 条第（c）款或第（1）项要求的享受该待遇的条件时使用的信息。

（B）社会保障专员依据第（1）项第（A）目第（ⅱ）节规定获得的可以提供的该信息，一经要求，应当提供给依据第十九编批准的管理州计划的州机构。

为支付丧葬花费而留出的资金

（d）（1）确定一个人的财产时，应该排除单独的可以确认的金额——该个人和他的配偶（如果有的话）不超过 1500 美元，并且留出金额为该个人或配偶的丧葬费和相关花费作准备。

（2）金额为 1500 美元，第（1）项中，一个人应该减少的金额等于：（A）他或他的配偶拥有的所有生命保险的保险单总价值和已经在确定这个人活着的情况下，这个人和他的配偶的财产中排除的现金退保金；以及

---

① 参见第 2 卷《公法》第 93—66 期，第 212 条第（b）款。

（B）不可撤销的信托（或者其他不可撤销的信托）可以提供来应付该个人或者配偶的丧葬费和相关花费总金额。

（3）如果社会保障专员发现，按照第（1）项排除金额的所有部分或者该个人和配偶的部分可以形成该个人的财产，专员可以减少可以支付给该个人（或该个人和他的配偶）的等于这部分金额的未来待遇的支付。

（4）社会保障专员应当通过规章规定留出准备丧葬费和相关花费的金额，按照第（1）项排除该个人的财产、数额（和剩下积累）赚的或者积累的所有利息，和预付丧葬费用这些价值的增值，也应该排除（在这个范围内和按照这些规章可以规定的这些条件或限制）该个人的财产（和收入）。

信　托

（e）（1）在确定一个个人的财产时，第（3）项规定适用于这个人建立的一份信托［除了第（5）项中规定的信托］。

（2）（A）在本款中，如果该个人的资产（或者该个人的配偶）通过信托而不是遗嘱进行转移，则该个人应该被视为已经建立了一份信托。

（B）至于转移一个人（或配偶）的财产和其他人的财产中一份不可撤销的信托，本编可以适用于该个人（或配偶）财产信托的部分。

（C）本款可以适用于信托，除了有关：（ⅰ）这个信托建立的目的；（ⅱ）受托人是否已经按照信托尽到了义务；（ⅲ）对于何时或者如何从这个信托中进行分配的限制；或者（ⅳ）这个信托中的分配额在使用上的限制。

（3）（A）至于一个人建立的一份不可撤销的信托，信托的本金应该被视为可以提供给该个人的财产。

（B）至于一个人建立的一份不可撤销的信托，如果该个人（或配偶）具备从这个信托中享受待遇支付的资格，作为该个人（或配偶）待遇支付的本金部分应该被视为可以提供给该个人的财产。

（4）社会保障专员应当宣布撤销本款对于个人的适用，如果专员决定这款的适用将可能导致该个人过度的困难（由专员建立的标准确定）。

（5）本款不适用于第 1917 条第（d）款第（4）项第（A）目或第（C）目规定的信托。

（6）在本款中：

（A）"信托"包括所有与信托类似的工具或手段；

（B）"本金"是指在一份信托中，该信托的所有财产和其他利益，包括累计收益和在其建立后对该信托所有其他的增加（这个术语不包括这些收益、添加贷款或者转移到该信托当月的这些收益、添加除外）；

（C）"资产"包括该个人（或配偶）的所有收入或财产，包括：（ⅰ）第1612条第（b）款排除的所有收入，（ⅱ）另外的被本条排除的财产，以及（ⅲ）该个人（或配偶）有资格享有但却没有收到的所有其他支付或财产，或者已经可以由以下人有权使用：（Ⅰ）该个人或其配偶，（Ⅱ）依法授权可以代替或代表该个人或配偶采取行动的个人或者实体（包括法院），或者（Ⅲ）按照该个人或其配偶指示或要求行动的个人或者实体（包括法院）。

术语的定义

老年人、盲人或残疾人

第1614条【《美国法典》第42编第1382c条】（a）（1）在本编中，"老年人、盲人或残疾人"是指符合以下情况的个人：

（A）年满65岁、失明［按照第（2）项确定的］或者残疾的［按照第（3）项确定的］；

（B）（ⅰ）是美国的居民，并且是：（Ⅰ）一名公民，或者（Ⅱ）一名依法许可的永久居住的外国人或者以其他方式依法长期居住在美国的外国人［包括《移民和国籍法》第212条第（d）款第（5）项①规定适用而出现在美国境内的外国人］，或者（ⅱ）是美国公民的子女，并且其与作为美国长期驻外武装部队成员的父母中的一方一同生活。

（2）该个人应该被认为是本编中所说的失明的人，如果他的视力较好的一只眼睛在使用矫正镜的情况下中心视觉敏锐程度为20/200或者更低。如一只眼睛视野受限制的最大直径不超过20度角，其应该被视为本款第一句中所说的中心视觉敏锐程度低于20/200。该个人也应该被认为是本编中所说的失明者，如果他按照1972年10月生效的第十编或第十六编批准的州计划的定义是失明的，并且在1973年12月依据该计划（根据失明）接受援助，只要他按照这个标准一直是失明的。

---

① 参见第2卷《公法》第82—414期，第212条第（d）款第（5）项。

（3）（A）第（C）目规定的内容除外，如果他由于医学上确定的身体上或精神上的缺陷不能从事固定的有收益的工作，且可能会导致死亡或者这种缺陷已经持续或者可能会持续不少于连续 12 个月，则该个人应被视为本编所说的残疾的个人。

（B）在第（A）目中，该个人应该被确定为残疾，只要他（她）的身体上或精神上的缺陷非常严重以至于他不能从事先前的工作，且由于他的年龄、受教育情况和工作经验也无法从事国民经济中存在的其他的固定的有收益的工作，无论在他现在生活的区域内是否存在这样的工作，或者是否存在可以给他的具体职位空缺，或者如果他申请这个工作能否被雇用。在前面一句中（对于所有个人），"国民经济中存在的工作"是指在该个人居住的地区或者该国的一些地区大量存在的工作。

（C）（ⅰ）如果某个不满 18 岁的个人有医学上确定的身体上或精神上的缺陷，导致功能受限，并且可能引起死亡或者这种缺陷已经持续或可能持续不少于连续 12 个月，其应该被认为是本编中所说的残疾人。

（ⅱ）尽管第（ⅰ）节有规定，但从事固定的有收益的工作［按照依据第（E）目规定的规章确定的］的不满 18 岁的个人不可以被视为残疾的个人。

（D）在本项中，身体上或精神上的缺陷是指通过医学上可以通过临床或者实验诊断技术证明的由于结构上的、生理学上的或者心理学上的畸形所造成的缺陷。

（E）当进行的服务或者从这些服务中产生的收益证明该个人具有从事固定的有收益的活动的能力时，社会保障专员可以通过规章规定决定准则。在通过他的收益确定一个人是否有能力从事固定的有收益的活动时，如果他的残疾足够严重导致其要求援助的功能受到限制，应该从这样的收益中扣除随之产生的必要的（社会保障专员在规章里确定的）护理服务、医疗仪器、设备、假肢和类似的科目和服务（不包括常规药物或者常规医疗服务，除非这种药物或者服务对于残疾状况的控制是必要的）的成本（对于该个人），无论这些援助是否是其需要的能使他进行正常功能的援助；除非这些应该排除的金额根据社会保障专员的规定应该受到合理的限制。尽管有第（B）目的规定，但其服务或者收益符合该标准的个人不应该被认为是残疾的。社会保障专员可以在不考虑这些活动的合法性的情况下，按照本编有关固定的有收益的活动做出决定。

（F）尽管有第（A）目到第（D）目的规定，符合以下情况的个人也应该被认为是本编中的残疾人，如果他是 1972 年 10 月生效的第十四编或第十六编批准的州计划规定的完全残疾人，并且是在 1973 年 12 月（和 1973 年 7 月之前的一个月）依据这个计划（根据残疾）接受援助的长期完全残疾人，且一直处于这种残疾状态。

（G）在确定一个人的身体上或精神上的缺陷是否达到医学上足够严重的程度时，这种（这些）残疾可以成为本条中作为依据的条件，社会保障专员应当考虑个人所有的缺陷的共同影响，而不是仅考虑某一种缺陷，如果分别对其进行考虑，会达到这种严重的程度。如果社会保障专员的确发现一种医学上的严重的缺陷组合，这些缺陷的共同影响应该通过残疾确定程序加以对待。

（H）（ⅰ）在认定本编中残疾的过程中，当他们申请第二编中的残疾认定时，第 221 条第（h）款、第 221 条第（k）款和第 223 条第（d）款第（5）项的规定可以同样适用。

（ⅱ）（Ⅰ）依照不少于每 3 年一次的频率，专员应该按照第（4）项规定审查每一个未满 18 岁并且由于可能好转的（或者，按照专员的选择，是不太可能好转的）缺陷（或者缺陷的组合）符合该待遇条件的个人的持续享受待遇的资格。

（Ⅱ）在审查时，依照本节规定接受审查的接受者的代理收款人可以出示能够说明接受者是正在和已经接受治疗的证据，且应当考虑在必需和可能的范围内，作为依据本编提供待遇基础的条件。

（Ⅲ）如果该代理收款人没有正当理由拒绝第（Ⅱ）次节的要求，社会保障专员应当——如果专员认定是为了该个人的最大利益——及时地暂停向该代理收款人进行待遇支付和向该个人的代替代理付款人或者对该个人支付依据本编将会提供给该个人的利益。

（Ⅳ）第（Ⅱ）次节不适用于专员认定的其申请是不适当的或者不必要的个人的代理收款人。在做出决定的过程中，专员应当考虑该个人的缺陷（或者缺陷的组合）的性质。第 1631 条第（c）款不适用于专员认定的第（Ⅱ）次节的要求不适用的代理收款人。

（ⅲ）如果一个人在年满 18 岁之前的月份中是符合本编中待遇条件的，社会保障专员可以重新认定其资格：（Ⅰ）通过适用于确定 18 岁以上的个人的待遇时使用的标准；以及（Ⅱ）在从该个人的 18 岁生日开始的 1 年内，或者代替持续的残疾审查，专员确定的个人案件按照本条重新确定时。

依据本节的重新认定不适用于第（4）项。

（ⅳ）（Ⅰ）除了第（Ⅳ）次节中的规定，不晚于个人的生日后的 12 个月，专员应当根据第（4）项规定审查由于该个人的残疾享受本编中待遇的持续资格，出生体重轻是专员确定该个人是否残疾的一个因素。

（Ⅱ）第（Ⅰ）次节中的审查应该被作为该项要求的在 12 个月内的审查的替代。

（Ⅲ）依据本节规定案件被审查的接受者的代理收款人在审查时应当出示——说明该接受者正在和已经接受在医学上考虑的必需的和必要的治疗——作为依据本编提供待遇的根据的条件的证据。

（Ⅳ）该代理收款人没有正当理由拒绝第（Ⅲ）次节的要求，专员确定是为了该个人的最大利益，及时地暂停向该代理收款人进行待遇支付，并且按照本编将提供给该个人的利益向该个人的其他代替代理收款人或者该个人本人进行待遇支付。

（Ⅴ）第（Ⅲ）次节不适用于专员认定的申请是不适当的或者不必要的个人的代理收款人。在做出这种决定时，专员应当考虑该个人的缺陷（或者缺陷的组合）的性质。第 1631 条第（c）款不适用于专员认定的第（Ⅲ）次节的要求不应该适用于个人的代理收款人。

（Ⅵ）第（Ⅰ）次节不适用于次节中规定的个人，即该个人在其确定残疾的时候，专员确定其有一种在个人出生后的 12 个月内不可能改善的缺陷，并且专员安排在该个人年满 1 岁后进行持续的残疾审查。

（Ⅰ）依据本编做出决定，年龄不满 18 岁的个人残疾并且不适用第 221 条第（h）款规定时，社会保障专员可以进行适当的努力以确保一位有资格的儿科医生或者专门从事医学某一领域的其他个人按照该个人的残疾程度（社会保障专员确定的）评估该个人的情况。

（J）尽管第（A）目有规定，但有以下情况的个人仍不应被视为本编中的残疾人，即当该人的酗酒或者吸毒行为成为专员确定该人残疾的主要因素时。

（4）如果发现该人据以享有待遇的缺陷已经终止、不存在或被确定不是残疾时，依据本编由于残疾而享受待遇的接受者将不再有权享有该待遇，且该发现应满足以下条件：

（A）年满 18 岁的个人：

（ⅰ）大量证据说明：（Ⅰ）在该个人的缺陷或者缺陷的组合上已经有了医疗上的改善（与该个人工作能力不相关的医疗改善除外），以及（Ⅱ）该个人现在能够从事固定的有收益的活动；

（ⅱ）或者，有大量的证据（依据第 1619 条接受待遇的符合条件的个人除外）：（Ⅰ）包括该个人的剩余身体机能的新的医疗证据和新评估，并且说明：（aa）尽管该个人没有医疗方面的改善，但是他（她）是医疗或者为职业做准备的治疗或技术（和该个人的工作能力有关的）的进步的受益者，（bb）该个人现在能够从事固定的有收益的活动，或者（Ⅱ）证明：（aa）尽管该个人在医疗方面没有改善，但是他（她）已经经过了为职业做准备的治疗（有关该个人的工作做能力），（bb）该个人现在能够从事固定的有收益的活动；

（ⅲ）或者，根据新的或者改善了的诊断技术或者评估，该个人的缺陷或者缺陷组合的状况不像最近做出他（她）是残疾或者持续残疾的决定时那样的残疾状况，并且因此该个人能够从事固定的有收益的活动的大量证据。

（B）或者，对于年龄不满 18 岁的个人：（ⅰ）证明该个人的缺陷或者缺陷组合已取得医疗上的改善，以及该缺陷或者缺陷组合不再引起显著和严重的功能限制；或者（ⅱ）有足够的证据证明，根据新的或者改善过的诊断技术或者评估，该个人的缺陷或者缺陷组合的状况不像最近做出他（她）是残疾或者持续残疾的决定时那样的残疾状况，并且该缺陷或者缺陷组合不会导致显著、严重的功能限制。

（C）对于个人，证明先前的决定是错误的大量证据（按照当时的记录先前根据残疾授权享受待遇的决定的证据，或者新获得的有关那个决定的证据）。

本项中的内容不应该被解释为要求依据本编基于残疾接受待遇的个人有权享受该待遇的决定，如果先前的决定是欺诈获得的或者如果该个人从事固定的有收益的活动，该人无法找到，或者没能被找到，没有正当理由，与他（她）的权利相配合或者遵守规定的协议，有可能：（ⅰ）恢复从事固定有收益的活动的能力；或者（ⅱ）不满 18 岁的个人，排除或改善该个人的缺陷或者缺陷的组合以至于不再受阻碍和受严重的身体功能限制。本项中的所有决定应当以该个人案件文件里可以提供的所有证据为依据，包括有关该个人出示的或社会保障专员掌握的该个人先前或者现在条件的新证据。依据本项做出的决定应该根据证据的重要性以及对该个人情况的中立的判定，除了有关该个人事先被确定为残疾的事实存在或不存在的推论。

符合条件的配偶

（b）在本编中，"符合条件的配偶"是指其丈夫或妻子是老年人、盲人或残疾人的老年人、盲人或者残疾人，以及当配偶提交待遇申请后当月的第一天，或者配偶在提交恢复当月本编中的资格申请的时候，在一个月内——从这个月的第一天起就与该老年人、盲人或者残疾人一起生活的老年人、盲人或者残疾人。当两个老年人、盲人或者残疾人是前一句中规定的丈夫和妻子，只要他们其中一人是第1611条第（a）款规定的"符合条件的个人"即可。

儿童的定义

（c）在本编中，"儿童"是指既没有结婚（由社会保障专员确定），也不是一家之主，并且（1）不满18岁；或者（2）不满22岁且是一名长期在学校、学院、大学学习的个人，或者是为其获得有收益的工作做准备的职业或技术培训课程的学生的个人。

婚姻关系的定义

（d）在确定两个人是否是本编中所说的丈夫和妻子时，应该适用恰当的州法律；以下情况除外：

（1）一个男人和一个女人已经按照第216条第（h）款第（1）项被确定为第二编中的丈夫和妻子，他们应该被认为是（从做出决定之日或者他们提出本编中的待遇申请之日后开始，或者更晚）本编中所说的丈夫和妻子；

（2）或者，一个男人和一个女人只是在他们居住的社区外宣称不是丈夫与妻子的关系，除本条中另有规定外，他们应该被认为是本编中所说的丈夫和妻子。

美　国

（e）在本编中，"美国"，在地理意义上使用时是指50个州和哥伦比亚特区。

符合条件的个人和符合条件的配偶之外的

个人的收入和财产

（f）（1）已婚的并且配偶与其一同居住但不是符合条件的配偶的个人的待遇条件和数额的确定，这样的个人的收入和财产应该被视为包括该配偶的收入和财产，无论是否由该个人支配，但社会保障专员依据情况确定为不公平的情况除外。

（2）（A）作为不满 18 岁的儿童的个人的待遇条件和数额的确定，这样的个人的收入和财产应该被视为包括与该个人同住的父母一方（或者是父母一方的配偶）的收入和财产，无论是否由该个人支配，但社会保障专员依据情况确定为不公平的情况除外。

（B）第（A）目不适用于未满 18 岁的儿童案例，如果该儿童存在以下情况：

（ⅰ）是残疾的；

（ⅱ）当他在第 1611 条第（e）款第（1）项第（B）目规定的机构中时，按照第 1611 条第（e）款第（1）项第（B）目规定，接受本编中的待遇；

（ⅲ）符合部长按照第 1915 条第（c）款有关依据第 1902 条第（e）款第（3）项放弃或者授权的规定批准的州家庭护理计划中的医疗援助条件；

（ⅳ）除了在本目中，该个人是不符合本编中待遇资格的。

（3）外国人的待遇条件和数额的确定，这样的个人的收入和财产应该被视为包括第 1621 条规定的他的担保人和该担保人的配偶（如果这个外国人有赞助人）的收入和财产。所有这些应该被视为该个人的非经营收入。

（4）依照第（1）项和第（2）项规定，由于是武装部队的一员需执行任务而单独居住，在缺乏相反证据的情况下，该个人的配偶或父母（或者父母中一方的配偶），应该被认为是与该个人共同居住的。

盲人和残疾人的康复服务

第 1615 条【《美国法典》第 42 编第 1382d 条】（a）对于任何盲人或残疾人，满足以下条件的：

（1）已经年满 16 岁；

（2）依据本编已经接受的待遇；

社会保障专员应当对该个人的移交进行规定，按照第五编规定，将其转入管理该州计划的适当的州机构。

（b）【已废除①】

（c）【已废除②】

（d）社会保障专员被授权偿还管理或者监督管理依据《1973 年康复法》第一编批准的职业复兴州计划的州机构按照第（a）款第（1）项规定为该个人提供计划康复服务规定所引起的成本，（1）如果这种服务的提供引起该个人在连续 9 个月内从事固定的有收益的工作；（2）如果该个人按照第 1631 条第（a）款第（6）项接受待遇［本款中的退款不应该为接受这种援助的个人在该个人固定的连续 9 个月有收益的活动结束后或者他（她）享受这种待遇的权利终止的这个月结束后提供服务］；以及（3）如果该个人，在没有正当理由的情况下，拒绝继续接受职业复兴服务或者以阻碍复兴服务成功的方式不配合。关于成功恢复个人从事固定的有收益的工作能力的决定，个人没有正当理由不得拒绝继续接受职业恢复服务或者以阻碍恢复服务成功的方式不配合的决定，以及本款中社会保障专员根据专员通过第 222 条第（d）款第（1）项确定的标准应该偿付的成本的数额。

（e）社会保障专员应当偿还第（d）款规定的由恢复服务的相关规定所导致的州机构的费用：

（1）个人在任何一个月内接受了：（A）第 1611 条或第 1619 条第（a）款规定的待遇，（B）第 1619 条第（b）款规定的援助，或者（C）本法第 1616 条或者《公法》第 93—66 期第 212 条第（b）款③规定的一项联邦政府实施的州补充援助；

（2）除了因为残疾或失明中断的原因之外，个人在连续的 13 个月前是不符合以下条件的：（A）第 1611 条或者第 1619 条第（a）款规定的待遇，（B）第 1619 条第（b）款规定的援助，以及（C）本法第 1616 条或

---

① 《公法》第 97—35 期，第 2193 条第（c）款第（8）项第（B）目；《美国联邦法律大全》第 95 编第 828 条。

② 《公法》第 106—170 期，第 101 条第（b）款第（2）项第（B）目；《美国联邦法律大全》第 113 编第 1874 条。

③ 参见第 2 卷《公法》第 93—66 期，第 212 条第（b）款。

者《公法》第 93—66 期第 212 条第（b）款①规定的一项联邦政府实施的州补充援助。

可选择的州补充②

第 1616 条【《美国法典》第 42 编第 1382e 条】（a）由一个州（或者其政治分支机构）定期向依据本编接受待遇或者除了他们的收入应当接受本编中待遇条件的个人提供的现金援助，在这种待遇的补充中根据需要的援助（社会保障专员确定的），应该在确定本编所说的该个人的收入时按照第 1612 条第（b）款第（6）项排除并且社会保障专员和该州可以参与满足第（b）款的协商，社会保障专员将代表该州（或者其政治分支机构）对所有个人进行补充援助。

（b）由社会保障专员和州按照第（a）款达成的协议应当规定：

（1）该支付将支付［按照第（c）款］给居住在该州接受本编待遇的所有个人；

（2）其他有关待遇资格的规则或补充支付的条件或者数额，以及该程序或者其他的管理规定，如果社会保障专员认为是［按照第（c）款］实现专员依据本编进行的计划和可选择的州补充保险计划的高效率和有效管理所必需的。

根据该州的选择［但是按照第（2）项］，该协议修改生效之日后，社会保障专员和该州依据第（a）款协商达成的协议应该规定社会保障专员对依据第 1611 条第（e）款第（1）项第（B）目确定的接受待遇的个人进行补充支付。

（c）（1）在第（a）款中规定的进行补充支付的州（或者政治分支机构）可以按其意愿在这种支付的资格上规定条件，并且包括在该州与社会保障专员依据本款达成的协议中，排除对在这种支付前居住在该州（或者政治分支机构）不满最短时间的个人的居住期限要求。

（2）所有州（或者政治分支机构），在确定第（a）款中规定的个人补充支付的条件时，可以忽略经营收入和非经营收入金额及按照本编在确

---

① 参见第 2 卷《公法》第 93—66 期，第 212 条第（b）款。

② 关于补充保险接受者的资格对于某些待遇的红利价值的增加，参见第 2 卷《公法》第 93—233 期，第 8 条。

定这些条件时要求和许可忽略的其他金额，并且可以包括指定可忽略收入金额的规定（如果有的话）。

（3）第（a）款中规定的进行补充支付的州（或者政治分支机构）可以选择依据第1619条规定对依据本编接受待遇的个人进行该支付，或者除了收入符合接受这种待遇的个人①。

（d）（1）与社会保障专员进行协商的州依据本编应规定社会保障专员代表该州（或者政治分支机构），对依据本编接受待遇的（或者除了他们的收入符合接受该待遇的条件的）个人进行补充支付，可以根据第（5）项②规定，支付给社会保障专员金额等于社会保障专员进行补充支付产生的费用，加上根据第（2）项核定的管理费和依据第（3）项产生的其他服务费用。

（2）（A）社会保障专员应当评估每一个州的管理费，管理费等于：（ⅰ）社会保障专员代表该州依据本条在一个财政年度每个月进行的补充支付数额；乘以（ⅱ）该财政年度的适当比例。

（B）在第（A）目中使用的，术语"适当比例"是指：

（ⅰ）1994财政年度，1.67美元；

（ⅱ）1995财政年度，3.33美元；

（ⅲ）1996财政年度，5.00美元；

（ⅳ）1997财政年度，5.00美元；

（ⅴ）1998财政年度，6.20美元；

（ⅵ）1999财政年度，7.60美元；

（ⅶ）2000财政年度，7.80美元；

（ⅷ）2001财政年度，8.10美元；

（ⅸ）2002财政年度，8.50美元；

（ⅹ）2003财政年度及其后的每一个财政年度：（Ⅰ）前一个财政年度中的适当比例，加上（如果有的话）该日历年7月份消费者价格指数超过增加的前一个日历年7月份消费者价格指数的百分比，并且精确到分，或者（Ⅱ）专员确定的适用于该州的不同比例。

（C）当依据第（B）目第（ⅹ）节第（Ⅱ）次节规定进行决定的时

---

① 关于单独账户的维持，参见第2卷《公法》第96—265期，第201条第（e）款。

② 关于无不利持有的规定，参见第2卷《公法》第92—603期，第401条第（d）款。

候，社会保障专员应当在规章中颁布该决定，且应当考虑管理该州补充支付计划的复杂情况。

（D）按照本项评估的所有费用应该同时转让给社会保障专员，与要求的转让这种补充支付数额同时进行。

（3）（A）社会保障专员可以向州收取一份额外的服务费用，如果按照该州的要求，社会保障专员在按照本条管理州补充支付的过程中，在通常的服务之外提供额外的服务。

（B）额外的服务费用应该在社会保障专员确定的包括联邦政府提供第（A）目中的额外服务导致的所有成本（包括间接成本）的金额以内。

（4）（A）按照第（2）项规定评估的每一份管理费用的前5美元，经过汇总，应该像其他的进款一样储存在美国财政部的一般基金中。

（B）超过5美元的管理费用和100%的按照第（3）项规定收取的额外服务费用，在1998财政年度和随后的财政年度进行汇总，应该存入美国财政部为州补充支付费用而建立的专门基金账户。这样存入的数额，在拨款法事先规定的范围和数额内，应该可以支付执行本编和相关法律时产生的费用①。

（5）（A）（ⅰ）已经与社会保障专员按照本条进行协商的州可以免除有关依据本编向个人按月支付待遇的本款要求的支付费用，不迟于：（Ⅰ）专员每月支付待遇之日的前一个工作日；或者（Ⅱ）按月支付待遇的该州财政年度的最后一个月该日起的第5个工作日。

（ⅱ）如果汇款是在第（ⅰ）节要求的日期之后收到的，专员可以对州处以数额等于该支付和费用数额的5%的罚款。

（B）《1990年现金管理改善法》不适用于第（A）目第（ⅰ）节要求的日期之前州支付的本款要求的支付或费用。

（C）尽管第（A）目第（ⅰ）节有规定，专员可以代表州使用拨付的用于本编待遇支付的资金进行补充支付，并且随后由该州按照专员和该州协商的时间偿还该支付。只有专员确定存在第（A）目第（ⅰ）节要求的影响一州的支付能力的特殊情况时，才可以行使这种权利。

（e）（1）每个州应当建立或者指定一个或者多个州或地方当局，建

---

① 关于拨款权利的限制，参见第2卷《公法》第105—78期，第516条第（b）款第（2）项。

立、维持和保障各类机构、寄养家庭或者大量补充保障接受者居住的或者可能居住的生活安排团体（由该州确定）标准的执行部门。这种标准应该适合这些接受者的需求和上述场所的特征，并且可以解决诸如准入政策、安全、卫生系统和公民权利保护等问题。

（2）每个州应当每年公开审查按照第（1）项建立的标准，并且可以向对此感兴趣的个人提供这些标准的复印件和该州提供的程序，该程序是用来保障这些标准、这些标准中放弃的列表和负责执行的政府部门认为违反这些标准行为的执行。

（3）每个州每年向社会保障专员证明其遵守了本款的要求。

（4）本编中对个人的支付应该减去补充支付［像第（a）款规定的一样］或者其他由州做出的（或者其政治分支机构）为了或者由于向这种机构中的居住者或者住院病人提供第（1）项中规定的该类型机构提供的医疗或者其他类型的救助护理的支付，如果该机构没有被适当的州或者当地政府机构验证符合本项中的规定的标准。

待遇中的生活成本调整[①]

第 1617 条 【《美国法典》第 42 编第 1382f 条】（a）无论何时，当第二编中的待遇数额由于第 215 条第（i）款中的决定每个月进行有效增加：

（1）依据《公法》第 93—66 期第 1611 条第（a）款第（1）项第（A）目、第（a）款第（2）项第（A）目、第（b）款第（1）项和第（b）款第（2）项和第 211 条第（a）款第（1）项第（A）目[②]规定的所有当月的有效的美元数额，按照这些条款规定的或者依据本条实现增加的金额为：（A）除了第（2）项中四舍五入的金额，依据本款在本月将生效的金额，超过（B）依据本款这个月生效的金额；

（2）依据第（1）项每一款获得的金额应该进一步按照本月第二编待遇数额增加的相同比例增加，或者依照更高的比例进行增加［如果第二编中的增加是根据工资增长比例而不是按照消费者物价指数（CPI）的增加比例确定的］，第二编待遇数额在当月应当增加，如果该增加是根据消费者物价指数增加比例而确定的（并且当不是 12 美元的整数倍时，四舍

---

① 参见第 2 卷，附件 A 和附件 B，生活成本增加信息。

② 参见第 2 卷《公法》第 93—66 期，第 211 条。

五入为 12 美元的下一个更低的倍数），对这个月之后月份的待遇有效。

（b）依据本编第 1611 条和依据《公法》第 93—66 期第 211 条，且由于本条第（a）款生效的新美元数额应该在《联邦公报》中公布，同时，第 215 条第（i）款第（2）项第（D）目要求公布的与决定相关的材料也应该一同在《联邦公报》中公布。

（c）1983 年 7 月 1 日生效的：

（1）依据第 1611 条第（a）款第（1）项第（A）目和第（b）款第（1）项生效的美元数额，依据之前条款增加的，应该增加 240 美元［并且依据《公法》第 93—66 期第 211 条第（a）款第（1）项第（A）目生效的美元数量，应该增加 120 美元］；

（2）依据第 1611 条第（a）款第（2）项第（A）目和第（b）款第（2）项生效的美元数额，依据本条前面增加的数额，应该增加 360 美元。

州补充保险计划的实施

第 1618 条【《美国法典》第 42 编第 1382g 条】（a）在 1977 年 7 月 30 日或者之后，按照第十九编符合进行支付的条件，按照第 1616 条第（a）款中规定的类型［包括按照《公法》第 93—66 期第 212 条第（a）款①达成的协议进行的支付］使州进行补充支付，每季度的费用开始于：

（1）1977 年 7 月 30 日之后，或者更晚；

（2）在首次进行这种补充支付的这个季度之后；

这个州必须实施与社会保障专员达成的协议，以使该州：

（3）继续进行这种补充支付；

（4）把这种补充支付维持在不低于 1976 年这种支付生效时的水平，或者如果在这个月没有进行这种支付，以后进行这种支付时，支付应维持在第一个月采用的这种水平。

（b）（1）社会保障专员没有发现州不符合第（a）款第（4）项规定的有关具体月份的补充支付水平的要求，如果这个州在从按照第 1617 条补充保障收入待遇水平增长生效之日开始 12 个月内（包括不符合要求的月份）进行这种补充支付的花费，少于以前 12 个月进行这种支付的

---

①　参见第 2 卷《公法》第 93—66 期，第 212 条第（a）款。

花费。

（2）依据第（1）项确定一个州在从按照第 1617 条补充保障收入待遇水平增长生效之日开始 12 个月内的花费少于这个州在前面 12 个月这种支付的花费，社会保障专员在计算这个州的花费时，按照这个州的一次性选择，可以忽略这个州为《1990 年综合预算调整法》第 5041 条①中所讲的有追溯力的补充保障收入待遇要求的有追溯力的补充支付所花的费用。

（c）满足本条要求的州仅由于第（b）款在 12 个月内（本款规定的）的一个或者多个月份，在 1982 年 7 月 30 日或者之后可以选择，在随后 12 个月内（同上面的规定）的月份，适用第（a）款第（4）项，如果本款中有关 1976 年 12 月的内容是 12 个月中某个月份的参考。

（d）社会保障专员没有发现一个州未遵守第（a）款第（4）项规定的有关其在 1980 年 7 月 1 日至 1981 年 7 月 30 日期间补充支付水平的要求，如果这个州在 12 个月内进行这种支付的花费少于从 1976 年 7 月 1 日至 1977 年 7 月 30 日期间进行这种支付的花费（或者这个州在 1976 年 7 月 1 日至 1977 年 7 月 30 日期间，第一个从 7 月 1 日延伸至次年 7 月 30 日的 12 个月期间没有进行这种支付）。

（e）（1）1983 年 3 月之后的具体月份，被认为因为第（b）款不符合第（a）款第（4）项规定要求的一个州应该被认为符合这些要求，如果：

（A）依据本法第 1611 条第（b）款和《公法》第 93—66 期第 211 条第（a）款第（1）项第（A）目②，它的相加的补充支付水平（接受者涉及的类型）和支付数额（支付给或者为了这个接受者的利益）在那个具体的月份；

不少于：

（B）依据本法第 1611 条第（b）款和《公法》第 93—66 期第 211 条第（a）款第（1）项第（A）目③，在 1983 年 3 月，它的补充支付（接受者涉及的类型）和支付数额水平（支付给或者为了这个接受者的利益）

---

① 《公法》第 101—508 期。

② 参见第 2 卷《公法》第 93—66 期，第 211 条第（a）款第（1）项第（A）目。

③ 参见第 2 卷《公法》第 93—66 期，第 211 条第（a）款第（1）项第（A）目。

在 1983 年 3 月之后增加和在这个具体的月份前存在的依据第 1617 条生活成本调整的金额（和本编中其他的待遇增加）。

（2）在依据本款第（1）项第（B）目确定在混合水平上增加的金额时，如果《1983 年社会保障法修正案》①第 111 条没有通过实施，依据第 1617 条第（c）款增加的这部分金额应该被视为代替了 1983 年 7 月产生的相同金额的生活成本调整金额［不考虑第 215 条（i）款第（1）项第（B）目中包含的 3% 的限制］。

（f）社会保障专员没有发现某个州违反第（a）款规定的有关 1984 年 1 月 1 日至 1985 年 12 月 30 日期间补充待遇水平的要求，如果在 1986 年 1 月 1 日至 1986 年 12 月 31 日期间它的补充支付水平［除了第 1611 条第（e）款第（1）项第（B）目确定的待遇接受者］低于 1976 年 12 月，增加的比例为依据本法第 1611 条第（b）款和《公法》第 93—66 期第 211 条第（a）款第（1）项第（A）目中依据第 1617 条第（a）款和第（c）款在 1976 年 12 月之后和 1986 年 2 月之前发生的调整增加的支付比例。

（g）在 1987 年 10 月 1 日或者之后，符合第十九编的支付条件，州为了对依据第 1611 条第（e）款第（1）项第（B）目确定的待遇接受者进行第 1616 条第（a）款中规定类型的补充支付［包括按照依据《公法》第 93—66 期第 212 条第（a）款②达成的协议进行的支付］，开始于以下的季度内：

（1）1987 年 10 月 1 日后，或者更晚。

（2）在第一次确定对待遇接受者进行这种补充支付的季度之后。

这个州必须实施与社会保障专员达成的协议，以使这个州：

（3）对确定的待遇接受者继续进行这种补充支付。

（4）维持对确定的待遇接受者这种补充支付（水平线）以确保（从本款第一次实施的月份开始的具体月份）：

（A）依据第 1611 条第（e）款第（1）项第（B）目，在具体的月份这些补充支付的总水平和可以支付给接受者的利益；

不少于：

---

① 《公法》第 98—21 期。

② 参见第 2 卷《公法》第 93—66 期，第 211 条第（a）款。

（B）依据第 1611 条第（e）款第（1）项第（B）目，在 1987 年 10月这些补充支付的总水平和支付给或者为了这个接受者的利益（或者，如果这个月没有进行这种补充支付，随后的第一个月进行这种支付的总水平），增加以下金额：（ⅰ）如果第 1611 条第（e）款第（1）项第（B）目第（ⅰ）节适用或者（在医院、家庭或者援助中心中的个人或者配偶）本条第（ⅱ）节适用，增加 5 美元，以及（ⅱ）如果第 1611 条第（e）款第（1）项第（B）目第（ⅲ）节适用，增加 10 美元。

尽管遭受医疗损害但是从事有实质性收入工作的人的待遇①

第 1619 条【《美国法典》第 42 编第 1382h 条】（a）（1）除了第 1631 条第（j）款的规定外，由于残疾被确定为符合条件的个人（或者符合条件的配偶）和在一个月内依据第 1611 条符合接受待遇的条件（或者一项联邦管理的州补充支付）并且在随后一个月的收入超过了社会保障专员指定的数额，通常表现为从事固定的有收益的活动的个人，可以依据本款在随后的一个月（应该替代第 1611 条中的待遇）享受一个月的第 1611 条第（b）款第（1）项确定数额的待遇［或者依据第 1611 条第（b）款第（2）项，是有符合条件的配偶的个人］，并且第十九编的目的应该被视为依据本编接受补充保障收入待遇，只要：

（A）在发现该个人已经有残疾的基础上，该人仍然有身体上的残疾或者精神上的损害；

（B）除了按照第 1612 条第（b）款排除的收入，该个人的收入不等于或者超过使他不符合第 1611 条支付条件的，并且该个人符合本编所有其他非残疾相关的待遇要求。

（2）社会保障专员应当依据第（1）项第（A）目对有关个人在符合依据本款享受待遇资格的第一个月之后的 12 个月内做出决定。

（b）（1）除了第 1631 条第（j）款规定的内容以外，依照第十九编的目的，被确定为盲人或者残疾人的个人，在一个月内符合接受第 1611条中待遇或者联邦管理的州补充支付的条件，并且在随后的一个月因为他（她）的收入的原因，不符合本款中规定的享受待遇的条件（和联邦管理的州补充支付），应该在随后的一个月接受补充保障收入待遇，如果社会

---

① 关于单独的账户的维持，参见第 2 卷《公法》第 96—265 期，第 201 条第（e）款。

保障专员依据规章决定：

（A）发现该个人仍然是失明的或者仍然有身体上或精神上的残疾，除了他的收入，该人符合本编待遇条件中所有的非残疾相关要求；

（B）该个人的收入和依据第二编这个人有权利在每月保险待遇水平上按照第 215 条第（i）款增加；

（C）依据第十九编享受待遇资格的终止将会严重制约他继续工作的能力；

（D）该个人的收入不足以允许他为自己提供一份与本编中的待遇（包括联邦管理的州补充支付）相等的待遇、与第十九编规定中相等的待遇和公共出资的随时护理服务（包括个人护理援助），而当他没有收入时这些服务是应当提供给他的。

（2）（A）依据第（1）项第（D）目进行支付的决定至少应该根据每年最新的信息和数据做出。

（B）在确定第（1）项第（D）目中所说的一个人的收入时，应该从这些收入中排除一份数额为依据第 1612 条第（b）款第（4）项第（B）目第（ii）节和第（iv）节〔或者依据第 1612 条第（b）款第（4）项第（A）目〕在确定他（她）的收入时应该排除的所有数额的总额。

（3）如果一个州按照第 1902 条第（f）款规定进行选择，所有符合以下条件的个人：

（A）（i）符合第（a）款规定的待遇资格，或者（ii）符合第（1）项的要求；

（B）符合依据第十九编批准的州计划的医疗援助的条件，在该个人符合本款中享受待遇的资格或者符合这些要求的第一个月前的当月；

可以仍然是符合这个州计划的医疗援助的条件的个人，只要该个人符合本款待遇的资格或者符合这些要求。

（c）第（a）款第（2）项和第 1631 条第（j）款第（2）项第（A）目规定不应该被解释为对仅仅是盲人或具有残疾的人，又或者失明且具有其他残疾的人在符合待遇资格 12 个月内做出决定。

（d）社会保障专员和教育部部长可以共同开发和传播信息，并且建立职员培训计划，对有关残疾人依据本条的规定获得待遇和服务的潜在可能性进行培训。社会保障专员可以为本编残疾待遇申请者和待遇接受者提供这种信息并且可以为社会保障管理局这个地区办公室的职员们实施这种计划。教育部部长可以为这个州职业复兴机构的职员们实施这种计划，并且与这些机构合作也可以为其他关注适当的个人和关注职业复兴和社会服务或者代表残疾人的公共、私人组织和机构提供这些信息。

某些残疾人的医疗和社会服务

第 1620 条 【《美国法典》第 42 编第 1382i 条】（a）授权拨付一定的金额，足以按照本条建立和执行一项为期 3 年的联邦—州试行计划，向一些智力障碍者提供医疗和社会服务。

（b）（1）1800 万美元应该由社会保障专员分配给这些州的这种计划，从 1981 年 9 月 1 日开始到 1984 年 9 月 30 日结束，且遵循如下要求：

（A）在这个财政年度结束的 1982 年 9 月 30 日应该分配给这些州 600 万美元（本条内容可以包括 1981 年 9 月）。

（B）600 万美元，加上按照第（A）目进行分配剩下的可以提供的金额［在第（4）项适用之后］，应该在这个财政年度 1983 年 9 月 30 日分配给这些州。

（C）600 万美元，加上依据第（A）目和第（B）目进行分配的剩下可以提供的金额［在第（4）项适用之后］，应该在这个财政年度末 1984 年 9 月 30 日分配给这些州。

（2）在财政年度内依据第（1）项从分配总金额中分配给各个州的份额占总数量的比例，应当与在这个州里 17 岁以上不满 65 岁的个人和在当年由于残疾接受补充保障收入待遇的个人（社会保障专员根据最近提供的数据确定的）的数量占州里所有这样的个人总数的比例保持一致。在前一句中，"补充保障收入待遇"包括按照依据本法第 1616 条第（a）款或者按照《公法》第 93—66 期第 212 条第（b）款①达成的协议进行的支付。

（3）依据本条规定在每个财政年度开始这个试行计划，不打算使用这一年分配数额（或者前一个财政年度进行支付的所有分配额）的所有州，或者不打算使用全部分配额的州，可以向社会保障专员证明不打算使

---

① 参见第 2 卷《公法》第 93—66 期，第 212 条第（b）款。

用的分配数额，以及这个州的分配额在这个财政年度（或者多年）减少已经证明数额的配额。

（4）由于第（3）项的规定在该年没有分配给各个州的［加上在这一年开始依据第（3）项前一年各州的分配额中减少的数量］依据第（1）项在具体的财政年度分配额可以提供的总数量应该以这种方式使用，如果社会保障专员确定对各州的需要进行再分配是适当的，并且将使用在具体年份依据他们批准的计划为重度智力障碍者提供额外的服务援助上。依据本项对一个州再分配的数量在一个具体的财政年度应该作为本条中所说的在那一年增加与这个州的分配额相一致的数额。

（c）为了参与该试行计划，并且在这段时间内依据第（d）款规定符合接受支付的条件，一个州（在此期间）必须有一个计划，该计划是由社会保障专员按照本条要求的会议批准的，为收入在能够从事固定的有报酬的工作的能力水平之上的并且接受第 1611 条、第 1619 条中的待遇或者依据第 1902 条批准的州计划中的援助的重度智力障碍者提供医疗和社会服务，并且：

（1）宣布这个州参加试行计划的目的；

（2）指定适当的州机构在该州管理这个计划或者监督这个计划的管理；

（3）描述该州适用的标准，依据这个计划确定个人援助的条件和这个州机构在项目中要求一个有关影响的决定：（A）这个人继续他的工作的能力没有这种援助将会受限，以及（B）这个人的收入不足以允许他为自己提供一份合理的相当于依据本编、第十九编和第二十编可以提供给他现金和其他待遇（在缺乏这些收入）的情况下；

（4）描述个人被确定能符合享受这种援助条件的程序（并且这种程序不涉及从事残疾保险或者补充保障收入待遇中所说的残疾的机构或企业，当不同的机构或者企业不能发挥这些功能时，决定州机构或者企业执行其功能）；

（5）描述依据这个计划应该规定的医疗和社会服务；

（6）描述相关的提供医疗和社会服务的方式，并且如果他们不是依据第十九编和第二十编通过州的医疗和社会服务计划接受该服务的［按照本条第（d）款而不是依据这些编进行的联邦支付］，应制定提供这种服务的具体机制和程序；

（7）包括社会保障专员认为符合本条的要求或者实现其目标所必要或者适当的其他规定。

（d）（1）对于任何财政年度依据第（b）款的分配额（和以前的财政年度对于分配额中可以提供的剩下的数量），社会保障专员应当偶尔对每一个依据第（c）款批准计划的州支付一笔等于这个计划花费的75%的款项（包括这个计划管理的成本），为符合这个计划中这种服务的条件的重度智力障碍者提供医疗和社会服务。

（2）依据这一条计算和进行支付的方法应该如下：

（A）在对每一个州进行支付之前，社会保障专员应当判断这期间依据本条的规定支付给这个州的金额。

（B）对于可以使用的分配额，社会保障专员可以支付如下判断的金额，根据具体情况减少或者增加相应的数量（不是在依据本款进行调整前），是专员认为的依据本条判断的支付给该州数量是多于或者少于这期间依据本条应该支付给这个州的数量。

（e）在本条执行之日①后的9个月内，社会保障专员应当规定和发布执行这个试行计划和本条所必需或适当的规章。

（f）每个依据本条参加这个试行计划的州可以偶尔向社会保障专员发布这个计划的运行情况和结果，尤其强调这个计划的运行效果。在1983年10月1日或者之前，社会保障专员可以向国会呈递一份关于这个计划的报告，包含的信息包括在这个州报告中，除去专员的调查和建议的信息。

担保人的收入和外国人财产的归属

第1621条【《美国法典》第42编第1382j条】（a）为确定外国人享受本编中的待遇条件以及待遇数额，进行书面陈述或者相似的协议的个人的个人收入和财产，和这个参与人的配偶的收入和财产，应该被视为进入美国3年后该人的个人收入和财产［按照第（b）款和第（c）款确定的］。所有这样的收入应被认为是该个人的非经营性收入。

（b）（1）外国担保者的非经营收入（和配偶）应该被确定如下：

---

① 本条在1980年7月9日实施（《公法》第96—265期；《美国联邦法律大全》第94编第446条和第448条）。

（A）这个担保人和该担保人的配偶（如果这个配偶与这个参与者一同居住）的经营和非经营收入〔依据第1612条第（a）款确定的〕，其所有年份的比例应该在这一年确定。

（B）依据第（A）目确定的数量应该减去：（i）依据本编在这一年将要支付给符合条件的没有其他收入并且没有符合条件的配偶〔依据第1611条第（b）款第（1）项确定的〕的个人的联邦待遇的最大金额；加上（ii）依据第（i）节确定的金额的1/2乘以从属于这些担保人（或者这些参与人的配偶，如果其与参与人一同居住）的个人的金额，不包括该外国人和这种外国人的配偶。

（C）应该被视为这个外国人的非经营性收入的收入金额应该以每年的比例等同于依据第（B）目确定的金额。确定这个金额的时间应该与依据第1611条第（c）款确定待遇的时间相同。

（2）应这样确认被视为该外国担保人年度内的（和他的配偶）财产数量：

（A）这个担保人和这个担保人的配偶（如果这个配偶与这个参与人共同居住）的财产总数（依据第1613条确定的）应该确定。

（B）依据第（A）目确定的金额应该减去：（i）没有共同居住配偶的参与人的案例中，依据第1611条第（a）款第（3）项第（B）目确定的适当金额；或者（ii）如果是有一位共同居住配偶的担保人，依据第1611条第（a）款第（3）项第（A）目确定的适当金额。

（C）依据第（A）目和第（B）目确定的这个担保人（和配偶）的财产应该被视为除了这个外国人财产某部分外的这个外国人的财产。

（c）在这个外国人进入美国后的3年内确定一个外国人的收入时，依据第1612条第（a）款第（2）项第（A）目第（i）节规定减少的美元金额不适用于以下情况，即这个外国人与这个外国人的担保人（或者这个担保人的配偶）共同居住，并且正在接受来自这个担保人（或者配偶）的资助和赡养，不是这个外国人的担保人〔在确定应该被视为第（a）款或第（b）款中的外国人的收入和财产的数量时考虑的收入或者财产〕以现金或者性质相同的方式提供的资助或赡养，应该被视为第1612条第（a）款第（2）项第（A）目中的这个外国人的收入。

（d）（1）所有的外国人在进入美国后的3年内，为了成为本编中符合条件的个人或者符合条件的配偶，被要求提供给社会保障专员有关他的担保人的信息和记录，这些信息和记录是社会保障专员做出本条要求的决定所必需的，并且提供是与这个担保人进行做出这个决定的必要合作。这个外国人也可以被要求提供社会保障专员要求的和这个外国人或者他的担保人提供的该个人的移民申请的信息和记录。

（2）社会保障专员可以与国务卿和总检察长达成协议，凭借可以提供给这些个人的信息和这些个人提供给社会保障专员为了做出本编中的决定要求的信息，并且根据本条的要求，这些人可以通知外国人的担保人，且这个担保人执行援助的书面陈述或者相似的协议。

（e）由于担保人没有提供本条中规定的准确信息，担保人没有过失或者这种过失有正当的理由的除外，外国人的担保人和这个外国人，应该和数个人一起负责这个外国人进入美国后 3 年内对外国人超额支付的金额。没有支付给社会保障专员或者根据第 1631 条第（b）款收回的这种超额支付随后应该从这个外国人或者其配偶依据本法的规定有权享有的支付中扣缴。

（f）（1）如果在个人进入美国居住后出现的失明或者残疾，从这个缺陷出现及之后，本条的规定不适用于由于失明［第 1614 条第（a）款第（2）项确定的］或者残疾［第 1614 条第（a）款第（3）项确定的］的老年人、盲人或者残疾人。

（2）本条规定不适用于以下外国人：

（A）在 1980 年 4 月 1 日前，由于《移民和国籍法》第 203 条第（a）款第（7）项①规定的适用准许进入美国；

（B）在 1980 年 3 月 31 日后，由于本法第 207 条第（c）款第（1）项规定的适用准许进入美国；

（C）依据本法第 212 条第（d）款第（5）项②有条件获准进入美国的难民；

（D）或者，由首席检察官批准的政治庇护。

---

① 参见第 2 卷《公法》第 82—414 期，第 203 条第（a）款第（7）项。
② 参见第 2 卷《公法》第 82—414 期，第 207 条第（c）款第（1）项和第 212 条第（d）款。

第 B 部分   程序性规定和一般规定

付款和程序①

待遇支付

第 1631 条【《美国法典》第 42 编第 1383 条】（a）（1）本编中的待遇应该按照本编的目的，按本编规定的时间和［按照第（10）项的］分期付款的方式进行支付（并且如果小于每个月一次进行支付，则每月的待遇金额不超过 10 美元）。

（2）（A）（ⅰ）个人待遇支付可以支付给该个人或该个人符合条件的配偶（如果有的话），或者向每个人支付一部分。

（ⅱ）（Ⅰ）根据社会保障专员的决定，应满足一个人的利益，不管这个人或者符合条件的配偶在法律上是否有资格，应对其他满足本项第（B）目规定的个人或者一个组织进行支付（本项中所说的这个人的"代理收款人"），用以支付该个人或其合法配偶的待遇。

（Ⅱ）一个人由于残疾符合本编中待遇的条件，这些待遇应该支付给一位代理收款人，如果社会保障专员确定这种支付符合该个人的利益，因为该个人也存在酗酒或者吸毒情况（专员确定的）因此无法管理该待遇。

（ⅲ）如果社会保障专员或者有司法权的法院确定该个人或者其符合条件配偶的代理收款人滥用按照第（ⅱ）节、第 205 条第（j）款第（1）项或者第 807 条已经支付给该代理收款人的待遇，社会保障专员可以及时依照本段规定，终止向该代理收款人进行待遇支付，并且规定向该个人或者其符合条件的配偶的其他代理收款人提供待遇支付，或者在符合本编提及的该个人利益的条件下，支付给该个人或者其符合条件的配偶。

（ⅳ）在本项中，如果存在代理收款人对待遇的滥用，即该代理收款人按照本编规定使用或转变其接收的支付费用（或者其中的一部分），以做他用而非用于其他人的利益，社会保障专员可以通过规章规定本条中所说的"用途和利益"的含义。

---

① 关于电子的资金转移，参见第 2 卷《公法》第 90—321 期，第 913 条第（2）项。

（B）（ⅰ）依据第（A）目对个人或者配偶的代理收款人做出的待遇支付决定应该根据以下条件做出：（Ⅰ）社会保障专员在进行该支付前在切实可行的范围内对该人的代理收款人进行调查，包括与该人进行面对面的谈话；以及（Ⅱ）有足够的证据证明该支付是符合该个人或其合法配偶的利益（由社会保障专员在规章里确定）。

（ⅱ）作为第（ⅰ）节第（Ⅰ）次节中提及的调查的一部分，社会保障专员可以：

（Ⅰ）要求接受调查的个人提交该人身份的证明文件，除非证明身份的这些信息是与第二编、第八编或本编中的待遇申请一起提交的；

（Ⅱ）核实该人的社会保障号码（或者雇主识别号码）；

（Ⅲ）确定这个人是否已经违反第208条、第811条或第1632条的规定；

（Ⅳ）获取有关该个人是否已经违反可以判处其1年以上监禁的联邦或者州法律的信息；

（Ⅴ）获取有关该个人是否为第1611条第（e）款第（4）项第（A）目中规定的个人的信息；

（Ⅵ）确定这个人的待遇支付是否已经按照第（A）目第（ⅲ）节规定终止，该个人的代理收款人的指定是否已经按照第807条第（a）款规定取消，以及该个人的待遇支付证明是否已经按照第205条第（j）款规定撤销，由于滥用第二编、第八编或本编待遇支付的资金。

（ⅲ）个人待遇按照第（A）目第（ⅱ）节规定不得支付给其他人，如果：

（Ⅰ）该个人之前按照第（ⅱ）节第（Ⅲ）次节规定被判定有罪；

（Ⅱ）除第（ⅳ）条的规定外，按照第（A）目第（ⅱ）节规定，该个人的待遇支付之前就已经按照第（ⅱ）节第（Ⅵ）次节规定予以终止，对该个人的代理收款人的指定已经按照第807条第（a）款取消，或者在第205条第（j）款规定中该个人的待遇支付证明之前已经按照第205条第（j）款第（2）项第（B）目第（ⅰ）节第（Ⅵ）次节规定撤销；

（Ⅲ）除第（ⅴ）节中的规定外，该人是向这个人有偿提供商品或者服务的债权人；

（Ⅳ）该个人之前已经按照本目第（ⅱ）节第（Ⅳ）次节规定被判定有罪，除非专员确定即使有罪也应向其进行支付；

（Ⅴ）或者，该个人是第 1611 条第（e）款第（4）项第（A）目中规定的个人。

（ⅳ）社会保障专员可以制定规章，以使社会保障专员可以根据具体情况依据第（ⅲ）节第（Ⅱ）次节规定对个人予以豁免，如果这种豁免是为了该个人或者其符合条件的配偶的最大利益，本编待遇按照第（A）目第（ⅱ）节支付给该个人。

（ⅴ）第（ⅲ）节第（Ⅲ）次节不适用于债权人，如果这个债权人是：

（Ⅰ）该个人的亲戚并且和该人居住在同一住宅；

（Ⅱ）该个人的一位合法的监护人或者代理人；

（Ⅲ）依据州或者政治分支机构的规定，得到许可的或者经过认定的疗养中心；

（Ⅳ）作为第（Ⅲ）次节中提到的疗养中心的管理者、所有者或雇员，如果该个人居住在此疗养中心里，并且关于该个人在本编规定的待遇支付仅仅是社会保障管理局当地服务办公室为满足该个人的最大利益，为其指定一位为代理收款人而做出适当的努力后进行。

（Ⅴ）或者，根据书面调查并且依据社会保障专员通过规章规定的程序，由社会保障专员确定的可接受的代理收款人。

（ⅵ）第（ⅴ）节第（Ⅴ）次节中规定的程序应要求即将成为代理收款人的个人满足社会保障专员提出的要求：

（Ⅰ）这个人不会危害受益者；

（Ⅱ）这个人和受益者之间在经济关系上不存在重大利益冲突；

（Ⅲ）没有发现其他的适合的代理收款人。

（ⅶ）如果第（A）目第（ⅱ）节第（Ⅱ）次节中规定的个人，在选择该个人作为代理收款人时，优先权应该给予：

（Ⅰ）经过认定的以社区为基础的非营利社会服务机构〔第（Ⅰ）次节中定义的〕；

（Ⅱ）从事收入维持、社会服务或者健康护理相关活动的联邦、州或者当地的政府机构；

（Ⅲ）负有受托责任的州或者当地的政府机构；

（Ⅳ）本节前面几次节所提及的机构（不包括联邦机构）中的被指派者，如果社会保障专员认为是恰当的；

除非社会保障专员确定其家庭成员的选择是合适的。

（ⅷ）按照第（ⅸ）节的规定，如果社会保障专员做出第（A）目第（ⅱ）节中规定的个人待遇的决定并且对这个人的直接待遇支付将对该个人产生重大损害，则社会保障专员可以推迟（如果是初次有权力）或者暂停（如果是已经有权力）对该人的直接待遇支付，直到代理收款人按照本段规定做出选择。

（ⅸ）（Ⅰ）除了第（Ⅱ）次节的规定外，按照第（ⅷ）节规定，对直接待遇支付的推迟或者暂停应该不超过 1 个月。

（Ⅱ）第（Ⅰ）条规定不适用以下情况，如果该个人或者其符合条件的配偶是在社会保障专员决定之日，在法律上不符合资格的、不满 15 岁或者第（A）目第（ⅱ）节第（Ⅱ）次节中规定的人。

（Ⅹ）依据本目规定的对代理收款人推迟或暂停的待遇支付应支付给该个人，或者其选择的代理收款人，社会保障专员确定的金额或者时间是为了满足有权享有这些待遇的个人的最大利益。

（ⅹⅰ）在第（c）款规定的相同范围内，任何个人，如不满社会保障专员对向本编中的代理收款人支付该人的待遇决定，或者不满意为其指定的代理收款人，应该有权要求社会保障专员举行听证会，并且有权要求对专员的最后决定进行司法审查。

（ⅹⅱ）在对第（A）目第（ⅱ）节中代理收款人的个人待遇进行第一次支付之前，社会保障专员应当提供专员初次决定进行该支付的书面通知。这个通知应该提供给该个人，除此之外，如果这个人：（Ⅰ）不满 15岁；（Ⅱ）不满 18 岁；或者（Ⅲ）在法律上不符合资格；则该通知应该仅提供给该个人的法定监护人或者法定代理人。

（ⅹⅲ）第（ⅹⅱ）节中规定的任何通知应该使用读者容易理解的语言写成，认定被指定成为该个人的代理收款人的人，并且应当向读者解释该个人、该个人的法定监护人或法定代理人依照第（ⅹⅰ）节规定享有的权利：（Ⅰ）对该个人代理收款人的必要性的决定进行上诉；（Ⅱ）对该个人的代理收款人的指定进行上诉；以及（Ⅲ）审查该指定代理收款人的证据并提交额外证据。

（ⅹⅳ）尽管有《美国法典》第 5 编第 552a 条①的规定，或者联邦法律

---

① 参见第 2 卷《美国法典》第 552a 条。

或州法的其他规定［《1986 年国内税收法》第 6103 条①和本法第 1106 条第（c）款除外］，专员可以按照执法人员的书面要求，向任何联邦、州或者当地法律执行官员提供现在的地址、社会保障号码和本目中被调查人的照片（如果可以的话），如果执法人员向专员要求该人的名字和专员为确定这个人的特定身份合理要求的其他的身份识别信息，并且通知专员：（Ⅰ）该个人是第 1611 条第（e）款第（4）项第（A）目中规定的；（Ⅱ）该个人有官员执行公务职责所需的必要资料；以及（Ⅲ）对该人的定位和逮捕是这个官员的公务职责。

（C）（i）如果支付是依据本编对个人或者其配偶的代理收款人进行的，社会保障专员可以建立一套责任监察制度，使该个人每年不少于一次报告关于这种支付的使用情况。社会保障专员可以建立和执行有效统计程序，以审查这些报告，对不适合使用该支付的个人的案例进行认定。

（ii）如果代理收款人是一个州机构，则第（i）节规定不适用。在这些案例中，社会保障专员应该为每个州的机构建立责任监察制度。

（iii）如果有权享受这种支付的个人是联邦机构的一位居民并且其代理收款人是该机构，则第（i）节不适用。

（iv）尽管有第（i）节、第（ii）节和第（iii）节的规定，社会保障专员仍可以随时要求代理收款人提交一份报告，如果社会保障专员有理由相信代理收款人正在滥用这些支付。

（v）如果第（i）节或第（iv）节中规定的代表其他人接受支付的个人没有提交第（i）节或第（iv）节规定中社会保障专员要求的报告，在对这个人和有权享受支付的个人发出通知后，专员可以要求该个人亲自到其接受支付的当地社会保障管理局的现场办公室说明情况。

（D）（i）除了下列规定，一个合格的机构还应当每月向个人收取该机构按照第（A）目第（ii）节的规定用于提供给该代理收款人服务时所产生的费用（包括经常性费用），如果这种费用不超过以下规定中较少的：（Ⅰ）每月待遇的 10%；或者（Ⅱ）每月 25 美元［如果是第（A）目第（ii）节第（Ⅱ）次节中规定的个人，每月 50 美元］。

有资格的组织不得按月向个人收取费用，社会保障专员或者有管辖权的法院确定这个组织滥用全部或者部分这个人的待遇，并且有资格的

---

① 参见第 2 卷《公法》第 83—591 期，第 6103 条。

组织在这个月收取的数量应该被作为滥用第（E）目和第（F）目中这个人待遇的部分。社会保障专员可以依据程序规定在调整的范围内按相同的方式调整，按照用于调整第 215 条第（i）款第（2）项第（A）目中待遇数量的程序，每年（1995 年之后）调整本节第（Ⅱ）次节规定的每一个美元数量，除了不是 1 美元倍数的调整数量应该近似为 1 美元最近的倍数。规定超过本节中许可数量的费用的协议应该被作为这个人待遇组织滥用。

（ⅱ）在本目中，"有资格的机构"是指负责执行维持收入、社会服务或者健康护理相关活动的州或者当地政府机构，负有受信托责任的州或者当地政府机构，或者经过认定的基于社区的非营利性社会服务机构［第（Ⅰ）次节中定义的］，根据社会保障专员的任何适用的规章，如果该机构：（Ⅰ）作为一个代理收款人按照第（A）目第（ⅱ）节或者第 205 条第（j）款第（4）项或第 807 条规定同时向 5 个或者更多的个人定期提供服务；以及（Ⅱ）表明对社会保障专员满意，以及这个机构不是该个人的债权人。社会保障专员可以规定规章，以使社会保障专员可以从第（Ⅱ）次节中对个人根据具体情况批准特例，如果这个特例是为了满足该个人的最大利益。

（ⅲ）任何有资格的机构，如直接或间接故意收取或者征收任何超过第（i）节规定的最高金额的费用，或者做出任何安排，直接或间接地收取或征收超过最高金额的费用，应该根据《美国法典》第 18 编进行罚款，或者进行不超过 6 个月的拘禁，或者两者并罚。

（ⅳ）不再符合本编待遇条件但是本编规定的过期待遇金额还没有支付的个人，在第（i）节中，这种过期的可以按月支付的待遇金额应该作为第（i）节第（Ⅰ）次节中所提及的每个月待遇。

（E）**赔偿**。如果社会保障专员由于疏忽没有调查或者监督代理收款人而导致该代理收款人滥用待遇，则社会保障专员应当向受益人或者该受益人的代理收款人支付这种被滥用的待遇的金额。如果一个代理收款人：

（i）不是一个人［无论它是否是第（D）目第（ⅱ）节中所说的"有资格的机构"］；

（ⅱ）或者，是一个人，在滥用待遇发生期间的任何一个月，为 15 个或者更多的由本编、第二编、第八编或汇编规定的受益人提供服务；

如果滥用支付给代理收款人的所有或者部分个人的待遇，社会保障专员则应当支付给受益人或者该受益人的代理收款人被滥用的待遇金额。社会保障专员应当尽力从已经终止的代理收款人处获得赔偿。

（F）（ⅰ）（Ⅰ）符合第（Ⅱ）次节中规定的接受待遇支付资格的、不满18岁的个人的代理收款人应当代表该个人在金融机构为其开立一个账户，以存储所支付的待遇的款项，并且此后可以根据第（ⅱ）节规定维持这个账户的使用。

（Ⅱ）本次节中规定的待遇是过期的每个月一次的按照本编规定的待遇［在本次节中，包括社会保障专员按照《公法》第93—66期第1616条或第212条第（b）款规定的协议进行的州补充支付］，其数额［在专员依照本段规定对州做出的临时援助和第（d）款第（2）项第（B）目中规定的代理人费用进行扣缴之后］应当超过以下的乘积：（aa）6；以及（bb）依据本编对符合条件的个人每月可以支付的最大待遇数额。

（ⅱ）（Ⅰ）代理收款人可以使用第（ⅰ）节建立的账户中的资金用以支付第（Ⅱ）次节中规定的正当费用。

（Ⅱ）本次节规定的正当费用是指用于以下事项的费用：（aa）教育或者工作技能培训；（bb）个人需要的援助；（cc）特殊设备；（dd）住房改造；（ee）医学治疗；（ff）治疗或者恢复；或者（gg）专员认为适当的其他项目或者服务；

规定该费用应当有益于该个人，如果第（bb）小节、第（cc）小节、第（dd）小节、第（ff）小节或（gg）小节中规定的费用，是与该个人的损失（或者各项损失总和）有关。

（Ⅲ）依据第（ⅰ）节确立的账户中的资金以本条未授权认可的方式使用的情况：（aa）如果代理收款人被认为存在本编中所说的所有的待遇滥用行为，并且故意从账户中滥用待遇，该代理人应该向专员保证金额等于这些待遇的总金额；以及（bb）作为他（她）自己的符合条件的收款人被视为滥用本项中所说的所有待遇的并且属于故意滥用账户中的待遇，专员可以减少对该个人（或者该个人和他的配偶）的可以支付的未来待遇金额，其数额等于滥用的待遇的总数额。

（Ⅳ）无论待遇是否直接支付给受益人或者通过代理收款人获取，在这个儿童年满18岁后，本条可以继续适用于这个账户中的资金。

（ⅲ）代理收款人可以给这个符合条件的个人依据第（ⅰ）节建立的

账户存进其过去正当的本编待遇的其他资金，规定这种过去的正当的待遇金额等于或者超过每月可以支付给符合条件的个人［包括专员按照《公法》第93—66期第1616条或第212条第（b）款①中的协议进行的州补充支付］的待遇的最大金额。

（iv）社会保障专员应该建立监督责任制度，以便代理收款人可以按照专员要求的时间和方式，报告有关按照第（i）节建立的账户中的资金的活动。

（G）（i）除了社会保障专员应当实施的关于代理收款人的这种其他审查外，专员可以提供定期的接受本编中可支付待遇的个人或者机构现场审查，按照该个人或者机构的委派作为本项、第205条第（j）款或者第807条中的代理收款人，如果：

（Ⅰ）代理收款人是为15个或者更多的个人服务的人；

（Ⅱ）代理收款人是一个公认的基于社区的非营利社会服务机构［第（Ⅰ）次节或者第205条第（j）款第（10）项中定义的］；

（Ⅲ）或者，代理收款人是一个为50个或者更多的个人服务的机构［不包括第（Ⅱ）次节中规定的机构］。

（ii）在每一个财政年度结束后的120天内，专员可以向众议院赋税委员会与参议员金融委员会提交一份有关在该财政年度第（i）节中的定期现场审查和在该财政年度进行的有关本编待遇的代理收款人其他审查结果的报告。每一份这种报告可以详细描述在审查中发现的所有问题和采取或者计划采取纠正问题的矫正行动，并且应当包括：

（Ⅰ）审查的数量；

（Ⅱ）审查的结果；

（Ⅲ）代理收款人被改变的案件数量和原因；

（Ⅳ）加速完成的案件数量，由于执行收到的资金滥用陈述专员在代理收款人目标上的疏忽，没有向小贩付款，或者相似的不正当行为；

（Ⅴ）发现的资金滥用案件的数量；

（Ⅵ）专员如何处理这些资金滥用案件；

（Ⅶ）资金滥用案件的最终处置，包括进行的刑事处罚；

（Ⅷ）专员认为适当的其他信息。

---

① 参见第2卷《公法》第93—66期，第212条第（b）款。

（H）（ⅰ）如果社会保障专员或者有司法权的法院决定联邦、州或者当地政府机构的代理收款人已经滥用了支付给本段中的代理收款人的个人待遇的全部或者部分资金，代理收款人应该对滥用的数量负责，并且这个数量（到代理收款人无法偿还的范围）应该被视作本法以及关于超额支付偿还相关法律的规定中对代理收款人的超额待遇支付。按照第（ⅱ）节规定，偿还全部或者部分金额，专员应当对该个人或者该个人的代理收款人进行等同于追回数量的支付。

（ⅱ）按照第（ⅰ）节支付给该个人或者该个人的代理收款人的总金额以及按照第（E）目规定应支付的金额不超过该个人的代理收款人滥用的待遇的总金额。

（Ⅰ）在本项中，"经过认证的基于社区的非营利社会服务机构"是指按照要求建立的基于社区的非营利社会服务机构，依据专员制定的规章，每年给专员提供认证，根据专员的具体要求担保的并且根据专员的具体要求在进行代理收款人服务的每个州都是经过许可的（如果在这个州里是经过许可的）。每年的认证应当包括进行前面认证的机构独立审计的复印件。

（3）社会保障专员可以通过规章确立本编适用的单独一项待遇金额的收入范围。

（4）社会保障专员：

（A）对初次申请本编待遇的个人，据推测该人符合享受提交申请之日后的这个月的待遇资格，并且面临着财政紧张，需要对其支付福利的预付资金，包括联邦管理的州补充支付，不超过可以支付给符合条件的无收入的个人假定符合条件的每月的数额；

（B）可以支付本编提及的待遇。

（5）提供仅由于失明［依据第 1614 条第（a）款第（2）项确定的］或者残疾［依据第 1614 条第（a）款第（3）项确定的］，作为老年人、盲人或者残疾人的个人待遇支付，以及（只要这个人是符合条件的）在这种失明或者残疾结束后的第 2 个月之内的支付。

（6）尽管有本编中的其他规定，仅仅由于失明［依据第 1614 条第（a）款第（2）项确定的］或者残疾［依据第 1614 条第（a）款第（3）项确定的］，作为老年人、盲人或者残疾人的个人待遇支付不应该终止或者暂停，因为失明或者其他身体上或者精神上的缺陷是该个人享有待遇资格的基础，而该基础已经或者可能已经停止，如果：

（A）该个人正在参与构成第 1148 条中工作和自足计划中的一个计划或者社会保障专员批准的其他职业恢复服务、就业服务或者其他支持服务计划；

（B）社会保障专员确定这个计划的完成或者规定的时间的延续，将可能提高该个人（在这个计划中参加之后）长期远离失明和残疾的待遇。

（7）（A）如果：

（i）该个人是本编中由于残疾或失明的待遇接受者；

（ii）存在身体上或者精神上的缺陷；

（iii）对即将进行的有关他是否无权享受待遇决定的审查或者听证及时要求；

该个人可以选择（以社会保障专员可以通过规章规定的方式和形式且在相应时间内）延续的待遇支付，在本段实施之日后从第一个月起的额外期间（按照这个决定），该待遇不再进行支付，并且（Ⅰ）在听证会之后做出决定那个月之前的月份；或者（Ⅱ）没有待定的审查或者听证会的月份之前的月份内结束对该个人的待遇支付。

（B）（i）如果个人选择依据第（A）目要求在额外的时间内持续对其进行待遇支付，社会保障专员的最后决定证实他没有权利享受该待遇，照此选择的本编提及的待遇（在这种额外的时间内）应该被视为本编中所说的超额支付，不包括第（ii）节规定。

（ii）如果社会保障专员确定该个人对他的待遇的终止的上诉是有正当的理由的，所有按照第（A）目该个人选择的支付待遇应该按照第（b）款第（1）项中的规定弃权补偿。

（C）第（A）目和第（B）目的规定可以适用于在本项实施①之日、之后或者之前，仅根据听证或者听证会的适时要求做出的决定（无权享受待遇的个人）。

（8）（A）如果行政法律法官已经在第（c）款中规定的听证会之后决定该人有权享受本编中的残疾或者失明的待遇并且社会保障专员已经发布了最终决定，在这种情况下，行政法律法官决定的日期后的 110 日内，

---

① 本项在 1984 年 10 月 9 日实施［《公法》第 98—460 期，第 7 条第（b）款；《美国联邦法律大全》第 98 编第 1083 条］。

该待遇应从 110 天期满的月份开始并且在这个最终决定发布的月份结束的期间进行支付。

（B）在第（A）目中，确定第（A）目中的 110 天是否已经过时，该个人或者该个人的代理人无正当理由的作为或者不作为导致社会保障专员发布最终决定延迟，该情况不应该被考虑进这种期间超过 20 天的范围。

（C）现在按照本项支付的本编提及的待遇〔第（A）目中规定的月份〕不应该被视为本编中所说的超额支付，除非这些待遇支付是通过欺诈获得的。

（9）本编提及的待遇不得仅仅由于个人拒绝接受该个人作为受害者，便拒绝个人犯罪赔偿金额。

（10）（A）如果该个人符合本编提及的过期的每月待遇的条件，金额〔在依据第（g）款对州的临时援助赔偿和第（d）款第（2）项第（B）目中的代理费用支付扣缴之后〕等于或超过以下的乘积：（i）3；以及（ii）对符合条件的个人（或者，如果适当的，对符合条件的个人和符合条件的配偶）每月可以支付的本编提及的最高金额；

则该过期的待遇〔在对一州的这种赔偿和第（d）款第（2）项第（B）目中的代理费用支付之后〕应该按照第（B）目规定以分期付款的方式进行支付。

（B）（i）按照本目的过期的待遇支付应该进行不超过间隔为 6 个月的 3 次分期付款。

（ii）除了第（iii）节中的规定外，分期付款中的第一和第二部分的每一个数额应不超过第（A）目中第（i）节和第（ii）节乘积的数额。

（iii）如果一个人有：

（I）未偿付的债务：（aa）食品，（bb）衣服，（cc）庇护所，或者（dd）必要的医疗服务、补给或设备或药品；

（II）或者，现在的费用或者近期的预期费用：（aa）必要的医疗服务、补给或设备或者药品，或者（bb）住宅购买；

这些债务或者费用不需要按照公共援助计划赔偿的规定，部长依据第十八编、第十九编批准的州计划的规定，或者私人企业按照保险政策的规定、提前支付计划，或者其他安排的规定有法律责任提供支付第（ii）节中不超过这种债务和费用总量的数额。

（C）本项不适用于，在该个人是符合本编提及的过期的每月待遇支付条件的社会保障专员的决定时：（ⅰ）拥有在 12 个月内可能导致死亡的医学上可以确定的缺陷；或者（ⅱ）不符合本编提及的待遇的条件和专员确定该个人在下一个 12 个月内也可能仍然不符合条件。

（D）在本项中，"本编提及的待遇"包括按照第 1616 条第（a）款中的联邦管理协议进行的补充支付，及按照《公法》第 93—66 期第 212 条第（b）款中达成的协议进行的支付。

超额支付和支付不足

（b）（1）（A）当社会保障专员认为多于或少于合适的待遇金额已经支付给了个人，按照本款之后的规定对该个人的未来支付进行适当的调整，或者对该个人或他的符合条件的配偶取得的支付进行恢复（或者从两者中任何一个的不动产中），如果这个人已经死亡，应支付给：

（ⅰ）该个人在世的配偶，无论其是否是该个人的符合条件的配偶，如果［在第 202 条第（ⅰ）款第一句的含义内］这个在世的丈夫或者妻子在他死亡时或者死亡前的 6 个月内是与这个人共同居住的；

（ⅱ）或者，这个人的父母，如果该个人是残疾的或者失明的儿童，在他死亡时或者死亡前 6 个月内与他的父母或者父母中一方共同生活。

（B）社会保障专员：（ⅰ）在支付超过正当待遇金额的情况下，以避免处罚该个人或者他的在超支方面无过失的符合条件的配偶为目的，如果在这种案例中由于这种超支的调整或者恢复将会违背本编的目的，或者违反公正原则和良心，或者（由于有关的少数）阻碍本编中的有效率或者有效果的管理，可以规定其认为是恰当的支付；（ⅱ）对于每月接受本编中的待遇支付的［包括第 1616 条第（a）款中规定类型的补充支付和按照依据《公法》第 93—66 期第 212 条第（a）款达成的协议的支付］个人或者符合条件的配偶，在总和不超过（按月）下列较少的金额内，在事件中进行调整或者恢复（对于支付超过正确的待遇金额的情况）：（Ⅰ）他或者他们在这个月接受的本编待遇的金额，或者（Ⅱ）他或者他们在这个月收入的 10% 的金额［包括这种待遇但是当按照第 1147 条从第（2）项进行支付追回时排除第二编中的支付，并且排除按照第 1612 条第（b）款排除的收入］，并且对于本编中的待遇是一次性支付的［包括依据本法第 1616 条第（a）款或者依据《公法》第

93—66 期第 212 条第（a）款①达成的协议］，该个人或者符合条件的配偶可以以追回这种超额支付最少的一种方式，从一次性支付中进行调整或者追回金额为不少于超支的金额或者一次性支付的金额，除非该个人或者配偶在超额支付上存在欺诈、故意误传或者隐瞒材料信息的情形，或者除非个人要求这种调整或者追回以一个较高或者较低的比例进行并且社会保障专员确定这种调整或者追回的比例是正当的和恰当的。依据前面一句中第（ⅱ）节规定，在有限的比例内进行调整或者追回程序的可得性本身不阻碍或者限制依据这一句中的第（ⅰ）节里更多重要缓解的规定（在这个案例中）。

（2）尽管有本条中的其他规定，当超过正确的支付金额支付给了一个已经死亡的人，并且这种支付：

（A）是直接储蓄到金融机构的；

（B）是直接由金融机构记入这个死亡的人和其他人的共同账户的；

（C）这种其他人在这个已经死亡的人去世的当月是其在世的配偶，并且是符合本编支付的条件的（包括社会保障专员支付的州补充支付）符合条件的配偶（或者符合条件的配偶中的任何一个）；

超过正确金额支付的部分应该作为该个人超过正确金额的支付。如果超过正确金额的支付是在这个人死亡后对代表个人的代理收款人进行的，代理收款人应该负责对超额支付进行返还，并且社会保障专员可以依据这个代理收款人的社会保障号码进行超额支付控制记录。

（3）如果对一个人［或者一个人和他（她）的配偶］的超额支付仅仅是归该个人（和配偶，如果有的话）所有或者占有，金额不超过第1611 条第（a）款第（1）项第（B）目或者第（2）项第（B）目中所指的 50 美元或者更少，该个人（和配偶，如果有的话）应该被视为第（1）项第二句中所说的对于超额支付没有过失，并且调整或者追回不应该依据本项第一句进行，除非社会保障专员发现该个人（和配偶，如果有的话）明知且故意没有及时报告其准确价值。

（4）（A）关于违法的金额，社会保障专员可以按照《美国法典》第31 编第 3711 条第（f）款、第 3717 条和第 3718 条和《美国法典》第 5

---

① 参见第 2 卷《公法》第 93—66 期，第 212 条第（a）款。

编第 5514 条①中规定的收费惯例，在《1996 年债务征收改善法》② 实施之后立即生效。

（B）在第（A）目中，"未付的数额"是指这样的数额：（ⅰ）超过本编中支付的正当数额；（ⅱ）在这个人年满 18 岁后支付给这个人的数额；（ⅲ）社会保障专员依据规章确定的，依据本编在该个人停止作为本编中的受益人后是不可改变的数额。

（5）由于第二编中可追溯的待遇支付进行调整的支付，见第 1127 条。

（6）有关依据社会保障专员管理的计划产生的超额支付的跨计划追回的规定，见第 1147 条。

听证和审查

（c）（1）（A）社会保障专员应当进行事实调查，并且决定申请本编支付的个人的权利。社会保障专员的这种关于残疾的确定和全部或部分对这个人不利的判断可以包括该案件的说明，以容易理解的语言，对证据进行陈述，并且说明专员的决定和理由。社会保障专员应当为要求成为符合条件的个人或者其符合条件的配偶，以及不同意本编有关这个人待遇资格的决定的个人提供合理的通知和听证机会，如果该个人在收到这种决定通知后的 6 日内对这个未达成一致的问题要求听证，并且听证会举行，该个人可以根据在听证会上出示的证据，更改或者对抗社会保障专员的事实发现和这种判断。社会保障专员根据专员自己的意愿进行进一步授权，举行这种听证或者进行这种调查，以及专员认为对于本编的管理是必要的或者适合的其他活动。在进行听证、调查或者其他活动的过程中，专员应当管理宣誓和证词、询问证人和接收证据。即使是根据可以适用的法庭程序的证据规则不可以接受的证据，社会保障专员也可以在听证会上进行接受。社会保障专员在决定中可以具体地考虑该个人的身体、精神、教育及语言情况（包括缺乏英语语言能力）以决定该个人的本编待遇资格，无论该个人是有正当理由的还是有过错的，或者其存在确定的欺诈、欺骗或

---

① 参见第 2 卷《美国法典》第 31 编第 3711 条第（f）款、第 3716 条、第 3717 条和第 3718 条。

参见第 2 卷《美国法典》第 5 编第 5514 条。

② 《1996 年债务征收改善法》实施之日，第 2 卷《公法》第 104—134 期第 31001 条为 1996 年 4 月 26 日。

意图。

（B）（ⅰ）没有及时请求对本编支付申请的初次不利决定，或者对这种初次决定进行重新决定的不利决定进行审查，不作为否决随后的本编支付申请的依据。

（ⅱ）在有关依据第（A）目规定可以要求的审查不利决定的通知中，社会保障专员应当以简明的语言描述符合接受本编支付的可能的效果，选择再次申请代替要求对这个决定进行审查。

（2）依据该听证的决定，除了有关残疾的［第1614条第（a）款第（3）项的含义确定的］分歧，应该在该个人要求第（1）项规定的听证后9日内进行。

（3）社会保障专员在第（1）项规定的听证后的最终决定，应该按照第205条第（g）款中规定的与专员在第205条最后决定的相同范围进行司法审查。

程序、分配的禁令、申请者代理

（d）（1）第207条和第205条第（a）款、第（d）款和第（e）款的规定可以在与第二编相同的范围内适用于本部分。

（2）①（A）第206条中的规定［不包括其中第（a）款第（4）项和第（d）款规定］可以在与第二编相同的范围内适用于本部分，除了这条应该适用于：

（ⅰ）第（a）款第（2）项中的第（A）目第（ⅱ）节第（Ⅰ）次节和第（D）目第（ⅰ）节中的“［第1631条第（g）款使用的减少之前确定的金额］，并且减少的数量为按照第1127条第（a）款在本编或者第二编待遇中的减少”替代其中包括的附加说明的短语；

（ⅱ）在第（a）款第（2）项第（B）目和第（b）款第（1）项第（B）目第（ⅰ）节中，“第1631条第（7）项第（A）目或者第（8）项第（A）目或者正当法律程序的要求”替代“第223条第（g）款或第（h）款”；

---

① 关于第十六编的律师费用支付系统的临时拓展索赔，参见第2卷《公法》第108—203期，第302条；关于给非律师代表的费用保留程序提供拓展的全国范围内的示范项目，参见第303条；关于与原告代表的费用支付程序相关的总审计局研究，参见第304条。
参见第2卷《公法》第108—203期，第302条。

（ⅲ）在第（a）款第（2）项第（C）目第（ⅰ）节中，"依据第二编"替代"依据第十六编"；

（ⅳ）在第（b）款第（1）项第（A）目中，"支付这种费用的金额"代替"或者公认的支付"；

（ⅴ）在第（b）款第（1）项第（B）目第（ⅱ）节中，"视为在依据第1631条第（g）款使用的在减少之前确定的金额，并且减少按照第1127条第（a）款在本编或第二编待遇减少的金额"替代"在依据第1127条第（a）款适当减少前确定的金额"。

（B）按照第（C）目规定，如果申请者是被确定为有权享受本编中过期的待遇并且该代表申请人是一个代理人，社会保障专员应当支付给该代理人的过期待遇金额为以下金额当中较少的一个：

（ⅰ）不超过这种过期待遇的25%［在依据第1631条第（g）款进行适当减少之前确定的］的最大金额费用并且减少按照第1127条第（a）款在本编或第二遍减少的金额；

（ⅱ）或者，在依据第1631条第（g）款和第1127条第（a）款适当减少后可以提供的过期待遇的金额。

（C）（ⅰ）当一项服务费用被要求按照第（B）目从一个申请人的过期待遇中支付给一位代理人时，专员可以根据第（ⅱ）节规定确定一个适当的付款额。

（ⅱ）（Ⅰ）第（ⅰ）节中付款的金额应该等于在本段适用前第（B）目要求支付的代理人费用和第（Ⅱ）次节中的指定的比例相乘的乘积，另外，付款的最大金额不能超过75美元。规定在《2003年社会保障保护法》第302条①进行修改之后的这个日历年开始生效，在前一句中指定的美元金额（包括之前调整的金额）应该每年按照第215条第（ⅰ）款第（2）项第（A）目第（ⅱ）节中用来调整待遇金额的程序进行调整，另外这种调整应该根据75美元或者之前在前面一年12月已经生效的调整金额中较大的一个进行调整，该金额按照后面一句规定凑整除外。调整后的金额不是1美元倍数的应该舍去零头变成1美元的倍数，但是不得少于75美元。

（Ⅱ）在本次节中指定的比例是社会保障专员为了实现从申请人的过

---

① 参见第2卷《公法》第108—203期，第302条第（c）款。

期待遇中完全追回确定的成本和批准给代理人的费用所必需的比例，但是不得超过 6.3%。

（ⅲ）专员从申请人的过期待遇收取按照第（B）目支付给代理人依据第（ⅰ）节负担的抵偿费用数量。

（ⅳ）第（ⅰ）节中有付款额限制的代理人不得直接或者间接要求或者获得来自这个产生付款额的申请人处的付款赔偿。

（ⅴ）本目中代理人被收取的款项应该被作为混合的储蓄在国库的普通基金中的进款。

（ⅵ）本目中授权的款项征收和缴纳应该在适当的法律中提前规定的范围和金额内进行。这种适当的金额在用尽前，仍然有权要求提供执行本编和相关法律的管理费用。

（D）社会保障专员应当书面通知每一个申请人，包括对这个申请人不利的决定的通知，告知其选择委托代理人代表个人出席他们的案件，供社会保障专员考虑。这种通知也可以向申请人建议由免费提供法律服务的法律服务组织提供。

信息的申请和提供①

（e）（1）（A）按照第（B）目和第（j）款要求，社会保障专员应当规定本编中生效的和有效率的管理所必需的有关申请提交、援助的暂停或者终止和其他数据和材料的提供和情况以及事件的报告的要求。

（B）（ⅰ）社会保障专员按照第（A）目规定的要求，应当要求本编提及的待遇资格不仅根据资格因素或者其他相关事实申请声明决定，同时对独立的或并行的资源中的相关信息进行核查，并且保证这种待遇而获得的信息和这些待遇是正确的其他信息证明仅仅提供给符合条件的个人（或者符合条件的配偶）。关于本法第 1616 条第（a）款中规定类型的联邦管理的补充支付［包括按照《公法》第 93—66 期第 212 条第（a）款②中达成的协议进行的支付］，社会保障专员应当根据需要，申请和使用《1954 年国内税收法》第 6103 条第（1）款第（7）项③可以提供

---

① 关于食物券需求的调查，参见第 2 卷《公法》第 88—525 期，第 11 条第（ⅰ）款。
　关于个人的财政隐私权，参见第 2 卷《公法》第 95—630 期，第 1101—1121 条。
② 参见第 2 卷《公法》第 93—66 期，第 212 条第（a）款。
③ 参见第 2 卷《公法》第 83—591 期，第 6107 条第（1）款第（7）项。

的信息，和按照本法第 1137 条系统可以提供的信息，并且可以依据第 1137 条第（a）款第（6）项和第（c）款对州［按照本法第 6103 条第（1）款第（7）项第（B）目可以提供的信息］，遵守适用的要求。

（ii）①（Ⅰ）当社会保障专员确定这份记录是做出待遇资格或者待遇金额所需要的，社会保障专员应当要求每一个申请者，或者本编中待遇的接受者提供授权（或者收入或者待遇是确定这个待遇申请者或者接受者资格的材料的其他人），从金融机构［本法第 1101 条第（1）款中的解释］获取［根据《金融隐私权利法》第 1115 条第（a）款中的成本赔偿要求］这些机构持有的该申请者或接受者（或其他人）的金融记录［本法第 1101 条第（2）项②中的解释］。

（Ⅱ）尽管有《金融隐私权利法》第 1104 条第（a）款第（1）项③的规定，申请者或者接受者（或者收入和财产是确定这个申请者或者接受者资格的材料的其他人）提供的授权按照本条第（Ⅰ）次节规定可以继续有效，直到：（aa）本编待遇资格的申请者申请的最后的不利决定的提出；（bb）本编接受者的待遇资格终止；或者（cc）申请者或者接受者［或者第（Ⅰ）次节中所说的其他人］以书面的形式通知社会保障专员表示撤回授权。

（Ⅲ）（aa）社会保障专员按照本节获得的授权应该被认为是符合本法第 1103 条第（a）款中的《金融隐私权利法》要求的，并且不需要提供给这个金融机构，尽管有该法第 1104 条第（a）款的规定。

（bb）《金融隐私权利法》第 1103 条第（b）款④证明的不适用于社会保障专员按照本节规定的授权的请求。

（cc）专员按照本节规定的授权的请求视为符合《金融隐私权利法》第 1102 条和第 1104 条第（a）款第（3）项⑤的要求。

---

① 关于公共医疗补助计划的 SSI 网络资产证明工程，参见第 2 卷《公法》第 110—90 期，第 4 条。

② 参见第 2 卷《公法》第 95—630 期，第 1101 条第（1）项、第 1102 条第（2）项和第 1115 条第（a）款。

③ 参见第 2 卷《公法》第 95—630 期，第 1104 条第（a）款第（1）项。

④ 参见第 2 卷《公法》第 95—630 期，第 1103 条第（b）款。

⑤ 参见第 2 卷《公法》第 95—630 期，第 1102 条第（a）款第（3）项和第 1104 条第（a）款第（3）项。

（Ⅳ）专员应当通知依据本条的授权期间和范围提供授权的个人。

（Ⅴ）如果本编待遇的申请人、接受者［或者第（Ⅰ）次节中所说的这种其他人］拒绝提供或者撤销该申请人或者接受者做出的授权，专员可以在其从金融机构获得金融记录的基础上，确定这个申请人或者接受者是不符合本编待遇条件的。

（C）为了达到第 1611 条第（e）款中规定的目的，社会保障专员按照本项中的第（A）目的规定可以要求小型医院、延伸的护理中心或者中等的护理中心的每一个管理者，在接受本编待遇的符合条件的个人或者符合条件的配偶进入后的两周之内，发送给社会保障专员一份进入报告。

（2）如果该个人没有提交社会保障专员依据第（1）项要求的与本编待遇资格或者数量相关的事件和变化的报告，或者个人延迟提交延缓这种要求的报告，社会保障专员［除了采取其他行动，专员可以考虑依据第（1）项拨款］可以减少随后应当支付给该个人的待遇金额：

（A）如果是第一次未实施或延迟，则减少 25 美元；

（B）如果是第二次未实施或延迟，则减少 50 美元；

（C）如果是第三次或随后的未实施或延迟，则减少 100 美元；

该个人对于存在的这种未实施或者延迟是没有过错或者有正当理由的除外。

（3）社会保障专员应当为不居住在固定公寓或者没有固定住所、邮寄地址的个人提供一种进行本编支付的方式。

（4）本编的待遇申请者或者接受者用外国语言做出的陈述交由第三方翻译成英语，依据本编应视为是可靠的，除非第三方受到伪证罪的惩罚，必须：

（A）证明翻译是准确的；

（B）说明该第三方和该申请人或者接受者之间关系的类型和范围，根据具体情况而定。

（5）在被确定为令社会保障专员满足的案件中，在以下日期之后由于该个人提供的错误信息而没有在相关日期提出待遇申请的，除非社会保障管理局的职员或者雇员与该个人的本编待遇资格有关，则该个人应该被视为已经申请了这种待遇：

（A）该错误信息提供给该个人之日；

（B）或者，该个人符合所有享受这些待遇的要求之日（不包括申请）。

（6）如果一个人到访社会保障管理局办公场所并且在来访时在办公场所对社会保障管理局的职员或者雇员表示该个人的来访是因为：

（A）接收了来自社会保障管理局的指明个人回复时间限制的通知；

（B）或者，本编待遇支付的失窃、遗失或者未收到待遇支付；

社会保障专员应当确保社会保障管理局的职员或者雇员在来访之日结束工作之前在办公室给予该个人一次面对面的询问。

（7）（A）（ⅰ）社会保障专员应当直接重新确定个人的本编待遇资格，如果有理由认为在该个人申请这些待遇的过程中存在欺诈或者类似的过错，除非一位美国的代理人或者相当于州公诉人，与犯罪案件相关的潜在的或实际的裁判权、书面证明存在重要的风险，并且在对接收者的具体调查中社会保障专员的这种行动将妨碍针对涉嫌欺诈的人的犯罪起诉。

（ⅱ）当对个人的本编待遇资格进行重新确定或者初次决定其资格时，如果有理由相信有关的这种证据是涉嫌欺诈或者存在类似过错，社会保障专员应当不理会所有证据。

（B）在第（A）目中，类似的过错是涉及决定的，如果：（ⅰ）故意进行错误的或者未完成的说明，这个声明对于做出这个决定很重要；或者（ⅱ）故意隐藏对于这个决定很重要的信息。

（C）如果，在对本编中个人待遇资格进行重新确定后，社会保障专员确定没有足够的证据支持这种资格，社会保障专员应当停止这种资格并且可以把由于证据不足支付的待遇作为超额支付。

（8）（A）社会保障专员应当请求移民规划局或者残疾控制中心为社会保障专员提供所有医疗信息、身份信息，以及已经申请了第十六编待遇的外国人工作的企业提供工作经历信息，这种信息是与第十六编待遇资格的决定相关的。

（B）第（A）目不应被解释为社会保障专员在接受这些信息前不得审判这个案子。

（9）尽管有法律中的其他规定，专员应当以至少每年 4 次的频率，并且按照移民规划局的要求（此后在本项中称为"服务机构"）提供服务机构名称和地址，根据该个人的其他身份识别信息，专员知道其在美国出现是不合法的，以及保证向依据第 1616 条第（a）款达成的协议规定的这个州提供该州在知道这个人出现在美国是不合法的信息。

其他机构进行的信息提供①

（f）联邦机构的主管可以提供社会保障专员确定待遇资格或者数量需要的这种信息，或者核查此外的其他信息。

赔偿州的临时援助支付

（g）（1）尽管第（d）款第（1）项和第（b）款有少于正确的待遇数量的支付规定，社会保障专员仍应当根据个人的书面授权扣留该个人的待遇，并且从这些待遇中扣留足够的金额支付给州（或者其中的政治分支机构，如果社会保障专员和州达成一致），作为州代表个人对州提供的临时援助补偿。

（2）在本款中，个人的"待遇"是指本编中的补充保障收入待遇和第 1616 条和《公法》第 93—66 期第 212 条②规定的州补充支付，社会保障专员为了一州（或者其中的政治分支机构）的利益进行的，已经确定的社会保障专员在第（3）项第（A）目或者第（B）目中规定的期间进行的第一次待遇支付。按照第（a）款第（4）项第（A）目进行的现金预付款不应该视为是前一句中所说的第一次待遇支付。

（3）在本款中，术语对于个人的"临时援助"是指来自州或者当地资金，并且为满足基本需求提供的资金援助。（A）在此期间，在该个人提交待遇［第（2）项中定义的］申请当月之后的那个月开始；（B）在该个人的待遇已经终止或者暂停的第一个月开始的时间内，如果该个人随后被认为是已经符合这些待遇的条件的个人，它是符合待遇资格的。

（4）为了使一个州接受第（1）项规定的退款，这个州可以实施与社会保障专员达成的协议，可以规定：

（A）如果社会保障专员对该州（或者这个协议中规定的这个州的政治分支机构）支付的个人临时援助［在第（3）项中解释的］的补偿金额超过第（1）项中授权可以补偿的金额，这个州（或者政治分支机构）可以尽可能迅速地将这些超过可以补偿金额的部分支付给个人，但是无论如

---

① 关于个人的财政隐私权，参见第 2 卷《公法》第 95—630 期，第 1101—1121 条。

② 参见第 2 卷《公法》第 93—66 期，第 212 条。

何要在 10 个工作日或者协议中指定的更短的期限内；

（B）该州遵守社会保障专员认为实现本款的有效率和有效果的管理和执行本编建立的计划所必需的这种其他规则，包括对该州（或者政治分支机构）按照本款采取的行动不满的个人听证权利的保障。

（5）第（c）款的规定不适用于有关社会保障专员根据本款前面规定的支付分歧，也不适用于该州（或者政治分支机构）保留的金额。

特定旅行费用的支付①

（h）当该个人由于进行社会保障专员依据本编中的残疾决定要求的医疗检查时需要旅行，并且当事人、他们的代理人和所有合理必要的证人在美国境内［第 1614 条第（e）款定义的］出差参加本编中的重新审查询问和前面的对于决定的行政法上的审判，社会保障专员应当向个人支付旅行费用，无论是实际费用还是折算费用。依据前一句可以提供的数量，个人航空旅行支付不应该超过航空旅行的两地之间长途汽车车票的金额，除非由于这个人的健康状况要求（社会保障专员依据规章确定的）使用最好的住处或者不能提供可供选择的住宿条件；并且可以提供的履行支付的数量不超过旅行成本（两地之间），依据这个人的健康状况选择的适当的规章中指定的最经济和迅速的运输方式。依据本款可以为代理人参加前面的行政法律法官或者评判员进行的行政程序提供的支付数量不超过本款中在这个办公室有权进行这个程序的地理范围内旅行者出差所引起的准许的最大数量。

对各州的特定的不可议付支票的支付

（i）（1）财政部部长应当按月向社会保障专员通知其依据本编发布的包括第（2）项中规定的州补充支付的数量和在它们被发布之日后的 180 天内没有出现的数量的所有待遇账单。

（2）社会保障专员应当随时确定按照依据本法第 1616 条第（a）款和《公法》第 93—66 期第 212 条第（b）款②达成的协议进行的州补充支付的总数量，包括在发布之日后的 180 天内所有这种待遇账单中没有显现的支付，并且可以向每一个州（或者贷款给每一个州）支付数量等于该

---

① 参见第 2 卷《公法》第 102—394 期；《美国联邦法律大全》第 106 编 1807 条，关于管理费用的限制。

② 参见第 2 卷《公法》第 93—66 期，第 212 条。

州所占份额的金额。未支付给这些州的金额应该返还到最初支付的这些拨款中。

（3）社会保障专员根据来自财政部部长依据第（1）项的通知，应当通知有第（2）项规定的协议的州，其依据这个州的协议发布的在它们被发布之日后的 180 日内没有显现的支付的所有这种待遇账单。

（4）社会保障专员应当在可行的最大范围内调查，在发布之日后的 180 日内这个待遇账单没有显示支付的个人的下落和资格。

某些个人的申请和审查要求

（j）（1）尽管有第 1611 条或第 1619 条中的规定，任何个人：

（A）是第 1611 条中符合条件的个人（或者符合条件的配偶），或者是符合第 1619 条规定享受待遇资格的个人；

（B）在符合上述条件后，在连续 12 个月内是不符合本条规定的享受待遇条件的个人［或者连续 24 个月不符合本条待遇条件的个人是为了按照《美国法典》第 10 编第 12301 条第（d）款、第 12302 条①，或者《美国法典》第 32 编第 502 条第（f）款②履行积极的责任］；

此后到该个人申请第 1611 条待遇期间，该人是不符合待遇资格条件的，直到该人已经确定符合本条待遇的资格，或者已经提交了一份第（p）款第（2）项中的资格恢复请求并且已经确定符合恢复权利的条件。

（2）（A）尽管有第 1611 条或第 1619 条［不包括其中的第（c）款］的规定，按照第 1619 条第（b）款规定，任何符合享受待遇资格的个人，并且该个人：

（ⅰ）（Ⅰ）在该个人不符合第 1611 条和第 1619 条第（a）款待遇资格条件的期间后一个月内，根据使他（她）符合第 1619 条第（b）款的待遇资格条件相同的缺陷成为符合条件的个人［第（p）款规定的恢复条件除外］，以及（Ⅱ）在这个月前的 12 个月内有经营性收入［不包括按照第 1612 条第（b）款排除的收入］，其收入等于或者超过使他在这个月不符合第 1611 条第（b）款规定的支付资格的数量［如果他（她）是符合这种支付条件的］；

---

① 参见第 2 卷《美国法典》第 10 编第 12301 条第（d）款和第 12302 条。
② 参见第 2 卷《美国法典》第 32 编第 502 条第（f）款。

（ⅱ）或者（Ⅰ）在该个人不符合第 1611 条和第 1619 条规定的期间后的月份内，根据他（她）符合第 1619 条第（b）款待遇资格条件时所依据的相同的缺陷是符合第 1619 条第（b）款规定条件的，以及（Ⅱ）在这个月或在这个月前的 12 个月内有经营性收入［不包括按照第 1612 条第（b）款排除的收入］，该收入等于或者超过使他（她）在这个月不符合第 1611 条第（b）款支付条件的数量［如果他（她）是符合这些支付的条件的］；

当符合［第（ⅰ）节第（Ⅰ）次节或者第（ⅱ）节第（Ⅰ）次节中规定的］条件时，应该进行第 1614 条第（a）款第（4）项规定类型的适时审查。

（B）如果社会保障专员按照第（A）目要求的审查确定该个人待遇资格所依据的缺陷已经停止、不存在或者不是残疾，则该个人此后不符合第 1611 条或第 1619 条的待遇条件，直到该个人申请了第 1611 条的待遇并且已经被确定符合这一条的待遇条件。

对申请人和接收人的通知

（k）社会保障专员应当向依照第 1611 条规定因为残疾或失明而有资格按照第 1619 条规定接受待遇的个人发出通知：

（1）在初次按照第 1611 条规定对个人发出待遇拨款时（如果该个人初次获得待遇时已经年满 18 岁）；

（2）在初次获得第 1611 条规定的个人待遇拨款之后的最早时间内，该个人一个月的经营收入［不包括按照第 1612 条第（b）款排除的收入］是 200 美元或更多，并且此后该个人每个月有 200 美元或者更多的经营性收入（不包括排除的收入）。

对盲人的听证和其他行政行为的特别通知

（l）（1）如果正在申请或者接受本编规定待遇的失明的个人是有权利［依据第（c）款或其他规定］从社会保障专员除接受对于他（她）的本编中的权利做出判断或决定或者采取或建议采取其他行动的通知，该个人应该依据他（她）的选择，有权：（A）通过电话的形式接受该判断、决定或者行动的补充通知，在申请邮寄出去后的 5 天内；（B）以鉴定信的形式接受初次通知；或者（C）接受社会保障专员建立的并且由该人同意的替代程序的通知。

（2）第（1）项中的选择可以在任何时候做出，但是在任何事件中做出这种选择的机会应当属于：（A）本编规定的每一个失明的待遇申请者，在他（她）申请时；（B）本编规定的每一个失明的待遇接受者，在他（她）的资格进行重新决定时。这样的选择，一旦由个人做出，可以适用于该个人此后直到撤销或者改变，期间该人有权接收本编对待遇的判断、决定和行动的所有通知。

被收容在社会福利机构中的人员在释放前的程序

（m）社会保障专员可以制定一项制度，使个人在离开公共机构前能够申请本编的补充保障收入待遇。

收容在社会福利机构中的个人进行的
社会保障收入和食物券申请

（n）社会保障专员和农业部部长可以制定程序，使申请本条提及的补充保障收入的个人也可以被准许同时申请参加依照《2008 年食品和营养法》①（《美国法典》第 7 编第 2011 条等）授权的补充营养援助计划②。

通知要求

（o）社会保障专员可以采取必要的行动确保由社会保障专员或者州机构按照本编对一个或者多个人的发布的通知：

（1）是以简明的语言写成的；

（2）包括为该接受者服务的社会保障专员当地办公室的地址和电话号码。

对于这些不是当地服务办公室发出的通知，只要该通知包括为这个通知的接收者服务的社会保障管理局当地办公室的地址和可以联络这个办公室的电话号码，第（2）项的要求就应该被认为是符合的。

（p）（1）（A）本编中的享受待遇资格应该恢复原有权利，如果专员

---

① 《公法》第 88—525 期。

《公法》第 110—246 期，第 4002 条第（b）款第（1）项第（B）目，删除"《食物券法》"；并且替代为"《2008 年食品和营养法》"，2008 年 10 月 1 日生效。

《公法》第 110—234 期，第 4002 条第（b）款第（1）项第（B）目，进行的相同的修改被废除了，按照《公法》第 110—246 期第 4 条第（a）款，2008 年 5 月 22 日生效。

② 《公法》第 110—246 期，第 4002 条第（b）款第（1）项第（A）目，删除"《食物券法》"；并且替代为"《2008 年食品和营养法》"，2008 年 10 月 1 日生效。

《公法》第 110—234 期，第 4002 条第（b）款第（1）项第（A）目，进行的相同的修改被废除了，按照《公法》第 110—246 期，第 4 条第（a）款，2008 年 5 月 22 日生效。

确定第（B）目规定的个人在第（C）目规定的期间已经提交了符合第（2）项第（A）目要求的恢复权利请求。资格的恢复应该符合本款的规定。

（B）本目中规定的个人，如果：

（ⅰ）在该人提交恢复权利请求的当月：（Ⅰ）该人由于失明或残疾，其提交的申请是符合本编的待遇资格的，以及（Ⅱ）该人由于在连续的12个月或者更多的连续月份，由于其在此期间的经营性收入（或者经营性收入和非经营性收入），在此后是不符合这种待遇资格的；

（ⅱ）该人是失明的或者残疾的，并且作为失明或残疾发现的基础的身体上或者精神上的缺陷与作为失明或残疾发现的根据获得第（ⅰ）节中规定的资格的身体上或者精神上缺陷相同；

（ⅲ）该人的失明或残疾使其不能从事固定的有收益的活动；

（ⅳ）该人符合本编中享受待遇资格的非医学上的要求。

（C）（ⅰ）除第（ⅱ）节的规定外，个人在本目中规定的期间是连续的60个月，从该人是符合本编待遇资格的最近一个月之后的这个月份开始（包括第1619条），到第（B）目第（ⅰ）节第（Ⅱ）次节中规定的不符合条件的时间之前。

（ⅱ）对于第（ⅰ）节中规定的没有提交恢复权利请求的个人，专员可以延长该时间，如果专员确定该个人未提交的行为是有正当的理由的。

（2）（A）（ⅰ）恢复权利的请求应该以这种形式提交，并且包括专员规定的此类信息。

（ⅱ）恢复权利的请求可以包括由该人发出的声明，其内容为该人符合第（1）项第（B）目第（ⅱ）节到第（ⅳ）节中指定的要求。

（B）根据第（A）目提交的恢复权利请求应当是一份专员确定的不符合本款恢复权利待遇资格的个人待遇申请。

（3）在确定一个人是否符合第（1）项第（B）目第（ⅱ）节要求时，第1614条第（a）款第（4）项中的规定适用。

（4）（A）本款恢复原有权利待遇资格后可以从在提交复原要求当月之后的月份开始支付待遇。

（B）（ⅰ）按照第（ⅱ）节规定，按照本款的规定，对资格复原后可以按月支付的待遇数量应该根据本编中的规定来决定。

（ⅱ）根据第（2）项提交的复原请求可以按月支付的本编中规定的待遇应该减去依据第（7）项支付给该个人的临时待遇的数额。

（C）除本款中的规定外，按照第（2）项提交请求的本编中的待遇资格应该符合为此提交的申请确立的资格相同的条款和条件。

（5）当该人的本编中的待遇资格是依据本款恢复的，应当恢复其配偶的合法权利，如果这个配偶之前是本款中该个人的符合条件的配偶并且专员确定这个配偶符合这些待遇的资格要求，不包括有关申请提交的要求。第（4）项中的规定适用于该配偶的恢复权利资格，在他们申请的这个人的权利恢复资格范围内。

（6）对在24个月内（无论是否连续）按照本款中的资格恢复可以接受本编待遇的个人，在这样的24个月后可以支付的待遇，应该被视为第（1）项第（B）目第（ⅰ）节第（Ⅰ）次节中提及的根据此前提交的申请符合这种待遇资格。

（7）（A）第（1）项第（B）目中规定的提交根据第（2）项第（A）目规定恢复权利请求的个人符合根据本段可以支付的临时待遇的资格，除非专员确定这个人不符合第（1）项第（B）目第（ⅰ）节的要求或者这个人关于第（2）项第（A）目第（ⅱ）节的声明是虚假的。专员的这种决定是最终决定并且不进行第（c）款第（1）项或第（3）项中的审查。

（B）（ⅰ）除第（ⅱ）节中的规定外，每月临时待遇的数量可以等于依据本编支付给符合条件的个人的相同的收入种类和数量的每月待遇数量。（ⅱ）如果这个人有一位以前是作为本编中符合条件的这个人的配偶并且专员确定这个配偶满足第1614条第（b）款中除了与提交申请有关的所有要求，每月临时待遇数量可以等于依据本编支付给符合条件的个人和符合条件的配偶的相同的收入种类和数量的每月待遇数量。

（C）（ⅰ）临时的待遇应当从依照第（2）项第（A）目提交复原请求的当月之后的那个月开始。

（ⅱ）临时待遇可以最早结束于：（Ⅰ）社会保障专员做出关于该个人的复原待遇资格的决定的当月；（Ⅱ）临时待遇依据第（ⅰ）节第一次支付那个月后的第5个月；或者（Ⅲ）专员确定该个人不符合第（1）项第（B）目第（ⅰ）节中的要求，或者该个人根据第（2）项第（A）目第（ⅱ）节所做出的声明是虚假的这个月。

（D）如果专员确定该个人是不符合复原待遇条件的，依据本段支付给该个人的临时待遇不应当作超额支付追回，除非专员确定该个人知道或者应该知道其不符合第（1）项第（B）目的要求。

（8）在本款中［不包括第（7）项］，"本编中的待遇"包括按照本法第1616条第（a）款和《公法》第93—66期第212条第（b）款①的协议做出的州补充支付。

对欺诈的处罚②

第 1632 条【《美国法典》第 42 编第 1383a 条】（a）无论谁：

（1）明知并且故意制造或者引起本编中待遇申请中重要事实的虚假陈述或表示；

（2）无论何时明知并且故意做出或者引起待遇决定中使用的重要事实的虚假陈述或表示；

（3）知道事件的出现会影响：（A）他的初次或持续的待遇权利，或者（B）初次或者持续的其他个人的待遇权利，并且其已经申请或者正在接受这种待遇，怀有欺骗性的意图隐藏或者未能披露该事件以获得较大金额的这种待遇或超过其应得数量的待遇，或者其未获得授权的待遇；

（4）已经申请接收这种待遇并且已经接收，明知并且故意将这种待遇或者其中的部分转化成一种效用而非其他人应享受的效用和利益；

依据《美国法典》第18编的规定，应处以不超过5年的监禁，或者两罪并罚。

（b）（1）联邦法院当依据第（a）款规定判决违反上述条款的被告是有罪的，可以命令并且替代法律授权其他处罚，该被告应对社会保障专员进行赔偿，如果这种违法行为导致：

（A）社会保障专员进行本不应该进行的待遇支付；

（B）或者，由于被告违反第（a）款中的规定，依据第1631条第（a）款第（2）项指定的该个人的代理收款人使个人承受经济损失。

---

① 参见第2卷《公法》第93—66期，第212条第（b）款。

② 关于与身份文件使用相关的惩罚，参见第2卷《美国法典》第18编第1028条和第1738条。

（2）《美国法典》第 18 编第 3612 条、第 3663 条和第 3664 条①规定，可以适用本款中赔偿命令的发布和实施。在适用这些条款时，社会保障专员应该考虑受害者。

（3）如果该法院没有判处赔偿，或者仅判处了部分赔偿，依据本款规定，该法院应当陈述他记录的原因。

（4）（A）除第（B）目的规定外，按照法院判决赔偿支付给社会保障专员的资金应该作为财政部普通资金的杂项收入进行储蓄。

（B）按照第（1）项第（B）目规定支付给社会保障专员的资金，社会保障专员可以证明对这段中规定的这个人的支付数量等于本项中支付的资金数量或者这个人受到的经济损失中较少的一项，除了依据本编或第八编在这个人所欠的待遇超额支付中减少的数量。

（c）违反本条第（a）款或第 208 条被判处有罪的人或者企业不可以作为第 1631 条第（a）款第（2）项中的代理收款人。

管　理

第 1633 条【《美国法典》第 42 编第 1383b 条】（a）依据第（b）款规定，社会保障专员可以做出执行本编中专员职责的必要或者适当的行政和其他安排［包括第 1614 条第（a）款第（2）项和第（3）项中失明和残疾决定的安排以及相同的方式并且按照相同的条件第 221 条中规定的残疾决定］。

（b）本编中，在确定一个人是否失明时，应该由一位可以是由该人选择的有经验的眼科医生或者验光师对该人进行测试。

（c）（1）如果社会保障专员依据本编进行审查，该审查与依据第 221 条第（i）款第二编中授权的持续残疾审查类似，社会保障专员可以按照第 221 条第（i）款第（4）项要求的相同方式对审查案件的个人发出通知。

（2）如果该个人使用票证进行工作和自足，持续残疾审查和本编中规定的第 221 条审查相似的其他审查的中止，见第 1148 条第（i）款。

（d）社会保障专员可以通过规章确立时间限制标准和其他有关实现

---

① 参见第 2 卷《美国法典》第 18 编第 3612 条、第 3663 条和第 3664 条。

自给的个人计划的其他标准，且需考虑以下因素：

（1）该个人需要实现其职业目标（社会保障专员确定的合理期间）的时间；

（2）社会保障专员确定的适当的其他因素。

（e）（1）社会保障专员可以按照第（a）款做出和本编中由于失明或者残疾的待遇申请相关的决定对州机构进行审查，决定中的个人应年满18岁，并从具体的开始日期起是失明的或者残疾的。社会保障专员可以在执行该决定前对其进行审查。

（2）（A）在执行第（1）项内容时，社会保障专员应当审查：（ⅰ）不少于在2006财政年度做出的第（1）项中提及的所有决定中的20%；（ⅱ）不少于在2007财政年度做出的所有这种决定的40%；（ⅲ）不少于在2008财政年度及其后财政年度做出的所有这种决定的50%。

（B）在实施第（A）目的规定时，社会保障专员应当在其可行的范围内，选择社会保障专员认为最有可能是不正确的决定的案件进行审查。

公共医疗补助资格的确定①

第1634条【《美国法典》第42编第1383c条】（a）社会保障专员可以与希望按照专员确定依据第十九编批准的州计划中老年人、盲人或者残疾人的医疗援助资格的州达成协议。所有的此类协议应当规定该州的支付，用于社会保障专员在执行该协议时的花费，金额为执行这个协议花费成本的1/2，但是在计算本编中待遇符合条件的个人所花费的成本时，社会保障专员应当仅包括除执行本编导致的成本之外的这些成本。

（b）（1）依据第202条第（e）款或第（f）款，有权按月享受对遗孀或者鳏夫根据残疾的保险待遇，但是不符合该月本编待遇条件的符合条件的残疾遗孀或者鳏夫［第（2）项中规定的］，其依据第（3）项规定申请保护，应该被视为第十九编中涉及的本编待遇在这个月应付给的个人，如果他（她）：

（A）从第一个月已经持续有权享受这种对遗孀或鳏夫的保险待遇，第（2）项第（C）目中规定的增加内容通过这个月有关的待遇在该待遇

---

① 关于公共医疗补助资格的维护，参见第2卷《公法》第94—566期，第503条。

中得到反映;

(B) 该人符合该月中享受本编待遇的条件,如果他(她)的保险待遇依照第(2)项第(C)目规定增加的金额和随后的依据第 215 条第(i)款对待遇中生活成本的调整,是被忽略的。

(2) 在第(1)项中,"符合条件的残疾遗孀或者鳏夫"是指以下个人:

(A) 在 1983 年 12 月有权按月享受第二编中的保险待遇;

(B) 依照第 202 条第(e)款规定由于残疾有权享受遗孀或鳏夫的保险待遇,或在 1984 年 1 月接受本编中待遇的人;

(C) 由于他(她)的因为《1983 年社会保障法修正案》(《公法》第 98—21 期①)第 134 条的修订导致的遗孀或者鳏夫保险待遇金额的增加(排除对不满 60 岁的遗孀和鳏夫的额外的减少因素),在支付给他(她)这种增加金额的第一个月是不符合本编中待遇的条件的(并且在前一个月这种有追溯力的支付增加没有进行)。

(3) 本款仅适用于,以社会保障专员规定的方式和形式,不迟于 1988 年 7 月 1 日提出本款中保护措施的书面申请的个人。

(4) 在本款中,"本编中的待遇"包括《公法》第 93—66 期第 1616 条第(a)款中规定类型的支付和第 212 条第(a)款②中规定类型的支付。

(c) 如果已经年满 18 岁并且正在接受本编中的待遇,由于他或者她年满 22 岁前开始的失明或者残疾:

(1) 其是有权利,在本款生效之日或者之后,享受由于残疾依据第 202 条第(d)款规定的可以支付的儿童保险待遇或者可以支付的儿童待遇金额的增加;

(2) 不再符合本编中待遇资格,由于这种儿童保险待遇或者由于这种儿童保险待遇的增加;

该个人应该被认为是第十九编中涉及的接受本编待遇,只要缺乏这种儿童保险待遇或者这种增加的他(她)是符合本编接受待遇条件的

---

① 《公法》第 98—21 期;《美国联邦法律大全》第 97 编第 97 条。

② 参见第 2 卷《公法》第 93—66 期,第 212 条第(a)款。

个人①。

（d）（1）本款适用于以下人：

（A）申请和获得第 202 条第（e）款或第（f）款中的待遇［依据第 202 条的其他款，如果这个人也是符合第（e）款或第（f）款中待遇条件的］，无权享有第十八编第 A 部分中的医院保险待遇；

（B）被确定为不符合（由于该人接受第 202 条中规定的待遇）本编中补充保障收入待遇或者第 1616 条第（a）款中规定类型的州补充支付［或者《公法》第 93—66 期第 212 条第（a）款中规定类型的支付］。

（2）依照第十九编规定，本部分规定的所有适用者：

（A）应该被视为本编中补充保障收入待遇的接收者，如果这个人在开始接受第（1）项第（A）目中规定的待遇的当月之前的这个月接受这种待遇；

（B）应该被视为本法第 1616 条第（a）款中规定类型的州补充支付的接收者［或者《公法》第 93—66 期第 212 条第（a）款中规定类型的支付］，如果该个人在开始接受第（1）项第（A）目中规定的待遇当月之前的这个月接受这种支付；

只要该个人：（ⅰ）符合这种补充保障收入待遇的享受条件，或者这种州补充支付［或者《公法》第 93—66 期第 212 条第（a）款②中规定类型的支付］缺乏第（1）项第（A）目中规定的待遇时；以及（ⅱ）没有权利享受第十八编第 A 部分中的医院保险待遇。

对儿童的延伸计划

第 1635 条【《美国法典》第 42 编第 1383d 条】（a）建立。社会保障专员应当按照本编规定，对由于残疾或失明而符合接受待遇资格的儿童建立和实施一项持续进行的儿童延伸计划。

（b）**要求**。依据这个计划，社会保障专员应当：

（1）将努力的效率最大化；

（2）与其他联邦、州和私人机构，非营利组织，为盲人或残疾人服务并且了解补充保障收入待遇的潜在接受者，以及关注儿童需要的机构和

---

① 关于州的决定，参见第 2 卷《公法》第 99—643 期，第 6 条第（b）款。

② 参见第 2 卷《公法》第 93—66 期，212 条第（a）款。

组织（包括学校系统和公共和私人服务机构）合作。

对酗酒者或吸毒者的转介治疗

第 1636 条【《美国法典》第 42 编第 1383e 条】依据本编规定的个人待遇按照第 1631 条第（a）款第（2）项第（A）目第（ⅱ）节第（Ⅱ）次节支付给代理收款人的个人，社会保障专员可以把该个人交给管理该州计划的适当的州机构接受《公共卫生服务法》①（《美国法典》第 42 编第 300x－21 条等）第 19 编第 B 部分第 2 子部分批准的滥用药物治疗服务。

计划的年度报告

第 1637 条【《美国法典》第 42 编第 1383f 条】（a）每年的 3 月 30 日前，社会保障专员应当准备或者递送一份有关本编中计划的年度报告给总统和国会，包括：

（1）该计划的总体描述；

（2）有关补助和否决的历史和当前数据，包括初次决定、重新决定、行政法官听证、上诉委员会审查和联邦法院判决的申请数量和补助花费数量；

（3）有关接受者特征和计划成本的历史和当前数据，接受者团体（老年的、失明的、残疾的成年人和残疾的儿童）；

（4）有关在公共待遇计划中接受者登记加入前的历史和当前数据，包括依据《社会保障法》第四编第 A 部分提供资金成立的州计划和州普遍援助计划；

（5）对最近 25 年内将产生的接受者数量和计划成本的预测；

（6）重新决定和持续残疾审查案件的数量，以及重新决定和审查的结果；

（7）有关工作激励使用的数据；

（8）有关管理和其他的计划运行成本的详细信息；

（9）社会保障管理局或其他研究者进行的相关研究的总结；

（10）州补充计划的运行；

---

① 《公法》第 78—410 期。

（11）对本编成文法的改变进行历史性总结；

（12）专员认为有用的其他此类信息。

（b）社会保障顾问委员会的每一位成员都可以提供一份对于本编中计划看法的个人报告，如果达成一致的话，可以是一份共同报告，应该包括本条中年度报告要求的内容。

第十七编　为规划防治智力障碍综合行动的拨款[①]

拨款的授权

第 1701 条【《美国法典》第 42 编第 1391 条】为了帮助各州（包括哥伦比亚特区、波多黎各联邦、维尔京群岛、关岛和美国的萨摩亚群岛）计划和采取其他主要综合性的州和社区行动防治智力障碍，授权拨付 220 万美元数额。同时也授权拨款，为帮助该州开始贯彻和执行防治智力障碍的计划或其他措施，在 1966 年 6 月 30 日财政年度末拨款 275 万美元，在 1967 年 6 月 30 日财政年度末拨款 275 万美元。

对州的拨款

第 1702 条【《美国法典》第 42 编第 1392 条】在截至 1964 年 6 月 30 日的财政年度及随后的财政年度依照第 1701 条第一句的规定，拨款的数量应可以满足该部长对各州的拨款；在截至 1966 年 6 月 30 日的财政年度依照该条第二句规定，拨款的数量应可以满足该年和下两个财政年度的拨款，并且截至 1967 年 6 月 30 日该财政年度依照规定的拨款数量应该可以满足该年和随后的财政年度的拨款。所有这样的拨款，不应该超过该计划

①　《社会保障法》第十七编由康复服务部门、特殊教育和康复服务办公室及教育部负责执行。

第十七编参见《美国法典》第 42 编第 7 章第 17 子章第 1391—1394 条。

没有针对第十七编颁布过规章。

第十七编被添加到《社会保障法》，在《公法》第 88—156 期，《1963 年母婴健康和智力障碍计划修正案》第 5 条（《美国联邦法律大全》第 273 编第 275 条），1963 年 10 月 24 日生效，但现已失效。

和有密切关系的相关活动成本的 70%，该拨款可以被用来确定在该州防治智力障碍所需要的行动和可以用于本目的的资源，使公众提高对智力障碍问题和其防治的必要性的认识，协调州和当地的有关各种智力障碍及其防治、治疗或改善病情的活动，并且计划其他的活动，进而开始综合性的州和社区的防治智力障碍的活动。

申　请

第 1703 条 【《美国法典》第 42 编第 1393 条】 依据第 1702 条为符合拨款条件，州必须提交一份申请书：

（1）指定或建立一个独立的州机构，可以是一个各部门间的机构，作为执行本编目的的唯一机构；

（2）指明确保充分考虑计划所必须服务的所有方面为防治智力障碍的综合性州和社区活动的方式，包括教育、就业、康复、福利、卫生和法律领域内的服务，以及通过社区项目和机构为智力障碍人士提供的服务；

（3）制订该拨款的花费计划，该计划应规定对本编目的实施的合理保证；

（4）提供在执行本编目的时该州机构活动的最终报告意见，及其他报告的意见，以该形式并包含此类信息，如果部长①认为有必要执行本编中的目的并且保存这些记录和提供获取渠道，当他发现对于确保这些报告的正确性和真实性是有必要的；

（5）如有必要，提供此类财政控制和专款记账程序，以确保本编中对州拨款的适当分配和审计。

支　付

第 1704 条 【《美国法典》第 42 编第 1394 条】 依据本编拨款的支付可以按照部长的决定，按照此类分期付款的情况和条件（对以前的账户支付不足或超额支付的必要调整）预先支付或通过补偿的方式进行。

---

① 《公法》第 88—156 期，第 6 条，规定"部长"的含义是健康、教育和福利部部长（现今是指健康和人类服务部部长）。

第十八编　老年人和残疾人健康保险^①（上）

反对联邦干涉的禁令

第 1801 条【《美国法典》第 42 编第 1395 条】 本编不得解释为授权

---

① 《社会保障法》第十八编由医疗保险和医疗补助服务中心负责执行。

第十八编参见《美国法典》第 42 编第 7 章第 18 子章第 1395—1395ccc 条。

卫生与公众服务部部长发布的有关第十八编的规章参见《美国联邦法规》第 42 编第 4 章和第 45 编第 A 子编。

关于老年保健医疗的提供者或供应商支付的行政补偿申请规定，参见第 2 卷《美国法典》第 31 编第 3716 条第（c）款第（3）项第（D）目。

关于医院实验室的内容，参见第 2 卷《公法》第 78—410 期，第 353 条第（i）款第（3）项和第（n）款。

关于反对在联邦援助计划中歧视的禁令，参见第 2 卷《公法》第 88—352 期，第 601 条。

关于老年人计划和服务的咨询，参见第 2 卷《公法》第 89—73 期，第 203 条和第 422 条第（c）款。

关于某些国家主要灾难和紧急事项援助的收入和资源中排除的内容，参见第 2 卷《公法》第 93—288 期，第 312 条第（d）款。

关于私人部门从受益者追回审查的主动权和限制，参见第 2 卷《公法》第 97—248 期，第 119 条。

关于自动放弃社会健康维护组织的服务，参见第 2 卷《公法》第 98—369 期，第 2355 条。

关于起点的计算，参见第 2 卷《公法》第 99—177 期，第 257 条第（b）款第（3）项和第（c）款第（3）项。

关于安乐弃权延伸批准的时间、延伸、术语、条件，参见第 2 卷《公法》第 99—272 期，第 9220 条；关于某些医疗保险服务示范计划的延伸，参见第 9215 条。

关于制度要求，参见第 2 卷《公法》第 99—319 期，第 105 条。

关于临床实验室主任的州规范，参见第 2 卷《公法》第 99—509 期，第 9339 条第（d）款；关于阿尔茨海默病示范标准，参见第 9342 条；关于慢性精神疾病和老年身体虚弱放弃授权，参见第 9412 条。

关于专业审查活动，参见第 2 卷《公法》第 99—660 期，第四编。

关于医院寄居外地者拨款的报告，参见第 2 卷《公法》第 100—203 期，第 4008 条第（d）款第（3）项。（转下页）

任何联邦官员或雇员行使监督、控制有关药物、提供医疗服务方式的实施，或有关机构、代理机构官员或雇员或提供健康服务的人的选举、任期或补偿；或者对这些机构、代理机构或个人进行监督或控制。

保证患者自由选择

第1802条 【《美国法典》第42编第1395a条】（a）**基本的选择自由**。依据本编有权享受保险待遇的个人可以从任何机构、代理机构或依据本编有资格参加的个人处获得健康服务，如果这些慈善机构、代理机构或个人承担向他们提供这种服务的义务。

（b）**医疗保险受益者对私人合同的使用**。

（1）**总则**。根据本款的规定，在本编中不得有禁止医生或医师执业者与医疗保险受益者就任何项目或服务签订私人合同：

（A）依据本编不应该提交支付索赔；

（B）这个医生或执业者接受：（ⅰ）拒绝直接的或者按人口计算的基础赔偿，以及（ⅱ）在直接或者按人口计算的基础上接受本编项目或服

（接上页）关于为提高联合国效用美国委员会提供信息，参见第2卷《公法》第100—204期，第724条第（d）款；关于政府人事部门的具体设计，第725条第（b）款。

关于每一个负责计算机系统安全和隐私的联邦机构的职责，参见第2卷《公法》第100—235期，第5—8条。

关于对某些个人的部分支付的收入和财产中进行排除，参见第2卷《公法》第100—383期，第105条第（f）款第（2）项和第206条第（d）款第（2）项。

关于从某些裁定资金中的收入和财产中排除，参见第2卷《公法》第100—581期，第501条、第502条第（b）款第（1）项和第503条。

关于某些护理培训计划的处理，参见第2卷《公法》第100—647期，第8411条。

关于药品商人和所有者的待遇的内容，参见第2卷《公法》第100—690期，第5301条第（a）款第（1）项第（C）目和第（d）款第（1）项第（B）目。

关于蒙大拿州的服务规定，参见第2卷《公法》第100—713期，第712条。

关于卫生与公众服务部部长依据《印第安人卫生保健改进法》第四编授权收集的数量，参见第2卷《公法》第101—121期。

关于医院主治医师的牙医服务，参见第2卷《公法》第101—239期，第6025条；关于以医院为基础的护理学校花费补偿，参见第6205条第（a）款第（1）项第（A）目和第（a）款第（2）项。

关于少数民族或部落的癌症治疗和预防说明，参见第2卷《公法》第106—554期，第1条第（a）款第（6）项〔122〕；关于改变生活方式计划的说明，参见〔128〕。

关于改善对事先未保险者护理方案的说明，参见第2卷《公法》第110—275期，第186条。

务补偿的组织不得接受这种项目或者服务的数量。

（2）**受益者保护**。

（A）**总则**。第（1）项不适用合同，除非：

（ⅰ）这种合同是书面的并且是由这种医疗保险受益人在按照这个合同提供项目或者服务之前签名的；

（ⅱ）这种合同包括第（B）目中规定的项目；

（ⅲ）这种合同不是在医疗保险受益人正面临紧急情况或者紧急健康护理状况时达成的。

（B）**合同的必备项目**。适用第（1）项提供项目和服务的合同可明确地向这个医疗保险受益人指出，通过签署这个合同这个受益人：

（ⅰ）同意不提交本编中的这些项目或服务的索赔（或者请求医生或者从业者提交索赔），即使这些项目或服务是本编中覆盖的；

（ⅱ）无论保险的其他规定如何，同意负责这些项目或服务的支付并且理解依据本编提供的这些项目或服务将不会退还；

（ⅲ）承认依据本编可能承担的这些项目或服务的数量没有任何限制［包括第 1848 条第（g）款的限制］；

（ⅳ）承认第 1882 条中的补充性医疗计划和其他选择的补充性保险计划不支付这些项目和服务，因为其依据本编是不支付的；

（ⅴ）承认这个医疗保险受益人有权依据本编由可以做出支付的其他的医生或从业者提供项目或者服务。

这个合同也可以明确地指出是否依据第 1128 条中的医疗保险计划排除这种医生或从业者的参与。

（3）**医生或从业者的必备条件**。

（A）**总则**。第（1）项不适用于医生或从业者达成的合同，除非在按照这个合同提供项目和服务的期间第（B）目中规定的书面陈述生效。

（B）**书面陈述**。一份书面陈述是指本目中规定的，如果：

（ⅰ）这个书面声明指出医生或从业者，并且是这个医生或从业者签署的书面形式；

（ⅱ）在从这个书面声明签署之日开始的两年内，该书面声明中这个医生或从业者将不提交本编中的向医疗保险受益人提供这些项目或服务的索赔［并且将不接受退款或者第（1）项第（B）目中规定的这种项目或者服务的金额］；

（ⅲ）在这个书面声明适用的第一个合同达成后的 10 日内向部长提交一份这个书面声明的复印件。

（C）**执行**。如果一个依据第（B）目签署了一份书面声明的医生或者从业者明知且故意提交一份本编中的在第（B）目第（ⅱ）节中规定的 2 年内提供项目或者服务的索赔［接受退款或者第（1）项第（B）目中规定的这种项目或者服务的金额］，对于这个书面声明：

（ⅰ）本款不适用于按照合同并且在提交之日后至这个时间结束以前医生或者从业者提供的项目和服务；

（ⅱ）医生或者从业者在第（ⅰ）节中规定的时间内提供的项目或者服务的支付不应该依据本编进行［并且第（B）目中规定的这种项目或者服务的退款或者支付的数量不应支付］。

（4）**实际费用和对索赔提交条件不适当的限制**。第 1848 条第（g）款对于依据第（1）项中规定的合同向医疗保险受益人提供的项目和服务不适用。

（5）**定义**。在本款中：

（A）**医疗保险受益者**。"医疗保险受益者"是指依据第 A 部分有资格享受待遇或依据第 B 部分登记加入的个人。

（B）**医生**。"医生"在第 1861 条第（r）款第（1）项、第（2）项、第（3）项和第（4）项给出了解释。

（C）**执业医生**。"执业医生"在第 1842 条第（b）款第（18）项第（C）目给出了定义。

个人获得其他的健康保险计划的选择权

第 1803 条 【《美国法典》第 42 编第 1395b 条】 本编中的所有内容不得解释为妨碍州提供，或者个人购买或者以其他方式获得，针对健康服务费用的保障。

老年医疗保险待遇的通知：老年健康保险和补充性医疗保险的信息①

第 1804 条 【《美国法典》第 42 编第 1395b—2 条】（a）部长准备（与老年代表团体和健康保险公司磋商）发布一个通知，包括：

---

① 关于确定血友病住院病人的支付数量，参见第 2 卷《公法》第 101—239 期，第 6011 条第（b）款。

（1）根据本编一份简单清楚的提供和不提供的健康护理待遇主要种类的解释；

（2）依据本编规定的支付（包括可扣除的和共同保险的数量）的限制；

（3）依据本编可以提供的和按照依据第十九编批准的州计划通常可以提供的长期护理服务的有限待遇的描述。

对于按第 A 部分或第 B 部分有权享受待遇的个人，在个人根据第 A 部分申请待遇或按第 B 部分登记加入时，应每年邮寄一次此通知。

（b）部长依据本编通过免费的电话号码提供有关计划的信息。免费电话号码 1 - 800 - MEDICARE 作为个人寻找有关计划的信息或援助的途径，该免费电话会转接到（免费）提供这种信息或援助的适当部门。这种免费号码应该是第（a）款中每年的通知中常用信息和援助中列出的免费电话，而不是个人承包人电话①。

（c）第（a）款提供的通知应包括：

（1）一个说明，因为确实有错误及医疗保险欺诈、浪费和滥用是一个重大的问题，受益人应该仔细检查待遇说明或者列出的按照第 1806 条提供的声明解释的正确性及通过拨打第（4）项中规定的免费的电话号码报告错误或者有疑问的费用；

（2）受益人有权要求列出医疗保险项目和服务的［按照第 1806 条第（b）款中提供的］清单的报表的声明；

（3）依据《1996 年健康保险流通和责任法》第 203 条第（b）款②建立的收集有关医疗保险欺诈和滥用的信息计划的说明书；

（4）卫生与公共服务部总监察长接受有关在本编的规定或浪费、欺诈和滥用信息的投诉和信息免费电话号码。

医疗保险咨询委员会

第 1805 条【《美国法典》第 42 编第 1395b—6 条】（a）建立。特此

---

① 关于对于通过免费电话号码 1 - 800 - MEDICARE 提供的信息准确性和一致性的研究和报告，参见第 2 卷《公法》第 108—173 期，第 923 条第（d）款第（2）项。

② 参见第 2 卷《公法》第 104—191 期，第 203 条第（b）款。

建立作为国会机构的医疗保险支付咨询委员会（在本条中所称的"委员会"）①。

（b）**职责**。

（1）**支付政策和年度报告的审查**。这个委员会应：

（A）审查本编中的支付政策，包括在第（2）项中规定的主题；

（B）② 向国会做出有关这种支付政策的建议；

（C）在每年的 3 月 1 日前（从 1998 年开始），向国会提交一份有关这些审查和这些政策建议的报告；

（D）在每年 6 月 15 日前，向国会提交一份包括影响医疗保险计划的问题的检查报告，包括在美国国内取得健康护理和健康护理服务市场中医疗保险计划变化的影响，以及一份依据第 1848 条第（d）款第（1）项第（E）目第（ii）节提交的转化因素评估的审查。

（2）**审查的具体题目**。

（A）**医疗保险＋选择计划**。具体地，对于第 D 部分的医疗保险＋选择计划，委员会应审查如下项目：

（i）对这种计划进行支付的方法，包括差异化支付和不同的支付区域之间进行不同更新的分配。

（ii）调整支付风险的机制和调整这种机制考虑受益人健康状况的需要。

（iii）在医疗保险＋选择组织及在医疗保险＋选择自由和原来的按次付费的医疗保险制度之间进行风险选择的含义。

（iv）保证这些加入医疗保险＋选择组织的护理质量的机制的建立和执行。

（v）这个医疗保险＋选择计划对医疗保险受益人获得护理的影响。

（vi）医疗保险＋选择计划的执行和进一步发展过程中的其他主要问题。

（B）**最初的按次付费的医疗保险制度**。具体地，委员会可以审查第

---

① 《公法》第 110—173 期，第 301 条，插入"作为一个国会机构"，在 2007 年 12 月 29 日生效。

② 关于应该包括在医疗保险支付顾问委员会的年度报告中的对 PACE 提供者进行的支付的方式和水平的建议，参见第 2 卷《公法》第 105—33 期，第 4804 条第（c）款。

A 部分和第 B 部分中的支付政策，包括：

（ⅰ）影响在不同的部门中有效率地提供服务的费用的因素，包括更新医院、需要专业护理的设施、医生以及其他费用的程序；

（ⅱ）支付方法；

（ⅲ）医疗保险受益人的护理的获取和质量之间的关系。

（C）**医疗保险支付政策和通常提供的健康护理的相互作用**。具体的，委员会可以审查本编中的支付政策对除本编以外的健康护理服务提供的影响并且评估在美国和在这种医疗保险计划的健康护理服务的普通市场中健康护理变化的影响。

（3）**对于某些部长的报告的评论**。如果部长向国会（或者国会的一个委员会）提交一份法律要求的有关本编中支付政策的报告，部长应发送一份这个报告的复印件给这个委员会。在部长将这个报告提交给国会后的 6 个月内，委员会应审查这个报告，向国会的相关委员会提交有关这个报告的书面评论。这些评论包括委员会认为恰当的建议。

（4）**议事日程和额外审查**。委员会可以定期咨询国会相应的委员会主席和级别较高的少数成员有关这个委员会的议事日程和完成这个议事日程的进展。只要是主席和成员要求的且委员会认为本编中该计划恰当的主体，委员会随时可以实施额外审查并向国会相关委员会提交报告。

（5）**报告的可得性**。委员会向部长发送一份依据本款提交的每一份报告的复印件并且可以将这些报告提供给公众。

（6）**国会的适当的委员会**。在本条中，"国会的适当的委员会"是指众议院赋税委员会和参议院财政委员会。

（7）**选举和报告的要求**。对于在依据第（1）项提交的报告中包含的每一个建议，委员会的每个成员投票选择建议，并且委员会成员投票选择建议的结果应包括在报告中。

（8）**预算结果的检查**。在做出这些建议前，这个委员会可以检查这些建议的预算结果，直接或者通过与适当的专家机构磋商。

（c）**成员资格**。

（1）**数量和任命**。委员会应该由总审计长任命的 17 名成员组成。

（2）**资格**。

（A）**总则**。这个委员会的成员可以包括全国公认的在健康财经、精算学、健康场所管理、整合性健康照护体系、医疗机构报销方面具有专业知识的个人，对抗疗法和正骨疗法的医生，和健康服务的其他提供者，及其他的相关领域、混合的专业广泛地域代表，在城市和乡村代表之间的平衡。

（B）**包括的内容**。这个委员会的成员可以包括（但是不限于）医生和其他的健康专家，在药物经济学或者处方药待遇计划领域的专家，第三方付款人，在生物医学、健康服务和健康经济研究和在研究和技术评估的结果和效力的实施和解释方面精通的个人。成员也可以包括用户和老年人的代表。

（C）**大多数非提供者**。在本编覆盖的项目和服务的提供或者这种分配的管理中直接涉及的个人不可以由这个委员会的大多数成员组成。

（D）**披露义务**。总审计长应建立一种制度，由这个财政委员会成员披露和其他的这些成员可能的利益冲突。这个委员会的成员应该是适用《1978 年政府道德规范法》（《公法》第 95—521 期）第一编中国会的雇员。

（3）**任期**。

（A）**总则**。除总审计长在成员第一次任命中可以指定错列的任期外，委员会成员的任期为 3 年。

（B）**空缺**。任命填补在前任成员被任命的任期结束前空缺的成员应该只是在剩余任期内。一个成员可以在那个成员的任期届满后任职直到继任者上任。委员会中的空缺应该以原来做出任命的方式补充。

（4）**补偿**。在为委员会事务服务期间，委员会的成员应该有权享受相当于依据《美国法典》第 5 编第 5315 条①的执行日程表第四等级所提供的比例的每日津贴的补偿；并且在远离家庭和成员的常驻服务地点工作期间，按照这个委员会主席的授权允许成员有旅行费用。以《美国法典》第 5 编第 5948 条中的机构向政府医生提供这种津贴相同的方式为作为委员会员工服务的医生由委员会提供一份医生比较津贴，而且该条第（i）款与适用于田纳西河流域管理局相同的方式适用于该委员会。在工资（不包括委员会的成员的工资）和就业待遇、权利和特权中，委员会的所有员工应该被作为美国参议员的雇员。

（5）**主席、副主席**。总审计长可以在委员会中指定一名成员，任命

---

① 参见第 2 卷《美国法典》第 5 编第 5948 条。

在任期内的成员为主席和一个成员为副主席，此外，如果主席或者副主席出现空缺，总审计长可以指定这个任期中的其他剩余成员。

（6）**会议**。委员会由主席召集召开会议。

（d）**主管和职员、专家和顾问**。按照总审计长认为保证这个委员会有效率管理的必要的这种审查，这个委员会可以：

（1）利用或者准备作为执行其职责所必需的行政主管（按照总审计长的批准）和其他人员的赔偿（不包括《美国法典》第5编的规定，管理在竞争性服务中的任命）；

（2）寻求适当的联邦部门和机构作为在执行它的职责中要求的援助和支持者；

（3）作为执行委员会工作所必要的达成合同或者做出其他安排〔不包括《成文法修订法》第3709条①（《美国法典》第41编第5条）中所说的〕；

（4）进行委员会工作有关的借款、发展和其他支付；

（5）提供服务的人除赔偿外的运输和最低生活费；

（6）制定对于这个委员会的内部组织和运行所必要的规则和规章。

（e）**权力**。

（1）**获得官方数据**。委员会可以直接从美国的部门或机构中获取能使它执行本条所必要的信息。按照主席的请求，那个部门或机构的主管要按照达成的计划向这个委员会提供信息。

（2）**数据收集**。委员会为执行职责应：

（A）利用现存的公布和未公布的信息，如果可能的话，收集和评估自身成员或根据依据本条做出的其他安排；

（B）如果现存的信息不充足、执行或授予拨款，或者合同对原来的研究和实验；

（C）采用允许相关的当事人为委员会在报告和建议中使用提交信息的程序。

（3）**美国总审计局（GAO）对信息的获取**。总审计长可以不受限制地立即要求获得这个委员会的所有研究、记录和非专卖的数据。

（4）**定期审计**。委员会应该定期接受总审计长的审计。

---

① 参见第2卷《成文法修订法》第3709条。

（f）**拨款授权**。

（1）**拨款请求**。委员会以与总审计长提交拨款请求相同的方式提交拨款请求，但是委员会拨款的数量应该与总审计长拨款的数量分开。

（2）**批准**。授权拨款需要执行本条规定。这个拨款的 60% 应该从联邦医疗保险信托基金中支付，拨款的 40% 应该从联邦补充医疗保险信托基金中支付。

医疗保险待遇的解释①

第 1806 条 【《美国法典》 第 42 编第 1395b—7 条】（a）**总则**。部长可以向每一个依据本编已经对其做出支付的（或者本应该不考虑扣减支付的）个人提供一份声明：

（1）列出已经支付正运行的项目或者服务和支付在每种项目或者服务上的数量；

（2）包括列出一份该个人有权索赔项目报表［按照第（b）款中的规定］的通知。

（b）**列出医疗保险项目和服务项目报表的请求**。

（1）**总则**。个人可以向医生、提供者、供货方或其他人（包括组织、机构或其他实体）提交一份书面的请求，要求列出由该人依据本编支付向这个人提供的项目或者服务的项目报表。

（2）**提供报表的 30 天期限**。

（A）**总则**。在做出第（1）项中的请求后的 30 天内，该项中规定的人可以提供一份列出项目的报表描述每个提供给这个要求项目报表的个人的项目和服务。

（B）**处罚**。故意不按照第（A）目提供列出项目报表的人每一次未执行都应该被处以一次不超过 100 美元的民事罚款。罚款负担和收取方式应该与第 1128A 条第（a）款中的民事罚款相同。

（3）**列出项目的报表的审查**。

（A）**总则**。在收到第（1）项中提供的列出项目的报表后的 90 天内，个人可以向部长提交一份审查这份报表的书面请求。

---

① 关于在给受益人的有关医院场所待遇的通知中的其他信息包括的内容，参见第 2 卷《公法》第 108—173 期，第 925 条。

（B）**具体的陈述**。审查这种列出项目的报表的请求要指出：（ⅰ）个人认为没有按照要求提供的具体项目或者服务；或者（ⅱ）其他不规范的项目表（包括复制的项目表）。

（4）**部长的调查**。对于依据第（3）项提交的每个书面请求，部长决定这份列出项目的报表是否具体指出没有按照要求提供的项目或者服务以及其他不规范的导致本编中支付浪费的项目表（包括复制的项目表）。

（5）**追回的数量**。部长可以对于第（4）项中规定的报表依据本编采取适当的措施追回被浪费的款项。

慢性病护理改善[①]

第 1807 条 【《美国法典》 第 42 编第 1395b—8 条】（a）慢性病护理改善计划的执行。

（1）**总则**。部长应按本条规定分阶段开发测试、评价，并实施慢性病护理改进项目。每个这种计划应该用来改善理疗质量和受益人的满意度并且对于本编中有一个或者多个入门条件的受益人达到支出的目标。

（2）**解释**。在本条中：

（A）**慢性病护理改善计划**。"慢性病护理改善计划"是指第（1）项中规定的依据第（b）款或第（c）款中的协议提供的计划。

（B）**慢性病护理改善组织**。"慢性病护理改善组织"是指依据第（b）款或第（c）款达成协议依据本条直接或者通过与承保商的合同提供一种慢性病护理改善计划的实体。这种实体可以是一个疾病管理组织、健康保险公司、统一的送交系统、医生团体事务所、这些实体的联合体或者其他部长认为适合依据本条执行一种慢性病护理改善计划的合法实体。

（C）**护理管理计划**。"护理管理计划"是指一个依据第（d）款为一种慢性病护理改善计划的参与者确立的计划。

（D）**入门条件**。"入门条件"是指一种慢性病条件，例如充血性心力衰竭、糖尿病、慢性阻塞性肺病，或者部长选择的适合慢性病护理改善计划建立的其他疾病或者状态。

---

① 关于一个消费者导向的慢性门诊服务示范项目，参见第 2 卷《公法》第 108—173 期，第 648 条；关于第 1807 条实施报告，参见第 721 条第（b）款。

（E）**目标受益人**。一项慢性病护理改善计划中的"目标受益人"是指个人：

（ⅰ）有权享受第 A 部分中的待遇，并且登记参加第 B 部分但未登记参加第 C 部分中的计划；

（ⅱ）已经具备这个计划覆盖的一个或者多个入门条件；

（ⅲ）已经依据第（d）款第（1）项被认为是一个这种计划的潜在参加者。

（3）**解释**。本条中的所有内容不得被理解为：

（A）扩大本编中的待遇的数量、时间或者范围；

（B）提供参加本条中一种慢性病护理改善计划的权利；

（C）对本条中的慢性病护理改善计划提供第 1869 条、第 1878 条或者其他规定中的听证或者上诉权利；

（D）或者，由于服务的提供者或者供货方［在第 1861 条第（d）款中定义的］向部长提交的请求而提供的一种慢性病护理改善计划中的待遇。

（b）**发展阶段（阶段一）**。

（1）**总则**。在本条的执行过程中，部长应按照第（7）项与慢性病护理改善组织就适用随机控制测试的慢性病护理改善计划的发展、测试和评估达成协议。第一个这种协议应该在本条实施之日起的 12 个月内达成。

（2）**协议期限**。本款中的协议期限应为 3 年。

（3）**最低参与**。

（A）**总则**。部长达成本款中的协议以便在合计有 10% 以上的医疗保险受益人居住的地理区域内提供本编提及的慢性病护理改善计划。

（B）**医疗保险受益人解释**。在本项中，"医疗保险受益人"是指有权享受第 A 部分中待遇、依据第 B 部分登记加入或者两个条件都具备的并且居住在美国国内的个人。

（4）**地点选择**。在选择依据本款达成协议的地理区域内，部长应确保每个慢性病护理改善计划在一个有 1 万以上目标受益人居住的地理区域内实施，其他有权享受第 A 部分中待遇的、依据第 B 部分登记加入的或者具备两个条件的个人作为控制人群。

（5）**第一阶段计划的独立评估**。部长依据本款缔约实施这种计划的独立评估。该评估应该由有评估慢性病护理管理计划经验的承包人做出。每个评估包括对这种计划的以下因素的评价：

（A）质量改善措施，例如坚持证据基于指导方针和再入院治疗率。

（B）受益人和提供者的满意度。

（C）健康结果。

（D）财政结果，包括本编中的这个计划节省的成本。

（c）**延伸的实施计划（阶段二）**。

（1）**总则**。对于依据本款实施的慢性病护理改善计划，如果部长发现依据第（b）款第（6）项实施的独立评估的结果指出一个计划已经符合第（2）项中规定的条件，部长可以根据第（f）款达成协议以扩展这个计划（或者组成部分）的实施到其他依据第（b）款实施的计划不覆盖的地理区域，包括实施全国性的计划。这种扩展可以在这个计划依据第（b）款实施后的2年后到该计划完成之日后的6个月内进行。

（2）**计划扩展的条件**。一个依据第（b）款实施的有入门条件的慢性病护理改善计划，在本项中规定的条件是希望：

（A）改善医院的护理质量；

（B）改善受益人的满意度；

（C）实现部长在协议中确定的对本编计划中部长认为适当的范围内的节省目标，按照对于这个计划的中立预算申请并且不考虑这个组织按照这个计划中的协议由于第（f）款第（3）项第（B）目中的风险进行支付；

（3）**第二阶段计划的独立评估**。如果部长认为恰当的话，可以执行关于依据本款扩展计划的评估。这种评估应该以与第（b）款第（5）项中规定的相似的方式执行。

（d）**预期计划参与的证明和登记**。

（1）**预期计划参与的身份识别**。部长可以确立一种能识别慢性病护理改善计划的目标受益人的方法。

（2）**部长的初次联系**。部长可以与每个目标受益人就加入一个慢性病护理改善计划进行交流。这种交流可以由部长进行并且包括如下信息：

（A）一份对于受益人参与一项计划的有利条件的描述。

（B）提供一个计划的组织可以直接与这个参与受益人交流的通知。

（C）自愿参加一个计划的通知。

（D）一份关于受益人参加或者退出的方式和获得有关这种参与的其他信息的方式的描述。

（3）**自愿参加**。一个目标受益人基于自愿参加一个慢性病护理改善计划并且可以随时退出。

（e）**慢性病护理改善计划**。

（1）**总则**。每个慢性病护理改善计划：

（A）为了建立一个第（2）项中的个性化的、目标导向的护理管理计划，应有一个程序能甄选每个目标受益人除入门条件之外的条件，例如受损的认知能力和共发病；

（B）该计划向每个参加这个计划的目标受益人提供这种方案；

（C）根据第（3）项执行这种方案和其他的慢性病护理改善活动。

（2）**护理管理方案的要素**。一个目标受益人的一个护理管理方案应该由这个受益人在恰当的范围内编制，包括：

（A）一个负责与受益人交流和为受益人与其他健康护理提供者交流提供便利的指定地点。

（B）对受益人的自我护理教育（通过例如疾病管理或医疗营养疗法的方式）和对主要护理者及家庭成员的教育。

（C）对医生和其他提供者的教育和增强相关临床信息交流的合作。

（D）将相关的临床信息交换，例如关键的症状、有代表性的症状信息和健康自我评估，作为病人检测技术的使用的指引。

（E）提供有关临终护理、痛苦和消极措施护理和死亡护理的信息。

（3）**计划的实施**。在对一个参加者执行第（1）项第（C）目时，慢性病护理改善组织可以：

（A）指导参加者管理自己的健康（包括所有共发病、相关的健康护理服务和配药需求）和执行这个参加者的护理管理方案中的要素指定的活动；

（B）使用例如证据基础的实践指引或者部长确定的其他标准决策支持工具；

（C）建立一个临床信息数据库以追踪和监测每个参加者并且评估其结果。

（4）**其他的责任**。

（A）**结果报告**。每个提供一种慢性病护理改善计划的慢性病护理改善组织可以监测并且按照部长规定的方式将健康护理质量、成本和结果向部长报告。

（B）**其他的要求**。每个这种组织和计划要遵守部长规定的其他的要求。

（5）**委派**。部长可以规定由合格的组织委派的（按照部长解释的）慢性病护理改善计划和慢性病护理改善组织，计划和组织被视为符合本条中部长可以规定的要求。

（f）**协议的期限**。

（1）**期限和条件**。

（A）**总则**。本条中与一个慢性病护理改善组织达成的协议包括这些根据本条部长规定的期限和条件。

（B）**临床的、质量改善和财政要求**。部长不可以依据本条与这样一个组织达成一个协议运行一个慢性病护理改善计划，除非：（ⅰ）这个计划和组织符合第（e）款中的要求和这种临床的、质量改善、财政，以及部长认为对于接受服务的目标受益人恰当的其他的要求；以及（ⅱ）对于这个组织依据这个协议通过有效的储备、再保险、预扣或者其他部长认为适当的方式进行的支付，这个组织向部长证明能够承担依据协议［按照第（3）项第（B）目申请的］履行的财政风险。

（2）**支付方式**。按照第（3）项第（B）目，依据以下规定内容中的协议支付：

（A）第（b）款应该根据每个月的成员数量计算。

（B）第（c）款可以根据每个月每个成员数量计算或者其他的根据并且组织可以同意。

（3）**执行标准的申请**。

（A）**履行标准的说明**。本条中每个有关慢性病护理改善组织的协议应明确对第（c）款第（2）项中规定的因素规定履行标准，包括本编中的临床质量和花费目标，以保证这个协议中的这个慢性病护理改善组织是符合标准的。

（B）**根据履行的支付调整**。

（ⅰ）**总则**。每个这种协议规定在依据这个协议向一个组织支付的比例应在按照部长确定的这个组织不符合第（A）目中这个协议规定的实施标准范围内进行调整。

（ⅱ）**履行的财政风险**。对第（b）款或第（c）款中的协议，这个协议应对依据此协议支付给这个组织的费用超过本编中这些计划由于该协议实施的预计节省款项规定完全追偿。

（4）**中立预算支付条件**。依据本条，部长应确保参与慢性病护理改善计划的受益人的医疗保险待遇花费的总数量和依据本条支付给慢性病护理改善组织资金，不超过部长估计的本应该已经支付给这种没有参加这些计划的目标受益人的医疗保险计划待遇花费。

（g）**资金**。

（1）按照第（2）项，在联邦医疗保险信托基金和联邦补充医疗保险信托基金中给部长的拨款部分是为本条中的慢性病护理改善计划协议所做的必要准备。

（2）在2003年10月1日开始的3个财政年度内本编中的资金加上本编中的花费总和不得超过1亿美元。

有关管理的规定

第1808条【《美国法典》第42编第1395b—9条】（a）**医疗保险处方药和医疗保险优势计划的协调管理**。

（1）**总则**。医疗保险和公共医疗补助服务中心中设立一个中心执行第（3）项中规定的职责。

（2）**主管**。这个中心的主管应该由可以直接向医疗保险和公共医疗补助服务的主管领导报告。

（3）**职责**。本项中规定的职责如下：

（A）第C部分和第D部分的管理。

（B）第1804条中的通知和信息的提供。

（C）部长规定的其他职责。

（4）**最后期限**。部长应保证这个中心在2008年1月1日之前执行第（3）项中规定的职责。

（b）**管理员工雇用**。

（1）**总则**。部长在这种医疗保险和公共医疗补助服务中心内雇用他认为恰当的管理员工。对于第C部分和第D部分的管理，应包括与健康待遇计划协商的有私营部门专门知识的个人。

（2）**资格**。作为符合第（1）项雇用条件的个人应该被要求证明，通过他们的教育经历和专门知识（在公共部门或私营部门），至少在以下一个领域中有较为优秀的专门知识：

（A）健康护理合同的审查、协商和管理。

（B）健康护理待遇计划的设计。

（C）保险精算学。

（D）健康护理合同的遵行。

（E）用户教育和决策。

（F）部长规定的管理或技能的其他领域。

（3）**支付比例**。

（A）**绩效工资**。按照第（B）目，部长可以确定依据第（1）项雇用的个人的工资等级。这种等级应考虑技能、经验和表现。

（B）**限制**。第（A）目中确定的报酬等级不能超过《美国法典》第5编第5382条第（b）款中的高级主管基本工资的最高等级。

（c）**医疗保险受益人舞弊的调查专员**。

（1）**总则**。部长可以在卫生与公共服务部内委任一名对有权享受本编中待遇的（和援助）健康护理和在教育领域有专门知识和经验的医疗保险受益人舞弊调查官员。

（2）**职责**。医疗保险受益人舞弊调查专员可以：

（A）接受有权享受第A部分待遇或依据第B部分登记加入或具备以上两个条件的个人提交的有关医疗保险计划方面信息的投诉、抱怨和要求；

（B）对于第（A）目中所说的投诉、抱怨和要求提供援助，包括：（ⅰ）在这种个人收集相关信息方面的援助，对一个政府财政调解人、执行人、医疗保险管理组织或者部长做出的决定或者判断寻求上诉，（ⅱ）对个人在由于未在健康计划管理组织依据第C部分登记引起的问题方面的援助，以及（ⅲ）对个人在出示第1839条第（i）款第（4）项第（C）目中的信息（有关和收入相关的保险费的调整）方面的援助；

（C）向国会和部长提交描述这个办公室活动的并且包括调查舞弊的官员认为恰当的改善本编管理的建议的年度报告。调查舞弊的专门官员不得为在新增待遇和服务上的增加辩护，但是可以指出在支付或覆盖政策中的问题和疑难。

（3）**健康保险咨询计划的运行**。在可行的范围内，调查舞弊的专门官员可以实施健康保险咨询计划（接受《1990年综合预算调整法》第4360条中的资金）便于向有权享受第A部分中待遇或者依据第B部分登记加入或具备以上两个条件的个人提供有关健康保险管理方案的信息。本项中的内容不得进一步排除调查舞弊的专门官员和这种计划之间的合作。

解决健康护理差异[①]

第 1809 条 【《美国法典》第 42 编第 1395b—10 条】（a）**评估数据收集方式**。部长可以评估本编中数据的收集方式，与现有的本编中的质量报告要求和计划配合实施，允许不断地、准确地并且及时地收集和评估在健康护理服务方面和由于种族、种族地位和性别产生的差异数据。在实施这种评估时，部长可以考虑以下目标：

（1）保护病人的隐私权。

（2）降低数据收集和报告参加的本编中提供者和参加健康方案的行政负担。

（3）完善医疗保险计划在种族、种族地位和性别方面的数据。

（b）**对国会的报告**。

（1）**评估报告**。在本条实施的 18 个月内，部长应向国会提交一份有关依据第（a）款实施的评估的报告。这份报告可以考虑这种评估的结果：

（A）对第 A 部分和第 B 部分中的最初的按次付费的医疗保险计划、第 C 部分中的医疗保险优势计划和第 D 部分中的医疗保险处方药计划，指出识别和收集与评估有关由于种族、种族地位和性别产生的健康护理数据差的方式；

（B）包括基于种族、种族地位和性别按照第 1852 条第（e）款第（3）项中要求的报告 HEDIS 质量标准和其他的全国公认的质量标准履行的恰当的最有效策略和方式的建议。

（2）**数据分析报告**。在本条执行之日后的 4 年内和之后的 4 年，部长可以向国会提交一份报告，包括根据对依据第（c）款收集的数据的分析提出的改善医疗保险受益人健康护理差异识别的建议。

（c）**实施有效的方案**。在本条实施之日后的 24 个月内，部长可以实施依据第（b）款第（1）项提交的报告中指出的持续、准确并且及时收集和评估健康护理由于种族、种族地位和性别产生的差异的方案。

---

① 《公法》第 110—275 期，第 185 条，增加第 1809 条，2008 年 7 月 5 日生效。

第 A 部分　老年人和残疾人的医疗保险待遇①

计划描述

第 1811 条【《美国法典》第 42 编第 1395c 条】 第 226 条和第 226A 条授权建立的保险计划对医院诊费、出院后相关的费用、家庭健康服务费用和临终护理的费用提供基本的保障，根据本部分为：（1）年满 65 岁并且符合本法第二编中的（或者如果本编中的雇用包括某些政府雇用会符合这些待遇条件）或者铁路退休制度中的退休待遇条件的个人；（2）依据本法第二编（或者如果本编中的雇用包括某些政府雇用，就会有权享受这种待遇）或者符合残疾的铁路退休制度已经享受了不少于 24 个月的这种待遇的不满 65 岁的个人；以及（3）某些不符合第（1）项和第（2）项中指定的条件的但是在医学上被确定为肾病晚期的个人。

待遇范围

第 1812 条【《美国法典》第 42 编第 1395d 条】（a）本部分中的保险计划提供给个人的待遇可以包括为自己取得支付的权利，或者对于第 1814 条第（d）款第（2）项中对他的支付（按照本部分的规定）：

（1）在患病期间达到 150 天住院病人医院服务或者住院病人重点医院服务这些服务不足 1 天但超过在患病期间接受的 90%（如果这个人曾经有权享受依据本部分做出的这些服务的支付，除非他根据部长的规章说明他不希望接受这种支付）；

（2）（A）在患病达到 100 天出院后的延伸服务，以及（B）在第（f）款中规定的范围内，延伸护理服务不是出院后延伸护理服务；

（3）如果个人没有在第 B 部分登记家庭健康服务，这样登记的个人，在一个家庭健康患病期间提供的后公共机构家庭健康服务要达到 100 次来访；

（4）代替某些其他的待遇，在每 90 天内达到两期的对于个人的临终

---

① 关于医疗教育费用的支付，参见第 2 卷《公法》第 101—508 期，第 4004 条。

关于医疗保险支付咨询委员会研究和医疗保险优势计划的支付，参见第 2 卷《公法》第 110—275 期，第 169 条。

护理和在随后期间的每 60 天内数量不限的对于该人依据第（d）款第（1）项进行的选择；

（5）患病晚期的病人，没有依据第（d）款第（1）项进行选择，并且之前没有接受本项中的服务，由作为医疗主管或者临终计划雇员的医生［在第 1861 条第（r）款第（1）项中解释］提供服务，并且：（A）包括：（ⅰ）这个人的痛苦和治疗需要的评估，包括这个人的临终护理需要，（ⅱ）为这个人提供有关临终护理和其他护理选择的咨询，以及（B）包括建议这个人更高级的护理计划。

（b）在个人患病期间依据本部分配备的服务支付［按照第（c）款］不适合：

（1）在患病期间住院的病人的服务，医院服务不足 1 天地提供给他 150 天后，提供给住院病人的医院服务超过在之前的患病期间接受的 90%（如果这种个人有权享有依据本部分做出的这些服务，除非他根据部长的规章指出他不希望接受这种支付）；

（2）这些服务已经向他提供了 100 天后提供给他的住院后延伸护理服务；

（3）或者，这些服务已经累计提供了 190 天后提供给他住院病人精神病医院护理服务。

在一个家庭健康患病期间在这些服务已经提供了 100 次访问后依据本部分提供给个人的后公共机构健康服务可以不进行支付。

（c）如果个人在有权利享受本部分中的待遇的第一个月第一天是精神病医院的住院病人，该第一天之前的 150 天中他是该医院住院病人的日子应该受依据第（b）款第（1）项确定的天数的限制，该限制适用：（1）住院病人的精神病医院服务，或者（2）为精神病诊断或治疗的住院病人的服务［但是不应该包括确定这种天数限制，只要他适用其他的住院病人医院服务或者第（b）款第（3）项中确定的 190 天限制］。

（d）（1）在个人的一生中无限制的每个 60 天期间和每两个 90 天期间如果该个人依据本项选择接受本项中提供的临终计划而不是本编中的某些其他达成安排中的临终护理，对这个人的本部分中可以支付提供的临终服务。

（2）（A）除第（B）目和第（C）目中规定和部长可以规定的特殊的和异常的情况，如果一个人在一个期间对于具体的临终计划做出选择，这个人应该被视为已经放弃对于已经依据本编做出的支付的所有的权利：

（ⅰ）在这期间其他临终计划（不包括依据特别临终计划做出的安排）提供的临终护理；

（ⅱ）确定为（根据部长的指引）以下情况发生期间提供的服务：（Ⅰ）关于对于做出一项患病晚期的诊断结论的个人条件的待遇，或者（Ⅱ）相当于（或者等于）临终护理；

除此之外，第（ⅱ）节不适用于这个人的主治医师（如果不是临终计划的雇员）提供的医生服务或者临终计划提供（或者依据做出的安排）的服务。

（B）在个人做出一个对于 90 天或者随后的 60 天的选择之后，这个人可以在此期间撤回这个选择，如果：（ⅰ）该撤回在该阶段剩余的时间内作为放弃本部分中做出的临终护理待遇支付的权利并且［第（a）款第（4）项和第（A）目中所述］这个人应该被视为在整个阶段已经提供了这些待遇；以及（ⅱ）如果个人有权享受在这样一段时间内的临终护理待遇，这个人可以在撤回后的时间内进行一个新的选择。

（C）个人可以在每个这类阶段改变一次，这种选择进行的临终计划并且这种改变不会被认为撤回第（B）目中的选择。

（D）在本编中，在个人撤回或者改变选择生效的选择之后，个人关于临终计划的选择不再被认为是有效的。

（e）除了本条，或者没有遵守第 1814 条第（a）款中的请求或者证明要求，支付本部分服务时应考虑到在第（b）款和第（c）款中，住院病人医院服务、住院病人精神病医院服务和住院后延伸护理服务应该被考虑到。

（f）（1）只要部长确定依据第（a）款第（2）项第（B）目不是出院后延伸护理服务的覆盖范围，并且按照部长认为适当的这种项目和条件［在第（2）项中规定的］，这些服务包括的内容将不会导致依据本编做出的支付总数量的增加，并且将不会改变第（a）款第（2）项中规定的待遇的紧急护理的性质。

（2）部长可以规定：

（A）第（a）款第（2）项第（B）目中规定的服务的范围和程度和符合接受这些服务的个人类型方面的限制；

（B）尽管有第 1814 条、第 1861 条第（v）款和第 1886 条中的规定，在本款中规定的服务的数量和方法的约束和公选方案，作为执行第（1）项所必需的。

（g）"患病期间"的解释和本部分所使用的其他术语的解释，见第 1861 条。

自付费和共同保险

第 1813 条【《美国法典》第 42 编第 1395e 条】（a）（1）在患病期间提供给个人的住院病人医院服务或者住院病人重点医院服务的数量应该减少到等于这个住院病人医院自付费，如果更少，对于这些服务按惯例规定的费用多于征收的费用，该按惯例的费用应被作为规定的费用。这个数量应该进一步减去一个共同保险数量，等于：（A）在患病期间已经向个人提供 60 天服务之后，每天扣减（在第 91 天之前）住院病人的 1/4；以及（B）［在个人依据第 1812 条第（a）款第（1）项有权享有对自己在患病期间支付的住院病人医院服务或者住院病人重点医院服务的最后一日之前］在这些服务已经在患病期间向个人提供了 90 天之后，住院病人医院扣减每天费用的 1/2，在患病期间提供给个人这些服务。

另外，每天依据本句的减少不可以超过那一天对个人的这些服务规定的数量（并且如果这些服务的惯常的数量多于规定的数量，这种惯常的数量应该被认为规定的数量）。

（2）（A）对于依据本编提供服务的提供者应该支付的数量应进一步减去等于在每一个日历年内提供给该个人的最初的三品脱血液的费用（或者相应数量的血红细胞，按照规章的解释）的减少额，除了这种血液扣减可以根据规章适当地减少这种血液替代品的部分（或者相应的血红细胞数量，如上解释的）；当这个机构或者其他提供这种血液（或者相应数量的血红细胞，如上所解释的）的人每一品脱血液依据本句做出一品脱血液（或者相应数量的血红细胞，如上所解释的）提供给该个人的扣减，为此该个人提供的血液（或者相应数量的血红细胞，如上所解释的）应该被视为被替换。

（B）在一年中提供给个人的血液和血细胞依据第（A）目的扣减应该减少到在这一年中依据第 1833 条第（b）款规定的提供给个人的血液和血细胞扣减范围内。

（3）在患病期间提供给个人的可以支付的出院后延伸服务的数量应该减少相当于在该期间这些服务已经提供给他 20 天之后为他提供这些服务的每天中（在第 101 天之前）住院病人扣减 1/8 的共同保险数量。

（4）（A）临终护理的应付数量应该减少：

（ⅰ）至于该临终计划根据门诊病人原则（或者依据做出的安排进行）提供的药物和生物制品，等于该计划药物或者生物制品成本的药物雇主补助金计划（由该临终计划建立的）确定数量（每个处方不超过 5 美元）大约为 5% 的药物或生物制品成本的一个共同保险数量；

（ⅱ）至于该临终计划提供（或者进行的）的暂缓执行护理，该临终计划（按照部长的规章）评估数量的 5% 的共同保险数量应该等于第 1814 条第（ⅰ）款中对这种暂缓执行护理计划的支付数量；

另外，个人第（ⅱ）节中规定的共同保险总和不可以超过一个临终共同保险期内的在此期间开始的这一年可以适用的这个住院病人的医院扣减。在本目中，"临终共同保险期间"是指，对于个人，从第 1812 条第（d）款中选择对个人生效的第一天开始，并且在这样一个选择对个人失效后的第一个连续 14 天结束时一个连续的期间。

（B）在依据第 1812 条第（d）款第（1）项个人选择的期间，不考虑这些服务提供的背景，除第（A）目中以外的雇主医疗补助金或者扣减不得适用对于向该个人提供的服务。

（b）（1）1987 年住院病人医院扣减应该为 520 美元。在下一年住院病人医院扣减应该为等于前一个日历年内的住院病人医院扣减的数量，在从前一个日历年的 10 月 1 日开始的这个财政年度内依据第 1886 条第（d）款第（3）项第（A）目申请适当的增加比例 ［按照第 1886 条第（b）款第（3）项第（B）目的解释］，该比例按部长最佳估计值的加权平均并调整反映在真实案例组合中的改变（根据可以提供的最近的案例组合数据确定）。依据前一句确定的数量不是 4 美元的倍数应该减少为离 4 美元最近的倍数（或者，如果是处于 4 美元的两个倍数的中间，取 4 美元的倍数中较大的一个）。

（2）部长可以公布 9 月 1 日和它们适用的前一年的 9 月 15 日之间的本条中的住院病人医院扣减和所有的共同保险数量。

（3）在一年中住院病人医院扣减适用于：

（A）住院病人医院服务或者住院病人重点医院服务在患病期间发生

的第一天所在的那一年中第（a）款第（1）项第一句中的扣减；

（B）在那一年中提供的住院病人医院服务、住院病人重点医院服务和出院后延伸护理服务的第（a）款中的共同保险数量。

服务支付的条件和限制请求和证明的要求

第1814条【《美国法典》第42编第1395f条】（a）除第（d）款和第（g）款及第1876条中的规定外，个人提供服务的支付仅对依据第1866条符合条件的服务提供者进行并且只有：

（1）在提供这些服务的这一年之后的最近3个日历年之内（视为在最近的3个日历月份提供的服务，在下一个日历年内已经提供），除了如果部长认为要求有效率的管理，这期间可以减少至少1个日历年，以个人签名形式提交支付的个人或部长通过规章规定的人（不包括在部长发现该个人按照它这样做是不切实际的）提交书面请求。

（2）对于第（B）目中规定的服务，一个医生，或一个执业护士或临床护理专家，与这个场所之间没有直接或间接雇佣关系但是与一个医生共同工作，证明（和重新证明，如果这些服务是在一段时间内提供的，在这些案例里以此频率重复并且有支持材料，适于涉及的案例，按照规章的规定，在20天之内，每个住院病人医院服务的案例都应重新证明）：

（A）对于住院病人精神病医院服务，这些服务是或者原是要求按照一个住院病人原则，或者依据一个医生的监督为个人的精神病提供治疗；并且：（ⅰ）该治疗能合理期望改善这些必要治疗的条件，或者（ⅱ）住院病人诊断研究是医疗上要求的并且这些服务是为达到这些目的所必要的；

（B）对于出院后延伸护理服务，这些服务是因为个人的需要或每天提供有护理技能的护理（需要技能的护理专业人士监督所要求的或者直接提供的）或者其他需要技能的康复服务，作为一个实际问题仅仅能够在一个需要技能的医院场所内按照一个住院病人原则，在转移到这个需要技能的医院场所之前他正在接受住院病人服务［或者如果这个机构符合第1861条第（e）款第（6）项和第（9）项中的要求将会形成住院病人医院服务］的条件或者这种在转移之后和他仍然在这个场所内接受他正在接受的住院病人医院服务时引起的延伸护理服务要求的条件；

（C）对于家庭健康服务，这些服务是或者过去是由于这个人是一个限于家庭的个人［除了接受第 1861 条第（m）款第（7）项中的项目和服务的期间］需要或者过去需要有技术含量的间歇的生理上或者语言上的治疗基础上的护理（不包括为了获得血液样本的经脉穿刺术），或者对于已经按照需求提供了家庭健康服务并且不再需要这种护理或者治疗的个人，继续进行职业治疗。向这样的个人提供这些服务的方案由医生制定并且定期审查；并且对于个人，这些服务是在护理下进行提供的；

（D）或者，对于与牙齿或者直接支撑牙齿的结构的护理、治疗、填充、去除或综合更换有关的住院病人医院服务，个人由于他的医疗条件和诊所情况或者牙科的程序而要求与这些服务相关的住院治疗。

（3）对于超期提供的住院病人医院服务（不包括住院病人精神病医院服务），医生证明这些服务由于这个住院病人的医学治疗要求提供或者住院病人诊断报告在医学上要求且是必需的，除此之外：（A）这种证明应该仅仅在这种案例中以该频率并有相关的证明材料提供，该案例中涉及的适当的、规章规定的；以及（B）第一个根据第（A）目要求的这种证明应该在这期间的第 20 天之前提供。

（4）对于住院病人精神病医院服务，这些服务是这个医院记录表明的这些已经提供给这个人，在他正在接受：（A）完善的治疗服务；（B）许可和诊断的必要的相关服务；或者（C）等价的服务的时间内。

（5）对于在一个持续这类服务的时间段的第 20 天后提供这个人的住院病人医院服务，在这个人进入这个医院时第 1866 条第（d）款中的决定不生效（根据长期住院案例评估制度在这个医院中没有发现）。

（6）对于在一个时期提供给这个人的住院病人医院服务或者出院后延伸护理服务，对进一步的住院病人医院服务或者进一步的出院后延伸护理服务没有实施调查［由委员会或小组成员的医生所述，第 1861 条第（k）款第（4）项的规定，包括在样品或者记入这个机构的其他的审查的过程中所做的任何调查］，视情况而定，效用审查制度在医学上不是必需的；除此之外，如果这个调查已经进行，视情况而定，接到这个调查的通知后在第 4 天之前在这个医院或者需要技能的医院场所可以对提供的这些服务进行支付。

（7）对于个人提供的临终护理。

（A）（i）在第一个 90 天内：（Ⅰ）这个人的主治医师［在第 1861 条第（dd）款第（3）项第（B）目中定义的］（本项中所说的不包括实

习护士），以及（Ⅱ）提供（或者安排）这种护理的临终计划的医疗主管
[或者在第 1861 条第（dd）款第（2）项第（B）目中所规定的各科室的
医生成员]，在这期间根据这个医生或者医疗主管的对个人病情的正常情
况的临床诊断开出书面证明，诊断该人是绝症晚期［在 1861 条第（dd）
款第（3）项第（A）目中定义］；

（ⅱ）在一个随后的 90 天或 60 天里，第（ⅰ）节第（Ⅱ）次节中规
定的这个医疗主管或者医生在此期间开始时这个人按照临床诊断重新证明
其是疾病晚期。

（B）对于该个人提供临终护理的书面计划已经建立（在该护理提供
之前，由或者按照这个临终计划做出的安排进行的）并且由该人的临终
计划中的主治医师和医疗主管［和在第 1861 条第（dd）款第（2）项第
（B）目中规定的各学科团体］定期审查。

（C）这种护理是按照这种护理计划提供的。

（8）对于住院病人应急医院服务，一个医生证明这个人可以被合理
预期其在进入这个应急医院之后的 96 个小时内出院或者被转移到一个
医院。

如果，在一个较晚的日期，一个医生、护士或者临床护理专家（如
果有的话）进行第（2）项第（A）目、第（B）目、第（C）目和第
（D）目中规定的种类的证明（无论是哪一个申请的），但是该证明带有
这种医疗上的和这些规章中要求的其他的证据，那么在规章规定的范围
内，第（2）项中的证明和重新证明要求应该被认为是符合规定的。对于
第（2）项要求的对一个家庭健康机构（不包括政府部门）向个人提供的
家庭健康服务的医生证明和对于这些服务计划的建立和审查，部长可以规
定在 1981 年 7 月 1 日前生效的规章，并且禁止有重大利益关系或者与这
个家庭健康机构有重大财政或者契约关系的医生，实施这种证明和建立或
者审查这个计划，这种禁止不适用对于一个单一社区家庭健康机构的一个
家庭健康机构（按照部长的决定）。在前一句中，作为一个家庭健康机构
的一个无偿的官员或者主管的医生与这个机构不应有重大利益关系或者重
大财政、契约关系。在第（2）项第（C）目中，个人应该被认为"限于
他的家庭"，如果这个人存在以下条件，由于疾病或者损伤，限制这个人
离开他（她）的家庭的能力，不包括其他个人的援助或辅助器材的辅助
（例如拐杖、手杖、轮椅或者助步车）；或者如果这个人存在以下情况，

离开他的家不利于医疗治疗，但个人不是必须卧床不起才被认为"限于他的家庭"，应该是存在一种正常的不能离开家的情况，并且离开家需要这个人付出相当大的努力。个人缺乏这个住处导致需要接受健康护理治疗，因为经常缺席一个由一个州许可或者验证的成人日间护理计划中的心理学的或者医学的治疗，或者授权在这个州提供成人日间护理服务且没有取消一个人被认为"先于他的家"的资格。一个人离开住处引起的需要加收健康护理治疗，包括定期缺乏参加疗法上的、心理上的或者医学上的治疗，在一个成年人日间护理计划中，由一个州许可、认证，或者授权的，在一个州内提供成年人日间护理服务，没有取消一个人被认为"限于他的家庭"的资格。如果这种离开是很少发生的或者持续了相当短的时间，不取消个人的资格。在前一句中，离开是为了参加一个宗教服务应该被认为是很少发生的或者持续较短时间的离开。

支付给提供者的数量

（b）支付给服务提供者的数量（不包括提供临终关怀护理的临终关怀计划，不包括提供住院病人应急服务的应急医院，并且不包括有关耐用医疗器材的家庭健康机构），依据本部分做出支付的服务依据第1813条、第1886条和第1895条中的规定应该为：

（1）除第（3）项中的规定外，以下较少的一个：（A）这些服务的合理成本，依据第1861条第（v）款确定的和依据第1881条第（b）款第（2）项第（B）目进一步限制的，或者（B）这些服务的常规费用；

（2）如果这些服务是由一个公共的服务提供者提供的，或者有其他的证明符合部长要求的病人是低收入人群（并且要求依据本项进行支付），免费或者主要费用由公众承担，按照这些项目（部长在规章中规定的）确定的数量包括合理的费用的确定，部长将对这些服务的这种提供者提供公平的补偿[①]；

（3）或者，如果部分或者所有这个州中的医院已经偿还了这些服务的费用（依据本部分进行的支付），按照依据《1967年社会保障法修正

[①]　关于适用于模拟测试的规则，参见第2卷《公法》第98—369期，第2308条第（b）款第（1）项。

案》第 402 条^①或者《1972 年社会保障法修正案》第 222 条^②作为一个论证工程批准的偿还制度，如果在这个工程的持续期间每个有权利享受本部分待遇的个人成为医院住院病人的成本在这些医院中的增加比例等于或者小于对于在这期间美国所有医院的这类人加入的增加比例，同时这个州有合法的权利实施这种制度且该州选择按照本项补偿这些医院，或者这个制度是通过一个医院的自愿协议运行的并且这些医院选择根据本项对这些医院进行补偿，然后，按照第 1886 条第（d）款第（3）项第（B）目第（ix）节第（Ⅲ）次节，部长可以规定这些医院依据这种制度延续康复治疗直到部长决定：

（A）一个第三方付款人按照一个原则而不是该制度偿还给医院；

（B）或者，从 1981 年 1 月 1 日到每个依据本部分有权享受待遇的住院病人加入这些医院的最近日期年度数据显示的成本的合计增加比例，是大于在这个时间内美国的所有医院中这种个人加入的这种增加比例。

对于从 1977 年 7 月 1 日开始已经有了一个论证项目补偿制度持续运行的州，部长可以依据第（3）项规定，依据该制度这个州的医院补偿延长至部长决定通知这个州的州长，本项第（A）目或第（B）目中规定的条件已经发生之日后开始的第 37 个月的第一天。如果，在这 36 个月结束时，部长根据这个州的州长提交的证据确定第（3）项第（A）目或第（B）目中规定的条件都不继续适用，可以不中断继续适用于该州的这些医院的支付制度。如果在这 36 个月结束时，部长决定根据本项中第（A）目或第（B）目中规定的条件继续适用，部长可以：（ⅰ）收取在这 36 个月内超过对该州的这些医院的补偿的差额（根据这种超过补偿的净差额，如果有的话，对于所有美国的医院在 36 个月内在每个医院住院病人加入的成本增加比例中，按照由包括依据这个州的制度的累积的储蓄根据在每个医院住院病人依据这个州的制度加入的成本增加比例与相应的对于美国所有的医院在 1981 年 1 月 1 日至部长第一次通知之日的这种成本增加比例中的差异衡量）；以及（ⅱ）提供一个合理的时间，不超过 2 年，从这个州的制度向全国支付制度的转变。为了适用第（3）项，应该考虑诱发的支付和第（b）款第（3）项第（B）目第（ix）节中的支付调整。

---

① 参见第 2 卷《公法》第 90—248 期，第 402 条。

② 参见第 2 卷《公法》第 92—603 期，第 222 条。

不得对联邦的服务提供者进行支付

（c）按照第 1880 条，不应依据本部分［除了依据第（d）款或第（h）款］对联邦的服务提供者进行支付，除了部长确定的作为一个社区机构或者组织向公众提供服务的服务提供者；并且不可以对法律规定的或有美国公共支出合同的服务提供者进行支付。

紧急医疗服务支付

（d）（1）对依据第 226 条有权享受医疗保险待遇的个人，即使这个医院没有依据本编生效的协议，如果：（A）这些服务是紧急状态服务；（B）部长要求进行这种服务，如果这个医院有这样一个生效的协议并且以其他方式符合其中的支付条件；以及（C）这个医院已经选择请求支付所有这种在这一年中的住院病人紧急服务和第 1835 条第（b）款中的紧急状态出院病人服务，支付也应该在一个日历年内对医院或者提供的住院病人医院服务进行，由这个医院或者依据它做出的安排［第 1861 条第（w）款中解释的］。应仅对第（b）款中提供的数量进行支付并且对于提供的紧急服务，这个医院同意遵守第 1866 条第（a）款中的规定。

（2）对有权享受第 226 条中的医院保险待遇的个人，应按照详细列明的账单进行支付，由于第（1）项中规定的紧急状态服务，如果（A）支付不能依据第（1）项进行仅仅因为这个医院不能选择要求这种支付；以及（B）这个人提交了赔偿申请（这个人在该期间以该形式和方式提交的，包括部长通过规章规定的证明信息）。

（3）对于其中规定的服务依据前一项可以支付的数量应该按照第 1813 条的规定等于该人占有的住处或者半私人住处［第 1861 条第（v）款第（4）项中解释］内提供的医院常规服务的合理费用的 60%，按孰低原则，加上医院的辅助服务的合理费用的 80%。如果单独的常规和辅助服务不是医院进行的，如果这个病人已经使用了半私人的住处，补偿可以为接受医院服务的合理费用的 2/3 但是不超过已经进行的费用。在本项的前一句中，"常规服务"可以指常规的房间、食谱和护理服务、小型的医疗和外科供给以及非常规不单独收费的设备和场地的使用；"辅助服务"可以指那些通常在常规服务之外进行的特殊服务。

不符合资格的之前通知的住院病人医院服务的支付

（e）对于由医院提供的住院病人医院服务，尽管个人没有权利拥有依据本编进行的支付，如果这些支付仅是被第 1812 条中的原因所阻碍并且这个医院遵守本编规章中对这些支付的要求，已经善意实施并且不知道这种缺乏权利的情况，并且假设存在的权利已经合理地实施，那么应对该医院进行支付（除非它选择不接受这种支付，或者如果支付已经由该个人或为了这个人的利益进行了，但在部长规定的时间内没有偿还）。前一句中的支付不包括在这种加入发生后的 6 天（不包括星期六、星期天或法定假日）之后按照加入提供给个人的服务。

某些在美国之外提供的住院病人医院服务支付

（f）（1）对一个坐落在美国之外的医院提供给有权享受第 226 条中的医疗保险待遇的个人的住院病人医院服务应该进行支付，或者依据它做出的安排［第 1861 条第（w）款中解释］，如果：

（A）这个人是一个美国的居民；

（B）这个医院比有足够条件治疗的美国国内最近的医院更近或总体上更容易到达这个人的住处，并且可以提供有关这个人的疾病或者损伤的治疗。

（2）在一个坐落在美国之外的医院，对于提供给有权享受第 226 条中的医疗保险待遇的个人的紧急状态住院病人医院服务也应进行支付，如果：

（A）这个人本人出现在：（ⅰ）美国国内的一个地点，或者（ⅱ）加拿大的一个地点，当在阿拉斯加州和其他州之间的直航路线上旅行时，且没有不合理的耽搁；

紧急状态时需要这些住院病人医院服务。

（B）这些医院更近，或者从这里更容易到达，该地点比美国最近的医院有更充足的设备处理并治疗该人的疾病或损伤。

（3）应该按照第（b）款规定的数量支付给这个医院或者依据其安排［第 1861 条第（w）款中解释的］提供的第（1）项或第（2）项中规定的住院病人医院服务，如果：（A）部长要求进行这种支付，这个医院有一个依据本编生效的协议并且符合支付条件；（B）该医院选择要求这种支付；以及（C）对于这些服务该医院同意遵守第 1866 条第（a）款中的规定。

（4）为有权享受第 226 条中的医疗保险待遇的个人提供的第（1）项或第（2）项中规定的住院病人医院服务的支付可以根据一份列明个人详细项目的账单进行，如果（A）对这些服务的支付不能依据第（3）项进行仅因为这个医院不选择要求这种支付；以及（B）这个人提交了赔偿申请（在该期间这个人以该形式提交的并且部长通过规章规定的延伸和证明信息）。按照第1813条的规定，对这些服务可以支付的数量应等于依据第（d）款第（3）项将要支付的数量。

对教学医院提供服务的给付

（g）在依据第1861条第（v）款第（1）项第（D）目确定的具有合理成本的服务中［或者如果第1886条没有适用机会］，按照提供这些服务的医院的医疗人员指定资金，如果这些服务是这个医院中的医学学校提供的，则由医学学校医疗人员指定资金进行本部分基金的支付，只要：

（1）这个医院依据第1866条与部长有一个协议；

（2）部长收到书面保证：（A）这些支付将仅被用于医院病人护理的改善、教育或者慈善目的，以及（B）被提供这些服务的个人或者其他人将不会为这些服务付出费用（或者如果付费，这些错误收取的费用将会用于返还）。

退伍军人事务部医院提供的某些医院服务的支付

（h）（1）因为退伍军人事务部经营的医院在一个日历年内向有权利享受第226条中的医院待遇的个人提供住院病人医院服务或安排［第1861条第（w）款中解释的］，即使这个医院是一个联邦的服务提供者也应该向退伍军人事务部经营的医院进行支付。如果（A）该人是无权享受这个医院免费向他提供的服务的；（B）官方基于合理的理由承认这个人有权利享受免费提供给他的服务的；（C）医院当局在接受这个人时该人是善意的；以及（D）这些服务是在这个官方经营的医院初次知道这个人没有权利免费享受这个医院提供的服务实施结束，或者（如果更晚）是从医学上讲这个人是可以出院或者转移到本编中生效的协议安排的医院的第一天结束之前提供的。

（2）第（1）项中规定的服务支付数量应该小于等于退伍军人事务部部长规定的费用的数量，或者（如果更少）依据第（b）款和第1886条将会支付这些服务（有部长评估）。如果这些服务支付已经由接受这些相关服务的人进行（或者其他的代表着个人利益的私人）也应该对已经提供了相关服务的组织进行。

临终护理支付

（i）（1）（A）根据第（2）项和第1813条第（a）款第（4）项的规

定和这一项中的其他规定的限制，对于依据本部分临终计划支付临终护理的数量应该等于提供临终护理的合理的和相关的成本或者根据部长在规章中［包括依据第 1861 条第（ⅴ）款第（1）项第（A）目的那些授权］规定的其他合理性测试成本的数额，除此之外，不应对哀伤辅导进行支付，并且不对其他的单独咨询服务（包括营养和饮食咨询）进行补偿。

（B）除了第（A）目的规定外，在 1986 年 4 月 1 日或者之后提供的临终护理，每天的常规家庭护理的支付比例应该为 63.17 美元，且每天的包括在临终护理中的其他服务的支付比例应为 1985 年 7 月 1 日依据第（A）目承认的支付比例再加上 10 美元。

（C）（ⅰ）在 1990 年 1 月 1 日及其以后，和在 1990 年 9 月 30 日及其以前对于包括在临终计划中提供的常规家庭护理和其他服务的支付比例应该为 1989 年 9 月 30 日生效比例的 120%。

（ⅱ）在随后的一个财政年度内对于包含在临终计划中提供的常规家庭护理和其他的服务的支付比例应为在前一个财政年度内依据本项生效的支付增加比例：

（Ⅰ）1993 年 9 月 30 日或者之前结束的一个财政年度内的市场篮子增加比例［第 1886 条第（b）款第（3）项第（B）目第（ⅲ）节中解释的］；

（Ⅱ）1994 财政年度内的市场篮子增加比例减去 2.0%；

（Ⅲ）1995 财政年度内的市场篮子增加比例减去 1.5%；

（Ⅳ）1996 财政年度内的市场篮子增加比例减去 1.5%；

（Ⅴ）1997 财政年度内的市场篮子增加比例减去 0.5%；

（Ⅵ）1998—2002 财政年度的每个财政年度内的市场篮子增加比例减去 1.0%，2001 财政年度则加上 5.0%；

（Ⅶ）之后的一个财政年度内，市场篮子的增加比例。

（2）（A）[1] 依据本部分为一个临终计划在一个年度内提供（或者按照由其做出的安排）的临终护理进行的支付数量不得超过这一年的"上限金额"［依据第（B）目进行计算］乘以该年中这个临终计划的医疗保险受益人数量［依据第（C）目确定］。

（B）在第（A）目中，在 1984 年 10 月 1 日之后结束的会计年内一年

---

［1］　关于临终附属物指定的解释，参见第 2 卷《公法》第 109—432 期，第 111 条。

的"上限金额"是 6500 美元，增加或者减少的比例分别是由劳动统计局发布的，从 1984 年 3 月到这个会计年的第 5 个月在所有城市消费者的消费者物价指数（美国城市平均）中医疗护理费用类别中增加或减少的比例。

（C）在第（A）目中，在一个会计年度内一个临终计划中的"医疗保险受益人的数量"等于已经依据第（d）款对于临终计划做出选择的并且在这个会计年度内已经由本部分中的临终计划提供（或者依据其做出的安排进行）临终护理的个人的数量，这种减少的数量反映在前一个或者随后的会计年度内，或者依据一个由其他的临终计划建立的护理方案提供临终护理的比例。

（D）仅根据服务提供的地理位置，部长确定的临终计划在本编中个人的家中，提供临终护理提交支付请求。

（3）依据本款进行支付的临终护理的临终计划可以向部长提交，有关每个财政年度内提供的这种护理的成本，从 1999 财政年度开始，部长认为必要的。

（4）依据第 1812 条第（a）款第（5）项，本部分支付给一个临终计划的数量，应该等于根据一个办公室或者其他的门诊病人来访出现的中等严重性的问题和要求的按照第 1848 条第（b）款建立的费用计划低复杂性的医疗决策相关的评估、管理确定的数量，不包括这种归于实施费用部分数量的份额。

（5）至于由另一个临终计划进行的依据第 1861 条第（dd）款第（5）项第（D）目中的安排的临终计划提供的临终护理，该临终计划给出账单并且要求其偿还。

次要的成本或费用规定的排除

（j）（1）次要成本或者费用规定［第（2）项中规定的］将会不适用由一类服务提供者提供的服务，如果部长确定并且向国会证实这些适用于这些由那一类服务提供者提供的服务的规定未能应用于服务将不会导致本编中那些服务支付数量的增加。对于提供的服务，或者提供者的成本报告期间，在部长提供证明之日及其之后这种改变将会生效。如果部长确定且通知国会这种改变已经导致提供者群体提供的服务上依据本编支付数量增加，对于这一类提供者的这种改变应该撤销。

（2）第（1）项中所说的较少的成本是：

（A）第（b）款第（1）项第（B）目和第（2）项。

（B）第1834条第（a）款第（1）项第（B）目。

（C）第1833条第（a）款第（2）项第（A）目全部，按照依据第1861条第（v）款确定的除了这些服务的合理成本之外的支付。

（D）第1833条第（a）款第（2）项第（B）目第（i）节第（Ⅱ）次节和第（ii）节。

对耐用医疗器材的家庭健康机构的支付

（k）依据本部分对家庭健康机构支付的耐用医疗设备数量应为第1834条第（a）款第（1）项中规定的数量。

住院病人应急医院服务支付

（l）（1）除了第（2）项中规定的内容，依据本部分为住院病人服务支付的数量等于这个应急医院提供这些服务的合理费用的101%。

（2）对于第1820条第（c）款第（2）项第（E）目中规定的一个应急医院的一个地区部分精神病或者康复单元，在第1886条第（d）款第（1）项第（B）目第（ⅴ）节中规定，如果这些服务是一个地区部分精神病或者康复单元的住院病人医院服务，那么这个单元的住院病人应急医院服务支付数量应该等于以其他方式进行的支付数量。

对服务提供者的支付

第1815条【《美国法典》第42编第1395g条】（a）部长可以定期决定应该依据本部分支付给每个服务提供者已提供的服务的数量，并且在部长认为适当（但是不少于每月一次）的时间和在总会计署①审计和解决前，用联邦医疗保险信托基金向服务提供者支付确定的数量，支付数量根据之前进行的超额支付或者支付不足进行必要调整；这种支付不应该支付给提供者，除非它已经提供了部长要求的信息，在这些数量应该支付的时间及之前决定本部分中提供者的应付数量。

（b）在认定的期间不应该对医院的服务提供者或者它提供的服务进行支付，依据第1861条第（w）款第（2）项，通过一个质量控制和同等

---

① 《公法》第108—271期，第8条第（b）款，规定"在本法实施之日（2004年7月7日）有效的法律、规则、规章、证书、指示、命令或其他的官方文件中所说的总审计署应该被认为是并且适用于美国总审计局"。

审查组织为这个组织实施的效用审查，除非这个医院已经为它实施的审查活动支付给这个组织适当的数量（按照本条确定的），或者这个医院已向部长确保将从医院要求的支付程序中迅速获得适当数量的支付。本编中的一个质量控制和同等审查组织按照第 1861 条第（w）款第（2）项中的一个医院的安排或者视作安排提供的效用审查活动的支付应该进行计算，除了这些在这个医院的病人之间分担的活动合理成本，其他活动不是适当的。

（c）对依据本编给个人的服务提供者的支付不应该依据一项安排或者代理权对其他人进行；但是本款中的内容不应该被解释为：（1）阻碍根据任务对提供者进行的支付，如果该任务是对一个政府的机构或者部门进行或者按照有管辖权的法院的命令确立的；或者（2）妨碍服务提供者的代理人接受这种支付，如果（但是仅仅是如果）该代理人按照赔偿支付给该代理人的机构，本编中的提供者与支付量或账单（直接或间接）无关，并且不独立于这种支付的实际征收之外。

（d）依据本部分对服务提供者最终决定的支付数量超过或者少于正当的支付数量，在决定的 30 日内这种超过或者不足的支付没有实施（或者抵消生效），这种没有支付或者抵消的超过或者亏空的差额（归提供者或者其欠的差额单位内）根据财政部部长的规章确定的适用于最近的支付的费用的利率产生利息。

（e）（1）部长为由一个第（d）款中的医院［第 1886 条第（d）款第（1）项第（B）目中解释的，并且包括这样一个医院的一个地区的精神病或者恢复单元］和一个第（d）款中的波多黎各医院［第 1886 条第（d）款第（9）项第（A）目中解释的］提供的住院病人医院服务提供本部分中的支付，在以下案例中按照定期临时支付原则（不包括由于实际提交的议案）：

（A）通过一个机构或者组织按照第 1816 条中与部长协议支付的医院的要求，如果这个机构或者组织在连续的 3 个月内，不符合本条第（c）款第（2）项中的要求并且直到这个机构或者组织在 3 个连续的日历月内符合这些要求时这个医院在此基础上符合支付的要求（在 1986 年 10 月 1日生效）。

（B）如果①医院：（i）有一个适当的至少 5.1%（按 1987 财政年度确定执行的平均标准数量计算）的分配调整比例［本条第（iv）节②中确定的］；以及（ii）按照这种依据要求支付；但是只有到 1987 年 6 月 30 日为止一项定期临时支付给这个医院住院病人服务，并且持续符合按照这样一个原则适用的支付要求（1986 年 10 月 1 日生效）。

（C）至于一个医院：（i）位于一个农村区域；（ii）有 100 个或者更少的床位；以及（iii）依据这种依据请求支付；但是到 1987 年 6 月 30 日为止持续符合原则的支付适当的要求（在 1986 年 10 月 1 日生效）可对这个医院定期支付住院病人的医院服务。

（2）部长规定（或者继续规定）基于一个定期临时支付的支付［依据 1986 年 10 月 1 日生效的《美国联邦法规》第 42 编第 405.454 条第（j）款对于第（A）目到第（D）目③中规定建立的标准］，对于：

（A）一个非第（d）款［在第 1886 条第（d）款第（1）项第（B）目中解释的］医院的住院病人服务；

（B）如果基于定期临时支付是该偿付系统的必不可少的一部分，在第 1814 条第（b）款第（3）项或者第 1886 条第（c）款中的州医院偿付系统下接受支付的医院；

（C）延伸的护理服务；

（D）临终护理；

（E）④ 住院病人应急医院服务；

如果这些服务的提供者选择接受并且这些支付符合资格。

（3）对于一个第（d）款中的医院或者第（d）款中的波多黎各医院（在第 1886 条中解释的）有它的中间人经营或者这个医院经营的特殊情况引起的大量现金流动问题，部长可以提供恰当的增加支付。

（4）由 2 个或者更多的医院或者校园合并或者整顿创造的医院应该符合按照第（1）项第（B）目中规定的原则接受定期临时支付的资格，如果：

---

① 如原文所述。

② 参见第 1886 条第（d）款第（5）项第（F）目第（iv）节。

③ 参见第 2 卷《美国联邦法规》第 42 编。

④ 关于定期临时付款的替代时序方法的发展，参见第 2 卷《公法》第 108—173 期，第 405 条第（c）款第（2）项。

（A）在合并或者整顿中至少有 1 个根据该原则接受定期临时支付的医院或者校园；

（B）如果这种医院或者校园作为本编中所说的独立的医院，参加合并或者整顿的医院或者校园每个都要符合第（1）项第（B）目第（ⅰ）节中的要求。

有关第 A 部分管理的规定①

第 1816 条【《美国法典》第 42 编第 1395h 条】（a）本部分的管理应该依据第 1874A 条与医疗保险管理承包人的合同实施。

（b）【已废除②】

（c）（1）【已废除③】

（2）（A）第 1874A 条中的每个规定进行本部分支付的合同规定不少于依据本编主张的所有请求的 95% 支付应该发布、邮寄或者以其他方式发送：（ⅰ）是"干净的"请求；以及（ⅱ）支付不是按照定期的、间歇的支付进行；在收到请求之日后的适当的天数内。

（B）在本项中：

（ⅰ）"干净的请求"是指一份没有瑕疵或者错误（包括缺少要求的证明文件）或者特别对待的特别状况阻碍按照本编中的请求及时做出支付。

（ⅱ）"适当的日历天数"是指：

（Ⅰ）对于在从 1986 年 10 月 1 日开始的 12 个月内接收到的请求，30天；

（Ⅱ）对于在从 1987 年 10 月 1 日开始的 12 个月内接收到的请求，26天；

（Ⅲ）对于在从 1988 年 10 月 1 日开始的 12 个月内接收到的请求，25天；

---

① 参见第 2 卷《公法》第 101—508 期，第 4005 条第（c）款第（3）项，对于中间人和医院的指导。

② 《公法》第 108—173 期，第 911 条第（b）款第（3）项，《美国联邦法律大全》第 117 编第 2383 条。

③ 《公法》第 108—173 期，第 911 条第（b）款第（4）项第（A）目；《美国联邦法律大全》第 117 编第 2383 条。

（Ⅳ）对于在从 1989 年 10 月 1 日开始的 12 个月内接收到的请求，和在随后的在 1993 年 9 月 30 日或者之后结束的 12 个月内接收到的请求，24 天；

（Ⅴ）对于在从 1993 年 10 月 1 日开始的 12 个月内接收到的请求，和在随后的 12 个月内接收到的请求，30 天。

（C）如果在接收到来自一个医院、应急医院、需要技能的医院场所、家庭健康机构、临终计划、综合的门诊病人康复机构或者根据定期的临时支付接受支付的康复机构的干净的请求之后，支付没有在适当的日历天数［按照第（B）目第（ⅱ）节解释的］内发布、邮寄或者以其他方式发送，应按《美国法典》第 31 编第 3902 条第（a）款①中使用的利率（关于未能及时支付的罚息）从请求之日到支付之日这一期间支付利息。

（3）（A）第 1874A 条中的每个规定依据本部分进行支付的合同规定在收到这份请求后的适当的天数内不得发布、邮寄或者以其他方式发送有关依据本编提交的请求。

（B）在本项中，"适当的天数"是指：（ⅰ）对于按照部长规定的以电子方式提交的请求，13 天；以及（ⅱ）对于提交的其他请求，28 天。

（d）—（i）【已废除②】

（j）对于一个提供者向这种做出拒绝的机构或者组织提交的家庭健康服务、延伸护理服务或者出院后延伸护理服务的请求，依据第 187A 条与医疗保险管理承包人达成的有关本部分管理合同要求这种机构或者组织：

（1）向提供者和做出请求的个人提供一份这种拒绝的书面解释和这种拒绝的成文法或者规章依据；

（2）对于一项拒绝的重新考虑的要求，及时通知这种个人和提供者这种重新考虑安排。

（k）依据第 1874A 条与医疗保险管理承包人达成的有关本部分管理的合同可以要求这种医疗保险管理承包人向部长提交一份年度报告描述已经采取的追回已经或本该在基本方案［在第 1862 条第（b）款第（2）项

---

① 参见第 2 卷《美国法典》第 31 编第 3902 条第（a）款。

② 《公法》第 108—173 期，第 911 条（b）款第（5）项；《美国联邦法律大全》第 117 编第 2383 条。

第（A）目中解释的〕下支付的项目和服务的措施。

联邦医疗保险信托基金①

第 1817 条【《美国法典》第 42 编第 1395i 条】（a）特此在美国财政部的账面上创造一份信托基金作为"联邦医疗保险信托基金"（在本条的以下内容中称为"信托基金"）。这个信托基金包括按照第 201 条第（i）款第（1）项中规定做出的赠予和遗赠和按照本部分的规定可以储存在或者拨付给这个基金中的数额。除财政部不得用来支付的资金以外，在 1966 年 7 月 30 日结束的财政年度和在其后的每个财政年度内特此向信托基金拨款，数额相当于以下数额的 100%

（1）《1954 年国内税收法》第 3101 条第（b）款和第 3111 条第（b）款②规定，对于在 1965 年 12 月 31 日后按照该法第 F 子编③中向财政部部长或他的代表报告的工资课税，财政部部长通过使用这些条款对这些工资规定适用的税率，工资应该根据社会保障专员按照这些报告建立和维持的工资记录核准；

（2）《1954 年国内税收法》第 1401 条第（b）款④规定的税，对于向财政部部长或者他的代表该法中第 F 子编报告的自雇收入的税收返还，按照财政部部长通过使用该条中对这种自雇收入的适当的税率确定，自雇收入应该由社会保障专员根据社会保障专员按照这种返还建立和维持的记录核准。

前一句中拨付的数量应该随时从财政部普通资金转移到信托基金，按前一句中规定，这些数量应该根据财政部部长税收评估确定支付给或者存放进财政部；应该在其后转移的超过或者少于该句中规定的税收评估的范围内进行适当的调整。

（b）对于信托基金，特此创设一个机构称为信托基金受托人委员会（在本条中以后称为"受托人委员会"），由总统在四年任期内提名并且由

---

① 关于在医疗保险受托人年度报告中包含的有关医疗保险信托基金的信息，参见第 2 卷《公法》第 108—173 期，第 801 条。

② 参见第 2 卷《公法》第 83—591 期，第 3101 条第（b）款和第 3111 条第（b）款。

③ 《公法》第 99—514 期，第 2 条，除了不适宜的情况，任何《1954 年国内税收法》的引用应包括《1986 年国内税收法》的引用。

④ 参见第 2 卷《公法》第 83—591 期，第 1401 条第（b）款。

参议院通过，应该依照职权由社会保障专员、财政部部长、劳动部部长、健康和人类服务部部长和两名公众成员（两人来自不同的党派）组成。为填补受托人委员会的公众成员现存空缺，提名及通过应该仅仅是在该任期的剩余期限内被提名和通过作为公众成员的个人在该成员的任期届满后在这个职位上履行职责直到继任成员开始履行职责，或者在这个成员的任期届满后这个委员会第一次依据第（2）项发布报告。财政部部长应该作为这个受托人委员会的常务受托人（在下文称为"常务受托人"）。医疗保险和公共医疗补助服务中心的管理者履行受托人委员会主任的职责。受托人委员会每个日历年至少举行一次会议。受托人委员会的职责应该为：

（1）持有该信托基金；

（2）在每年的4月的第一天之前向国会报告这个信托基金在前一个财政年度的运转状况并且报告在现在这个财政年度和接下来的2个财政年度内的预期运转状况；

第（2）项中规定的每个报告从2005年开始应包括《2003年医疗保险处方药、改良和现代化法》第801条第（a）款①中规定的信息。

（3）当委员会认为这个信托基金的数量过小的时候立即直接向国会报告；

（4）审查管理信托基金中遵守的总体政策，并且提出改变这些政策中的建议，包括规范这个信托基金管理方式的法律中的必要改变。

第（2）项中提供的报告包括信托基金在前一个财政年度、当前财政年度资产、支出报表，和下两个财政年度期望收入和支出，和信托基金的精算状况报表。这个报告也可以包括医疗保险和公共医疗补助服务中心的总精算师的精算评价，证明使用的技术和方法是在精算行业普遍接受的且假定和成本估计是合理的。这个报告应该作为国会开会的公文进行印刷制作。受托人委员会中履行职责的某个人不应该被认为一个受托人对于信托基金在职权内采取的行动不负个人的责任。

（c）常务受托人的职责是按照他的判断，对投资信托基金不要求满足目前的支取。这些投资仅可以投资美国附息债务或者由美国担保本金和

---

①　参见第2卷《公法》第108—173期，第801条第（a）款。

关于某些报告要求的恢复，参见第2卷《公法》第108—203期，第413条。

利息的债务。为此目的的这些债务可以通过以下方式获得：（1）按照初次发行的发行价：或者（2）通过以市场价购买已发售的债。依据《美国法典》第31编第31章①发行的美国债券的目的是，由信托基金按照面值购买授权发行的政府债券。信托基金购买的发行的这些债券可以按照信托基金的需要确定到期日并且可以按照所有的市场买卖的美国计息债务平均的市场收益率担负利息（在前面发行日期之后的日历月份的结尾由常务受托人根据市场报价计算），因而产生的未到期或者可赎回政府债券的一部分直到从该日历月份结束的4年才期满；另外，如果该平均市场收益率不是0.125%的倍数，这些债券的收益比例应该是0.125%的倍数最接近的市场收益率。常务受托人可以为了公共利益以第一次发行或者以市场价格购买其他的美国计息债券或者有美国担保的本金和利息的债券。

（d）信托基金取得的债券（除了专门对信托基金发行的政府债券）由常务受托人以市场价格卖出，并且这些政府债券应按照面值加上应计利息赎回。

（e）信托基金持有的债券利息和卖出或者赎回的收入应该计入信托基金并且作为信托基金的一部分。

（f）（1）常务受托人涉及的义务是随时从信托基金向财政部支付他评估的数量作为第3101条第（b）款中征收的税，对于在1965年12月31日之后支付的收入依据《1954年国内税收法》第6413条第（c）款②偿付的。这些税应该根据社会保障专员按照财政部部长或者《1954年国内税收法》③第F子编中他的代表报告的收入建立和维持收入记录确定，并且社会保障专员可以提供给常务受托人其为此目的要求这种信息。常务受托人的支付应该包括财政部作为向这个账户退还的国内收入。

（2）第（1）项中做出的退还不得作为经费而应该放入财政部的盈余基金。如果随后出现在具体的时间内依据该项的评估过高或者过低，应该由常务受托人在将来的支付中进行适当的调整。

（g）应该定期（但是每个财政年度不得少于一次）从联邦老年和遗属保险信托基金和联邦残疾保险信托基金向该信托基金转移相当于之前健

---

① 参见第2卷《美国法典》第31编第3111条。
② 参见第2卷《公法》第83—591期，第3101条第（b）款。
③ 《公法》第83—591期。

康和人类服务部部长已经按照本法第 1870 条第（b）款核准的超额支付没有转移的数量。应该定期（但是每个财政年度不得少于一次）从铁路退休账户向该信托基金转移相当于之前健康和人类服务部部长已经按照本法第 1870 条第（b）款核准的对铁路退休委员会的超额支付没有转移的数量。

（h）常务受托人也可以随时从信托基金支付这些健康和人类服务部部长核准的进行本部分提供的支付和对于根据第 201 条第（g）款第（1）项对管理费用的支付所必需的数量。

（i）授权在该信托基金之外提供要求支付的旅行费用花费，在行政法法官依据本编的判决之前当事人、他们的代理人和所有合理必要的证人，在美国国内的履行〔在第 210 条第（i）款中解释的〕参加复议接见和活动实际成本或交通费用。前一句为坐飞机履行任务的人提供的支付数量不能超过两地之间坐飞机旅行的费用，除非由于该人的健康条件要求使用头等膳宿（依据部长的规章确定的）或者没有可以选择的膳宿条件；并且在这些规章中规定，对个人的其他的旅行可以提供的支付数量不可以超过适于这个人的健康条件的最经济和迅速的交通方式旅行费用（在涉及的地点之间）。依据本款对在行政法法官或者其他审判员参加行政程序的代理人履行可以提供的支付数量不可以超过依据本款对该在对该程序有管辖权的办公室的地理区域内产生的旅行费用所允许的最大数量。

（j）（1）如果在 1988 年 1 月之前常务受托人为了最大限度符合从联邦医疗保险信托基金的待遇支付的筹资需要，决定依据本款授权的借款是恰当的，常务受托人可以，按照第（5）项，从联邦老年和遗属保险信托基金或者联邦残疾保险信托基金借入他认为恰当的数量转移并且存入联邦医疗保险信托基金。

（2）无论如何一项贷款已经按照第（1）项给联邦医疗保险信托基金，从该信托基金到借出的信托基金，在该贷款做出后的每个月的最后一天，如果该贷款是第（c）款中的投资，该贷款以借出的信托基金应赚取的数额未偿还的差额到这一天计算所有利息（即使一项投资将以借出的基金为进行该贷款弥补的投资利息比例赚取利息）。

（3）（A）如果在一项贷款已经依据第（1）项支付给联邦医疗保险信托基金这一年之后的月份内，常务受托人确定该信托基金的资产足以保障依据第（1）项对该基金进行的贷款的全部或者部分的偿还，他可以在他认为适当的时候偿还。

（B）（i）如果在一项贷款已经由联邦老年和遗属保险信托基金或者联邦残疾保险信托基金依据第（1）项向联邦医疗保险信托基金做出的这一年的最后一日，常务受托人确定该医疗保险信托基金比例超过15%，他可以从该信托基金向贷款信托基金转移以下数额：（Ⅰ）连同在这一年内依据本项转让到其他的贷款信托基金中的数额，将医疗保险信托基金比例减少到15%；以及（Ⅱ）不超过该借款的未偿还余额。

（ⅱ）依据第（i）节应该转移的必要的数额应该在第（i）节中规定的决定做出之后的这一年第一个月最后一天转移。

（ⅲ）在本目中，"医疗保险信托基金比率"是指，对于任意的日历年，以下比例：（Ⅰ）在这个日历年的最后一天联邦医疗保险信托基金中的结余；至（Ⅱ）部长估计的在该日历年后的这个日历年内应该从联邦医疗保险信托基金支付的总数额〔不包括依据第（1）项从联邦老年和遗属保险信托基金和联邦残疾保险信托基金中的贷款的利息和还款〕，和由从铁路退休账户转移到信托基金中的数额减去转移到铁路退休账户的数量。

（C）（i）依据第（1）项做出的贷款全部数额（无论是在1983年1月1日之前或者之后做出的）应该在1989年12月31日前尽早的、可行的日期偿还。

（ⅱ）在1987年12月31日至1990年1月1日，常务受托人可以从联邦医疗保险信托基金向联邦医疗保险信托基金拥有的信托基金依据第（1）项进行贷款，数额不少于：（Ⅰ）联邦医疗保险信托基金在这个月的开始欠该信托基金的数额（加上在这个月内该贷款未偿还的差额产生的利息）；除以（Ⅱ）在前一个月后和1990年1月之前的月份数。常务受托人可以在这期间转移多于前一句规定的数额。

（4）受托人委员会可以依据本款适时的向国会做出一个转移数量（包括利息支付）的报告。

（5）（A）如果老年、遗嘱和残障保险信托基金比例在这个月低于10%，联邦老年和遗属保险信托基金或者联邦残疾保险信托基金在这个月内不得依据第（1）项进行贷款。

（B）在本项中，"老年、遗嘱和残障保险信托基金比例"是指对于任意月份的以下比例：

（ⅰ）截至这个月之前的第二个月的最后一天，联邦老年和遗属保险信托基金和联邦残疾保险信托基金的合并资产负债，减去在这以前从联邦医疗保险信托基金向这两个信托基金中任意一个依据第 201 条第（1）款进行的贷款未偿还的数额（包括其利息）。

（ⅱ）（部长评估的）将要从联邦老年和遗属保险信托基金和联邦残疾保险信托基金中在依据第 201 条授权确定的比例的这个月内支付的总数额乘以 12 获得的数额 [不包括依据第 201 条第（1）款从联邦医疗保险信托基金中的贷款的利息或者债务偿还的支付]，但是不包括这些信托基金之间的转移支付并且减去从那个账户转移进该信托基金中的数量转移到铁路退休账户的数量。

（k）**健康护理欺诈和滥用控制账户**。

（1）**建立**。特此在信托基金中建立一个使用账户作为"健康护理欺诈和滥用控制账户"（在本款中称为"账户"）。

（2）**向信托基金的拨款数量**。

（A）**总则**。特此向信托基金拨付：

（ⅰ）按照在第（B）目中规定可以进行的赠予和遗产；

（ⅱ）按照《1996 年健康保险流通和责任法》第 242 条第（b）款和第 249 条第（c）款①，以及第十一编中的规定放置在信托基金中的金额数量；

（ⅲ）依据第（C）目转移到信托基金中的款项。

（B）**接受赠予的权利**。信托基金有权代表美国接受无条件地向这个信托基金的赠予和遗赠、账户的收益或者通过这个账户筹资的活动。

（C）**金额的转移**。常务受托人可以按照《1986 年国内税收法》第 9601 条②中的相同的规则，向这个信托基金转移一个等于以下总数的金额：

（ⅰ）在与联邦健康护理违法行为有关的案件中追回的犯罪罚款 [《美国法典》第 18 编第 24 条第（a）款③中解释的]。

---

① 关于在联邦医疗保险信托基金中的刑事罚款，参见第 2 卷《公法》第 104—191 期，第 242 条第（b）款；关于放置在联邦医疗保险信托基金中的没收财产，参见第 249 条（c）款。

② 参见第 2 卷《公法》第 83—591 期，第 9601 条。

③ 参见第 2 卷《美国法典》第 18 编第 24 条第（a）款。

（ⅱ）在健康护理案件中征收的民事的货币罚款和付款额，包括依据《美国法典》第31编第38章、第11编、第18编和第19编追回的数额（不包括其他法律规定的）。

（ⅲ）来自因为联邦健康护理违法行为产生的财产没收的数额。

（ⅳ）在涉及有关健康护理项目和服务的提供请求的案件中（不包括法律补偿或者以其他方式奖励给告发人的资金），依据《美国法典》第31编第3729—3733条（所谓的虚假请求法）获得的惩罚和损害赔偿和获得的财政部普通资金中的以其他方式带来的多种多样的收入。

（D）**申请**。为了对雇员福利待遇计划以及按本编授权的该计划的参加者和受益人提供公平或补救的缓解，第（C）目第（ⅲ）节中的内容不得解释为限制依据《1974年雇员退休收入保障法》第1编追回和没收的利用。

（3）**欺诈和滥用控制计划向账户拨款的数额以及其他**。

（A）**健康和人类服务部和司法部**。

（ⅰ）**总则**。特此从信托基金向这个账户拨付这些金额作为部长和总检察长证明执行第（C）目中规定的内容的所必需的数额，在使用完以前不再进行进一步的拨款，金额不超过：

（Ⅰ）1997财政年度，1.04亿美元；

（Ⅱ）1998—2003年每个财政年度，在限制于之前的财政年度的基础上，增加15%；

（Ⅲ）2004、2005和2006财政年度中的每个财政年度，限制于2003财政年度的金额；

（Ⅳ）2007、2008、2009财政年度和2010财政年度中的每个财政年度，在限制于本节中前面的财政年度，增加上一个财政年度所有城市消费者的（所有项目，美国城市平均的）消费者价格指数的增长比例；

（Ⅴ）2010财政年度后的每一个财政年度，2010财政年度的本条中的限制。

（ⅱ）**医疗保险和公共医疗补助活动**。在每一个财政年度内，在第（ⅰ）节中的拨款数量中，以下数量应该仅提供给健康和人类服务部的监察长办公室对于医疗保险和公共医疗补助计划的活动：

（Ⅰ）1997财政年度，不少于6千万美元并且不多于7千万美元；

（Ⅱ）1998财政年度，不少于8千万美元并且不多于9千万美元；

（Ⅲ）1999 财政年度，不少于 9 千万美元并且不多于 1 亿美元；

（Ⅳ）2000 财政年度，不少于 1.1 亿美元并且不多于 1.2 亿美元；

（Ⅴ）2001 财政年度，不少于 1.2 亿美元并且不多于 1.3 亿美元；

（Ⅵ）2002 财政年度，不少于 1.4 亿美元并且不多于 1.5 亿美元；

（Ⅶ）2003、2004、2005 和 2006 财政年度中的每个财政年度，不少于 1.5 亿美元并且不多于 1.6 亿美元；

（Ⅷ）2007 财政年度，不少于 1.6 亿美元，按照前一年的所有城市消费者的（所有名目、美国城市平均）消费者物价指数的增加比例进行增加；

（Ⅸ）2007 财政年度后的每一个财政年度，不少于在前一财政年度内依据本条要求的数量，按照前一年的所有城市消费者的（所有名目、美国城市平均水平）消费者物价指数的增长比例进行增加。

（Ⅹ）2010 财政年度后的每个财政年度，不少于在 2010 财政年度依据本条要求的数量。

（B）**联邦调查局**。特此从美国财政部普通资金中拨款和拨款给这个账户转移给联邦调查局执行第（C）目中规定的内容，在使用完之前不进行进一步的支付：

（ⅰ）1997 财政年度，0.47 亿美元；

（ⅱ）1998 财政年度，0.56 亿美元；

（ⅲ）1999 财政年度，0.66 亿美元；

（ⅳ）2000 财政年度，0.76 亿美元；

（ⅴ）2001 财政年度，0.88 亿美元；

（ⅵ）2002 财政年度，1.01 亿美元；

（ⅶ）2003、2004、2005 和 2006 财政年度中的每个财政年度，1.14 亿美元；

（ⅷ）2007、2008、2009 和 2010 财政年度中的每个财政年度，在前一个财政年度依据本目应该拨款的数量，按照前一年的所有城市消费者的（所有名目，美国城市平均）消费者物价指数的增长比例增加；

（ⅸ）对于 2010 财政年度之后的每个财政年度，在 2010 财政年度依据本目应该拨款的数量。

（C）**资金的使用**。在本目中规定的内容包括健康护理欺诈管理和依据第 1128C 条第（a）款建立的滥用控制计划的行政成本（包括设备、性水和待遇和出差和培训），包括以下成本：

（ⅰ）检举健康护理问题（通过刑事的、民事的和行政的程序）；

（ⅱ）调查；

（ⅲ）健康护理计划的财政和执行情况审计和运行；

（ⅳ）检查和其他评估；

（ⅴ）对于遵守第十一编规定的提供者和用户进行教育。

（4）医疗保险完善计划对账户的拨款数量。

（A）**总则**。按照第（B）目、第（C）目和第（D）目规定不进行进一步的拨款，在每个财政年度内特此从信托基金向这个账户拨付依据第1893条执行医疗保险完善计划所必要的金额。

（B）**具体的数量**。按照第（C）目，在一个财政年度内第（A）目中的拨款数量如下：

（ⅰ）1997财政年度，该数量不少于4.3亿美元并且不多于4.4亿美元。

（ⅱ）1998财政年度，该数量不少于4.9亿美元并且不多于5.0亿美元。

（ⅲ）1999财政年度，该数量不少于5.5亿美元并且不多于5.6亿美元。

（ⅳ）2000财政年度，该数量不少于6.2亿美元并且不多于6.3亿美元。

（ⅴ）2001财政年度，该数量不少于6.7亿美元并且不多于6.8亿美元。

（ⅵ）2002财政年度，该数量不少于6.9亿美元并且不多于7.0亿美元。

（ⅶ）2002财政年度之后的每个财政年度，该数量不少于7.1亿美元并且不多于7.2亿美元。

（C）**调整**。在一个财政年度内依据第（A）目拨付的数量增加如下：

"（ⅰ）在2006财政年度，1亿美元。"

（D）**医疗保险–公共医疗补助数据匹配计划的扩展**。在一个财政年度内依据第（A）目拨付的数量在各个财政年度内执行第1893条第（b）款第（6）项内容的进一步增加如下：

（ⅰ）2006财政年度，0.12亿美元。

（ⅱ）2007财政年度，0.24亿美元。

（5）**年度报告**。在1月1日前，部长总检察长应共同向国会提交一份报告指出：

（A）在以前的财政年度依据第（2）项第（A）目拨款给信托基金的数量及其来源，

（B）在这个财政年度依据第（3）项从信托基金中拨款的数量和这些

数量支出的正当理由。

（6）**总审计局报告**。在 1998 年 7 月 1 日和 2000 年、2002 年和 2004 年的 1 月 1 日前，美国总审计长可以向国会提交一份报告：

（A）指出：（ⅰ）在以前的两个财政年度依据第（2）项第（A）目向信托基金拨款的数量及其来源，以及（ⅱ）在这些财政年度依据第（3）项从信托基金中拨款的数量和这些数量支出的正当理由；

（B）指出依据本编的计划不包括的活动从信托基金中的花费；

（C）指出向信托基金中的储蓄和其他储蓄，来源于信托基金中的支付；

（D）分析美国总审计长认为恰当的信托基金运行的其他方面。

不符合其他条件的未保险的老年人的医疗保险待遇

第 1818 条【《美国法典》第 42 编第 1395i—2 条】（a）每一个人：

（1）年满 65 岁；

（2）是依据本编第 B 部分登记的；

（3）是美国居民，并且是：（A）公民，或者（B）在他依据本条申请登记的这个月之前已经在美国连续居住达 5 年的永久居住的合法入境的外国人；

（4）依据本部分无权享受其他的待遇；

应该有资格在本部分建立的这个保险计划中登记。除了另有规定外，提及的有权享受本部分待遇的个人包括按照本条或第 1818A 条中的登记有权享受本部分待遇的个人。

（b）个人依据本条进行登记应该以规章中规定的方式和形式进行，并且在本条规定的登记期间进行。

（c）第 1837 条［除了其中的第（f）款］、第 1838 条、第 1839 条第（b）款和第 1840 条第（f）款和第（h）款的规定适用于依据本条有权登记的人，除了：

（1）符合第（a）款第（1）项、第（3）项和第（4）项条件的个人在本条①实施那个月之后第 7 个月的最后一天或者之前可以依据本部分登记并且（如果不是早已登记的），在本条实施后开始的第二个月第一天开

---

①　1972 年 10 月 30 日（《公法》第 92—603 期；《美国联邦法律大全》第 86 编第 1374 条）。

始并且在本条实施这个月之后第 10 个月最后一天结束的最初的普通登记期间，也可以依据第 B 部分登记；

（2）至于在本条实施那个月之后的第 8 个月的第一天或者之后第一次符合本条中资格条件的个人，初次登记期间可以在他第一次符合资格那个月之前第 3 个月第一天开始并且在之后的 7 个月结束；

（3）至于按照本款第（1）项进行登记的个人，待遇权利可以开始于：（A）登记那个月后的第二个月的第一天，（B）1973 年 7 月 1 日，或者（C）在他符合第（a）款的要求的第一个月的第一天，其中日期最近的一个；

（4）本条中个人的权利可以在他符合本法第 226 条或者《1965 年社会保障法修正案》①第 103 条中医疗保险待遇资格的第一个月之前的月份结束；并且在结束时，这个人可以被视为，仅是对于医疗保险权利，在符合的第一个月提交了证明这种权利所要求的申请；

（5）补充医疗保险覆盖的结束可以导致同时存在的对依据本法无权享受其他待遇的未保险个人的医疗保险待遇的结束；

（6）一个人每月的保险费依据第 1839 条第（b）款生效的增加比例不超过 10% 并仅适用于在该条中规定的完整的 12 个月的两倍的时间内支付的保险费并应根据第（d）款第（6）项减少；

（7）符合第（a）款条件的个人可以在以下时间内依据本部分进行登记：在一个包括该人依据第 1876 条在有资格的组织登记并且在该人不进行这样登记的第 8 个连续月的最后一天的特别登记期间；

（8）对于依据第（7）项在特别登记期间登记的个人：（A）在特别登记期间的月份内该人依据第 1876 条在任何时间内或者在这一个月后的第一个月内在有资格的组织登记，覆盖期间可以在该人登记的这个月的第一天（或者，按照该人的个人意愿在随后 3 个月的第一天）开始，或者（B）在特别登记期间的其他月份内，覆盖期间可以在这该人登记月之后月份的第一天开始；

（9）在第 1839 条第（b）款的规定适用中，不考虑该个人能证明这个人是依照第 1876 条在有资格的组织登记的月份。

（d）（1）在每年的 9 月（从 1988 年开始）部长可以评估随后这一

---

① 参见第 2 卷《公法》第 89—97 期。

年的每个月的保险精算费用。这种保险精算费用应该为部长评估（作为平均数，人均比例）数量的 1/12，等于 100% 的待遇和将要从执行服务的联邦医疗保险信托基金中支付的管理成本以及在这个人年满 65 岁并且在那年将有权享受本部分中的待遇下一年中引起的相关管理成本。

（2）部长可以在每年的 9 月确定并且公布对在下一年发生的保险费适当的美元数量。根据第（4）项和第（5）项，本条中个人每月的保险费数量应该等于依据第（1）项确定的下一年每月的保险精算费用。依据前一句确定的数量不是 1 美元倍数的，则应该按 1 美元的倍数（或者，如果是 50 美分的倍数但是不是 1 美元的倍数，下一个较高的 1 美元的倍数）计算。

（3）当部长公布本条中每月保险费适当的美元数额，他可以在这个公告到达时，发布一份列举他使用的保险精算假定和基础的公共声明，如第（1）项规定的对 65 岁及以上的个人达到足够的精算费用金额。

（4）（A）至于第（B）目中规定的个人，每月的保险费应该减少以下表中指定的适当的百分比例：

以下年份的一个月	适当减少的比例（%）
1994 年	25
1995 年	30
1996 年	35
1997 年	40
1998 年及其后的年份	45

（B）对于本目中规定的一个月内个人是证实符合部长要求的个人，在上一个月的最后的一天，这个人：

（i）依据第二编参保至少达到 30 个季度；

（ii）已婚（并且已经结婚 1 年以上）并且另一方依据本编是已经参保至少 30 个季度的个人；

（iii）已经与另一个人结婚一年（在这个人死亡的时候），如果在这个人死亡时已经依据本编参保达到至少 30 个季度；

（iv）或者，已经离婚并且与这个人的婚姻持续了至少 10 年（在离婚时),如果此时这个人已经依据本编参保至少达 30 个季度。

(5)(A)对于第(B)目中规定的个人在一个月内的每月保险费数量应该为零,如果:

(ⅰ)在这个月内这个人本条中的保险费没有全部或者部分支付(并且将不会支付)给一个州(依据第十九编或者其他)、一个州的一个政治分支机构,或者一个或多个州或者其政治分支机构的一个机构或者执行机构;

(ⅱ)在这个月前的 84 个月中的每一个月内,这个人依据本条在本部分中登记的并且这个人在这个月内的本条中保险费的支付没有全部或者部分支付给一个州(依据第十九编或者其他规定)、一个州的一个政治分支机构,或者一个或者多个州或者其政治分支机构的一个机构或者执行部门。

(B)本目中规定的人在一个月内是证实符合部长的要求,直到前一个月的最后一天:

(ⅰ)(Ⅰ)这个人在有资格的州或者当地政府退休制度[在第(C)目中定义的]中根据一个或者多个本制度覆盖的职位上的工作接受现金待遇,以及(Ⅱ)如果[第 210 条第(p)款第(1)项中定义的,但是不遵守本条第(3)项决定的]支付给这个人的政府雇用医疗保险赔偿作为工资支付给这个人且依据第 213 条确定参保的季度支付,那么这个人依据第二编参保至少达到了 40 个季度;

(ⅱ)(Ⅰ)这个人与第(ⅰ)节中规定的个人结婚(并且在前一年已经结婚),或者(Ⅱ)这个人符合第(ⅰ)节第(Ⅱ)次节的要求并且已经与第(ⅰ)节第(Ⅰ)次节中的个人结婚(并且已经在一年前结婚);

(ⅲ)这个人已经与另一个人结婚 1 年以上(在这个人死亡的时候),如果:(Ⅰ)这个人在死亡时是第(ⅰ)节中规定的个人,或者(Ⅱ)这个人符合第(ⅰ)节第(Ⅱ)次节的要求且这个人在死亡时是第(ⅰ)节第(Ⅰ)次节中规定的个人;

(ⅳ)或者,这个人是与另一个个人离婚的并且已经于这个人结婚至少 10 年(在离婚时),如果:(Ⅰ)这个人在离婚时符合第(ⅰ)节中规定的,或者(Ⅱ)这个人符合第(ⅰ)节第(Ⅱ)次节中的要求并且这个人在离婚时是第(ⅰ)节第(Ⅰ)次节中规定的。

（C）在第（B）目第（i）节第（I）次节中，"有资格的州或者当地政府退休制度"是指以下退休制度：

（i）一个州或其政治分支机构，或者一个或多个州或者其政治分支机构的一个机构或媒介建立并维持的；

（ii）覆盖一个州、分支机构、机构或执行机构的所有职位的；

（iii）根据在本目中保险费中的减少条件，不改变现金退休待遇。

（6）（A）如果一个州、一个州的一个政治分支机构或者一个州或者其政治分支机构的一个组织或者媒介为了每个个人的生活决定支付给有资格的州或者当地政府退休者群体中的符合第（a）款条件的每一个个人依据第（1）项应该得到的每月保险费，除此之外，依据第 1839 条第（b）款的适当的增加的数量［本条第（c）款第（6）项适用并修改的］这种群体中个人享有本部分待遇每月保险费应该减少该人依据《1986 年国内税收法》第 3101 条第（b）款和该人的雇主为了雇用［本法第 3121 条第（b）款中定义的］该人依据本法第 3111 条第（b）款支付的税款的总数量。

（B）在本项中，"有资格的州或者当地政府退休者团体"是指在 2002 年 1 月 1 日之前指定日期从以下机构中的一个或多个职位或者其他类别的雇员退休的个人：

（i）这个州；

（ii）这个州的一个政治分支机构；

（iii）或者，这个州或者这政治分支机构的一个部门或者机构。

（e）如果这个部长确定这种保险费支付依据这种合同或者协议在管理上是可行的，每月给符合第（a）款条件的当事人支付的保险费可以由公共或者私人机构或者组织依据它与部长达成的合同或者其他协议进行。

（f）依据本编的覆盖范围支付给部长的数量应该存入财政部的联邦医疗保险信托基金。

（g）（1）部长可以按照州在 1989 年之后的要求，参与按照第 1843 条第（a）款和达成的协议的修改，这个协议提供在这个本编建立的计划中的合格的医疗保险受益人［第 1905 条第（p）款第（1）项中定义的］的登记。

（2）（A）除了第（B）目中的规定外，第 1843 条第（c）款、第

（d）款、第（e）款和第（f）款的规定可以适用于有资格的医疗保险受益者登记，按照这个协议，在第 B 部分中在这个本部分建立的计划中与他们适用于合格的医疗保险受益人登记以相同的方式并且在相同的范围内。

（B）在本款中，第 1843 条第（d）款第（1）项应该适用"第 1818 条"替代"第 1839 条"并且"第 1839 条第（c）款第（6）项［有关第（b）款的内容］"替代"第（b）款"。

已经用尽其他权利的残疾人的医疗保险待遇

第 1818A 条【《美国法典》第 42 编第 1395i—2a 条】 （a）每一个个人：

（1）未满 65 岁；

（2）（A）已经依据第 226 条第（b）款享受了本部分中的待遇，（B）（ⅰ）仍然有导致残疾的身体上或者精神上的损害，据此这个人被发现是有残疾或者是残疾的合格的铁路退休受益人，或者（ⅱ）是失明的［在第 216 条第（i）款第（1）项中的含义内］，但是（C）仅由于这个人有了超过固定有收益的活动数量的收入，他在第 226 条第（b）款中的权利终止了；

（3）除此之外，无权享受本条中的待遇，应该符合登记加入本部分建立的保险计划的条件。

（b）（1）个人可以依据本条以规章中规定的方式和形式，在本条规定的登记期间登记加入。

（2）个人的初始登记期间开始于个人接到享受第 226 条第（b）款的待遇的权利将仅仅因为他已经有超过固定的有收益的活动数量的收入而终止的通知的这个月，并且在 7 个月之后结束。

（3）每年（从 1990 年开始）的 1 月 1 日到 3 月 31 日为普通登记期间。

（c）（1）个人有权依据本部分中的保险计划享受待遇的期间（在本部分中指"覆盖期间"）可以开始于以下时间中最近的一个：

（A）对于依据第（b）款第（2）项在这个人初次满足第（a）款这个月之前登记的个人，这个月的第一天。

（B）对于依据第（b）款第（2）项在这个人初次满足第（a）款这

个月内登记的个人，这个人登记这个月之后一个月的第一天。

（C）对于依据第（b）款第（2）项在这个人初次满足第（a）款这个月之后的这个月份登记的个人，这个人登记这个月之后的第二个月的第一天。

（D）对于依据第（b）款第（2）项在这个人初次满足第（a）款之后超过一个月才登记的个人，这个人登记这个月之后的第三个月的第一天。

（E）对于依据第（b）款第（3）项登记的个人，这个人登记这个月的第一天。

（2）个人依据本条的覆盖期间可以持续到如下这个人的登记终止：

（A）在部长为这个人提供这个人不再符合第（a）款第（2）项第（B）目中规定的条件的通知这个月之后的这个月。

（B）在这个人提交不再希望参加本部分建立的保险计划的通知这个月之后的这个月。

（C）在这个人符合第226条第（a）款或第226A条医疗保险待遇条件的第一个月之前的这个月。

（D）在部长的规章确定的不再支付保险费之日。

第（D）目中的规章可以提供一个不超过90天的宽限期间，如果部长确定在这个90天内没有支付过期的保险费是有正当的理由的，那么可以延缓不超过180日。本条中的覆盖范围的终止可以同时导致本编的其他部分的覆盖范围的终止。

（3）第1837条第（h）款和第（i）款的规定适用于本条中的登记和非登记情况，与他们适用于第1818条中的登记与非登记和特殊登记期间的方式相同。

（d）（1）（A）本条中登记的保险费应该在部长规章规定的时间和方式支付给部长，并且应该放置在财政部作为联邦医疗保险信托基金的贷方。

（B）（ⅰ）按照第（ⅱ）节，这些保险费应该在个人覆盖期间的第一个月开始的并且在这个人死亡的这个月结束前支付，如果更早，则为这个人的覆盖期间终止的月份。

（ⅱ）这些保险费不可以在这个人按照第226条第（b）款符合本部分待遇条件的月份内支付。

（2）第 1818 条第（d）款到第（f）款的规定（有关保险费）可以适用于依据本条登记的个人，以相同的方式它们适用于依据这条登记的个人。

需要技能的医院场所保证护理质量的要求①

第 1819 条【《美国法典》第 42 编第 1395i—3 条】（a）**定义需要技能的医院场所。**在本编中，"需要技能的医院场所"是指符合以下条件的机构（或者一个机构的单独的部分）：

（1）主要从事向居民提供：

（A）为需要医疗或者医院护理的居民提供需要技能的医院护理和相关服务；

（B）或者，为伤者、残疾人或者患病者康复提供康复服务，并且不是主要精神疾病的护理和治疗。

（2）已经实施［符合第 1861 条第（1）款的要求］与一个或多个有依据第 1866 条协议生效的医院的转变协议。

（3）符合本条第（b）款、第（c）款和第（d）款中规定的需要技能的医院场所的要求。

（b）**有关服务提供的要求。**

（1）**生活质量。**

（A）**总则。**一个需要技能的医院场所必须考虑以提高和维护每一位居民的生活质量的方式和环境提供服务。

（B）**质量评估和保证。**一个需要技能的医院场所必须维持一个质量评估和保证委员会，包括医疗服务负责人、这个医院场所指定的医生，和至少 3 名其他该场所的职员：（ⅰ）至少每个季度发现有关必要的质量评估和保证活动的问题；以及（ⅱ）形成和执行恰当的行动计划以纠正发现的质量不足。一个州或者部长不得要求这个委员会公开这种记录，除了这种公开是遵守这个委员会的本目中的要求。

（2）**护理计划中服务和活动的范围。**需要技能的医院场所必须提供

---

① 关于给国会的年度报告，参见第 2 卷《公法》第 100—203 期，第 4205 条。

关于审查和报告现在的向护理机构中的病人提供的只要服务的实施标准，参见第 2 卷《公法》第 108—173 期，第 107 条第（b）款。

服务以获得或者维持每个居民最高的切实可用的身体上、精神上和心理上的福利，根据书面的护理计划：

（A）叙述居民需要的医疗上、护理上和心理上的需要和这种需要如何满足；

（B）在这个居民或者这个居民的家庭或者法定代表人参加的适当范围内，最初由包括这个居民的主治医师和一个负责这个居民的注册过的专业护士的团队准备；

（C）是由这个团队在第（3）项中的评估之后定期审查和修改的。

（3）**居民的评估**。

（A）**要求**。一个需要技能的医院场所必须管理一个综合的、准确的、标准的、可复写的每个居民的功能能力的评估，这个评估：

（ⅰ）描述这个居民履行日常生活能力和身体功能能力方面的重大损害；

（ⅱ）根据依据第（f）款第（6）项第（A）目部长指定的一致的最小数据；

（ⅲ）使用依据第（e）款第（5）项该州指定的工具；

（ⅳ）包括医疗问题鉴定。

（B）**鉴定**。

（ⅰ）**总则**。每一个这种评估必须由一个签名且证实这个评估完成的注册专业护士实施或者协调（在健康专家的适当参与下）。每一个完成这样一个评估的一部分的个人应签名和证实这个评估的相应部分的准确性。

（ⅱ）**对弄虚作假的惩罚**。

（Ⅰ）在居民评估中明知且故意依据第（ⅰ）节证明一份资料并且作虚假陈述的个人应按照每个评估处以1000美元以下的民事罚款。

（Ⅱ）在居民评估中明知且故意促使其他个人依据第（ⅰ）节证明一份资料并且作虚假陈述的个人应该每个评估处以5000美元以上的民事罚款。

（Ⅲ）第1128A条的规定［除了第（a）款和第（b）款］适用本条中的民事罚款，与这些规定适用第1128A条第（a）款中的惩罚或者程序方式相同。

（ⅲ）**独立评估的使用**。如果一个州确定，按照第（g）款或者其他规定中的调查，依据本项存在明知且故意的虚假评估证明，这个州可以要求（在这个州指定的期间）由这个州批准的独立于该场所的个人进行证明。

（C）**频率**。

（i）**总则**。根据部长依据第 1888 条第（e）款第（6）项规定的时间表，必须实施这样一个评估：

（I）对于这个场所的每一个居民，在 1990 年 10 月 1 日之后且在 1991 年 1 月 1 日前批准的每个个人的准入（但是不迟于这个日期之后的 14 天）；

（Ⅱ）在这个居民的身体或者精神条件发生重大改变后立即实施；

（Ⅲ）不得少于每 12 个月一次。

（ⅱ）**居民审查**。这个需要技能的场所必须不少于每 3 个月检查每一位居民，并且酌情修改这个居民的评估以保证这个评估的连续的准确性。

（D）**使用**。这样一个评估的结果应该用于依据第（2）项建立、审查和修改这个居民的护理计划。

（E）**协调**。这些评估应该在可行的最大的范围内与这个州要求的预备审查计划相结合以避免重复的测试。

（4）**服务和活动的提供**。

（A）① **总则**。在满足第（2）项中规定的所有护理计划需要的范围内，需要技能的医院场所必须直接地或者按照与其他的约定（或者按照协议对于牙科服务）提供：

（i）护理服务和专业康复服务以实现或者维持每一个居民的最佳的可行的身体的、精神的和心理的状态；

（ⅱ）医疗上相关的服务以达到或者维持最高的对每个居民可以行的身体、精神和心理上的状态；

（ⅲ）满足每个居民需要的制药服务（包括保证所有药物和生物制品的准确获得、接受、分配和管理）；

（ⅳ）保证饭菜符合每个居民的每日营养和特别饮食需要的饮食服务；

（ⅴ）由有资格的专家指导的计划正在进行，该计划符合每个个人的利益和身体、精神和心理福利的活动；

---

① 关于维持某些服务的监管标准，参见第 2 卷《公法》第 101—508 期，第 4008 条第（h）款第（2）项第（O）目。

（ⅵ）符合每个居民的需要的常规和紧急牙科服务；

（ⅶ）这个州不提供或者安排的（或者要求提供或安排的）精神疾病和智力障碍居民要求的待遇和服务。

这个场所提供或者安排的服务必须符合质量的专业标准。第（ⅵ）节中的内容不应该解释为一个场所要求提供或者安排的不需另外付费的本节中规定的牙科服务。

（B）**符合资格的人提供服务**。第（A）目第（ⅰ）节、第（ⅱ）节、第（ⅲ）节、第（ⅳ）节和第（ⅵ）节中的规定服务必须由符合资格的人根据每个居民的书面护理计划提供。

（C）**要求的医院护理**。

（ⅰ）**总则**。除了第（ⅱ）节中的规定外，一个需要技能的医院场所必须提供足以满足其居民的医院需求24小时的许可的医院服务并且必须使用一个注册的专业护士一周7天中每天连续8小时提供服务。

（ⅱ）**例外**。第（ⅰ）节中的内容可以被视为要求一个需要技能的医院场所保证提供每周不超过40个小时的注册专业护士服务，部长有权放弃这些要求，如果部长发现：

（Ⅰ）这个场所位于一个农村区域并且在这个区域内需要技能的医院场所服务的提供不足以满足当地居民的需求；

（Ⅱ）这个场所有一位每周定期在这个场所工作40个小时的全职的注册的专业护士；

（Ⅲ）病人的医生已经说明（通过医嘱或者书面承认）病人不需要这种注册的护士或者48小时工作的医生的服务，或者已经在这个场所安排了一个注册的专业护士，或者一个医生表明这个医生在这个全职的注册专业护士不当值的时候可以提供必要的技能的医院服务；

（Ⅳ）部长向这个州长期护理政府官员［依据《1965年老年人法》①第307条第（a）款第（12）项建立的］和这个州中提供精神病患者和智力迟钝者保护和支持系统发出豁免通知；

（Ⅴ）准许豁免的这个场所通知这个场所的居民（或者，如果适当的话，这些居民的监护人或法定代理人）和这个豁免居民的直系家庭的成员。

---

①　参见第2卷《公法》第89—73期。

该目中的豁免应每年进行更新。

（5）**助理护士的必要的培训**。

（A）**总则**。

（i）除了第（ii）节中的规定，一个需要技能的医院场所不必在这个场所中或者在 1990 年 10 月 1 日后使用全职的个人作为护士助手超过 4 个月，除非这个人：（Ⅰ）已经完成了部长依据第（e）款第（1）项第（A）目批准的一个培训和资格评估计划；以及（Ⅱ）能够提供医院或者与医院相关的服务。

（ii）一个需要技能的医院场所不可使用一个临时的、按日的、租用的或者除固定雇员外的个人作为这个场所中的或者在 1991 年 1 月 1 日后的护士助手，除非这个人符合第（i）节中规定的要求。

（B）**为现有的雇员提供能力评估计划**。一个需要技能的医院场所必须为在这个场所在 1990 年 1 月 1 日起被作为护士助理使用的个人提供，部长依据第（e）款第（1）项批准的能力评估计划并且在 1990 年 1 月 1 日前完成这样一个计划所必要的准备工作。

（C）**能力**。这个需要技能的医院场所不得允许个人，除了在这个州批准的培训和能力评估计划中，作为一个护士助手进行服务或者为没有表达能力的个人提供一种服务，并且不得使用这样的个人作为护士助理，除非这个场所已经咨询过依据第（e）款第（2）项第（A）目建立的州档案室，这个场所认为可以包括这个人的信息。

（D）**要求的重新培训**。在第（A）目中，如果，自从一个个人的最近的一个培训和能力评估计划完成后，已经有一个连续 24 个月的期间，在此期间这个人没有进行医院或者与医院相关的服务的货币赔偿，这个人可以完成一个新的培训和能力评估计划或者一个新的能力评估计划。

（E）**定期的在职教育**。这个需要技能的医院场所必须提供这种定期的表现审查和定期的在职教育以保证作为护士助理的个人能够执行护士助理的服务，包括对有认知障碍的居民的提供医院和医院相关的服务个人的培训。

（F）**护士助手的定义**。在本项中，"护士助手"是指在一个需要技能的医院场所中提供医院或者与医院相关的服务的个人，但是不包括以下个人：（i）执业健康专家［第（G）目中定义的］或注册的营养师；或者（ii）不要货币补偿资源志愿提供这种服务的人。

（G）**执业健康专家的定义**。在本项中，"执业健康专家"是指一个医生、助理医生、实习护士、身体检查、说话能力或职业理疗师、身体检查或职业理疗助手、注册的职业护士、得到许可的实习护士或者得到许可的证明的社会员工、注册的呼吸治疗专家或者被鉴定的呼吸治疗专家。

（6）**医生监督和医院的记录**。一个需要技能的医院场所必须：

（A）要求每一个居民的医疗护理是在医生的监督下提供的；

（B）规定在紧急情况中有医生可以提供必要的医疗护理；

（C）维护所有病人的医院记录，包括护理计划［第（2）项中规定的］和这个居民的评估［第（3）项中规定的］。

（7）**必要的社会服务**。至于一个有超过 120 个床位的需要技能的医疗场所，这个场所必须有至少一名雇用的全职社会员工（至少拥有一个社会工作方面的学士学位或者相似的职业资格）以提供或者保证社会服务的提供。

（8）**护士员工信息**。

（A）**总则**。一个需要技能的医疗场所可以每天贴出在这个场所中现有的直接负责居民护理的执业的和未执业的医院成员数量的变化。这个信息应该以统一的方式（部长指定的）并且在明显可见的地方进行展示。

（B）**数据公开**。一个需要技能的医院场所按照要求可以向公众提供第（A）目中规定的这个医院员工数据。

（c）**必要的有关居民的权利**。

（1）**普通权利**。

（A）**规定的权利**。一个需要技能的医院场所必须保护和促进每个公民的这种权利，包括以下每一项权利：

（ⅰ）**自由选择**。选择一个主治医生的权利，对于护理和待遇应该提前完全告知，对于可以影响这个居民的福利的护理和待遇中的变化应该提前完全告知，并且（除被裁定为无行为能力的居民之外）参与计划护理和待遇或者改变护理和待遇。

（ⅱ）**居民的自由**。有权利摆脱身体上或者精神上的虐待、体罚、非自愿的隔离和惩罚或用具中强加的物理上或者化学上的约束并且有不需要治疗的医疗症状。仅可以施加约束：（Ⅰ）保证这个居民和其他的居民的身体安全；以及（Ⅱ）仅根据按照应该使用的约束指定持续期间和详细事项的医生的书面指示（除了在部长指定的紧急情况下直到合理地获得这样一个指示）。

（ⅲ）**隐私**。对于家庭和居民团体的住处、医疗待遇、书面的和电传的通信、谈话和聚会的隐私权。

（ⅳ）**保密**。个人的和医院的记录和按照居民或者居民的法定代理人的请求使用这个居民现有的医院记录的保密的权利，在做出这样一个请求后的 24 小时内（不包括周末或假期）。

（ⅴ）**住宿需要**。权利：（Ⅰ）除了居民或者其他的居民的健康或安全将受到威胁，居民可以居住和接受个人需要和偏好的合理的住处服务；以及（Ⅱ）居民在这个场所内的房间和室友改变之前接到通知。

（ⅵ）**申诉**。对于提供的（或没有）待遇或护理的申诉的权利，这些申诉不是出于歧视或者报复，并且这个场所迅速处理居民可能有的包括其他的居民的态度的这些申诉的权利。

（ⅶ）**居民和家庭团体的参与**。在这个场所中居民组织或参与居民团体的权利和在这个场所中居民的家庭和其他居民的家庭聚会的权利。

（ⅷ）**参与其他活动**。在这个场所中这个居民参与不妨碍其他居民的权利的社会、宗教和社区活动的权利。

（ⅸ）**调查结果的审核**。根据合理的请求，审核部长或者州对这个场所实施有关这个场所和有关这个场所纠正计划有效性的最新调查结果的权利。

（ⅹ）**某些转移的拒绝**。拒绝转移到这个场所中的其他房间的权利，如果这个转移的目的是把这个居民从这个场所的有熟练技能水平的医疗场所部分（本编中所说的）转移到这个场所的非需要技能的医院场所部分。

（ⅺ）**其他权利**。部长确定的其他权利。

第（ⅲ）节不应该被解释为要求提供个人房间。居民第（ⅹ）节中的拒绝转移权利的使用不影响这个居民接受本编中的待遇和本法第十九编中医疗援助的资格或者权利。

（B）**权利和服务的通知**。一个需要技能的医院场所必须：

（ⅰ）在进入这个场所时以口头和书面通知每一个居民在这个场所内的合法权利；

（ⅱ）按照合理的请求为每一个居民提供一个这些权利的书面列表（这个列表随着这些权利的变化而改变），包括这个州依据第 1919 条第（e）款第（6）项进行的通知（如果有的话）；

（ⅲ）在进入时或者之前以及这个居民再次居留期间以书面通知每一个其他居民，这个场所内可以提供的服务和这些服务的相关费用，包括本编中或者这个场所的基本的每日费用中没有覆盖服务的费用。

本目中的合法权利的书面描述可以包括第（6）项中的个人资金保护的描述和居民可以对州调查和证明机构有关居民滥用和遗漏和在这个场所中侵吞居民财产提交投诉。

（C）**无行为能力的居民的权利**。如果一个居民被依据一个州的法律宣布为无行为能力，这样的居民本编中的权利可以交给，并且在有审判权的法庭认为必要的范围内，依据州法律指定的人为这个居民的利益行使。

（D）**精神药理学药品的使用**。精神药理学药品只有按照医生的指示并且只有作为一个计划［包括在第（2）项中的书面护理聚会中］用来消除或者改变这种药物主治的症状时才可以使用，并且，一个独立的、外部的顾问至少每年应审查一次每个接受这种药物的居民的这种药物计划的适当性。在确定一个顾问是否有资格进行前一句中的审查时，部长可以考虑本编中医院场所按时接受顾问服务的需求。

（E）**提出指令的信息**。一个需要技能的医院场所必须遵守第1866条第（f）款中的要求（有关维持提出指令的书面政策和程序）。

（2）**转移和离开的权利**。

（A）**总则**。一个需要技能的医院场所必须允许每一个居民在这个场所中居留并且不得将这个居民从这个场所转移或者遣出，除非：

（ⅰ）这种转移或者离开是为了符合这个居民的福利之必要，并且这个居民的福利在这个场所内不能实现；

（ⅱ）这种转移或者离开是恰当的，因为这个居民的健康已经得到充分改善，所以这个居民不再需要这个场所提供的服务；

（ⅲ）这个场所中的个人的安全受到威胁；

（ⅳ）这个场所中的个人的健康受到威胁；

（ⅴ）在合理和适当的通知后，这个居民对于在这个场所的居住没有付款（或者依据本编或第十九编为这个居民的利益进行支付）；

（ⅵ）或者，这个场所停止运行。

在第（ⅰ）节到第（ⅴ）节中规定的每种情形中，转移或者离开的根据必须存档到这个居民的医院记录中。在第（ⅰ）节到第（ⅲ）节中规定的情形中，这种存档必须由这个居民的医生进行，并且在第（ⅲ）

节到第（ⅳ）节中规定的情形中，这种存档必须由一位医生进行。

（B）**提前转移和提前执行通知。**

（ⅰ）**总则。** 在居民的转移或者执行生效前，一个需要技能的医院场所必须：

（Ⅰ）通知转移或遣出的居民（以及如果知道的这个居民的家庭成员或者法定代理人）和转移或遣出原因；

（Ⅱ）在这个居民的医院记录中［包括第（A）目中要求的记录］记录原因；

（Ⅲ）在这个通知中包括第（ⅲ）节中规定的项目。

（ⅱ）**通知时间。** 第（ⅰ）节第（Ⅰ）次节中的通知必须在这个居民转移或者离开的 30 天之前，除了：

（Ⅰ）在第（A）目第（ⅲ）节或第（ⅳ）节中规定的情形中；

（Ⅱ）在第（A）目第（ⅱ）节中规定的情形中，如果这个居民的健康状况已经足够改善，允许进行直接的转移或离开；

（Ⅲ）在第（A）目第（ⅰ）节规定的情形中，如果直接的转移或离开是这个居民的紧急医疗所必需的；

（Ⅳ）在一个居民在 30 天内没有居住在这个场所中的情形中。

在这些例外的情形中，通知必须在转移或者离开前恰当的日期提供。

（ⅲ）**通知中的项目。** 第（ⅰ）节中的每个通知必须包括：

（Ⅰ）转移或者离开在 1990 年 10 月 1 日或者之后生效，按照第（e）款第（3）项中确立的这种州的程序这个居民申请转移或者离开的通知；

（Ⅱ）这个州的长期护理政府官员的姓名、邮寄地址和电话号码（依据《1965 年老年人法》① 第三编或第七编建立的根据本法第 712 条）。

（C）**目标。** 一个需要技能的医院场所必须提供足够的准备和熟悉对居民保证安全并且从这个场所有序地转移或者离开。

（3）**进入和探视的权利。** 一个需要技能的医院场所必须：

（A）准许由部长的代理人、州代理人、第（2）项第（B）目第（ⅲ）节第（Ⅱ）次节中规定的政府官员或者这个居民的个人医生直接接近居民；

（B）按照居民的拒绝或撤回同意的权利，准许由这个居民现在的家

---

① 参见第 2 卷《公法》第 89—73 期。

庭或者其他亲属直接接近居民；

（C）按照合理的限制和这个居民拒绝或撤回同意的权利，准许居民同意探访的其他人直接接近居民；

（D）按照这个居民的拒绝或撤回同意的权利，准许由向这个居民提供健康、社会、法律或者其他服务的单位或者个人合理地接近居民；

（E）准许这个州的政府官员的代理人［第（2）项第（B）目第（ⅲ）节第（Ⅱ）次节中规定的］，取得这个居民的许可（或者这个居民的法定代理人）并且符合州法律，检查居民的医院记录。

（4）**平等获得优质护理**。一个需要技能的医院场所对于有关本编中所有个人的转移、离开和覆盖服务，无论支付的来源是什么，必须建立并维持相同的政策和实践。

（5）**进入政策**。

（A）**进入**。有关进入的业务，一个需要技能的医疗场所必须：

（ⅰ）（Ⅰ）不得要求申请居住或者居住在这个场所的居民放弃他们的本编中的或者第十九编中的州计划中的待遇权利，（Ⅱ）不得要求个人口头或书面承诺不符合或不申请，本编中的或者这样一个州计划中的待遇的资格，以及（Ⅲ）在这个场所中显著地展示和向这些个人提供有关如何申请和使用这些待遇和如何获得以前的支付待遇覆盖的退款的书面信息；

（ⅱ）不得要求给这个场所的支付第三方担保作为一个进入（或者迅速完成进入）或者继续居留在这个场所的条件。

（B）**解释**。

（ⅰ）**禁止优先权的更严格的标准**。第（A）目不应该被解释为阻碍州或者其政治分支机构依据州或者当地法律禁止对有权享有本编中的医疗援助的个人进入需要技能的医院场所上的歧视。

（ⅱ）**与法定代理人订立的合同**。第（A）目第（ⅱ）节不应该被解释为阻碍一个场所要求合法利用居民收入或者财产支付这个场所提供的护理的个人，签订一个合同（不会导致个人的财政责任）从个人收入或财产中支付这种护理。

（6）**居民资金的保护**。

（A）**总则**。需要技能的医疗场所：（ⅰ）可以不要求居民把他们的个人资金存在这个场所；以及（ⅱ）按照居民的书面授权，依据由这个场所根据本项建立和维持的体系必须持有、保护和负责这种个人资金。

(B) **个人资金的管理**。按照第（A）目第（ⅱ）节中居民的书面授权，这个场所必须管理和负责在这个场所的居民的个人资金如下：

（ⅰ）**存款**。这个场所必须把居民的超过 100 美元数量的个人资金存入一个付息账户（或者多个账户），这个账户与场所的业务账户分开并且这些独立账户产生的存款利息也与这个账户分开。对于其他个人资金，这个场所必须把这些资金存放于一个无利息账户或小额现金基金中。

（ⅱ）**记述和记录**。这个场所必须保证每一个居民的个人资金的一个完全独立的记录，对于存在这个场所的居民的个人资金维持所有财政事务的书面记录，并且保证居民合理使用这种记录。

（ⅲ）**终止后的转移**。在持有这样账户的个人去世以后，这个机构必须立即将这个居民的个人资金转移到个人管理的遗产之中。

（C）**财政安全保险**。这个场所必须购买一份担保契约，或者提供其他的令部长满意的保证，以保证存放在这个场所的居民个人资金的安全。

（D）**个人资金收费的限制**。这个场所不得对居民的个人资金收取依据本编或第十九编支付的项目和服务的费用。

（d）**有关管理和其他问题的要求**。

（1）**管理**。

（A）**总则**。需要技能的医院场所的管理方式必须以能使其有效率并且有效地使用它的财产实现或者维持每个居民可以适用的最佳的身体、精神和心理上的福利［符合第（f）款第（5）项确立的要求］。

（B）**要求通知**。如果在以下情形发生改变：

（ⅰ）场所中拥有所有权或控制利益［如第 1124 条第（a）款第（3）项所定义的］的人员；

（ⅱ）场所的高级职员、主管、代理人或管理人员［如第 1126 条第（b）款所定义］；

（ⅲ）社团、协会或管理其他场所的公司；

（ⅳ）或者，医疗场所的管理者或主管。

当每一个新的个人、公司或在各自条款规定的个人的身份发生变化时，需要技能的医院场所必须通知负责给医疗场所颁发执照的州机构。

（C）**需要技能的医院场所的管理者**。需要技能的医院场所的管理者必须符合部长依据第（f）款第（4）项建立的标准。

（2）**许可和生命安全规范**。

（Ａ）**许可**。一个需要技能的医院场所必须依据适当的州或者当地法律取得许可。

（Ｂ）**生命安全规范**。一个需要技能的医院场所必须符合国家防火协会对医院场所适用的生命安全规范这个版本（部长在规章中指定的）的规定；除了：

（ⅰ）如果严格执行将导致一个场所不合理的困难，部长可以在他认为适当的期间宣布这个规范的具体规定无效，但是只有在这个宣布无效将不会损害居民或者员工的健康和安全的情况下；

（ⅱ）如果部长发现在这个州有一个生效的州法律规定的火灾安全规范，该规范足以保护需要技能的医院场所中的居民和员工，那么这个规范的规定在这个州内将不适用。

（3）**卫生、传染病控制和物质条件**。一个需要技能的医疗场所必须：

（Ａ）建立和维持一个传染病控制计划用以提供一个安全的、卫生的和舒适的居民居住环境和帮助预防传染病的滋生和传播；

（Ｂ）设计、修建、装备和维持的方式以保护居民、员工和普通公众的健康和安全为目的。

（4）**其他规定**。

（Ａ）**联邦、州和当地法律和专业标准的执行**。一个需要技能的医院场所必须按照适当的联邦、州和当地法律以及规章（包括第 1124 条中的要求）和适用于在这种场所中提供服务的专家的公认的专业标准和原则经营和提供服务。

（Ｂ）**其他**。一个需要技能的医院场所必须符合这种有关居民健康、安全和福利或者有关这种医疗场所部长认为必要的其他要求。

（ｅ）**有关需要技能的医院场所的必备条件的州要求**。对于一个州来说的这种要求，包含在第 1864 条第（ｄ）款中，如下：

（1）**护士助手培训和能力评估计划的说明和审查**。这个州必须：

（Ａ）在 1989 年 1 月 1 日前，详述这些培训和能力评估计划，并且这些能力评估计划由这个州为第（ｂ）款第（5）项批准并且符合第（ｆ）款第（2）项中确立的要求；

（Ｂ）在 1990 年 1 月 1 日前，以一定的频率并且使用一套根据第（ｆ）款第（2）项第（Ａ）目第（ⅲ）节中确立的要求的方法提供审查和复审这个计划。

部长没有确立第（f）款第（2）项中的要求并不能消减这个州在本目中的责任。

（2）**助理护士注册**。

（A）**总则**。在1989年1月1日前，州建立并维持一个已经圆满完成护士助手培训和能力评估计划的个人的登记，或者这个州依据第（1）项批准的一个护士助手能力评估计划，或者对在第（f）款第（2）项第（B）目第（ii）节中或者在《1990年综合预算调整法》第6901条第（b）款第（4）项第（B）目、第（C）目和第（D）目中规定的任何个人的进行登记。

（B）**注册信息**。第（A）目中的档案可以提供（根据部长的规章）包括一个州依据第（g）款第（1）项第（C）目对居民遗漏、滥用或者侵吞居民财产包括在档案中列出的个人的明确的备有证明文件的调查，以及任何个人争议的概要，但是不包括在该目中没有州具体记录的居民滥用或者遗漏或者侵吞居民财产的陈述。这个州可以在这个档案中提供公共信息。对于对这个档案有关在这个档案中列出的个人的询问，这样一个调查解释的信息也可以包括这个档案中有关这个调查的声明的公开或者一个清晰准确的声明的摘要。

（C）**禁止收费**。一个州不得对医生助手依据第（A）目中建立和维持的注册收费。

（3）**转移和离开的州上诉程序**。对于在1989年10月1日或者之后从需要技能的医院场所转移和离开，这个州必须为这个场所中的居民的转移和离开上诉听证会提供一个公平的机制。这种机制必须符合部长依据第（f）款第（3）项建立的指导方针；但是部长没有建立这种指导方针并不能免除州提供这个样一个公平机制的责任。

（4）**需要技能的医院场所管理者标准**。在1990年1月1日前，这个州必须执行和实施了需要技能的医院场所管理者标准，该标准依据有关需要技能的医院场所的管理者的资格的第（f）款第（4）项建立。

（5）**居民评估工具的说明**。1990年7月1日生效，这个州可以指定由这个州中的医院场所根据第（b）款第（3）项第（A）目第（iii）节使用的工具。这些工具应该：

（A）依据第（f）款第（6）项第（B）目指定的工具之一；

（B）或者，部长已经批准的工具作为根据核心要素最小数据集合、普通解释和部长依据第（f）款第（6）项第（A）目指定的使用指引。

（f）**部长对于需要技能的医院场所的要求的责任**。

（1）**普通责任**。部长的职责和责任是保证在本编中的需要技能的医院场所中管理护理提供的要求，这些要求的执行足以保护居民的健康、安全、福利和权利并且促进公共资金使用的效率和效果。

（2）**护士助手培训和能力评估计划和护士助手的能力评估计划的要求**。

（A）**总则**。在第（b）款第（5）项和第（e）款第（1）项第（A）目中，1988年9月1日前部长可以建立：

（ⅰ）护士助手培训和能力评估计划批准的要求，包括要求：（Ⅰ）计划覆盖的范围（至少包括基本医疗技能、个人护理技能、精神健康和社会服务需要的识别、缺乏认知能力的居民的护理、基本康复服务和居民的权利）和课程的内容，（Ⅱ）最初的和不断进行的培训和再培训的最少时间（包括初次培训不少于75小时），（Ⅲ）教师的条件，以及（Ⅳ）资格决定的程序；

（ⅱ）护士助手能力评估计划批准的要求，包括计划应该覆盖的区域的要求，至少包括基本医院技能、个人护理技能、精神健康和社会服务需要的识别、认识能力受损的居民的护理、基本康复服务、居民的权利和资格决定的程序；

（ⅲ）关于一个州在审查这个计划遵守要求时使用的最小频率和方法的要求；

（ⅳ）依据这两个计划，要求：（Ⅰ）提供允许一个护士助手确定资格的程序，按照这个护士助理的选择，通过除书面检查通过之外的程序或者方法确定资格并且有在这个助手受雇的〔除非这个场所是在第（B）目第（ⅲ）节第（Ⅰ）次节中规定的〕医院场所进行的资格评估，（Ⅱ）禁止对一个被一个场所雇用的（或者已经接受雇用要约的）护士助手在开始这种计划之日强加过分的要求和费用（包括资格评估费用中课本和其他的要求的课程材料费用），以及（Ⅲ）至于一个第（Ⅱ）次节中未规定的受雇于一个场所在完成这种计划后的12个月内的护士助手，这个州可以规定完成这种计划引起的成本按照这个护士助手受雇期间所占比例进行补偿。

（B）**某些计划的批准**。这些要求：

（ⅰ）可以允许批准场所和外面的场所（包括雇员组织）［按照第（ⅲ）节］提供的计划，和在本条执行之日生效的计划①；

（ⅱ）如果这个州确定提供的计划符合该目的批准要求，那么可以允许州发现已经完成（在1989年7月1日前）一个护士助手培训和能力评估计划的个人应该被视为已经依据第（b）款第（5）项批准的计划；

（ⅲ）按照第（C）目和第（D）目，可以禁止批准这样一个计划：

（Ⅰ）一个需要技能的医院场所提供的，在之前的2年内：

（a）已经依据第（b）款第（4）项第（C）目第（ⅱ）节第（Ⅱ）次节中的弃权运行了；

（b）已经实施一个第（g）款第（2）项第（B）目第（ⅰ）节或者第1919条第（g）款第（2）项第（B）目第（ⅰ）节中的延伸（或者部分延伸的）调查，除非这个调查说明这个场所符合本条第（b）款、第（c）款和第（d）款中的要求；

（c）或者，已经评估了第（h）款第（2）项第（B）目第（ⅱ）节或者第1919条第（h）款第（2）项第（A）目第（ⅱ）节中规定的不少于5000美元的民事罚款，或者已经按照第（h）款第（2）项第（B）目第（ⅰ）或第（ⅲ）节、第（h）款第（4）项、第1919条第（h）款第（1）项第（B）目第（ⅰ）节或第1919条第（h）款第（2）项第（A）目第（ⅰ）节、第（ⅲ）节或第（ⅳ）节中规定的补救措施。

（Ⅱ）或者，由或在需要技能的医院场所提供，除非这个州做出决定由个人完成这个计划，这个人可以在需要技能的医院场所内提供医院和与医院相关的服务。

一个州不可以把其第（ⅲ）节第（Ⅱ）次节中规定的责任委托（通过分包合同或其他形式）给这个需要技能的医院场所。

（C）**豁免权**。第（B）目第（ⅲ）节第（Ⅰ）次节不适用于（但不是由）一个州的一个医院场所（或者第十八编中说的需要技能的医院场所）提供的计划，如果这个州：

（ⅰ）确定在这个场所的合理范围内没有提供其他这样的计划；

---

① 1987年12月22日（《公法》第100—203期；《美国联邦法律大全》第101编第1330—160条）。

（ⅱ）通过监督确保在这个场所中存在运行这个计划的足够条件；

（ⅲ）为这个州的长期护理政府官员提供这种决定和保证的通知。

（D）**护士助手培训计划反对的豁免**。根据一个医院场所的申请，如果这种民事罚款要求不是为这个场所的居民提供的护理的质量相关的，部长可以豁免第（B）目第（ⅲ）节第（Ⅰ）次节第（c）小节中申请。本目中的内容不应该被解释为消除一个场所支付一个前一句中规定的民事罚款的要求。

（3）**关于转移和离开的州上诉程序的联邦指引**。在1988年10月1日前，在第（c）款第（2）项第（B）目第（ⅲ）节第（Ⅰ）次节和第（e）款第（3）项中，为第（e）款第（3）项中州上诉程序必须符合对于居民从需要技能的医院场所转移和离开的上诉听证提供一个公平的机制的最低标准，部长可以建立指引。

（4）**关于管理者资格的部长标准**。在第（d）款第（1）项第（C）目和第（e）款第（4）项中，在1989年3月1日前，部长可以建立确保需要技能的医院场所的管理者资格所适用的标准。

（5）**管理标准**。部长可以建立标准来评估需要技能的医院场所满足第（d）款第（1）项中以下要求：

（A）它的管理机构和管理人员；

（B）与医院就有关居民从医院转入和转出或者从其他需要技能的医院场所转入和转出达成协议；

（C）灾难准备；

（D）医生医疗护理指示；

（E）临床和放射学服务；

（F）医院记录；

（G）居民和辩护人参与。

（6）**居民评估数据集合和工具的说明**。部长可以：

（A）在1989年1月1日前，详述按照第（b）款第（3）项中要求使用的核心要素和普通解释的最低限度的数据集合，并且建立利用这个数据集合的指引；

（B）在1990年4月1日前，指定一个或者多个与第（A）目中做出的这个说明一致的工具并且一个州可以依据第（e）款第（5）项第（A）目详述医院场所按照第（b）款第（3）项第（A）目第（ⅲ）节中的要求使用。

（7）**在需要技能的医院场所中不用居民的个人资金提供的项目和服务的列表。**

（A）**必要的规章。**按照《1977 年医疗保险和医疗补助反欺诈和滥用职权法修正案》①第 21 条第（b）款的要求，在本条②实施之日后开始的第 7 个月的第一天或者之前，部长可以发布规章确定那些可以由需要技能的医院场所的作为接受本部分待遇的居民的个人资金负担的成本和那些依据本编对于延伸的护理服务应该包括在合理成本中的成本。

（B）**如果没有发布规章的规则。**如果部长在该目要求的日期或之前发布第（A）目中的规章，对于一个需要技能的医院场所中的符合本部分待遇条件的居民，不从这个居民的个人资金中（和依据本编考虑进行支付的）收取的成本包括该场所提供的常规的个人卫生项目和服务成本。

（g）**调查和证明程序。**

（1）**州和联邦责任。**

（A）**总则。**依照第 1864 条中的协议，每个州根据第（2）项中进行的调查负责证明需要技能的医院场所（不包括这个州的场所）遵守第（b）款、第（c）款和第（d）款中的要求。部长根据第（2）项中实施的调查负责证明州需要技能的医院场所遵守该款中的要求。

（B）**教育计划。**每个州可以为需要技能的医院场所的员工和居民（和他们的代理人）实施定期的教育计划以便依据本条介绍现有的规章、程序和政策。

（C）**居民遗漏、滥用和侵吞居民财产陈述的调查。**这个州通过负责本款中医院场所的调查和证明的机构可以规定一个程序由一个医院场所中的居民的护士助手或者由这个场所在向这样的居民提供服务中的其他的个人对收入及遗漏、滥用和侵吞居民财产的陈述进行及时的审查和调查。这个州在个人有关这个陈述（包括这个人驳回这个陈述的听证会的可能性的声明）和有关这个记录的听证机会的书面通知后，对于这个陈述的准确性做出一个书面裁决。如果这个州发现一个护士助手已经忽略或者虐待

---

① 参见第 2 卷《公法》第 95—142 期。

② 1987 年 12 月 22 日（《公法》第 100—203 期；《美国联邦法律大全》第 101 编第 1330—160 条）。

居民或者在场所内侵吞居民财产，该州应通知这个护士助手并记录这些调查结果。如果这个州发现这个场所使用的其他个人已经忽略或者虐待一个居民或者在一个场所中侵吞居民财产，这个州可以通知发放许可证的机关。如果这个人证明这种忽略是由非人为因素引起的，那么该州不可以裁定这个人忽略了一个居民。

（D）**护士助手档案中名字的更改**。

（ⅰ）**总　则**。对于第（C）目中的疏忽调查，这个州可以建立一个程序允许一个护士助手请求这个州将他（她）的名字从档案中删除，根据这个州的以下决定：（Ⅰ）这个护士助手的个人工作经历不反映舞弊行为或者疏忽的类型；以及（Ⅱ）在原始调查中的遗漏是非正常的事件。

（ⅱ）**决定时间**。在请求人的名字被依据第（C）目添加到档案之日开始的１年期间届满前，不得做出对依据第（ⅰ）节提交的请求的决定。

（E）**解释**。部长没有发布规章执行本款不能免除一个州的本款中的责任。

（2）**调查**。

（A）**标准调查**。

（ⅰ）**总　则**。每一个医院场所应在事先不通知这个场所的情况下实施一个标准调查。在调查安排的时间或日期通知（或者导致被通知）一个需要技能的医院场所的个人应被处以不超过2000美元的民事罚款。第1128A条的规定［除了第（a）款和第（b）款］可以依据前一句以与第1128A条第（a）款中的惩罚或程序使用的相同方式适用一个民事罚款。部长可以审查每个州安排的程序和调查实施的标准，以保证这个州已经采取了所有合理的措施避免通过安排的程序和这个调查本身的实施提供这样一个调查的通知。

（ⅱ）**内　容**。对于居民样本分层化的案例组合，每一个标准调查包括：

（Ⅰ）提供的护理质量调查，按照医疗、医院和康复护理指示器衡量，饮食和营养服务、活动和社交，卫生系统、传染病预防和身体检查条件；

（Ⅱ）第（b）款第（2）项中提供的护理计划和第（b）款第（3）项中的居民评估审计以确定这个评估的准确性和这个护理计划的充分性；

（Ⅲ）一个遵守第（c）款中居民权利的审查。

（ⅲ）**频率**。

（Ⅰ）**总则**。每个需要技能的医院场所应该在前一个标准调查依据本目执行之日后的 15 个月内实施标准调查。本目中需要技能的医院场所的标准调查之间的全州范围内平均时间间隔不超过 12 个月。

（Ⅱ）**特别调查**。如果没有按照第（Ⅰ）次节实施，一个标准调查（或者一个简略的标准调查）可以在一个需要技能的医院场所的所有权、管理、经营或者医院的负责人改变的 2 个月内实施，以确定这种改变是否已经导致这个场所中提供的护理服务质量下降。

（B）**延伸调查**。

（ⅰ）**总则**。对于每个依据标准调查被发现提供的护理质量不符合标准的需要技能的医院场所应该进行一个延伸调查。按照部长或者州的自由裁量，其他机构可以实施这种延伸调查（或者一个部分的延伸调查）。

（ⅱ）**时间**。延伸调查应该在标准调查后直接执行（如果不可行的话，在标准调查完成后的 2 周内进行）。

（ⅲ）**内容**。在这种延伸调查中，调查团队可以审查和识别产生这种护理标准质量的政策和程序并且可以确定这个场所是否已经遵守了第（b）款、第（c）款和第（d）款中的所有要求。这种审查可以包括审查居民评估样本规模的扩大和一个员工安置，在职服务培训和适当情况下与顾问订立的合同。

（ⅳ）**解释**。本项中的任何内容都不应该被解释为要求延伸的或者部分延伸的调查作为对第（h）款中的场所根据在一个标准调查中发现实施制裁的一个先决条件。

（C）**调查协议**。标准和延伸调查实施：（ⅰ）根据部长在 1990 年 1 月 1 日前已经建立、测试和批准的协议；以及（ⅱ）在这个日期前调查团队的个人符合部长建立的最低资格。

部长没有建立、测试或者批准这种协议或建立这种最低资格不能免除这个州（或者部长的责任）在本款中的调查责任。

（D）**调查的一致性**。每一个州和部长可以执行计划以估计和减少调查员之间的调查结果适用上的不一致。

（E）**调查团队**。

（ⅰ）**总则**。本款中的调查应该由一个包括各种学科专家的团队（包括一个注册的专业护士）。

（ⅱ）**利益冲突的禁令**。一个州不可以用作为被调查场所的员工成员服务（或者最近 2 年服务）的个人作为本款中调查团队的成员或者作为医疗场所有关遵守第（b）款、第（c）款和第（d）款中要求调查的顾问，或者在被调查的场所中有个人的或者家庭的财政利益的个人。

（ⅲ）**培训**。部长可以在本款中的标准和延伸调查中为州或联邦的调查员提供包括居民护理评估和计划的审查的综合培训。只有完成了部长批准的调查和证明技术培训和测试计划的个人才可以作为调查团队的成员。

（3）**合法调查**。

（A）**总则**。部长可以在这个州依据第（2）项实施的调查之日的两个月内对每一个州实施一个需要技能的意愿场所代理人样本的现场调查，样本的数量足够承认依据第（2）项实施的每一个州调查的充分性的结果。在实施这样的调查中，部长将用第（2）项要求使用的同样的调查协议。如果州已经确定一个个人的需要技能的医院场所符合第（b）款、第（c）款和第（d）款的要求，但是部长确定这个场所不符合这些要求，部长的有关这个场所不符合这些要求的决定是有约束力的并且取代这个州的调查。

（B）**范围**。每一个州，对于至少这个州在这一年里调查的需要技能的医院场所数量的 5%，但是不能少于 5 个这个州中的需要技能的医院场所，部长每年实施第（A）目中的调查。

（C）**不符合标准履行的补救方法**。如果部长根据这个调查发现，一个州没有执行第（2）项中要求的调查或者一个州的调查和证明的履行是不充分的，部长可以规定一个适当的补救措施，包括这个州中的调查团队的培训。

（D）**符合要求的特别调查**。如果部长有理由怀疑一个需要技能的医院场所遵守第（b）款、第（c）款和第（d）款中的要求，部长可以实施一个这个场所的调查并且根据这个调查，做出独立的和有约束力的有关这个需要技能的医院场所符合这些要求的程度的决定。

（4）**投诉和符合要求监测的调查**。每一个州可以保持程序和足够的职员以：

（A）调查医院违反要求的投诉；

（B）作为需要的基础，定期就地监测一个需要技能的医院场所符合第（b）款、第（c）款和第（d）款中的要求，如果：（ⅰ）这个场所已经被发现不符合这些要求并且正处在纠正不足以符合这些要求的程序中，（ⅱ）这个场所以前被发现不符合这些要求，已经纠正了不足且符合要求，并且有持续符合的证明，或者（ⅲ）这个州有理由怀疑这个场所是否符合对这些要求。

一个州可以维持并且使用一个专业化的团队（包括一个律师、一个审计员和一个恰当的健康护理专家）以识别、调查、收集和保存证据，并且对不符合标准的需要技能的医院场所执行适当的强制行动。

（5）**检验和活动结果的公开**。

（A）**公共的信息**。每个州和部长向公众提供：

（ⅰ）在这种信息提供给这些场所和批准纠正计划后的 14 天内，对需要技能的医院场所做出的调查和证明的有关信息，包括不足的陈述；

（ⅱ）这些场所依据本编或者第十九编提交的成本报告的复印件；

（ⅲ）依据第 1124 条所有权人声明的复印件；

（ⅳ）依据第 1126 条披露的信息。

（B）**对政府官员的通知**。每个州可以通知这个州长期护理政府官员（依据《1965 年老年人法》① 第三编或第七编根据本法的第 712 条确定的）这个州发现的违反第（b）款、第（c）款和第（d）款中要求，或者对于在这个州中的一个需要技能的医院场所，依据第（1）项、第（2）项或第（4）项这个需要技能的医院场所采取的有害的行动。

（C）**对医生和需要技能的医院场所管理者许可证发放委员会的通知**。如果一个州发现一个需要技能的医院场所已经提供了符合标准质量的护理，这个州可以通知：（ⅰ）做出这种发现的每个居民的主治医生；以及（ⅱ）这个州负责这种需要技能的医院机构中的管理者许可的委员会。

（D）**控制舞弊**。每个州可以为负责本款中调查和证明的州机构提供它的州医疗保险欺诈和滥用控制单位［依据第 1903 条第（q）款确立的］使用所有信息。

（h）**强制程序**。

（1）**总则**。如果一个州根据第（g）款第（2）项中的标准的、延长的或者部分延长的调查发现需要技能的医院场所不再符合第（b）款、第（c）款或第（d）款的要求并且进一步发现这个场所的不足。

---

① 参见第 2 卷《公法》第 89—73 期。

（A）直接危及其居民的健康和安全，这个州可以建议部长采取第（2）项第（A）目第（ⅰ）节中规定的行动；

（B）或者，不直接危及其居民的健康和安全，这个州可以建议部长采取第（2）项第（A）目第（ⅱ）节中规定的行动。

如果一个州发现一个需要技能的医院场所符合第（b）款、第（c）款和第（d）款中的要求，但是以前的期间并不符合这些要求，这个州可以对它发现这个场所不遵守这些要求的期间建议一个第（2）项第（B）目第（ⅱ）节中的民事罚款。

（2）**部长的职权**。

（A）**总则**。对于一个州中的需要技能的医院场所，如果部长发现，或者按照这个州依据第（1）项的建议发现，一个需要技能的医院场所不再符合第（b）款、第（c）款、第（d）款或第（e）款中的要求，并且进一步发现这个场所的不足：

（ⅰ）直接危及它的居民的健康和安全，部长可以立即采取行动通过第（B）目第（ⅲ）节中规定的补救措施消除危险并且纠正不足，或者依据本目终止这个场所的参与并且额外规定一个或多个第（B）目中规定的其他补救措施；

（ⅱ）或者，不直接危及它的居民的健康和安全，部长可以使用第（B）目中规定的补救措施。

本目内容不应该被解释为限制部长提供的完善一个需要技能的医院场所的不足的补救措施。如果部长发现，或者按照这个州依据第（1）项的建议，一个需要技能的医院场所符合这些要求但是以前不符合这些要求，部长可以对他认为这个场所没有遵守这些要求的期间规定一个第（B）目第（ⅱ）节中的民事罚款。

（B）**规定的救济方法**。对于发现一个场所没有符合适当的要求，部长可以采取以下行动：

（ⅰ）**拒绝支付**。部长可以依据本编拒绝继续支付费用给所有有权在这个场所享受本编中待遇的个人或者这种在裁决生效之日之后许可进入这个场所的个人。

（ⅱ）**民事罚款的权利**。部长可以对于违反要求的每一天课以一个不超过1万美元的罚款。第1128A条的规定〔不包括第（a）款和第（b）款〕适用依据前一句以与这些规定适用于第1128A条第（a）款中的惩罚和程序相同的方式的民事赔偿。

(ⅲ) **临时管理的任命**。与这个州商议，如果需要临时管理，部长可以任命临时管理来监督这个场所的运行并且保证这个场所的居民的健康和安全，当：（Ⅰ）这个场所已经安排好关闭，或者（Ⅱ）为了使其符合第（b）款、第（c）款和第（d）款中的所有要求进行了改善提高。

本节中的临时管理直到部长已经确定这个场所有保证持续满足第（b）款、第（c）款和第（d）款中要求的管理能力时才依据第（Ⅱ）次节结束。

对于何时和如何适用每种补救措施、罚款数量和这些补救措施的严重程度，部长可以指定在实施这些补救措施时使用的准则。这种准则应该设计以便最小化违反行为和最后进行补救措施之间的时间并且可以对反复的或者为纠正缺陷规定课以逐渐增加的更加严重的罚款。另外，部长可以规定其他补救措施，例如纠正计划管理的。

（C）**支付未定补救的持续**。部长可以在这种裁决的生效之日后的不超过6个月的时间内继续支付给依据本编对于一个不符合第（b）款、第（c）款和第（d）款中要求的需要技能的医院场所，如果：

（ⅰ）这个州调查机构发现采取其他的行动比终止这个场所的核准更适合保证这个场所符合这些要求；

（ⅱ）这个州已经提交了一份纠正行动计划和时间表给部长，并且部长批准这个纠正行动计划；

（ⅲ）如果这种纠正行动不是根据这个批准的计划和时间表进行的，这个场所同意依据本目偿还接受的联邦政府支付的费用。

部长可以建立部长依据本目州要求采取的矫正活动批准的指导原则。

（D）**保证立即履行**。如果一个需要技能的医院场所没有遵守第（b）款、第（c）款和第（d）款的要求，那么在这个场所被发现没有遵守这些要求后的3个月内，部长可以为所有在该日期之后住进这个场所的个人规定第（B）目第（ⅰ）节中规定的补救措施。

（E）**反复违约**。根据依据第（g）款第（2）项实施的3个连续的标准调查，已经发现需要技能的医院场所提供了不符合标准质量的护理，部长可以（不管提供的补救措施）：（ⅰ）规定第（B）目第（ⅰ）节中规定的补救措施；以及（ⅱ）依据第（g）款第（4）项第（B）目监测这个场所。

直到这个场所已经被证明符合第（b）款、第（c）款和第（d）款中的要求和其将继续遵守这些要求，并且令部长满意。

（3）**拒绝支付的有效期间**。在部长发现这个场所基本符合第（b）款、第（c）款和第（d）款中的所有要求时，依据本款的拒绝支付结束。

（4）**部长发现医疗场所不遵守要求和直接危害，立即停止其活动**。如果部长发现一个需要技能的医院场所没有符合第（b）款、第（c）款或第（d）款中的要求，并且这种错误直接危及其居民的健康和安全，部长可以采取直接行动通过第（2）项第（B）目第（ⅲ）节中指定的补救措施消除危害和纠正不足，或者部长可以依据本编结束这个场所的活动。如果这个场所的活动依据本编被终止，这个州要依据本编按照第（c）款第（2）项中的要求为安全有序地转移符合条件的居民提供准备。

（5）**解释**。本款中提供的补救措施是除了那些依据州或者联邦法律之外提供的，并且不应该被解释为限制其他的补救措施，包括普通法可以提供给个人的补救措施。第（2）项第（B）目第（ⅰ）节和第（ⅲ）节中规定的补救措施在听证会悬而未决时可以使用。

（6）**信息共享**。为了有效管理依据本编和第十四编建立的计划包括州医疗补助欺诈控制单位进行的调查，除法律有其他规定外，所有有关需要技能的医院场所本条要求应该提交给部长或者一个州机构的信息应该可以由这些场所提供给联邦或者州雇员。

（ⅰ）**解释**。如果本条中的要求或者责任与本法第1919条规定的相同，第1919条中的这些要求或者责任的履行应该被认为履行了本条中相应的要求或者责任。

医疗保险农村医院弹性计划

第1820条【《美国法典》第42编第1395i—4条】（a）**建立**。根据第（b）款提交申请的州可以建立一个第（c）款中规定的医疗保险农村的医院弹性计划。

（b）**申请**。如果一个州部长要求的时间和形式向部长提交了申请，这个州可以建立一个第（c）款中规定的医疗保险农村的医院灵活性计划，部长要求的申请包括：

（1）这个州确保：

（A）已经建立或正在建立一个州农村健康护理计划：

（ⅰ）规定在这个州内建立1个或者多个农村健康网络［第（d）款中定义的］；

（ⅱ）促进这个州内的农村健康服务区域化；

（ⅲ）改善这个州的农村居民进入医院和其他的健康服务。

（B）经过与这个州的医院协会、位于这个州内的农村医院和这个州的农村健康办公室磋商已经建立第（A）目中规定的农村健康护理计划，（或者，对于正在建立这种计划的过程中的州，向部长保证这个州在建立这种计划的时候将与它的州医院协会、位于这个州的农村医院和这个州的农村健康办公室磋商）。

（2）保证这个州已经指定［与第（1）项第（A）目中规定的农村健康护理计划一致］，或者正在指定位于这个州的农村非盈利或公共的医院或者医疗场所作为应急医院的过程中。

（3）部长要求的这种其他的信息和保证。

（c）**医疗保险农村医院弹性计划的描述**。

（1）**总则**。一个已经按照第（b）款提交了申请的州，可以建立一个医疗保险农村医院弹性计划，规定：（A）这个州至少可以在这个州内建立1个农村健康网络［第（d）款定义的］；以及（B）至少这个州内的1个场所应该按照第（2）项被指定为应急医院。

（2）**州对场所的指定**。

（A）**总则**。州可以根据第（B）目、第（C）目和第（D）目指定1个或者多个场所作为重点医院。

（B）**应急医院的指定准则**。一个州可以指定1个场所为应急医院，如果这个医院：

（ⅰ）是在一个农村区域内位于一个县（或者相当于县的当地政府）［在第1886条第（d）款第（2）项第（D）目中定义的］或者位于按照第1886条第（d）款第（8）项第（E）目被当作是一个农村区域里的医院，并且：（Ⅰ）位于从一个医院或者本款中规定的其他场所到此超过35公里车程（或者，至于多山的地形或者只有次等路况的区域，15公里的车程）的区域，或者（Ⅱ）是在2006年1月1日前由州核准成为一个对于当地居民的健康护理服务必要提供者的；

（ⅱ）可以提供24小时紧急护理服务，州决定有必要确保在每个地区获得由一个危重医院提供紧急护理服务；

（ⅲ）提供不超过 25 个紧急护理住院床位（符合社会保障专员确立的标准）在不超过期限范围内提供住院护理，期限范围是按照每年平均基准，每个病人 96 小时确定的；

（ⅳ）符合这种第 1861 条第（e）款规定的位于农村地区的医院的安置职工要求，除了：（Ⅰ）这个场所不需要符合有关一天内的小时数或者一周内的天数的医院标准，这个场所必须是开放的和职员充足的，这个场所除了作为被要求依据第（ⅱ）节确定的提供紧急护理服务并且必须有可以提供的 24 小时看护服务，但是除非有病人的情况下，这个场所不需要配备职员，（Ⅱ）这个场所可以提供除以下的服务之外的服务，按照第 1861 条第（w）款第（1）项中定义的安排有空闲的情况下，专职、现场营养师、药剂师、实验室技术人员、医疗专家和兼任的放射技术人员，以及（Ⅲ）在不需要出现在这个场所的医生的监督下，第（ⅲ）节中规定的这种住院护理可以由助理医生、实习护士或临床护士专家提供；

（ⅴ）符合第 1861 条第（aa）款第（2）项第（Ⅰ）次节的要求。

（C）**最近关闭的医疗场所**。一个州可以指定一个场所作为一个应急医院，如果这个场所：（ⅰ）是一个在本目执行之日前的十年或者之后停止经营的医院；以及（ⅱ）在这个指定的生效之日，符合第（B）目中的指定标准。

（D）**缩小的场所**。一个州可以指定一个健康诊所或者一个健康中心（这个州定义的）作为应急医院，如果这个诊所或者中心：

（ⅰ）是得到这个州许可的一个健康诊所或者一个健康中心；

（ⅱ）是一个缩小为一个健康诊所或者健康中心的医院；

（ⅲ）在这个指定生效之日，符合第（B）目中的指定标准。

（E）**建立单独的精神科和康复单元的权利**。

（ⅰ）**总则**。按照本目中随后的规定，一个应急医院可以建立：

（Ⅰ）一个作为这个医院单独一部分的治疗精神病的单元；

（Ⅱ）一个作为这个医院单独一部分的康复单元；

如果这个单独的部分是由一个第（d）款医院根据下述第 1886 条第（d）款第（1）项第（B）目第（ⅴ）节内容建立的，并符合其他的适用于这个单独部分的要求（包括参加条件），包括部长依据本条采用的规章。

（ⅱ）**床位数量的限制**。依据第（ⅰ）节一个单独部分单元建立的床位总数不超过 10 个。

（ⅲ）**床位总数中的床位排除**。在适用第（B）目第（ⅲ）节和第（f）款中的床位限制确定一个应急医院的床位数量时，部长不得将依据第（ⅰ）节建立的床位计算在内。

（ⅳ）**不符合要求的后果**。如果依据第（ⅰ）节建立的精神科或康复单元不符合这条中规定的成本报告期限要求，对这个医院在此期间在这个单元内提供的服务依据本编不进行支付。只有在这个医院已经对部长说明这个单元符合要求之后，对这个医院在这个单元内提供的服务的支付才可以恢复。

（d）**农村健康网络的定义**。

（1）**总则**。在本条中，"农村健康网络"是指，对于一个州来说包括以下方面的一个组织：

（A）至少 1 个这个州已经指定或者计划指定作为应急医院的场所；

（B）至少 1 个提供紧急护理服务的医院。

（2）**协议**。

（A）**总则**。每一个作为农村健康网络成员的应急医院可以就第（B）目中规定的项目与这个网络中的至少一个成员医院达成一个协议。

（B）**规定的项目**。本目中规定的项目是指以下：

（ⅰ）病人转交和转移。

（ⅱ）通信系统的发展和使用，包括（如果可能的话）：（Ⅰ）遥测系统；以及（Ⅱ）病人资料的电子共享系统。

（ⅲ）在这种场所和这种医院之间的紧急情况和非紧急情况运输的规定。

（C）**信任状和质量保证**。一个农村健康网络中的每一个应急医院有一份协议，证明并且保证至少：

（ⅰ）1 个作为这个网络成员的医院；

（ⅱ）1 个同等的审查组织或者相当的实体；

（ⅲ）或者，1 个这个州农村健康护理计划中规定的其他适当的和合格的实体。

（e）**部长的证明**。部长可以证实一个场所作为一个应急医院，如果这个场所：

（1）位于一个已经根据第（c）款建立了一个医疗保险农村弹性计划的州；

（2）被所在的州指定作为一个应急医院；

（3）符合部长要求的这种其他标准。

（f）**摇床的传统维护**。本条中的内容不得被解释为禁止一个州指定或者部长证明一个场所作为一个应急医院，仅因为在这个场所向这个州申请指定成为一个应急医院时这个场所和部长之间有一个生效的第1883条中这个场所的住院病人在使用医院场所时用于延伸护理服务规定的协议，只要这时可以用于提供这种服务或者紧急护理住院病人服务的床位总数量不超过25个床位即可。在前一句中，在这个场所申请这个州指定成为一个应急医院时，这个场所作为不同部分获得许可的单元的床位不应该算入。

（g）**拨款**。

（1）**医疗保险农村医院弹性计划**。部长可以授予已经根据第（b）款提交了申请的州拨款：

（A）从事有关计划和实施一个农村健康护理计划的活动；

（B）从事有关计划和实施农村健康网络的活动；[1]

（C）指定场所作为应急医院；[2]

（D）[3] 对应急医院的条件改善、条件报告、工作改善和基准测试提供支持。

（2）**农村紧急情况医疗服务**。

（A）**总则**。部长可以拨款给已经根据第（B）目提交了建立或者扩大计划中的农村紧急情况医疗服务的申请的州。

（B）**申请**。申请是与本目一致的，如果这个州按照部长要求的时间和形式向部长提交一份包含第（A）目第（ⅱ）节、第（A）目第（ⅲ）节和第（b）款第（1）项第（B）目和本款第（3）项中规定的保证的申请。

---

① 《公法》第110—275 期，第121 条第（d）款第（1）项，删除"和"。

② 《公法》第110—275 期，第121 条第（d）款第（2）项，删除"这期间"并且替换为"和"。

③ 《公法》第110—275 期，第121 条第（d）款第（3）项，增加第（D）目，2008 年7月15 日生效。

（3）**升级数据系统。**

（A）**对医院的拨款。**部长可以授予已经根据第（C）目提交了申请的医院拨款以援助符合条件的小型农村医院符合执行要求，按照《1997年平衡预算法》的修改医疗保险计划中确立的要求的数据系统的成本。

（B）**符合条件的小型农村医院的解释。**在本项中，"符合条件的小型农村医院"是指非联邦的短期普通紧急护理医院：（ⅰ）位于农村区域［第1886条第（d）款所定义的］；以及（ⅱ）少于50个床位。

（C）**申请。**一个依据本项请求拨款的医院以部长指定的日期或之前的日期和形式及方式向部长提交一份申请。

（D）**拨款数量。**本项中的对一个医院的一次拨款不得超过5万美元。

（E）**资金的使用。**本项中接受拨款的医院可以使用这些资金购买电脑软件和硬件、对医院员工在电脑信息系统方面的教育和培训，以及补偿有关预期支付系统实施的费用。

（F）**报告。**

（ⅰ）**信息。**一个依据本条接受拨款的医院可以提供给部长要求的信息以评估这个进行拨款的规划，并且保证这些拨款是按照这些目的花费的。

（ⅱ）**提交时间。**

（Ⅰ）**临时报告。**部长可以每年向众议院赋税委员会和参议员财政委员会报告依据本条建立的拨款计划，这个报告信息中包括进行拨款的数量、相关规划的类型、拨款接受者的地理分布和这种部长认为适当的其他资料。

（Ⅱ）**最终报告。**部长可以在依据本条进行拨款的所有计划完成后的180天内向委员会提交一份最终报告。

（4）**拨款的其他要求。**在2005财政年度和随后的财政年度，从拨出的资金中依据第（1）项或第（2）项授予的拨款：

（A）**与这个州医院协会和农村医院有关使用拨款最适当方式的磋商。**一个州可以与这个州的医院协会和位于这个州中的农村医院对于使用这些拨款资金的最恰当方式进行磋商。

（B）**对于拨款资金使用的管理费用的限制。**一个州不可以花费超过以下较少的一个：（ⅰ）拨款数量的15%为管理费用；或者（ⅱ）为管理这笔拨款州的间接联邦协商费用。

（5）**联邦管理费用资金的使用**。在一个财政年度内依据第（1）项和第（2）项拨出的拨款总数［2005—2008 财政年度中的每一个财政年度，在一个财政年度内依据第（1）项、第（2）项和第（6）项拨出的拨款总数①］，该金额的 5% 以内提供给管理这些拨款的健康财产和服务管理局。

（6）②　**为农村地区的退伍军人和其他居民提供精神健康服务和其他健康服务**。

（A）**对州的拨款**。部长可以拨款给已经根据第（B）目提交了申请的州，为符合生活在农村区域的伊拉克自由行动和持久自由行动的退伍军人的需要，增加提供必要的精神健康服务或者其他健康护理服务［第 1886 条第（d）款中定义的并且包括进行农村人口普查的区域，健康资源和服务管理局行政官员定义的］，包括危急关头进行干涉服务和伊拉克自由行动和持久自由行动的退伍军人的外伤后压力紊乱、脑外伤损害和其他特征损害的察觉的规定，和提供这些退伍军人给退伍军人事务部运行的医疗场所，和提供这些服务给这个农村区域的其他居民。

（B）**申请**。

（ⅰ）**总则**。如果这个州按照部长要求的时间和形式向部长提交一份包含第（b）款第（1）项第（A）目第（ⅱ）节和第（A）目第（ⅲ）节中规定的保证的申请，那么申请是与本目一致的。

（ⅱ）**区域方法、网络或者技术的考虑**。部长可以，依据第（A）目适当地拨款给各个州，考虑本款中州提交的申请是否包括 1 个或者多个利用区域方法、网络、健康信息技术、远程医疗或者远程开药提供第（A）目中规定的服务给那一目中规定的个人的建议。在本条中，部长认为恰当的，包括联邦政府的符合条件的医疗中心［第 1861 条第（aa）款第（2）项中定义的］、家庭健康机构［第 1861 条第（o）款中定义的］、社区精

---

① 《公法》第 110—275 期，第 121 条第（b）款第（1）项，删除"在 2005 财政年度开始"并且替换为"从 2005—2008 每个财政年度"，2008 年 7 月 15 日生效。

《公法》第 110—275 期，第 121 条第（b）款第（2）项，插入"并且，依据第（1）项、第（2）项和第（6）项在一个财政年度（从 2009 财政年度开始）拨付拨款的总数量"，2008 年 7 月 15 日生效。

② 《公法》第 110—275 期，第 121 条第（a）款，增加第（6）项，2008 年 7 月 15 日生效。

神健康中心 ［第 1861 条第 (ff) 款第 (3) 项第 (B) 目中定义的］和其他精神健康服务提供者、药剂师、当地政府以及其他被认为有必要的符合退伍军人需要的提供者。

（ⅲ）**在当地水平的协调**。部长在拨付时可以要求一个州说明依据本目与这个州的医院协会、位于这个州的农村医院、精神健康服务提供者或者其他适当的利益相关方就本目中授予的拨款的服务提供磋商的内容。

（ⅳ）**对某些申请的特殊考虑**。在依据第 (A) 目授予州的拨款中，部长对于退伍军人占人口总数的比例较高（部长确定的）的州提交的申请给予特殊考虑。这种考虑应该扣除生活在这个依据申请提供精神健康服务和其他健康护理的区域中的伊拉克自由行动和持久自由行动的退伍军人数量。

（C）**退伍军人事务 (VA) 的协调**。部长酌情向退伍军人事务部的农村健康办公室的负责人咨询授予和管理依据第 (A) 目对州的拨款。

（D）**资金的使用**。一个州依据本编授予的拨款酌情（视情况而定）用这些资金补偿向那一目中规定的个人提供服务的第 (A) 目中规定的服务提供者。

（E）**拨款资金管理费用使用的限制**。依据本项一个州接受的拨款不超过这笔拨款数量的 15% 作为管理费用。

（F）**独立的评估和最终的报告**。部长可以提供一份对于第 (A) 目中授予的拨款的独立的评估。不迟于上一次依据本目拨款给一州之日后的 1 年内，部长可以向国会提交一份有关这个评估的报告。这个报告可以包括这份拨款对增加美国武装力量中生活在农村区域的退伍军人提供精神健康服务和其他健康服务效果的评估（前述定义的并且包括这种农村统计覆盖的区域），尤其强调这些拨款在对持久自由行动和伊拉克自由行动的退伍军人和其他生活在这个农村区域中的个人提供服务方面的影响。

（7）① **应急医院转为需要技能的医院场所和促进生活水平的场所。**

（A）**拨款**。部长可以将拨款授予已根据第 (B) 目提交了申请的应

---

① 《公法》第 110—275 期，第 121 条第 (e) 款，增加第 (7) 项，2008 年 7 月 15 日生效。

急医院以帮助这个医院转变成需要技能的医院场所和促进生活水平的场所。

（B）**申请**。适当的依据本项寻求拨款的应急医院可以在部长指定的日期并且以部长指定的形式向部长提交申请。

（C）**其他要求**。部长可以依据本项对符合条件的应急医院授予拨款，除非：（ⅰ）当地组织或者这个医院所在的州提供匹配资金；以及（ⅱ）这个医院提供保证它将在接受拨款的 180 日内依据本编放弃应急医院地位。

（D）**拨款数量**。依据本项对符合条件的应急医院一次拨款不超过 100 万美元。

（E）**资金投入**。2008 财政年度按照第 1817 条从联邦医疗保险信托基金中拨付的本项中拨款为 500 万美元。

（F）**定义符合条件的应急医院**。在本项中，"符合条件的应急医院"是指平均每天紧急情况统计少于 0.5 个并且平均每天的临时床位多于 10 个的应急医院。

（h）**进一步拨款的规定**。

（1）**总则**。在蒙大拿州经营的医疗援助场所和部长依据本条指定的应急医院在《1997 年平衡预算法》实施前应该被视为已经由部长依据第（e）款核准作为应急医院，如果这个场所或者医院是依据第（c）款符合部长指定作为应急医院的条件。

（2）**医疗援助场所和重点护理医院团队的持续运行**。尽管有本编中的其他规定，关于第（1）项中规定的医疗援助场所或者应急医院，本编中提及的应急医院应该被视为医疗援助场所或者应急医院。

（3）**州宣布 35 公里规则无效的权利**。在 2006 年 1 月 1 日之前指定作为应急医院的场所和被这个州核准为给第（c）款第（2）项第（B）目第（ⅰ）节第（Ⅱ）次节中区域的居民提供健康护理服务必要的提供者，在此日期前生效的，尽管《2003 年医疗保险处方药、改良和现代化法》第 405 条第（h）款第（1）项进行的修改，本款中关于指定这个场所的权利可以继续适用。

（i）**与第 A 部分冲突的规定的实效**。为了执行本条中建立的计划，部长有权宣布本部分和第四部分的相关规定无效。

（j）**拨款的授权**。授权从联邦医疗保险信托基金中拨款给第（g）款中的州，从 1998 财政年度到 2002 财政年度每年 2500 万美元，依据第（g）款第（1）项和第（2）项给各州的拨款，从 2005 财政年度到 2008 财政年度每一财政年度 3500 万美元，依据第（g）款第（1）项和第（2）项给州的拨款①，在 2009—2010 财政年度的每一财政年度 5500 万美元，依据第（g）款第（6）项给州的拨款，从 2009—2010 财政年度的每个财政年度 5000 万美元，可以保留到花完为止②。

宗教的非医疗健康护理机构服务覆盖的条件

第 1821 条【《美国法典》第 42 编第 1395i—5 条】（a）**总则**。按照第（c）款和第（d）款，本部分中的支付应该对住院病人医院服务或者医院委托宗教非医疗健康护理机构中的个人提供的延伸护理服务和宗教非医疗健康护理机构个人提供的家庭健康服务，只要：

（1）这个人已经选择依据第（b）款实施这种待遇；

（2）这个人具备符合本部分中住院病人医院服务、延伸护理服务或者家庭健康服务之一的待遇资格的条件，如果这个人是一个住院病人或者常住在医院或者需要技能的医院场所，或者接受来自家庭健康机构的服务，不是这样的机构。

（b）**选择**。

（1）**总则**。个人可以依据本款按照部长指定的形式和方式做出与本款一致的选择。

（2）**形式**。本款包括以下选择形式：

（A）一份个人（或者这个人的法定代理人）签名的书面声明：（i）这个人确实反对接受不可变更的医疗待遇；以及（ii）这个人对不可变更的医疗待遇的接受与该人的宗教信仰发生冲突。

（B）接受不可变更的医疗服务可造成撤回选择并且可以限制接受更多的第（a）款中规定服务。

---

① 《公法》第 110—275 期，第 121 条第（c）款第（1）项，去掉"并且从"和代替"从"。

② 《公法》第 110—275 期，第 121 条第（c）款第（2）项，插入"根据第（1）项和第（g）款第（2）项，2009 和 2010 财政年度补助所有的州 5500 万美元，根据第（g）款第（6）项 2009 和 2010 财政年度补助所有的州 5000 万美元，一直使用直到用完为止"，2008 年 7 月 15 日生效。

（3）**撤回**。个人依据本款的选择可以通过自愿的书面撤回通知部长并且如果这个人接受依据本编进行补偿的不可变更的医疗待遇也应该被视为撤回。

（4）**随后选择的限制**。一旦本款中的个人选择已经做出并且第二次撤回：

（A）下一次的选择直到前面最近一次撤回之日起 1 年后才生效；

（B）以后的选择直到前面最近一次撤回之日起 5 年后才生效。

（5）**可变更的医疗待遇**。在本款中：

（A）**可变更的医疗待遇**。"可变更的医疗待遇"是指以下医疗护理或者待遇（包括医疗和其他健康服务）：（ⅰ）非自愿地接受；或者（ⅱ）联邦或者州的法律或者一个州的政治分支机构的法律要求的。

（B）**不可变更的医疗待遇**。"不可变更的医疗待遇"是指除可变更的医疗待遇之外的医疗护理或者待遇（包括医疗和其他健康服务）。

（c）**过度支出的监测和防护**。

（1）**支出的评估**。在每一个财政年度开始前（从 2000 财政年度开始），部长可以依据本部分评估在这个财政年度提供第（a）款中规定的服务的支出水平。

（2）**支付调整**。

（A）**成比例地调整**。如果部长确定一个财政年度中的依据第（1）项预计的支出水平将超过这个财政年度的引发水平［第（c）款中定义的］，部长可以按照第（B）目规定这样一个成比例的减少，即在本部分的支付数量中对于这个财政年度内第（a）款中规定的服务，将保证这个水平［考虑第（B）目中的调整］不超过这个财政年度的引发水平。

（B）**可供选择的调整**。代替做出第（A）目中规定的减少部长可规定对于覆盖服务的覆盖范围的其他条件或者限制（包括覆盖范围和新场所的限制）导致可能适合减少第（1）项中规定的花费水平到引发水平。

（C）**引发水平**。在本款中：

（ⅰ）**总则**。按照依据第（3）项第（B）目中的调整，一年的引发水平是第（ⅱ）节中规定的未调整的引发水平。

（ⅱ）**未调整的引发水平**。未调整的引发水平：（Ⅰ）1998 财政年度为 2000 万美元；或者（Ⅱ）以后的一个财政年度是依据本条指定的以前财政年度的数量加上在 12 个月的期间结束的 7 月这个财政年度开始前的城市居民消费者指数的增加比例。

（D）**行政和司法审查的禁令**。不得依据第 1869 条、第 1878 条，或者第（A）目中的其他的花费评估或者第（B）目中的减少数量申请进行行政或者司法审查。

（E）**计费的影响**。尽管有本编中的其他规定，至于本款中减少支付给宗教非医疗健康护理机构提供给个人的服务，这个机构另外允许收取个人的这种服务的金额增加这种减少的数额。

（3）**监测支出水平**。

（A）**总则**。部长可以监测每一个财政年度内第（2）项第（A）目中规定的支出水平（从第 1999 财政年度开始）。

（B）**引发水平的调整**。

（ⅰ）**总则**。如果部长确定一个财政年度的这种水平超过，或者少于，这个财政年度的引发水平，那么，按照第（ⅱ）节，下一个财政年度的引发水平应该相应地减少或者增加这个财政年度多于或者少于的数量。

（ⅱ）**亏损的限制**。在一个财政年度中第（ⅰ）节引起的增加不可以超过 5000 万美元。

（d）**日落条款**。部长确定在 3 个连续的财政年度里（第一个财政年度不得早于 2002 财政年度）第（c）款第（1）项中规定的支出水平超过这些年［第（c）款第（2）项中确定的］支出的引发水平，待遇应该按照本部分，对于 1 月 1 日并且在这个选择持续的时间内对于已经有一个第（b）款中选择生效的个人按照第（a）款中规定的并在这 3 个连续年份之后的第一个 1 月 1 日或之后提供的服务。

（e）**年度报告**。在每一个财政年度的开始（从 1999 财政年度开始），部长向众议院的赋税委员会和参议院的财政委员会提交一份有关本部分第（a）款和第十九编中州计划中规定的服务的覆盖范围和支出的年度报告。这个报告包括：

（1）在以前的财政年度内和在相关的财政年度内评估的第（c）款第（1）项中规定的支出水平；

（2）这种水平的趋势；

（3）在以前的财政年度内的水平的事实和客观环境的重大改变。

第 B 部分　老年人和残疾人的补充性医疗保险[①]

老年人和残疾人的补充性医疗保险的设立

第 1831 条 【《美国法典》第 42 编第 1395j 条】 依据本部分条款特别成立的自愿保险项目将为那些选择加入本项目的老年人和残疾人提供医疗保险，其资金来源是参加者的养老金和联邦政府划拨的资金。

津贴的范围

第 1832 条 【《美国法典》第 42 编第 1395k 条】（a）此保险项目为个人提供的利益包括：

（1）（依据本部分的条款）获取对其或其代表使用的药品和医疗费用的权利，但不包括第（2）项第（B）目和第（D）目以及第 1842 条第（b）款第（6）项第（E）目和第（F）目所规定的费用。

（2）（依据本部分的条款）获取对其支付的下列费用：

（A）家庭医疗服务［第（G）目和第（I）目中规定的项目除外］。

（B）医药和其他医疗服务［第（G）目和第（I）目中规定的由服务供应方或者是服务供应方安排的第三方所提供的项目除外］，不包括：

（ⅰ）医生的医疗服务，但不包括由下列人员提供的：（Ⅰ）居民或医院的实习医生，或者（Ⅱ）医院内经过批准的教学项目的医生，其具体情况由第 1861 条第（b）款第（6）项（包括与该教学项目相配套的医疗服务，而不论接受治疗的病人是否为该院的住院病人）规定，且其条件满足第（7）项的规定；

（ⅱ）依据第 1835 条第（b）款第（2）项的规定进行付费的医疗

---

① 关于对肝炎病毒的监控内容，参见第 2 卷《公法》第 98—369 期，第 2323 条第（e）款。

关于肠内和肠外泵的租金支付，参见第 2 卷《公法》第 101—239 期，第 6112 条第（b）款；关于向外科医生咨询的标准变迁的内容，参见第 6113 条第（c）款和第（e）款。

关于预算中立调整的内容，参见第 2 卷《公法》第 103—66 期，第 13515 条第（b）款。

关于启用用于识别、减少不当收费的医疗编码的内容，参见第 2 卷《公法》第 109—171 期，第 5107 条第（b）款。

关于学习 MEDPAC 和医疗支付优势的报告，参见第 2 卷《公法》第 110—275 期，第 169 条。

服务；

（ⅲ）第 1861 条第（s）款第（2）项第（K）目第（ⅰ）节规定的服务，持证护理助产士的服务，合格的心理医生的服务，持证注册麻醉师的服务；

（ⅳ）专业护士或是临床护士，但仅当没有针对该服务收取任何设备费用和其他服务费用时。

（C）理疗的门诊服务［第 1861 条第（p）款第二句提到的服务除外］，职业病治疗的门诊服务［第 1861 条第（g）款规定的服务除外］，语言病理学的门诊服务［第 1861 条第（p）款第二句通过适用第 1861 条第（ll）款第（2）项所规定的服务除外］。

（D）（ⅰ）农村卫生诊所服务；以及（ⅱ）联邦资质的卫生中心服务。

（E）综合性的门诊病人康复设施服务。

（F）由部长指定的与外科手术相配套的设施服务。

（ⅰ）依据第 1833 条第（i）款第（1）项第（A）目的规定，在外科急救中心实施的设施服务（其符合健康、安全等由部长制定的监管标准），如果该中心与卫生与公共服务部就下列问题已达成了生效协议，即同意以第 1833 条第（i）款第（2）项第（A）目规定的标准间接费用作为此类服务的收费［包括第 1833 条第（i）款第（2）项第（A）目第（ⅱ）节规定的某些人工晶状体植入治疗］，以及第 1842 条第（b）款第（3）项第（B）目第（ⅱ）节对所有此类由上述中心向参加该项目的个人所提供服务的相关安排［包括第 1833 条第（i）款第（2）项第（A）目第（ⅲ）节规定的某些人工晶状体植入治疗］。

（ⅱ）依据第 1833 条第（i）款第（1）项第（B）目的规定，由医生按照第 1861 条第（r）款中第（1）项、第（2）项、第（3）项的描述在他的办公室提供的，如果部长已经对下述问题确定了要求：

（Ⅰ）进行质量监控和同行业审查的组织（依据本法第十一编第 B 部分其与部长之间订有合同）愿意、有能力并同意执行对于医生在其办公室内进行的此类手术的审查（在一个样本和其他合理的基础上）；

（Ⅱ）该医生同意向审查组织提供那些部长认为对于审查而言必要的记录；

（Ⅲ）该医生被授权在其所在地区的医院办公室里进行该手术，并且如果医生同意第 1833 条第（i）款第（2）项第（B）目中确定的标准间接费用作为此类服务的全额付款，并接受第 1861 条第（s）款第（1）项和第（2）项第（A）目中规定的有关所有服务预定的收费（包括术前和术后服务），以及跟外科手术一起向参加此部分的个人提供的全部服务。

（G）包括［第 1834 条第（a）款第（13）项规定的］由服务供应方或者是服务供应方安排的第三方所提供的项目。

（H）［第 1861 条第（mm）款第（3）项中规定的］门诊病人紧急通道服务。

（I）［第 1834 条第（h）款第（4）项规定的］服务供应方或者是服务供应方安排的第三方所提供的假肢装置和假肢、矫形器。

（J）［第 1861 条第（ff）款第（2）项第（B）目规定的］由社区心理健康中心提供的部分住院服务。

（b）对于"生病期""医疗和其他健康服务"以及本部分中用到的其他词语的具体定义请参见第 1861 条。

津贴的支付①

第 1833 条【《美国法典》第 42 编第 13951 条】（a）除了在第 1876 条中规定之外，依据本条的后续规定，当参与本保险项目的个人消费可以申请津贴补助的医疗服务后，保险津贴将从联邦补充性医疗保险信托基金中支付，数额如下规定：

（1）第 1832 条第（a）款第（1）项所规定的服务占该服务合理收费的 80%；但以下除外：（A）在预付费用的基础上（或是由工会、雇主筹资，或是无人提供任何的住院服务）提供医疗卫生服务（或是中介）的机构可以选择收取由该医疗保险项目为其参与者支付的该服务合理成本费用的 80%，其前提条件是该组织愿意对加入该组织的成员收取不超过上述合理成本费用的 20% 加上依据第（b）款支付的相关费用；（B）对于第 1861 条第（s）款第（10）项第（A）目中规定的项目和服务，必须按其合理收费的全额进行付费；（C）对于第 1862 条第（a）款第（4）项中规定的医生服务的收费，［第 1834 条第（h）款第（4）项规定的］

---

① 关于特定农村地区的门诊病人接受的诊所试验测试，参见第 2 卷《公法》第 108—173 期第 416 条；关于医疗保险计划中胰脏细胞研究性移植的费用支付问题，参见第 733 条。

假肢装置、假肢和矫形器，其费用由第 1834 条第（h）款第（1）项中规定，且同时将满足相关条例中的限制；（D）对于：（ⅰ）部分的临床诊断试验，其费用将在依据第（h）款第（1）项或第 1834 条第（d）款第（1）项中规定的费用安排的基础上，数额为两个费用安排中规定较少那个的 80%（或 100%，以备那些根据分派转让进行的试验），该试验费用的限额由第（h）款第（4）项第（B）目进行了规定，或者①（ⅱ）由第（h）款第（6）项规定的协商价，那么该金额是该协商价的全额②；（E）对于那些提供给已经处于肾病晚期病人的医疗服务，其费用应当依据第 1881 条的规定来确定；（F）对于第 1861 条第（s）款第（2）项第（N）目规定的临床社工服务，其支付的费用是以下二者中较低者的 80%：（ⅰ）该服务的正常收费，或者（ⅱ）依据第（L）目规定的支付给心理学家费用的 75%；（G）对于依据第（i）款第（1）项第（A）目规定与外科手术一起提供的设施服务和在该款规定的急救中心向个人提供的设施服务，以及第（i）款第（2）项第（D）目规定的依据修订版支付体系确定实施日期的服务，其支付的数额是以下两者之间较低者的 80%，该服务正常收费额和部长依据修订支付体系确定的数额；（H）对于第 1861 条第（s）款第（11）项规定的由注册麻醉护士师提供的服务，其支付的数额必须达到正常收费下限的 80%，如果该服务是由麻醉师提供，或者该服务的费用清单是由部长依据第（1）项而规定的，则其现行费用应被承认有效；（I）对于［第 1834 条第（a）款第（13）项规定的］包括的项目，其支付的数额必须符合第 1834 条第（a）款第（1）项的规定；（J）对于［第 1834 条第（b）款第（6）项规定的］放射检查费用，依据第 1848 条，其支付的数额必须是以下二者中较低者的 80%，即正常收费额和依据第 1834 条第（b）款规定的费用清单中的数额；（K）对于

---

① 《公法》第 108—173 期，第 302 条第（b）款第（2）项第（C）目第（ⅰ）节已删除"或是第（ⅱ）节"，加入"以及第（ⅱ）节"。

《公法》第 110—275 期，第 145 条第（a）款第（2）项第（A）目，加入了"或是"。

② 《公法》第 108—173 期，第 302 条第（b）款第（2）项第（C）目第（ⅱ）节加上第（ⅲ）节，2003 年 11 月 8 日生效。

《公法》第 110—275 期，第 145 条第（a）款第（2）项第（B）目，删除了"或是"，第（ⅲ）节以及该目之后直至逗号前的部分，2008 年 7 月 15 日生效。第（ⅲ）节的内容参见第 2 卷《公法》第 110—275 期，附件 J 的替代条款。

第 1861 条第（s）款第（2）项第（L）目规定的持证护理助产士的服务，其支付的数额必须是以下两者中较低者的 80%，即该项服务正常收费额和部长依据该项建立的费用清单中规定的数额（但是绝对不会有费用清单的价格超过现行收费的 65%，该现行收费是指由内科医生提供的相同服务的收费，或是 1992 年 1 月 1 日之后依据第 1848 条将费用清单规定数额的 65% 支付给提供相同服务的内科医生）；（L）对于第 1861 条第（s）款第（2）项第（M）目规定的合格心理咨询服务，其费用为以下二者中较少者的 80%，该服务的正常收费和部长依据该项建立的费用清单中规定的数额；（M）对于假肢和矫形服务；以及（N）内科医生服务的费用［第 1848 条第（j）款第（3）项对此进行了规定］，其支付的数额为第 1848 条第（a）款（1）项规定价格的 80%；（O）对于第 1861 条第（s）款第（2）项第（K）目规定的服务（对于内科医生助理、护师或者临床护士提供的服务），支付的数额是其下数目的 80%：（ⅰ）正常收费和第 1848 条中费用清单规定数额 85%，这两者中较少的一个，（ⅱ）如果是诊所护士提供的服务，则是正常收费和内科医生在诊所中作为助手所提供服务收费的 85% 这二者中较少的一个；（P）对于外科包扎物，其支付的数额由第 1834 条第（i）款规定；（Q）对于已经列入第 1842 条第（s）款中费用清单的项目和服务，其支付的数额是以下二者中较小那个的 80%，即正常收费和该条中费用清单规定的数额；（R）对于救护车服务：（ⅰ）其数额为以下二者中较少一个的 80%，即该服务正常收费和部长在第 1834 条第（l）款中费用清单确定的数额，（ⅱ）对于第 1834 条第（l）款第（8）项提到的救护车服务，其数额依据第 1834 条第（g）款针对门诊病人医院紧急通道服务规定的数额决定；（S）对于那些没有像本部分［第（B）目中规定的项目和服务除外］其他服务一样依据成本或预期价格定价的药物和生物［包括第 1861 条第（zz）款规定的静脉注射免疫球蛋白］，其支付的数额是以下二者中较小那个的 80%，即该服务的正常收费和第 1842 条第（o）款规定的数额（或是在适当的情况下，依据第 1847 条、第 1847A 条或第 1847B 条）；（T）对于［第 1861 条第（vv）款中规定的］药物营养治疗服务，其支付数额是以下二者中较小的 80%，即该服务的正常收费和第 1848 条第（b）款中费用清单对医生提供的相同服务所规定数额的 85%；（U）对于第 1834 条第（m）款第（2）项第（B）目规定的设备费用，其数额是以下二者中较小那个的 80%，即该服务正常收费和上述条款中规定的数额;① （Ⅴ）尽管（与耐用医疗器材相关的）第（Ⅰ）目、（与假肢与正畸相关的）第（M）目，以及［与第1842条第（s）款的项目相关的］第（Q）目，对于［第1847条第（a）款第（2）项规定的］竞争领域内有着完全竞争价格的项目以及服务，其支付的数额由第1847条第（b）款第（5）项规定；（W）对于［第1861条第（ddd）款第（1）项规定的］附加预防性服务，其支付的数额是：（ⅰ）如果该服务是临床诊断实验，其数额由第（D）目规定，（ⅱ）如果是其他服务，则是以下两者中较少者的80%，即该服务的正常收费和部长依据该项建立的费用清单中规定的数额②。

（2）对于第1832条第（a）款第（2）项规定的服务［第（C）目、第（D）目、第（E）目、第（F）目、第（G）目、第（H）目和第（I）目规定的服务除外，除非在第1881条中有其他特别规定］。

（A）对于［第1861条第（kk）款规定的］家庭健康服务（但治疗骨质疏松的药物不包括在内），其支付的数额由第1895条规定的预计支付体系确定。

（B）对于其他项目和服务［那些第（C）目、第（D）目和第（E）目中规定的以及第1886条和第1888条第（e）款第（9）项规定的除外］：

（ⅰ）1999年1月1日前发生的，以下二者中较小的：（Ⅰ）第1861条第（v）款规定的该服务的合理成本，或者（Ⅱ）该服务按照惯例收费，服务的提供方可能像第1866条第（a）款第（2）项第（A）目第（ⅱ）节项规定的那样收取更少的费用，但是其绝对不会超过该服务合理成本的80%；

（ⅱ）如果该服务发生在1999年1月1日前，由公共服务方提供或者其他向部长证明其主要病人都是低收入者的服务提供者（并且其支付的费用必须满足该条款的规定），免费或者是向公众名义性收费，其数额是第1814条第（b）款第（2）项规定数目的80%；

---

① 《公法》第110—275期，第101条第（a）款第（2）项第（A）目，删除"以及"。

② 《公法》第110—275期，第101条第（a）款第（2）项第（B）目加入"以及"，第（W）目适用于那些2009年1月1日后发生的服务。参见第2卷《公法》第110—275期，第101条第（a）款第（4）项有关的解释规则。

（ⅲ）如果该服务是 1999 年 1 月 1 日之后（包括当天）所提供的，则其数额由第（t）款规定；

（ⅳ）或者，如果（并且只要）满足第 1814 条第（b）款第（3）项的规定，其数额由该条中的偿付系统决定。

（C）对于第 1861 条第（p）款第二句中所提及的服务，其数额是该服务合理收费的 80%。

（D）对于临床诊断实验，其支付的数额依据以下确定：（ⅰ）在第（h）款第（1）项或第 1834 条第（d）款第（1）项所规定的费用清单的基础之上，其数额为 80%（或 100%），其条件是当该实验是根据相关委派进行支付，或者该实验的提供方依据第 1866 条签有如下协议其数额是以下三者中较小的一个，费用清单中规定的数额，第（h）款第（4）项第（B）目规定的限制性数额，以及该服务的正常收费；（ⅱ）在第（h）款第（6）项确立的协商费率的基础上，其支付的数额是该协商费率的 100%；或者（ⅲ）在第 1847 条第（e）款中示范项目确定的费率的基础上，其支付的数额是该费率的 100%，

（E）对于：（ⅰ）门诊病人的放射治疗服务（包括诊断和治疗、核药物、CAT 扫描、核磁共振、超声波以及其他成像服务，但是以下除外：乳腺检查以及 2005 年 1 月 1 日之后提供的乳腺诊断）；（ⅱ）第 1861 条第（s）款第（3）项规定的 1989 年 10 月 1 日之后的有效的诊断程序（部长定义的）（X 射线诊断和诊断试验除外），其数额由第（n）款确定，或者对于 1999 年 1 月 1 日之后产生的服务或者手术，由第（t）款确定。

（F）对于由家庭健康机构提供的治疗骨质疏松的药物〔正如第 1861 条第（kk）款规定的〕，按照第 1861 条第（v）款的规定，支付其合理成本的 80%。

（G）对于第 1861 条第（s）款第（10）项第（A）目规定的项目和服务，其数额是以下二者中较小的那个：（ⅰ）第 1861 条第（v）款规定的该服务的合理成本；或者（ⅱ）该服务按照惯例收费，或者由公共服务方提供，或者其他向部长证明其主要病人都是低收入者的服务提供者（并且其支付的费用必须满足该条款的规定），免费或者是向公众名义性收费，其数额是第 1814 条第（b）款第（2）项规定数目的 80%。

（3）在第 1832 条第（a）款第（2）项第（D）目规定的服务中：

（A）除了第（B）目提供的服务之外，那些与提供该服务有关的合

理花费以及其他部长在监管法规中规定的合理花费，包括那些第 1861 条第（v）款第（1）项第（A）目授权的，服务者可以依照第 1866 条第（a）款第（2）项第（A）目第（ⅱ）节的规定收取较少的费用，但是任何时候这些服务［第 1861 条第（s）款第（10）项第（A）目规定的项目除外］的收费都不能超过其成本的 80%；

（B）或者，对于第 1832 条第（a）款第（2）项第（D）目规定的，那些提供给参加第 C 部分中依据第 1853 条第（a）款第（4）项规定的协议所成立的 MA 计划的个人的服务，其数额（如果可能）为：（ⅰ）如果个人没有参与上述计划，那么依据第（A）目提供的服务的付费（计算时该目中"100%"被替换为"80%"）将超过（ⅱ）依据上述协议对该服务的付费（不包括任何在该协议中提供的金融激励，例如风险分摊、奖金、回扣），联邦认证的健康中心可能依照第 1857 条第（e）款第（3）项第（B）目的规定收取较少的费用。

（4）对于第 1832 条第（a）款第（2）项第（F）目项规定的设备服务，以及第 1833 条第（i）款第（1）项第（A）目中部长规定的与外科手术相关的门诊病人设备服务，其数额由第（i）款或第（t）款第（2）项或第（3）项规定。

（5）对于所有覆盖的项目［第 1834 条第（a）款第（13）项对其进行了规定］，其数额由第 1834 条第（a）款第（1）项规定。

（6）对于门诊病人的紧急通道医院服务，其数额由第 1834 条第（g）款规定。

（7）对于假肢和矫正器［如第 1834 条第（h）款第（4）项的规定］，其数额由第 1834 条第（h）款规定。

（8）对于：

（A）门诊病人的理疗服务（包括门诊病人的语言病理学服务）[①] 以及门诊病人的职业治疗服务，由以下述各方提供：

（ⅰ）康复中心、公共卫生机构、诊所、门诊病人综合康复机构或者是专业的护士机构；

---

① 《公法》第 110—275 期，第 143 条第（b）款第（2）项删除了"（包括门诊病人语言病理学服务）"，代之以"，门诊病人语言病理学服务"，**适用于 2009 年 7 月 1 日开始及之后的医疗服务。**

（ⅱ）向不在家的人提供服务的家庭健康机构；

（ⅲ）或者，与上述两条中的机构有合作协议的其他机构。

（B）门诊病人物理治疗服务（包括门诊病人语言病理学服务）① 以及门诊病人的职业治疗服务，由以下述各方提供：

（ⅰ）向门诊病人，或者向虽然参加了第 A 部分的医保项目但却在生病期间已经用完住院服务的津贴，抑或是没有参加该项目的住院病人提供服务的医院；

（ⅱ）或者，与上述第（ⅰ）节中的医院有合作协议的其他医院，其数额依据第 1834 条第（k）款确定。

（9）对于那些在第 1832 条第（a）款第（2）项第（E）目规定，且没有在第（8）项中提及的服务，其数额由第 1834 条第（k）款规定。

（b）在依据个人一年内的花费情况适用第（a）款前，其该年内的花费总数必须在 1991 年以前每年扣除 75 美元，1991—2004 年则是每年 100 美元，2005 年则是 110 美元，接下来的一年中，其每年扣除的数目依据第 1839 条第（a）款第（1）项规定的月度保险精算费率计算年增长率（四舍五入）。以下情况除外：（1）总数目不包括第 1861 条第（s）款第（10）项第（A）目规定的项目和服务所产生的花费；（2）此扣除不适用于家庭健康服务｛治疗骨质疏松的药物除外［第 1861 条第（kk）款有相关规定］｝；（3）此扣除不适用于门诊实验，其依据：（A）第（a）款第（1）项第（D）目第（ⅰ）节或第（a）款第（2）项第（D）目第（ⅰ）节中相关安排的基础进行支付，或者是向依据第 1866 条签有协议的服务提供者支付，或者（B）在第（h）款第（6）项规定的协商费率的基础上进行支付；（4）此扣除不适用于联邦认证的健康中心的服务。前句确定的个人支付的总额经过扣除后将继续扣除以下的数目，即年度内个人输血三品脱（或者相关法律规定的等量袋装红细胞）的花费，除非此血液用量的扣除将根据相关法律被适当地扣减到如下范围，即血液的替代品（或者是等量袋装红细胞）；对于提供给个人的特定血液（或是等量的袋装红细胞），根据本条执行的扣除规定，当作为提供者的机构或个体

---

① 《公法》第 110—275 期，第 143 条第（b）款第（2）项删除了"（包括门诊病人语言病理学服务）"，代之以"，门诊病人语言病理学服务"，适用于 2009 年 7 月 1 日开始及之后的医疗服务。

提供给该人的血液（或是等量的袋装红细胞）会被等量返还的时候，将被视作可以替代的。签署条款提到的该扣除额将达到的以下条件：即扣减额将依据第 1813 条第（a）款第（2）项执行；（5）这样的扣减不适用于乳腺放射成像［第 1861 条第（jj）款］；（6）不适用于子宫颈检查［第 1861 条第（nn）款的］盆腔检查；（7）不适用于腹主动脉瘤超声筛查［第 1861 条第（bbb）款的］；① （8）也不适用于直肠癌检查［第 1861 条第（pp）款第（1）项］。②

（c）③ （1）尽管该部分有其他条款，对于一个自然年度内有关心理、精神和人格障碍的治疗，所产生费用期间该个人不是一个住院病人，这些费用都将依据第（a）款和第（b）款将其作为医疗费用看待。

（A）对于 2010 年以前的费用，只覆盖 62.50%；

（B）对于 2010 年或 2011 年的费用，只覆盖 68.75%；

（C）对于 2012 年的费用，只覆盖 75.00%；

（D）对于 2013 年的费用，只覆盖 81.25%；

（E）对于 2014 年以后的费用，覆盖 100%。

（2）依据本法第（1）项第（A）目到第（D）目，"治疗"不包括仅为了管理或者更换那些不是由医生直接提供的用于治疗这些疾病和部分住院服务中的药方而进行的简单官方拜访（由部长规定）。

（d）如果提供给个人的医疗服务达到了如下条件，即该个人可以（或者第 1813 条除外）依据第 A 部分进行付款。

（e）医疗服务提供者只有在满足下列条件的情况下才能够获得相应的款项：提供用以确认该服务提供者在这一时期合理费用的相关信息以及其正在支付的数目以及之前支付的数目。

（f）在第（a）款规定的有关乡村医疗诊所（不是在医院中不到 50 张床位的诊所）健康服务收费的限制中，部长将针对下列医疗服务设立此种限制：

（1）1988 年 3 月 31 日之后，每次 46 美元；

---

① 《公法》第 110—275 期，第 101 条第（b）款第（2）项第（A）目，删除"以及"。

② 《公法》第 110—275 期，第 101 条第（b）款第（2）项第（B）目，加入"以及"和第（9）项，适用于 2009 年 1 月 1 日后提供的医疗服务。

③ 《公法》第 110—275 期，第 102 条完全修改了第（c）款，2008 年 7 月 15 日生效。第（c）款原来的规定，参见第 2 卷《公法》，第 110—275 期，附录 J，替代条款。

（2）在其后的一年里，在之前设立的限制的基础上，依据适用于该年中［第1842条第（i）款第（4）项规定的］主要医疗服务的［第1842条第（i）款第（3）项规定的］MEI的增幅而增长。

（g）（1）依据第（4）项和第（5）项，对于在第1861条第（p）款①而不是第1833条第（a）款第（8）项第（B）目中规定的理疗服务，以及由医生提供的理疗服务和语言病理学服务②，对于在任何年份中产生的费用，都不能超过第（2）项中的规定限额，将被认为由于第（a）款和第（b）款产生的费用。

（2）本项中的特定数额：

（A）1999年、2000年以及2001年，均为1500美元；

（B）在其后的一年里，其数额在是本项中对前一年规定的基础上按照［第1842条第（i）款第（3）项规定的］MEI进行增长；

除非第（B）目中规定的增长不是10美元的倍数，其将被调整到接近于10美元的倍数的值。

（3）依据第（4）项，对于［在第1861条第（p）款而不是第1833条第（a）款第（8）项第（B）目规定的，依据第1861条第（g）款实施的，由医生提供或者是附带的］职业病治疗，其任何年份中的花费，都不能超过（2）项中的规定限额，将被认为由于第（a）款和第（b）款产生的费用。

（4）本款不适用于2000年、2001年、2002年、2004年以及2005年中产生的医疗服务费。

（5）对于2006年1月1日与2009年12月31日③之间产生的费用，

---

① 《公法》第110—275期，第143条第（b）款第（3）项第（A）目，加入"通过适用第1861条第（ll）款第（2）项，在本条规定的语言病理学服务"，**适用于2009年7月1日以后提供的服务**。

关于现行法律政策的解释规则，参见第2卷《公法》第110—275期，第143条第（d）款。

② 《公法》第110—275期，第143条第（b）款第（3）项第（B）目，加入"语言病理学服务"，**适用于2009年7月1日以后提供的服务**。

关于现行法律政策的解释规则，参见第2卷《公法》第110—275期，第143条第（d）款。

③ 《公法》第110—173期，第105条，删除"2007年12月31日"，替换为"2008年6月30日"，2007年12月29日生效。

《公法》第110—275期，第141条，删除"2008年6月30日"，替换为"2009年12月31日"，2008年7月15日生效。

部长将实施以下程序：如果第（1）项和第（3）项中规定的服务被认为确有必要的话，根据个人或者其代理人的申请，参与该计划的个人将可以突破第（2）项中规定的统一限额。在这一过程中，如果部长没有依据10天之内提出的例外申请做出决定的话，那么该服务就被认定为部长确认其是必要的。

（h）（1）（A）依据第1834条第（d）款第（1）项，部长将会为临床检测［包括第1861条第（oo）款中有前列腺特异抗原（PSA）血试验的前列腺癌症检查］建立经费清单，并根据本部分进行支付，除非该测试是向一名住院病人提供的。

（B）对于由医生或者实验室操作的临床诊断实验室检查［第（D）目中规定的合格的医院实验室针对其门诊院病人操作的实验除外］，第（A）目中的费用清单将对1984年7月1日后的测试根据地区、全国或者运输服务区域（部长将会进行适当的安排）进行设定。

（C）对于由［第（D）目中规定的］合格的医院实验室针对其门诊病人操作的实验，第（A）目中的费用清单将对1984年7月1日后的测试根据地区、全国或者运输服务区域（部长将会进行适当的安排）进行设定。

（D）在本款中，"合格的医院实验室"是满足如下条件的医院实验室：一家唯一的社区医院［依据第1886条第（d）款第（5）项第（D）目第（ⅲ）节］，为了支持院内一周7天、每天24小时的急救室的工作而每天24小时提供门诊诊断测试。

（2）（A）（ⅰ）除第（4）项外，部长会将费用清单设立在第1842条第（b）款第（3）项第三、第四句对于类似临床检测规定的现行收费水平的60%｛或者合格的医院实验室［第（1）项第（D）目中的规定］对于门诊病人的实验为62%｝，上述适用从1984年7月1日开始的12个月时间内，州、地区根据全美城市消费者物价指数（2009—2013年美国历年平均数减去0.52①）的升降每年（每年1月1日生效）进行相应的调整，以及部长认为正当的技术调整。

（ⅱ）尽管第（ⅰ）节规定：

————————

① 《公法》第110—275期，第145条第（b）款，插入"对2009—2013年，减去0.5%"，2008年7月15日生效。

（Ⅰ）本款中，针对 1988 年 1 月 1 日之后服务的有效费用清单的任何修改，不适用于 1988 年 1 月 1 日起 3 个月内的实验；

（Ⅱ）部长不会根据 1988 年的消费物价指数对第（ⅰ）节中的费用清单进行调整；

（Ⅲ）1991 年、1992 年、1993 年对于第（ⅰ）节费用清单的年度调整为 2%，

（Ⅳ）1994 年、1995 年、1998—2002 年、2004—2008 年对于第（ⅰ）节费用清单的年度调整为 0。

（ⅲ）在第（ⅰ）节里有关自动检测，及 1984 年 7 月 1 日之前的（除细胞病理学检测以外的）检测的现行费用清单，部长依据 1988 年 3 月 31 日之后的生效的第 1842 条第（b）款第（3）项第 6 句规定的最低收费水平设定了基准，部长将会对 1988 年的收费标准减少 8.3%，并且该减少后的标准将作为 1989 年及其以后数年的基准。

（B）部长可以对费用清单设定进一步的调整和免责条款以保证对以下情况进行合适的赔偿：（ⅰ）为善意紧急救助条款所需要的紧急实验测试；以及（ⅱ）某些数量少但高成本的测试，其需要复杂设备和熟练技工来保证质量。

（3）对于费用清单中规定的数额，部长应当设定：（A）一个名义费用以涵盖收集样本过程中的适当成本，该样本中诊所诊断试验检测的费用依据本部分的规定进行支付，除此之外，对于提供本款所收集的样本，而不收取相同的费用；（B）一个涵盖专业人员为了到达样本个体所在地进行样本采集而支付的交通及个人消费的费用，但对于那些在家或者住院（医院除外）的病人的费用除外。对于确立一个涵盖专业人员为了到达样本个体所在地进行样本采集而支付的交通及个人消费的费用，部长将会依照下列方式计算：即基于履行里程以及所有与采集个体样本相关的个人消费，但是部长仅要求将此种计算方式运用于 1989 年 4 月 1 日至 1990 年 12 月 31 日期间，由依据部长（基于 1988 年 6 月 30 日之前 12 个月的数据）的标准建立的实验室所提供的测试，并且：（ⅰ）该实验室对于本编下支付的依赖程度至少占到了其临床检测总收入的 80%；（ⅱ）此类测试收入总额中至少 85% 来自为那些在家或者疗养院的个人所提供；（ⅲ）该实验室向疗养院的住户所提供测试的数量至少占到实验室所在州内疗养机构内住户总数的 20%。

（4）（A）在依据此款建立任何收费标准时，部长可以根据临床诊断性试验中的工资比重，以及当地工资水平与收费标准中假定工资水平的相对差异来进行相应的调整。

（B）依据第（a）款第（1）项第（D）目第（ⅰ）节和第（a）款第（2）项第（D）目第（ⅰ）节的规定，对于临床诊断性检测的限定费用数额按下列标准操作：

（ⅰ）1986年7月1日之后，1988年4月1日之前的，等于所有第（1）项中设定的各种收费标准的中值的115%；

（ⅱ）1988年4月30日之后，1990年1月1日之前的，等于所有第（1）项中设定的各种收费标准的中值；

（ⅲ）1989年12月31日之后，1991年1月1日之前的，等于第（1）项中设定的各种收费标准的中值的93%；

（ⅳ）1990年12月31日之后，1994年1月1日之前的，等于此中值的88%；

（ⅴ）1993年12月31日之后，1995年1月1日之前的，等于此中值的84%；

（ⅵ）1994年12月31日之后，1996年1月1日之前的，等于此中值的80%；

（ⅶ）1995年12月31日之后，1998年1月1日之前的，等于此中值的76%；

（ⅷ）1997年12月31日之后的，等于此中值的74%，或者当此临床诊断性检测于2001年1月1日之后（包括当日）实施，部长认为其是一项新检测，不适用于此前设定的标准，则其收费标准等于此中值的100%。

（5）（A）基于本部分的相关协议基础或者第1866条的提供者协议而进行支付操作的临床诊断性检测，其费用将被支付给操作或者指导此检测的个人或机构，以下情况除外：

（ⅰ）如果是由两名医生合作进行操作或者指导该检测，则费用应当在两者中平分；

（ⅱ）如果检测是由一家实验室委托给另一家进行的，费用须支付给委托实验室，但仅当下列情况成立时：（Ⅰ）委托实验室坐落在农村地区医院或者属于农村地区医院的一部分，（Ⅱ）委托实验室为操作此项检测的机构完全所有，委托实验室完全所有这一操作此项检测的机构，或者是委托实验室和操作此项检测的机构都为第三方机构完全所有，或者（Ⅲ）不多于 30% 的临床诊断性检测由委托实验室［但不包括第（Ⅱ）次节中所提及的实验室］委托给其他实验室进行操作；

（ⅲ）对于依据［第 1861 条第（w）款第（1）项］中的由医院、急救医院或者专业护理机构制定的协议来提供的临床诊断性检测，应向医院或者专业护理机构进行支付。

（B）对于其支付应按本部分操作但第（A）目中没有提及的账单或付款请求，只有依据操作或指导检测的个人或机构的逐条记载账单，才可以向受益者支付津贴。

（C）临床诊断性检测的付费，包括在医生办公室进行操作的检测但不包括农村健康诊所提供的检测，应当依据第 1866 条中的相关协议向服务提供者支付。

（D）个人可以不用对下列临床诊断性检测进行支付，包括在医生办公室进行操作的检测，但农村健康诊所提供的检测除外，除非其有相关协议基础。如果个人故意违反前述条款中有关临床诊断性检测的重复支付基础，那么部长将会依据第 1842 条第（j）款对医生进行处罚。本条第（4）项适用于这一项，同样其也适用于本条。

（6）对于不是依据第（1）项中的费用清单进行支付的临床诊断性检测，部长可以设立一个被操作该检测的个人或机构所接受的费率，其可以被视为该检测的全部费用。此协商费率的设定必须满足下列条件：不超过假定不存在此费率情况时的全部费用。

（7）除第（1）项和第（4）项外，部长还将在本款中为 2000 年提供的子宫颈涂片检测设立一个国家最低费用（包括被食品与药品监督管理局批准的作为主要检测手段的所有宫颈癌检测技术），等于 14.60 美元。对于其后年份里提供的检测，此国家最低费用将依据第（2）项的规定每年进行调整。

（8）（A）当 2005 年 1 月 1 日后（包括当日）对《HCPCS 法》（本项中是指那些"新检测"）的新的实质性修改被签署通过后，部长将依据该修改通过监管程序为所有临床诊断性检测裁定费用数额和支付基础。

（B）第（A）目中的裁定只有当部长：

（ⅰ）向公众（通过网站和其他合适的技术手段）公布了包括所有检测在内的清单，对于这些检测的费用数额经过了一年的考虑；

（ⅱ）在此清单公布的当天，于《联邦公报》上发布召开听证会的公告，以听取公众对清单中支付数额所依据的适当基础的意见建议（以及建议所依据的数据）；

（ⅲ）召开听证会的公告发出后不少于30天的时间接受意见建议（以及建议所依据的数据），该听证会包括医疗保险和医疗补助服务中心官员代表在内，一起裁定支付数额；

（ⅳ）考虑听证会上收集的意见建议（以及附带的数据）的前提下，（通过网站以及其他途径）向公众提供一个有关该条款下适当支付数额的提议决定的清单，同时还有对出具这些建议的原因的解释，以及这些建议所依据的数据，和对于这些方法的公开书面的要求；

（ⅴ）考虑到在公共意见收集阶段的意见的前提下，（通过网站以及其他途径）向公众提供一个有关这些检测的支付数额的最终提议的清单，同时还有这些提议的依据，以及这些建议所依据的数据，和对于这些公众意见建议的回馈。

（C）依据第（A）目中制定的程序，部长应当：（ⅰ）为第（A）目中的提议设立一个标准；以及（ⅱ）向公众公布据以提出建议的数据（专利数据除外）。

（D）部长将在自己认为必要的时候召集此类听证会以听取有关新检测的支付数额的公共意见。

（E）依据本项：

（ⅰ）"HCPCS"是指健康医疗程序代码系统。

（ⅱ）如果对于该检测的定义或者代码所适用的程序进行了实质性的修改，那么该代码就被认为进行了实质性的修改（例如一项用于评价已有特殊分析物检测的新的分析物或者方法）。

（9）[①] 尽管有本部分的其他条款，对于那些被食品与药品监督管理局归类为家用并且于2008年4月1日后开始提供的用于HbA1c诊断性检测，对其支付的费用参照本部分血糖检测的费率（2007年10月1日由HCPCS中83036及其之后代码进行了规定）。

---

① 《公法》第110—173期，第113条，加入第（9）项，2007年12月29日生效。

(i)(1)部长依据有关医疗组织的建议,将:

(A)列举那些应当(即考虑对医院的医疗设备进行合理利用)对住院病人实施的外科手术,但其同样也能在流动手术救护中心〔急诊中心的标准参见第1832条第(a)款第(2)项第(F)目第(i)节的规定〕、急救室、医院门诊部进行安全的门诊手术;

(B)列举那些应当(在考虑对医院的医疗设备进行合理利用的情况下)对住院病人实施的外科手术,但其同样也能在医生办公室进行安全的门诊手术。

上述第(A)目和第(B)目中的手术清单将以最少每隔两年的频率被复核和更新。

(2)(A)对于第(D)目中系统生效之前提供的服务,依据第(E)目,其对于第(1)项第(A)目中列举的与手术相关的设施服务所支付的数额,以及对于在手术中心进行的门诊手术所支付的数额,将在部长对合理费用进行估算基础上,等于规定的上限标准量的80%,该合理费用应:

(i)考虑这些或这类中心在提供此类手术的相关服务的成本,其将依据对于实际审核成本的调查(基于对手术和设备代表性样本的调查)来确定;

(ii)在考虑上述成本的过程中应当按照如下方式进行:即确保该中心的服务在本编下所产生的费用少于该服务通过医院住院手术所产生的费用;

(iii)在白内障手术之中或之后嵌入人工晶体的情况中,包括与取得晶体相关的合理费用。

每个数额将在1987年7月1日之前被审核和更新,并且在以后的每年种考虑不同地区的情况变化。

(B)对于本部分与第(1)项第(B)目中所提及的外科手术相关的在医生办公室提供的设备服务,所支付的费用数额将是部长(对每一个这样手术)合理费用进行估算基础上,所规定的上限标准量的80%,该合理费用应:

(i)考虑额外费用,通常不包括专业费用,而是固定、保养、安置设备以及其他在医生办公室所必需的辅助性服务而产生的费用;

(ii)在考虑上述成本的过程中应当按照如下方式进行:即确保该中

心的服务所产生的费用少于该服务通过医院住院手术所产生的费用。

每个数额将在 1987 年 7 月 1 日之前被审核和更新，并且在以后的每年种考虑不同地区的情况变化。

（C）（ⅰ）尽管有第（A）目和第（B）目中各自的第二句，除了那些在第（ⅱ）节、第（ⅲ）节、第（ⅳ）节中特别说明的外，如果部长没有更新本目或者第（D）目中的数额，对于一个财政年度内（从财政年度 1986 年或公历年度 2006 年开始）提供的设备服务，此数额将依据城市居民消费物价水平的增长而增长，该消费物价水平由部长对以该年中点为截止日期的 12 个月期间情况的估算。

（ⅱ）在 1998—2002 年的每个财政年度中，本目中的增长将被扣减 2%（但不得小于 0）。

（ⅲ）在 2004 年财政年度，始于 2004 年 4 月 1 日，此增长将是城市居民消费物价水平，该消费物价水平由部长对以 2003 年 3 月 31 日为截止日期的 12 个月期间情况的估算，扣减 3%。

（ⅳ）在 2005 年财政年度最后一个季度，以及 2006—2009 年，本目下增长为 0。

（D）（ⅰ）考虑到《2003 年医疗保险处方药、改良和现代化法》第 626 条第（d）款报告中的建议，部长将执行修订后的针对流动手术救护中心的手术服务的支付体系。

（ⅱ）第（ⅰ）节中体系开始被执行的那年，此体系将被设计成能够使该服务产生的费用总额跟没有适用该条款时的费用相同，部长将会考虑适用第（E）目持续适用时产生的扣除经费。

（E）对于 2007 年 1 月 1 日后（包括当日）提供的外科手术，在第（D）目中规定的修订支付体系生效之前，如果：（ⅰ）第（A）目中规定的此手术设备服务的上限标准数额，不适用任何地理调整的情况下；将超过（ⅱ）第 1833 条第（t）款第（3）项第（D）目针对医院门诊病人服务的预期收费体系中确立的医疗 OPD 费用数额，不考虑本条第（2）项第（D）目的地理调整，部长将要把（A）目第（ⅱ）节中的数额替换为第（ⅱ）节中的上限标准额；（ⅲ）部长将会在 2006 年 1 月 1 日（包括当日）之后，2008 年 1 月 1 日之前执行第（ⅰ）节所述的体系；

（ⅳ）① 第 1869 条、第 1878 条以及其他条款中没有对于分类体系、相对权重、支付数额、地理调整因素或者其他内容的行政或司法审核。

（3）（A）对于与第（1）项第（A）目中有关外科手术的，在 1999 年 1 月 1 日前提供的门诊医疗器械服务以及紧急通道服务所支付的数额总量，应当等于以下二者之中较小的那个：

（ⅰ）第（a）款第（2）项第（B）目中规定的此服务的费用；

（ⅱ）或者，第（B）目中规定的混合数额。

（B）（ⅰ）一个成本报告期间的混合数额是下列二者之和：

（Ⅰ）第（A）目第（ⅰ）节中规定数额的费用构成比〔第（ⅱ）节第（Ⅰ）次节对此做出了规定〕；

（Ⅱ）第（2）项第（A）目规定的，相同地区内相同外科手术在流动手术救护中心提供所需费用上限标准的 ASC 比例，服务提供者可以依据第 1866 条第（a）款第（2）项第（A）目的规定按两者之中较小的数额支付。

（ⅱ）依据第（4）项：

（Ⅰ）"费用构成比"是指始于 1988 年财政年度的成本报告期间为 75%，始于 1988 年财政年度 10 月 1 日，止于 1990 年财政年度 12 月 31 日的成本报告期间为 50%；始于 1991 年财政年度 1 月 1 日的会计报告期间为 42%。

（Ⅱ）"ASC 比例"是指始于 1988 年财政年度的成本报告期间为 25%，始于 1988 年财政年度 10 月 1 日，止于 1990 年财政年度 12 月 31 日的成本报告期间为 50%，始于 1991 年财政年度 1 月 1 日的成本报告期间为 58%。

（4）（A）对处于下列情况的医院：

（ⅰ）向部长提出申请，证明其专注于眼科医疗或者眼科、耳科医疗方面（参见部长的规定）；

（ⅱ）其总收入中超过 30% 的部分来自门诊服务；

---

① 《公法》第 109—442 期，第 109 条第（b）款第（1）项，将目前的第（ⅳ）节改作了第（ⅴ）节，加入新的第（ⅳ）节："第（ⅳ）节卫生与公共服务部部长将按照如下目的执行该体系，即在任何年度更新中为不能对质量措施进行报告的错误提供一个扣除额，其自 2009 年 1 月 1 日后开始生效适用"。

（iii）在 1987 年 10 月 1 日：（Ⅰ）是一家眼科或者眼耳科的专业医院，或者（Ⅱ）是一家综合性医院的眼科部门或者眼耳科部门，在第（i）节中规定的申请日，在 1987 年 10 月 1 日经营着少于医院总床位中 20% 的数量，并且转让或者放弃了医院其他部门手术的绝大部分比重；

第（3）项第（B）目第（ii）节第（Ⅰ）次节和第（Ⅱ）次节规定的从 1988 年财政年度开始的费用报告期间的费用比例和 ASC 比例将会在 1988 年 10 月 1 日到 1995 年 1 月 1 日的费用报告期间里继续有效。

（B）依据第（A）目第（iii）节第（Ⅱ）次节，"眼科或者眼耳科"意为单独的一个区域，其有独立的手术套房专供眼耳手术所需。

（5）（A）部长有权规定：在流动手术救护中心进行的外科手术［第（1）项第（A）目中部长对其有详细规定］中，如果所有提供该项服务的各方同意接受一个数额（将在依据先前的协议在各方之中进行分配）作为全额付款的话，那么将依据该中心提供的器械服务及所有相关服务（包括医师服务、化验、X 光检查以及诊断服务），支付一个依据第（B）目规定的包括所有费用在内的总数额（以替代本部分规定的其他数额）。

（B）在执行本项时，部长将在考虑各种合理情况的前提下，为第（1）项第（A）目中规定的各个外科手术分别确定其包含所有费用的总数目。该数目将在必要的时候，由部长根据各地区的不同情况进行周期性的审核和调整。

（6）包括签有第 1832 条第（a）款第（2）项第（F）目第（i）节下协议的机构在内，任何人完成依据第（2）项第（A）目第（iii）节进行付费的白内障手术之后又进行了内置镜嵌入手术的情况下，如果明知而故意提出或导致该账单或支付费用，那么他（她）将被处以不超过 2000 美元的民事罚款。第 1128 条［第（a）款和第（b）款除外］将依据前面的条文适用于民事罚金并且是以依据第 1128A 条第（a）款适用于罚款或诉讼相同的方式进行。

（7）[1]（A）依据第（2）项第（D）目第（iv）节，部长规定，对于没有依据本项规定提交数据的流动手术救护中心，数据将参照一年的计量结果提交，任何第（2）项第（D）目中规定的年度增长都需要被扣减两

---

[1] 《公法》第 109—432 期，第 109 条第（b）款第（2）项，加入第（7）项，适用于对 2009 年 1 月 1 日之后提供的服务的支付。

个百分点。本款的扣减只会考虑当年并且部长在计算下一年的年度增长因素的时候不会再重复考虑该扣减。

（B）除非部长另有规定，第 1833 条第（t）款第（17）项中第（B）目、第（C）目、第（D）目对流动手术救护中心服务的适用方式与本项的规定相似，而且依据本项，任何对医院、门诊机构以及门诊医疗服务的参照都可以被视作对流动手术救助中心的环境、服务等情况的参照。

（j）当最终确认支付给医疗服务提供者或第 1842 条第（b）款第（3）项第（B）目第（ⅱ）节规定的协议者的数额超过或者少于合理的数目，并且退还或者补偿没有在做出该决定后的 30 天之内做出的话（或被抵消），那么将按照财政部长针对迟延支付的所规定的罚款利率开始计算利息。

（k）对于第 1861 条第（s）款第（10）项第（B）目规定的服务，部长规定，对于这些服务所支付的费用必须合理的反映有效提供这些服务总成本。

（l）（1）（A）部长将对第 1861 条第（s）款第（3）项中的注册麻醉师的服务建立一个费用标准。

（B）在建立该费用标准的过程中，部长将利用时间单位系统、基准时间系统以及其他适当的方法。

（C）本款的规定将不适用于下列情况：《1986 年综合预算调整法》第 9320 条第（k）款①中规定的农村地区特定医院提供的特定医疗服务，该条文后来经过《1989 年综合预算调整法》第 6132 条②的修改。

（2）第（3）项的规定除外，第（1）项中的费用标准将会首先依据 1985 财政年度费用报告期间的审核数据以及部长认为必要的其他数据进行设定。

（3）（A）在设定最初的费用标准时，部长应当按照下列情况调整该标准：即确保该估算的总额加上 1989 年的共同保险等于当该项服务被包括在住院病人的医疗服务内，并且按照第（A）目中 1987 年的相同方式进行支付的数额，同时考虑麻醉管理局规定的价格、技术的变化。

---

① 参见第 2 卷《公法》第 99—509 期，第 9320 条第（k）款。
② 《公法》第 101—239 期，第 6132 条；《美国联邦法律大全》第 103 编第 2222 条。

（B）部长将要削减医生和注册麻醉师的医疗指导服务的主要收费或者注册麻醉师的费用标准，抑或是两者同时进行，以确保该估算总额加上1989年和1990年医疗指导和该服务的共同保险不会超过估算总额加上共同保险的金额，要不是《1986年综合预算调整法》第9320条①的修改的话。如果没有其后几年依据第1842条第（b）款第（3）项规定的经济指标进行调整的话，本项中经过扣减后的主要收费得以确定。

（4）（A）第（C）目和第（D）目中的规定除外，在依据本款的费用标准确定1991年1月1日之后（包括当日），由没有接受医疗指导的注册麻醉师提供的服务的费用数额，

（i）该转换率是：

（Ⅰ）1991年提供的服务，15.50美元；

（Ⅱ）1992年提供的服务，15.75美元；

（Ⅲ）1993年提供的服务，16.00美元；

（Ⅳ）1994年提供的服务，16.25美元；

（Ⅴ）1995年提供的服务，16.50美元；

（Ⅵ）1996年提供的服务，16.75美元；

（Ⅶ）1996年以后提供的服务，转换率将根据第1848条第（d）款对麻醉师的规定进行数据更新。

（ii）支付地区将是第1848条中用于计算医生麻醉服务费的费用清单地区［或者对于1991年的医疗服务而言，是第1842条第（b）款所规定的地点］。

（iii）第（i）节中适用于费用表地区或地点的转换率的区域性调整因素是：

（Ⅰ）对于1991年的医疗服务，第1842条第（q）款第（1）项第（B）目中的区域性工作指数以及区域性实际费用指数是针对该地区医生的麻醉服务；

（Ⅱ）对于1991年后的医疗服务，区域性工作指数、区域性实际费用指数以及用于计算医生服务费用的区域性医疗事故指数是针对第1848条下的麻醉服务，70%的转换因素是工作方面的，30%的是服务的经常费用（1992年及之后的工作方面的份额，实际费用，以及医疗事故费用都

---

① 《公法》第99—509期，第9320条；《美国联邦法律大全》第100编第2013条。

跟第 1848 条的规定一样)。

（B）（i）第（ii）节以及第（D）目除外，在计算费用清单中 1991 年 1 月 1 日和 1994 年 1 月 1 日之间由注册麻醉师正确提供给的医疗服务的费用时，将适用第（A）目规定的方法。

（ii）第（i）节中的转换率是指：

（Ⅰ）1991 年提供的服务，10.50 美元；

（Ⅱ）1992 年提供的服务，10.75 美元；

（Ⅲ）1993 年提供的服务，11.00 美元。

（iii）对于 1994 年 1 月 1 日之后（包括当日）由注册麻醉师正确操作或者是由医生督导下提供的医疗服务，费用数额是第 1848 条第（a）款第（5）项第（B）目中规定的数额的一半。

（C）第（A）目第（i）节第（Ⅰ）次节到第（Ⅴ）次节除外：

（i）当 1990 年的转换率大于 16.50 美元时，那么 1990—1996 年的转换率将是 1990 年的转换率减去上一年的数字的最后一位和 1990 年转换率超过 16.50 美元的 1/5；

（ii）当 1990 年的转换率大于 15.49 美元而小于 16.51 美元的时候，那么 1990—1996 年的转换率将是以下两者中较大的一个：（Ⅰ）1990 年的转换率，或者（Ⅱ）第（A）目第（i）节中规定的转换率。

（D）第（C）目除外，被用于决定本款费用清单中服务费用的转换率，由第（A）目第（iii）节①中的调整因素进行调整，而且其绝对不会超过被用于决定该地区麻醉师费用的转换率。

（5）（A）对于支付给注册麻醉师的费用（支付的费用将依据本部分的规定进行）将按照提供这些服务的注册麻醉师提出的报价进行支付，或者与提供服务的注册麻醉师有雇佣或者合同关系的医院、急救医院、医生、合伙开业的医生及流动手术中心提出的报价进行支付，并且费用将直接支付给上述组织单位。

（B）对注册麻醉师的服务进行报价之后，任何医院或者急救医院都不能再把尚未收集的用于该服务的共同保险数额视作该医院的一笔不良债务。

（6）如果第（3）项第（B）目中调整因素导致医生服务的合理收费

---

① 可能应当称为“目”（subparagraph）。

削减，而一个不参与的医生在该削减生效之后向参保人员提供医疗服务，那么该医生的收费必须受到第 1842 条第（j）款第（1）项第（D）目的限制。

（m）（1）对于那些参加了保险项目且产生了医疗费用的人而言，如果其所在地区是部长在每年年初指定的［依据《公共卫生署法》第 332 条第（a）款第（1）项第（A）目①］专业医疗人员短缺地区，医生在向他们提供服务的时候，除了本部分规定的数目以外，还应当由联邦医疗保险补充信托基金向医生［或者是在第 1842 条第（b）款第（6）项中规定的雇主或机构］（按照月度或者季度）支付一笔等于该费用数额 10% 的金额。

（2）对于第（1）项中规定的专业医疗人员短缺地区，如果某一个郡县全部属于此类区域，那么部长将会提供额外的一笔费用，而且对于该地区的医生没有任何要求。部长将会按照第（u）款第（4）项第（C）目规定的方法实施上述规定。

（3）部长将会在医疗保险与医疗补助服务中心的网站上公布专业医疗人员短缺地区的清单，其包括某一郡县的部分地区，以提供第（1）项中所谓的额外支付。

（4）第 1869 条以及第 1878 条没有规定行政或者司法审查，考虑到以下情况：

（A）一个郡县或者地区的资格证明；

（B）本项中对于某位医生的专长的安排；

（C）将某位医生的指派到某一郡县；

（D）对于该郡县或地区的邮政编码的安排。

（n）（1）（A）第（a）款第（2）项第（E）目第（ⅰ）节中规定的，发生在 1988 年 10 月 1 日到 1999 年 1 月 1 日的医疗服务，以及在第（a）款第（2）项第（E）目第（ⅱ）节中规定的发生在 1989 年 10 月 1 日和 1999 年 1 月 1 日的医疗服务，其全部或者部分在服务费用报告期内总的费用是以下两者中较小的一个：（ⅰ）依据第（a）款第（2）项第（B）目规定的数目；或者（ⅱ）依据第（B）目规定的放射服务和诊断程序的合计费用。

---

① 参见第 2 卷《公法》第 78—410 期，第 332 条第（a）款。

（B）（ⅰ）依据第（B）目规定的放射服务和诊断程序的合计费用是以下各项的总和：

（Ⅰ）第（A）目第（ⅰ）节中数目的［第（ⅱ）节中所规定的］成本比例；

（Ⅱ）［第（ⅱ）节第（Ⅱ）次节规定的］62%的收费比例［第（a）款第（2）项第（E）目第（ⅰ）节所规定的服务］，或者是［第（a）款第（2）项第（E）目第（ⅱ）节所规定的程序］，42%的比例或者是由部长（或者是由实施者按照部长发布的指引）所规定的比例，基于按实际收费数据确立的现行的费用，［对于第（a）款第（2）项第（E）目第（ⅰ）节规定的1989年4月1日之后（包括当日）的服务，以及第（a）款第（2）项第（E）目第（ⅱ）节规定的1992年1月1日之后（包括当日）的服务］其支付给参与医生的费用数目与该服务第1842条第（b）款所规定在当地医生办公室提供的服务的费用数目一样，（对于那些第1848条规定的1992年1月1日之后服务）减少第1866条第（a）款第（2）项第（A）目规定的服务提供者的收费。

（ⅱ）在本目中：

（Ⅰ）"成本比例"为50%，但以下两种情况下为65%：1989财政年度发生的门诊病人的放射性检查服务，以及1990财政年度的由第（a）款第（2）项第（E）目第（ⅱ）节所规定诊断性程序；此外，以下情况为42%，即1991年1月1日之后的门诊病人的放射性检查服务。

（Ⅱ）"收费比例"是指100%减去成本比例。

（o）（1）第1861条第（s）款第（12）项所规定的鞋子。

（A）任何时候向任何人供应下列物品都不能收取费用：

（ⅰ）超过一双数量的原位定型鞋（包括与鞋子一起的鞋垫）以及两双额外的鞋垫；

（ⅱ）或者，超过一双数量的加深鞋子（不包括内置鞋垫）以及三双衬垫。

（B）对于任何公历年内产生的费用，不超过第（2）项中规定的数目将被认为基于第（a）款和第（b）款而产生的费用。

本部分中对于鞋子的支付费用将包括为了使该鞋子（或鞋垫）合适而产生的任何费用。

（2）（A）除非部长在第（B）目和第（C）目中另有规定，本项中的原位定型鞋、加深鞋子以及鞋垫的费用将由部长在第 1834 条第（h）款中进行规定。

（B）如果部长认为鞋子和鞋垫的质量比本条规定的要差时，它可以规定鞋子以及鞋垫的费用低于第 1834 条第（h）款规定的数目。

（C）与部长规定的程序一起，第 1861 条第（s）款第（12）项中规定的参保人员可以要求用修改鞋子的尺寸来替换一双（或者在部长有特殊规定的情况下是更多）鞋垫（而不是鞋子的原配鞋垫）。在这种情况下部长可以更换第 1834 条第（h）款所规定的数目，部长必须确保花费方面不会有净增加。

（3）在本编中，除第（2）项第（A）目第（ⅱ）节和第（B）目另有规定外，"鞋子"包括加深鞋子的衬垫。

（p）【已废除①】

（q）（1）每一个针对由机构提供的物品或服务付款请求，该机构知道或者有理由相信有咨询医生的转诊（依据第 1877 条规定的意思）将包括该医生的名字和特有的身份号码。

（2）（A）下列情况下可以不予付款：即针对由每一机构提供的物品或服务，基于相关协议而提出的付款请求，其相关的信息在第（1）项的规定中要求提供却没有提供。

（B）即针对由每一机构提供的物品或者服务，非基于相关协议而提出的付款请求，其相关的信息在第（1）项的规定中要求提供却没有提供：

（ⅰ）如果该机构故意没有按照部长或承保单位的要求及时提供该信息，那么该机构将面临不超过 2000 美元的民事罚款；

（ⅱ）如果该机构在被部长告知相关责任和第（1）项中规定的提供信息的要求之后，依然多次故意没有履行，那么该机构将被从本法的项目中除名不超过 5 年的时间，依据第 1128 条第（c）款、第（f）款、第（g）款。第 1128A 条［除第（a）款和第（b）款之外］的规定将以其适用于第 1128A 条第（a）款下的罚款和程序的方式，适用于第（ⅰ）节中的民事罚款。

---

① 参见《公法》第 103—432 期，第 123 条第（b）款第（A）目第（ⅱ）节；《美国联邦法律大全》第 108 编第 4411 条。

（r）（1）对于第 1861 条第（s）款第（2）项第（K）目第（ii）节中规定的服务（以及专业护士和门诊护士的服务），支付的费用将依据这些护士或是与其有雇用或者合同关系的医院、急救医院、专业护理机构、[第 1919 条第（a）款规定的]护理机构、医生、合伙开业的医生及流动手术中心提出的报价进行支付，并且费用将直接支付给上述组织。

（2）第 1861 条第（s）款第（2）项第（K）目第（ii）节中，提出付费要求的任何医院及急诊医院都不能将此项服务的尚未收集的公共保险费用视作坏账处理。

（s）只有在该机构向部长保证其能够达到第 1866 条第（f）款（以及相关的书面政策和预先指令的程序规定）的条件的情况下，部长才会依据第（a）款第（1）项第（A）目的规定向其提供付款。

（t）**针对门诊服务的预期付费系统**。

（1）**费用数目**。

（A）**总则**。对于 1999 年开始的一年内提供的 [第（B）目中所提到的] OPD 服务，其支付的数目将由部长建立的预期付费系统进行确定。

（B）**覆盖的 OPD 服务的定义**。根据本款，"覆盖的 OPD 服务"是指：

（i）由部长指定的医院门诊病人服务。

（ii）依据第（iv）节，包括由部长指定的针对住院病人的服务，该病人应当满足一下两个条件之一：（I）参保了第 A 部分的保险单是保险金额已经因为患病期间住院服务而耗尽；或者（II）没有参保。

（iii）包括第 1861 条第（s）款第（3）项、第（6）项、第（8）项中规定的可移植项目。

（iv）但是，不包括第（a）款第（8）项中的治疗服务和救护车服务，这些服务的支付由第 1834 条第（k）款或是第 1834 条第（1）款中的费用清单规定，而且不包括 [第 1861 条第（jj）款规定的] 乳房摄影检查和诊断性乳房摄影。

（2）**系统要求**。基于付费系统。

（A）部长将会 OPD 服务设定一个层级系统；

（B）部长将会在第（A）目下建立 OPD 服务组，以使本组中的分级服务都能具有可比性，而且任何与该服务相关的可补充条款都能够在组中被分级；

（C）部长将会利用从 1996 年以来的需求数据以及最近成本报告里的

数据医院费用中值，为 OPD 服务［以及第（B）目中该服务任何组］建立相关的支付权重（或者是平均值，这将由部长选定），并将确定 1999年每种服务（或服务组）的使用频率范围；

（D）部长将会依照收支平衡的方式，确定一个工资调整系数以使各地区间在因为劳动及劳动相关费用的差别而导致的费用和共同保险比例的差别得以调整；

（E）部长将会依照收支平衡的方式，在第（5）项和第（6）项中分别规定出异常值调整和过渡通道，以及其他必要的调整（例如对于某些等级医院的调整），以确保支付平衡；

（F）部长将会采取措施以控制 OPD 服务的非必要增长；

（G）部长将会建立额外的 OPD 服务分组，以区分那些使用造影剂的治疗手段和不使用的治疗手段；

（H）对于包括辐射盒（或放射源）在内的短距离放射治疗的设备，部长会建立额外的 OPD 服务分组，以区分这些设备和那些根据设备的数量、同位素以及放射强度进行付费的服务，包括那些钯－103 和碘－125的设备。根据第（B）目的规定，如果同一组中物品和服务的最高中间成本数［或者是部长依据第（C）目选择的平均成本］比最低中间成本（或者是平均成本）的两倍还高的话，那么同一组内的物品和服务不能被视作与资源的使用相比较；除非部长可以对非正常情况进行排除，例如低量的物品和服务，但是不能排除以下情况：《联邦食品、药品和化妆品法》第 526 条已经将某一种药品或者生物制品认定为用来治疗罕见疾病的药物。

（3）**基础总额的计算**。

（A）**当免赔金额不再有效时可以支付的总数**。部长将估算以下数目：

（ⅰ）将有信托基金为 1999 年的 OPD 服务进行支付的总额，第 1833条第（b）款的免赔金额不予适用；

（ⅱ）由受益人为 1999 年的 OPD 服务向医院支付的共同负担金额总数，第 1833 条第（b）款的免赔金额不予适用。

（B）**未经调整的共同负担总额**。

（ⅰ）**总则**。依据本款中第（ⅱ）节的规定，OPD 服务的"未经调整的共同负担总额"是 1996 年服务（或组内服务）全国收费中间值的20%，并且依据部长对收费增长的估算，将数据更新到 1999 年。

（ⅱ）**分阶段引入时的调整为 20％**。如果 OPD 服务的提前免赔比重等于或者超过 80％，那么未经调整的共同负担额将由第（D）目确定为 20％。

（ⅲ）**有关新服务的规则**。部长将会依据其在组内的分级给不是 1996 年发生的 OPD 服务设立一个未经调整的共同负担额。

（C）**转换率的计算**。

（ⅰ）**对于 1999 年**。

（Ⅰ）**总则**。部长将会设立一个 1999 年的转换率用来为 1999 年提供的 OPD 服务（或服务组）确定收费数目。此转换率的确定将以第（2）项第（C）目中规定的比重和频率为基础，并且保证所有产品的服务和分组〔由第（Ⅱ）次节规定每一种服务和分组〕的总数等于第（A）目中规定的计划数目。

（Ⅱ）**产品描述**。部长将会为每项服务或分组会确定医疗保险 OPD 费用数目〔考虑第（2）项第（D）目和第（2）项第（E）目中规定的合理调整〕以及每项服务或分组的估算频率。

（ⅱ）**后续的年份**。依据第（8）项第（B）目的规定，部长将会为后续年份提供的 OPD 服务建立一个转换率，其数额等于本项规定的转换率，并且其适用于之前的年份里的服务，同时随着 OPD 费用清单中的增长因素〔第（ⅳ）节对此有规定〕而增长。

（ⅲ）**针对服务组合变化的调整**。部长对于前一年（或后一年预计这种调整）服务组合变化的调整将会导致付费总额的变化，该变化是 OPD 服务的编码和分级的变化，而不是服务组合本身的变化，部长将会调整后续年份中转换率的计算，以消除编码和分级变化所带来的影响。

（ⅳ）**OPD 费用清单中的增长因素**。依据本目①的规定，"OPD 费用清单中的增长因素"等于第 1886 条第（b）款第（3）项第（B）目第（ⅲ）节中规定的对于医院而言一年内市场物价的百分比增长，对于 2000 年和 2002 年的服务则还要减去 1 个百分点。在对 2000 年之后的年份适用前述规定时，部长可能会用一个年度百分比增长替换该市场物价的百分比增长，此年度百分比增长适用于一个会计年度内住院病人的医疗服务免除

---

① 参见《公法》第 109—432 期，第 109 条第（a）款第（1）项第（A）目，加入"依据第（17）项"，适用于 2009 年 1 月 1 日之后的服务付费。

额，其计算和针对 OPD 服务的适用都是按照与市场物价的百分比增长的相同方式进行的。

（D）**医疗保险中 OPD 费用数额的计算**。部长将为一年内提供的 OPD 服务计算医疗保险 OPD 费用数额，其数额等于以下产品的数额：（ⅰ）第（C）目计算的转换率；（ⅱ）［第（2）项第（C）目确定的］服务或分组的相对支付权重。

（E）**提前免除百分比**。一年内 OPD 服务（或服务组）的提前免除百分比等于以下几项的比率：（ⅰ）由第（D）目确定的当年医疗保险 OPD 费用数额减去由第（B）目确定的对于服务或服务组未经调整的共同费用数额；（ⅱ）由第（D）目确定的该服务或服务组的医疗保险中 OPD 费用数额。

（4）**医疗保险总额**。依据第（7）项的规定，信托基金为 OPD 服务（此服务在组中已经分级）所支付的费用数额确定如下：

（A）**费用调整**。［第（3）项第（D）目中计算的］医疗保险 OPD 费用数额将由部长根据劳动成本及其他因素的相对差异进行调整，其计算方式由第（2）项第（D）目和第（2）项第（E）目中规定。

（B）**扣减免除额**。在一定程度上适用，用第（A）目中确定的调整额减掉第 1833 条第（b）款中的免除额。

（C）**对余额适用支付比例**。由第（B）目确定的数额乘以［第（3）项第（E）目中确定的］提前免除百分比，加上第（8）项第（C）目中共同负担额的扣减部分。

（5）**异常值调整**。

（A）**总则**。依据第（D）目，部长将为 OPD 服务（或服务组）提供额外的支付，调整成本后当医院的报价超过了以下数额时：

（ⅰ）总量的固定倍数：（Ⅰ）第（3）项第（D）目中的医疗保险 OPD 费用数额由第（4）项第（A）目［而不是由本项或是第（6）项的规定进行调整］进行调整，以及（Ⅱ）任何第（6）项的过渡性转移支付；

（ⅱ）此固定美元数额将由部长自由裁量。

（B）**调整金额**。第（A）目规定的附加拨款应由部长决定，并应接近于该目规定的超过适用起征点的护理的边际成本。

（C）**对异常值调整的限制**。

（ⅰ）**总则**。由本款规定的在一年内提供 OPD 服务（由部长在一年之初预估）的总附加拨款额不可超过本项规定的该年内提供的 OPD 服务的总项目拨款的适用百分比［由第（ⅱ）节指定］。如果本项适用于不足一年的情况，前句也应只适用于该年的该部分。

（ⅱ）**适用百分比**。依据第（ⅰ）节，"适用百分比"是指由部长指定的可达到（但不超过）以下比例的百分比：（Ⅰ）2004 年之前的年份（或一年的某部分），为 2.5%；（Ⅱ）2004 年及之后，为 3.0%。

（D）**过渡期职权**。在 2002 年 1 月 1 日之前，适用第（A）目规定提供 OPD 服务是，部长可以：（ⅰ）将该目适用于规定使用 OPD 费用计划拨款和过渡转移拨款提供门诊病人的服务（而不是特殊服务或一组服务）；（ⅱ）对所含（由部长决定）医院适用合适的成本收费比例，而不是该医院的特定部门。

（E）**超出款支持的独立药品和生物复合药品的豁免**。按第（A）目规定的附加拨款不应用于分别按药品和生物制品划分的非固定拨款分类组。

（6）**创新医学设备、药品和生物制品的附加成本的过渡转移拨款**。

（A）**总则**。部长应按照本项规定，对提供下列 OPD 服务（或一组服务）予以附加拨款：

（ⅰ）**当前罕见病药品**。在本条规定的系统运用的首日已提供拨款情况下，用于本部分规定的门诊医院服务的药品或生物制品，并是用于《联邦食物、药品和化妆品法》第 526 条规定的罕见病药品所治疗的罕见疾病或情况的药品或生物制品。

（ⅱ）**当前癌症治疗和近距离放射治疗的药品、生物制品**。在首日已提供对本部分规定作为门诊医院服务的药品、生物制品和设备的拨款情况下，用于癌症治疗的药品或生物制品，包括（但不限于）化疗剂、止吐剂、造血生长因子、菌落刺激因子、生物制品反应改性剂、双磷酸盐、近距离放射治疗或温度监测冷冻治疗设备。

（ⅲ）**当前放射药剂和生物制品**。在首日已提供对本部分规定作为门诊医院服务的药品、生物制品的拨款情况下，用于诊断、监测和治疗核医学操作的放射药剂和生物制品。

（ⅳ）**新医学设备、药品和生物制品**。非第（ⅰ）节、第（ⅱ）节或第（ⅲ）节提及的医学设备、药品或生物制品，但符合以下条件：

（Ⅰ）作为本部分规定作为门诊医院服务的用于设备、药品或生物制品的拨款自 1996 年 12 月 31 日起没有提供；

（Ⅱ）该药品、生物制品的成本或设备种类的平均成本，相对于拨付给所包含服务（或一组服务）的 OPD［依据第（3）项第（D）目计算］计划拨款无足轻重的。

（B）**用于决定设备获得拨款资格的分类**。下列条款用于决定医学设备是否有获得第（ⅱ）节或第（A）目第（ⅳ）节额外拨款的资格：

（ⅰ）**最初分类的建立**。

（Ⅰ）**总则**。部长在 2001 年 4 月 1 日前应基于设备特征建立最初医学设备分类。该分类应使得每个医学设备自 2001 年 1 月 1 日起都满足第（ⅱ）节或第（A）目第（ⅳ）节的要求，并且每个医学设备属于且仅属于其中一类。依据前句，医学设备是否能自该日起满足要求，应基于该日前颁布的项目备忘录而决定。

（Ⅱ）**非通过规定的使用授权**。该分类可以由上述项目备忘录建立或者，在医院、医学设备制造商和其他相关方代表小组讨论后建立。

（ⅱ）**建立附加分类标准**。

（Ⅰ）**总则**。部长应通过制定规则（包括使用带评论期的临时最终规则），建立创建附加分类的标准［而非按照第（ⅰ）节建立］。

（Ⅱ）**标准**。该分类应以如下方式建立：一种医学设备应属于一种分类。该标准应包括测试所有属于同一类并在分类建立时投入使用的设备的平均成本，如第（A）目第（ⅳ）节第（Ⅱ）次节所述，是无足轻重的。

（Ⅲ）**最后期限**。标准应首先在 2001 年 7 月 1 日前建立。部长可以在标准建立前，强制建立分类。

（Ⅳ）**补充分类**。部长应在生效中（或曾经生效的）的分类不适合时，及时建立医学设备新分类以满足第（A）目第（ⅳ）节的要求。

（ⅲ）**分类生效期**。第（ⅰ）节或第（ⅱ）节规定的医学设备分类有效期至少为 2 年，但不超过 3 年，其有效期开始于：（Ⅰ）在按照第（ⅰ）节规定建立分类的情况下，首日即为对该分类所述的任一设备提供本条规定拨款之日（包括拨款于 2001 年 4 月 1 日之前提供的情况）；以及（Ⅱ）在其他分类的情况下，首日即为对该分类所述的任一设备提供本条规定拨款之日。

（ⅳ）**视为满足要求**。医学设备符合以下条件视为满足第（A）目第

(ⅳ) 节的要求, 而无论该设备是否满足其第 (Ⅰ) 次节的要求: (Ⅰ) 该设备符合按照第 (ⅰ) 节规定建立并生效的分类的描述; 或者 (Ⅱ) 该设备符合按照第 (ⅱ) 节规定建立并生效的分类的描述, 并根据《联邦食物、药品和化妆品法》第 515 条批准应用, 或该设备符合该法第 510 条第 (k) 款规定已被市场明晰, 或该设备根据该法第 510 条第 (l) 款、第 (m) 款或第 520 条第 (g) 款对该法第 510 条第 (k) 款豁免。

本节规定不可解释为要求分类所述的设备, 申请或优先批准 [而非按照第 (Ⅱ) 次节的规定] 本项规定的拨款。

(C) **拨款期间限制**。

(ⅰ) **药品和生物制品**。对药品和生物制品提供的本条规定的拨款, 应适用至少 2 年, 但不超过 3 年, 该期间始于:

(Ⅰ) 在第 (A) 目第 (ⅰ) 节、第 (ⅱ) 节或第 (ⅲ) 节所述的药品或生物制品, 以及第 (A) 目第 (ⅳ) 节所述的且在首日前作为门诊医院服务的药品和生物制品的情况下, 本条适用的首日; 或者 (Ⅱ) 在第 (A) 目第 (ⅳ) 节所述的且不属于前第 (Ⅰ) 次节所述情况的药品和生物制品的情况下, 本部分规定的对作为门诊医院服务的药品和生物制品提供拨款的首日。

(ⅱ) **医学设备**。拨款提供的医学设备应满足以下条件: (Ⅰ) 按第 (B) 目规定的建立并生效的医学设备分类; 以及 (Ⅱ) 根据本目规定生效分类的期间提供本条规定的服务 (或一组服务)。

(D) **附加拨款款额**。根据第 (E) 目第 (ⅲ) 节的规定, 对 OPD 服务的设备、药品和生物制品提供拨款的款额应满足以下条件: (ⅰ) 在药品和生物制品的情况下, 按第 1842 条第 (o) 款 (或在药品和生物制品为第 1847B 条规定的竞争性购买合同所得, 部长决定的款额应等于所有本条规定的竞争性购买地区和年度所得的药品或生物制品的平均价格, 并由部长计算和调整) 规定对药品和生物制品的拨款额超过了部长决定的对药品和生物制品的合适医疗 OPD 计划拨款的部分; 或者 (ⅱ) 对于医学设备, 医院收取的设备款额, 由于成本调整, 超过了部长决定的对医学设备的合适医疗 OPD 计划拨款的部分。

(E) **总年度调整限制**。

(ⅰ) **总则**。由本项规定的在一年内提供 OPD 服务 (由部长在年初预估) 的总附加拨款额不可超过本项规定的该年内提供的便民服务的总项目拨款的适用百分比［由第（ⅱ）节指定］。如果本项适用于不足 1 年的情况，前句也应只适用于该年的该部分。

（ⅱ）**适用百分比**。依据第（ⅰ）节，"适用百分比"是指：（Ⅰ）2004 年之前的年份（或一年的某部分），为 2.5%；以及（Ⅱ）2004 年及之后，由部长指定可达到（但不超过）2.0%。

（ⅲ）**超出总预计限制则预先统一减少**。如果部长在年初，预计该年（或该年的某部分）第（ⅰ）节规定的附加拨款额将超出限制，部长应按比例减少该年（或该年的某部分）的各附加拨款，以确保总附加拨款（预计的）不超过限制。

（F）**功效对等标准应用的限制**。

（ⅰ）**总则**。部长可以不公布适用功效对等标准药品和生物制品的规则。

（ⅱ）**适用**。第（ⅰ）节应适用于在《2003 年医疗保险处方药、改良和现代化法》实施之后申请药品或生物制品的功效对等标准，以下情况除外：（Ⅰ）在实施之日前，对药品或生物制品提交申请，（Ⅱ）部长对药品或生物制品适用该标准，仅用于审核本款规定的附加拨款资格，而不用于本编其他目的。

（ⅲ）**解释规则**。本目规定不可解释为，在食品和药品局认定一种特殊药品与另一种药品是相同制药和生物等价的情况下，影响部长认定两种药品相同的职权。

（7）**限制拨款下降的过渡调整**。

（A）**在 2002 年之前**。根据第（D）目规定，在 2002 年 1 月 1 日前提供 OPD 服务，对其拨付的 PPS 款项［由第（E）目定义］满足：

（ⅰ）不少于前 BBA 款［由第（F）目定义］的 90%，但不超过 100%，本项规定的拨款额应增加差额的 80%；

（ⅱ）不少于前 BBA 款的 80%，但不超过 90%，本款规定的拨款额应增加（Ⅰ）0.71 与前 BBA 款乘积，超过（Ⅱ）0.70 与前 BBA 款乘积的部分；

（ⅲ）不少于前 BBA 款的 70%，但不超过 80%，本款规定的拨款额应增加（Ⅰ）0.63 与前 BBA 款乘积，超过（Ⅱ）0.60 与前 BBA 款乘积的部分；

（ⅳ）或者，少于前 BBA 款的 70%，本款规定的拨款额应增加前

BBA 款的 21%。

（B）**2002 年**。根据第（D）目规定，在 2002 年内提供 OPD 服务，对其拨付的 PPS 款满足：

（ⅰ）不少于前 BBA 款的 90%，但不超过 100%，本款规定的拨款额应增加差额的 70%；

（ⅱ）不少于前 BBA 款的 80%，但不超过 90%，本款规定的拨款额应增加（Ⅰ）0.61 与前 BBA 款乘积，超过（Ⅱ）0.60 与前 BBA 款乘积的部分；

（ⅲ）或者，少于前 BBA 款的 80%，本款规定的拨款额应增加前 BBA 款项的 13%。

（C）**2003 年**。根据第（D）目规定，在 2003 年内提供 OPD 服务，对其拨付的 PPS 款满足。

（ⅰ）不少于前 BBA 款的 90%，但不超过 100%，本项规定的拨款额应增加差额的 60%；

（ⅱ）或者，少于前 BBA 款的 90%，本项规定的拨款额应增加前 BBA 款的 6%。

（D）**不受损害条款**。

（ⅰ）**农村医院的临时处理**。

（Ⅰ）位于农村地区、床位不超过 100 张且是唯一的社区医院［由第 1886 条第（d）款第（5）项第（D）目第（ⅲ）节定义］的医院，其在 2006 年 1 月 1 日前提供 OPD 服务的拨款少于前 BBA 款的，本项规定的拨款额应将差额补齐。

（Ⅱ）位于农村地区、床位不超过 100 张且不是唯一的社区医院［由第 1886 条第（d）款第（5）项第（D）目第（ⅲ）节定义］的医院，其在 2006 年 1 月 1 日（含当日）之后且在 2010 年 1 月 1 日①之前提供 OPD 服务的拨款少于前 BBA 款的，本款规定的拨款额应增加差额的适当百分比。依据前句，2006 年合适的百分比为 95%，2007 年合适的百分比为

---

① 参见《公法》第 110—275 期，第 147 条第（1）项第（A）目，剔除"2009 年"代替以"2010 年"，2008 年 7 月 15 日生效。

90%，2008 年或 2009 年合适的百分比为 85%①。

（Ⅲ）②唯一社区医院［由第 1886 条第（d）款第（5）项第（D）目第（ⅲ）节定义］且床位不超过 100 张的医院，其在 2009 年 1 月 1 日（含）之后及在 2010 年 1 月 1 日之前提供 OPD 服务的拨款少于前 BBA 款的，本款规定的拨款额应增加差额的 85%。

（ⅱ）**肿瘤医院和儿童医院的永久性处理**。符合第 1886 条第（d）款第（1）项第（B）目第（ⅲ）节或第（ⅴ）节规定的医院，其提供 OPD 服务的 PPS 拨款少于前 BBA 款的，本款规定的拨款额应将差额补齐。

（E）**PPS 款定义**。在本项中，"PPS 款"是指按照本编规定提供 OPD 服务（非本项的定义）的可拨付款，包括第（8）项规定的可拨付的共同拨款，第 1866 条第（a）款第（2）项第（A）目第（ⅱ）节规定的共同保险和第 1833 条第（b）款规定的可扣除款。

（F）**前 BBA 款定义**。

（ⅰ）**总则**。在本项中，"前 BBA 款"是指对一年内提供 OPD 服务的医院的拨款，其款额等于该年内该医院成本报告期间（或多个期间）提供服务的合理成本，与该医院基础的 OPD 成本费用比例［由第（ⅱ）节定义］的乘积。

（ⅱ）**基础的成本费用比例定义**。依据本目，"基础的成本费用比例"是指该医院按以下所得的比例：（Ⅰ）截至 1996 年的成本报告期间（或者为提交一份成本报告后没有在 2001 年前提交随后的成本报告的医院的情况），医院 OPD 服务的退还款，包括第（E）目规定的成本分摊的服务的退还款，除以（Ⅱ）该时期内提供服务的合理成本。

部长应决定该比例如同在《1997 年平衡预算法》第 4521 条制定的修正案③在 1996 年生效一样。

（G）**临时拨款**。部长应根据基于固定的成本报告的回顾性调整，为医院拨付临时拨款。

---

① 参见《公法》第 110—275 期，第 147 条第（1）项第（B）目，剔除"为达到前句目的，2006 年、2007 年和 2008 年合适百分比分别为 95%、90% 和 85%。"代替以本句，2008 年 7 月 15 日生效。

② 参见《公法》第 110—275 期，第 147 条第（2）项，添加了第（Ⅲ）次节，2008 年 7 月 15 日生效。

③ 参见《公法》第 105—33 期，第 4521 条；《美国联邦法律大全》第 110 编第 444 条。

（H）**对共同拨款无影响**。本项的规定不可解释为影响第（3）项第（B）目规定的未经调整的共同拨款及第（8）项规定的共同拨款。

（I）**不考虑预算中立的申请**。本项规定的附加款：（ⅰ）按照第（2）项第（E）目的规定，不应调整；以及（ⅱ）不适用执行预算中立方法。

（8）**共同拨款额**。

（A）**总则**。第（B）目和第（C）目另有规定除外，本项规定的共同拨款是第（4）项第（B）目拨款超过第（4）项第（C）目拨款的部分。

（B）**提议减少共同拨款的选择**。部长可在年初（始于1999年）建立程序，使医院可以选择或者根据第（A）目规定对部分或所有覆盖OPD服务的共同拨款，减少不少于医院OPD服务计划拨款［根据第（3）项第（D）目计算］的20%。根据该程序，已减少的共同拨款在该年度内不可进一步减少或增加，且医院可以按本款规定发布共同拨款减少额的信息。

（C）**共同拨款额限制**。

（ⅰ）**关于医院住院部可扣除款**。在任何情况下，该年内所执行程序的共同拨款均不可超过该年内第1813条第（b）款规定的医院住院部可扣除款。

（ⅱ）**关于指定百分比**。部长应减少一年内对OPD服务（或一组服务）提供的未经调整共同拨款额，使该年内有效地共同拨款率（按国家未经调整基础决定）不超过以下百分比：

（Ⅰ）对2001年执行的程序，在2001年4月1日（含当日）之后，为57%。

（Ⅱ）对2002年或2003年执行的程序，为55%。

（Ⅲ）对2004年执行的程序，为50%。

（Ⅳ）对2005年执行的程序，为45%。

（Ⅴ）对2006年及之后执行的程序，为40%。

（D）**对可扣除款无影响**。本项的规定不可解释为影响第1833条第（b）款规定的医院变动可扣除款的权利。

（E）**计算忽略超出款和转移拨款调整**。第（A）目规定的共同拨款的计算应认为第（5）项和第（6）项规定的调整［以及第（2）项第（E）目规定的相关调整］没有发生。

（9）**共同拨款的预计拨款系统的定期审查和调整**。

（A）**定期审查**。部长至少每年应进行一次审查，并修改归类、相关拨付权重、工资和第（2）项规定的其他调整，其应考虑医疗实践、技术的变化，新服务的添加、新成本信息和其他相关信息及因素。部长应在咨询小组外选择合适的代表供应商的专家讨论，以审查（并建议部长考虑）完整的临床分组和权重。该小组应使用由团体或组织（而非卫生与公共服务部）收集或发展的数据来指导审查。

（B）**预算中立调整**。如果部长根据第（A）目的规定调整，该年度内该调整不可引起该年内预估的开支款额，相对于没有调整的预估开支款额，出现增加或减少。2004 年或 2005 年决定前句所述调整，部长根据本项或第（2）项第（E）目规定的在没有第（14）项规定的申请时不考虑支出。

（C）**更新因素**。如果部长根据第（2）项第（F）目所述方法认为本条拨款的服务量增长超过该方法所确定的量，部长可以在随后的年份适当调整更新转换因子。

（10）**救护服务的特殊规定**。部长应基于第 1861 条第（v）款第（1）项第（U）目所述，或在适当情况下根据第 1834 条第（i）款制定的收费表，对提供救护服务的医院门诊服务拨款。

（11）**特定医院的特殊规定**。对第 1886 条第（d）款第（1）项第（B）目第（ⅲ）节或第（v）节所述医院：

（A）本款规定的系统不应适用于 2001 年 1 月 1 日前覆盖 OPD 服务的拨款；

（B）部长应对服务建立独立的转换因子，并基于医院病人数量优势及服务强度计划提供服务医院的特殊成本。

（12）**审查限制**。根据第 1869 条、第 1878 条规定，不应对以下内容进行行政或司法审查：

（A）第（2）项规定的分类系统的发展，包括建立 OPD 服务的分组或相关拨款权重、工资调整因素、其他调整和第（2）项第（F）目规定的方法；

（B）第（3）项规定的基础款项的计算；

（C）第（6）项规定的定期调整；

（D）第（8）项第（B）目规定的独立转换因子的制定；

（E）第（5）项规定的固定倍数、固定美元限制额、护理边际成本或适当百分比的判定，或第（6）项规定的无足轻重的成本、附加拨款的持续期的判定，最初和新分类的判定和删除［与第（6）项第（B）目和第（C）目规定保持一致］，特殊设备、药品和生物制品的医疗 OPD 计划拨款的分配和任何按比例减少的情况。

（13）**农村医院调整授权**。

（A）**研究**。在农村地区医院的门诊费分类小组（APCs）的成本高于城市医院的成本时，部长应按本款所述系统组织研究决定。

（B）**调整授权**。按照第（A）目的规定，在部长认为农村地区医院的成本高于城市医院的成本时，部长应在 2006 年 1 月 1 日前，按照第（2）项第（E）目规定进行适当的调整，以反映该高成本。

（14）**药品 APC 拨款率**。

（A）**总则**。根据本款规定对提供 OPD 服务（或一组服务）的特定门诊药品［由第（B）目定义］的拨款额为：

（ⅰ）在 2004 年：（Ⅰ）唯一来源药品在任何情况下，都不应低于该药品参考平均批发价的88％，但不高于其95％，（Ⅱ）创新的多来源药品在任何情况下，都不应超过该药品参考平均批发价的68％，或者（Ⅲ）非创新的多来源药品在任何情况下，都不应超过该药品参考平均批发价的46％；

（ⅱ）在 2005 年：（Ⅰ）唯一来源药品在任何情况下，都不应低于该药品参考平均批发价的83％，但不高于其95％，（Ⅱ）创新的多来源药品在任何情况下，都不应超过该药品参考平均批发价的68％，或者（Ⅲ）非创新的多来源药品在任何情况下，都不应超过该药品参考平均批发价的46％；

（ⅲ）或者，根据第（E）目规定，在随后年度，应等于：（Ⅰ）该药品该年度的平均购买成本［该成本可由于部长选择的医院组不同而变化（部长基于 OPD 服务的量或相关特征定义）］，该成本是由部长按第（D）目规定的，考虑了医院购买成本调查数据决定的，或者（Ⅱ）如果医院购买成本调查数据不可获得，根据第 1842 条第（o）款、第 1847A条或第 1847B 条规定，由部长在必要处计算或调整该年内该药品平均价格。

（B）**指定门诊药品的定义**。

（ⅰ）**总则**。"指定门诊药品"是指根据第（ⅱ）节，门诊费分类小组（APC）制定的并符合以下要求的门诊药品［由第 1927 条第（k）款第（2）项定义］：（Ⅰ）放射性药剂；或者（Ⅱ）在 2002 年 12 月 31 日之前，根据第（6）项规定（关于转移拨款），拨付给药品和生物制品的拨款。

（ⅱ）**豁免**。该术语不包括：（Ⅰ）根据第（6）项规定，在 2003 年 1 月 1 日以后（包括当日）首次拨款的药品或生物制品；（Ⅱ）没有临时的通用医疗程序编码系统代码的药品或生物制品；或者（Ⅲ）2004—2005 年，罕见病药品（由部长指明的）。

（C）**2004—2005 年指明的罕见病药品的拨款**。2004—2005 年，根据第（B）目第（ⅱ）节第（Ⅲ）次节规定，部长制定的，对提供 OPD 服务的罕见病药品的拨款应等同于部长指定的款额。

（D）**医院门诊药品的购买成本调查**。

（ⅰ）**2004 年及 2005 年，年度政府问责局调查**。

（Ⅰ）**总则**。2004 年及 2005 年，美国国家总审计长应每年组织调查，以判定医院各门诊药品的购买成本。2005 年 4 月 1 日之前，总审计长应向部长提供调查数据，以便部长按第（A）目规定制定 2006 年的拨款率。

（Ⅱ）**建议**。根据完成的调查，总审计长应向部长就部长按第（ⅱ）节要求组织的后续调查的频率和方法提出建议。

（ⅱ）**后续的部长调查**。在考虑上述建议后，部长应定期组织后续调查，来判定医院各门诊药品的购买成本，以便按第（A）目规定制定拨款率。

（ⅲ）**调查要求**。按第（ⅰ）节、第（ⅱ）节要求组织的调查，应包含能形成统计显著性以估计各门诊药品的平均医院购买成本的充分大样本。对第（ⅰ）节要求组织的调查，总审计长应向国会报告使用样本规模的理由，以保障估计的有效性。

（ⅳ）**成本差异**。在组织第（ⅰ）节要求的调查时，总审计长应判定并向国会报告，存在的（在任何程度上）不同医院购买药品成本的差异，该差异可能是由医院提供 OPD 服务量的不同或其他的医院特征（由总审计长定义）引起的。

（ⅴ）**计划比例的评价**。在部长公布包含按第（A）目规定制定的 2006 年拨款率的计划规则 30 天之内，总审计长应根据第（ⅰ）节要求组织的调查结果，评估该计划比例并向国会提交关于该比例合适性的报告。

(E) **经常性费用拨款率调整**。

(ⅰ) **医疗保险支付咨询委员对药品 APC 的设计报告**。2005 年 7 月 1 日之前，医疗保险支付咨询委员会应向部长提交报告，该报告关于各类指定门诊药品的门诊费拨款调整，该调整应考虑经常性及相关支出，包括药店服务和管理成本。该报告应包括：（Ⅰ）关于该支出的有效数据的描述和分析；（Ⅱ）是否需要调整的建议；以及（Ⅲ）如需调整，对调整方法的建议。

(ⅱ) **调整授权**。部长可调整各类指定门诊药品的门诊费的权重，该调整应考虑第（ⅰ）节所提交报告的建议。

(F) **药品分类**。依据本项：

(ⅰ) **唯一来源药品**。"唯一来源药品"是指：（Ⅰ）生物制品〔由第 1861 条第（t）款第（1）项定义〕；或者（Ⅱ）单一来源药品〔由第 1927 条第（k）款第（7）项第（A）目第（ⅳ）节定义〕。

(ⅱ) **创新的多来源药品**。"创新的多来源药品"是第 1927 条第（k）款第（7）项第（A）目第（ⅱ）节所定义的术语含义。

(ⅲ) **非创新的多来源药品**。"非创新的多来源药品"是第 1927 条第（k）款第（7）项第（A）目第（ⅲ）节所定义的术语含义。

(G) **参考平均批发价格**。"参考平均批发价格"是指自 2003 年 5 月 1 日起，针对指定门诊药品，第 1842 条第（o）款定义的药品平均批发价格。

(H) **确定支出的转换、权重及其他调整因素的不适用性**。根据第（9）项规定，2004—2005 年，本项的附加支出不应考虑制定转换、权重及其他调整因素，但应在后续年度中予以考虑。

(15) **对未指定通用医疗程序编码系统代码的新药品及生物制品的拨款**。对提供本部分便民服务而未指定通用医疗程序编码系统代码的药品及生物制品，其拨款应等于该药品或生物制品的平均批发价格的 95%。

(16) **其他条款**。

(A) **特定医院再分类的应用**。如根据第 1886 条第（d）款第（8）项第（E）目规定，医院认定为位于农村地区，那么该医院在本款中也被认定为位于农村地区。

(B) **建立独立的药品门诊费分类组的门槛**。部长应降低建立药品及生物制品的独立的门诊费分类组（APCs）的门槛。2005—2006 年，各个药品及生物制品管理费应降至 50 美元。

（C）**成本变化下对近距离放射治疗设备及治疗用途放射性药剂的拨款**①。尽管有前款规定，对于 2004 年 1 月 1 日（包括当日）到 2008 年 7 月 1 日②配备的由单一或多个种子（或放射源）组成的近距离放射治疗设备，以及 2008 年 1 月 1 日（包括当日）到 2008 年 7 月 1 日③提供的治疗用途放射性药剂④的拨款，应等于该医院该设备或治疗用途放射性药剂⑤的费用，并随成本变化而调整。该设备或治疗用途放射性药剂⑥的费用不应包括在判定本款规定的超出款额内。

（17）⑦ **质量报告。**

（A）**对未报告的更新减少。**

（ⅰ）**总则**。依据第（3）项第（C）目第（ⅳ）节，2009 年及之后年度，对第（d）款所述医院［由第 1886 条第（d）款第（1）项第（B）目定义］没有向部长提交该年内本项规定的关于选定测量的数据，则第（3）项第（C）目第（ⅳ）节所要求的 OPD 收费表增长因素应降低 2.0 个百分点。

（ⅱ）**非累积适用**。根据本目规定做出的减少只适用于该年度。部长

---

① 参见《公法》第 110—173 期，第 106 条第（b）款第（1）项，插入"和治疗用途放射性药剂"，2007 年 12 月 29 日生效。

② 参见《公法》第 110—173 期，第 106 条第（a）款，剔除"2008 年 7 月 1 日"，代替以"2009 年 1 月 1 日"，2008 年 7 月 15 日生效。

*参见《公法》第 110—275 期，第 142 条，剔除"2008 年 1 月 1 日"，代替以"2008 年 7 月 1 日"，2008 年 7 月 15 日生效。

③ 参见《公法》第 110—173 期，第 106 条第（b）款第（2）项第（A）目，插入"以及 2008 年 1 月 1 日至 2008 年 7 月 1 日间提供的治疗用途放射性药剂……"，2007 年 12 月 29 日生效。

*参见《公法》第 110—275 期，第 142 条，剔除"2008 年 1 月 1 日"，代替以"2008 年 7 月 1 日"，2008 年 7 月 15 日生效。

④ 参见《公法》第 110—173 期，第 106 条第（b）款第（2）项第（B）目，插入"或者治疗用途放射性药剂"，2007 年 12 月 29 日生效。

⑤ 参见《公法》第 110—173 期，第 106 条第（b）款第（2）项第（C）目，插入"或者治疗用途放射性药剂"，2007 年 12 月 29 日生效。

⑥ 参见《公法》第 110—173 期，第 106 条第（b）款第（3）项，插入"或者治疗用途放射性药剂"，2007 年 12 月 29 日生效。

⑦ 参见《公法》第 109——432 期，第 106 条第（a）款第（1）项第（B）目，添加第（17）项，适用于 2009 年 1 月 1 日之后的服务拨款。

在计算下一年度 OPD 收费表增长因素时不考虑该减少。

（B）**提交的形式和方式**。第（d）款所述医院，应按照部长指定的形式、方式及时间，提交该年内本项规定的关于选定测量的数据。

（C）**门诊测量的发展**。

（ⅰ）**总则**。部长应发展其认为合适方法来测量医院门诊部门的护理质量（包括用药失误），并能反映相关各方共识，在可行并可操作的情况下，应包括单个或多个实体建立的国家认可的方法。

（ⅱ）**解释**。本项不可解释为阻止部长选择，与测量第 1886 条第（b）款第（3）项第（B）目第（ⅷ）节规定的数据相同（或包含于其中）的方法。

（D）**替代测量方法**。依据本项，部长可在适当情况下替换测量方法或指标，适当情况包括所有医院有效符合，或测量方法或指标不能代表最佳的临床实践。

（E）**数据有效性**。部长应制定程序使所提交的数据可供公众使用。该程序应保证医院有机会对数据公开前进行审查。部长应在医疗保险和医疗补助服务中心的网站上公布医院门诊部门提供服务的程序、结构、结果、护理病人代表、效率和护理成本的质量测量结果。

（u）**对医师短缺地区的激励性拨款**。

（1）**总则**。2005 年 1 月 1 日（包括当日）到 2008 年 7 月 1 日[①]，由以下主体提供医师服务的：（A）在初级护理短缺县的初级护理医师［由第（4）项定义］；或者（B）在专科护理短缺县的非初级护理的医师（同上定义）。除了按本部分规定应拨付给该服务的款额外，还应再拨付等于原款额 5% 的拨款。

（2）**地区内医师对医疗保险受益人比例的判定**。基于有效数据，部长应在美国联邦各县或同等地区，确定：

（A）**地区内在业的医师数量**。该县或地区中在职的药科或骨科医师，不包括仅隶属联邦政府的医师、退休医师或只提供行政服务的医师。在前述医师数量中，包括以下医师数量：（ⅰ）初级护理医师；或者（ⅱ）非初级护理医师。

---

① 参见《公法》第 110—173 期，第 102 条第（1）款，剔除"2008 年 1 月 1 日"，代替以"2008 年 7 月 1 日"，2007 年 12 月 29 日生效。

（B）**地区内居住的联邦医疗保险受益人数量**。居住于该县并单独享有第 A 部分或本部分津贴，或享有两部分津贴的个人（在本款中称为"个人"）。

（C）**比例判定**。

（ⅰ）**初级护理比例**。初级护理医师数量［由第（A）目第（ⅰ）节确定的］，除以第（B）目确定的个人数量所得的比例（在本项中称为"初级护理比例"）。

（ⅱ）**专科护理比例**。其他护理医师数量［由第（A）目第（ⅱ）节确定的］，除以第（B）目确定的个人数量所得的比例（在本项中称为"专科护理比例"）。

（3）**县的等级**。部长应基于其初级护理比例和专科护理比例，划分各县或地区的等级。

（4）**县的识别**。

（A）**总则**。部长应识别：（ⅰ）初级护理比例最低的，且县和地区负担的第（2）项第（B）目所述个人数量占所有地区总个人数量的 20% 的那些县和地区（在本项中称为"初级护理短缺县"）；以及（ⅱ）专科护理比例最低的，且县和地区负担的第（2）项第（B）目所述个人数量占所有地区总个人数量的 20% 的那些县和地区（在本项中称为"专科护理短缺县"）。

（B）**定期修改**。部长应定期第（A）目规定修改县或地区的识别信息（至少 3 年一次）。除非部长认为县或地区，没有第（2）项确定的关于在职医师数量及定居个人数量的新的有效数据信息。

（C）**识别提供服务的县**。依据第（1）项拨付附加拨款，如果部长对提供服务的县适用 5 位邮政编码识别，那么该邮政编码的主导县（由联邦邮政服务局确定或其他部门确定），应进行判定其是否是第（A）目所述的短缺县，或是按第（B）目所述修改县识别信息。

（D）① **特殊规定**。对于 2008 年 1 月 1 日（包括当日）至 2008 年 7 月 1 日间提供医师服务的，依据本项，部长应对初级护理短缺县和专科护理短缺县（如前项规定识别的）适用 2007 年 12 月 31 日提供医师服务所适

---

① 参见《公法》第 110—173 期，第 102 条第（2）款第（B）目，添加第（D）目，2007 年 12 月 29 日生效。

用的条款。

（E）① **司法审查**。根据第 1869 条、第 1878 条规定，不应对以下内容进行行政或司法审查：

（ⅰ）县或地区的身份识别；

（ⅱ）本项所述的任何医师的专业分配；

（ⅲ）第（2）项所述的县的医师的分配；

（ⅳ）或者，本款所述的县或地区的邮政编码的分配。

（5）**农村人口普查区**。在可行的程度上，部长应将都市统计地区的农村人口普查［由最新的戈德史密斯修改案定义，其余 1992 年 2 月 27 日在联邦登记处出版（《联邦公报》第 57 编第 6725 条）］，视为审查初级护理短缺县或专科护理短缺县资格的同等地区。

（6）**医师定义**。依据本项，"医师"是指第 1861 条第（r）款第（1）项所述的医师，"初级护理医师"是指根据有效数据被认定为全科医生、家庭在业医生、一般内科医生、产科医师或妇科医师。

（7）**县名单公布、网站公布**。对根据第（4）项规定年内进行识别和修改的县或地区，部长应根据第 1848 条规定，在适用年限确定该县或地区的提议和最终规则的一部分以执行医生收费计划。部长应根据第（4）项规定，将识别和修改的县或地区的名单公布到医疗保险和医疗补助服务中心的网站上。

（v）② **FQHC 拨款增长的限制**。对由联邦保健中心［由第 1861 条第（aa）款第（4）项定义］提供的服务，部长应制定下述服务的拨款限制

（1）在 2010 年内，根据本部分规定制定的限制为年内增长不超过 5 美元；

（2）后续年度内，本款规定制定的限制为相对前一年的增长不超过 MEI［由第 1842 条第（i）款第（3）项定义］的增长百分比。

（w）③ **拨款方式**。部长应根据卫生与公共服务部分机构的临床试验和比较效率研究，发展项目和服务可选的拨款方式，由部长根据本条规定判

---

① 参见《公法》第 110—173 期，第 102 条第（2）款第（A）目，修改原第（D）目作为第（E）目。

② 参见《公法》第 110—275 期，第 151 条第（a）款，添加第（v）节，2008 年 7 月 15 日生效。

③ 参见《公法》第 110—275 期，第 184 条，添加第（w）款，2008 年 7 月 15 日生效。

定，以确定可选方式为保持试验和研究的有效性所需的，如在符合特定的试验和研究设计中，掩盖病人和调查员的身份干预是必需的。

特殊项目和服务的特殊拨款规则①

第 1834 条 【《美国法典》第 42 编第 1935m 节】（a）长期医疗设备的拨款。

（1）**拨款的一般规则**。

（A）**总则**。对本款提供拨款的指定项目［由第（13）项规定］，拨款应按照第（2）项到第（7）项规定的频率进行拨付，其款额应等于第（B）目所述拨款基数的 80%。

（B）**拨款基数**。根据第（F）目第（i）节的规定，本目所述拨款基数②应等于下列数字中较少的一个：（i）项目实际费用；或者（ii）根据第（2）项到第（7）项规定拨付给该项目的拨款。

由公共家庭卫生机构（或其他家庭卫生机构，并以部长认可的方式证实了其多数病人为低收入群体）提供指定项目的免费服务或对公众象征性收费的，第（i）节不适用。

（C）**专款规则**。根据第（F）目第（ii）节的规定，本条③应构成向家庭卫生机构，拨付本部分或第 A 部分指定项目的专款。

（D）**特定项目收费表的减少**。对在 1990 年 4 月 1 日之后（包括当日）提供电梯椅、经皮电子神经刺激器的，部长应根据第（B）目第（ii）节规定降低该项目 15% 的拨款额。在 1991 年 1 月 1 日之后（包括当日）提供经皮电子神经刺激器的，部长应进一步降低（在原有降低之后）拨款额的 45%。

（E）④ **覆盖临床条件**。

---

① 关于政府问责局关于 III 级医疗设备的报告，参见第 2 卷《公法》第 108—173 期，第 302 条第（c）款第（1）项第（B）目；关于声明允许专业护理设施作为源远程保健站的项目，授权使用，参见第 418 条。

② 参见《公法》第 108—173 期，第 302 条第（d）款第（1）项第（A）目，剔除"拨款基数"并代替以"根据第（F）目第（i）节的规定，拨款基数"，2003 年 12 月 8 日生效。

③ 参见《公法》第 108—173 期，第 302 条第（d）款第（1）项第（B）目，剔除"本条"并代替以"根据第（F）目第（ii）节的规定，本条"，2003 年 12 月 8 日生效。

④ 参见《公法》第 108—173 期，第 302 条第（a）款第（2）项，添加第（E）目，2003 年 12 月 8 日生效。

（ⅰ）**总则**。部长应建立指定项目的覆盖临床条件的拨款标准。

（ⅱ）**要求**。第（ⅰ）节所述的标准应包括指定项目的种类及分类，作为拨款的条件，包括所要求的医师与个人的面对面测试［由第 1861 条第（r）款①定义］、医师助理、护师、临床专科护师［由第 1861 条第（aa）款第（5）项定义］及项目指示。

（ⅲ）**建立标准优先权**。在建立本条所述标准时，部长发现指定项目存在增值使用、未发布的费用或伪造拨款所需文件的情况时，可以优先建立该项目的标准。

（ⅳ）**电力轮椅的标准**。本目实施之日起生效②，对由个人机动或电力轮子组成的指定项目，如无医师［由第 1861 条第（r）款第（1）项定义］、医师助理、护师、临床专科护师［由第 1861 条第（aa）款第（5）项定义］组织进行面对面测试并做出书面项目指示，则不予拨款。

（ⅴ）**指定项目拨款限制**。如项目没有满足本款规定的所有临床条件，则不予拨款。

（F）③ **竞争性购买的适用、内在合理性授权限制**。2011 年 1 月 1 日④之后的指定项目，在根据第（G）目规定⑤包含在第 1847 条第（a）款规定的竞争性购买地区的竞争性购买项目内的情况下：

（ⅰ）该地区该项目和服务的拨款基数，应为该竞争性购买项目所定的拨款基数；

（ⅱ）且部长应运用竞争性购买项目的拨款基数信息，并根据第 1847 条规定调整非竞争性购买地区获得的第（B）目第（ⅱ）节所述拨款款额。且第（10）项第（B）目不适用于此调整。

---

① 参见《公法》第 110—275 期，第 154 条第（d）款第（2）项，剔除"第 1861 条第（r）款第（1）项"代替以"第 1861 条第（r）款"，2008 年 6 月 20 日生效。

② 2003 年 12 月 8 日。

③ 参见《公法》第 108—173 期，第 302 条第（d）款第（1）项第（C）目，添加第（F）目，2003 年 12 月 8 日生效。

④ 参见《公法》第 110—275 期，第 154 条第（a）款第（3）项，剔除"2009 年"代替以"2011 年"，2008 年 6 月 20 日生效。

⑤ 参见《公法》第 110—275 期，第 154 条第（a）款第（4）项第（ⅰ）目，插入"根据第（G）目规定"，2008 年 6 月 20 日生效。

（G）① **竞争性投标比例信息的使用**。部长应制定规章，明确适用于第（F）目第（ii）节和第（h）款第（1）项第（H）目第（ii）节规定的方法。在公布该规章时，部长应与竞争性地区的同等项目和服务的拨款比例对比考虑条款适用地区的项目和服务成本。

（2）**非昂贵和其他常规购买耐耗医疗设备的拨款**。

（A）**总则**。对耐耗医疗设备［由第（13）项定义］项目的拨款：（i）其购买价格不超过 150 美元；（ii）其至少在 75% 的情况下是通过购买获得；或者（iii）其为与第（3）项第（A）目所述除雾化器、吸引器、呼吸器之外结合使用的配件。

应拨付用于该项目的租借或一次性购买。除总项目拨款不超过第（B）目规定的项目购买款之外，购买或租借该设备的拨款是第（B）目规定的购买或租借款。

（B）**拨款额**。依据第（A）目，对提供服务地区，项目购买或租借的拨款额：

（i）在 1989 年和 1990 年，是该地区截至 1987 年 6 月 30 日的为期 12 个月的项目购买和租借各自的平均合理费用为基础，并以截至 1987 年 12 月的为期 6 个月的城市消费（美国城市平均水平）的消费物价指数为增长百分比来计算；

（ii）在 1991 年，为以下的总和：（Ⅰ）根据第（C）目第（i）节第（Ⅰ）次节规定计算的 1991 年度项目或设备的当地拨款额的 67%，以及（Ⅱ）根据第（C）目第（ii）节规定计算的 1991 年度项目或设备的国家限度拨款额的 33%；

（iii）在 1992 年，为以下的总和：（Ⅰ）根据第（C）目第（i）节第（Ⅱ）次节规定计算的 1992 年度项目或设备的当地拨款额的 33%，以及（Ⅱ）根据第（C）目第（ii）节规定计算的 1992 年度项目或设备的国家限度拨款额的 67%；

（iv）在 1993 年及后续年度，为该年度根据第（C）目第（ii）节规定计算的项目或设备的国家限度拨款额（在 1997 年后为糖尿病人提供血糖测试条的，降低拨款额的 10%）。

---

① 参见《公法》第 110—275 期，第 154 条第（a）款第（4）项第（ii）目，添加第（G）目，2008 年 6 月 20 日生效。

（C）**当地拨款额和国家限度拨款额的计算**。依据第（B）目：

（ⅰ）一年内对项目和设备的当地拨款额应等于：（Ⅰ）对于 1991 年，应以第（B）目第（ⅰ）节规定的 1990 年的款额为基础，并以 1991 年的更新项目为增长来计算；以及（Ⅱ）对于 1992 年、1993 年和 1994 年，应以同上规定的前一年款额为基础，并以本年的更新项目为增长来计算。

（ⅱ）一年内对项目和设备的国家限额拨款应等于：

（Ⅰ）对于 1991 年，第（ⅰ）节规定的该年项目和设备的当地拨款额，以下情况除外：国家限额拨款不超过所有当地拨款额加权后所得的平均数，以及国家限额拨款不低于所有当地拨款额加权后所得的平均数的 85%；

（Ⅱ）对于 1992 年和 1993 年，以规定的前一年款额为基础，并以随后年度的指定更新项目为增长来计算；

（Ⅲ）对于 1994 年，第（ⅰ）节规定的该年项目和设备的当地拨款额，以下情况除外：国家限度拨款额不超过所有当地拨款额的中位数的 100%，以及国家限度拨款额不低于所有当地拨款额的中位数的 85%；

（Ⅳ）对于之后的年度，以规定的前一年款额为基础，并以随后年度的指定更新项目为增长来计算。

（3）**对需求频繁的项目和大量服务的拨款**。

（A）**总则**。对需求频繁及避免病人健康危险的大量服务的项目拨款（如间歇性正压呼吸器、呼吸器，但不包括连续气道压力的设备或者连续气道的间歇性帮助设备），应每月拨付项目租用金，所得拨款由第（B）目明确规定。

（B）**拨款额**。依据第（A）目，本目规定在承保人服务区域的项目或设备的拨款额：

（ⅰ）在 1989 年、1990 年，是以该地区截至 1987 年 6 月的为期 12 个月的项目或设备租借的平均合理费用为基础，并以截至 1987 年 12 月的为期 6 个月的城市消费（美国城市平均水平）的消费物价指数为增长百分比来计算；

（ⅱ）在 1991 年，为以下的总和：（Ⅰ）根据第（C）目第（ⅰ）节第（Ⅰ）次节规定计算的 1991 年度项目或设备的当地拨款额的 67%，以及（Ⅱ）根据第（C）目第（ⅱ）节规定计算的 1991 年度项目或设备的国家限额拨款的 33%；

（iii）在 1992 年，为以下的总和：（Ⅰ）根据第（C）目第（i）节第（Ⅱ）次节规定计算的 1992 年度项目或设备的当地拨款额的 33%，以及（Ⅱ）根据第（C）目第（ii）节规定计算的 1992 年度项目或设备的国家限额拨款的 67%；

（iv）在 1993 年及后续年度，为该年度根据第（C）目第（ii）节规定计算的项目或设备的国家限额拨款（在 1997 年后为糖尿病人提供血糖测试条的，降低拨款额的 10%）。

（C）**地方拨款金额和国家限额拨款的计算**。依据第（B）目：

（i）一年内对项目和设备的当地拨款额应等于：

（Ⅰ）对于 1991 年，第（B）目第（i）节规定的 1990 年的款额为基础，并以 1991 年的更新项目为增长来计算；

（Ⅱ）对于 1992 年、1993 年和 1994 年，同上规定的前一年款额为基础，并以本年的更新项目为增长来计算。

（ii）一年内对项目和设备的国家限额拨款应等于：

（Ⅰ）对于 1991 年，第（i）节规定的该年项目和设备的当地拨款额，以下情况除外：国家限额拨款不超过所有当地拨款额加权后所得的平均数，以及国家限额拨款不低于所有当地拨款额加权后所得的平均数的 85%；

（Ⅱ）对于 1992 年和 1993 年，以规定的前一年款额为基础，并以随后年度的指定更新项目为增长来计算；

（Ⅲ）对于 1994 年，第（i）节规定的该年项目和设备的当地拨款额，以下情况除外：国家限额拨款不超过所有当地拨款额的中位数，以及国家限额拨款不低于所有当地拨款额的总中位数的 85%；

（Ⅳ）对之后的年度，以规定的前一年款额为基础，并以随后年度的指定更新项目为增长来计算。

（4）**对特定定制项目的拨款**。对构造独特或需要大幅修改以满足个体病人特殊需要的指定项目的拨款，因此该拨款不能划分到本编规定的相似项目组，应一次性拨付：（A）基于承保人个人考虑的项目的购买；以及（B）当医疗期间需要时，不在供应商和制造商保证范围内的维护和服务部件及劳动的合理和必需的费用，当基于承保人个人考虑需要时，该认可的维护和服务拨款应一次性拨付。在 1992 年 1 月 1 日（包括当日）之后，如果轮椅根据病人的体型、残疾、需要时期或特定用途而改造，并遵循医嘱由可提供定制、修改或轮椅配件以满足病人需要的供应商装配或制造商定制，所提供的轮椅应视为本项所述定制项目。

（5）**对氧气和氧气设备的拨款**。

（A）**总则**。根据第（B）目、第（C）目、第（E）目和第（F）目的规定，对氧气和氧气设备的拨款，符合第（9）项规定对氧气和氧气设备（而非便携式氧气设备）的认可的月拨款的，应按月拨付。

（B）**便携式氧气设备附加条款**。根据第（D）目规定，当使用便携式氧气设备时，第（A）目认可的对便携式氧气设备的拨款应根据第（9）项的规定认可的月拨款增长。

（C）**调整量**。当主治医师指示氧气流量：（i）超过每分钟4升，根据第（D）目规定，第（A）目认可的拨款应增加50%；或者（ii）少于每分钟1升，第（A）目认可的拨款应降低50%。

（D）**调整限制**。当使用便携式氧气设备时，主治医师指示氧气流量超过每分钟4升，只能根据第（B）目或第（C）目规定中较大的量增加一次，不能按照两者规定重复增加。

（E）**病人接受家庭氧气治疗的再认证**。在病人接受家庭氧气治疗的情况下，如果在该服务接受之初，病人的初始动脉血气值处于或超过56的分压，或者动脉氧饱和度处于或超过85%（或其他部长确定的值、压力或标准），在病人首次接受该服务90天期满后，不可再对该服务拨款，除非其主治医师，基于90天期限中的最后30天所做的病人动脉血气值和动脉氧饱和度的成长测试，认为该病人有继续接受该服务的医疗必要。

（F）**租金上限**[①]。

（i）**总则**。本项对氧气设备（包括便携式氧气设备）的拨款，不适用于持续使用期间（由部长决定）超过36个月的情况。

（ii）[②] **超过租金上限后的拨款和规则**。在根据本项对设备连续拨款36个月后：（I）供应商应按部长的决定，在医疗需要期间，继续提供仍

---

① 参见《公法》第110—275期，第144条第（b）款第（1）项第（A）目，剔除"设备的所有权"代替以"租赁帽"，2009年1月1日生效。

② 参见《公法》第110—275期，第144条第（b）款第（1）项第（B）目，整体添加第（ii）节，2009年1月1日生效。对于原第（ii）节，参见第2卷《公法》第110—275期，附录J，替代条款。

能合理使用的设备；（Ⅱ）对氧气的拨款，根据第（9）项规定，在医疗需要的期间，继续拨付；以及（Ⅲ）如果部长认为其合理和必要，应拨付维护和服务的款项（该款项是对部长认为设备所需的但不在供应商和制造商保证范围内的维护和服务部件及劳动的费用拨款），且合适的拨款额由部长决定。

（6）**对其他指定项目的拨款（非耐耗设备类）**。对其他指定项目设备（非耐耗设备类）和第（3）项、第（4）项和第（5）项指定的其他项目的拨款，应按第（8）项认可的购买价格一次性拨付。

（7）**对其他项目或耐耗设备的拨款**。

（A）**拨款**。对于非第（2）项到第（6）项所述的耐耗医疗设备，适用下列规则：

（ⅰ）**租赁**。

（Ⅰ）**总则**。第（ⅲ）节有规定的除外，在医疗需要的时间内，项目租金应按月拨付［但此拨款不适用于持续使用期间（由部长决定）超过13个月的情况］。

（Ⅱ）**拨款额**。根据第（B）目规定，项目拨款额，在最初的3个月，为按第（8）项认可的购买价格的10%，其后的剩余月份，为按第（8）项认可的购买价格的7.5%。

（ⅱ）**租赁所有权**。依据第（ⅰ）节自项目租赁拨款发放的连续13个月后的第一天起，项目供应商应将项目权利转给个人。

（ⅲ）**电力驱动轮椅的购买协议选择**。对于电力驱动轮椅，供应商提供项目时，应向个人提供购买项目选择权。如果个人实施该选择，项目拨款应一次性拨付。

（ⅳ）**维护和服务**。在按照第（ⅱ）节的规定供应商应将权利转给个人或按照第（ⅲ）节签署了电力驱动轮椅的购买协议的情况，如果部长认为其合理和必要，则应拨付维护和服务的款项（该款是对部长认为设备所需，但不在供应商和制造商保证范围内的维护和服务部件及劳动的费用拨款），且合适的拨款额由部长决定。

（B）**租金等级**。

（ⅰ）**1989 年**。对于 1989 年提供的项目，其第（A）目第（ⅰ）节所认可的拨款额，应不高于 1987 年 1 月 1 日租赁的一般费用的 115%，不低于 1987 年 1 月 1 日租赁的一般费用的 85%，并以截至 1987 年 12 月为期 6 个月的城市消费（美国城市平均水平）的消费物价指数为增长百分比来计算。

（ⅱ）**1990 年**。第（ⅰ）节以适用于 1989 年相同的方式适用 1990 年提供的项目。

（C）**项目替代**。

（ⅰ）**合理使用生命周期的建立**。与第（ⅲ）节的规定一致，部长应决定并建立获得本项拨款的耐耗医疗设备的合理使用生命周期。

（ⅱ）**对替代项目的拨款**。如果在医疗需要的持续期间，项目合理使用生命周期届满，或其承保人认为该项目已丧失或有不可修复的损害，那么病人可以选择对替代项目支付：（Ⅰ）根据第（A）目规定，每月给替代项目支付租金；或者（Ⅱ）如按第（A）目第（ⅱ）节或第（A）目第（ⅲ）节的规定，签署了购买协议，则一次性支付项目购买款。

（ⅲ）**合理使用生命周期的长度**。本目规定的耐耗医疗设备的合理使用生命周期为 5 年。除非部长基于以往拨付该项目拨款的经验，认为特殊项目 5 年的合理使用生命周期不合适，在此情况下，部长应建立该项目替代的合理生命周期。

（8）**其他设备和项目认可的购买价格**。依据第（6）项和第（7）项，本项认可的第（C）目指定项目的购买价格拨款，由以下决定：

（A）**当地购买价格计算**。根据第 1842 条，各承保人应按照以下规定计算当地购买价格：

（ⅰ）承保人应按以下项目分类，计算当地购买价格：（Ⅰ）对第（6）项所述项目，等于截至 1987 年 6 月的为期 12 个月的当地项目购买的平均合理费用；或者（Ⅱ）对第（7）项所述项目，等于截至 1986 年 12 月的为期 6 个月的未使用项目相关转让的平均购买成本。

（ⅱ）承保人应按以下特殊项目分类，计算当地购买价格：

（Ⅰ）对于 1989 年和 1990 年而言，等于以第（ⅰ）节计算所得的当地购买价格为基础，并以截至 1987 年 12 月的为期 6 个月的城市消费（美国城市平均水平）的消费物价指数为增长百分比来计算；

（Ⅱ）对于 1991 年而言，等于以前一年计算的当地购买价格为基础，并以 1991 年度的指定更新项目为增长，再以第（7）项所述项目的平均合理费用低于 1988 年最后 9 个月提交的项目平均购买价格的百分比为减少百分比来计算；

（Ⅲ）或者，对于 1992 年、1993 年和 1994 年，等于以前一年计算的当地购买价格为基础，并以该年度的指定项目更新为增长来计算。

（B）**国家限度购买价格的计算**。对于一年内提供的特殊项目，部长应按以下规定计算国家限度购买价格：

（ⅰ）对于 1991 年，等于第（A）目第（ⅱ）节计算所得的该年项目的当地购买价格，以下情况除外：国家限度购买价格不超过所有当地购买价格加权后所得的平均数的 100%，以及国家限度购买价格不低于所有当地购买价格加权后所得的平均数的 85%；

（ⅱ）对于 1992 年和 1993 年，以该目规定的前一年价格为基础，并以随后年度的指定更新项目为增长来计算；

（ⅲ）对于 1994 年，第（A）目第（ⅱ）节计算所得的该年项目的当地购买价格，以下情况除外：国家限度价格不超过所有当地购买价格的中位数的 100%，以及国家限度价格不低于所有当地购买价格的中位数的 85%；

（ⅳ）对于 1995 年、1996 年和 1997 年，等于以该目规定的前一年价格为基础，并以随后年度的指定项目更新为增长来计算；

（ⅴ）对于 1998 年，按该目 1997 年计算所得价格的 75%；

（ⅵ）对于 1999 年及之后的年度，为按该目 1997 年计算所得价格的 70%。

（C）**认可的购买价格**。依据第（6）项和第（7）项，本项认可的指定项目的购买价格为：

（ⅰ）在 1989 年或 1990 年，为按第（A）目第（ⅱ）节第（Ⅰ）次节计算所得的当地购买价格的 100%；

（ⅱ）在 1991 年，为以下的总和：（Ⅰ）根据第（A）目第（ⅱ）节第（Ⅱ）次节规定计算的 1991 年度当地购买价格的 67%，以及（Ⅱ）根据第（B）目规定计算的 1991 年度国家限度购买价格的 33%；

（ⅲ）在 1992 年，为以下的总和：（Ⅰ）根据第（A）目第（ⅱ）节第（Ⅲ）次节规定计算的 1992 年度当地购买价格的 33%，以及（Ⅱ）根据第（B）目规定计算的 1992 年度国家限度购买价格的 67%；

（ⅳ）在 1993 年及之后年度，为该年度按第（B）目规定计算的国家限度购买价格。

（9）**认可的氧气和氧气设备月拨款额**。依据第（5）项，氧气和氧气设备为本项认可的拨款，是本项第（C）目所述的月拨款。该款额应按以下分类独立计算：（ⅰ）对所有的氧气和氧气设备（不包括便携式氧气设备）；以及（ⅱ）对便携式氧气设备（各组在本项下述中称为"项目"）。

（A）**当地月拨款比例的计算**。各承保人应按照以下规定计算基础的当地月拨款比例：

（ⅰ）各承保人应按以下规定计算，受益人人均基础当地月拨款比例为：（Ⅰ）截至 1987 年 6 月的为期 12 个月的所有项目合理费用，除以（Ⅱ）在承保人提供本编项目拨款的 12 个月中，所有受益人接受项目的总月份数。

（ⅱ）承保人应计算适用于以下年份的项目当地平均月拨款比例：（Ⅰ）对于 1898 年和 1990 年，等于以第（ⅰ）节计算所得的基础的当地平均月拨款比例的 95% 为基础，并以截至 1987 年 12 月的为期 6 个月的城市消费（美国城市平均水平）的消费物价指数为增长百分比来计算；或者（Ⅱ）对于 1991 年、1992 年、1993 年和 1994 年，等于按照第（ⅰ）节以前一年计算的当地平均月拨款增长的比例计算该年度的指定项目的增长。

（B）**计算国家限度月拨款比例**。对于一年内提供的项目，部长应按以下规定计算国家限度月拨款比例：

（ⅰ）对于 1991 年，为第（A）目第（ⅱ）节第（Ⅱ）次节计算所得的该年项目的当地月拨款比例，以下情况除外：国家限度月拨款比例不超过所有当地月拨款比例加权后所得的平均数的 100%，以及国家限度月拨款比例不低于所有当地月拨款比例加权后所得的平均数的 85%；

（ⅱ）对于 1992 年和 1993 年，以规定的前一年价格为基础，并以随后年度的指定项目更新为增长来计算；

（ⅲ）对于 1994 年，第（A）目第（ⅱ）节计算所得的该年项目的当地月拨款比例，以下情况除外：国家限度月拨款比例不超过所有当地月拨款比例的中位数的 100%，以及国家限度月拨款比例不低于所有当地月拨款比例的中位数的 85%；

（ⅳ）对于 1995 年、1996 年和 1997 年，等于以规定的前一年价格为基础，并以随后年度的指定项目更新为增长来计算；

（ⅴ）对于 1998 年，为 1997 年计算所得比例的 75%；

（ⅵ）对于 1999 年及之后的年度，为 1997 年计算所得比例的 70%。

（C）**认可的月拨款**。依据第（5）项，本项认可的项目的基础月拨款为：

（ⅰ）在1989年和1990年，为按第（A）目第（ⅱ）节计算所得的项目当地平均月拨款比例的100%；

（ⅱ）在1991年，为以下的总和：（Ⅰ）根据第（A）目第（ⅱ）节第（Ⅱ）次节规定计算的1991年度当地平均月拨款比例的67%，以及（Ⅱ）根据第（B）目第（ⅰ）节规定计算的1991年度国家限度月拨款比例的33%；

（ⅲ）在1992年，为以下的总和：（Ⅰ）根据第（A）目第（ⅱ）节第（Ⅱ）次节规定计算的1992年度当地平均月拨款比例的33%，以及（Ⅱ）根据第（B）目第（ⅰ）节规定计算的1992年度国家限度月拨款比例的67%；

（ⅳ）在后续年度，为该年度按第（B）目规定计算的国家限度月拨款比例。

（D）**划分等级的授权**。

（ⅰ）**总则**。根据第（ⅱ）节的规定，部长应对氧气和氧气设备项目制定独立的等级和各等级独立的国家限度月拨款比例。

（ⅱ）**预算中立**。部长可按第（ⅰ）节规定采取行动，但任何年度内该行动不可造成采取行动的支出多于或少于未采取行动时的支出。

（10）**例外和调整**。

（A）**美国大陆外的地区**。本条以前条款认可的拨款的例外情形，应考虑阿拉斯加、夏威夷和波多黎各地区项目的特殊情况。

（B）**内在合理性调整**。部长授权可以对指定项目、项目供应商、本条规定拨款以及第（1）项第（F）目规定不可调整款额的项目和服务①，适用第1842条第（b）款第（8）项和第（9）项规定。

（C）**经皮电气神经刺激器（TENS）**。为使主治医师有时间判断购买经皮电气神经刺激器对特殊病人是否有医疗合适性，部长应对于首次租用该项目不超过2个月确定合适拨款数额。如果该项目后来被购买，该购买的拨款由第（2）项规定认定。

---

① 参见《公法》第108—173期，第302条第（d）款第（1）项第（D）目，插入"第（1）项第（F）目规定不可调整款额的项目和服务"，2003年12月8日生效。

（11）**不当账单和医师裁定要求**。

（A）**租赁项目的不当账单**。尽管有本编其他条款的规定，获得本条规定拨款并提供租赁项目的供应商，应在租赁款按规定不再拨付后继续无偿提供租赁（不包括提供本款规定的维护和服务的费用）。如果供应商知晓并有意违反前述规定，部长可将第 1842 条第（j）款第（2）项规定适用于医师的处罚适用于该供应商。

（B）**医师裁定要求**。部长获得授权可以要求，指定项目要获得本款规定拨款的条件是：医师需与供应商沟通，并在项目交付前有医师的书面裁定。

（12）**区域承保人**。部长可根据第 1842 条规定，指定某承保人负责一个或多个地区内指定项目的处理。

（13）**指定项目**。在本款中，"指定项目"是指耐耗医疗设备〔由第 1861 条第（n）款规定〕，包括第 1861 条第（m）款第（5）项所述的设备，但不包括第 1833 条第（t）款规定拨款的可移植项目。

（14）**更新的指定项目**。在本款中，"更新的指定项目"是指：

（A）对于 1991 年和 1992 年，为截至前一年 6 月的为期 12 个月的城市消费（美国城市平均水平）的消费物价指数增长百分比，再减去 1 个百分点的所得值；

（B）对于 1993 年、1994 年、1995 年、1996 年和 1997 年，为截至前一年 6 月的为期 12 个月的城市消费（美国城市平均水平）的消费物价指数增长百分比；

（C）对于 1998—2000 年，为 0；

（D）对于 2001 年，为截至 2000 年 6 月的为期 12 个月的城市消费（美国城市平均水平）的消费物价指数增长百分比；

（E）对于 2002 年，为 0；

（F）对于 2003 年，为截至 2002 年 6 月的为期 12 个月的城市消费（美国城市平均水平）的消费物价指数增长百分比；

（G）对于 2004—2006 年：（ⅰ）按照第（ⅱ）节的规定，对于《联邦食物、药品和化妆品法》第 513 条第（a）款第（1）项第（C）目[1]〔《美国法典》第 21 编第 360 条第（c）款第（1）项第（C）目〕规定的

---

[1] 参见第 2 卷《公法》第 75—717 期，第 513 条第（a）款第（1）项第（C）目。

Ⅲ级医疗设备，为第（B）目所述的该年增长百分比，以及（ⅱ）对于非第（ⅰ）节所述的指定项目，为0；

（H）对于2007年：（ⅰ）按照第（ⅱ）节的规定，对于《联邦食物、药品和化妆品法》第513条第（a）款第（1）项第（C）目［《美国法典》第21编360条第（c）款第（1）项第（C）目］规定的Ⅲ级医疗设备，为部长参考了联邦总审计长按《2003年医疗保险处方药、改良和现代化法》第302条第（c）款第（1）项第（B）目规定提交的报告意见后，认定合适的变化百分比，以及（ⅱ）对于非第（ⅰ）节所述的指定项目，为0；①

（I）对于2008年：（ⅰ）按照第（ⅱ）节的规定，对于《联邦食物、药品和化妆品法》第513条第（a）款第（1）项第（C）目［《美国法典》第21编第360条第（c）款第（1）项第（C）目］规定的Ⅲ级医疗设备，为第（B）目所述的该年增长百分比［如按第（H）目第（ⅰ）节规定适用变化百分比后，适用于2007年的拨款额］，以及（ⅱ）对于非第（ⅰ）节所述的指定项目，为0；②

（J）③对于2009年：（ⅰ）对于任何地区提供的项目和服务，如果该项目在2008年7月1日之前，选择第1847条第（a）款第（1）项第（B）目第（ⅰ）节第（Ⅰ）次节规定的竞争性项目的竞争性购买，包括提供选择该竞争性项目和服务的附件和通过邮购的糖尿病用品，则为-9.5%，或者（ⅱ）对于其他项目和服务，为截至2008年6月的为期12个月的城市消费（美国城市平均水平）的消费物价指数增长百分比；

（K）④对于2010年、2011年、2012年和2013年，为截至前一年6月的为期12个月的城市消费（美国城市平均水平）的消费物价指数增长百分比；

---

① 参见《公法》第110—275期，第154条第（a）款第（2）项第（A）目第（ⅰ）节，剔除"以及"。

② 参见《公法》第110—275期，第154条第（a）款第（2）项第（A）目第（ⅰ）节，剔除"以及"。

③ 参见《公法》第110—275期，第154条第（a）款第（2）项第（A）目第（ⅲ）节，添加新第（J）目，2008年6月30日生效。

④ 参见《公法》第110—275期，第154条第（a）款第（2）项第（A）目第（ⅲ）节，添加第（K）目，2008年6月30日生效。

（L）① 对于 2014 年：（ⅰ）对于任何以前年份不根据第（a）款第（1）项第（F）目第（ⅱ）节规定调整拨款的第（J）目第（ⅰ）节所述的项目和服务，为截至 2013 年 6 月的为期 12 个月的城市消费（美国城市平均水平）的消费物价指数增长百分比，加上 2.0 个百分点所得值，或者（ⅱ）对于其他项目和服务，为截至 2013 年 6 月的为期 12 个月的城市消费（美国城市平均水平）的消费物价指数增长百分比；

（M）② 对于后续年度，为截至前一年 6 月的为期 12 个月的城市消费（美国城市平均水平）的消费物价指数增长百分比。

（15）**项目范围的预先确定**。

（A）**部长建立项目清单**。部长应基于之前的拨款经验，对部长认为在承保人全部或部分地区，经常受到非必要使用的本条提供拨款的项目的清单，建立并定期更新。

（B）**部长对供应商清单的发展**。部长应建立和定期更新本条提供拨款的以下供应商的名单：（ⅰ）部长发现，按照第 1862 条第（a）款第（1）项规定，该供应商大量拨款要求被否定的；或者（ⅱ）部长证实，该供应商存在过度使用模式商业惯例的。

（C）**预先确定范围**。承保人应在项目交付前，预先判定该项目是否由于未被指定或第 1862 条第（a）款第（1）项规定的以下情形，而可能无法获得拨款：（ⅰ）该项目属于第（A）目所述的部长建立的清单内的；（ⅱ）该项目属于第（B）目所述的部长建立的供应商清单内的供应商提供的；或者（ⅲ）该项目属于定制项目（不包括部长认定的非昂贵项目），且接受项目的病人或供应商要求做出预先确定。

（16）**信息和保证金披露**。对获得拨款的提供耐耗医疗设备的供应商，部长不应向其提供或重建提供商号码，除非该供应商能持续向部长提供：

（A）关于：（ⅰ）对供应商享有所有者权益或控制利益［由第 1124 条第（a）款第（3）项定义］的个人的身份的完全充分信息，以及该供应商直接或间接具有 5% 及以上的所有权的分包商（由部长在规章中定

---

① 参见《公法》第 110—275 期，第 154 条第（a）款第（2）项第（A）目第（ⅲ）节，添加第（L）目，2008 年 6 月 30 日生效。

② 参见《公法》第 110—275 期，第 154 条第（a）款第（2）项第（A）目第（ⅱ）节，修改第（J）目作为第（M）目，2008 年 6 月 30 日生效。

义）的完全充分信息；以及（ⅱ）在部长规定的的范围内确定可行的基础上，披露具有有供应商所有者权益或控制利益的个人同时具有所有者权益或控制利益的其他实体的名称［由第 1124 条第（a）款第（3）项定义］。

（B）以部长认定的形式，缴纳不低于 5 万美元的保证金。

部长可以对根据州法律提交相当保证金的供应商，更改第（B）目规定的保证要求。根据部长自由裁量，对第 A 部分规定的项目和服务的部分或全部提供商、部分或全部供应商及其他提供本部分规定项目和服务的个人，适用第一句的要求。

（17）**禁止供应商未经许可的电话联系**。

（A）**总则**。本款指定项目的供应商，不可与参与本部分项目的个人就将该项目提供给个人进行电话联系，除非有以下情形：

（ⅰ）个人书面同意供应商就指定项目与其电话联系。

（ⅱ）供应商已向个人提供了指定项目，且供应商仅就该项目与该人联系。

（ⅲ）如果就还未提供的指定项目与该人联系，该供应商应为在联系前 15 个月内至少向该人提供了 1 项指定项目的供应商。

（B）**禁止向未经许可联系后提供的项目拨款**。如果供应商违反第（A）目规定故意联系个人，那么不可由该供应商向该人随后提供的项目拨款。

（C）**供应商从事未经许可联系模式的排除程序**。如果供应商知晓联系个人违反了第（A）目规定且组织建立违反了该规定的联系模式，部长应按照本法及第 1128 条第（c）款、第（f）款和第（g）款规定的程序，将供应商从项目参与者中除名。

（18）**退回驳回项目的已收款**。

（A）**总则**。如果非参与的供应商向个人提供指定项目而根据第（17）项第（B）目规定未获得拨款，那么该供应商应及时向病人（并应有责任对病人）退还已收款，除非有下列情形：（ⅰ）供应商不知道或无法合理地预料到根据第（17）项第（B）目规定不能获得拨款；或者（ⅱ）在提供项目之前，病人被告知可能无法获得项目拨款，且病人仍同意付款。

（B）**处罚**。如果供应商知晓并有意违反第（A）目的退款规定，部长应按第 1842 条第（ｊ）款第（2）项进行处罚。

（C）**通知**。具有本部分生效合同的指定项目承保人，应对不要求转让给供应商和病人的拨款，发出按第（17）项第（B）目规定拨款被拒接的通知，

（D）**及时性定义**。第（A）目所述的退款符合以下要求，则认为及时的：（ⅰ）对于不要求复议或寻求上诉的供应商，在供应商接到第（C）目所述的拒接通知后 30 天之内退款的；或者（ⅱ）对于提起复议或上诉的情况，供应商在接到复议或上诉的不利裁定后 15 天之内退款的。

（19）**特定升级项目**。

（A）**选择升级项目的个人权利**。尽管有本编其他规定，部长应公布个人可以购买或租赁，有拨款支持的标准项目为升级耐耗医疗设备的规章。

（B）**对供应商的拨款**。对按第（A）目规定，购买或租赁升级项目的：（ⅰ）若为标准项目，供应商应获得本款规定拨款；以及（ⅱ）购买或租赁项目的个人，应向供应商支付供应商费用与第（ⅰ）节规定拨款之间的差额。

在任何情况下，供应商的升级项目费用都不可超过该项目合适的收费表款额（如果有的话）。

（C）**消费者保护措施**。任何第（A）目规定的规章应规定第（A）目所述升级项目的消费者保护标准。该规章应包括以下内容：

（ⅰ）升级项目的公平市场价格的判定；

（ⅱ）可用性和项目标准价格的充分披露，以及受益人在接受升级项目前收到所披露信息的证据；

（ⅲ）在收费安排中说明供应商参与情况；

（ⅳ）对供应商强制和侵权行为的处罚，包括除外责任；

（ⅴ）部长认为必要的其他保障措施。

（20）**质量标准鉴定**。

（A）**总则**。按第（C）目规定，部长应建立和使用对提供第（D）目所述的项目和服务供应商的质量标准。该标准由认可的独立认证组织〔由第（B）目定义〕适用，并要求供应商应遵守，以达到以下目的：（ⅰ）提供本部分拨款支持的项目或服务；以及（ⅱ）接受或保留，用于提交可能获得本编规定拨款的项目或服务的退还款的提供商或供应商

号码。

(B) **独立认证组织的指定**。在部长使用第（A）目所述的质量标准后 1 年内，虽然有第 1865 条第（b）款①规定，部长应指定和批准一个或多个独立认证组织。

(C) **质量标准**。第（A）目所述的质量标准，应不低于未实施本项的情况下的质量标准，并应包括消费者服务标准。

(D) **所述项目和服务**。本目所述项目和服务，为以下部长认为合适的项目和服务：

（ⅰ）获得本款拨款的指定项目［由第（13）项定义］。

（ⅱ）第 1834 条第（h）款第（4）项所述的假肢设备、矫形器和假肢。

（ⅲ）第 1842 条第（s）款第（2）项所述的项目和服务。

(E) **实施**。部长可以根据项目说明、本项规定的其他质量标准，包括第（F）目的规定②，在于相关各方代表商讨后实施。该标准应在未来使用，并在医疗保险和医疗补助服务中心网站公布。

(F)③ **认证要求的适用**。在实施本项所述的质量标准时：

（ⅰ）根据第（ⅱ）节规定，部长应要求在 2009 年 10 月 1 日（包括当日）之后，供应商直接或作为其他实体的分包商，提供第（D）目所述的项目和服务，并向部长提交第（B）目认可的认证组织的认证，该认证说明其达到了合适的质量标准；

（ⅱ）④ 在对项目和服务的合格专业人员［由第 1848 条第（k）款第（3）项第（B）目定义］、包括其他部长确定的人员如义肢矫形师，适用该标准及第（ⅰ）条所述的认证要求时：（Ⅰ）只有在部长认定该适用标准是针对该专业人员和其他人员时，才能适用该标准和认证要求；以及

---

① 《公法》第 110—275 期，第 125 条第（b）款第（5）项，剔除"第 1865 条第（b）款"代替以"第 1865 条第（a）款"，**按第 125 条第（d）款规定，2010 年 7 月 15 日生效。**

② 《公法》，第 110—275 期，第 154 条第（b）款第（1）项第（A）目第（ⅰ）节，插入"包括第（F）目的规定"，2008 年 6 月 30 日生效。

③ 《公法》第 110—275 期，第 154 条第（b）款第（1）项第（A）目第（ⅱ）节，添加第（G）目，2008 年 6 月 30 日生效。

④ 关于构造规则，参见第 2 卷《公法》第 110—275 期，第 154 条第（b）款第（1）项第（B）目。

(Ⅱ) 如果部长对专业人员和其他人员适用许可证、认证或其他强制质量要求时，那么部长可以将该专业人员和其他人员从上述标准和要求中豁免。

(21) **指定项目和供应的特殊拨款规章**。

(A) **总则**。尽管有前款规定，对 2005 年提供的指定项目和供应［由第（B）目定义］，本项规定的拨款应按照以下各值之间的差额百分比减少：（ⅰ）本款规定的 2002 年指定项目和供应的拨款；以及（ⅱ）《美国法典》第 5 编第 89 条规定的指定项目和供应的拨款，由表格"医疗价格与 VA、医疗补助、零售和 FEHP 等 16 项价格对比摘要"中"FEHP 价格中位数"栏目确定，该表格包括在 2002 年 6 月 12 日，检察长在参议院就拨款所做发言或检察长所做的其他后续发言之中。

(B) **所述指定项目或供应**。依据第（A）目，只有在项目或供应的通用医疗程序编码系统编码已被第（A）目第（ⅱ）节规定的表格所识别的情况下，指定项目或供应是指氧气和氧气设备、标准轮椅（包括标准电力轮椅）、雾化器、由采血针和测试行程组成的糖尿病用品、医院病床、床垫。

(C) **指定拨款量更新的适用**。2006 年及之后年度，除根据第 1847 条规定拨付拨款之外，第（14）项规定的指定项目的更新应被适用于第（A）目规定的拨款。

(b) **放射服务收费表**。

(1) **建立**。部长应建立：

(A) 相关价值尺度，作为本部分规定的放射服务的拨款的基础；

(B) 使用该尺度和合适的换算系数，并根据第（c）款第（1）项第（A）目的规定，实施 1989 年的本部分规定的放射服务的收费表。

(2) **咨询**。在实施第（1）项规定时，部长应定期深入咨询医师拨款审核委员会、美国放射学学院和其他代表医师或放射服务供应商的组织，并与其分享用于第（1）项规定的决策的数据和数据分析，包括不同地理区域、服务和医师专业的当前医疗拨款变化的数据。

(3) **考虑因素**。为建立第（1）项规定的相关价值尺度和收费表，部长应：

(A) 考虑不同地理区域、不同站点提供服务的成本变化；

(B) 也应考虑能反应不同专业医师提供服务的方式的因素，此因素可确保拨款公平，促进不同专业医师服务的效率。

（4）**储蓄**。

（A）**预算中立收费表**。部长应初步制定 1989 年的收费表，使 1989 年放射服务总拨款［第 1833 条第（a）款第（1）项第（J）目和第 1833 条第（b）款规定的共同保险和免赔偿额的净值］等于未实施本款情况下的拨款。

（B）**初始储蓄**。按本条规定对 1989 年提供服务拨款的收费表，应为第（A）目建立的初步收费表允许额的 97%。

（C）**1990 年收费表**。对 1990 年提供的放射服务（不包括 X 射线服务），在该年 3 月 31 日之后，本款规定的换算系数应为 1989 年 12 月 31 日适用的换算系数的 96%。

（D）**1991 年收费表**。对 1991 年提供的放射服务（不包括 X 射线服务），本款规定的地方适用的换算系数，按照第（vii）节的规定，按以下规定减少为调整后的地方换算系数：

（i）**国家加权平均换算系数**。部长应使用最有效的数据，估计 1990 年 4 月 1 日之后的国家加权平均换算系数。

（ii）**减少后的国家加权平均值**。按第（i）节规定估计的国家加权平均值减少 13%。

（iii）**1990 年相对于国家平均值地方指数的计算**。部长应设立能反映各地方换算系数与第（i）节所述的估计的国家加权平均值比率的指数。

（iv）**调整后的换算系数**。地方的专业人员和技术服务调整后的换算系数为以下数值之和：第（v）节规定的调整后的地方值的 1/2 和第（vi）节规定的调整后的 GPCI 值的 1/2。

（v）**调整后的地方值**。依据第（iv）节，调整后的地方值为下述值的乘积：（I）由第（ii）节规定的国家加权平均换算系数；以及（II）由第（iii）节规定的所得的地方指数值。

（vi）**调整后的 GPCI 值**。依据第（iv）节，调整后的 GPCI 值为下述值之和：（I）以下两项的乘积：（a）由第（ii）节规定的减少的国家加权平均换算系数中归因于医师工作的比例，以及（b）地方的地理工作指数值［由《医师服务的模仿收费表》附录 C 确定（1990 年 9 月 4 日，联邦登记处出版第 55 编，第 36238—36243 页）］；（II）以下两项的乘积：（a）由第（ⅱ）节规定的减少的国家加权平均换算系数的剩余部分，以及（b）由第 1842 条第（b）款第（14）项第（C）目第（ⅳ）节规定的地方地理实践成本指数值。

对服务的专业部分适用上述条款，80% 的换算系数受到医师工作影响，而对于技术因素，则有 0% 的换算系数受到医师工作影响。

（ⅶ）**换算系数的限制**。地方的专业人员和技术服务适用的换算系数，不可减少到使其低于第（C）目规定的换算系数 9.5%，但在任何情况下，换算系数都不可少于按第（ⅰ）节规定计算所得的国家加权平均换算系数的 60%。

（E）**扫描服务的规则**。对于 1990 年 12 月 31 日之后提供的核磁共振成像（MRI）和计算机辅助断层摄影（CAT）的技术成分，可拨付款额应降低 10%。

（F）**后续更新**。对于后续年度的放射服务，收费表应为前一年的收费表并以 MEI［由第 1842 条第（ⅰ）款第（3）项定义］增长的百分比进行更新。

（G）**非参与的医师和供应商**。各收费表规定非参与医师和供应商的拨款比例，应等于参与医师和供应商认可的拨款比例的合适百分率［由第 1842 条第（b）款第（4）项第（A）目第（ⅳ）节定义］。

（5）**非参与的医师和供应商的限度收费**。

（A）**总则**。对于 1989 年 1 月 1 日之后提供的根据本条规定收费表拨款的放射服务，如果非参与的医师或供应商向接受本部分规定津贴的个人提供服务，该医师或供应商不可向个人收取超过限度的［由第（B）目规定］的费用。

（B）**限度收费定义**。在第（A）目规定中，提供服务的"限度收费"是指：

（ⅰ）在 1989 年，第（1）项规定的合适的收费表确定的款额的 125%；

（ⅱ）在 1990 年，第（1）项规定的合适的收费表确定的款额的 120%；

（ⅲ）1990 年之后，第（1）项规定的合适的收费表确定的款额的 115%。

（C）**强制执行**。如果医师或供应商知晓并有意开出违反第（A）目规定的账单，部长可将第 1842 条第（j）款第（2）项规定适用于医师的处罚适用于该医师或供应商。

（6）**放射服务定义**。依据本条和第 1833 条第（a）款第（1）项第（J）目，"放射服务"只包括由符合以下条件的医师实施或在其监督下实施的放射服务：

（A）已被美国放射学委员会核证或有资格被核证的；

（B）或者，放射服务拨款至少为本部分规定的总费用款 50% 的。

（c）**乳房摄影筛检的拨款和标准**。

（1）**总则**。对于乳房摄影筛检［由第 1861 条第（jj）款定义］的支出，只有在符合以下条件时拨款：

（A）实施的乳房摄影筛检符合第（2）项许可的频率；

（B）在该乳房摄影筛检由《公共卫生服务法》第 354 条①规定授发证书（或临时证书）的设备实施的情况下。

（2）**指定频率**。

（A）**总则**。根据部长按第（B）目规定所做的修改。

（ⅰ）对未满 35 岁的女性实施乳房摄影筛检，不可拨付本部分规定的拨款；

（ⅱ）对超过 34 岁但未满 40 岁的女性，只可对一次乳房摄影筛检拨付本部分规定的拨款；

（ⅲ）对超过 39 岁的女性，而前一次乳房摄影筛检后的 11 个月内进行乳房摄影筛检，则不可拨付本部分规定的拨款。

（B）**频率的修改**。

（ⅰ）**审查**。部长在咨询国家癌症研究所主管后，应定期审查合适的实施乳房摄影筛检的频率，该频率应基于年龄和其他部长认为相关的因素。

（ⅱ）**频率的修改**。部长参考第（ⅰ）节所述的审查，可以不时地修改获得本条规定的拨款的乳房摄影筛检频率。

（d）**直肠癌筛检的频率限制和拨款**。

（1）**粪潜血测试**。

（A）**拨款额**。对由粪潜血测试组成的直肠癌筛检的拨款应等于第

---

① 参见第 2 卷《公法》第 78—410 期，第 354 条。

1833 条第（h）款规定的对诊断粪潜血测试的拨款。

（B）**频率限制**。在以下情况下，对本部分规定的由粪潜血测试组成的直肠癌筛检不予拨款。（ⅰ）对未满 50 岁的个人实施的；或者（ⅱ）前一次粪潜血测试后的 11 个月内进行粪潜血测试的。

（2）**软式乙状结肠镜检查**。

（A）**收费表**。对于由软式乙状结肠镜检查组成的直肠癌筛检，第 1848 条规定的拨款应与该条相似或相关的拨款一致。

（B）**拨款限制**。对软式乙状结肠镜检查服务，本部分规定的拨款，不可超过部长基于诊断软式乙状结肠镜服务所认可的比例的拨款。

（C）**设施拨款限制**。

（ⅰ）**总则**。尽管有第 1833 条第（i）款第（2）项第（A）目和第（t）款的规定，对 1999 年 1 月 1 日之后提供的软式乙状结肠镜检查服务：（Ⅰ）根据规定，可以由部长许可拨款的急诊手术中心实施；（Ⅱ）由急诊手术中心或医院门诊部门实施的，其本部分规定的拨款应为以下款项中较少的一个：收费表中适用于医院门诊部门在某地区提供该服务的拨款，或收费表中适用于急诊手术中心在相同地区提供该服务的拨款。

（ⅱ）**共同保险限制**。尽管有本编其他条款的规定，对于获得第（ⅰ）节所述服务的保险受益人：（Ⅰ）在计算合适的共同付费时，该共同保险的计算应基于为该服务提供拨款的收费表；以及（Ⅱ）共同保险额应等于第（Ⅰ）次节所述的收费表拨款的 25%。

（D）**检测病变的特殊规定**。如果在软式乙状结肠镜检查过程中，检测到病变或增长，而导致需要活检或移除该病变或增长，本部分规定的对软式乙状结肠镜检查的拨款应不再拨付，但应对用于该病变或移除的软式乙状结肠镜的程序拨款。

（E）**频率限制**。在以下情况下，对于本部分规定的由软式乙状结肠镜检查组成的直肠癌筛检不予拨款：（ⅰ）对未满 50 岁的个人实施的；或者（ⅱ）前一次软式乙状结肠镜检查后的 47 个月内进行软式乙状结肠镜检查的，或对于非高风险患直肠癌的个人，前一次结肠镜检查后的 119 个月内进行软式乙状结肠镜检查的。

（3）**结肠镜检查**。

（A）**收费表**。对于由结肠镜检查组成的直肠癌筛检，第 1848 条规定的拨款应与该条相似或相关的拨款一致。

（B）**拨款限制**。对结肠镜检查服务，本部分规定的拨款不可超过部长基于诊断结肠镜服务所认可的比例的拨款。

（C）**设施拨款限制**。

（i）**总则**。尽管有第 1833 条第（i）款第（2）项第（A）目和第（t）款的规定，对 1999 年 1 月 1 日之后（包括当日）提供的结肠镜检查服务由急诊手术中心或医院门诊部门实施的，其本部分规定的拨款应为以下款额中较少的一个：收费表中适用于医院门诊部门在某地区提供该服务的拨款，或收费表中适用于急诊手术中心在相同地区提供该服务的拨款。

（ii）**共同保险限制**。尽管有本编其他条款的规定，对于获得第（i）节所述服务的保险受益人：（Ⅰ）在计算合适的共同保险时应基于为该服务提供拨款的收费表；以及（Ⅱ）共同保险额应等于第（Ⅰ）次节所述的收费表拨款的 25%。

（D）**检测病变的特殊规定**。如果在结肠镜检查过程中，检测到病变或增长，而导致需要活检或移除该病变或增长，本部分规定的对结肠镜检查的拨款应不再拨付，但对用于该病变或移除的结肠镜的程序应拨款。

（E）**频率限制**。对于高风险患直肠癌的个人，前一次结肠镜检查后的 23 个月内进行结肠镜检查的；或对于其他个人，前一次结肠镜检查后的 119 个月内或前一次软式乙状结肠镜检查后 47 个月内进行结肠镜检查的；对于本部分规定的由结肠镜检查组成的直肠癌筛检不予拨款。

（e）① **先进的诊断成像服务的认证要求**。

（1）**总则**。

（A）**总则**。自 2012 年 1 月 1 日起，对获得第 1848 条第（b）款设立的收费表拨款的由供应商提供的先进的诊断成像服务的技术，只有在该供应商获得部长按第（2）项第（B）目第（i）节规定指定的认证组织的认证后，才可获得拨款。

---

① 参见《公法》第 110—275 期，第 135 条第（a）款第（1）项，添加第（e）款，2008 年 7 月 15 日生效。

关于评估成像服务的适当使用的项目，参见第 2 卷《公法》第 110—275 期，第 135 条第（b）款。

（B）**先进的诊断成像服务的定义**。在本条中，"先进的诊断成像服务"包括：（ⅰ）磁共振成像诊断、电脑断层扫描和核医学（包括正电子发射断层扫描）；以及（ⅱ）由部长在咨询医师专家组织和其他利益相关者后确定的其他诊断成像服务，包括第 1848 条第（b）款第（4）项第（B）目所述的服务（但不包括 X 射线、超声波、荧光透视）。

（C）**供应商定义**。在本款中，"供应商"的定义与第 1861 条第（d）款的定义相同。

（2）**认证组织**。

（A）**指定认证组织的因素**。部长在指定第（B）目第（ⅰ）节所述的认证组织时应考虑以下因素，并根据第（C）目的规定审查和修改指定的认证组织名单：

（ⅰ）该组织对认证申请及时审查的能力。

（ⅱ）该组织是否建立了一个过程，从而将新的先进诊断成像服务的方法整合到组织的认证项目中。

（ⅲ）该组织是否使用随机现场调查、现场审查或其他方式，以确保获得认证的供应商能始终遵守第（3）项所述准则。

（ⅳ）该组织重视农村地区供应商［由第 1886 条第（d）款第（2）项第（D）目定义］的能力。

（ⅴ）该组织对申请认证的供应商，是否收取合理的费用。

（ⅵ）部长认为适当的其他因素。

（B）**指定**。2010 年 1 月 1 日之前，部长应指定对提供先进诊断成像技术的供应商进行认证的组织。指定的认证组织名单可根据第（C）目的规定进行修改。

（C）**认证组织名单的审查和修改**。

（ⅰ）**总则**。参考了第（A）目所述因素，部长应审查根据第（B）目指定的认证组织名单。根据审查结果，部长应通过制定规章来修改根据第（B）目指定的认证组织名单。

（ⅱ）**在指定认证组织除名前认证工作的特殊规定**。当部长将组织从第（B）目所述的指定认证组织名单中除名时，自该组织被指定为第（B）目所述的认证组织之日起到该组织被除名之前，从该组织处获得认证的供应商在认证生效的期间被视为是获得了第（B）目所述的指定认证组织认证。

（3）**认证信用**。部长应建立标准，供第（2）项第（B）目所述的认证组织用于评估提供先进诊断成像服务技术的供应商可获得特定成像技术的供应商认证。该标准应包括：

（A）非医师和提供先进诊断成像服务技术的医疗人员的资格标准；

（B）医疗总监及医师监督的责任和资格标准，包括考虑到第（4）项所述的因素的标准；

（C）确保提供先进诊断成像服务技术的设备满足性能规格的程序；

（D）要求供应商具有保证提供先进诊断成像服务技术的人员安全和接受该服务的个人安全的有效程序的标准；

（E）要求供应商建立和维护质量保证及质量控制项目，以充分和适当的保证该供应商提供的诊断成像的技术质量可靠、清晰和准确；

（F）部长认为适当的其他标准和程序。

（4）**评估医疗总监和医师监督的标准的认可**。第（3）项第（B）目所述的标准，应考虑医疗总监或医师监督是否符合以下条件：

（A）在培训医师项目中接受先进诊断成像服务培训的特殊专业的；

（B）取得必要专业知识的医疗总监或监督医师经验的程序；

（C）已完成该服务相关的医学教育深造课程；

（D）或者，已达到部长认为适当的其他标准。

（5）**指定前认证的规定**。对在 2010 年 1 月 1 日前，已获得截至 2010 年 1 月 1 日部长根据第（2）项第（B）目规定指定的认证组织认证的供应商，在认证生效的期间该供应商应被视为获得了 2012 年 1 月 1 日后指定认证组织认证的供应商。

（f）**对 1991 年医师病理服务拨款的减少**。

（1）**总则**。对于在 1991 年提供医师病理服务的，本部分的地方一般收费应比对 1990 年 3 月 31 日后的地方一般收费少 7% 。

（2）**限制**。由独立研究室的某①医师提供的医师病理服务技术和专业人员的一般收费，根据第（1）项的规定，不可减少到使其低于相同地区医院的医师提供该服务的专业人员的一般收费的 115% 。依据前句，独立的研究所是指独立于医院、在职医师或医师咨询委员会的研究室。

（g）**门诊重要访问医院服务的拨款**。

---

① 如原文所述。可能应该为 "a"。

(1) **总则**。对重要访问医院的门诊重要访问医院服务的拨款,应等于提供该服务医院的合理成本的101%,除非医院按第(2)项规定做出了选择。

(2) **基于成本的包括专业服务的收费表的医院门诊服务拨款的选择权**。重要访问医院有权选择对门诊重要访问医院服务的拨付款等于以下值之和,减去第1866条第(a)款第(2)项第(A)目所述的该医院费用:

(A) **设施费**。设施费不包括第(B)目提供拨款的服务,应为重要访问医院提供该服务的合理成本。

(B) **专业服务收费表**。对门诊重要访问医院服务包括的专业服务,应为非门诊重要访问医院服务所包括的同等服务费的115%。

部长不可要求各医师或在医院提供专业服务的其他参与者必须转让该服务的收费权,作为对重要访问医院适用第(B)目的条件,除该目不适用于未转让收费权的医师和参与者之外。

(3) **忽略费用**。本款所述拨款不考虑常规和其他费用款。

(4) **对①临床诊断研究室服务无保险受益人成本分摊**。无共同保险、免赔款、共同拨款或其他成本分摊适用于门诊重要访问医院提供的临床诊断研究室服务。本编不可被解释为对提供临床诊断研究室服务的门诊重要访问医院服务拨款,除了本条所述外。依据前句和第1861条第(mm)款第(3)项,门诊重要访问医院提供的临床诊断研究室服务应被视为提供临床诊断研究室服务的门诊重要访问医院服务的一部分,而不考虑接受服务的个人,在标本采集时是否在重要访问医院、熟练护理站或重要访问医院经营的诊所实际出席②。

(5) **随叫随到急诊室成本的范围**。在根据第(1)项和第(2)项第(A)目规定认定门诊重要访问医院服务的合理成本时,部长应将提供随叫随到(由部长定义)的急诊服务而既不出现在重要访问医院场所,也不提供本编指定服务,也不在其他提供商或站点提供随叫随到服务的医

---

① 《公法》第110—275期,第148条第(a)款第(1)项,剔除"对……无保险受益人成本分摊"代替以"的处理",**适用于2009年7月1日后提供的服务**。

② 参见《公法》第110—275期,第148条第(a)款第(2)项,添加本句,**适用于2009年7月1日后提供的服务**。

师、医师助理、护理参与者和临床护理专业人员的报酬和相关成本（由部长定义），视为正当成本。

（h）**对假肢设备、矫形器和假肢的拨款**。

（1）**拨款的一般规则**。

（A）**总则**。对假肢设备、矫形器和假肢的拨款应为一次性拨付购买款，该款应等于第（B）目所述拨款基数的80%。

（B）**拨款基数**。除第（C）目、第（E）目和第（H）目第（i）节的规定外，本款所述拨款基数为以下值中较少的一个：（i）项目实际费用；或者（ii）由第（2）项认可的项目购买价格。

（C）**特定公共家庭卫生机构的例外**。第（B）目第（i）节规定不适用于由公共家庭卫生机构（或其他家庭卫生机构，并以部长认可的方式证实了其很大部分病人为低收入群体）提供指定项目的免费服务或对公众象征性收费的情况。

（D）**特定条款规定**。根据第（H）目第（ii）节的规定，本条应构建向家庭卫生机构，拨付本部分或第A部分规定的假肢设备、矫形器和假肢款的特定条款。

（E）**特定项目的例外**。对造口术用品、气管造口术用品和泌尿用品的拨款，应与第1834条第（a）款第（2）项第（B）目和第（C）目的规定一致。

（F）**对假肢和定制制作的矫形器的特殊拨款规定**。

（i）**总则**。除非满足以下条件，否则不可对第（ii）节所述的定制制作的矫形器项目或假肢项目拨款：（I）由合格的参与者提供的；以及（II）由合格的参与者或供应商，用符合部长认定的性能规格的设施制作。

（ii）**定制制作的矫形器的定义**。

（I）**总则**。部长在第（II）次节中规定的清单包括需要教育、培训和经验制作的定制制作矫形器项目。该项目不包括鞋子及鞋垫。

（II）**项目清单**。部长在咨询合适的矫形器专家（包括代表矫形器制造商的国家组织）后，应建立并更新本项适用的项目清单。如果该项目不是根据病人的实际模型进行个性化定制的，那么该项目不可包含于清单中。

（iii）**合格参与者的定义**。在本条中，"合格参与者"是指符合以下条件的医师或个人：（Ⅰ）是合格的物理治疗师或合格的职业治疗师；（Ⅱ）在提供矫形器或假肢许可的州，应获得项目提供所在州的矫形器或假肢许可；或者（Ⅲ）在不提供矫形器或假肢许可的州，接受了关于提供和处理假肢和定制设计或定制制作的矫形器的专业的训练和教育，并获得美国矫形器和假肢认证局认证的，或义肢矫形师认证委员会认证；或获得具有部长，在咨询矫形器和假肢相关专家后，认可制定的含有矫形器和假肢的训练和教育标准的项目的认证或批准。

（ⅳ）**合格供应商的定义**。本目中，"合格供应商"是指获得美国矫形器和假肢认证局认证的，或者义肢矫形师认证委员会认证；或获得部长认可的与上述认证局有同等认证和批准标准的项目的认证或批准。

（G）**假肢设备和部件的替换**。

（ⅰ）**总则**。如果主治医师认为由于以下原因需要对设备或设备部件替换，那么应给假肢设备或该设备的部件的替换进行拨款，而不考虑继续使用或使用生命周期的限制：

（Ⅰ）病人生理状况的变化。

（Ⅱ）设备或设备部件不可修复的变化。

（Ⅲ）设备或设备部件需要修复，而修复成本超过替换设备或设备部件成本的60%。

（ⅱ）**对被替换不足3年的设备或设备部件可要求确认**。如果根据第（ⅰ）节规定，医师决定替换设备或设备部件：

（Ⅰ）该决定应被控制；

（Ⅱ）该设备或设备部件的替换，应根据第1862条第（a）款第（1）项第（A）目规定确认为必要的；

除非该设备或设备部件被替换不足3年（从保险受益人开始使用该设备或设备部件之日起计算），部长也可以要求对该设备或设备部件替换的必要性确认。

（H）**竞争性购买矫形器的适用、内在合理性的限制**。对于在2011年1月1日[①]（包括当日）之后提供的第1847条第（a）款第（2）项第

（C）目所述的矫形器，根据第（a）款第（1）项第（G）目规定①，且包含于竞争性购买地区的竞争性购买项目的：（i）在该地区该矫形器的拨款，应是竞争性购买项目确定的拨款基数；以及（ii）部长可以使用竞争性购买项目确定的拨款信息，按第1847条的规定来调整第（B）目第（ii）节所述的非竞争性购买地区的拨款，在该调整中，第1842条第（b）款第（8）项和第（9）项不适用。

（2）**认可的购买价格**。依据第（1）项，本项所述对假肢设备、矫形器和假肢认可的购买价格，应为本项第（C）目所述的价格，并由以下决定：

（A）**当地购买价格的计算**。第1842条规定的承保人应按以下内容计算项目的当地基础购买价格：

（i）当地基础购买价格应等于该地区截至1987年6月的为期12个月的项目购买平均合理费用；

（ii）对特殊项目，当地购买价格为：（I）1989年及1990年，等于根据第（i）节计算的基准地方购买价格加上所有城市消费者（美国城市平均）截至1987年12月的6个月期间的消费者价格指数的适当百分比增加，或者（II）1991年、1992年及1993年，等于根据本节计算的前一年度地方购买价格加上该年度适当增加的百分比。

（B）**地区购买价格的计算**。对于每一地区的特殊项目（由部长定义）提供而言，部长应该计算地区购买价格：

（i）对于1992年而言，等于该年度根据第（A）目第（ii）节第（II）次节的规定计算得出的该地区持有人的地方购买价格的平均数（权重取决于承保人之间的债权的相对比例）；

（ii）对于以后的年度而言，等于先前年度根据该条款计算得出的地区购买价格加上该年度适用的增加百分比。

（C）**认可的购买价格**。在第（1）项中，根据第（D）目的规定，本项认可的数额是下列规定的购买价格：

（i）在1989年、1990年及1991年，为根据第（A）目第（ii）节计算得出的地方购买价格的100%；

---

① 参见《公法》第110—275期，第154条第（a）款第（4）项第（B）目，插入"根据第（a）款第（1）项第（G）目规定"，2008年6月30日生效。

（ⅱ）在 1992 年，为下列数额的加总：（Ⅰ）根据第（A）目第（ⅱ）节第（Ⅱ）次节计算得出的 1992 年的地方购买价格的 75%，以及（Ⅱ）根据第（B）目计算得出的 1992 年的地方购买价格的 25%；

（ⅲ）在 1993 年，为下列数额的加总：（Ⅰ）根据第（A）目第（ⅱ）节第（Ⅱ）次节计算得出的 1993 年的地方购买价格的 50%，以及（Ⅱ）根据第（B）目计算得出的 1993 年的地方购买价格的 50%；

（ⅳ）在 1994 年及其随后的年度，为该年度根据第（B）目计算得出的地区购买价格。

（D）**认可数额的范围**。根据第（C）目的规定，认可的数额为下列规定的购买价格：

（ⅰ）在 1992 年，不得超过该年度美国所有承保人服务地区根据本条款认可的购买价格平均数的 125%，也不得低于该数额的 85%；

（ⅱ）在以后年度，不得超过该年度美国所有承保人服务地区根据本条款认可的购买价格的平均数的 120%，也不得低于该数额的 90%；

（3）**与耐用的医疗设备相关规定的适用**。第（12）项、第（15）项、第（17）项、第（a）款第（11）项、第（10）项第（A）目和第（B）目应该以其适用于本款的相关术语相同的方式适用于假肢设备、矫形器以及假肢。

（4）**定义**。在本款中：

（A）"适用增加百分数"是指：

（ⅰ）对于 1991 年而言，为 0；

（ⅱ）对于 1992 年即 1993 年而言，为截至以前年度 6 月的 12 个月内所有城市消费者（美国平均城市）的消费者指数增长百分比；

（ⅲ）对于 1994 年及 1995 年而言，为 0；

（ⅳ）对于 1996 年及 1997 年而言，为截至以前年度 6 月的 12 个月内所有城市消费者（美国平均城市）的消费者指数增长百分比；

（ⅴ）对于 1998—2000 年的每一年度而言，为 1%；

（ⅵ）对于 2001 年而言，为截至 2000 年 6 月前的 12 个月内所有城市消费者（美国平均城市）的消费者指数增长百分比；

（ⅶ）对于 2002 年而言，为 1%；①

---

① 《公法》第 108—173 期，第 302 条第（c）款第（3）项第（A）目，删除"以及"。

（ⅷ）对于 2003 年①而言，为截至以前年度 6 月前的 12 个月内所有城市消费者（美国平均城市）的消费者指数增长百分比；

（ⅸ）②对于 2004 年、2005 年及 2006 年而言，为 0；

（ⅹ）③对于随后的年度而言，为截至以前年度 6 月前的 12 个月内所有城市消费者（美国平均城市）的消费者指数增长百分比。

（B）"修复设备"的定义与第 1861 条第（s）款第（8）项的定义相同，此外该术语不包括肠胃外部及内部的营养、供给物及设备，也不包括根据第 1833 条第（t）款做出支付的可植入项目。

（C）"矫形器和假肢"的定义与第 1869 条第（s）款第（9）项［包括第 1861 条第（s）款第（12）项规定的鞋子］的定义相同，但是不包括家庭健康代理人根据第 1861 条第（m）款第（5）项提供的眼内的镜片或医学供给品（包括导尿管、导尿管供给品、人造口袋以及与人工造管术保健相关的供给品）。

（i）外科医生手术服的支付。

（1）**总则**。根据本款在购买外科医生手术服［参见第 1861 条第（s）款第（5）项的规定］时应以一次性方式支付款项，该款项相当于下列较少者的 80%：

（A）该项目的实际要价；

（B）或者，根据第（a）款第（2）项第（B）目和第（C）目规定的方法决定的支付额（除了应用这种方法，该条款规定的国家限制支付额应该根据地方支付额使用截至 1992 年 12 月 31 日的 12 个月的平均的合理要价进行首次计算，再加上 1993 年及 1994 年该款规定的涵盖的项目更新）。

（2）**例外规定**。第（1）项不应该适用于符合下列条件的外科医生手术服：

（A）作为医师专业服务的附属物而提供的；

---

① 《公法》第 108—173 期，第 302 条第（c）款第（3）项第（B）目，剔除"接下来的一年"并代替为"2003 年"，2003 年 12 月 8 日生效。

② 《公法》第 108—173 期，第 302 条第（c）款第（3）项第（C）目，增加第（ⅸ）节，2003 年 12 月 8 日生效。

③ 《公法》第 108—173 期，第 302 条第（c）款第（3）项第（C）目，增加第（ⅹ）节，2003 年 12 月 8 日生效。

（B）或者，由家庭健康代理机构提供的。

（j）**提供医疗设备及供应品的要求**。

（1）**供应商数量的发布与更新**。

（A）**支付**。除了第（C）目中的规定外，根据本部分，在《1994 年社会保障法修正案》颁布之后不得对医疗设备及供需品提供者提供的项目做出任何支付，除非该提供者获得（并且部长可以要求定期进行更新）供应商数量。

（B）**拥有供应商号码的标准**。除以下情况，供应商不得获得供应商号码：

（ⅰ）对于《1994 年社会保障法修正案》颁布之日后（包括当日），1996 年 1 月 1 日前提供的医疗设备货供应品而言，供应商必须满足部长 1992 年 7 月 18 日签发的规章规定的标准。

（ⅱ）对于 1996 年 1 月 1 日后（包括当日）提供的医疗设备和供应品而言，供应商必须满足部长修订（与提供医疗设备及供需品的供应商、持有人以及消费者代表商议）的包括下列要求的标准，即供应商：

（Ⅰ）遵守适用于州、联邦的许可或监管要求；

（Ⅱ）在适当的场所维持实体设施；

（Ⅲ）拥有合格责任保险的证据；

（Ⅳ）满足部长要求的其他规定。

（C）**作为附属医师服务提供项目的例外**。第（A）目的规定不应该适用于作为医师附属服务提供的设备及供应品。

（D）**禁止存在多个供应商号码**。部长不得向同一个医疗设备及供需品供应商签发一个以上供应商号码，除非根据供应商所有权或控制权，签发一个以上号码能够正确地识别附属机构或地区主体。

（E）**禁止供应商决定的委托**。部长不得授权（除了根据第 1842 条规定的合同）其他机构决定供应商是否符合获得供应商号码的标准。

（2）**医疗必需品的执照**。

（A）**供应商提供的关于医疗必需品执照信息的限制**。

（ⅰ）**总则**。在《1994 年社会保障法修正案》颁布后 60 日内，医疗设备即供应品的供应商应该向医师，或者根据本部分的规定被授予福利待遇的个人，分发以商业目的而提供的医疗必需品证明，该证明必须包括不少于下列提供者完成的信息：

（Ⅰ）供应商的身份证明以及医疗设备与供需品的受益人。

（Ⅱ）该医疗设备及供应品的说明。

（Ⅲ）证明该医疗设备及供需品的产品编号。

（Ⅳ）部长规定的其他管理信息（除了与受益人医疗条件相关的信息）。

（ⅱ）**支付额及收费的信息**。如果供应商分发包括第（ⅰ）节规定的各种信息的医疗必需品的证明，则供应商也应该在提分发该医师证明前在医疗必需品的证明中列明费用表以及收费信息。

（ⅲ）**处罚**。任何医疗设备及供需品的供应商明知并故意违反第（ⅰ）节的规定分发医疗必需品证明，或者未能根据第（ⅱ）节的规定提供信息，则应该为每一医疗必需品证明而被处以不超过 1000 美元的民事货币处罚。第 1128A 条的规定应该适用于本项中的民事处罚或不处罚，其适用方式应与适用于 1128A 条第（a）款［而不是第（a）款和第（b）款］规定的罚金或程序相同。

（B）**定义**。在本项中，"医疗必需品证明"是指承保人提交的包含所要求的信息的形式或文件，以证明某一项目对疾病或病痛诊断与治疗或者改善畸形的身体是合理并必要的。

（3）**涵盖范围与审查标准**。部长应该每年审查涵盖范围及医疗设备与供需品项目的使用，根据该涵盖范围及审查标准的使用决定是否该项目，并且在适当的情况下将该标准适用于该项目。

（4）**患者责任的限制**。如果医疗设备及供需品的供应商［参见第（5）项的规定］：

（A）因为第（1）项规定的事由免费向受益人提供项目或服务；

（B）因为第（a）款第（15）项规定的事由提前向受益人免费提供项目或服务；

（C）或者，根据第 1862 条第（a）款第（1）项免费向受益人提供项目或服务；

任何因供应商在非给定的基础上向个人提供该项目及服务产生的开支应该是该供应商的责任。个人对该开支应该没有金融责任，供应商则应该及时向个人（并且应该负有义务）返还其因项目或服务而向该个人收取的费用。第（a）款第（18）项的规定适用于前句要求的返还的方式应与其适用于本款中规定返还相同。

（5）**定义**。"医疗设备及供应品"是指：

（A）耐用的医疗设备［参见第 1861 条第（n）款的定义］。

（B）假肢设备［参见第 1861 条第（s）款第（8）项的定义］。

（C）矫形器和假肢［参见第 1861 条第（s）款第（9）项的定义］。

（D）外科绷带［参见第 1861 条第（s）款第（5）项的定义］。

（E）部长认定的其他项目。

（F）在第（1）项及第（3）项中：

（ⅰ）家庭透析供应品及设备［参见第 1861 条第（s）款第（2）项第（F）目的定义］；

（ⅱ）抑制免疫力的药物［参见第 1861 条第（s）款第（2）项第（J）目的定义］；

（ⅲ）糖尿病患者的医疗鞋［参见第 1861 条第（s）款第（12）项的定义］；

（ⅳ）作为抗癌治疗剂而使用的口服药物［参见第 1861 条第（s）款第（2）项第（Q）目的定义］；

（ⅴ）自我管理的红细胞生成素［参见第 1861 条第（s）款第（2）项第（P）目的定义］。

（k）**为门诊病人治疗服务及综合门诊病人康复服务而进行的支付。**

（1）**总则**。对于第 1833 条第（a）款第（8）项或第 1833 条第（a）款第（9）项规定的根据本款决定支付的服务而言，支付基础应该：

（A）对于 1998 年期间提供的服务，为根据第（2）项决定的数额；

（B）或者，对于随后的年度期间提供的服务，为下列较少者的 80%：（ⅰ）该服务的实际要价，或者（ⅱ）该服务的适用费用表［第（3）项规定］数额。

（2）**1998 年以调整的合理成本为基础的支付**。根据本项服务而支付的数额为下列较少者：

（A）该服务的收费；

（B）或者，该服务调整后的合理成本［参见第（4）项的规定］，减去该服务收费的 20%。

（3）**适用的费用表数额**。本款中，对于一年提供的服务而言，"适用的费用表数额"是指因该年度提供的该服务而根据第 1848 条确定的费用表规定的数额，或者如果不存在为该服务确立的费用表，数额则为部长规定的为该相当的服务确立的费用表决定。

（4）**调整的合理成本**。在第（2）项中，对于任何服务而言，"调整的合理成本"是指该服务决定的合理成本减去 10%。该 10% 的抵减不适用于第 1833 条第（a）款第（8）项第（B）目规定的服务（涉及医院提供的服务）。

（5）**统一编码**。对于 1998 年 4 月 1 日起（包括当日）提交的服务请求，该请求应该包括部长确定的统一的编码系统进行的一个（或多个）编码以识别提供的服务。

（6）**计费的限制**。第 1842 条第（b）款第（18）项第（A）目及第（B）目适用于根据本款收费的治疗服务，该方式与其适用于第 1842 条第（b）款第（18）项第（C）目规定的从业人员提供的服务相同。

（1）[①] **救护车服务费用表的确立**。

（1）**总则**。部长应确立救护车服务的费用表，无论该服务是为供应商或提供者直接提供，还是根据与提供者的安排根据本部分的规定通过《美国法典》第 5 编规定的协商的规则制定程序提供，且应与本款的要求相一致。

（2）**考虑因素**。在确立该费用表时，部长应该：

（A）确立机制以控制本部分规定的救护车服务的开支；

（B）确立救护车服务的定义以将费用与提供的服务类型相联系；

（C）考虑适当的地方性或运作性的差异；

（D）调整支付率以反映通货膨胀和其他相关因素；

（E）根据费用表将支付率申请引入有效的、公正的、与第（11）项一致的方式，此外该引入规定所有国内的支付按英里支付的供应商提供的由 50 个州内的唯一承保人支付的救护车服务费，在该费用表执行前，对于该郡内所有英里数而言，不包括一个独立的受益人转移数额。

（3）**储蓄**。在建立该费用表时，部长应该：

（A）确保 2000 年根据本部分的规定因救护车服务而支付的总费用超过该年度根据该部分的规定已经为该服务支付的总额，如果《1997 年平

---

① 关于成本和救护车服务可及性的最终总审计局报告，参见第 2 卷《公法》第 108—173 期，第 414 条第（f）款；关于空中救护支付改善，参见第 2 卷《公法》第 110—275 期，第 146 条第（b）款。

衡预算法》第 4531 条第（a）款的规定继续生效，此外在做出该决定时，部长应该假设 2002 年的更新数额相当于所有城市消费者（美国城市平均）截至前一年度 6 月的 12 个月期间消费者物价指数的增长率，在 2002 年为减去 1% ；

（B）根据费用表为 2001 年以及每一随后年度提供的服务设定支付额，该数额相当于该先前年度提供的服务的费用表支付的数额，加上所有城市消费者（美国城市平均）截至前一年 6 月份的 12 个月期间消费者物价指数的增长率，在 2002 年为减去 1% 。

（4）**咨询**。在根据本款确定救护车服务的费用表时，部长应该咨询提供或管理救护车服务的个人及实体的国民组织的不同代表，并且在建立该表时应该与该组织分享相关数据。

（5）**审查的限制**。根据第 1869 条的规定不应该存在行政或司法审查，或者根据本款对救护车服务的确定的费用表进行审查，包括第（2）项规定的事项。

（6）**计费的限制**。第 1842 条第（b）款第（18）项第（A）目及第（B）目应该适用于根据本款收费的治疗服务，该方式与其适用于第 1842 条第（b）款第（18）项第（C）目规定的从业人员提供的服务相同。

（7）**编码制度**。部长要求根据本款决定支付额的任何服务请求者提供部长规定的识别提供服务的统一编码制度的一个（或多个）编码。

（8）**重要访问医院提供的服务**。虽然存在本款的规定，如果该服务是由下列主体提供，部长应该支付提供救护车而产生的合理的成本。

（A）由重要访问医院［参见第 1861 条第（mm）款第（1）项的定义］；

（B）或者，由重要访问医院所有或运营的实体，但是仅仅在该重要访问医院或实体为该中心医院 35 英里范围内唯一的救护车供应商或提供者。

（9）**农村提供者的过渡性援助**。在 2001 年 7 月 1 日后 2004 年 1 月 1 日前提供的救护车服务的情形下，对于农村地区［参见第 1886 条第（d）款第（2）项第（D）目的定义］或者市政统计地区［根据最近的《戈德斯密斯法修正案》决定，最早在 1997 年 2 月 27 日的《美国联邦法规》公布（《联邦公报》第 57 篇第 6725 条）］的农村普查地区发起的交通运输而言，根据本款确定的费用表应该规定，对于 17—50 英里的距离，每英里支付率应该为每英里增加费用不少于额外支付的 1/2。

（10）**引入使用费用表及地区费用表的混合提供地面服务**。在根据第（2）项第（E）目的规定在执行该年度提供的地面服务的每一个层面的逐步到位，支付额部分应该是根据该费用表决定的较大数额（不考虑本条文），或者为根据第（1）项规定的费用表及该地区包括下列情况的地区费用表的混合比率：

（A）对于 2004 年（2004 年 7 月 1 日起提供的服务）而言，该混合率应为以第（1）项规定的该费用表的 20% 及地区费用表的 80% 为基础。

（B）对于 2005 年而言，该混合率应该以第（1）项规定的费用表的 40% 及地区费用表的 60% 为基础。

（C）对于 2006 年而言，该混合率应该以第（1）项规定的费用表的 60% 及地区费用表的 40% 为基础。

（D）对于 2007 年、2008 年及 2009 年而言，该混合率应该以第（1）项规定的费用表的 80% 及地区费用表的 20% 为基础。

（E）对于 2010 年及以后年度而言，该混合率应该以第（1）项规定的费用表的 100% 为基础。

在本项中部长应该使用方法［正如在第（1）项规定的费用表中使用的］确保 9 个人口普查地区［参考第 1886 条第（d）款第（2）项的规定］的所有地区费用表来计算地区的转换因素及地区英里数支付率，并且使用与本项中的费用表中使用的相同的支付调整以及相同的相关价值单位。

（11）**特定长期旅行的支付调整**。在 2004 年 7 月 1 日后（包括当日），2009 年 1 月 1 日前提供的农村救护车服务中，不管交通运输起点在何处，根据本款确立的费用表应该规定，对于超过 50 英里距离的每英里支付率而言，每英里支付率应该为每英里增加费用不少于额外的 1/4。

（12）**在人口低密度地区提供服务的农村提供者的援助**。

（A）**总则**。在 2004 年 7 月 1 日后（包括当日）2010 年 1 月 1 日前提供的地面救护车服务中，对于发起的交通运输在符合条件的农村地区［根据第（B）目第（ⅲ）节进行识别］而言，部长应该规定在根据本款确定的费用表的支付率基础上增加一个百分数。在确立该百分数增加时，部长应该评估每一次该服务（不考虑英里数）产生的距离以四分位数表示的平均成本，并与所有农村郡人口的最高四位分数的该服务（不考虑英里数）的每一次服务的平均成本。

（B）**符合条件的农村地区的判定**。

（ⅰ）**地区人口密度的决定**。根据美国 2000 年举行的一年一次的人口普查的数据，部长应该决定每一农村地区的人口密度。

（ⅱ）**地区等级**。部长应该根据该人口密度划分每一地区的等级。

（ⅲ）**符合条件的农村地区的判定**。如果以该地区的人口为衡量依据（在计算人口密度时所用的），部长应该判定那些具有最低人口密度的地区［即第（A）目中所指的"符合条件的农村地区"］是否代表了该地区人口总数的 25%。

（ⅳ）**农村地区**。在本项中，"农村地区"的定义与第 1866 条第（d）款第（2）项第（D）目中的定义相同。如果可行，部长应该将大都市统计地区［根据最近的《戈德斯密斯法修正案》决定，最先公布于 1992 年2 月 27 日的联邦文件档中（《联邦公报》第 57 篇第 6725 条）］的农村人口普查土地认定为本项中的农村地区。

（ⅴ）**司法审查**。根据第 1869 条及第 1878 条的规定，不应该对本目规定的某一区域的认定进行行政或司法审查。

（13）**地面救护车服务的临时增加**。

（A）**总则**。在根据本款其他的适用规定计算地面救护车服务的比率后，如果该服务是在 2004 年 7 月 1 日（包括当日）后至 2007 年 1 月 1 日前提供的，并且对于 2008 年 7 月 1 日（包括当日）后至 2010 年 1 月 1 日前①提供的服务对于发起的交通运输而言：

（ⅰ）在第（9）项规定农村地区或本项规定的农村人口普查土地，本条确立的费用表应该规定确定服务的比率，在根据第（11）项及第（12）项做出的任何增加的适用后，应该增加 2%（或 3%，如果该服务是 2008 年 7 月 1 日至 2010 年 1 月 1 日前提供的)②；

（ⅱ）在第（ⅰ）节规定的地区以外，根据本款确立的费用表规定确

---

① 《公法》第 110—275 期，第 146 条第（a）款第（1）项第（A）目，插入"对于 2008年 7 月 1 日起 2010 年 1 月 1 日前提供的服务而言"，2008 年 7 月 15 日生效。

② 《公法》第 110—275 期，第 146 条第（a）款第（1）项第（B）目，插入"（或 3%，如果该服务是 2008 年 7 月 1 日起 2010 年 1 月 1 日前提供的)"，2008 年 7 月 15 日生效。

立的服务的比率，在根据第（11）项做出任何增加后，应该再增加1%
［或者2%，如果该服务是2008年7月1日（包括当日）后至2010年1
月1日前提供的］①。

（B）**在适用期间②之后增加支付的适用**。在计算本目规定的试用③期
间之后提供的服务的开支时，不应该考虑根据第（A）目增加的支付。

（14）**提供适用的农村空中救护车服务范围**。

（A）**总则**。在任何救护车服务（无论是地面还是空中）根据本条将
会被涵盖的范围内，第1861条第（s）款第（7）项规章规定农村空中救
护服务［参见第（C）目的定义］依据本款的空中救护服务报销率，如果
控制救护服务：（ⅰ）根据正在被运输或在运送前的个人的健康条件是合
理且是必需的；（ⅱ）遵守部长确立的设备及人员要求。

（B）**医疗需要要求的满足**。如果满足以下条件，农村空中救护服务
应该被认为已经满足第（A）目第（ⅰ）节的要求：

（ⅰ）根据第（D）目的规定，该服务被医师或其他符合条件的医务
人员（根据部长的规定）所要求，这些医师或符合条件的医务人员证明
或合理决定④该个人的条件通过地面运输所需时间，或者地面运输的不稳
定性会给该个人的生命造成威胁，或者严重威胁个人的健康；

（ⅱ）或者，根据州或地区紧急状况义务服务（EMS）机构的议定
书，并由部长根据空中救护的使用认可或同意而提供的该服务是被推荐
的，该机构在实体提供该服务的行为中并不能获得利益。

（C）**农村空中救护服务的定义**。在本项中，"农村空中救护服务"是
指搭载农村地区［参见第1886条第（d）款第（2）项第（D）目的定
义］或市政统计地区的农村人口普查地方［根据最近的《戈德斯密斯修
正案》决定，最早在1997年2月27日的联邦文件档公布（联邦文件档第

---

① 《公法》第110—275期，第146条第（a）款第（1）项第（C）目，插入"（或2%，
如果该服务是2008年7月1日起2010年1月1日前提供的）"，2008年7月15日生效。

② 《公法》第110—275期，第146条第（a）款第（2）项第（A）目，删除"2006"，并
以"适用期间"替代，2008年7月15日生效。

③ 《公法》第110—275期，第146条第（a）款第（2）条第（B）目，插入"适用的"，
2008年7月15日生效。

④ 《公法》第110—275期，第146条第（b）款第（2）项第（A）目，删除"合理决定
或核实"，并以"核实或合理决定"替代，适用于2008年7月15日起提供的服务。

57 篇 6725）〕的个人的固定翼飞机或旋转翼飞机空中救护服务。

（D）**限制**。

（ⅰ）**总则**。如果在要求农村空中救护服务的个人与提供该救护服务的实体之间存在金融或雇佣关系，或者与提供空中救护服务存在普通所有关系的实体之间，或者该请求者的直接家庭成员与该实体之间存在金融关系，那么第（B）目第（ⅰ）节不适用。

（ⅱ）**例外**。医院及提供农村空中救护服务的实体存在普通所用关系，如果基础的医师服务在医院提供，根据第 A 部分支付的薪金的数额与农村空中救护服务的提供之间不存在直接或间接关系，那么第（ⅰ）节不适用于医院请求者或直接家庭成员的薪金（通过雇用或其他关系）。

（m）**远程健康网络的支付**。

（1）**总则**。尽管个体医师或开业医生并不在与受益人相同的地方提供远程健康网络服务，部长仍应该支付医师〔参见第 1861 条第（r）款的定义〕或开业医生〔参见第 1842 条第（b）款第（18）项第（C）目的定义〕通过电信系统向符合条件根据本部分的规定参保的个人提供的远程健康网络服务。在前句中，在阿拉斯加或夏威夷进行的任何联邦远程医学实证项目中，"远程系统"包括以单一或多种模式非同步传输健康保险信息的存储转发技术。

（2）**支付额**。

（A）**远程位置**。部长应该向居住在远程场所向符合条件的远程健康个人提供远程健康服务的医师或开业医生支付一定数额，该数额相当于该医师或开业医生未通过使用电信系统提供该服务时根据本编支付的数额。

（B）**使用原始网站的设施费**。对于远程医疗服务而言，根据第 1833 条第（a）款第（1）项第（U）目的规定，应该向原始网站支付设施费，该费用相当于：

（ⅰ）对于从 2001 年 10 月 1 日到 2001 年 12 月 31 日以及 2002 年，为 20 美元；

（ⅱ）对于以后的年度而言，为第（ⅰ）节或本节规定的以前年度的设施费加上该随后年度 MEI 中的增长率〔参见第 1842 条第（i）款第（3）项的定义〕。

（C）**未要求的电子出品者**。本款中的规定应该解释为要求合格的远程监控个人在由医师或开业医生通过电信系统的服务原始网站提供远程医疗服务时候出现在原始网站，除非其是医疗必需的（由远程位置的医师或开业医生决定）。

（3）**医疗受益人收费的限制**。

（A）**医师及执业医生**。第 1848 条第（g）款和第 1848 条第（b）款第（18）项第（A）目、第（B）目的规定应该适用于根据本款接受支付的医师或执业医生，该规定的适用与其适用于根据本条的医师或执业医生的方式相同。

（B）**原始地点**。第 1842 条第（b）款第（18）项的规定应该适用于接受设施费的原始地点，其方式与适用于本条规定的开业医生的方式相同。

（4）**定义**。在本款中：

（A）**远程地点**。"远程地点"是指医师或开业医生在通过电信系统提供服务时所在的地方。

（B）**合格的远程健康个人**。"合格的远程健康个人"是指根据本部分的规定参保的并且在原始地点获得远程健康服务的个人。

（C）**原始地点**。

（i）**总则**。"原始地点"仅指那些第（ii）节规定的合格的远程健康个人在通过电信系统提供服务时所在的地方，并且该地方必须坐落在：

（Ⅰ）根据《公共健康服务法》第 332 条第（a）款第（1）项第（A）目〔《美国法典》第 42 编 254 条第（a）款第（1）项第（A）目〕被认定为农村健康专业人员短缺的地方；

（Ⅱ）并未包括在市政统计地区的县；

（Ⅲ）或者，截至 2000 年 12 月 30 日，从参与健康及人力资源部部长认可或拨款的联邦远程医疗示范项目的实体处。

（ii）**规定的地点**。第（i）节规定的地点是如下地方：

（Ⅰ）医师或执业医生的办公室。

（Ⅱ）重点访问医院〔参见第 1861 条第（mm）款第（1）项的定义〕。

（Ⅲ）农村健康诊所〔参见第 1861 条第（aa）款第（2）项的定义〕。

（Ⅳ）联邦合格健康中心〔参见第 1861 条第（aa）款第（4）项的定义〕。

（Ⅴ）医院〔参见第 1861 条第（e）项的定义〕。

（Ⅵ）① 以医院为基础或中心医院为基础的肾脏透析中心（包括附属机构）。

（Ⅶ）② 有技能的护理设施［参见第 1819 条第（a）款的定义］。

（Ⅷ）③ 社区精神健康中心［参见第 1861 条第（ff）款第（3）项第（B）目的定义］。

（D）**医师**。"医师"的意思与第 1861 条第（r）款中的术语相同。

（E）**开业医生**。"执业医生"的意思与第 1842 条第（b）款第（18）项第（C）目中的术语相同。

（F）**远程健康服务**。

（ⅰ）**总则**。"远程健康服务"是指专业咨询、办公室访问、办公室精神病服务［2000 年 7 月 1 日《HCPCS 法》第 99241—99275 条，第 99201—99251 条，第 90804—90809 条以及第 90862 条（以及部长随后的修正）］和任何部长指定的额外服务。

（ⅱ）**年度更新**。部长在年度基础上确立适当的附加或删除服务的程序（《HCPCS 法》），该程序规定那些根据第（1）项由第（ⅰ）节指定授权的支付。

提供服务者要求的支付程序

第 1835 条【《美国法典》第 42 篇第 1395n 条】（a）除了第（b）款、第（c）款及第（e）款的规定外，依据第 1832 条第（a）款第（2）项规定提供给个人的服务的拨款仅向根据第 1866 条第（c）款规定的合格的服务的提供者进行支付，并且仅在以下条件下进行：

（1）由该个人提出书面请求，除了部长认为个人很难这样做，该个人按照部长规定的支付形式和方式，在该服务提供年度之后的 3 年内（认为在任何年度的最后 3 个月份提供的服务已经在该随后的年度提供），此外，如果部长认为进行有效率的管理所需，该期间可以减少到不少于

---

① 《公法》第 110—275 期，第 149 条第（a）款第（1）项第（A）目，增加第（Ⅵ）次节，适用于 2009 年 1 月 1 日起提供的服务。

② 《公法》第 110—275 期，第 149 条第（a）款第（1）项第（A）目，增加第（Ⅶ）次节，适用于 2009 年 1 月 1 日起提供的服务。

③ 《公法》第 110—275 期，第 149 条第（a）款第（1）项第（A）目，增加第（Ⅷ）次节，适用于 2009 年 1 月 1 日起提供的服务。

1 年。

（2）医师证明（或重新证明，由规章规定提供该服务的时间、情形、频率，并且遵守该支持性材料）。

（A）在家庭健康服务满足下列情形下：（i）该服务正在或曾经提请，因为该个人是或曾经限制于家庭［除了接受第 1861 条第（m）款第（7）项规定的项目或服务］，需要熟练的护士服务（除了为了获得血液样本而进行单独静脉刺穿）在间歇性基础上物理或口头治疗，或者在个人已经根据需求提供家庭健康服务，并且该个人不再有需要为该保健或治疗，继续需要专业治疗的情况下，（ii）向该个人提供服务的计划已经确立并且由医师定期审查，以及（iii）当该个人正处于或曾经处于医师的保健之时该服务正在或曾经提供；

（B）在医疗或其他健康服务中，除了第 1861 条第（s）款第（2）项第（B）目、第（C）目及第（D）目规定的服务外，该服务是医疗所需的；

（C）在门诊病人物理治疗服务或门诊病人专业治疗服务中：（i）该个人需要物理治疗服务或专业治疗服务，因而该服务是或曾经是需要的，（ii）由该医师，有合格的物理治疗师或者合格的专业治疗师确立服务计划并提供该服务，定期由医师审查，以及（iii）当该个人是或曾经处于医师保健之时该服务正在或曾经提供；

（D）在门诊病人言语病理学服务中：（i）该个人需要言语病理学服务因而该服务正在或曾经是所需的，（ii）医师或由言语病理学家已经确立服务的计划并提供该服务，由医师定期审查，以及（iii）当该个人是或曾经处于医师保健之时该服务正在或曾经提供；

（E）在综合门诊病人康复设施服务中：（i）该个人要求有技能的康复服务，因而该服务正在或曾经被请求，（ii）提供该服务的计划已经确立，并且定期由医师审查，以及（iii）当该个人正在或曾经处于医师的保健下时该服务正在或曾经提供；

（F）在部分医院治疗服务中：（i）该个人将要请求病人心理保健在缺乏该服务时，（ii）由医师确立并定期审查该服务的书面计划，以及（iii）当该个人正在或曾经处于医师的保健下时该服务正在或曾经提供。

在本条中，"服务的提供者"应该包括诊所、康复机构或公共健康机构，对于诊所或康复机构，该诊所或机构满足了第 1861 条第（p）款第（4）项第（A）目规定的要求［或满足该条的要求通过第 1861 条第（g）款①的运作］，或者，对于公开健康机构，该机构满足第 1861 条第（p）款第（4）项第（B）目的要求［或者满足该条的要求通过第 1861 条第（g）款②的运作］，但是仅与提供门诊病人物理治疗服务（参见定义）或［通过第 1861 条第（g）款③的运作］与提供门诊专业治疗服务相关。

在规章规定的范围内，医师做出第（2）项第（A）目、第（B）目（无论是否适用）规定的证明并且该证明与规章规定的该医疗及其他证明一致时，第（2）项规定的证明及重新证明要求应该被认为在晚些时候已经满足。对于第（2）项规定的家庭健康机构（除了政府机构以外）向任何个人提供的家庭健康服务以及该服务计划的确立及审查而言，部长应该制定规章并在 1981 年 7 月 1 日前生效，禁止与该家庭健康机构具有巨大利益的医师，或者具有巨大金融或合同关系的医师从事该证明或确立或审查该服务，此外该禁止不适用于该社区唯一的家庭健康机构（由部长决定）。在前句中，作为未补偿的官员或家庭健康机构领导人的医师提供的服务不应该构成巨大的所有权利益，或与该机构具有巨大的金融或合同关系。在第（2）项第（A）目中，个人应该被认为"限制在该家庭中"，如果个人因为受伤或疾病而导致其缺乏其他人的帮助或缺乏支持性设施的援助（如拐杖、手杖、轮椅或助行架）不能离开其家庭的情形，或者如果该个人被认为离开其家庭是医学上所禁止的。如果个人并非久病不起而被认为"限制在家庭中"，条件应该是存在正常的不能离开家的事由，离开家需要慎重的思考并且需要花费很大的努力。个人因需要接受健康保健治疗而离开家庭，包括为了参与治疗、心理的或医学治疗在州许可或核准

---

① 《公法》第 110—275 期，第 143 条第（b）款第（4）项第（A）目，删除"第 1861 条第（g）款"，并以"第 1861 条第（g）款或第（ll）第（2）项"替代，**适用于 2009 年 7 月 1 日后提供的服务。**

② 《公法》第 110—275 期，第 143 条第（b）款第（4）项第（A）目，删除"第 1861 条第（g）款"，并以"第 1861 条第（g）款或第（ll）第（2）项"替代，**适用于 2009 年 7 月 1 日后提供的服务。**

③ 《公法》第 110—275 期，第 143 条第（b）款第（4）项第（A）目，删除"第 1861 条第（g）款"，并以"第 1861 条第（g）款或第（ll）第（2）项"替代，**适用于 2009 年 7 月 1 日后提供的服务。**

的成年日托而定期离开家庭，或者该州授权提供成年日托服务也应被认为"限制在他的家庭中"。如果该离开并非罕见或者相当短暂，那么该个人离开其家庭不应该使该个人丧失资格。在前句中，为了获得宗教服务而离开应该被认为罕见的或者短暂的。

（b）（1）因为提供第1861条第（s）款规定的服务作为医院或其他机构根据其与根据本部分的规定被授予福利待遇权力的个人安排门诊病人服务，也可以向任何医院支付费用，即使该医院没有有效协议，以下情况下也要支付费用：（A）该服务是紧急服务；（B）部长将被要求做出该支付，如果医院有有效协议，并且满足以下的支付条件；（C）在该紧急服务提供的年度，该医院根据第1814条第（d）款第（1）项第（C）目做出了选择。根据第1833条第（a）款第（2）项决定的数额应予以支付，并且对于提供的紧急服务而言，该医院同意遵守第1866条第（a）款情况下予以支付。

（2）在本款第（1）项规定的服务而提供给该个人的明细账单基础上做出支付，如果（A）医院没有根据第1814条第（d）款第（1）项第（C）目的规定选择要求该支付，根据该第（1）项不得单独支付；（B）该个人申请补偿（该期间，以部长制定规章所规定的形式及方式）。根据第1833条的规定，根据本条文支付的数额应该相当于医院合理对该服务的收费的80%。

（c）虽然存在本条、第1832条、第1833条及第1866条第（a）款第（1）项第（A）目的规定，医院或重点访问医院可以根据规章规定的限制条件为第1861条第（s）款规定的门诊服务从个人处收取习惯收费，条件是在该服务的收费不超过抵扣的适用医疗保险，并且该习惯收费应该被认为该个人根据第1833条第（a）款第（1）项因支付福利待遇而产生的开支。根据本章根据前句的规定从个人处收取费用的医院做出的支付应该定期做出调整，以使得该医院处于相同的情况，其替代偿付根据第1833条第（a）款第（2）项做出［或者对于重点访问医院，根据第1833条第（a）款第（6）项］。

（d）根据第1880条，根据本部分不得向联邦服务提供者或其他联邦机构做出支付，以下情况除外：部长认定该服务提供者正在提供服务向普通公众，作为社区制定或机构；并且该支付不得向任何项目或服务的提供者或其他个人做出，该提供者或个人因为美国的法律或与美国签署合同而负有给予公共支出的责任。

（e）在满足下列条件的服务中（1）根据第 1861 条第（b）款第（7）项规定，住院病人医院服务，或者因为第 1832 条第（a）款第（2）项第（B）目第（ⅰ）节第（Ⅱ）次节的事由存在权利，以及（2）该服务的合理成本是根据第 1861 条第（v）款第（1）项第（D）目决定的（或者将会，如果第 1886 条不适用），根据本部分的支付应支付给基金，正如医院组织起来的提供该服务的医疗工作人员指定的，或者如果该服务在该医院提供由医学院的教员，支付给该教员指定的基金，但是仅有在：

（A）该医院与部长之间根据第 1866 条签署了协定；

（B）部长已经收到书面保证，即：（ⅰ）该支付将会由该基金单独为改进该医院的病人的保健或者为教育或慈善目的而使用，以及（ⅱ）获得该服务的该个人或者其他人不会因该服务而被收取费用（或者如果收费，规定应该返还任何非正确收取的货币）。

合格的个人

第 1836 条 【《美国法典》第 42 编第 1395o 条】 符合下列条件的每个人：

（1）根据第 A 部分被授予医疗保险福利待遇；

（2）或者，已满 65 岁的美国居民，并且或为：（A）市民，或者（B）合法允许长期居住在美国的外国人，并且已经在其根据本部分申请参保月份之前在美国连续居住 5 年以上；

符合参保本部分确立的保险项目的条件。

参保期间

第 1837 条 【《美国法典》第 42 编第 1395p 条】（a）个人可以根据规章规定的方式及形式在本条规定的参保期间参保本部分规定的保险项目。

（b）【已废除①】

（c）在个人于 1966 年 3 月 1 日前首次满足第 1836 条第（1）项或第

---

① 《公法》第 96—499 期，第 945 条第（a）款；《美国联邦法律大全》第 94 编第 2642 条。

（2）项的情形下，初始一般参保期间应该于本编①颁布之日后的第二个月的第一天开始②，并且于 1996 年 5 月 31 日结束。在本款及第（d）款中，已满 65 岁，并且满足第 1836 条第（1）项但是不满足第（2）项的个人应该被认为在他根据本部分（或者依申请将要）被授予医院保险福利待遇的第一天满足第（1）项。

　　（d）在个人于 1966 年 3 月 1 日后首次满足第 1836 条第（1）项或第（2）项的情形下，他的初始参保期间应该于其首次满足该项的要求的月份前的第 3 个月份的第一天开始，并且在 7 个月后结束。如果部长发现已满 65 岁的个人尚未根据本部分的规定在其初始参保期间尚未参保（根据部长对于该个人何时满 65 岁的月份的决定）的原因是该个人（根据文件证据）被误认为正确的出生日期，部长应该根据其在文件证据显示的满 65 岁的事实（根据第 1838 条决定的涵盖期间，就像他在该时间已满该年龄），为该个人确立初始参保期间。

　　（e）每一年度的 1 月 1 日至 3 月 1 日期间为一个普通参保期间。

　　（f）每一个人：

　　（1）根据第 1836 条符合参保医疗保险项目的条件，享有医院保险福利待遇权利，正如本条第（1）项规定的那样；

　　（2）该个人的初始参保期间根据第（d）款的规定开始于 1973 年 3 月 31 日；

　　（3）居住在波多黎各以外的美国；

　　应该被认为已经参保本部分确立的医疗保险项目。

　　（g）本条所有的规定应该适用于满足第（f）款的个人，此外：

　　（1）在个人因为被授予第 226 条第（b）款规定的残疾保险福利待遇权利而满足第（f）款的情形下，其初始参保期间应该开始于下列较晚期间的第一天：（A）1973 年 4 月；或者（B）该权利的第 25 个月之前的第 3 个月，应该再次发生符合条件的连续期间［参见第 1839 条第（d）款的定义］，并且已满 65 岁。

　　（2）（A）在个人根据第 202 条或第 223 条在其初始参保期间的第一

---

　　①　1965 年 7 月 30 日，为《公法》第 89—97 期颁布日期（《美国联邦法律大全》第 79 编第 286 条）加入第十八编到该法。

　　②　1965 年 9 月 1 日。

天被授予按月福利待遇，或者在该期间的前 3 个月的根据第 202 条被授予按月福利待遇的情形下，他的参保应该被认为已经发生在其初始参保期间的第 3 个月；

（B）在个人根据第 202 条在其初始参保期间的第一天未被授予福利待遇权利，并且在该期间的前 3 个月的根据第 202 条未被授予按月福利待遇的情形下，如果该申请其初始参保期间的最后 4 个月内提交，其参保应该被认为已经发生在其申请确立医院保险福利待遇权利的月份。

（3）在个人将满足第（f）款的要求，但是直到其初始参保期间的最后一天之后［参见本条第（d）款的定义］尚未确立医院保险福利待遇权利，其参保应该被认为已经在下列较早期间发生，当时，或为紧接其后普通参保期间［参见本条第（e）款的定义］的第一天。

（h）如果部长根据第 1818 条发现个人参保了或者未参保本部分或第 A 部分确立的保险项目是无意识的、不慎的或者错误的，并且是由联邦政府或其机构的官员、雇员或代理人的错误、误传或渎职造成的结果，那么部长采取必要的修正或限制该错误、误传及渎职的影响的行为。

（i）（1）在个人符合下列条件的情形下：

（A）在个人首次满足第 1836 条第（1）项或第（2）项时，因为该个人（或其配偶）的党委、当前就业状况而参保第 1862 条第（b）款第（1）项第（A）目第（v）节规定的集团健康计划；

（B）在该个人初始参保期间，根据本条的规定选择不参保（或者被认为参保）；

存在第（3）项规定的特殊参保期间。在非前句规定的个人尚未满 65 岁的情形下，在该个人第一次满足第 1836 条第（1）项时，因为该个人当前就业状况（或该个人家庭成员的就业状况）活动的个人［参见第 1862 条第（b）款第（1）项第（B）目第（iii）节规定的术语］参保大型集团健康计划［参见第 1842 条第（b）款第（1）项第（B）目第（iii）节规定的术语］，并且根据本条在个人初始参保期间选择不参保，应该存在第（3）项第（B）目规定的特殊参保期间。

（2）在个人符合下列条件下：

（A）（i）在个人初始参保期间参保（或被认为已经参保）本部分确立的医疗保险项目，或者（ii）是第（1）项第（A）目规定的个人；

（B）在任何随后的特殊参保期间根据本条的规定已经参保该项目，在该期间该个人因为其（或该个人的配偶）当前就业状况而未参保第1862条第（b）款第（1）项第（A）目第（v）节规定的集团健康项目；

（C）根据本条的规定终止参保在该个人未参保该集团健康计划的时间内因为该个人（或该个人的配偶）当前的就业状况；

应该存在第（3）项规定的特殊参保期间。在非前句规定的个人尚未满65岁的情形下，在该个人的首次参保期间，参保（或已经被认为参保）本部分确立的医疗保险项目，或者其为规定在第（1）项第二句规定的个人，在随后的特殊参保期间根据本款已经参保该项目，在该个人因为该个人当前的就业状况（或者该个人家庭成员的现在就业状况）而尚未参保大型集团健康计划［参见第1862条第（b）款第（1）项第（B）目第（iii）节］时，并且该个人因为该个人的当前就业状况（或者该个人家庭成员的现在就业状况）而尚未参加该大型集团健康计划之时，根据本条的规定已经终止参保，应该存在第（3）项第（B）目规定的特殊参保期间。

（3）（A）第（1）项或第（2）项第一句所指的特殊参保期间是包括每一个月的期间，在该期间，该个人参保第1862条第（b）款第（1）项第（A）目第（v）节规定的大型集团健康计划，因为现在的就业结束于该个人不再参保的第8个连续月份的最后一天。

（B）第（1）项或第（2）项第二句所指的特殊参保期间是包括每一个月的期间，在该期间，该个人参保第1862条第（b）款第（1）项第（B）目第（iii）节规定的大型集团健康计划，因为当前就业状态（或者该个人家庭成员的现在就业状况）结束于该个人不再参保的第8个连续月份的最后一天。

（4）（A）在个人根据第A部分第226条第（b）款规定的福利待遇，并且符合下列条件的情形下：

（i）在那时该个人首次满足第1836条第（1）项的规定：（Ⅰ）因为该个人现在或以前的就业或者因为该个人的家庭成员现在或以前的就业状况而参保第1862条第（b）款第（1）项第（A）目第（v）节规定的集团健康计划，以及（Ⅱ）根据本条在该个人初始参保期间选择不参保（或被认为参保）；

（ii）当根据该计划参保不是因为该个人当前就业或该个人的家庭成员的当前就业，该个人的持续性参保集团健康计划非自愿终止；

应该存在第（B）目规定的特殊参保期间。

（B）第（A）目中所指的特殊参保期间是指开始于包含第（A）目第（ii）节规定的参保终止期间的月份的第一天开始的6个月期间。

（j）在本条适用于个人根据第A部分第226条第（h）款的规定被授予福利待遇的情形时，适用以下特殊规则：

（1）初始参保期间根据第（d）款的规定开始于该个人满足第1836条第（1）项的第一个月。

（2）在适用第（g）款第（1）项时，初始参保期间应该开始于被授予本款所指的残疾保险福利待遇权利的第一个月的第一天。

（k）（1）在个人符合下列条件的情况下：

（A）根据第（3）项规定，个人首次满足第1836条第（1）项或第（2）项时，并且在该个人初始参保期间根据本条选择不参保（或被认为参保）；

（B）或者，根据本条在该个人是第（3）项规定的个人的月份已经终止参保，第（2）项应该存在特殊参保期间。

（2）本项规定的特殊参保期间为期6个月期间，该期间开始于包括该个人不再是第（3）项规定的日期的月份的第一天。

（3）在第（1）项中，本项规定的个人是符合下列条件的个人：

（A）作为美国以外的志愿者应通过符合下列条件的项目：（i）至少有12个月时间，以及（ii）由《1986年国内税收法》第501条第（c）款第（3）项规定的组织发起的，并且根据该法第501条第（a）款①排除税收；

（B）当在该项目中服务时证明涵盖在健康保险之中。

涵盖期间

第1838条【《美国法典》第42编第1395q条】（a）个人根据本部分确立的保险项目被授予福利待遇的期间（以下简称"涵盖期间"）应该开始于下列最晚的期日：

---

① 参见第2卷《公法》第83—591期，第501条。

（1）1966 年 7 月 1 日，或者（如果残疾人尚未满 65 岁）1973 年 7 月 1 日。

（2）（A）在个人根据第 1837 条第（d）款在其首次满足 1836 条第（1）项或第（2）项的月份中参保的，为该月份的第一天；

（B）在个人参保根据第（d）款在其首次满足该项的月份中，为其参保后接下来一个月的第一天；

（C）在个人根据第（d）款在其首次满足本项的月份的接下来月份参保的情形下，为其参保月份的接下来月份的第 3 个月的第一天；

（D）在个人根据第（d）款参保在其满足该项月份后的一个月以上，为他参保月份后的第 3 个月的第一天；

（E）或者，在个人根据第 1837 条第（e）款参保的情形下，为其参保月份接下来的 7 月 1 日。

（3）（A）在个人被认为已经在其初始参保期间的第 3 个月的最后一天参保的情形下，为其首次满足第 1836 条适用的要求的月份的第一天或 1973 年 7 月 1 日，以较晚者为准；

（B）或者，在个人被认为已经在其初始参保期间的第 4 个月的第一天起参保的情形下，正如本款第（2）项第（B）目、第（C）目、第（D）目及第（E）目规定的。

（b）个人的涵盖期间持续到其参保已经终止。

（1）通过填写通知，即该个人不再愿意参与本部分规定的保险项目；

（2）或者，未支付津贴。

根据第（1）项在通知月份后的月份的结束时，涵盖期间的终止［除了第 1843 条第（e）款规定的那样］生效。第（2）项规定的涵盖期间终止在规章决定的期间生效，该决定规定宽限期，在宽限期间支付了过期津贴，并且涵盖期间继续。前句决定的宽限期应该不超过 90 天；此外在部长决定有正当理由而未能支付，过期津贴在该 90 日内的情形下，可以延长到不超过 180 天。

被认为根据第 1837 条第（f）款已经参保医疗保险的个人在他的涵盖期间不愿意参保的月份的第一天前填写通知，导致的被认为参保涵盖期间终止应该在涵盖已经生效的月份的第一天生效。根据第 1837 条第（f）款被认为参保医疗保险福利待遇的个人在该涵盖生效的当月或下月通知要求终止，该涵盖的终止在通知的下月生效。

（c）在个人满足第 1836 条第（1）项的要求的情形下，根据第 A 部分该个人的医院保险福利待遇的权利以残疾为基础而非以他已满 65 岁为基础，他的涵盖期间应该终止在其被授予医院保险福利待遇的最后一个月份结束时。

（d）根据本部分不得为个人的开支进行支付，除非该支付发生在涵盖期间。

（e）虽然存在第（a）款的规定，在个人在特殊参保期间根据第 1837 条第（i）款第（3）项或第 1837 条第（i）款第（4）项第（B）目的规定参保。

（1）在特殊参保期间的任何一个月，该个人参保了一个计划［第 1837 条第（i）款第（3）项第（A）目及第（B）目规定的或第 1837 条第（i）款第（4）项第（A）目第（ⅰ）节规定的］或者在该月份后的第一个月，涵盖期间应该开始于该个人参保的月份的第一天（或者该个人可以选择在接下来 3 个月份任意一个月的第一天）；

（2）或者，在特殊参保期间的其他月份，涵盖期间应该开始于该个人参保下月的第一天。

（f）虽然存在第（a）款的规定，个人在特殊参保期间根据第 1837 条第（k）款参保的情形下，涵盖期间应该开始于该个人参保下月的第一天。

津贴数额

第 1839 条【《美国法典》第 42 编第 1395r 条】（a）（1）部长在 1983 年及以后每一年的 9 月，决定 65 岁及以上的参保人的按月精算率，并且适用于以后年度。该精算率为部长估计所需数额，对于 65 岁及以上的参保人该年度的总额等于从联邦补充医疗保险信托基金中为提供的服务及与该参保人相关的日历年度内发生的行政成本而支付的总的福利待遇及行政成本的一半。在计算按月精算率时，部长应计入一个适当的应急保证金。

（2）个人根据本部分在 1993 年 12 月后每一个月份参保的月津贴为第（3）项决定的数额。根据本条第（b）款、第（c）款、第（f）款及第（i）款进行调整，并且反映第 1854 条第（b）款第（1）项第（C）目第（ⅱ）节第（Ⅲ）次节规定的任何信用。

（3）部长在每年的 9 月决定并公布随后年度的按月津贴率［除了第（g）款中以外］，该数额相当于 65 岁及其以上参保者随后年度根据第（1）项计算的按月精算率的 50%。每当部长公布适用于任何时期的月津贴的美元数额，该公布宣布时，阐述应用的精算假设及基础，以实现第（1）项规定的 65 岁及其以上的参保人的充足的精算率的数额。

（4）部长也应该在 1983 年及以后的每一年的 9 月，决定适用于随后年度的 65 岁以下的残疾参保人的月精算率。部长认为必要的精算数额是使该年度与 65 岁以下的残疾人相关的总额相当于部长估计的将要从联邦补充医疗保险信托基金为提供的服务及该年度与该参保人相关的行政成本而支付的福利费及行政成本总额的一半。在根据本项计算月精算率时，部长应计入一个适当的应急保证金。

（b）在个人的涵盖期间根据参保而在其初始参保期间［根据第 1837 条第（c）款或第（d）款决定］而非根据第 1837 条第（i）款第（4）项规定的特殊参保期间开始的情形下，第（a）款决定的月津贴［不考虑根据第（i）款进行的任何调整］应该增加这样决定的其已经参保但是曾经未注册的完整的 12 个月（即符合条件的连续时期）月津贴的 10%。在前句中，应该考虑以下因素：（1）其参保的初始参保期间结束及特殊参保期间结束之间过去的月份数；加上（在个人参保的情形下）（2）先前涵盖期间终止之日与其重新参保的参保期间结束之间过去的月份数，但是不应该考虑以下月份：该个人能够证明的该个人因而其（或其配偶）当前工作状况而曾经参保过第 1862 条第（b）款第（1）项第（A）目第（v）节规定的集团健康计划的月份数，或者该个人尚未满 65 岁的月份数，并且该个人能够说明其因为其当前就业状况（或该个人家庭成员的现在就业状况）而参保大型集团健康计划［第 1862 条第（b）款第（1）项第（B）目第（iii）节规定的术语］，或者该个人能够证明其为第 1837 条第（k）款第（3）项规定的月份数。对于符合条件的特殊的连续期间，根据本款第一句增加的个人月津贴不适用于该个人可能拥有的任何其他符合条件的连续期间。津贴的增加不应该在根据本部分个人在 2001 年、2002 年、2003 年及 2004 年参保，并且该个人能够在 2004 年 12 月 31 日前向部长说明其为涵盖的受益人［参见《美国法典》第 10 编第 1072 条第（5）项的定义］的月份中发生效力。卫生与公共服务部部长应该咨询国防部部长以确认前句规定的个人。

（c）如果本条前述规定决定的任意月津贴不是 10 美分的倍数，则应选择最近似 10 美分的倍数。

（d）在第（b）款［及第 1837 条第（g）款第（1）项］中，个人的"符合条件的连续期间"是开始于其根据第 1836 条的规定符合参保期间，并在其死亡时终止的期间；此外该个人满足第 1836 条第（1）项，并且在其满 65 岁的前一个月份终止的任何期间，对于该个人而言，应该是独立的"符合条件的连续期间"（并且依据后来本条适用的情况，每一段终止期间应该被认为不存在）。

（e）（1）根据州的请求（或者部长规定的任何适当的州或地方政府），部长可以与该州（或实体）签署协定，根据该协定该州（或实体）同意按季度或其他定期基础上对于符合条件的个人的津贴而言［参见第（3）项第（A）目的定义］向部长（并存入财政部下的联邦补充医疗保险信托基金）支付数额相当于第 B 部分的较晚参保津贴增加额。

（2）第 B 部分较晚参保津贴增加不适用于符合条件的个人根据第（1）项规定的协定支付月份的津贴中增加该数额。

（3）在本款中：

（A）"符合条件的个人"是指根据第 B 部分参保并且为第（1）项规定协议中的个人。

（B）"第 B 部分较晚参保津贴增加"是指因为适用第（b）款而增加的津贴。

（f）对于 1988 年以后的任何年度而言，如果个人在先前年度的 11 月及 12 月根据第 202 条或第 223 条被授予按月福利待遇，或根据《1974 年铁路退休法》[①] 第 3 条第（a）款、第 4 条第（a）款或第 4 条第（f）款被授予按月年金，如果该个人 12 月及 1 月根据本条获得的月津贴是从第 1840 条第（a）款第（1）项及第 1840 条第（b）款第（1）项规定的福利待遇中扣除的，并且如果该个人的津贴额在该 1 月份未根据第（i）款进行调整，那么根据本款决定的该个人该年度的按月津贴不应该增加，该底线为该增加将会使得向该个人支付的 12 月份的福利待遇额减少到向该个人支付的 11 月份的福利待遇额以下（根据本条津贴扣除后）。在本款

---

① 参见第 2 卷《公法》第 75—162 期。

中，在决定根据第 202 条或第 223 条或根据《1974 年铁路退休法》授予个人按月福利待遇时，有溯及力的调整或支付及工作账户的抵扣不应该被考虑。

（g）从联邦补充医疗保险信托基金中根据第（a）款第（2）项决定月津贴率时支付某一年度福利待遇及行政成本时，部长应该排除任何因为下列事由而估计的福利待遇及行政成本：

（1）根据第 1861 条第（v）款第（1）项第（L）目第（ⅷ）节，或根据第 1861 条第（v）款第（1）项第（L）目第（i）节第（Ⅴ）次节确立中位数的 106%（代替中位数的 105%）中的每一访问限制，但是仅在根据本编 1895 条为家庭健康服务进行的支付（与家庭健康服务预期支付相关）未做出的范围内；

（2）第 1860D—31 条规定的医疗处方药折扣卡及过渡性的援助项目。

（h）**在 CCA 地区比较成本调整的可能的适用情况。**

（1）**总则**。居住在 CCA 地区的特定个人根据第 1860C—1 条的规定未参保第 C 部分规定的 MA 计划，则可能受到本条第（f）款规定的 CCA 项目在该地区生效的月份中的津贴调整的影响。

（2）**对晚参保惩罚或与收入相关的津贴调整没有影响**。本款或第 1860C—1 条第（f）款的规定不应该解释为能够影响第（b）款或第（i）款规定的津贴调整数额。第（f）款适用于除第（1）项所指的津贴调整以外的场合。

（3）**执行**。为了根据本款及第 1860C—1 条第（f）款〔正如其通过第 1840 条第（a）款规定的津贴收集方式而受到影响〕实施津贴调整，部长可以向社会保障委员传达以下信息：

（A）在每一年度开始时，根据本部分参保的个人的名字、社会保障账户号码以及该年度每个月份的津贴调整数额（如果有）；

（B）该年度定期，信息以更新先前根据本项在该年度传递的信息。

（i）**以收入为基础的津贴的减少。**

（1）**总则**。在个人的修正调整总收入超过第（2）项规定的起点金额的情形下，2006 年 12 月后每一月根据本条获得的月津贴额应该减去（并且按月津贴应该增加）第（3）项规定的月调整额。

（2）**起点金额**。在本款中，起点金额是：

（A）除了第（B）目的规定外，8 万美元；

（B）在联合返还的情况下，第（A）目规定的该年度适用额的两倍。

（3）**月调整额**。

（A）**总则**。根据第（B）目的规定，本条款规定的个人在某一年度的月调整额相当于下列事项的乘积：

（ⅰ）**按比例计算的百分比**。第（C）目中规定的表格中的适用百分数减去25个百分点。

（ⅱ）**没有补助的第B部分津贴额**。65岁及其以上参保人按月精算率的200%［根据第（a）款第（1）项为该年度决定的］。

（B）**3年逐步停止**。本项规定的个人在2009年之前的某一年度的每月的调整额相当于第（A）目规定的月调整额的下列百分数：

（ⅰ）对于2007年而言，为33%。

（ⅱ）对于2008年而言，为67%。

（C）**适用百分数**。

（ⅰ）**总则**。

修正后的调整总额	适用百分数（%）
超过8万美元，但不超过10万美元	35
超过10万美元，但不超过15万美元	50
超过15万美元，但不超过20万美元	65
超过20万美元	80

（ⅱ）**联合申报返还**。在联合申报返还中，第（ⅰ）节应该适用通过替代该年度适用第（ⅰ）节的美元数额的两倍的方式。

（ⅲ）**已婚个人单独申报返还**。在个人符合下列条件时：

（Ⅰ）在纳税年度结束时已婚（参见《1986年国内税收法》第7703条的定义），但是尚未提交该年度的联合申报；

（Ⅱ）在该年度均与该个人的配偶生活在一起，根据本条适用于本年度适用于未婚个人的，则适用于该项条款，第（ⅰ）节通过减少根据本节在该年度适用的美元数额。

（4）**修正调整总收入**。

（A）**总则**。在本款中，"修正调整总收入"是指调整后的总收入

（由《1986 年国内税收法》第 62 条定义）。

（ⅰ）决定时不考虑该法第 135 条、第 911 条、第 931 条及第 933 条的规定；

（ⅱ）根据该法增加该税收年度获得或产生的除了税收之外的利益数额。在个人申请联合申报返还的情形下，本款中的所指的该个人修正后的调整总收入应该是该返回的修正调整总收入。

（B）**决定修正的调整总收入中使用的税收年度**。

（ⅰ）**总则**。在适用本款于某一年度某一月份的个人津贴时，根据第（ⅱ）节及第（C）目，个人修正的调整总收入应该是该个人最后一个税收年度的收入，该税收年度开始于年度前的第二个年度。

（ⅱ）**其他数据的暂时使用**。如果在每一年度的 10 月 15 日前，财政部部长没有该个人第（ⅰ）节所指的税收年度的电子形式的充分数据，部长的修正调整总收入应该使用该先前税收年度中使用的该形式的数据。除了社会保障委员与主任咨询后制定的规章规定以外，当有充分的适当的电子形式的数据可用于该个人在第（ⅰ）节所指的税收年度，并且在根据前句决定的津贴调整与使用该税收年度决定的不一致的范围内进行适当调整，前句应该终止使用。

（ⅲ）**不申报者**。在财政部长缺乏关于个人的第（ⅰ）节或第（ⅱ）节所指的纳税年度的适当的电子形式的充分数据的情形下，社会保障委员在咨询部长后，应该指定规章规定与个人相关的根据本款的津贴调整，包括规定下列事项的规章：

（Ⅰ）如果委员有信息可以说明该个人修正调整总收入超过第（ⅰ）节所指的税收年度的基准额，第（3）项第（C）目规定的最高适用百分数适用于该个人；

（Ⅱ）在将第（Ⅰ）次节规定的适用百分数适用于该个人时，正确调整与该个人该纳税年度修正调整总收入不一致。

（C）**最近税收年度的使用**。

（ⅰ）**总则**。社会保障委员咨询财政部部长后应该确立程序，根据该程序按该个人的请求修正调整个人的总收入，该程序由以下事项决定；

（Ⅰ）在比第（B）目规定的税收年度更近的税收年度；

（Ⅱ）或者，通过委员与部长商议后形成适当的方法，该方法可以包括对于结婚或离婚情形下从税收返还中加总或解开信息的方法。

（ⅱ）**赋予请求的标准**。第（ⅰ）节第（Ⅰ）次节规定的使用更近的纳税年度的请求在以下条件下被赋予：

（Ⅰ）该个人向委员提供关于该年度部长规定的用以根据本款决定该津贴调整的以下文件，申报的联邦收入税返还的副本或同等文件的副本；

（Ⅱ）个人该年度的修正调整总收入极大地少于该纳税年度根据第（B）目规定的由于委员咨询部长后制定的规章规定的配偶死亡、该个人的结婚或离婚或其他主要生活改变事件而产生的收入。

（5）**通货膨胀调整**。

（A）**总则**。在 2007 年后开始的任何年度，第（2）项或第（3）项规定的每 1 美元数额应该加上下列数额：（ⅰ）该美元数额；乘以（ⅱ）所有城市地区截至前一年度的 8 月份的 12 个月期间的消费者价格指数的平均值超过截至 2006 年 8 月的 12 个月期间的平均值的百分数。

（B）**近似**。如果根据第（A）目增加后的任何美元数额不是 1000 美元的倍数，该美元数应该近似于最近的 1000 美元的倍数。

（6）**联合申报返还的定义**。在本款中，"联合申报返还"的定义于《1986 年国内税收法》第 7701 条第（a）款第（38）项①中使用的术语的定义相同。

津贴的支付

第 1840 条 【《美国法典》第 42 编第 1395s 条】（a）（1）在个人根据第 202 条或第 223 条按月被授予福利待遇的情形下，根据本部分他的月津贴应该［除了第（b）款第（1）项及第（c）款外］按月福利待遇额的数额抵扣。该抵扣应该以社会保障委员制定的规章规定的方式及时间做出。该规章应该在咨询部长后制定。

（2）与第 202 条或第 223 条规定的从信托基金中支付出福利待遇相关的时间内，财政部部长应该随时从联邦老年人及遗属保险信托基金或联邦残疾人保险信托基金向联邦补充医疗保险信托基金转移根据第（1）项在该期间抵扣的总额。该转移应该根据社会保障委员的核实的基础上做出，并且应在先前转移过多或过低的范围内进行适当调整。

---

① 参见第 2 卷《公法》第 83—591 期，第 7701 条第（a）款第（38）项。

（b）（1）在个人根据《1974 年铁路退休法》① 获得年金权利的情形下（无论是否该个人在该月份根据第 202 条也被授予月保险福利待遇），他根据本部分的月津贴应该［除了第（c）款规定的］通过从该年金或退休金中支付发数额进行抵扣。根据部长制定的规章规定的方式及时间做出抵扣。该规章应该仅在咨询铁路退休委员会后制定。

（2）财政部部长应该随时从联邦老年人及遗属保险信托基金或联邦残疾人保险信托基金向联邦补充医疗保险信托基金转移根据第（1）项在与该转移相关的该期间抵扣的总额。该转移应该根据铁路退休委员会的核实的基础上做出，并且在先前转移过多或过低的范围内进行适当调整。

（c）如果适用第（a）款或第（b）款的个人估计根据本款在任何津贴支付期间用于抵扣的数额少于该期间的按月津贴数额，那么他可以（根据规章）向部长支付该期间其希望的部分月津贴。

（d）（1）在不适用第（a）款及第（b）款的个人根据规定退休及监管保护的《美国法典》第 5 编第 83 章第 3 子章或人事管理办公室主任管理的其他法律而接受年金的情形下，根据本部分他的月津贴［以及该个人的配偶根据本部分的按月津贴，如果第（a）款及第（b）款不适用于该配偶，并且如果该个人同意］应该根据健康和人力资源服务部部长向人事管理办公室做出的通知，收取通过抵扣该年金的分期支付的数额。该抵扣应该根据人事管理办公室主任规定的方式及时间做出。人事管理办公室主任应该提供健康和人力资源服务部部长合理请求的为根据本部分执行他的职能的与本款适用的个人相关的信息。《美国法典》第 5 卷第 8903 条或第 8903a 条② 规定的计划，可以向每一参保该计划的养老金领取者返还其根据本部分支付的津贴部分，如果该返还是完全从该计划的基金中支付的，并根据配偶而不是本编第 8906 条③ 规定的事由进行分配。

（2）财政部部长应该随时，但是不少于每季度一次，从公务员退休及残疾基金中转移，或在人事管理办公室主任管理的其他法律的情形下，

---

① 《公法》第 75—162 期（由第 93—445 期进行修正）。

② 参见第 2 卷《公法》第 83—591 期，第 8093 条及第 8903a 条。

③ 参见第 2 卷《美国法典》第 5 编第 8093 条、第 8903a 条和第 8906 条。

从适用的数额中转移，到联邦补充医疗保险信托基金中与转移相关的该期间第（1）项规定抵扣总额。该转移应该根据人事管理办公室主任的核实进行，并且应该在先前转移过多或过少的范围内进行适当调整。

（e）在个人参与本部分确立的保险项目，但是本条前述规定均不适用于该个人，或者第（c）款适用于该个人的情形下，津贴应该根据部长制定的规章规定的方式及时间向部长做出支付。

（f）根据第（c）款或第（e）款向部长支付的数额应该储存在财政部的联邦补充医疗保险信托基金账户中。

（g）在个人参保本部分确立的保险项目的情形下，津贴应该在他的涵盖期间的第一个月开始，在其死亡月份结束或如果较早，则在涵盖期间支付。

（h）在个人作为与州根据第1843条签署的协定适用于涵盖集团成员而参保本部分确立的项目的情形下，本条第（a）款、第（b）款、第（c）款及第（d）款不应该在其根据第1843条第（d）款决定的涵盖期间的任意月份适用于其月津贴。

（i）在个人参保医疗选择计划的情形下，部长应该规定对按月受益人津贴做出必要的调整以反映根据第1854条第（f）款第（1）项第（E）目选择的抵扣的80%，并且反映第1854条第（b）款第（1）项第（C）目第（ⅳ）节规定的存款。部长与负责管理该福利待遇的机构合作决定的该调整是适当的范围内，该津贴调整可以在下列情况下直接做出：作为任何社会保障的调整、铁路退休或公务员退休福利待遇，或者在个人根据第十九编因第1905条第（p）款第（3）项第（A）目第（ⅱ）节规定的医疗成本而接受医疗援助的情形下，作为州亏欠的该医疗援助额的调整。

联邦补充医疗保险信托基金

第1841条【《美国法典》第42编第1395t条】（a）在美国财政部名册上设立信托基金，该信托基金为"联邦补充医疗保险信托基金"（在本条中简称"基金"）。该信托基金应该由第201条第（i）款第（1）项规定的捐赠及遗赠构成，该数额可以存储或拨付到本部分规定的基金中，并且该数额也可以储存在或拨付给第1860D—16条确立的医疗处方药账户或第1860D—31条第（k）款第（1）项确立的过渡性援助账户中。

（b）对于该信托基金而言，下设实体，该实体为信托基金托管委员会（本条中简称"托管委员会"），其成员为社会保障委员、财政部部长、劳动部部长以及健康和人力资源服务部部长，此外还包括两名公众成员（该两名成员可以来自同一个政党），这些人员均应由总统每4年进行提名，并由参议院批准。作为公众成员的托管委员会成员可以提名并批准以填补该任期的剩余时间内产生的空缺。提名并批准为公众成员的个人在该任期终止之后，应该继续留在该职位上，直到以下两项中较早的日期：该成员的继任者就职或委员会在该成员任期终止后根据第（2）项首次签发报告。财政部部长应该为托管委员会的管理受托人（本条中简称"管理受托人"）。医疗及医疗补助服务中心的管理者应该是托管委员会的主任。托管委员会每一年度至少召开一次会议。托管委员会的职责如下：

（1）持有该信托基金；

（2）① 每年4月第一天前向国会报告该信托基金在前一财政年度的运作及状况，以及该财政年度及以后两个财政年度该信托基金的预期运营及状况；第（2）项规定于2005年开始的报告应该包括《2003年医疗保险处方药、改良和现代化法》第801条第（a）款规定的信息。

（3）委员会一旦发现该信托基金额非正常减少，则应立即向国会报告；

（4）审查管理信托基金的一般政策，并对该政策中的变化提出建议，包括决定信托基金管理的方式的法律规定的必要变化。

第（2）项规定的报告应该包括信托基金以前年度的资产以及支出说明，同时应说明该信托基金在当前财政年度及接下来两个财政年度的预期收入及开支状况，还应包括该信托基金精算状况的说明。该报告也应该包括医疗及医疗援助服务中心首席精算师的精算意见，以证实其使用的技术及方法是精算专业所普遍接受的，假设及成本估计是合理的。该报告应该以国会会议的参议院文件的方式印制。在托管委员会服务的个人不应该被认为受托人，并且也不对该信托基金范围内采取的行动负个人责任。

（c）管理受托人有义务依其判断对该信托基金部分进行投资，不需

---

① 关于特定报告要求的恢复，参见第2卷《公法》第108—203期，第413条。

要满足现在的撤回。该投资仅以美国生息债务或者由美国保证到期支付本金及利息的债务方式进行。该债券以下列的方式获得：（1）已发行价格首次发行时；或者（2）以市场价格购买未偿还债务。在根据《美国法典》第31卷第31章①发行的债券中，该信托基金可以以票面价格购买公开发行的债券。考虑信托基金的需要，该信托基金购买发行的该债券有到期日，并有利息，该利息率相当于所有可销售的形成直到该日历年度结束时4年终止后不可回赎的公开债务部分的美国生息债券的平均市场收益（管理受托人根据发行日前的日历月份结束时的市场报价计算）。此外如果该平均市场收益不是1%的1/8的倍数，则该债券的利率应该为最接近该市场收益的1%的1/8的倍数。如果其认为购买该其他债券是符合公共利益的，那么管理受托人可以发行价格及市场价格购买其他美国的生息债券或者美国保证到期偿还本金及利息的债券。

（d）管理受托人可以市场价格出卖信托基金获得的任何债券（除了不向信托基金发行的公共债务债券），并且该公共债务债券可以票面价格加应计利息赎回。

（e）信托基金持有的债券的利息及从出售、赎回过程中获得的收益应该计入并成为该信托基金中的一部分。

（f）定期（但是不少于每一财政年度1次）从联邦老年人及遗属保险信托基金及联邦残疾人保险信托基金中向该信托基金转移相当于未转移前健康和人力资源服务部部长根据本法第1870条第（b）款的规定核实的超支部分（除了向铁路退休委员会核实的数额）的数额。应该定期（但是不少于每一财政年度1次）从铁路退休账户向该信托基金转移相当于未转移前健康和人力资源服务部部长根据本法第1870条第（b）款向铁路退休委员会超额支付的部分的数额。

（g）管理受托人应该随时从该信托基金中支付健康和人力资源服务部部长认为依据本部分规定的必须做出的支付数额，并且该支付与第201条第（g）款第（1）项规定的行政成本有关。第D部分规定的数额，而不是根据第1860D—31条第（k）款第（2）项规定，应该从该信托基金中的医疗处方药账户中支出。根据第1860D—31条第（k）款第（2）项做出的支付应该从该信托基金的过渡性援助账户中做出。

---

①　参见第2卷《美国法典》第31编第3111条。

（h）管理受托人应该随时从该信托基金中支付健康和人力资源服务部部长核准的因人事管理办公室主任根据第 1840 条第（d）款或第 1860D—13 条第（c）款第（1）项或第 1854 条第（d）款第（2）项第（A）目抵扣产生的成本数额（在从该信托基金的医疗处方药账户中做出的支付应该以适当的部分做出）。

（i）管理受托人应该随时从该信托基金中支付健康和人力资源服务部部长核准的因铁路退休委员会根据第 1840 条第（b）款第（1）项及第 1842 条第（g）款或根据第 1860D—13 条第（c）款第（1）项提供服务而产生的成本的数额（在从该信托基金的医疗处方药账户中做出的支付应该以适当的部分做出）。在每一财政年度或在该财政年度结束后，铁路退休委员会应向部长核实提供服务而产生的成本数额，并且该核实的成本数额应该根据部长向托管管理人核实的该成本额的基础上做出。

第 B 部分管理的有关规定①

第 1842 条【《美国法典》第 42 编第 1395u 条】（a）本部分的管理应按照与医疗管理立约人根据第 1874A 条签署的合同进行。

（b）（1）【已废除②】

（2）（A）【已废除③】

（B）【已废除④】

---

① 关于适用于医疗项目的特殊规则，参见第 2 卷《公法》第 99—177 期，第 256 条，并由第 100—119 期进行修改。

关于预算中立的调整，参见第 2 卷《公法》第 103—66 期，第 13515 条第（b）款。

关于核实的药物支付及药物管理增加的关系，参见第 2 卷《公法》第 108—173 期，第 303 条第（f）款；关于核医药产业的支付方法的延长，参见第 303 条第（h）款；关于某些规章的执行，参见第 303 条第（i）款第（5）项；关于某些医师专业的特殊修改的适用，参见第 303 条第（j）款；关于涵盖的门诊病人药物的支付改革适用的扩展及其他医师专业的生物制剂的扩展，参见第 304 条；关于暂时性国家编码的签发，参见第 731 条第（c）款。

② 《公法》第 108—173 期，第 911 条第（c）款第（3）项；《美国联邦法律大全》第 117 编第 2383 条。

③ 《公法》第 108—173 期，第 911 条第（c）款第（3）项；《美国联邦法律大全》第 117 编第 2383 条。

④ 《公法》第 108—173 期，第 911 条第（c）款第（3）项；《美国联邦法律大全》第 117 编第 2383 条。

（C）在护理设施的居民接受小组成员提供的第 1861 条第（s）款第（2）项第（K）目第（ i ）节或第（ ii ）节规定的服务时，部长应该指示医疗管理立约人建立机制以允许根据本部分每个居民每月可以进行 1.5 次到访的常规支付。在前句中，"小组"是指医师及包含在医师的监管下工作的医师助理或者与该医师一起工作的从业护士，或以上两者均有。

（D）【已废除①】

（E）【已废除②】

（3）部长：

（A）如果根据本部分为该服务做出的支付是根据成本基础做出的，应该采取必要的行动以确保该成本是合理的成本［根据第 1861 条第（v）款决定的那样］。

（B）如果根据本部分的支付是根据收费基础做出的，应该采取必要的行动以确保该收费将是合理的，并且在相关环境下与相关服务相比较，不高于适当的收费，该支付应该向投保人及医疗管理立约人的签署者提供，并且该支付将在［除了第 1870 条第（f）款的规定］以下列事项为基础：

（ i ）以详细的账单为基础；

（ ii ）或者，根据下列术语确立工作为基础：（Ⅰ）合理收费是该服务的全部收费，（Ⅱ）提供该服务的医师或其他人同意不向该服务对于根据第 1154 条第（a）款第（2）项由于第 1154 条第（a）款第（1）项第（B）目规定的决定被否认的本编规定的支付收取费用，以及（Ⅲ）如果向其提供服务的该个人在产生该服务的开支时没有过错，部长的支付决定是正确的（根据该安排），并在该支付送达给该个人的通知后的第 3 年做出，提供该服务的医师或其他人同意不收取（并且返还已收取的数额）该服务的费用；此外，部长可以将 3 年减少为不少于 1 年的时间，如果他发现该减少与本编的目标是一致的［除了在第 1862 条第（a）款第（4）项规定而未在第 1870 条第（f）款规定的医师服务及救护车服务外］；

---

① 《公法》第 108—173 期，第 911 条第（c）款第（3）项；《美国联邦法律大全》第 117 编第 2383 条。

② 《公法》第 108—173 期，第 911 条第（c）款第（3）项；《美国联邦法律大全》第 117 编第 2383 条。

但是（1968 年 3 月后，在账单提交或要求的支付做出的情形下），仅在该账单提交或支付的书面请求以规章允许的其他方式做出，该服务提供年度接下来的日历年度结束之前（任何年度最后 3 个月提供的服务应该被认为已经在下一年度提供）。

（C）【已废除①】

（D）【已废除②】

（E）【已废除③】

（F）应该采取必要的行动，以确保本部分规定的以收费基础上而获得服务的支付根据该收费基础决定，该收费是与本条在该时间生效的习惯及主要的收费水平的基础上决定，或者在获得的服务在该账单提交或要求的支付做出前 12 个月以上的情形下，根据该年度前的 12 个月内生效的该水平为基础。

（G）对于向根据本部分参保的个人提供的服务而言，不在该相关安排的基础上做出，根据第 1848 条第（g）款限制收费。

（ⅰ）在做出支付前，决定是否该服务收取的数额超过根据第（g）款第（2）项适用的限制收费；

（ⅱ）定期（但是每 30 天不少于 1 次）通知医师、供应商或其他个人关于收取的数额超过适用的限制收费的决定；

（ⅲ）规定提前回应医师、供应商及其他人关于服务的限制收费的精算方面的质询。

（H）应该履行：

（ⅰ）项目以吸收并保持为该领域内医疗管理立约人的参与医师，包括教育及扩大服务的工作，以及与处理账单相关的专业使用，及其他与参与医师要求的支付相关的问题；

（ⅱ）项目以使受益人熟悉参与医师项目，以及协助该受益人安置参与医师。

---

① 《公法》第 108—173 期，第 911 条第（c）款第（3）项；《美国联邦法律大全》第 117 编第 2383 条。

② 《公法》第 108—173 期，第 911 条第（c）款第（3）项；《美国联邦法律大全》第 117 编第 2383 条。

③ 《公法》第 108—173 期，第 911 条第（c）款第（3）项；《美国联邦法律大全》第 117 编第 2383 条。

（I）【已废除①】

（J）【已废除②】

（K）【已废除③】

（L）应该在每一地区或地方管理并绘制医师账单形式，并且向该相同地区或地方的与其他医师使用的形式存在很大差异的医师提供相对比的资料。

在本项中决定该服务的收费时，应该考虑提供该服务的该医师或其他医师在提高相似服务时一般的收费，以及该地方相似服务的主要收费。如果在 1970 年 12 月 30 日根据本部分提交账单或做出要求的支付，超过下列较高者，那么该收费不应该被认为合理的：（ⅰ）承保人认可的流行主要价格并且部长认为 1970 年 12 月 31 日在相同地方管理该部分的相似服务是可接受的；（ⅱ）在结束于获得服务的日历年度开始前的最后一个 7 月 30 日结束的 12 个月期间，根据统计数据及部长认可的方法，主要的收费水平可以涵盖 75% 的因相同地区相似服务而收取的习惯收费。在第（ⅱ）节规定的任何一个 12 个月的期间（开始于 1973 年 6 月 30 日以后）的医师服务流行收费水准不超过（总数）截至 1973 年 6 月 30 日的财政年度根据本条文决定的水平的情形下，或者（对于 1987 年之后提供的服务而言）根据本句决定部长根据适当的经济指数数据，发现根据每年的经济变化调整的较高水准外的先前年度的水准（或根据影响主要收费水准的其他法律规定）。对于根据第 1861 条第（s）款第（6）项规定做出支付的电力轮椅而言，合理的收费不可以超过该地方电力轮椅的最低收费。对于医疗服务、供给品及设备（包括设备检修），在部长的调整下，一个供应商与另一个供应商质量方面没有很大的差异，1972 年 12 月 31 日后发生被认为合理的收费不应该超过该地方广泛使用的该服务、供需品及设备的部长规定的最低收费水平。在以下情形下第（B）目规定的在接下来年度结束时的账单提交或支付做出的要求不适用：（Ⅰ）未能在该年度结

① 《公法》第 108—173 期，第 911 条第（c）款第（3）项；《美国联邦法律大全》第 117 编第 2383 条。

② 《公法》第 101—234 期，第 201 条第（a）款第（1）项；《美国联邦法律大全》第 103 编第 1981 条。

③ 《公法》第 101—234 期，第 201 条第（a）款第（1）项；《美国联邦法律大全》第 103 编第 1981 条。

束时提交账单或做出支付要求是因为官员、雇员或财政部门、承保人、医疗管理立约人或根据本章执行职能的健康及人力资源服务部代理人的过错或误传；（Ⅱ）在该错误或误传被限制或修正后直接提交账单或做出支付要求。虽然存在本句前第三、第四句的规定，在某一特定地区根据第三、第四句决定 1974 年以后的年度的医师服务的流行收费水平，如果低于 1975 年 6 月 30 日结束的财政年度的主要收费水准，在经济指数数据的适用的情形下，相同地方的相似医师服务则应该提高到 1975 年 6 月 30 日结束的财政年度的主要收费水准，并且应该维持该主要收费水准直到该年度的主要收费水准（根据经济指数数据调整）等于或超过该主要收费水准。合理的门诊病人服务的收费额应该属于部长根据第 1861 条第（v）款第（1）项第（K）目发布的规章确立的限制，并且在决定该服务的合理收费时，部长可以将该合理收费限制在该医师办公室提供的相似服务的主要收费数额的一个百分比内，并考虑与该门诊病人服务相关的经常性费用成本已经包含在合理成本或设施收费的范围内。

（4）（A）（i）在根据第（3）项第三、第四句决定开始于 1984 年 7 月 1 日开始的 15 个月内提供的医师服务的主要收费水准时，部长不应该设置高于 1983 年 7 月 1 日开始的 12 个月期间设置的水准。

（ii）（Ⅰ）在根据第（3）项第三、第四句决定开始于 1986 年 5 月 1 日的 8 个月内由提供服务时，对于尚未成为参与医师［参见第（h）款第（1）项的定义］的医师提供的医师服务的主要收费水准，部长不应该设置高于 1983 年 7 月 1 日开始的 12 个月期间设置的水准。

（Ⅱ）在根据第（3）项第四句决定开始于 1986 年 5 月 1 日开始的 8 个月内由提供服务时，尚未成为参与医师［参见第（h）款第（1）项的定义］的医师提供的医师服务的流行收费水准，主任应该允许在本句允许的增加中额外增加 1% 。

（iii）在决定最大允许认可的与第（3）项第四句规定的指数一致由参与医师 1987 年 1 月 1 日后提供的医师服务而收取的主要收费中，部长应该将 1986 年 12 月 31 日认可的最大允许主要收费视为根据本句参与医师经济变化的理由进行的改变调整。

（iv）1987 年 1 月后，1992 年 1 月 1 日前非参与医师提供的医师服务的合理收费应该不大于第（3）项第三、第四句确立的流行收费水准的适用百分比（或根据影响流行收费水准的其他法律的适用规定）。在前句中，"适用百分比"是指，对于下列期间提供的服务而言：（Ⅰ）1987年1月1日后1988年4月1日前，为96%；（Ⅱ）1988年4月1日后1989年1月1日前，为95.5%；以及（Ⅲ）1989年1月1日以后，为95%。

（ⅴ）在根据第（3）项第三、第四句决定开始于1988年1月1日开始的3个月内提供的医师服务的流行收费水准时，部长不应该设置高于从1987年1月1日开始的12个月期间设置的水准。

（ⅵ）在每一年度之前（从1989年开始），部长应该确立基本保健服务［参见第（i）款第（4）项的定义］的最低主要收费相当于该年度美国（每一地区该服务的相关频率为权重）所有地方该服务的根据最可用的数据［根据第（3）项第三、第四句及第（4）项决定，不考虑本句，也不考虑医师专业］而确立的平均流行收费标准的60%。

（ⅶ）开始于1987年，非参与医师与参与医师的每一年度的MEI［参见第（i）款第（3）项的定义］百分数增加应该是相同的。

（B）（ⅰ）在根据第（3）项决定1984年7月1日开始的15个月期间提供的医师服务的合理收费时，习惯收费应该与1983年7月1日开始的12个月期间根据本条认可的习惯收费相同。

（ⅱ）在根据第（3）项决定1986年5月1日开始的8个月期间由在提供服务期间尚不是参与医师［参见第（h）款第（1）项的定义］的医师提供的服务时：

（Ⅰ）如果医师在1984年10月1日开始的12个月内的任何时候不是参与医师，那么习惯收费应该与1983年7月1日开始的12个月根据本条认可的习惯收费相同；

（Ⅱ）如果医师在1984年10月1日开始的12个月内的任何时候不是参与医师，那么医师的习惯收费应该根据医师的1985年3月31日结束的12个月期间的实际收费决定。

（ⅲ）在根据第（3）项决定从1988年1月1日开始的3个月内提供的医师服务的合理收费时，习惯收费应该与从1987年1月1日开始的12个月根据本条认可的习惯收费相同。

（ⅳ）在根据第（3）项决定1991年提供的医师服务［除了基本保健服务，参见第（i）款第（4）项的定义］的合理收费时，习惯收费应该与从 1990 年 4 月 1 日开始的 9 个月根据本条认可的习惯收费相同。在第 (F) 目适用以限制 1990 年医师的习惯收费到主要收费的一个百分比, 前句不应该根据本项防止习惯收费的该限制在 1991 年增加到该主要收费的更高的一个百分比。

(C) 在根据第 (3) 项第三、第四句决定从 1985 年 9 月 30 日开始提供医师服务的主要收费水准时, 部长应该将根据第 (A) 目第 (i) 节设定的标准视为已经完全考虑经济变化, 但是不应该考虑第 (A) 目第 (i) 节规定的限制。

(D) (i) 在决定从 1986 年 3 月 1 日开始的 8 个月内, 或从 1987 年 1 月 1 日开始的 12 个月内, 1985 年 9 月 30 日尚不是参与医师 [参见第 (h) 款第 (1) 项的定义] 的医师提供的医师服务的习惯收费时, 部长不应该认可从 1984 年 7 月 1 日开始的 15 个月期间提供的服务方面的事实收费的增加超过 1984 年 6 月 30 日结束的 3 个月期间的医师实施收费标准。

(ii) 在决定从 1987 年 1 月 1 日开始的 12 个月内, 1986 年 4 月 30 日尚不是参与医师 [参见第 (h) 款第 (1) 项的定义] 的医师提供的医师服务的习惯收费时, 部长不应该认可从 1985 年 10 月 1 日开始的 7 个月期间提供的服务方面的事实收费的增加超过 1984 年 6 月 30 日结束的 3 个月的期间的医师实施收费标准。

(iii) 在决定从 1987 年 1 月 1 日或 1988 年 1 月 1 日起开始的 12 个月内, 1986 年 12 月 31 日尚不是参与医师 [参见第 (h) 款第 (1) 项的定义] 提供的[1]医师服务的习惯收费时, 部长不应该认可从 1986 年 5 月 1 日开始的 8 个月期间提供的服务方面的事实收费的增加超过 1984 年 6 月 30 日结束的 3 个月的期间的医师实施收费标准。

(iv) 在决定 1988 年 1 月 1 日及以后的由前一年(从 1987 年)尚不是参与医师的医师提供的医师服务的习惯性收费时, 部长不应该认可该实际收费(该以前年度提供的服务)超过第 (j) 款第 (1) 项第 (C) 目确立的该服务的虽大允许事实收费的数额。

(E) (i) 在 1987 年提供的医师服务部分, MEI 中的百分比增加是 3.2% 。

---

① 如原文所述。

（ⅱ）在 1988 年 4 月 1 日起提供的医师服务部分中，MEI 中的百分比增加是：（Ⅰ）对于基本保健服务［参见第（i）款第（4）项的定义］而言，为 3.6%；（Ⅱ）对于其他的医师服务而言，为 1%。

（ⅲ）在 1989 年提供的医师服务部分中，MEI 中的百分百增加是：（Ⅰ）对于基本保健服务而言，为 3%；（Ⅱ）对于其他医师服务而言，为 1%。

（ⅳ）在 1990 年 3 月 31 日起提供的医师服务部分中，MEI 中的百分百增加是：（Ⅰ）对于 X 光服务、麻醉服务以及第（14）项第（C）目第（i）节中所指的清单上的其他服务而言，为 0；（Ⅱ）对于其他服务而言（除了基本保健服务），为 2%；（Ⅲ）为基本保健服务［参见第（i）款第（4）项的定义］决定的 MEI 中的百分比增加［参见第（i）款第（3）项的定义］。

（ⅴ）在 1991 年提供的项目及服务部分中，MEI 中的百分百增加是：（Ⅰ）对于服务（除了基本保健服务）而言，为 0；（Ⅱ）对于基本保健服务［参见第（i）款第（4）项的定义］而言，为 2%。

（5）【已废除①】

（6）根据本部分，向任何个人提供的服务（根据第 1870 条提供的服务除外）只能支付给这样的个人，或［根据第（3）项第（B）目第（ⅱ）节中的指令］支付给医生或其他提供服务的人员，但下列情况除外：（A）报酬将支付给：（i）医生或其他人员的雇主，如果医生或其他人员根据雇用中的条件需要将该项服务的收费移交给雇主；或者（ⅱ）一个实体，如果医生或其他人员与该实体就提供服务达成了某项契约性协议，并且依据此协议，该实体为此服务提供了账单，同时该契约性协议满足方案完整性和其他由部长决定的恰当的保障措施。（B）报酬可以支付给满足如下条件的实体：（i）该实体根据某项健康受益计划提供服务，但仅限于依据本部分未取得的报酬；（ⅱ）已经向服务提供者支付了一定量的报酬（包括依据本部分所应取得的报酬），并且该服务提供者已经将其作为全部报酬而接受；（ⅲ）个人已经书面同意将依据本部分取得的报酬支付给该实体。（C）对于第 1861 条第（s）款第（2）项第（K）目第

① 《公法》第 108—173 期，第 911 条第（c）款第（3）项第（D）目；《美国联邦法律大全》第 117 编第 2384 条。

（ⅰ）节所述服务，报酬可以支付给（ⅰ）相关医生助理的雇主，或者（ⅱ）对于在一定持续的期间拥有一个乡村诊所［如第 1861 条第（aa）款第（2）项中所述］的医生助理，该期间在《1997 年平衡预算法》的公布之前，在这些乡村诊所被部长认定不符合第 1861 条第（aa）款第（2）项的要求的日期之后，则报酬可以直接支付给该医生助理。（D）如果一位医生的病人接受的医疗服务（包括相关附属服务）是由另一位医生提供的，则在满足下列条件之一时，报酬应提供给这位医生：（ⅰ）第一位医生无法提供医疗服务；（ⅱ）服务的提供是根据两位医生达成的协议，而这样的协议：（Ⅰ）是非正式和互惠的；或者（Ⅱ）包含了按日给予补贴或其他形式的补偿；（ⅲ）第二位医生没有在 60 天以上①的连续时间内提供服务，或者在更长的服务提供时间内，第一位医生应招为武装部队的预备役现役成员②，以及（ⅳ）对于这些服务，向承保人呈交的申请表应包含第二位医生的独特的鉴定标识［根据由第（r）款建立的制度提供］，并且表明了该申请满足了本款向第一位医生支付报酬的条件。在前一句中会被直接支付给医生或其他服务提供者的报酬［根据第（3）款第（B）目第（ⅱ）节中的指令］，在重新分配或者代理人权力之下，不能被提供给其他任何人；但该条款不能被解释为：（ⅰ）为了阻止根据接受服务者的指示或者服务提供者的重新指示而进行支付的报酬，并且这些指示或重新指示是为了向政府机构或实体支付报酬，或者根据有管辖权的法院的命令；或者（ⅱ）为了阻止医生的代理人或者其他的服务提供者接受这样的报酬，当且仅当该代理人根据代理人的协定行为，并且根据该协定因该服务而向代理人支付的补偿或与因该医师或其他人与本章不相关（直接或间接）支付或付款而产生的付款独立支付收取。（E）针对由一所具有熟练技能的护理机构提供的服务［除了第 1888 条第（e）款第（2）

---

①　《公法》第 110—173 期，第 116 条，删除"2008 年 1 月 1 日"并替代为"2008 年 7 月 1 日"，2007 年 12 月 29 日生效。
　　《公法》第 110—275 期，第 137 条，删除"（2008 年 7 月 1 日）"，2008 年 7 月 15 日生效。
②　《公法》第 110—54 期，第 1 条第（a）款，插入"或（2008 年 1 月 1 日之前）在第 1 位医生应征入伍作为武装部队的后备成员之一的更长的持续时期，提供"，适用于 2007 年 8 月 3 日之后提供的服务。
　　《公法》第 110—173 期，第 116 条，删除"2008 年 1 月 1 日"并且替代为"2008 年 7 月 1 日"，2007 年 12 月 29 日生效。

项第（A）目第（ⅱ）节部分所提到的服务］来说，接受该服务的该机构的顾客（在已经接受该服务或项目后）应该向该机构支付报酬。（F）针对家庭健康服务［包括第 1861 条第（m）款第（5）项涉及的医疗用品，但不包括持续性的医疗设备］，如果一个人接受了该服务（在已经接受该服务或项目后）以及该家庭健康机构的护理计划，则需要向该机构支付报酬（不论该服务是由该机构提供，还是由该机构安排的他人提供，抑或是根据其他的协议或安排而提供）。根据本项第一句话中第（C）目，一个雇佣关系包含任何独立的契约性安排，而雇主的地位将会受到各州法律的规制，其中包含了此条款所描述的服务种类。（G）对于适用第 1880 条第（e）款的医院和诊所服务，应当向医院和诊所支付报酬。（H）对于第 1861 条第（aa）款第（3）项涉及的由与有资质的联邦健康中心有合同关系的健康护理职业人员提供的服务，应当向该中心支付报酬。

（7）（A）在医院中向病人与第 1861 条第（b）款第（6）项规定的教学项目一起提供的医师服务，不满足第 1861 条第（b）款第（7）项的条件的情形下，部长不应该根据本部分为该服务提供［除了根据第（C）目规定的基础］支付。

（ⅰ）以下情况除外：

（Ⅰ）医师向病人提供充分的个人的及可辨识的医师服务以对寻求付款部分的管理进行完全的个人控制；

（Ⅱ）该服务与医师向根据本章尚未被授予福利待遇权利的病人提供的服务具有相同的特征；

（Ⅲ）根据本章尚未被授予福利待遇的并且向其提供第（Ⅰ）次节及第（Ⅱ）次节规定的服务至少 25% 的住院病人（在代表过去的时期）为该服务完全支付或者实质性收费部分（除了普通收费外）。

（ⅱ）在根据该服务的合理收费的支付超过第（B）目决定的习惯收费的范围内。

（B）医院中，这些服务的习惯性收费应该依据部长发布的规范决定，并参考下列因素：

（ⅰ）对于一位不从事教学的医生（由部长进行界定），部长应该将医生在教学环节之外的医疗活动的服务收费考虑在内。

（ⅱ）对于一个医院的医生或者其他合适的收费团体已经建立一个或多个适用于医疗和外科治疗服务的价格表，部长应该最大限度地依据下列因素来设定报酬：

（Ⅰ）对病人就最经常发生的全部或实质性部分进行的收费（不包括象征性收费），这些病人是指没有资格获得保险金以及接受了由第（A）目第（ⅰ）节第（Ⅰ）次节和第（Ⅱ）次节所述服务的病人；

（Ⅱ）对病人就全部或实质性部分进行的收费（不包括象征性收费）的方法；

（Ⅲ）或者，在相同地区就类似服务收取的85%的主要收费。

（ⅲ）如果一个医院的所有教学医生都同意将他们所有的医疗服务收费建立在一个与分配相联系的基础之上，则对于该服务的通常收费应该相当于在相同地区就相似服务收取的主要费用的90%。

（C）当医生在医院向病人提供医疗服务时涉及一个教学项目，如果该项目在第1861条第（b）款第（6）项被特别批准，但不满足第1861条第（b）款第（7）项设定的条件时，如果满足第（A）目第（ⅰ）节第（Ⅰ）次节和第（Ⅱ）次节中的条件，部长将依据对于院属医生的服务进行偿付的规范，根据此部分，向医生的医疗服务提供报酬。

（D）（ⅰ）当医生在医院向病人提供医疗服务时涉及一个教学项目，如果该项目在第1861条第（b）款第（6）项被特别批准，但不满足第1861条第（b）款第（7）项设定的条件时，根据本部分，对于外科助手在外科治疗程序中提供的服务则不能给付报酬，如果该医院有一个与外科治疗程序需要的医疗专业性有关的培训项目，并在医院职员中有一个具备资质的人员可以提供这样的服务也不能给付报酬；但根据该部分，有些服务的报酬应当给付，如果这些由部长的规则批准的服务满足下列情形，则报酬将会被提供：

（Ⅰ）由于特殊的医疗环境而需要的；

（Ⅱ）由需要采取复杂医疗程序的医疗组进行；

（Ⅲ）或者，在诊所或者其他由部长根据法规认定合适的环境之下，出现某种医疗状况需要另一专业领域的医生参与和诊治，而组建同步的医疗救护的。

（ⅱ）在本目中，"诊所中的助手"是指在进行外科医疗过程中，积极地帮助外科手术主治医生的医士。

（ⅲ）对于在外科诊治中应当给予偿付的服务，部长应该采用恰当的方法对主治医生的助手给付报酬。

（8）（A）（ⅰ）部长应该根据相关法律：

（Ⅰ）描述出在决定本部分中支付的适用性相关案例中（属于特别的项目或服务的）应用的因素（而不是对于第1848条中医师服务的报酬），由于根据该部分，服务报酬（除了根据第1848条下的医疗服务）偿付的适用导致数额要么过于巨大，要么非常不足，从而导致内在的不合理；

（Ⅱ）在这些案例中提供一些参考性的因素，从而决定一个现实的，平衡的数额。

（ⅱ）尽管在第（ⅰ）节中做出了决定，但根据本部分，部长仍然可以决定在任何年度针对任何特定的项目或服务，不适用该因素来增加或减少相比前一年15%的报酬。

（B）部长可以根据本款做出决定，即可以导致1年内报酬增加或者减少15%，仅在以下的情况下：

（ⅰ）部长应当将第（C）目中提到的因素考虑在内，也包括部长认为的其他的合理的因素；

（ⅱ）部长的决定应当将第（D）目中提及的潜在影响考虑在内；

（ⅲ）部长应符合第（9）项中的程序性要求。

（C）在本目提及的因素有下列几个：

（ⅰ）根据本编以及第十九编的规定建立的程序是对一个项目或服务提供报酬的唯一或是主要的来源。

（ⅱ）报酬数额不反映变化的技术，配备该技术的设备的增加，获得和生产成本的减少。

（ⅲ）根据本部分对一个项目或服务提供的报酬额实质上要高于或低于其他消费者就该项目或服务提供的报酬。

（D）根据第（B）目，一个决定对于质量、准入和受益者责任上的潜在影响，包括对于指派比率和参加比率的可能影响。

（9）（A）在第（8）项第（B）目下，项目或服务做出决定之前，部长应当和供应者代表或其他人进行商讨。

（B）部长应当在《联邦公报》登记公布根据第（8）项第（B）目提出的决定：

（ⅰ）详细的描述对项目或服务建议给予的报酬数额；

（ⅱ）解释部长在制定该报酬数额时所考虑的因素和数据；

（ⅲ）解释第（8）项第（B）目所描述的潜在影响。

（C）在第（B）目所要求的公布通知之后，部长应该允许不少于60天的时间供公众就提出的决定进行讨论。

（D）（ⅰ）部长应当将公众的意见进行考虑，并根据第（8）项第（B）目在联邦登记册登记最后的涉及服务报酬数额的决定。

（ⅱ）根据第（ⅰ）节公布的最后的决定应该解释部长在做出最终决定时所考虑的因素和数据。

（10）（A）（ⅰ）在根据第（B）目为医疗程序决定合理价格并从1988年4月1日开始为期9个月的执行时，该程序的主要价格应该被承认为主要价格，而不认为是1987年的主要价格：（Ⅰ）根据第（ⅲ）节，减少2%；（Ⅱ）在第（ⅱ）节中以适当的比例进一步减少。

（ⅱ）根据第（ⅰ）节，该条款中恰当的比例是：

（Ⅰ）是15%，另外确认的主要收费（不考虑本目和医师的专业性），则至少是1987年美国所有地区主要价格全国加权平均数的150%；

（Ⅱ）对于不超过全国加权平均数的85%的主要价格来说，则是0；

（Ⅲ）对于其他主要收费，根据直线的变化范围基础上决定的一个百分数，主要收费超过该权衡的全国加权平均的85%的部分的每一个百分点的3/13。

（ⅲ）在任何情形下，不得做出第（ⅰ）节规定1988年某一地方少于做出第（ⅰ）节第（Ⅰ）次节规定的减少后的1987年美国所有地方该程序主要收费的部长估计全国加权平均数额的85%（基于最佳的可得数据并且决定不考虑医师的专业性）。

（B）在本目所描述的程序如下：支气管镜检查法、腕骨管道修复、白内障治疗（包括随后的水晶体的植入）、冠状动脉治疗、诊断扩张疗法、刮除术、关节镜检查，关节造型术、起搏器培植、全髋关节替换、耻骨上前列腺切除术、经尿道前列腺切除术、上消化道内窥镜。

（C）如果一名没有参加的医生为一位能够取得保险金的病人提供了服务，根据第（A）目该医生服务的合理价格的减少，在减少的有效期后，医生的实际收费会受到第（j）款第（1）项第（D）目的限制。

（D）根据1869条或根据第（A）目或第（11）项第（B）目第（ⅱ）节，不存在行政的或司法上的审查。

（11）（A）在对白内障眼睛和白内障隐形眼镜以及其他相关的专业

服务提供报酬时，每一承保人：

（ⅰ）分别就眼镜和隐形眼镜，以及医生提供的专业服务［第 1861 条第（R）所设定］支付费用；

（ⅱ）如果眼镜和隐形眼镜的收费超过了由部长设定的体现眼镜和隐形眼镜内在合理性的指导线，则应将其视为不合理的。

（B）（ⅰ）依据第（ⅱ）节决定白内障治疗手术的合理收费时，对于参与的和未参与的医生的主要收费应比照 1987 年进行的手术减少 10%。

（ⅱ）在任何情况下，依据第（ⅰ）节中设定的外科手术主要费用减少的金额不能低于 1986 年美国所有地区对于这项收费的全国加权平均数的 75%。

（C）（ⅰ）对于 A 型眼睛超声波手术的主要收费水平将不能超过对囊外白内障移除以及晶体植入的收费水平的 5%。

（ⅱ）对于在医生诊所进行的白内障治疗以及在治疗过程中或过程后进行的人工晶状体植入的合理收费不应超过晶状体的实际消费以及操作费用。

（D）如果一名没有参加的医生为一位能够取得保险金的病人提供了服务，根据第（B）目或第（C）目医生服务合理价格减少，在减少的有效期后，医生的实际收费会受到第（j）款第（1）项第（D）目的限制。

（12）【已废除①】

（13）（A）依据第 1833 条第（l）款和第 1848 条决定在 1944 年 1 月 1 日之前提供麻醉服务的收费时，对于由两个、三个或四个有资质的注册护士提供的医疗指导，或是一个有资质的注册护士提供的服务，决定基础和时间的方法应当和医生提供的服务一样，即基于截至《1993 年综合预算调整法》②的制定日期，对医生提供的麻醉服务的实际方法。

（B）部长应该要求在第（A）目适用时，医生提供对护士麻醉人员进行指导的信息，包括被指导的护士麻醉人员的数量，每个护士麻醉人员

---

① 《公法》第 105—33 期，第 4512 条第（b）款第（2）项；《美国联邦法律大全》第 111 编第 443 条。

② 1993 年 8 月 10 日（《公法》第 103—66 期；《美国联邦法律大全》第 107 编第 312 条）。

的姓名，以及在提供服务过程中程序的类型。

（14）（A）（ⅰ）在决定由第（C）目第（ⅰ）节规定并自 1990 年 4 月 1 日起为期 9 个月的施行的服务收取合理费用时，其主要收费应当自 1989 年下降 15%，或者更少，即 1989 年的主要收费超出当地调整的减少价格［依据第（B）目第（ⅰ）节决定］百分比的 1/3。

（ⅱ）在决定医生提供的由第（C）目第（ⅰ）节确定的，并在 1991 年间提供服务的合理价格时，该服务的主要收费应该同样被认可为 1990 年 4 月 1 日起的提供的服务的主要价格，并且价格下降的幅度应该和受本款影响的该服务降幅一样（由《1990 年综合预算调整法》① 修正）。

（B）依据本项：

（ⅰ）一个地区医生的服务"受当地调整的价格减少额度"应该等于以下项目的乘积：（Ⅰ）该服务被减少的全国加权平均数的主要价格［由第（ⅱ）节确定］；（Ⅱ）对该地区的调整因素［第（ⅲ）节确定］。

（ⅱ）该服务的"被减少的全国加权平均数的主要价格"和以百分比的形式［第（C）目第（ⅲ）节确定］减少的全国加权平均数的主要价格相一致。

（ⅲ）一个地区的医生服务的"调整因素"是以下项目之和：（Ⅰ）由《1989 年医疗保险和医疗补助健康和解法修正案》中的附录 A（第 187—194 页）确定的实际支出组成部分除以 100，该修正案由参议院能源和贸易委员会的健康和环境小组委员会提出（第 101 次国会第一届委员会会议的印刷品），乘以地方的地域实际成本指数［由第（C）目第（ⅳ）节规定］；（Ⅱ）1 减去日常开支组成部分（百分比），再除以 100。

（C）依据本项：

（ⅰ）本节中医生的服务被列于 1989 年 9 月 20 日金融委员会重新修订的高估程序列表内（通过代码和描述），医生报酬审查委员会认定医生的服务在同以资源为基础的相对价格尺度以及全国加权平均数的主要价格的相比之下至少被过分估计的 10%。

（ⅱ）本节中对于在第（ⅰ）节确定的医生服务的"全国加权平均数的主要价格"是由部长在 1989 年通过使用最佳可得数据来确定的。

（ⅲ）本节中对于第（ⅰ）节确定的医生服务的"百分比的改变"

---

① 《公法》第 101—508 期；《美国联邦法律大全》第 104 编第 143 条。

是指在第（ⅰ）节中提及的百分比差额（但被表述为正数）。

（ⅳ）本节中一个地区的地理性实际支出的价格指数是由 1989 年 9 月《地理间接成本指数：替代方法》的补充材料表 1 中的地区规定的地理医疗经济指数（由城市学院和健康经济研究中心提供）。

（D）如果一名没有参加的医生为一位能够取得保险金的病人提供了服务，根据第（A）目医生服务的主要价格的减少，在减少的有效期后，医生的实际收费会受到第（j）款第（1）项第（D）目的限制。

（15）（A）在确定外科的，放射科以及诊断性的医生服务的合理收费时，（由于该工作的高风险）部长应该加以指定，而且主要收费会依医生专业技能的不同而变化，该服务的主要收费不应超过国内该服务的一般价格。

（B）如果一名没有参加的医生为一位能够取得保险金的病人提供了服务，根据第（A）目医生服务的主要收费减少，则在减少的有效期后，医生的实际收费会受到第（j）款第（1）项第（D）目的限制。

（16）（A）在决定所有医生的医疗服务而不仅是第（A）目涉及的于 1991 年提供的服务时，在该地区的主要价格应当比 1990 年 3 月 31 日之后的主要价格低 6.5%。

（B）在第（A）目中提及的医生服务包括以下：

（ⅰ）由第（17）项涉及的放射性，麻醉以及医疗病理服务，诊断测验中的技术组成部分，还有第（14）项第（C）目第（ⅰ）节中包含的医生服务。

（ⅱ）由第（ⅰ）款第（4）项确定的初级保健服务、住院医疗服务、咨询、其他的探访、预防医学访问、精神科治疗、紧急治疗设施、重症监护治疗。

（ⅲ）局部乳房切除术、腱鞘注射和小关节、股骨粗隆间骨折和股骨骨折治疗、气管插管、胸腔穿刺、胸腔、动脉瘤修复、膀胱尿道、经尿道电灼、手术切除、鼓室成形术、检眼镜①。

（17）对于部长认定（根据本部分的开支目类的高低）的诊断测试［除了诊所诊断实验室测试以外，第（14）项第（C）目第（ⅰ）节规定

---

①　关于第（16）项第（B）目第（ⅱ）节及第（ⅲ）节规定的程序代码，参见第 2 卷《公法》第 101—508 期，第 4101 条第（b）款第（2）项。

的测试以及 X 光线服务，包括可携带的 X 光线服务〕的技术（不同于专业）构成根据本部分的支付而言，该技术构成（包括全球服务的适当部分）合理收费不得超过所有地方的收费的国家中位数，该中位数由部长用最佳可得数据估计。

（18）（A）由第（C）目规定的开业医师提供的服务的支付，并且该支付以本部分合理收费或费用表为基础，仅根据本部分在分配基础做出。

（B）除了本部分适用的抵扣及共同数额，第（C）目规定的开业医师或其他个人不得向个人或其他人为第（A）目的服务而收款（或收取任何数额）。没有人需要对因为该服务付款而违反前句规定任何支付数额负责。如果开业医师或其他人明知并故意为违反该句的服务开账单（或收取数额），那么部长可以对该开业医师或其他人进行处罚，该处罚方式与本条根据第（j）款第（2）项适用于医师方式相同。第（j）款第（4）项应该适用于本目，该方式于本项适用于本条的方式相同。

（C）本目中规定的开业医生是指下列人员：

（ⅰ）医师助理、开业护士或诊所护士专家〔参见第 1861 条第（aa）款第（5）项的定义〕。

（ⅱ）核准登记的护士麻醉师〔参见第 1861 条第（gg）款第（2）项的定义〕。

（ⅲ）核准登记的护士助产士〔参见第 1861 条第（gg）款第（2）项的定义〕。

（ⅳ）诊所社会工作者〔参见第 1861 条第（hh）款第（1）项的定义〕。

（ⅴ）诊所心理治疗师〔参见主任在第 1861 条第（ii）款的定义〕。

（ⅵ）核准登记的营养学家或营养专业人员。

（D）在本项中，第（C）目规定的开业医生提供的服务，包括如果由医师作为医师服务的附加而提供任何本部分涵盖的附加的服务及供应品。

（19）在第 1933 条第（a）款第（1）项中，1998 年及 1999 年提供的救护车服务〔参见第 1861 条第（s）款第（7）项的定义〕的合理收费不得超过先前年度（在适用本项后）提供的该服务的合理收费，增加幅度为部长估计的该年度中期结束的 12 个月期间的所有城市消费者（美国城市平均）价格指数的百分数增加减去 1 个百分点。

（c）（1）【已废除①】

（2）（A）第 1874A 条规定根据本项做出支付的每一个合同规定本部分的支付不少于提交的所有要求的 95% 应被发布、邮寄或传送：（ⅰ）是洁净索赔；（ⅱ）该支付不是根据定期的暂时支付基础做出的；在该索赔获得后的适用天数内。

（B）在本项中：

（ⅰ）"洁净索赔"是指具有如下特点的索赔，即没有缺点或不当（包括缺乏任何要求的实质性文档），或者要求防止及时根据该部分的要求支付的特殊环境。

（ⅱ）"适用天数"是指：

（Ⅰ）对于从 1986 年 10 月 1 日开始的 12 个月内获得的索赔而言，为 30 天；

（Ⅱ）对于从 1987 年 10 月 1 日开始的 12 个月内获得的索赔而言，为 26 天（或对于参与医师提交的索赔而言 19 天）；

（Ⅲ）对于从 1988 年 10 月 1 日开始的 12 个月内获得的索赔而言，为 25 天（或对于参与医师提交的索赔而言 18 天）；

（Ⅳ）对于从 1989 年 10 月 1 日开始的 12 个月内并且在 1993 年 9 月 30 日起终止前的 12 个月后获得的索赔而言，为 24 天（或对于参与医师提交的索赔而言 17 天）；

（Ⅴ）对于从 1993 年 10 月 1 日开始的 12 个月内以及任何随后的 12 个月内获得的索赔而言，为 30 天。

（C）如果该支付未在获得清洁索赔［参见第（ⅰ）节的定义］后的天［参见第（B）目第（ⅰ）节的定义］的适用天数内发布、邮寄或转移，支付利息的利息率应该为《美国法典》第 31 编第 3902 条第（a）款（与未能及时做出支付的利息罚款相关）规定，起止时间为从该支付日后开始到该支付结束。

（3）（A）本条规定的基金返还的每一合同，正如第（a）款第（1）项第（B）目所述，对于本编规定的提交的任何索赔而言，规定不应该在该索赔获得后的日历天的适用数内发布、邮寄或转移支付。

---

① 《公法》第 108—173 期，第 911 条第（c）款第（3）项第（D）目；《美国联邦法律大全》第 117 编第 2384 条。

（B）在本项中，"适用天数"是指；

（ i ）对于部长规定的电子提交的索赔而言，为 13 天；

（ⅱ）对于其他方式提交的索赔而言，为 28 天。

（4）医疗管理立约人及部长都不得对于以下事项根据本编强加费用：

（A）因与医师服务相关的索赔申请。

（B）申请与医师服务相关的索赔时的错误，以及对于被拒绝的索赔。

（C）本编下医生服务的任何上诉。

（D）根据第（r）款申请一个独特的标识符。

（E）或者，回复有关医生服务的咨询或者为该服务的医疗复诊提供信息。

（d）【已废除①】

（e）【已废除②】

（f）【已废除③】

（g）铁路退休委员会将依据部长规定的法规与承保人或多个承保人签订合同，向依据本法第 226 条第（a）款和《1974 年铁路退休法》第 7 条第（d）款④的规定，作为铁路退休人员中有权受益的适合参保人员，履行本条规定的职能。

（h）（1）任何医生或供应商都可以自愿参加部长的协议以成为参与医生或供应商。依据本款的规定，"参与医生或供应商"意为医生或供应商，在 1984 年之前年份的每年伊始，加入部长协议，通过向参保人员提供医疗物品或服务并以相关的分配基准收取费用。对于刚拿到执照或者是刚开展新业务的医生或是供应商而言，以及部长所规定的类似情况，医生或供应商可以在每年年初之后加入该协议，在该年余下时间里的提供医疗物品和服务。

---

① 《公法》第 108—173 期，第 911 条第（c）款第（5）项；《美国联邦法律大全》第 117 编第 2384 条。

② 《公法》第 108—173 期，第 911 条第（c）款第（5）项；《美国联邦法律大全》第 117 编第 2384 条。

③ 《公法》第 108—173 期，第 911 条第（c）款第（5）项；《美国联邦法律大全》第 117 编第 2384 条。

④ 参见第 2 卷《公法》第 75—162 期（《公法》第 93—445 期对其进行了修改），第 7 条第（d）款。

（2）部长将会维护一个或数个免费电话，参保的个人将可以通过它得到所有参与该协议的医生、供应商的名字、地址和电话号码，并且可以要求一份第（4）项中适当目录的拷贝件。部长将按要求邮寄此拷贝件，且不得收费。

（3）（A）医疗保险的行政承包方依据第1874A条的合同规定，可以建立一个系统向承保人的电子传送有关服务的账单，此承包方将与参与协议的医生、供应商建立直接的电子联系，以接受他们的索赔请求。

（B）部长将建立一个程序，使得参保人可以以合理的方式、针对参与协议的医生、供应商的医疗物品或服务提出赔偿请求，并依据医疗保险补助政策［根据第1882条第（g）款第（1）项］对自己的获益权利进行转让。该转让被恰当的执行，并且补偿金额由医疗保险的行政承包方依据本款的合同确定，该承包方将向私立机构传送有关医疗保险补助政策的事实情况，将包括对于津贴的说明和所有部长认为需要提供的额外信息，以使该机构可以据此确定某费用是否属于该项政策。部长将就此类信息向机构的电子化传送签订协议。部长将会通过医疗保险行政承包方向信息使用者收取费用，这些收费将由该承包方储存。

（4）每年年初的时候部长将出版指南（按照适当的地理区域），包括该地区当年所有参与项目的医生、供应商的名字、地址以及特长。指南必须合理编排以使信息能够向参保人员有效的显示。每一个医生指南都必须提供一张按字母顺序排列的当地所有参与项目的医生列表和一张按地区和专业分类后的按字母顺序排列的表单。

（5）（A）部长将会通过本项目的年度邮件、指南的发布来及时通知参保人，并且将使该指南能够在以下地方得到：每一行政区、社会保障机构的每一个分支办公室、医疗保险行政承包方的办公室以及老年人组织。

（B）第（A）目中的年度通信消息包括；

（ⅰ）对该参与项目的介绍；

（ⅱ）解释受益人通过参与该项目的医生、供应商获取服务的优点所在；

（ⅲ）解释医疗保险行政承包方对于掌握参与该项目的医生和供应商名称所提供的帮助；

（ⅳ）第（2）项第（A）目中提到的用以咨询项目信息和获取免费指南拷贝的免费电话。

（6）部长规定该指南将依据公众的要求提供。部长将会把指南发送给该地区所有参与该项目的医生，并且还将适当数目的指南拷贝送往当地的医院。这些拷贝都是不收费用的。

（7）部长规定对美国境内医疗服务的补助金的释义以及第1833条第（a）款第（1）项（基于相关协议的除外）中规定的赔偿金将包括：

（A）参与该项目的医生和供应商的突出提示（包括对于此类医生、供应商收费的限制以及对于特殊医疗物品的报价超过一般数额时的详细解释）；

（B）第（2）目中的免费电话号码，通过此电话参保人可以获取有关参与项目的医生和供应商的信息；

（C）（ⅰ）个人在获取参与项目的医生姓名时所获得的帮助，以及（ⅱ）免费拷贝参与项目的医生指南的帮助；

（D）当账单金额超过了第1848条第（g）款规定的限额时，有关该限额的信息［包括第1848条第（g）款第（1）项第（A）目第（ⅳ）节中退款权利的信息］。

（8）当该医生和供应商被美国联邦或各州法律判定为重罪且部长认为这将对该项目或该项目受益人的最佳利益构成损害时，部长可以拒绝与医生、供应商签订合同，或是终止、拒绝续签合同。

（i）依据本编的规定：

（1）如果某一赔偿请求是基于第（b）款第（3）项第（B）目第（ⅱ）节和第（b）款第（6）项第（B）目的转让或是基于第1870条第（f）款第（1）项的程序做出的，那么该索赔就可以被视为基于分配相关基础进行支付。

（2）对于服务的提供而言，"参与项目的医生"是指该医生在提供服务时参与了［第（h）款第（1）项］中的该项目；"非参与项目的医生"是指该医生在提供服务时没有参与该项目；"非参与项目的供应商或其他人"是指那些没有参与项目的医生或者供应商［第（h）款第（1）项规定］（不包括服务的提供者）。

（3）对于医生一年内提供的医疗服务而言，"MEI的百分比增长"是指医疗保险经济指数的增长［第（b）款第（3）项中第四句所述］可以适用于那些从该年第一天开始提供的服务。

（4）"基础医疗服务"是指医生的服务包括办公室医药服务，能量服务，家庭医药服务，熟练护士服务、中期护理、长期护理、家庭护理，疗养院，退伍军人收容所和看守所医疗服务。

（j）（1）（A）自1984年7月1日开始的30个月内，非参与项目的医生提供了医疗物品和服务，部长将对医生在此期间向参保人的服务实际报价进行监管。如果该医生知晓并故意对参保人员的收费高于该医生自1984年4月1日开始的平日正常收费，那么部长将依据第（2）项的规定对该医生进行处罚。

（B）（ⅰ）在以下任何时期内［1987年1月1日之后（包括当日），第（ⅱ）节规定的日期之前］，该医生尚未参与该项目的期间，部长将对该医生向参保人员的收费进行监管。如果该医生故意在重复的基础上对该服务的收费超过了第（C）目中规定的最高限价，那么部长将会依据第（2）项对该医生进行处罚。

（ⅱ）第（ⅰ）节将不适用于1990年12月31日之后提供的服务。

（C）（ⅰ）依据第（B）目，对于非参与项目的医生1年内向参保人员提供的医疗服务，可以提出的最高限价是：如果之前的年份里该医生对此服务的最高报价是：

（Ⅰ）少于该年针对服务的［第（b）款第（4）项第（A）目第（ⅳ）节中规定的］主要报价的115%，该年可以提出的最高报价是以下二者中较大的一个：第（Ⅱ）次节中规定的最高报价或者是第（ⅱ）节中规定的报价；

（Ⅱ）或者，等于或者大于针对服务的［第（b）款第（4）项第（A）目第（ⅳ）节中规定的］主要报价的115%，该年可提出的最高报价是此医生前一年最高报价的101%。

（ⅱ）依据第（ⅰ）节第（Ⅰ）次节，本款规定的特殊医生的报价是该医生前一年的最高报价加上以下乘积：（Ⅰ）适用分数［第（ⅲ）节规定的］；以及（Ⅱ）中规定的非参与该项目医生服务报价的115%，并且超过该医生前一年的最高报价。

（ⅲ）在第（ⅱ）节中，"适用分数"是指：

（Ⅰ）1987年为1/4；

（Ⅱ）1988年为1/3；

（Ⅲ）1989年为1/2；

（Ⅳ）之后的任意一年为1。

（ⅳ）在确定第（ⅰ）节和第（ⅱ）节中 1987 年的最高报价时，如果该医生对于自 1984 年 4 月 1 日开始的一个季度内的服务有报价，那么 1986 年的最高报价就是该季度的报价。

（ⅴ）在确定按第（ⅰ）节和第（ⅱ）节中 1986 年之后的最高报价时，如果该医生对于 1984 年 4 月 1 日开始的一个季度内的服务没有报价，而且最高报价没有在本节中有所规定，那么"最高报价"就是以下价格的 50%：非参与该项目当地医生在止于前一年 6 月 30 日的为期 12 个月内的（依据频率进行过权重调整）习惯报价。

（ⅵ）依据本目的规定，对于一年或其他时期内"医生的正常报价"是经过权重调整的平均数（或者是根据部长依据 1984 年 4 月 1 日开始的一个季度内的服务选择的中值）。

（ⅶ）对于前一个期间参与了该项目但现在没有再参与的医生而言，在计算该医生的最高报价时，该医生将被视作参与项目期间存在最高报价，该价格将根据第（ⅰ）节到第（ⅵ）节进行确定。

（ⅷ）本目中有其他规定除外，在 1988 年 1 月 1 日开始的 3 个月的时间内，非参与该项目的医生向参保人员提供的特殊医疗服务的最高报价是本部分针对 1987 年规定的价格。本目中对 1988 年的最高报价的规定将于 1988 年 4 月 1 日之后生效。

（ⅸ）如果第（b）款第（13）项中对于非参与该项目的医生提供的医疗指引服务的合理报价有所下调，那么该服务的最高报价同样应当下调相同的百分比。

（D）（ⅰ）如果第（ⅱ）节中的规定导致医生医疗服务或者药品的合理报价的下调，并且非参与该项目的医生在该规定生效之后向参保人员提供了服务或者药品，那么该医生的收费不能超过以下两者之和：下调后费用［第（ⅲ）节中有规定］的 125%、该医生之前 12 个月内［或者是第（ⅱ）节第（Ⅱ）次节规定的 9 个月内］针对该服务最高报价超过此 125% 水平部分的 1/2[①]。

（ⅱ）第（ⅰ）节中的第一句话将适用于：

（Ⅰ）第（b）款第（8）项第（B）目中的调整（依据其内在的合理性）；

---

① 关于合理收费限制的规定，参见第 2 卷《公法》第 100—203 期，第 4063 条第（d）款。

（Ⅱ）第（b）款第（10）项第（A）目和第（b）款第（14）项第（A）目中的扣减（依据某些高价）；

（Ⅲ）第（b）款第（11）项第（B）目的减少（依据某些白内障手术）；

（Ⅳ）主流报价限制在第（b）款第（11）项第（C）目第（ⅰ）节或者是第（b）款第（15）项第（A）目中进行了规定；

（Ⅴ）第（b）款第（11）项第（C）目第（ⅱ）节中的合理收费限制；

（Ⅵ）第1833条第（1）款第（3）项第（B）目规定的调整（关于医生对于注册麻醉护士的监督）。

（ⅲ）在第（ⅰ）节中，"减少的补助津贴"是指：

（Ⅰ）依据第（b）款第（8）项第（B）目，由第（b）款第（8）项进行规定内在的合理收费；

（Ⅱ）第（b）款第（10）项第（A）目、第（b）款第（11）项第（B）目和第（b）款第（11）项第（C）目第（ⅰ）节、第（b）款第（14）项第（A）目和第（b）款第（15）项第（A）目以及第1833条第（1）款第（3）项第（B）目中，服务的主要报价；

（Ⅲ）在第（b）款第（11）项第（C）目第（ⅱ）节中，补助津贴。

（ⅳ）如果医生故意违反第（ⅰ）节进行报价［无论该收费是否违反第（B）目］，部长都应该依据第（2）款对该医生适用处罚。

（ⅴ）第（ⅰ）节不适用于1990年12月31日之后提供的服务①。

（2）依据第（3）项的规定，部长可能适用的处罚是：

（A）按照第1128条第（c）款、第（f）款、第（g）款的规定将医生从该项目中除名不超过5年的时间；

（B）与第1128A条第（a）款规定的相同的民事罚金和税收，或者是两者皆有。第1128A条的规定［第（a）款的前两句以及第（b）款除外］将以适用于第1128A条第（a）款的罚金和估价的方式适用于第（B）目中的罚金和估价，除非这些条款与第（A）目或第（3）项的规定

---

① 关于医师服务合理收费的特定减少，参见第2卷《公法》第99—509期，第9334条第（b）款第（2）项。

存在冲突。

(3) (A) 如果该医生是某社区唯一的医生或者是唯一提供某种重要特殊医疗服务的话, 部长不能依据第 (2) 项第 (A) 目的规定排除医生于项目之外。

(B) 部长在依据第 (2) 项第 (A) 目的规定决定是否禁止医生参与该项目时, 将考虑参保人员的接受医疗服务的渠道问题。

(4) 除了本部分规定的民事罚金和税收之外, 当依据第 (1) 项判定医生向参保人员的收费存在超额部分时, 部长将向参保人员支付一笔相同数目的赔偿金额。

(k) (1) 如果医生在手术时故意向参保人员索要按照第 1862 条第 (a) 款第 (15) 项的规定不需要付费的手术助理费用, 并且如果该手术是在 1987 年 3 月 1 日之后进行的, 那么部长将对该医生依照第 (j) 款第 (2) 项进行处罚。

(2) 如果医生在手术时故意向参保人员收取包含①按照第 1862 条第 (a) 款第 (15) 项的规定不需要付费的手术助理费用, 如果该手术是在 1987 年 3 月 1 日之后进行的, 那么部长将对该医生依照第 (j) 款第 (2) 项进行处罚。

(l) (1) (A) 依据第 (C) 目, 如果:

(i) 以为非参与项目的医生向参保人员提供了服务;

(ii) 对该服务的付费没有依照相关协议进行;

(iii) (I) 一个医疗保险行政承包方或者是第 B 部分 XI 编中同等级别的复核组织认为不能依照第 1862 条第 (a) 款第 (1) 项进行支付, 因为依据该款中的标准此服务属于不合理、无必要, 或者 (II) 依据第 1154 条第 (a) 款第 (2) 项的决定, 此部分的费用被第 1154 条第 (a) 款第 (2) 项的规定所否决;

(iv) 医生已经就该服务收取了任何费用, 医生及时向该个人 (并对个人有责任) 退还此费用。

(B) 依据第 (A) 目的退款只有在满足下列条件时才被视作及时的:

(i) 如果医生没有要求重新审核或者是及时上诉, 那么退款必须在医生依据第 (2) 项收到拒绝通知后的 30 天之内完成;

---

① 如原文所述。可能应该是"包括"。

（ⅱ）或者，如果医生采取了重新审核和上诉，那么退款必须在医生收到否定性结果通知后的 15 天内完成。

（C）如果存在以下情况，第（A）目将不适用于第（A）目第（ⅲ）节第（Ⅰ）次节中的医生。

（ⅰ）医生证明自己不知道或者不可能合理预期要按第 1862 条第（a）款第（1）项的规定不应当进行收费；

（ⅱ）或者，提供服务前，该个人被告知其支付费用将不按照本部分的规定进行，而该个人表示同意。

（2）每一个与医生签有有效协议的医疗保险行政承包方，和按照第 B 部分第十一编每一个签有有效合同的同等审核组织，将依据第 1862 条第（a）款第（1）项的规定向医生发出拒绝对服务进行付费的通知，而医生和个人都不用再被要求付费。

（3）如果医生故意违反第（1）项第（A）目的规定，不进行退款，那么部长将会依据第（j）款第（2）项的规定对该医生进行处罚。

（m）（1）如果非参与项目的医生满足下列条件：

（A）向参保人员提供了可供选择性的外科手术，收取了至少 500 美元费用；

（B）不依照分配相关基础对该服务进行收费；

该医生必须以书面和部长所批准的格式，向个人披露其针对该项手术的实际收费估算情况和该项手术的批准收费估算情况，以及实际收费额超过批准收费额的部分，以及该项手术所适用的共同保险额。此书面估算额将被用作民事诉讼的证据。

（2）没有依照第（1）项的规定进行信息披露的医生将向个人退还超过该项手术批准收费额部分的金额。

（3）如果医生故意违反第（2）项的规定，部长将依据第（j）款第（2）项对该医生进行处罚。

（4）部长将对第（1）项适用的医生服务的收费情况进行监督，以保证其遵照第（2）项的规定。

（n）（1）如果医生的收费包括对第 1861 条第（s）款第（3）项（临床诊断性测试除外）中规定的诊断性检测，如果账单中没有表明：收取费用的医生亲自操作或者监督了该检测，或者是其与另外一位医生共同操作或者监督了该检测，那么该检测的费用将依据下列情况进行确定：

（Ａ）如果该账单表明该检测是由一位可查明的供应商提供，以及该供应商对于该项检测向医生收费（减去可扣减额和共同保险数额），那么该项检测的费用将是实际采购成本（净值），或者是供应商相较而言更低的合理报价。

（Ｂ）如果支付的账单或请求：（１）没有表明谁操作了该项检测；或者（２）表明了该项检测是由供应商提供的，但是无法查明该供应商或者该供应商的收费额，那么将不予收费。

（２）医生不能够对参保人员收取下列费用：

（Ａ）第（１）项第（Ａ）目规定的费用数额之外的其他费用，第（１）项第（Ａ）目中规定的诊断性检测的可扣减额和共同保险额。

（Ｂ）不能依据第（１）项第（Ｂ）目进行收费的诊断性检查的费用。

（３）如果医生故意多次违反第（２）项的规定，那么部长将依据第1842条第（ｊ）款第（２）项的规定对医生进行处罚。

（ｏ）（１）如果医生、供应商或是其他人的账单或付款要求中包括化学制药和生物制药，而且这两者不是依据成本或者预期付费基础进行支付，那么费用的数额如下所示：

（Ａ）如果是下类药品，为批发价格的95%：

（ｉ）2004年1月1日之前提供的药品。

（ⅱ）2004年提供的血液凝固因子。

（ⅲ）2004年提供的药品，其在2003年4月1日之前不能供应。

（ⅳ）2004年1月1日之后提供的，第1861条第（ｓ）款第（10）项第（Ａ）目或第（Ｂ）目规定的疫苗。

（ⅴ）2004年与血液透析一起提供的药品，如果血液透析是单独收费的话。

（Ｂ）对于2004年提供的没有在下列条款中提及的药品：

（ｉ）第（Ａ）目中的第（ⅱ）节、第（ⅲ）节、第（ⅳ）节或第（ⅴ）节；

（ⅱ）第（Ｄ）目第（ｉ）节；

（ⅲ）或者，第（Ｆ）目，其费用数目由第（４）项规定。

（Ｃ）对于2005年1月1日（包括当日）之后提供的，第（Ａ）目第（ⅳ）节、第（Ｄ）目第（ｉ）节或第（Ｆ）目中没有规定的药品，其费用数额由第 1847 条、第 1847A 条、第 1847B 条、第 1881 条第（b）款第（13）项规定。

（D）（ⅰ）第（ⅱ）节另有规定除外，2004 年 1 月 1 日之后（包括当日），由第 1861 条第（n）款中的耐久医疗设备提供的输液药品，为该药品 2003 年 10 月 1 日批发价的 95%。

（ⅱ）如果该药品是与 2007 年 1 月 1 日之后（包括当日）在第 1847 条规定的竞争性供应地区提供，那么其费用数额由第 1847 条规定。

（E）如果该药品中包括静脉免疫雪球蛋白，其在下列年份提供，则：

（ⅰ）在 2004 年，费用数额由第（4）项规定；

（ⅱ）在 2005 年以及随后的年份，费用数额由第 1847A 条确定。

（F）对于血液及血液制品（血液凝块除外），其费用数额将依照 2003 年 10 月 1 日的情况进行支付。

（G）对于通过第 1861 条第（n）款中的耐久医疗设备提供的吸入药剂：

（ⅰ）2004 年提供的，其数额由第（4）项确定；

（ⅱ）2005 年及其后年份提供的，数额由第 1847A 条确定。

（2）如果费用是支付给经过批准进行配药的执照药剂师，那么部长将会向该药剂师支付一笔配药费用（减掉可扣减费用和共同保险数额）。本款将不适用第（1）项第（C）目中的付款规定。

（3）（A）药品的费用只能按照分配相关基础进行支付。

（B）第（b）款第（18）项第（B）目将以适用于与第（b）款第（18）项第（C）目中从业者所提供的服务的方式适用于药品的收费相同。

（4）（A）依据本项中接下来条款的规定，2004 年提供的药品的收费额等于此药品批发价格（2003 年 4 月 1 日确定）的 85%。

（B）部长将用号称"GAO 和 OIG 数据的平均值（百分比）"专栏中的药品的百分比来替换第（A）目中的药品的百分比。该专栏位于 2003 年 8 月 20 日出版的联邦注册表中名为"表格 3. 最近 GAO 和 OIG 研究中的医疗保险第 B 部分药品"（《联邦公报》第 68 编第 50445 条）。

（C）（ⅰ）部长将用下列百分比替换第（A）目中的百分比：该百分比基于药品生产商在 2003 年 10 月 15 日提供的数据和信息来确定。

（ⅱ）部长将用下列百分比替换第（A）目中有关 2004 年 4 月 1 日之后（包括当日）提供的药品的百分比，该百分比基于药品生产商在 2003

年 10 月 15 日之后，2004 年 1 月 1 日之前提供的数据和信息来确定。

（D）替换第（B）目或第（C）目中的百分比绝对不会低于 80%。

（5）（A）依据第（B）目，对于 2005 年 1 月 1 日之后（包括当日）提供的凝结因子，部长在审阅 2003 年 1 月由美国总审计长向国会提交的题为"血液凝结因子的收费超过了提供者的采购成本"之后，将会向那些为病人提供血液凝结因子的机构设定一个部长认为合理的价格。此价格将考虑如下几个因素：

（ⅰ）（如可能）混合和运送血液因子给个人，包括特殊的存货管理和储存要求。

（ⅱ）附属的提供品以及这些血液因子自我管理所必需的病人培训。

（B）如果由《2003 年医疗保险处方药、改良和现代化法》第 303 条所做出的修订没有实施的话，那么在确定 2005 年供应的第（A）目下的血凝因子类药品的单独补偿金额时，部长应当确保第（1）项第（C）目下的这些因子依此部分规定计算出的总补偿额（由部长预算）和这些因子的单独补偿额不超过按此部分规定为这些因子提供的总补偿金额（由部长预算）。

（C）依本目规定计算的 2006 年或之后的一年供应的血凝因子类药品的单独补偿金额等于依本项规定确定的前一年的单独补偿金额加上此前一年的 6 月开始算 12 个月的医疗保险消费价格增长指数算出的增长额。

（6）在涉及第 1861 条第（s）款第（2）项第（J）目规定的抑制免疫力药物和该项第（Q）目或第（T）目下规定的口服药物的情况下，部长应就这些药品付给其认为合格的药商供应费用（减去应扣除项目和共同担保的金额）。

（7）在第 1869 条、第 1878 条以及其他条款中，不存在对依第（4）项到第（6）项做出的关于补偿金额、方式和调整的决定的行政和司法审查。

（p）（1）针对由第（b）款第（18）项第（C）目下规定的医生或执业者提供的商品或服务产生的依照本编可能获得补偿的每一个补偿请求或者服务账单中应当包括部长规定的这些药品或服务的诊断代码。

（2）在一项由第（b）款第（18）项第（C）目中规定的医生或执业者提供的分配相关的药品或服务，如果其没有包含第（1）项要求的诊断代码，那么其要求支付补偿费的请求可能会被拒绝。

（3）一项由医生提供的不与分配相关的药品和服务要求支付补偿费的，申请中没有包含第（1）项中要求的代码的：

（A）如果该医生明知且故意不及时提供部长或医疗保障行政人员要求的代码的，该医生可能面临最高 2000 美元的民事罚款；

（B）如果医生在收到部长关于本的要求和义务的通知后，仍明知、故意且多次未提供第（1）项中要求的代码，医生将面临第 1842 条第（j）款第（2）项第（A）目中规定的处罚。

第 1128A 条中的规定［除了第（a）款和第（b）款之外］适用于第（A）目下规定的民事罚金的方式同该条在第 1128A 条第（a）款中的处罚和诉讼相同。

（4）在第（b）款第（18）项第（C）目中规定的医生或执业者向其他企业采购第 1861 条第（s）款第（3）项、第（6）项、第（8）项或第（9）项规定的药品或服务时，如果部长（或部长的财政代理）要求药品或服务的提供者提供诊断或其他医疗信息才能获得对该企业的进行补偿时，那么医生或执业者应当在其订货时就向供货企业提供这些信息。

（q）（1）（A）部长经与提供麻醉服务的医师团体的代表磋商之后，应采用规章的形式建立一个相关的价格指南，用以确定对按照本编规定提供麻醉服务的医生的付款。这些指南是为了使本法中规定的对这些服务的补偿总额不超过其他项目的此类补偿。

（B）根据第（ⅳ）节的规定，1991 年提供的本编中的麻醉医疗服务，适用于本款规定的某一个地方的现时价格转换系数应减少至按以下规定调整后的现时价格转换系数：

（ⅰ）部长应采用可得的最佳数据，根据本款的规定估计 1990 年 3 月 31 日以后所提供的服务的现时价格转换系数的全国加权平均数。

（ⅱ）将根据第（ⅰ）节中估计的全国加权平均数减去 7%。

（ⅲ）根据第（ⅳ）节适用于某一地区的现行价格转换系数是以下几项的总和：（Ⅰ）以下两项的乘积：（a）根据第（ⅱ）节计算出来的全国加权平均转换系数可归结于医疗工作的部分，以及（b）某一个地方的地理功能指数（具体规定于医生服务收费表的附录 C，1990 年 9 月 4 日出版，《美国联邦法规》第 55 编，第 36238—36243 条）；以及（Ⅱ）以下两项的乘积：（a）根据第（ⅱ）节计算出来的全国加权平均现行价格转换系数的剩余部分，以及（b）第 1842 条第（b）款第（14）项第（C）

目第（ⅳ）节下规定的地理成本指数。

本节实施过程中，70%的现行价格转换系数将会被认定为可归因于医疗工作而产生。

（ⅳ）在本目下规定的适用于某一地区的现行价格转换系数的减少幅度最多不超过1990年3月31日以后适用于该地区的现行价格转换系数的15%，但是无论如何现行价格转换系数都不得低于全国加权平均现行价格转换系数的60%［根据第（ⅰ）节的计算］。

（2）根据本编规定的给付麻醉服务的款项（无论是由医生提供的还是由取得麻醉师资格的护士提供的），时间单位的计算按照实际时间，而不是按照四舍五入的方法取整计算。

（r）部长应当建立一个系统，专门用于为每一个提供了本法下可能获得补偿的医疗服务的医生提供一个用户认证。在此系统下，部长可以向这些医生收取适当的费用作为颁发用户认证相关的调查和换证费用的资金。

（s）（1）根据第（3）项的规定，部长将颁布实施一个全国范围或地区范围内的费用给付表，用于第（2）项中规定的建立在一个合理的价格基础上的任何药品和服务的补偿。依据本项规定建立的药品和服务的费用给付表每年会随城市消费者从前一年度的6月份起算12个月间消费价格指数的增加而更新，第（2）项第（D）目中所规定的药品和服务除外：

（A）根据本项，2009年将适用第1834条第（a）款第（14）项第（J）目第（ⅰ）节，而不是适用其他的百分比增长；

（B）2014年，如果第（A）目适用于药品和服务并且不存在一个第（3）项第（B）目中规定的对任何前一年度的药品和服务的补偿费调整，那么第1834条第（a）款第（14）项第（L）目第（ⅰ）节中的规定计算的增加的百分比将代替其他可适用增加的百分比而适用①。

（2）本项中规定的药品和服务指的是：

---

①　参见《公法》第110—275期，第154条第（a）款第（2）项第（B）目，删除"除了第（2）项第（D）目中规定的货物的供应费表在2003年无论如何都不会被更新"和"除了第（2）项第（D）目规定的所有药品和服务"和第（A）目和第（B）目，2008年6月30日生效。

（A）医疗用品。

（B）家庭诊疗用品和器具［第 1881 条第（b）款第（8）项规定的］。

（C）有治疗作用的鞋。

（D）注射用药物性的和肠道吸收性的营养品、器具和用品。

（E）肌电装置设备。

（F）流涎装置。

（G）血液制品。

（H）输血医学。

（3）在涉及第（2）项第（D）目中规定的包含在第 1847 条第（a）款中所说的竞争性收购地区的竞争收购项目中的药品和服务的情况下：

（A）在本款下，这些领域的药品和服务的补偿依据是这些竞争性收购项目所定的依据；

（B）部长可以利用这些竞争性收购所确定的补偿额提供的信息去调整第（1）项中规定的不属于第 1847 条规定的竞争性收购领域的其他领域的补偿额，这些调整的情况不适用于第 1842 条第（b）款第（8）项、第（9）项。

（t）在本部分中，为某一个专业护理设施的长期使用者提供的可以获得补偿费的药品或服务时，要求对这些药品和服务进行补偿的申请或者账单中应当包含设施的医疗保障提供者的编号。

（u）① 在对向个人提供与治疗癌症有关的治疗贫血的药物提出的补偿请求或账单中应当包括该人的血红蛋白和血细胞比容水平的相关信息（提供的方法和形式由部长规定）。

关于享受社会援助项目所规定的补偿或属于合格的医疗援助对象的个人的保险范围的联邦与州政府间协议

第 1843 条【《美国法典》第 42 编第 1953v 条】（a）部长在收到州政

---

① 参见《公法》第 109—432 期，第 110 条第（a）款，新增第（u）款，适用于 2008 年 1 月 1 日提供的药品。

《公法》第 109—432 期，第 110 条第（b）款同样规定："卫生和公共服务部长应当以《社会保障法》第 1848 条（《美国法典》第 42 编第 1395w—4 条）规定的规则制定程序公布这些给医生 2008 年的服务补偿修正的实施，与前面的规定相一致。"

府 1970 年 1 月 1 日以前或 1981 年间，或者 1988 年之后提出的请求后，应当同这些州订立一份协议，根据此协议，在联邦和州的保险范围内所有符合第（b）款条件的个人（在协议中明确规定）都能够在依本编建立的项目中登记入册。

（b）根据第（a）款规定同州政府订立的协议适用于以下任何一个保险项目群体：

（1）根据第一编或第十六编的规定制订的州计划获得支付款项的个人；

（2）或者，根据第一编、第十编、第十四编、第十六编和第四编第 A 部分的规定制订各项州计划获得的支付款项的个人。

除了第（g）款中的规定，还应当排除任何根据第二编有权每月获得保障利益的人和根据《1974 年铁路退休法》①的规定有权每年获得年金的人。部长可以通过规章终止那些没有资格参加第十六编规定的州计划项目的州在第一编、第十编、第十四编和第十六编下的任何计划和第十六编建立的补充保障收入项目，根据这些规章和本法第 1902 条第（f）款的规定，从 1974 年 1 月 1 日起，应这些州的要求，部长应继续履行与该州依本条规定签订的协议。

（c）根据本条，合格的个人指的是一项协议在签订之日起就将其纳入保障范围之内的人（在第 1836 条规定的范围内）或者在协议签订之后，其具备了相应的资格而被纳入保障的人（根据本条）；如果他在协议签订的当月或者签订后的任何一个月份收到了这些补偿，那么他就是第（b）款中规定的获得补偿给付的个人。

（d）根据本条规定登记入册的个人：

（1）州政府支付的月保险费数额由第 1893 条规定 [在第（b）款下没有任何增加]。

（2）他的保障期间的起算从下列规定中最晚者：

（A）1966 年 7 月 1 日；

（B）州协议签订当月起算，第 3 个月的第一天；

（C）其成为一个合格的个人并且成为本条所规定的协议中所述保障对象群体成员的第 1 个月的第一天；

---

① 参见《公法》第 75—162 期（由《公法》第 93—445 期修正）。

（D）或者，协议中具体规定的某一天。

（3）他根据本条所述协议获得的保障期间的终止日以下列情形发生的月份的最早者的最后一天：

（A）他被州政府机构认定为不符合协议中规定的支付款项对象和［如果根据第（h）款规定进行了修正并已生效］医疗援助对象的当月；

（B）或者，他有权每月依照第二编规定获得支付或者依照《1974年铁路退休法》获得养老金或年金。

（e）依州协议享有的保障期间符合第（d）款第（3）项的情形而被终止的个人根据本部分（包括按本部分规定的对其保障期间进行延长）依据第1837条规定将被视为已经被登记为第1837条第（c）款规定的最初的一般登记期间。（在个人根据州协议而享有的保障期间的最后一个月或者之后6个月中）享有保障期间的个人提出他不愿意继续参与本编所说的保障项目，则他的保障期间从他提出的当月的月底终止。

（f）关于有资格依第一编、第十编、第十四编、第十六编或者第四编第A部分制订的州计划而收到款项支付的个人或有资格依第十九编规定的州计划获得医疗援助的个人，如果依本条签订的协议有规定，"承保人"一词还包括根据第一编、第十六编、第十九编规定监督和管理这些州的计划实施的协议中规定的州政府部门。协议除了关于州政府依照第一编、第十编、第十四编、第十六编或者第四编第A部分规定通过的计划的规定有资格获得金钱偿付的个人和依第十九编规定通过的州计划中有资格获得医疗援助的个人之外，还包括促进国家和承保人之间就减除额和共同保险及其他项目进行的财务交易和促进更有效和经济地实施的条款。

（g）（1）根据第（a）款规定应州政府在1970年之前、1981年或者1988年之后提出的请求，部长应当与这些州共同对已经签订的协议进行修正，依第（a）款规定，第（b）款第二句不适用于这些协议。

（2）针对被第（b）款第二句话排除出第（b）款规定的保障覆盖人群的个人（除了本款规定）：

（A）将适用第（c）款和第（d）款第（2）项的规定，如同这些条款提到的本款中的修正［代替第（a）款下的协议］；

（B）只要州政府实施了本款下的修正，第（d）款第（3）项第（B）目将不能适用。

（h）（1）应州在 1970 年 1 月 1 日之前或 1981 年或者 1988 年之后做出的请求，部长应根据第（a）款的规定同这些州签订一份对协议的修正案，根据此修正案拓宽了第（b）款和协议中规定的保障覆盖人群的范围，包括：（A）有资格根据第十九编通过的州计划而获得医疗援助的个人；或者（B）合格的医疗保险受益人［第 1905 条第（p）款第（1）项规定］。

（2）依据本条，如果自本款下所做的修正生效之日起或之后的任何时间，某人被确定为有资格获得计划中的医疗援助，那么该人应被视为取得了获得十九编下通过的州计划规定的医疗援助资格。被排除适用协议的任何人（除了本款）将适用第（c）款和第（d）款第（2）项，如同他们适用本款下的修正案一样［代替第（a）款下的协议］，并且第（d）款第（2）项第（C）目将被适用，以"第一个月"代替"自第一个月起的两个月"［除了在 1905 条第（p）款第（1）项规定的合格的医疗保险受益人之外］。

（3）在本款中，"合格的医疗保险受益人"还包括第 1902 条第（a）款第（10）项第（E）目第（ⅲ）节中所规定的个人。

（i）依据第 A 部分，关于合格的医疗保险受益人的登记的规定，参见第 1818 条第（g）款。

对政府捐款和意外事故储备金的拨款

第 1844 条【《美国法典》第 42 编第 1395w 条】（a）财政部除了每年的拨款之外不时地会对联邦补充医疗保险信托基金拨款。

（1）（A）本编中政府拨款等于 65 岁及以上的老年人一个月的保险费的总和，将其放入信托基金会，以下面的比率增加：（ⅰ）由根据第 1839 条第（a）款第（1）项规定的适当的保险统计的比率算出的每一个 65 岁及以上的登记者某个月的总额的两倍减去根据第 1839 条第（a）款第（3）项规定的每一个登记者该月的保险金的总额，（ⅱ）每一个登记者本月的保险金总额；

（B）加上本部分中一项政府捐款等于 65 岁以下的人一个月的保险费的总和，将其放入信托基金会以以下比率增加：（ⅰ）由根据第 1839 条第（a）款第（4）项规定的适当的保险统计的比率算出的每一个 65 岁以下的登记者某个月的总额的两倍减去根据第 1839 条第（a）款第（3）项规定的每一个登记者该月的保险金的总额，算出（ⅱ）每一个登记者本月的保险金的总额；

（C）减去，因适用第 1893 条第（i）款的使用产生的额外的保险金偿付的总额。

（2）加上 1967 年 6 月 30 日之后的任何财政年度末发生的部长认为必要的信托基金的款项与它在本财政年度末放置在相同位置，如果：（A）1967 年 6 月 30 日该财政年度末政府拨款超出存入信托基金的保险金的数额，大于实际向信托基金的拨款，该款项已经在 1967 年 6 月 30 日划拨；以及（B）在 1967 年 6 月 30 日之后发生的为存入信托基金的保险金的拨款在保险金存入信托基金时已经拨付。

（b）为了保证本部分所规定的利益和本部分规定的项目的前几个月据此发生的管理费用能够得到及时偿付，并提供一个应急储备，即使财政部没有任何其他的拨款，1969 年仍可以通过可偿还的贷款（无息）向信托基金拨款，拨款总额相当于参加了 1966 年 7 月设立的保险计划的人数（由部长确定）乘以每人 18 美元，如果他们参加根据本部分设立的保险计划。

（c）部长应决定第（a）款第（1）项第（A）目和第（B）目规定的政府拨款，不考虑任何因第 1854 条第（f）款第（1）项第（E）目下的选择造成的保险金的减少或任何第 1854 条第（b）款第（1）项第（C）目第（ⅳ）节所提供的信贷，也不考虑任何第 1839 条第（h）款和第 1860C—1 条第（f）款对保险金的调整造成的影响。

第 1845 条 【已废除①】

对临床诊断实验室试验提供者和供应者的中间制裁

第 1846 条 【《美国法典》 第 42 编第 1395w—2 条】（a）如果部长认为某个根据本编规定被核准有权参与临床诊断实验的提供者或临床实验室不再符合本编关于临床诊断实验室试验的规定所要求的参与的实质条件，部长（在不超过 1 年的时间内）可以根据第（b）款实施一个中间制裁而

---

① 参见《公法》第 105—33 期，第 4022 条第（b）款第（2）项第（A）目；《美国联邦立法大全》第 111 编第 354 条。

不是立即终止供应协议或者立即撤销该临床实验室的批准。

（b）（1）部长应该形成并实施：

（A）根据第（a）款所述的条件规定的一系列适用于供应者或临床实验室的中间制裁；

（B）对采取制裁的决定提起申诉的相关的程序。

（2）（A）第（1）项下所形成的中间制裁措施应当包括：

（ⅰ）直接改正计划；

（ⅱ）重大违规期间每天不超过1万美元的民事罚款；

（ⅲ）偿付负责实施调查的机关现场监测的费用；

（ⅳ）在部长根据第（a）款决定实施中间制裁之日起或者之后，暂停全部或部分临床诊断实验室试验的提供者或临床实验室依照本编可能获得的支付款项。

第1128A条的规定［除第（a）款和第（b）款以外］将适用于第（ⅱ）节中规定的民事罚款，该条款适用的方式与其在第1128条第（a）款中适用于惩罚和程序相同。

（B）除了在第（A）目中所规定的制裁，还有其他州和联邦法律规定的制裁。

（3）部长应当就第（1）项下的中间制裁何时及如何适用、惩罚的数额以及这些惩罚的严重程度制定并实施详细的程序。这些程序设计应尽量缩短确定违法和实施制裁之间的时间，并对屡次实施或者不改正错误者施加更严重的处罚。

对特定药品和服务的竞争性收购①

第1847条【《美国法典》第42编第1395w—3条】（a）建立竞争性收购项目。

（1）项目的实施。

（A）**总则。**部长应当形成并实施一个在整个美国建立竞争性收购地区的项目，该项目旨在签订那些提供竞争性价格的药品和服务［第（2）项规定］，这些商品和服务依照本编可能获得补偿。项目和服务对于不同

---

① 关于美国审计局关于竞争性收购对供应者的影响的报告，参见第2卷《公法》第108—173期，第302条第（b）款第（3）项；关于供应者的活动的报告，参见第302条（e）款。

的地区可能会有所不同。

（B）**分阶段实施**。这些项目：

（ⅰ）在竞争性收购的地区以第（D）目①规定的方式分期实施，项目下的竞争发生于：

（Ⅰ）2007年，在10个最大的大城市统计区；

（Ⅱ）2011年②，再增加70个③最大的城市统计区；

（Ⅲ）2011年之后继续增加（或者2010年之后在国家邮购货物和服务的情况下)④。

（ⅱ）可以首先在成本最高和用量最大的商品或服务，或者部长认为最有节能潜力的商品和服务当中分阶段。

（C）**废弃某些规定**。为了实施该项目，部长为了有效实施本条规定可以废弃《联邦采购法》，关于信息保密和部长认为合适的其他条款除外。

（D)⑤ **竞争性收购项目的变更**。

（ⅰ）**竞争性收购项目的第1阶段**。尽管有第（B）目第（ⅰ）节第（Ⅰ）次节的规定，在实施本条的竞争性收购项目的第1阶段中：

（Ⅰ）在本项生效之前依本条签订的合同终止，本项生效之日起及以后不得支付任何依这些合同获得的补偿，并且因这些合同的终止造成的任何损失将从第1841条中规定的联邦补充医疗保险信托基金中偿付；

（Ⅱ）部长应当对这一阶段的同样的商品和服务和同样的地区进行统一管理，使其在2009年实现，除了第（Ⅲ）次节和第（Ⅳ）次节的规定之外；

---

① 参见《公法》第110—275期，第154条第（a）款第（1）项第（A）目第（ⅰ）节，插入了"与第（D）目规定一致"，2008年6月30日生效。

② 参见《公法》第110—275期，第154条第（a）款第（1）项第（A）目第（ⅱ）节，删除了"2009年"代之以"2011年"，2008年6月30日生效。

③ 参见《公法》第110—275期，第154条第（a）款第（1）项第（A）目第（ⅱ）节，删除了"80"代之以"另外70"，2008年6月30日生效。

④ 参见《公法》第110—275期，第154条第（a）款第（1）项第（A）目第（ⅱ）节，删除了"2009年"代之以"2011年"，2008年6月30日生效。

⑤ 参见《公法》第110—275期，第154条第（a）款第（1）项第（A）目第（ⅳ）节，增加第（D）目，2008年6月30日生效。

(Ⅲ) 部长应当将波多黎各排除出去，以实现第一阶段的竞争项目覆盖 9 个而不是 10 个最大的大城市和统计区；

(Ⅳ) 部长应当将波多黎各排除出去，以实现第一阶段的竞争项目覆盖 9 个而不是 10 个最大的大城市和统计区。

(ii) **竞争性收购项目第 2 阶段**。为了实施本条规定的竞争性收购项目的第 2 阶段，第 (B) 目第 (ⅰ) 节第 (Ⅱ) 次节中的规定：

(Ⅰ) 所包含的大城市统计区应当是部长 2008 年为第二阶段选择的大城市统计区；

(Ⅱ) 部长为了竞争性收购之目的可以（根据最新的官方统计数据）将那些人口在 800 万以上的大城市统计区拆分成独立的地区。

(iii) **在竞争性收购项目的下一个阶段排除某些地区**。为了实施本条规定的竞争性收购项目的下一个阶段，包括第 (B) 目第 (ⅰ) 节第 (Ⅲ) 次节的规定，为了 2015 年前发生的竞争，部长可以将以下地区从竞争性收购地区中排除（除了全国邮购服务之外）：

(Ⅰ) 乡村地区。

(Ⅱ) 人口少于 25 万的在第 1 阶段和第 2 阶段没有被挑选的大城市统计区。

(Ⅲ) 大城市统计区中人口密度较低的，基于第 (3) 项第 (A) 目的目的而被选中。

(E)[1] **监察主任办公室的核查**。卫生与公共服务部监察长应当通过事后审计、调查或其他方法，评估美国医疗保险与医疗补助服务中心实施本条中竞争性招标和随后的定价的程序，该程序是本条中所说的竞争性收购项目的第 1 阶段和第 2 阶段中的竞争性招标地区的商品和服务的关键招标数量和单独的补偿的数量基础，该监察长还对这些项目的随后阶段的预算不断地进行校验。

(F)[2] **供应商对丢失的财务文件的反馈**。

(ⅰ) **总则**。在一项 1 份或 1 份以上与该招标有关投标文件在第

---

[1] 参见《公法》第 110—275 期，第 154 条第 (a) 款第 (1) 项第 (A) 目第 (ⅳ) 节，新增第 (E) 目，2008 年 6 月 30 日生效。

[2] 参见《公法》第 110—275 期，第 154 条第 (a) 款第 (1) 项第 (A) 目第 (ⅳ) 节，新增第 (F) 目，2008 年 6 月 30 日生效。

（ⅱ）节中规定的投标文件审查期之前就已经提交的招标案中，部长应该：

（Ⅰ）在不晚于投标文件审查之日后 45 日内［在第（B）目第（ⅰ）节第（Ⅰ）次节中规定的竞争性收购项目的第 1 阶段］或 90 日内（在这些项目的后续阶段）向投标者通告在投标文件审查之日丢失的财务文件；

（Ⅱ）如果这些通告中所指出的文件根据第（Ⅰ）次节在通告发出之后 10 个工作日内再次提交给了部长，则其不得因为其投标文件丢失或没有及时提交而拒绝投标。

（ⅱ）**投标文件审查日期**。此处所指的与竞争性收购项目有关的投标文件审查日期是下列日期中的较晚者：

（Ⅰ）在这些项目下，部长指定的提交投标文件的最后期限之前的 30 天；

（Ⅱ）或者，在这些项目下，部长指定的提交投标文件的第一天起之后的 30 天。

（ⅲ）**对程序的限制**。本项提供的程序：

（Ⅰ）仅适用于及时提交的投标文件；

（Ⅱ）不适用于对任何提交的投标文件的精确性和完整性或这些文件是否满足可适用性要求的决定；

（Ⅲ）不阻止部长基于第（ⅰ）节第（Ⅱ）次节的规定之外的原因拒绝掉一个投标；

（Ⅳ）不得被解释为允许投标者改变投标数目或对提交的投标做其他修改；

（ⅳ）**投标文件**。在本项下，"投标财务文件"指的是为了符合财务标准的要求，作为竞争性收购项目下的原始的投标文件的一部分的财务、税务或投标者提交的其他要求的文件。这些术语不包括投标书本身或评审文件等其他文件。

（2）**商品和服务**。第（1）项中所述商品和服务指的是：

（A）**耐用性医疗设备和医疗用品**。包括［第 1834 条第（a）款第（13）项的规定］那些第 1834 条第（a）款规定的不能获得偿付的商品，包括用于注射和药物（除了吸入性药物）的商品和用于耐用性医疗设备相结合的用品，但是不包括《联邦食品、药品和化妆品法》① 中规定的第Ⅲ类设备，并且不包括被部长划为第三类或以上级别的某些复杂的康复电动轮椅（并提供与这些轮椅有关的相关的附件）②。

（B）**其他的设备和用品**。第 1842 条第（s）款第（2）项第（D）目规定的商品和服务，不包括肠外营养、设备和用品。

（C）**成品矫形**。第 1861 条第（s）款第（9）项规定的矫形，该矫形不能够获得第 1834 条第（h）款下的偿付，它需要进行适当的微小的自我调节才能够使用，并且不需要专业的修剪、弯曲、成型、装配或自定义就可以使用。

（3）**决定例外的权力**。在实施本条下的项目时，部长可以豁免：

（A）乡村地区和不符合竞争性条件的人口密度小的城市，除非存在一个重要的国家市场通过邮购的形式对特定的商品和服务进行订货；

（B）实施竞争性收购不会达到显著的节约的商品和服务。

（4）**关于某些出租的耐用性医疗设备和氧气的商品的特殊规定**。在根据第 1834 条第（a）款规定可以在租金的基础上获得补偿的招标商品和根据第 1834 条第（a）款第（5）项规定的氧气的补偿的情况下，部长应当建立一个程序，通过此程序规定使在竞争性收购项目实施之前就签订的该招标商品的租赁协议和与氧气供应者签订供应协议能够继续履行。在继续履行这些协议的情况下，有关的供应者应当按第 1834 条第（a）款下要求的提供适当的服务和代替品。

（5）**医生授权**。

（A）**总则**。关于一个具体的常见的医疗程序编码系统中包含的商品或服务，部长可以为这些商品或服务建立一个程序，在此程序下，如果医生认为使用某种药品或服务将会避免对个人造成负面的医疗效果，那么医生可以在处方中开具这些由部长确定代码的某种牌子的药或某种商品或服务的交货方式。

（B）**不影响补偿金额**。在第（A）目下规定的处方不影响补偿金额，

---

① 参见《公法》第 75—717 期。

② 参见《公法》第 110—275 期，第 154 条第（a）款第（1）项第（B）目，插入"并且不包括被卫生部部长划为第三类或以上级别的某些复杂的康复电动轮椅（和提供与这些轮椅有关的相关的附件）"，2008 年 6 月 30 日生效。

但是适用于本编码系统中的商品和服务时除外。

(6) **适用**。在实施本款中关于商品和服务的竞争性收购项目的竞争性收购地区，由第 (b) 款下实施的竞争收购决定的补偿基础将代替其他按照第1834条第 (a) 款、第 1834 条第 (h) 款或者第 1842 条第 (s) 款规定的补偿基础。

(7)① **竞争性收购的豁免**。本条规定的竞争性收购不适用于下列情况：

(A) **某些矫形的成品**。第 (2) 项第 (C) 目中规定的商品和服务如果是由下列人员提供的，则不适用：(ⅰ) 由医生或其他执业者 (由部长确定) 向其病人提供的作为医生或执业者的专业服务的一部分；或者 (ⅱ) 由一家医院在住院期间或出院的当天向其病人提供的。

(B) **某些耐用性医疗设备**。在第 (2) 项第 (A) 目所规定的那些商品和服务：(ⅰ) 由一家医院在住院期间或出院的当天向其病人提供的；以及 (ⅱ) 由部长规定具体的项目中，如果是由医生或执业者向其病人提供的作为医生的专业服务的一部分的，该项目并不适用。

(b) **项目要求**。

(1) **总则**。在每一个根据第 (a) 款实施竞争性收购的地区部长应在提供第 (a) 款第 (2) 项中规定的商品和服务的企业实行竞争。

(2) **获得签约的条件**。

(A) **总则**。除非部长认为其符合以下所有条件，否则根据第 (1) 项规定，在实施竞争性收购的地区，部长将不会同任何参与此种商品和服务的竞争者签订协议：

(ⅰ) 根据第1834条第 (a) 款第 (20) 项该企业符合部长规定的适用的质量标准。

(ⅱ) 该企业符合部长在考虑到小型供应者的需要后规定的适当财务标准。

(ⅲ) 在竞争性收购地区，付给合同承保方货款总额应少于不使用竞争收购的情况下付出的总额。

---

① 参见《公法》第 110—275 期，第 154 条第 (d) 款第 (1) 项，新增第 (7) 项，2008 年 6 月 30 日生效。

（ⅳ）能够维持在本地区内个人从多个供应商中选择。

（B）**及时实施项目**。任何第 1834 条第（a）款第（20）项规定的质量标准的实施的延迟或者收到任何第（c）款下设立的项目监督委员会的建议的延迟都不能延迟本条下规定的竞争性收购项目。

（3）**合同的内容**。

（A）**总则**。根据第（1）项规定在竞争性收购项目中和企业之间签订的合同的术语和条件可以由部长具体规定。

（B）**合同术语**。部长将至少每 3 年一次进行合同招标。

（C）①**披露分包商**。

（ⅰ）**初始披露**。依照本条规定自签订合同之日起 10 日内，供应商应按照部长规定的方式和形式向其提供下列信息：（Ⅰ）这些供应商和分包商在提供合同的商品和服务中的关系；以及（Ⅱ）这些分包商是否符合第 1834 条第（a）款第（20）项第（F）目第（ⅰ）节中规定的要求。

（ⅱ）**后续的披露**。在第（ⅰ）节第（Ⅱ）次节中规定的后续的分包商自进入合同关系之日起 10 日内，这些分包商应当向部长以第（ⅰ）节第（Ⅱ）次节中规定的方式和方法提供相关的信息。

（4）**合同人数的限制**。

（A）**总则**。在一个竞争性收购地区，部长可以限制合同的人数，使其满足合同所需的商品和服务的需要即可。在签订合同中，部长主要考虑招标单位能否及时足量供应商品和服务以满足合同所覆盖的地理区域内预期的个人需求。

（B）**多个胜出者**。部长应在每个商品和服务的领域和多个投标的企业签订合同。

（5）**补偿**。

（A）**总则**。本部分中，第（a）款第（2）项所说的商品和服务的竞争性价格应当建立在本条规定的提交和接受的招标项目的基础上。在这些招标的基础上部长将决定在竞争性收购地区每种商品和服务的单独补偿金额。

---

① 参见《公法》第 110—275 期，第 154 条第（b）款第（2）项，新增第（C）目，2008 年 6 月 30 日生效。

（B）**减少受益人分摊的费用**。

（i）**共同保险的适用**。本条所说的商品和服务的补偿额应当等于第（A）目中规定的补偿额基础的 80%。

（ii）**抵扣的应用**。在实施第（i）节之前，个人必须符合第 1833 条第（b）款规定的条件。

（C）**以转让为基础的付款**。由企业提供的商品和服务的补偿只有符合本条规定转让有关的基础才能做出。

（D）**解释**。在本条下，任何规定不得被解释为排除受益人使用竞争性价格获得商品或服务。

（6）**参与承办者**。

（A）**总则**。除了第（a）款第（4）项的规定之外，不得对第（a）款第（2）项中规定的合同方提供的商品和服务进行支付和进行竞争，除非：

（i）合同方已经依本条规定提交了这些商品和服务的投标书；

（ii）部长已经把本条规定的商品和服务的合同给予此合同方。

（B）**投标**。在本条中，投标指的是一项要求以某个价格，在某个时期内提供商品和服务的要约，包含了任何愿意提供商品和服务的供应商。

（C）**兼并和收购规则**。在第（A）目适用于合同方，合同方包括兼并和收购情况下的继受企业，如果继受企业承担了由此合同产生的一切义务。

（D）**保护小供应商**。在形成本条下规定的和招标和签订合同有关的程序时，部长应采取合适的步骤保障商品和服务的小供应者有机会参与本条下的项目。

（7）**审议确定投标类别**。部长应当考虑代码系统中的具体商品的临床疗效和价值，包括这些商品是否对人的治疗有巨大的好处。

（8）**授权合同监控、教育、宣传和投诉服务**。部长可以和某些企业签订合同来处理接受本条规定的合同方提供商品和服务的个人的投诉，进行适当的教育及向这些个人进行宣传，并监督这些项目涉及的服务的质量。

（9）**执行合同的权力**。部长可以同某些合格的企业签订合同以执行本条下规定的竞争性招标项目。

（10）① **糖尿病试纸的竞争的特殊规则**。

（A）**总则**。关于在竞争性收购项目的第 1 阶段之后的糖尿病试纸的竞争性收购项目，如果一个企业没有向部长证明它的投标种类涵盖了糖尿病试纸的类型，且其总数和不同的产品数量考虑涵盖了这些型号产品的50%（或者部长指定的更高的百分比），部长将驳回这些投标。这些型号的产品的容量根据部长认可的量（可能以市场数据为依据）。

（B）**试纸产品的类型研究**。在 2011 年之前，卫生与公共服务部监察长应当进行一项调查，以确定糖尿病试纸产品依照容量进行分类的类型，并依据第（A）目的规定做出竞争性收购项目下第一次的竞争的决定，其还应向部长报告研究的情况。监察长还应该在部长实施第（A）目规定的竞争性收购②项目的下个阶段之前做此项调查并汇报结果。

（11）③ **不得提起行政或司法审查**。在第 1869 条和第 1878 条下，对下列决定不得提起行政审查或司法审查或其他申诉：

（A）第（5）项中规定的建立补偿的数量；

（B）本条对于签订合同的规定；

（C）第（a）款第（1）项第（A）目中规定的竞争性收购地区的划定和第（a）款第（1）项第（D）目第（ⅲ）节下规定的这些地区的鉴定④；

（D）第（A）款第（1）项第（D）目规定的分阶段实施和第（a）款第（1）项第（D）目规定的实施⑤；

（E）第（a）款第（2）项规定的对竞争性收购的商品和服务的选择⑥；

---

① 参见《公法》第 110—275 期，第 154 条第（d）款第（3）项第（B）目，新增第（10）项，2008 年 6 月 30 日生效。

② 如原文所述。应该是"获得"。

③ 参见《公法》第 110—275 期，第 154 条第（d）款第（3）项第（A）目，将之前的第（10）项调整成为第（11）项。

④ 参见《公法》第 110—275 期，第 154 条第（d）款第（4）项第（A）目，插入"第（a）款第（1）项第（D）目第（ⅲ）节下规定的这些地区的鉴定"，2008 年 6 月 30 日生效。

⑤ 参见《公法》第 110—275 期，第 154 条第（d）款第（4）项第（B）目，插入"第（a）款第（1）项第（D）目规定的实施"，2008 年 6 月 30 日生效。

⑥ 参见《公法》第 110—275 期，第 154 条第（d）款第（4）项第（C）目，删除"或"。

（F）本条规定的招标结构和入围的合同方的个数①；

（G）② 或者，第（10）项规定的特别规定的实施。

（c）项目咨询和监督委员会。

（1）**组建**。由部长负责组建一个项目咨询和监督委员会（以下简称"委员会"）。

（2）**成员、资格**。委员会由部长任命，委员会成员资格由部长规定。

（3）**职责**。

（A）**顾问**。委员会应该发挥以下功能为部长提供咨询：

（ⅰ）本条下项目的实施。

（ⅱ）依据本条第（b）款第（2）项第（A）目第（ⅱ）节设立财务标准。

（ⅲ）为有效管理该项目提出搜集数据的要求。

（ⅳ）为生产者、服务的提供者、商品供应者之间进行有效的互动提出建议。

（ⅴ）建立第 1834 条第（a）款第（20）项要求的质量标准。

（B）**附加职责**。委员会应当按照部长的要求履行额外的功能以协助其实施本条的规定。

（4）**不适用《联邦顾问委员会法》**。《联邦顾问委员会法》（《美国法典》第 5 编）的条款不适用于此处。

（5）**终止**。委员会将在 2011 年 12 月 31 日终止③。

（d）**报告**。2011 年 7 月 1 日之前④，根据本条，部长应当向国会提交一份此项目的报告。报告应该包括节约的信息、费用分摊的减少、获得商品和服务的途径和质量和个人的满意度。

---

① 参见《公法》第 110—275 期，第 154 条第（d）款第（4）项第（D）目，删除"该时期"代之以"；或者"。

② 参见《公法》第 110—275 期，第 154 条第（d）款第（4）项第（E）目，新增第（G）目，2008 年 6 月 30 日生效。

③ 参见《公法》第 110—275 期，第 154 条第（c）款第（2）项第（A）目，删除"2009年 12 月 31 日"代之以"2011 年 1 月 31 日"，2008 年 6 月 30 日生效。

④ 参见《公法》第 110—275 期，第 154 条第（c）款第（2）项第（B）目，删除"2009年 7 月 1 日"代之以"2011 年 7 月 1 日"，2008 年 6 月 30 日生效。

（e）【已废除①】

（f）② **竞争性收购申诉专员**。部长应当在医疗保险和医疗补助服务中心设立一个竞争性收购的申诉专员来处理与本条规定的竞争性收购项目有关的供应者和相关的个人提起的申诉。该专员可以根据第 1808 条第（c）款的规定从联邦医疗保险受益人的申诉专员公署中指定。申诉专员每年都要向国会提供一份关于本款下的活动的报告，该报告要与第 1808 条第（c）款第（2）项第（C）目规定提交的报告相一致。

使用平均销售价格的偿付方式③

第 1847A 条 【《美国法典》 第 42 编第 1395w—3a 条】（a）**适用**。

（1）**总则**。除了第（2）项中的规定之外，本条适用于第 1842 条（o）款第（1）项第（C）目规定的且在 2005 年 1 月 1 日当天及以后提供的药品和生物制剂的补偿。

（2）**选择**。对于那些选择适用第 1847B 条第（a）款第（1）项第（A）目第（ⅱ）节规定的医生，不适用本条规定的对药品和生物制剂的补偿。

（b）**补偿总额**。

（1）**总则**。根据第（7）项④和第（d）款第（3）项第（C）目以及第（e）款，本条下所说的药品或生物制剂（基于最小剂量）的账单和支付代码的补偿额额取决于其适用的扣除额和共同保险额：

（A）对于多源药物［第（c）款第（6）项第（C）目中规定的］，在 2008 年 4 月 1 日之前提供的，按照第（3）项的计算的总额的 106%，在

---

① 参见《公法》第 110—275 期，第 145 条（a）款第（1）项；《美国联邦法律大全》第 122 编第 2547 条，删除第（e）款，2008 年 7 月 15 日生效。关于第（e）款，请参见《公法》第 110—275 期，第 2 卷附录 J，暂停条文。

② 参见《公法》第 110—275 期，第 154 条（b）款第（3）项，新增第（f）款，2008 年 6 月 30 日生效。

③ 关于向药房利润管理者报告销售情况，参见第 2 卷《公法》第 108—137 期，第 303 条（c）款第（2）项；关于由监察长所做的一项关于根据平均销售价格的方法偿还率是否满意的报告，参见第 303 条第（c）款第（3）项。

④ 参见《公法》第 110—173 期，第 112 条第（b）款第（1）项，插入"第（7）项和"。

2008 年 4 月 1 日或之后提供的，按照第（6）项规定计算的总额的 106%①；

（B）或者在单一来源的药物和生物制剂［第（c）款第（6）项第（C）目中规定的］，依照第（4）项规定的计算的总额的 106%。

（2）**单位规格**。

（A）**制造商确定的规格**。药品或生物制剂的制造商应当根据国家药品代码（包括包装型号）确定单位规格，作为第 1927 条第（b）款第（3）项第（A）目第（ⅲ）节中规定提交的信息的一部分。

（B）**单位的定义**。在本条中，"单位"指的是关于与某种药品或生物制剂相关的国家药品代码（包括包装型号），配制药品最低的单位数量（例如胶囊或药片，毫克、克），不包括没有液体容量的测量的稀释剂。在 2004 年之后，部长为了实施本条规定的需要，可以建立一个制造商报告机制，并确定计算单位的方法。

（3）**多源药物**。对于所有包含在同一个多源药物账单和付款代码中的所有药物产品，本项中规定的总量是指第 1927 条第（b）款第（3）项第（A）目第（ⅲ）节中规定的报告的平均销售价格的成交量加权平均数，其主要决定于：

（A）计算下两项的乘积之和（这些药品的国家药品代码）：（ⅰ）制造商的平均销售价格［第（c）款中规定的］，以及（ⅱ）按照第（2）项中规定的销售的总单位；

（B）将第（A）目中计算出的总数除以第（A）目第（ⅱ）节中与国家药品代码中的这些药品有关的总量。

（4）**单一来源药品或生物制剂**。本项中规定的单一来源药品或生物制剂的总数是以下较低者：

（A）**平均销售价格**。对于所有适用于指定给单一来源药品和生物制剂的国家药品代码，2008 年 4 月 1 日②之前提供的单一来源药品和生物制

---

① 参见《公法》第 110—173 期，第 112 条第（a）款第（1）项，插入"对于多源药物在 2008 年 4 月 1 日之前提供的，按照第 3 项的计算的总额的 106%，在 2008 年 4 月 1 日或之后提供的，按照第 6 项规定计算的总额的 106%"，2008 年 12 月 29 日生效。

② 参见《公法》第 110—173 期，第 112 条第（a）款第（2）项，插入"对于所有适用于指定给单一来源药品和生物制剂的国家药品代码，2008 年 4 月 1 日之前提供的单一来源药品和生物制剂的平均销售价格计算方法由第（3）项规定，2008 年 4 月 1 日当天及以后提供的单一来源药品和生物制剂的平均价格的计算适用第（6）项的规定"，2007 年 12 月 29 日生效。

剂的平均销售价格计算方法由第（3）项规定，2008 年 4 月 1 日当天及以后提供的单一来源药品和生物制剂的平均价格的计算适用第（6）项的规定。

（B）**批发收购成本（WAC）**。对于所有分配给这些药品和生物制剂的国家药品代码，2008 年 4 月 1 日之前提供的单一来源药品和生物制剂的批发收购成本［第（c）款第（6）项（B）目规定］的确定方法适用于第（3）项规定，2008 年 4 月 1 日①当日及之后提供的该种药品和生物制剂的批发收购成本适用第（6）项规定计算。

（5）**补偿金额依据**。依本款规定的获得的补偿金额确定的基础是根据第（f）款规定报告的信息，并且不考虑任何特别的包装、标签或剂量形式、产品或包装的标识。

（6）②**运用成交量加权平均价格计算平均价格**。

（A）**总则**。在同一个多源药物计费和补偿代码中的所有药品，本项中所规定的数额是第 1927 条第（b）款第（3）项第（A）目第（ⅲ）节下报告的成交量加权平均价格，它取决于：

（ⅰ）计算下列数据的乘积之和（适用于每一个分配给该药品的国家药品代码）：（Ⅰ）制造商的平均销售价格［第（c）款中规定］，由部长决定，不计算这些价格除以国家药品代码中计费和偿付代码的计费单位的总数，以及（Ⅱ）第（2）项所规定的销售的总单位数；

（ⅱ）将第（ⅰ）节中计算出来的总数除以下列数据的乘积之和（适用于每一个分配给该药品的国家药品代码）：（Ⅰ）第（2）项中规定的销售的总单位数，以及（Ⅱ）计费和补偿代码的国家药品代码的计费单位的总个数。

（B）**计费单位**。依据本款，"计费单位"指的是部长建立的与计费和补偿代码相关的可计算的数量。

---

① 参见《公法》第 110—173 期，第 112 条第（a）款第（2）项，插入"2008 年 4 月 1 日之前提供的单一来源药品和生物制剂，2008 年 4 月 1 日及以后提供的该种药品和生物制剂的批发收购成本适用第（6）项规定计算"，2007 年 12 月 29 日生效。

② 参见《公法》第 110—173 期，第 112 条第（a）款第（3）项，新增第（6）项，2007 年 12 月 29 日生效。

（7）① **特别规定**。从 2008 年 4 月 1 日开始，下列药品和生物制剂的补偿金额

（A）每一种第 1842 条第（o）款第（1）项第（G）目所述的单一来源药物和生物制剂，由于本条第（c）款第（6）项第（C）目第（ⅱ）节的适用而被视为是多源药物和生物制剂，是以下数额较低者：

（ⅰ）适用本款规定所计算的补偿金额；

（ⅱ）或者，如果本款不适用已经可以计算出的补偿金额。

（B）第 1842 条第（o）款第（1）项第（G）目中所说的多源药物（不含因该款的规定而被认定为多源药物的药品和生物制剂）是下列较低者：

（ⅰ）适用这些条款的规定而对这些药品确定的补偿金额；

（ⅰ）② 或者，若不适用这些条款时，已经确定好的补偿金额。

（c）**制造商的平均销售价格**。

（1）**总则**。依据本条，根据第（2）项和第（3）项的规定，制造商的药品或生物制剂的平均销售价格指的是一个季度中一个制造商每个国家药品代码的单位价格：（A）制造商在一个季度内向美国国内所有消费者出售的药品或生物制剂总量［不包括第（2）项中排除的销售］；除以（B）制造商在该季度内销售的药品和生物制剂的单位总数。

（2）**一些不应当计入的销售**。在本款中计算平均销售价格时，下列销售额应当予以排除：

（A）**排除以最优惠的价格的销售**。该最优惠价格指的是依照第 1927 条第（c）款第（1）项第（C）目第（ⅰ）节下规定来确定的价格。

（B）**象征性价格销售**。这些销售指的是由部长确定的以象征性价格向一些单位的销售［例如，为了第 1927 条第（c）款第（1）项第（C）目第（ⅲ）节第（Ⅲ）次节规定的目的而提出的申请，部长另有规定除外］。

（3）**扣除折扣以后的净销售价格**。计算本款所规定的制造商平均销售价格时，应包括批量折扣、及时付款折扣、现金折扣、应顾客要求而提

---

① 参见《公法》第 110—173 期，第 112 条第（b）款第（2）项，新增第（7）项，2007 年 12 月 29 日生效。

② 原文如此。——译者注

供的免费产品、扣款和回扣（第1927条下的回扣除外）。在2004年之后，部长基于监察长的建议，将其他的一些价格减让也纳入了本价格之中，这就降低了购买者的成本。

（4）**在销售的首个季度的平均销售价格难以获得的情况下的补偿方式**。在最初的时间段内（并不延长至整个季度）不能完全从制造商处取得药品和生物制剂的销售价格数据来计算药品和生物制剂的平均价格时，部长将以下条款为依据来决定应获得补偿的数量：

（A）批发收购的成本；

（B）或者，依2003年11月1日生效的本部分中规定的方法来确定药物和生物制剂的偿付金额。

（5）**确定价格的频率**。

（A）**总体上，以每季度为基础**。关于药物或生物生产商的生产商平均销售价格，应由该生产商根据规定以季度为基础进行计算。根据第（3）项规定关于退税款和扣款信息报告的延迟以至于没有及时做出以上计算，生产商应用12个月滚存基础的方法估计由于折扣和退款的费用，做出这样的计算。2004年后，部长可根据本目规定建立和应用估计该费用的统一方法。

（B）**支付金额的调整**。根据第（b）款规定的付款金额应由部长在一季度的基础上及时予以调整，适用于生产商以最近季度的数据为基础计算的平均销售价格。

（C）**承包商的使用、实施**。部长可与适当的机构签订合同，根据第（b）款规定计算支付金额。尽管有任何其他法律的规定，部长可按项目指令或其他方式实施本条的任何规定。

（6）**定义和其他规则**。在本条中：

（A）**生产商**。"生产商"是指药物或生物制剂的生产商［如第1927条第（k）款第（5）项规定］。

（B）**批发收购成本**。"批发收购成本"是指生产商对于在美国的批发商或直接购买药物的购买者关于药物、生物制剂的价格表，不包括及时支付或其他折扣、回扣或降价，使用最近一个月内的可得信息：药品或生物制剂批发价格指南或定价或其他公布的药品或生物制剂定价的数据。

（C）**多源药**。

（i）**总则**。"多源药"是指在一个季度内，该药物包括两个或更多

药物的产品:

(Ⅰ) 被评为治疗等效性(根据美国食品和药物管理局最近出版的《已批准药品和治疗等效评价》);

(Ⅱ) 不适用于第(E)目规定,根据第(F)目规定由食品和药物管理局所确定的提供的药学和生物具有等效性;

(Ⅲ) 本季度在美国销售。

(ⅱ) **例外**。关于在 2003 年 10 月 1 日相同的账单和付款代码的单一来源方面的药物或生物制剂,如该药物或生物制剂的单一来源为多种来源的生物制剂和药物,部长应视为单一来源。

(D) **单一来源药品或生物**。"单一来源的药品或生物制剂"是指:

(ⅰ) 生物制剂;

(ⅱ) 或者,一种药物,该药不属于多源药,且根据药物美国食品和药物管理局批准的新应用生产或分销,包括根据新应用任何交叉许可的药品生产或分销。

(E) **制药和生物等效性要求的例外**。如果根据第(C)目第(ⅰ)节规定食品和药物管理局为药品治疗等效性评定而进行监管要求的调整,前提是药品必须符合第(F)目规定的药学当量和生物等效性,那么第(C)目第(ⅱ)节规定将不适用。

(F) **确定药用等值和生物等效性**。本项所称的:

(ⅰ) 如产品中含有相同的活性药物成分、相同的剂型并满足强度、质量、纯度或其他适用的标准,则药品是药学等价的;

(ⅱ) 如不存在一个已知的或潜在的生物等效性问题,或者即使存在这样的问题,药品表现出符合相应标准的生物等效性,则药物具有生物等效性。

(G) **列入其中的疫苗**。根据第 1927 条的规定进行申请,"除外的疫苗"是指根据第 1927 条第(k)款第(2)项第(B)目规定删除的疫苗品种。

(d) **市场价格的监测**。

(1) **总则**。在卫生与公共服务部监察长应进行研究,其中可能包括调查,以确定本条所适用的广泛使用的药物和生物制品的市场价格;并与部长进行协商,决定该价格是适当的。

(2) **价格比较**。根据该药物和生物制品的研究,监察长应与下列价格比较药物和生物制品的平均销售价格：

（A）此类药品和生物制品广泛使用的市场价格（如有）；

（B）此类药品和生物制品的平均生产商价格［根据第 1927 条第（k）款第（1）项规定］。

（3）**平均销售价格限制**。

（A）**总则**。部长可能会忽视此类药品和生物制品的价格超过（B）项规定的广泛使用的市场价格或平均销售价格。

（B）**规定的适用的阈值比例**。本项中，"适用的阈值比例"指：

（i）在 2005 年，此类药品和生物制品的价格超过广泛使用的市场价格或平均销售价格 5% 的价格情况；

（ii）在 2006 年和随后几年，根据本目规定，须符合部长调整的适用比例，可能会指定为广泛使用的市场价格或生产商的平均价格，或包括两者。

（C）**有权调整平均销售价格**。如果监察长认为，药物或生物制品超过广泛使用的市场价格或平均销售价格适用的门槛比例，监察长应当告知部长此类药物或生物的生产商的平均价格（部长应执行本目规定），部长应自下一季度开始使用以下较低价格支付药物或生物制品。

（i）广泛使用的药物或生物制品市场价格（如有）；

（ii）或者，此类药品和生物制品的平均生产商价格［根据第 1927 条第（k）款第（1）项规定］的 103% 。

（4）**民事罚款**。

（A）**总则**。如部长确定生产商已经在生产商的平均销售药品或生物价格报告做出虚假陈述，部长可申请在公民被误导的日期内对于该虚假陈述高达每天 1 万美元的罚款。

（B）**程序**。第 1128A 条规定［除第（a）款和第（b）款规定］，应适用于根据第（B）目规定的民事罚款与第 1128A 条第（a）款规定的方式相同。

（5）**广泛使用的市场价格**。

（A）**总则**。本款中，"广泛使用的市场价格"是指一个谨慎的医生或供应商将支付药品或生物的合理的价格。在确定该价格时，监察长应考虑提供给该医师或此类药物或生物制品的供应商的折扣、回扣，以及其他价格优惠。

（B）**考虑因素**。决定根据第（A）目规定的价格，监察长应考虑以下的一个或多个信息来源：

（ⅰ）生产商。

（ⅱ）批发商。

（ⅲ）经销商。

（ⅳ）医师提供住房。

（ⅴ）专业药房。

（ⅵ）集团采购安排。

（ⅶ）医师调查。

（ⅷ）供应商调查。

（ⅸ）关于保险人的市场价格的信息。

（ⅹ）私人保健计划等市场价格信息。

（e）**应对公共卫生突发事件使用其他支付的权力**。根据《公共健康服务法》第319条规定的公共卫生突发事件有关事项，无法获得药物和生物制品，随着药物或生物制品价格的增长从而不能在一个或多个季度中反映生产商平均销售价格，部长可使用批发收购成本（或其他药物或生物制品的价格的合理措施），而不是生产商的平均销售价格和药物的供应或生物往后的季度价格，在以后的季度中药品和生物制品价格已经平稳并基本上反映为生产厂家的平均销售价格，部长则应停止使用批发收购成本价格。

（f）**平均销售价格的季度报告**。为报告本条中要求关于药物或生物制品生产商的平均销售价格（如果需要付款，为生产商的批发收购成本），见第1927条第（b）款第（3）项规定。

（g）**司法审查**。根据第1869条、第1878条规定不得有以下事项的任何行政或司法审查。

（1）根据本条规定付款金额的确定，包括计费的国家药品代码的分配；

（2）根据第（b）款第（2）项规定单位（和封装尺寸）的确定；

（3）由部长指明，一个季度中分配回扣、扣款，以及其他价格优惠的方法；

（4）根据本条规定用于决定付款金额的生产商的平均销售价格；

（5）根据第（d）款第（3）项第（C）目或第（e）款规定生产商的平均价格的披露。

竞争性收购门诊药物和生物制品①

第 1847B 条【《美国法典》42 编第 1395w—3b 条】（a）**竞争性收购的执行。**

（1）**实施计划。**

（A）**总则。**部长应当建立并执行竞争性收购计划。

（i）建立竞争性收购区域，根据本部分［如第（2）项规定］授予收购合同并对药品和生物制品进行支付；

（ii）根据该方案，而不是根据第 1847A 条规定，每位医师每年都有机会选择获得药品和生物制品；

（iii）本项目中根据第（5）项每年通过在药品和生物制品类别中选择药品和生物制品合同方的每位医师按本编规定每年获得承包商的药品和生物制品。本条不适用于第 1847A 条中选择医生对于药品和生物制品的申请。

（B）**实施。**为实施该计划，部长应建立药品和生物制品竞争收购的类别。部长须就该类别从 2006 年开始以适当的方式进行。

（C）**特定条款的豁免。**为了促进竞争，执行该方案，部长为实施本条规定可豁免《联邦采购法》等规定，部长确定的合适的其他有关信息保密及其他规定除外。

（D）**权力排除。**部长根据本条规定可排除竞争性收购的药品和生物制品的竞争招标制度（包括对此类药品和生物制品类），如果竞标的药物或生物制剂等应用：

（i）不容易造成重大节约；

（ii）或者，可能会对获得该药物或生物制剂的不良影响。

（2）**规定的竞争性收购的药物和生物制品及程序。**

（A）**规定的竞争性收购的药物和生物制品。**"竞争性收购的药物和生物制品"是指在第 1842 条第（o）款第（1）项第（C）目规定的 2006 年 1 月 1 日之后（包括当日）提供的药物和生物制品。

（B）**方案。**"方案"是指根据本条规定的竞争性收购计划。

---

① 关于根据第 1847B 条规定方案的报告，参见第 2 卷《公法》第 108—173 期，第 303 条第（d）款第（2）项。

（C）**竞争性收购区域、区域**。"竞争性收购区域" 和 "区域" 是指一个该方案下部长设立的适当的地理区域。

（D）**承包方**。"承包方" 是指根据本条规定与部长签订合同的机构。

（3）**方案付款方法的适用**。

（A）**总则**。该计划下竞争性收购的药物和生物制品提供的地区，由一个根据本条规定的已选择生物制品的医生申请：

（i）由提供的药品和生物制品承包商提交药品、生物制品的补偿；

（ii）任何适用于可抵扣和共同保险的承包商的药品和生物制品的征收数额是承包商的责任，并不得收取由涉及的个人管理之外的药品和生物制品；

（iii）根据本条规定，应只对提供给受益人该药物和生物制品的承包商支付该药物和生物制品的金额（以及任何适用的扣除额和共同保险的有关数额）①。

（B）**调整过程**。部长应提供一个支付调整的过程，在这种情况下对用以支付在配药时计费但还没有实际管理的药品进行调整。

（C）**成本分担信息**。部长须提供一个过程，在此过程中根据第（A）目第（ii）节医生向承保商提交为收集任何适用的自付款和共同保险金额的信息。

（D）②**付款后审核程序**。部长应建立（根据项目指令或其他方式）付款后审查程序（其中可能包括使用统计抽样），以确保只有当药品或生物制品给予受益者时药物或生物制品根据本条付款。部长须收回、补偿或

---

① 《公法》第109—432期，第108条第（a）款第（1）项，删除 "和生物制品" 以及第（Ⅰ）次节，第（Ⅱ）次节，修改为 "和生物制品，由政府提供给受益人的承包商提供的该药物和生物制品"。适用于第1847条第（b）款规定药物和生物制品的提供。

（1）2007年4月1日及以后。

（2）2006年7月1日以后，2007年4月1日之前，在2007年4月1日之前未支付的请求。

关于修正案的建立，参见第2卷《公法》第2卷109—432期，第108条第（b）款。之前所述的第（Ⅰ）次节、第（Ⅱ）次节，参见《公法》第109—432期，第2卷J修正案。

② 《公法》第109—432期，第108条第（a）款第（2）项，增加第（D）目规定，适用于第1847B条规定药物和生物制品的提供。

（1）2007年4月1日及以后。

（2）2006年7月1日以后，2007年4月1日之前，在2007年4月1日之前未支付的请求关于修正案的建立，参见第2卷《公法》第109—432期，第108条第（b）款。

收集在该过程中由部长决定的任何超支。

（4）**合同要求**。除非以下条件，在适用于竞争性生物制品购买区域内，对于由在项目中依据本条选择申请的医生开具的竞争性投标药物和生物制品不得进行支付：

（A）药物或生物制品均由一个有根据本药物和生物制品类别和区域的承包合同的承包商提供；

（B）依据第（5）项对该类别和区域，医生已选择该承包商。

（5）**承包商的遴选过程**。

（A）**年度评选**。

（ⅰ）**总则**。在医生选择的区域对于每一类竞争性投标药品和生物制品，在部长规定的紧急情况下，部长应提供以年度为基础一个承包商的甄选过程。

（ⅱ）**遴选时间**。根据第（1）项承包商选择时间应是适用本条第1847A条第（a）款所述的选择时间，并应与第1842条第（h）款订立的协议协调。

（B）**承包商信息**。通过医疗保险和医疗补助服务中心网站上公布的目录或其他途径，以及经过请求提供的本条中不同竞争收购领域的承包商名单，部长提供给医生持续性信息。

（C）**选择医师**。"选择医师"是指对于一个承包商，类别和竞争性购买区域，选择适用本条并在本条适用下于该类别和区域选择该合同承包方的医师。

（b）**项目的要求**。

（1）**竞争性收购的药物和生物制品**。部长应引导购买竞争性药品和生物制品的企业展开竞争。尽管有本编其他规定，对于一个多源药物，在每一个竞争性收购区域每一个类别中的每一个账单和支付代码中，部长应为至少一种竞争性收购药品和生物制品的收购在企业间实施这样的竞争。

（2）**发包方条件**。

（A）**总则**。根据第（1）项，对于一个类别中的竞争性购买药品和生物制品，部长对任何在一个竞争性购买区域实施竞争的实体都不授予合同。除非部长认为该实体符合的合同期内涉及以下各项：

（ⅰ）有能力提供范围内有竞争性收购的药物或生物制品。

（Ⅰ）**总则**。在合同规定的区域内，该机构有充分的安排获得和提供此类别的竞争性收购的药品和生物制品。

（Ⅱ）**装运方法**。该机构有效安排一周至少 5 天装运竞争性收购的药物和生物制剂并且在合同规定的区域及时交货（包括紧急情况）药品和生物制剂。

（ⅱ）**质量、服务、财务业绩和偿付能力标准**。机构满足部长指定的质量、服务、财务业绩和偿付能力标准，包括：（Ⅰ）建立迅速的反应的对医师和个人的投诉和药品和生物制品的竞争性收购装运投诉解决程序；（Ⅱ）为解决纠纷申诉和上诉过程。

（B）**额外考虑因素**。给予以下条件，部长可以拒绝授予本条所指的合同，该合同可以终止：

（ⅰ）由联邦政府或州政府暂停或撤销该机构药物或生物制品（包括受控物质）销售许可证；

（ⅱ）或者，排除根据第 1128 条参与的机构。

（C）**医疗提供者专员的申请**。为医疗提供者专员审查申诉和投诉的条款，见第 1868 条第（b）款，如增加《2003 年医疗保险处方药、改良和现代化法》第 923 条规定。

（3）**对于一个种类和区域授予多个合同**。部长可能会限制（但不低于 2 个）可于任何地区授予任何种类合同的合格机构的数量。局长应基于以下条件在有资格的机构中选择：

（A）在种类和区域内竞争性收购的药品和生物制品的标价。

（B）这类药物和生物制品分销价格。

（C）确保产品的完整性的能力。

（D）客户服务。

（E）药品和生物制品，包括受控物质的过去经验。

（F）其他部长指明的因素。

（4）**合同条款**。

（A）**总则**。依据第（1）项实施竞争的规定，与机构签订的合同适用部长指定的条件并与本条相互协调。

（B）**合同期限**。本条中的合同期间应为 3 年，但可以在部长或机构适当事先通知的情况下终止。

（C）**药物和生物分销系统的完整性**。合同当事人〔第（a）款第

（2）项第（D）目规定的〕须：

（ⅰ）直接从生产商或直接从生产商取得产品的分销商处取得所有的分销产品；

（ⅱ）遵守由部长确定的适当的任何产品的完整性的保障措施。本项的任何规定不得解释为按《联邦食品、药品和化妆品法》①中涉及的处方药或生物制品的批发分销商的任何规定减轻或免除任何承包商。

（D）**遵守行为准则和欺诈和滥用规则**。代码根据合同：

（ⅰ）承包者应当遵守部长指定的行为规则，其中包括有关涉及利益冲突的标准；

（ⅱ）承办商须遵守所有适用的有关防止欺诈和滥用的规定，包括与司法部和卫生与公共服务部监察长适用的指引。

（E）**对医生直接运送药品和生物制品**。根据合同规定，承包商只能直接向选择医生，而不能直接向个人提供药品和生物制品的竞争性收购，除非由部长规定个人目前正在接受药物或生物制品的环境和设施在个人的住宅和其他非医师的办公室。承包商不得提供药品和生物制品，除非收到医生为该处方药品和生物制品的收据，并且该必要的数据是由实行本条所要求的。本条并不：（ⅰ）要求医生提交每个个体化治疗的处方；或者（ⅱ）改变医生在书写单一治疗或治疗过程中对药物或生物制剂处方的灵活性。

（5）**准许获得药物和生物制品**。部长须根据本条规定建立通过合同承包商获得的药品和生物制品的规则，该药品和生物制品被用于补充库存，其管理与安全药品实践一致并且有足够的保障措施防止欺诈和滥用。前一句应适用，如果医生能向局长证明以下所有项目：

（A）药品或生物制剂可以立即获得。

（B）医生不能合理地预料立即要求的药物或生物制剂。

（C）承办商不能及时提供给医生药物或生物制剂。

（D）在紧急情况下，药物或生物制剂的管理。

（6）**建立**。本条不得解释为放弃适用的州政府要求的药店许可证。

（c）**投标过程**。

（1）**总则**。在授予一个类别的药品和生物制品合同时，部长应考虑

---

① 《公法》第 75—717 期；《美国联邦法律大全》第 52 编第 1040 条。

每个机构寻求授予合同的投标价与第（b）款第（3）项中提到的其他因素。

（2）**规定的投标**。在本条中，"出价"是指以一个特定价格和时期提供具有竞争性购买的药品和生物制品。

（3）**国家或地区基础的投标**。本条不得解释为排除在美国所有地区投标合同的投标者，或者要求一个投标者提交为美国所有地区的报价。

（4）**区域内报价的统一性**。根据合同，对提交的任何竞争性收购的药物或生物制品的报价，应与该地区的所有部分的药物或生物制品的报价相同。

（5）**报价的保密性**。第1927条第（b）款第（3）项第（D）目规定适用于对于竞争性收购的药物或生物制品的报价提交期间，信息披露的方式与本条相同，除以下条款：

（A）"生产商或批发商"被认为根据本目规定的"投标人"；

（B）"药品收费价格"被认为根据本条规定提交的"投标"参考；

（C）在本条第（i）款规定的"本条"，被视为"第十八编第B部分"。

（6）**列入成本**。合同中提交的竞争性收购药物或生物制品的报价：

（A）包括相关的药物或生物到医生选择的运送点（或其他交货点）的所有费用；

（B）包括这类药物或生物制品配药和管理费（包括运费）的费用，但不包括相关的药物或生物制品管理浪费，泄漏或损坏的任何成本。

（7）**在合同期限内的价格调整、成本的披露**。每一项合同应当：

（A）在不超过一个季度部长指定的时间内，向部长披露承包商的合理的净收购成本；

（B）在合同期内适当的价格调整，以反映承包商合理的净收购成本显著增加或降低，予以披露。

（d）**给付金额计算**。

（1）**总则**。根据本条规定，一个地区竞争性收购的药物或生物制剂的付款，应根据提交并接受的这类药物或生物制剂报价。基于该报价，部长应确定该地区内每个竞争性收购药物或生物制品的单一的支付金额。

（2）**特别规则**。在如下情形下，部长应建立规则，使用根据第

1847A 条规定的替代支付金额作为特定竞争性收购药品和生物制品额价格:

（A）**新药与生物制品**。有关的付款和结算代码尚未建立的竞争性收购的药物或生物制品。

（B）**其他情况**。部长可通过制定法规规定其他特殊情况。

（e）**费用分摊**。

（1）**共同保险的适用**。竞争性收购药品和生物制品支付数额应相当于第（d）款第（1）项所述的付款的80%。

（2）**自付款**。在适用第（1）项规定之前，个人应必须符合第1833条第（b）款规定的自付款。

（3）**征收**。该共同保险和自付款应由供应的药物或生物制品的承包商征收。根据第（a）款第（3）项第（B）目，该共同保险和自付款的征收方式与耐用医疗设备的规定相同。

（f）**特别支付规则**。

（1）**用于排除情况**。如果部长根据第（a）款第（1）项第（D）目规定排除一种药物或生物制剂（或一类药物或生物制剂），部长可以适用第1847A条规定的支付方法对该药品和生物制剂（或该类药品和生物制剂）付款。

（2）**转让要求的应用**。要求对药品和生物制品的竞争性收购的债权转让的申请，见第1842条第（o）款第（3）项规定。

（3）**医疗需要拒绝的情况下对受益人的保护**。医疗需要拒绝的情况下对受益人的保护，见第1842条第（b）款第（3）项第（B）目第（ⅱ）节第（Ⅲ）次节规定。

（g）**司法审查**。根据第1869条、第1878条规定不得对以下项目进行行政或司法审查:

（1）根据第（d）款第（1）项规定建立支付款项;

（2）根据本条规定授予合同;

（3）根据本第（a）款第（2）项第（C）目规定建立竞争性收购区域;

（4）根据本第（a）款第（2）项第（B）目规定分阶段实施;

（5）对药品和生物制品的竞争性收购的类别的选择，或在多源药物的情况下对药品的选择;

（6）或者，投标结构和根据本条规定获选的承办商数目。

医疗服务的支付①

第1848条【《美国法典》第42编第1395w—4条】（a）**基于费用表的支付。**

（1）**总则**。根据本部分规定在一年内（含1992年）提供的所有医师的服务［如第（j）款第（3）项规定］的有效性，该款项以其他方式对合理收费的基础上进行或在根据第1834条第（b）款规定费用表基础上，款项支付应改为在以下项目较低的基础上：

（A）服务的实际费用；

（B）或者，适用于本款的后续条款，在该年期间提供的服务根据第（b）款规定设立的费用表核定的金额（以下简称本款为"费用表金额"）。

（2）**过渡到全费附表。**

（A）**增加和减少在1992年限制在15％以内。**

（ⅰ）**增加的限制。**在费用表区域［如第（j）款第（2）项定义的］提供的服务，为其历史支付的基础上调整［如第（D）目所界定］小于1992年提供服务的费用表金额的85％，替代费用表金额等于调整后的历史支付费用的基础上加上另有规定的（不考虑本项规定）费用表金额的15％。

（ⅱ）**减少的限制。**在费用表区域的提供的服务，为其历史支付的基础上调整［如第（D）目所界定］超过1992年费用表提供服务的115％，替代费用表金额等于调整后的历史支付费用的基础上减去另有规定的

---

① 关于某些病理医师根据医疗服务的处理，参见第2卷《公法》第106—554期，第1条第（a）款第（6）项。

关于其他服务的处理目前在非医师的工作时，参见第2卷《公法》第108—173期，303条第（a）款第（2）项；尊重多个化疗对配有家具的代理商支付单日通过推技术，参见第303条第（a）款第（3）项；关于MEDPAC审查和报告的局长回应，参见第303条第（a）款第（5）项。

与尊重用《公法》做出的修订实施的资金转移，参见第2卷《公法》第109—432期，第101条第（e）款；《公法》第109—432期，第B分部第1编101条第（a）款、第（b）款和第（d）款，其中增加1848条第（d）款第（7）项、第（k）款第（1）项。

关于对听力服务的收费，参见第2卷《公法》第110—275期，第131条第（b）款第（4）项第（B）目；关于医疗保险方面的心理健康服务调整，参见第138条。

（不考虑本项规定）费用表金额的 15%。

（B）**1993 年、1994 年、1995 年的特殊规则**。1992 年在费用表区域中提供医疗服务适用于第（A）目规定，如果该医疗服务在该区域完成：

（ⅰ）在 1993 年，应替换为费用表的金额相等于以下两者之和：（Ⅰ）根据第（A）目规定确定的费用表金额的 75%，由 1993 年根据第（d）款第（3）项确定的更新调整，（Ⅱ）不考虑本项规定，1993 年根据第（1）项决定的费用表金额的 25%；

（ⅱ）在 1994 年，应替换为费用表的金额，等于以下两者之和：（Ⅰ）根据第（A）目规定确定的费用表金额的 67%，由 1993 年根据第（d）款第（3）项规定确定的更新调整和根据第（c）款第（2）项第（F）目第（ⅱ）节规定及根据《1993 年综合预算调整法》第 13515 条第（b）款①规定调整，（Ⅱ）不考虑本项确定的数额，1994 年根据第（1）项规定的费用表金额的 33%；

（ⅲ）在 1995 年，应替换为费用表的金额，等于以下两者之和：（Ⅰ）1995 年根据第（2）项、第（3）项、第（4）项规定的费用表金额的 50%，（Ⅱ）不考虑本项确定的数额，1995 年根据第（1）项规定的费用表金额的 50%。

（C）**麻醉、放射服务的特别规则**。医生的服务为麻醉服务时，部长应提供一个根据第（B）目提供的其他服务相同方式作为过渡。对于放射服务，在第（A）目第（ⅱ）节规定中应以"109%"和"9%"取代"115%"和"15%"。

（D）**历史性支付的基准调整的定义**。

（ⅰ）**总则**。本项中，"历史性支付的基准调整"是指，对于在费用表区域提供的医生服务，适用于 1991 年在该区域提供服务（由局长决定的，而不考虑医生的专业和调整并且当习惯的收费低于主要收费时，或者在其他付款的法律或法规规定的限制下调整以反映服务的支付金额），其加权平均主要费用根据第（d）款第（3）项的规定在 1992 年更新进行调整。

（ⅱ）**放射服务的适用**。适用规定的放射服务的情况下［包括第 1834 条第（b）款第（6）项所界定的放射科医生服务］，但不包括《1989 年

---

① 参见第 2 卷《公法》第 106—33 期，第 13515 条第（b）款。

综合预算调整法》第 6105 条第（b）款规定的核医学服务，应当由第 1834 条第（b）款规定的费用表区域建立的服务费用表数额的加权平均数额取代。

（ⅲ）**核医学服务**。在适用于第（i）节规定的核医学服务的情况下，应当取代《1989 年综合预算调整法》第 6105 条第（b）款规定的现行的加权平均费用的数额规定。

（3）**参与的医师和供应商的激励**。适用第（1）项第（B）目规定的在一个非参与医师或供应商或其他非参加人，费用表数额应根据本款规定适用额的 95%（不考虑本项规定）。对于非参加医师，在供应商或其他人士提供的医师服务［包括部长依据第（j）款第（3）项排除的服务］情况下，支付按照费用表之外的其他金额为基础进行支付，该付款应根据由医生参与，供应商或其他人提供该服务支付基准的 95%。

（4）**医药指引的特殊规则**。

（A）**总则**。对于 1994 年 1 月 1 日及以后提供的医师的服务，在包括两个、三个或四个并发麻醉服务的情况下，除第（5）项①规定之外，费用表数额应当相当于在第（B）目规定所述的金额的一半。

（B）**金额**。对于本目所述麻醉医疗服务金额是该费用表的金额，如果服务的麻醉医师亲自单独执行，根据本条适用费用表金额的以下比例：

（i）对于 1994 年提供的服务：120%。

（ⅱ）对于 1995 年提供的服务：115%。

（ⅲ）对于 1996 年提供的服务：110%。

（ⅳ）对于 1997 年提供的服务：105%。

（v）对于 1997 年之后提供的服务：100%。

（5）② **奖励付款调整**。

（A）**调整**。

（i）**总则**。第（B）目和第（m）款第（2）项第（B）目规定，对

---

① 《公法》第 110—275 期，第 139 条第（a）款，增加"除第（5）项规定"，2008 年 7 月 15 日生效。

② 《公法》第 110—275 期，第 132 条第（b）款，增加第（5）项规定，2008 年 7 月 15 日生效。

于在 2012 年或以后由合格的专业人士提供的专业服务，如果在年度报告期间［根据第（m）款第（3）项第（B）目规定］不是一个合格的专业人士不是成功的电子处方开具人，专业人士在该年提供服务的费用表（包括由该收费金融决定的费用表）将等于根据本款规定适用该服务的费用表数额，但不考虑到本项［经第（3）项规定］。

（ii）**适用比例**。第（i）节所称的"适用比例"指：

（Ⅰ）2012 年：99%；

（Ⅱ）2013 年：98.5%；

（Ⅲ）2014 年及以后每一年：98%。

（B）**特大困难的例外**。部长可在逐项给予的基础上，如果部长在每年更新的基础上确定遵守成功的电子处方开具将导致极大的困难，部长免除根据第（A）目规定合格专业医师调整费用的申请，例如对于没有足够互联网接入的农村地区提供服务的合格专业人士。

（C）**应用**。

（i）**医师报告制度规则**。第（5）款、第（6）款和第（8）款第（k）项。

（ii）**例外付款的确认规则**。第（ii）节及第（m）款第（5）项第（D）目第（iii）节与其适用本项类似的方式适用本款。

（D）**定义**。就本项而言：

（i）**合格的专业人士、覆盖专业服务**。"合格的专业人士"和"涵盖专业服务"由第（k）款第（3）项的定义。

（ii）**医师报告制度**。"医师报告制度"指根据第（k）款规定建立的制度。

（iii）**报告期**。"报告期"是指由部长指定的一年期间。

（6）①**麻醉科医生教学的特别规则**。在 2010 年 1 月 1 日或以后提供的医师服务，对于在一个单一的麻醉案件或两个并发麻醉病例的案例中包括参与培训的教学麻醉师，适用费用表数额应为，根据本条适用比例，如果麻醉服务由教学麻醉医师亲自单独执行所适用费用的 100% 并且在如下条件下第（4）项规定不适用：

---

① 《公法》第 110—275 期，第 139 条第（a）款第（2）项，增加第（6）项规定，2008 年7 月 15 日生效。

（A）教学麻醉医师在麻醉过程中涉及的重要或关键程序或服务时存在；

（B）教学麻醉师（或其他与已进入教学安排的麻醉师共事的麻醉师）在整个过程可立即提供麻醉服务。

（b）**费用表的建立**。

（1）**总则**。从 1998 年开始，在每一年的前一年 11 月 1 日之前，由部长应按规定建立费用表，为该年所有在费用表区域提供的所有医师服务建立收费标准［根据第（j）款第（2）项规定］。除第（2）项规定以外，每一个服务收费金额应等于下列项目的乘积：

（A）服务相对价值［如第（c）款第（2）项规定］；

（B）转换系数［该年根据第（d）款规定建立］；

（C）在费用表服务的地域调整系数［根据第（e）款第（2）项规定建立］。

（2）**放射服务和麻醉服务的治疗**。

（A）**放射服务**。对于放射服务［包括第 1834 条第（b）款第（6）项所界定的放射科医生服务］，部长应立足于根据第 1834 条第（b）款第（1）项第（A）目制定的相对值，适当的修改相对值以确保建立的放射服务，与相近或相关的其他医生类似或相关服务的服务相对值一致。

（B）**麻醉服务**。在根据《1987 年综合预算调整法》第 4048 条①建立有关的相对值导向的基础上建立麻醉服务的费用表，部长在可行的范围内使用该相对值导向，用适当的转换系数调整的方式，以确保麻醉服务的费用表金额与由部长确定为同等价值的其他服务费用表的金额相一致。适用于上一句规定，局长须根据第（1）项第（C）目规定相同方式对地理因素的转换系数做出调整。

（C）**结论**。部长应咨询医师支付审查委员会和适用于第（A）目及第（B）目规定提供放射服务的麻醉服务的医生或供应商的代表组织。

（3）**心电图解读的治疗**。部长应：

（A）根据本条规定单独支付，所执行或责令执行被视为访问或咨询医生的心电图的解读；

（B）调整根据第（c）款规定访问或咨询设立的相对值，以便不包括

---

① 参见第 2 卷《公法》第 100—203 期，第 4048 条第（b）款。

访问或咨询心电图解读的相对值单位。

（4）**影像服务的特殊规则**。

（A）**总则**。根据第（B）目规定的在 2007 年 1 月 1 日或以后提供的影像服务的情况下：如果（ⅰ）根据第（1）项规定设立的费用表，该年度建立服务的技术组成部分（包括一个全球性收费的技术组成部分），不适用第（1）项第（C）目规定的地理调整因素，超过（ⅱ）该年度就该项服务根据第 1833 条第（t）款第（3）项第（D）目规定建立的医疗保险门诊费用表金额，在对医院门诊服务的前瞻性支付制度，未考虑到根据本条第（2）项第（D）目规定的地域调整因素决定，部长须根据第（1）项第（C）目规定的地理调整因素调整用第（ⅱ）节规定款项，替代该年度技术组成部分的费用表金额。

（B）**规定的影像服务**。根据第（A）目规定，本项所述的影像服务是指成像和电脑辅助影像服务，包括 X 射线、超声（包括超声心动图）、核医学（包括正电子发射断层扫描）、磁共振成像、计算机断层扫描和透视，但不包括乳房摄影诊断和筛查。

（5）① **强化心脏康复计划的治疗**。

（A）**总则**。在一个第 1861 条第（eee）款第（4）项规定的强化心脏康复计划，部长须根据第 1833 条第（t）款第（3）项第（D）目规定的医院门诊服务在预期支付系统下门诊医疗保险费用表代替心脏康复计划（根据 2007 年 HCPCS 号码为 93797 和 93798，或者任何后继的 HCPCS 心脏康复代码）。

（B）**进程的界定**。在第 1861 条第（eee）款第（3）项第（A）目到第（E）目规定的每一项服务，提供一个小时内就是是一个单独的强化心脏康复计划。

（C）**每天多次进程**。根据第 1861 条第（eee）款第（4）项第（B）目描述的 72 美元 1 小时密集心脏康复服务的支付应为每天最多 6 个进程。

（c）**医师服务的相对值的确定**。

（1）**将医生服务纳入组成部分**。在本条中，对于一个医生服务：

（A）**工作组成部分的界定**。"工作组成部分"是指在提供服务资源

---

① 《公法》第 111—275 期，第 144 条第（a）款第（2）项第（B）目，增加第（5）项规定，**适用于 2010 年 1 月 1 日之后完成的事项和服务**。

的一部分，反映在提供服务的医生使用的时间和强度。该部分：（ⅰ）包括病人直接接触之前和之后的活动；（ⅱ）对于手术，被全面地定义为反映包括手术前和手术后医生的服务。

（B）**实施费用组成部分的界定**。"实施费用组成部分"是指在提供服务使用的部分资源，反映一般类别的开支使用（如办公室租金和人员工资，但不包括医疗事故的费用），包括实际费用。

（C）**规定的医疗事故组成部分**。"医疗事故组成部分"是指在提供服务使用的反映包括医疗事故费用的部分资源。

（2）**相对值的确定**。

（A）**总则**。

（ⅰ）**组成部分的单位组合**。部长应当根据第（C）目规定确定工作，实际费用，医疗不当相对值单位相结合的方法，为每个服务建立该服务提供的单一的相对值。该相对值适用于《1993年综合预算调整法》第13515条第（b）款①和第（F）目第（ⅰ）节规定调整。

（ⅱ）**推断**。部长可使用外推法和其他技术来确定为医师服务的具体数据无法获得时的相对值单位数，并考虑在医师与付款审核委员会和提供该服务的医生的代表组织协商的结果。

（B）**定期审查和相对值做出调整**。

（ⅰ）**定期审查**。部长至少每5年，应根据本款规定审查所有医生服务的相对值。

（ⅱ）**调整**。

（Ⅰ）**总则**。部长须在其决定的必要范围内，适用于第（Ⅱ）次节规定，考虑到医疗实践中的变动，代码变动，相对值组成部分的新数据，或增加新的程序的基础上调整该单位的数量。部长应公布对此类调整的依据做出的解释。

（Ⅱ）**每年调整的限制**。适用于第（ⅳ）节和第（ⅴ）节规定，该年度根据第（Ⅰ）次节规定进行的调整，可能不会导致依据本部分一年支出金额超过未做调整时2000万美元。

（ⅲ）**结论**。部长根据第（ⅱ）节规定做出调整，应与医疗保险支付顾问委员会和医生组织的代表进行协商。

---

① 参见第2卷《公法》第103—66期，第13515条第（b）款。

（ⅳ）**豁免某些附加费用**。额外开支占：

（Ⅰ）在 2004 年第（ⅱ）节第（Ⅱ）次节规定适用时不得考虑第（H）目规定；

（Ⅱ）在第（Ⅰ）项涉及 2005—2006 年医生的费用表的范围内，根据第（ⅱ）节第（Ⅱ）次节所述专业的费用表，不适用该年度第（ⅱ）节第（Ⅱ）次节药物管理服务；

（Ⅲ）在第（J）目涉及 2005 年或 2006 年医生的费用表的范围内，对该年度费用表下药物管理服务不得考虑适用第（ⅱ）节第（Ⅱ）次节的规定。

（ⅴ）**从预算中立计算中豁免某些减少支出**。下面的豁免减少支出，由部长估计，不应考虑适用第（ⅱ）节第（Ⅱ）次节规定：

（Ⅰ）**减少多种成像程序的支出**。在涉及 2006 年和 2007 年医师收费标准的范围内，根据部长在 2005 年 11 月 21 日《美国联邦法规》上公布的最终规则（《美国联邦法规》第 42 章第 405 条），2007 年开始设立生效的支付费用表，减少开支归属于成像多种支付的减少。

（Ⅱ）**成像服务的门诊付款上限**。2007 年开始建立生效的收费标准，根据第（b）款第（4）项减少开支。

（ⅵ）①**预算支出调整的替代适用**。尽管有第（d）款第（9）项第（A）目的规定，从 2009 年开始建立生效的费用表，对于 2007 年和 2008 年对于工作相对值单位的每 5 年的审查，考虑到 2007 年和 2008 年根据第（ⅱ）节规定对于工作相对值单位的预算支出独立计算的持续申请，部长须对适用于在 2009 年开始的转换因素的预算进行中立调整。

（C）**组成部分的相对值单位的计算**。根据本条，每一个医生服务：

（ⅰ）**工作的相对值单位**。部长应基于包含医师提供服务的时间和强度的相关资源，确定若干服务工作相对值单位。

（ⅱ）**实施费用相对值单位**。部长应确定若干 1999 年以前服务的实施费用相对值单位，等于以下两项的乘积：（Ⅰ）该服务的基本允许收费［如在第（D）目定义］；（Ⅱ）对服务的实施费用的比例［如根据第（3）款第（C）目第（ⅱ）节确定］，并从 1999 年开始根据提供服务涉及的相

---

① 《公法》第 111—275 期，第 133 条第（b）款第（3）项，增加第（ⅵ）节规定，2008 年 7 月 15 日生效。

对实施费用。

1999 年，该单位数目应为该乘积的 75% 和提供服务涉及的相对实施费用的 25% 确定。2000 年，该单位数目应为该乘积的 50% 和由提供服务涉及的相对实施费用的 50% 确定。2001 年，该单位数目应为该乘积的 25% 和由提供服务涉及的相对实施费用的 75% 确定。对于随后的一年，该单位数目应由提供服务涉及的相对实施费用确定。

（iii）**医疗事故相对值单位**。部长应为 2000 年之前的服务确定医疗事故的若干相对值单位，等于以下两项乘积：（I）该服务的基本允许收费 [如在第（D）目定义]；（II）该服务不当行为的比例 [如根据第（3）款第（C）目第（ii）节确定]，并从 2000 年开始基于提供服务出现不当行为涉及的相对实施费用。

（D）**基本允许收费的界定**。本项中，"基本允许收费"指，对于医生的服务，在 1991 年提供该部分服务的全国平均允许服务费，按照部长使用最新的可用数据估计。

（E）**减少某些服务实施费用的相对值单位**。

（i）**总则**。适用于第（ii）节规定，部长应减少第（iii）节规定的服务实施费用的相对值单位。

（I）1994 年，实施费用相对值单位（1994 年确定的，不考虑本项）的数量超过 1994 年确定的工作相对值单位数目的 25%；

（II）1995 年，超额的 25%；

（III）1996 年，超额的 25%。

（ii）**减少的限制**。根据本目规定，医生服务的实施费用相对值单位不得减少到小于工作的相对值单位的 128%。

（iii）**规定的服务**。第（i）节所称的服务是第（iv）节未描述的医生服务，并且具有以下特征：

（I）有工作相对值单位；

（II）实施费用相对值单位（1994 年确定）的数量超过工作的相对值单位的 128%（该年确定）。

（iv）**排除的服务**。第（iii）节所称的服务是部长根据本编确定的服务，该服务至少在办公室提供服务的 75%。

（F）**预算中立调整**。

（i）部长须根据本项规定减少所有服务（除麻醉服务）的相对值

（和在麻醉服务的情况下，部长设立此类服务的转换因素），以部长确定必要的比例以便从 1996 年开始，《1993 年综合预算调整法》13514 条第（a）款修正案不会导致根据本条规定的支出金额超过该修正案未制定前已经做出的支出金额；

（ⅱ）部长须根据第（a）款第（2）项第（B）目第（ⅱ）节（Ⅰ）次节规定减少支出金额，以部长决定必要的比例，考虑到在第（ⅰ）节规定已做出的减额，《1993 年综合预算调整法》第 13514 条第（a）款修正案不会导致根据本条规定在 1994 年支出金额超过该修正案未制定前已经做出的支出金额。

（G）**1998 年相对值单位调整**。

（ⅰ）**总则**。部长须：（Ⅰ）根据第（ⅳ）节和第（ⅴ）节规定，第（ⅱ）节规定 1998 年提供服务适用的实施费用的相对值单位减少的数额等于工作的相对值单位的 110%；（Ⅱ）1998 年对服务的总访问程序代码实施费用的相对值单位，以部长决定统一的比例，将导致支付款的总增加等于第（Ⅰ）次节规定的同等情形下总减少的支付款。

（ⅱ）**规定的服务**。第（ⅰ）节所称的，该节中描述的服务是第（ⅲ）节未描述的医生服务，并且符合：（Ⅰ）有工作相对值单位；（Ⅱ）实施费用相对值单位（1998 年确定）的数量超过工作的相对值单位的 110%（该年确定）。

（ⅲ）**排除服务**。根据第（ⅱ）节，部长根据本编规定的该节中描述的服务，至少其中 75% 将在办公室环境中提供。

（ⅳ）**对总分配的限制**。如根据第（ⅰ）节第（Ⅰ）次节的规定导致该节下减少的总额超过 3.9 亿美元，这样的条款应以部长估计的 110% 的比例代替，从而导致该削减相当于 3900 万美元总额。

（ⅴ）**某些服务不得削减**。如果办公室内或办公室以外实施费用相对值，分别按照部长在 1997 年 6 月 18 日（《美国联邦法规》第 62 编第 33158 条）在资源为基础的实施费用增加程序的拟议规则增加，那么办公室内或在办公室之外的设施实施费用相对值单位根据第（ⅰ）节规定不得减少。

（H）**2004 年开始调整某些药物管理服务的实施费用相对值单位**。

（ⅰ）**使用调查数据**。根据第（b）款规定对于 2004 年 1 月 1 日或之后提供的服务设立医师费用表付款，在根据本款确定的实施费用相对值单位时，部长须利用一份 2003 年 1 月 1 日由医生专业调查机构提交至部长的调查，该调查根据《1999 年医疗保险、医疗补助和 SCHIP 细化平衡预算法》第 212 条规定，如果调查满足以下条件：（Ⅰ）涵盖了肿瘤药物管理服务的实施费用开支；（Ⅱ）符合部长设立的该调查验收标准。

（ii）**临床肿瘤科护士业务开支的定价方法**。如果第（i）节所述的调查包括工资，薪金资料，护士和临床肿瘤学赔偿，部长应根据第（c）款规定在确定相对值的单位的方法时利用该数据。

（iii）**特定药物管理服务的工作相对值单位**。根据本款规定建立相对值单位，为 2004 年 1 月 1 日或之后根据第（iv）节规定完成的药品监督服务，部长应制定工作的相对值单位，等于 1 级工作办公室已建立的病人就诊的相对值的单位。

（iv）**药品管理服务的界定**。在此节描述的药品管理服务是具有以下特点的医生服务：

（Ⅰ）2003 年 10 月 1 日，将分为以下任何组：治疗或诊断输液（不包括化疗）；化疗管理服务，以及治疗、预防或诊断注射；

（Ⅱ）没有该日期根据本款规定确定工作的相对值单位；

（Ⅲ）该日期根据本款规定确定全国的相对值单位。

（Ⅰ）**2005 年开始调整某些药物管理服务的实施费用相对值单位**。

（i）**总则**。根据第（b）款规定对于 2005 年 1 月 1 日或 2006 年之后提供的服务设立医师费用表，部长须调整根据第（ii）节确定的实施费用相对值单位。

（ii）**使用补充调查资料**。

（Ⅰ）**总则**。根据第（Ⅱ）次节规定，对于 2005 年是在 2004 年 3 月 1 日之前，对于 2006 年是在 2005 年 3 月 1 日之前，如果一个专家提交给部长数据，其中包括根据第 1842 条第（o）款对药品和生物制品行政费用和支付款项数额，部长为实施本款规定应使用补充调查资料，涉及的数据由实体和机构收集和提供与部长根据《1999 年医疗保险、医疗补助和 SCHIP 细化平衡预算法》第 212 条第（a）款设立标准一致。

（Ⅱ）**专家的限制**。第（Ⅰ）次节规定应只适用于 2002 年按该编规定不低于 40% 的专家费用按照部长决定归属于药物和生物制品的管理。

（Ⅲ）**适用**。本节不适用于第（H）目第（i）节规定的有关调查。

（J）**为适当报告和与涵盖门诊药物和生物制品管理有关医生的服务**

进行结算规定。

（ⅰ）**编码的评价**。部长应及时评估现有的药物医师服务的管理编码，以确保对服务准确的报告和计费，同时考虑到对行政的复杂性和资源消耗水平。

（ⅱ）**利用现有进程**。为实施第（ⅰ）节规定，部长应使用现有的程序考虑编码修改，并且在对于编码改变的程度范围内，应使用现有程序建立该服务的相对值。

（ⅲ）**实施**。为实施第（ⅰ）节规定，部长须咨询与由第1847A条或第1847B条实施而受影响的医生专业的代表，并应实施部长权力范围内的措施以加快根据第（ⅱ）节规定的考虑因素。

（ⅳ）**随后的预算独立调整**。第（H）目或第（I）目或本项规定，不得解释为2004年、2005年或2006年之后阻止部长根据第（B）目规定提供费用相对值单位的调整。

（3）① **组成部分比例**。第（2）项所称的，部长应确定一个工作的比例，一个实施费用比例，以及医生服务不当行为的比例如下：

（A）**专业服务的分隔**。对每个医生的服务或医生的服务类别，根据本部分规定的各不同医师专科（由部长确定），部长应确定该服务或所执行的服务类别的全国平均比例。

（B）**按组成部分分隔专业**。部长应按照工作组成部分、实施费用组成部分、不当行为组成部分的资源确定平均比例，该比例由每一个提供的服务的专科医师使用。该比率应基于医师执业成本和专科医师收入的国家数据计算。部长可以使用外推法和其他技术来确定无法获得充分的数据的实施成本和收入。

（C）**确定组成部分比例**。

（ⅰ）**工作比例**。服务（或服务类）的工作比例等于（所有专科医师）的以下总和：（Ⅰ）每个专业医师［根据第（B）目确定］工作组成部分的平均比例；乘以（Ⅱ）由该专科医师执行该项服务（或服务类）的比例［根据第（A）目确定］。

（ⅱ）**实施费用比例**。1999年以前，服务（或服务类）的实施费用支出的比例等于（所有专科医师）以下的总和：（Ⅰ）每个专业医师

---

① 关于医疗辅助服务，参见第2卷《公法》第101—508期，第4104条第（c）款。

[根据第（B）目确定］实施费用组成部分的平均比例；乘以（Ⅱ）由该专科医师执行该项服务（或服务类）的比例［根据第（A）目确定］。

（ⅲ）**医疗事故比例**。1999 年以前，服务（或服务类）的医疗事故比例等于（所有专科医师）以下的总和：（Ⅰ）每个专业医师［根据第（B）目确定］医疗事故的平均比例；乘以（Ⅱ）由该专科医师执行该项服务（或服务类）的比例［根据第（A）目确定］。

（D）**定期重新计算**。部长可根据本项规定随时提供关于工作的比例，实际支出比例，医疗事故比例的重新计算。

（4）**配套政策**。部长可设立可能需要执行该条规定的配套政策（关于修正案、地方法规，以及其他事项的使用）。

（5）**编码**。部长应建立一个统一的编码系统对所有医生服务进行编码。部长应提供一个适当的访问和磋商的编码系统。部长可纳入了访问和磋商编码的使用时间。部长建立该编码系统应咨询医师付款审核委员会和其他医师组织的代表。

（6）**专业医师的不予变更**。对于提供该服务的医生是否是专家专业或以专业医师的类型为基础，部长不得变更转换因素或相对值单位。

（d）**转换系数**。

（1）**设立**。

（A）**总则**。每年的转换系数应为根据本款规定前一年［在 1992 年，根据第（B）目规定］建立的转换系数，根据该年度更新调整｛2001 年之前数年根据第（3）项规定，2001 年开始根据第（4）项规定，乘以更新数据［根据第（4）项规定］｝。

（B）**1992 年特殊规则**。第（A）目所称的，转换系数是本项规定的转换系数（由部长决定），如果适用于 1991 年使用该转换因素，将导致根据本部分规定医生的服务支付的总金额，与根据本部分规定在 1991 年对该项服务支付的总金额一致。

（C）**1998 年特别规则**。除在第（D）目规定，根据本款规定 1998 年的单一转换系数应是 1997 年基层医疗服务的转换系数，由部长预测的三个独立的更新加权平均预期增加，否则将按《1997 年平衡预算法》第 Ⅳ 章第 F 款第 1 部分规定的颁布的数据。

（D）**麻醉服务的特别规则**。该年度麻醉服务的单一转换系数，应当相当于其他医生的服务的单一转换系数的 46%，按照工作、实际费用、医疗事故相对值的单位的调整或变化除外。

（E）**出版和信息传播**。

（ⅰ）部长须在每年（自 2000 年开始）11 月 1 日之前，安排发表在《美国联邦法规》的转换系数将适用于下一年度医生服务，根据第（4）目确定的更新和在下一年度根据本项规定允许的支出；

（ⅱ）部长须每年 3 月 1 日提供给医疗保险支付顾问委员会和公众（自 2000 年开始）公布的可持续增长率和适用于下一年度医生服务的转换系数，以及用于做出该估计的数据。

（2）【已废除①】

（3）**1999 年和 2000 年调整**。

（A）**总则**。除非法律另有规定的，适用于第（D）目和根据第（c）款第（2）项第（B）目第（ⅱ）节规定部长决定的中立预算系数，自 1999 年和 2000 年开始根据第（1）项第（C）目规定建立的单次转换系数的更新等于下列乘积：

（ⅰ）1 加上部长对每年 MEI［如第 1842 条第（ⅰ）款第（3）项定义］增长百分比的估计（除以 100）；

（ⅱ）1 加上部长对每年更新调整因素（除以 100）的估计，减去 1 乘以 100。

（B）**更新调整因素**。第（A）目第（ⅱ）节所称的，每年的"更新调整因素"等于（如部长估计）：（ⅰ）以下两者之差额：（Ⅰ）为自 1997 年 4 月 1 日起并于 3 月 31 日止的期限内医生提供的服务所允许的支出［根据第（C）目确定］之和，（Ⅱ）自 1997 年 4 月 1 日开始并于前一年 3 月 31 日止的期限内提供医师服务的实际支出金额；除以（ⅱ）到前一年 3 月 31 日止的 12 个月内医师服务的实际支出，按照根据第（f）款规定在该 12 个月内开始会计年度的可持续增长率增加。

（C）**确定允许的费用**。在本项和第（4）项所称的，到 3 月 31 日止的 12 个月内医师的服务允许支出：

（ⅰ）在 1997 年等于由部长估计的 12 个月内提供的医生服务的实际

---

① 《公法》第 105—33 期，第 4502 条第（b）款，《美国联邦法律大全》第 111 编第 433 条。

支出情况；

（ⅱ）或者，随后一年等于前一年医师服务的实际支出，该支出按照根据第（f）款规定为在该12个月内开始会计年度可持续增长率增长。

（D）**医疗经济指数变化的限制**。尽管每年根据第（B）目规定确定的更新调整因素的金额，根据本项规定本年度转换因素更新不得：

（ⅰ）大于以下数额的100倍：$[1.03 + (MEI/100)] - 1$；

（ⅱ）或者，小于以下数额的100倍：$[0.93 + (MEI/100)] - 1$；

其中"MEI"是指部长对所涉及的一年MEI中增幅的估计［如第1842条第（ⅰ）款第（3）项规定］。

（4）**从2001年开始的年度更新**。

（A）**总则**。除非法律另有规定的，适用于部长根据第（c）款第（2）项第（B）目第（ⅱ）节规定决定的预算中立因素，并适用于第（F）目规定的调整，2001年开始根据第（1）项第（C）目建立的单一转换因素的更新等于下列项目的乘积。

（ⅰ）1加上部长对每年MEI［如第1842条第（ⅰ）款第（3）项定义］的增幅估计（除以100）；

（ⅱ）1加上部长根据第（B）目对每年更新调整因素的估计。

（B）**更新调整因素**。第（A）目第（ⅱ）节所称的，适用于第（D）项和本项[①]的后续条款中，每年"更新调整因素"等于（由部长估计）下述款项：

（ⅰ）**上年度确定的调整组成部分数额**。由以下因素决定的数额：

（Ⅰ）计算前一年医师服务的所允许的支出金额与实际支出数额之间的差额（可能为正或负）；

（Ⅱ）该年度该服务的实际支出金额除以该差额；

（Ⅲ）金额乘以0.75。

（ⅱ）**累计调整组成部分**。数额由以下因素确定：

（Ⅰ）计算以下两者差额（可能为正或负）：1996年4月1日到前一年年底医生提供的服务所允许的［按第（C）目确定］的支出数额和该期

---

① 《公法》第110—173期，第101条第（a）款第（1）项第（A）目，废除"和第（5）项以及第（6）项规定"，修改为"本款的后续条款"增加第（ⅵ）节规定，2007年12月29日生效。

间该服务的实际支出金额；

（Ⅱ）用上年度该服务的实际支出除以以上差额，该支出由该年度根据第（f）款规定增加的可持续增长率确定的更新调整；

（Ⅲ）金额乘以0.33。

（C）**确定允许的费用**。根据本项：

（ⅰ）**至1999年4月1日期间**。1999年4月1日前医师服务允许支出，应当是根据第（3）项第（C）目确定的时间内允许的支出数额。

（ⅱ）**过渡到日历年度的允许费用**。适用于第（E）目规定，允许的支出：

（Ⅰ）从1999年4月1日开始的9个月内，部长应估计在该期间根据第（3）项第（C）目规定允许支出的金额；

（Ⅱ）1999年，部长应估计在该年度根据第（3）项第（C）目规定允许支出的金额。

（ⅲ）**从2000年开始的年度**。一年（从2000年开始）允许支出的金额，等于前一年度医生提供医疗服务的允许支出，在包含的年度内根据第（f）款规定乘以可持续增长率。

（D）**限制更新调整因素**。确定为一个年度内第（B）目规定的更新调整因素不得小于 - 0.07 或大于 0.03。

（E）**重新计算从2001年开始允许的支出**。为确定从2001年开始的每个年度的更新调整因素，部长须根据第（f）款第（3）项规定重新计算从1999年4月1日及以后开始的期间允许的支出。

（F）**过渡调整旨在提供中立预算**。根据本目规定，部长须根据第（A）目规定提供更新调整：

（ⅰ）2001年、2002年、2003年和2004年每年为 - 0.2%；

（ⅱ）2005年为0.8%。

（5）**2004年和2005年更新**。2004年和2005年每年根据第（1）项第（C）目规定对单次转换系数的更新不得少于1.5个百分点。

（6）**2006年更新**。2006年根据第（1）项第（C）目规定对单次转换系数的更新须为0个百分点。

（7）**2007年转换系数**。

（A）**总则**。2007年根据本款规定该转换系数被以下两者乘积所除的数额：

（ⅰ）1 加部长对 2007 年 MEI［如第 1842 条第（ⅰ）款第（3）项定义］的增幅估计（除以 100）；

（ⅱ）1 加部长对 2007 年根据第（4）项第（B）目规定更新调整因素（除以 100）的估计。

（B）**2008 年对转换系数计算的无效**。根据本款规定转换因素的计算，如第（A）目从未被适用，那么 2008 年应根据第（1）项第（A）目进行。

（8）① **2008 年更新**②。

（A）**总则**。适用于本条第（7）项第（B）目，根据第（1）项第（C）目规定建立的单次转换因素的更新将适用于 2008 年③，更新单次转换系数应为 0.5%。

（B）**2009 年对转换系数计算的无效**④。根据本款规定转换因素的计算，如第（A）目从未被适用，那么 2009 年和随后几年应根据第（1）项第（A）目⑤进行。

（9）⑥ **2009 年更新**。

（A）**总则**。适用于第（7）项第（B）目和第（8）项第（B）目，根据第（1）项第（C）目规定建立的单次转换因素的更新将适用于 2009 年，更新单次转换因素应为 1.1 个百分点。

（B）**2010 年和后续年度对转换系数计算的无效**。根据本款规定转换因素的计算，如第（A）目从未被适用，那么 2010 年和随后几年应根据第（1）项第（A）目进行。

---

① 《公法》第 110—173 期，第 101 条第（a）款第（1）项第（B）目，增加"第（8）项规定"，2007 年 12 月 29 日生效。

② 《公法》第 110—275 期，第 131 条第（a）款第（1）项第（A）目第（ⅰ）节，废除"一部分"，2008 年 7 月 15 日生效。

③ 《公法》第 110—275 期，第 131 条第（a）款第（1）项第（A）目第（ⅱ）节，废除"始于 2008 年 1 月 1 日，终于 2008 年 6 月 30 日"，2008 年 7 月 15 日生效。

④ 《公法》第 110—275 期，第 131 条第（a）款第（1）项第（A）目第（ⅲ）节第（Ⅰ）次节，废除"2008 年保留的部分和"，2008 年 7 月 15 日生效。

⑤ 《公法》第 110—275 期，第 131 条第（a）款第（1）项第（A）目第（ⅲ）节第（Ⅱ）次节，废除"始于 2008 年 1 月 1 日，终于 2008 年 12 月 30 日"，2008 年 7 月 15 日生效。

⑥ 《公法》第 110—275 期，第 101 条第（a）款第（1）项第（B）目，增加"第（9）项规定"，2008 年 7 月 15 日生效。

（e）**地理调整因素**。

（1）**建立地理指数**。

（A）**总则**。适用于第（B）目、第（C）目、第（E）目、第（G）目①规定，部长应建立：

（ⅰ）一项指标，用来反映和全国平均水平相比，不同的费用表区域，包括费用（除医疗事故费用）组合的商品和服务的相对成本；

（ⅱ）一项指标，用来反映和相比全国平均水平相比，不同的费用表区域医疗事故费用的相对成本；

（ⅲ）一项指标，用来反映和相比全国平均水平相比，不同的费用表区域医师工作量相对值的 1/4 的差异。

（B）**特定的地理成本实施指数**。部长根据第（A）目第（ⅰ）节规定下针对医师的服务分类，如不同的商品和服务组合可设立多个指标，包括为不同类别的服务的实施费用，该节规定对不同类别的服务的单一指数将不公平。

（C）**定期审查和调整地理因素**。部长应当咨询适当的医师代表，以不低于每 3 年的频率审查根据第（A）目规定建立的该地区所有的费用表指标和地理应用价值指数。根据该审查，部长可以修改和调整该指数等指标值，但如超过 1 年的上一次调整日期已过，在下次调整的第一年适用的调整是该调整的 1/2。

（D）**使用最近数据**。本项规定建立索引和索引值，部长应使用在不同费用表区域的实际费用，渎职费用，医生工作努力最新可得的数据。

（E）**1.0 工作地理指标的底线**。在根据第（A）目第（ⅲ）节规定计算工作地理指标之后，2004 年 1 月 1 日之后并在 2010 年 1 月 1 日②之前提供服务的支付，对于工作地理指数低于 1.0 的地区，部长应将低于

---

① 《公法》第 110—275 期，第 134 条第（c）款，《公法》第 108—173 期，第 602 条第（1）项［第 1848 条第（e）款第（1）项第（A）目修改］修改为"第（1）项和第（A）目规定，废除第（B）目、第（C）目、第（E）目"并增加"第（B）目、第（C）目、第（E）目、第（G）目"。

② 《公法》第 110—173 期，第 103 条，废除"在 2008 年 1 月 1 日之前"，修改为"在 2008年 6 月 1 日之前"，2007 年 12 月 29 日生效。

《公法》第 110—275 期，第 134 条第（a）款，废除"在 2008 年 6 月 1 日之前"，修改为"在 2010 年 1 月 1 日之前"，2008 年 7 月 15 日生效。

1.0 的工作地理指标增加至 1.0。

（G）[①] **阿拉斯加完成服务的实施费用，医疗事故和工作地理指标的底线**。在 2004 年 1 月 1 日之后并在 2006 年 1 月 1 日之前阿拉斯加完成的服务的支付，根据第（A）目第（ⅱ）节、第（ⅲ）节、第（ⅲ）节以及第（B）目规定，经过计算实施费用、医疗事故和工作地理指标，部长应将低于 1.67 的工作地理指标增加至 1.67。2009 年 1 月 1 日完成的服务的支付，根据第（A）目第（ⅲ）节规定，经过计算工作地理指标，部长应将低于 1.5 的工作地理指标增加至 1.5[②]。

（2）**地理调整因素的计算**。第（b）款第（1）项第（C）目所称的，部长应每个费用表地区的医生服务建立一个地理调整系数，等于服务和地区内所有医生的服务实施费用调整因素［在第（3）项指定］，调整不当行为的地理因素［在第（4）项指定］，和医师的工作调整地理因素［第（5）项指定］成本之和。

（3）**地理实施成本的调整因素**。第（2）项所称的，一个费用表区域的服务的"地理实施成本的调整因素"，是以下乘积：

（A）反映了实施费用组成部分的相对值单位的服务的总相对值比例；

（B）根据第（1）项第（A）目第（ⅰ）节或第（1）项第（B）目（视情况而定）规定建立的指标基础上，服务地域内地理实施成本指数值。

（4）**医疗事故地理调整因素**。第（2）项所称的，一个费用表区域的服务的"医疗事故地理调整因素"，是以下乘积：

（A）反映了医疗事故组成部分的相对值单位的服务的总相对值比例；

（B）在第（1）项第（A）目第（ⅱ）节规定建立的指标基础上，服务地域内地理医疗事故指数值。

（5）**医师工作地理调整因素**。第（2）项所称的，一个费用表区域的服务的"医师工作地理调整因素"，是以下乘积：

（A）反映了医师工作组成部分的相对值单位的服务的总相对值比例；

（B）在第（1）项第（A）目第（ⅲ）节规定建立的指标基础上，

---

① 如原文所述。第（F）目未制定。

② 《公法》第 110—275 期，第 134 条第（b）款，增加该条文，2008 年 7 月 15 日生效。如原文所述。该期间被漏掉。

服务地域内医师工作地理调整因素指数值。

（f）**可持续增长率**。

（1）**公布**。部长须安排在以下日期前在《美国联邦法规》公布：

（A）2000 年 11 月 1 日，2000 年和 2001 年的可持续增长率；

（B）每年下一年度 11 月 1 日，下一年度和过去 2 年可持续增长率。

（2）**制定增长率**。对于一个财政年度（从 1998 年开始和 2000 年结束的财政年度）和从 2000 年开始的年份，所有医师服务的可持续增长率等于以下乘积：

（A）1 加上部长对适用的有关期间的所有医生服务的费用的加权（除以 100）平均增幅的估计；

（B）1 加上部长对适用期限内上一财政年度根据本部分规定（参保医疗保险＋选择计划除外）的个人平均人数的比例变化（除以 100）的估计；

（C）1 加上部长对适用期限为止的 10 年期限的年度实际人均国内生产总值（除以 100）的涉及同期增长的平均比例的估计；

（D）1 加上部长对该财政年度（比上一财政年度）所有医生服务的支出的比例变化（除以 100），该比例由法律和法规的变化引起，决定时未考虑到根据第（d）款第（3）项第（B）目或第（d）款第（4）项第（B）目规定的更新调整因素变化的账目预算支出，视情况而定；

减去 1 乘以 100。

（3）**使用的数据**。2001 年开始根据第（d）款第（3）项第（B）目决定更新调整因素，根据第（2）项规定决定需要考虑到的可持续增长率，应确定如下：

（A）**2001 年**。2001 年进行计算 2000 和 2001 财政年度的可持续增长率，应根据截至 2000 年 9 月 1 日给部长现有的最佳数据确定。

（B）**2002 年**。2002 年进行计算 2000、2001 和 2002 财政年度的可持续增长率，应根据 2001 年 9 月 1 日给部长现有的最佳数据确定。

（C）**2003 年和随后年度**。2002 年以后进行计算。

（ⅰ）该年度和前 2 年的可持续增长率，应根据 9 月 1 日给部长现有的最佳数据的基础上确定；

（ⅱ）在第（ⅰ）节规定所描述的年度前任何一年中的可持续增长率，须为根据本款规定该年度最新确定的比率。

本项不得解释为影响 1998 或 1999 财政年度确定的可持续增长率。

（4）**定义**。在本款中：

（A）**医师服务**。"医师服务"包括由部长指定由医生或在医生的办公室执行或提供的其他项目和服务（如临床诊断实验室试验和放射服务），但不包括提供给"医疗保险＋选择"计划登记者的服务。

（B）**"医疗保险＋选择"计划登记者**。"医疗保险＋选择计划登记者"是指，对于一个财政年度，根据本部分规定个人已选择获得第 C 部分规定的医疗保险＋选择计划的该财政年度的待遇，而且还包括个人正在接受通过本编规定根据第 1876 条与有资格的组织签订风险共担的合同的待遇。

（C）**适用期限**。"适用期限"是指：

（ⅰ）1998、1999、2000 财政年度；

（ⅱ）或者，2000 年开始的年度，视情况而定。

（g）**受益人责任的限制**。

（1）**限制实际收费**。

（A）**总则**。在非参加医师或供应商或其他非参加人的情况［如第 1842 条第（ⅰ）款第（2）项规定］，不接受根据本部分规定关于个人参与医生服务的转让有关的基础的支付，适用于下列规则：

（ⅰ）**限制款项的适用**。任何人不得对服务开出的账单或收取的实际费用超出第（2）项所述该等服务的限制收费。

（ⅱ）**超额款项的免责**。任何人不负该服务收费超出限制收费的责任。

（ⅲ）**超额款项更正**。如该医生、供应商或其他人开出账单但并未收取违反第（1）项的实际费用，那么该医师、供应商或其他人应及时减少服务的实际费用使其不超过限制的服务费。

（ⅳ）**退还超额收集款项**。如该医生、供应商或其他人收取的实际费用违反第（ⅰ）节规定，该医生、供应商或其他人应及时向个人退还实际费用超出限制收费所收取的费用。该退款金额减少到个人对医生有一个未偿余额。

（B）**处罚**。如果医师，供应商或其他人：（ⅰ）明知而故意地反复违反第（A）目第（ⅰ）节规定开出账单或收取服务费用；或者（ⅱ）未及时遵守第（A）目第（ⅲ）节或第（ⅳ）节；

部长可以按照第 1842 条第（j）款第（2）项对医生、供应商或其他人进行制裁。在适用本目规定，该条第（4）项的适用以适用于该项及任何该等条文同样的方式并且医生也被认为包括在根据本目规定的供应商或其他人之中。

（C）**及时基础上**。根据本项规定，在承保人根据第（A）目规定通知医生、供应商或其他人的 30 日内，纠正违反第（A）目第（ⅰ）节规定的超额收费或退款，则被认为是"及时"提供的。

（2）**限制收费的界定**。

（A）**1991 年**。1991 年期间提供的有关医生服务，除第 1834 条第（b）款规定的放射科医生的服务，"限制费"应是根据该款规定高于确认的医生（非参加医师）付款金额，与下列相同的一个比例（或者如果少，为 25%）：（ⅰ）医生服务的允许的最大实际费用〔截至 1990 年 12 月 31 日，根据第 1842 条第（j）款第（1）项第（C）目规定，或者如果少，该日期下根据本编规定对于医生服务准许的最大实际费用〕；超过（ⅱ）该日期服务的医师（如非参加医师）确认付款金额。

对于评价和管理服务〔如第 1842 条第（b）款第（16）项第（B）目第（ⅱ）节规定〕，前句应以"40%"代替"25%"。

（B）**1992 年**。1992 年提供的有关医生服务，除第 1834 条第（b）款规定的放射科医生的服务，"限制费"应是根据该部分规定高于确认的非参加医师付款金额，与下列相同的一个比例（或者，如果少，为 20%）：（ⅰ）服务的限制费〔为 1991 年 12 月 31 日按第（A）目确定〕；超过（ⅱ）该日期对非参加医生服务的确认付款金额。

（C）**1992 年以后**。1992 年以后提供的有关医生服务，"限制费"应是根据该部分规定的非参加医师或非参加供应商或其他人确认付款金额部分的比例的 115%。

（D）**确认付款金额**。在本条中，"确认付款金额"是指，1992 年 1 月 1 日或以后提供的服务，费用表金额由第（a）款确定的（或者，如果本部分规定提供服务的支付根据本条规定费用表以外的其他金额做出，应为其他金额的 95%），1991 年为该年度的非参加医师的现行收费（或费用表金额）的适用的比例〔如第 1842 条第（b）款第（4）项第（A）目第（ⅳ）节规定〕。

（3）**限制对医疗保险的医疗补助受益人认可费用**。

（A）**总则**。1990 年 4 月 1 日或以后提供的医师的服务，支付给按本编规定参保并有资格享有任何医疗援助的个人［包括作为第 1905 条第（p）款第（1）项规定的一名合格的医疗保险受益人］，该服务根据批准的国家计划第十九编只可以在转让有关的基础上制定，并且根据第 1902 条第（n）款第（3）项第（A）目的规定适用于进一步限制允许收费。

（B）**处罚**。根据第（A）目而非以转让有关为基础，任何人不得为医生提供的服务开出账单。任何人不负违反该款项结算服务金的责任。如果一人明知而故意违反第一句规定对医师的服务开出账单，部长可以按照第 1842 条第（j）款第（2）项规定对该人进行处罚。

（4）**医师递交申请**。

（A）**总则**。为 1990 年 9 月 1 日起或之后提供服务，提供服务后 1 年内根据本部分规定在一个合理的收费或费用表的基础上进行支付，医生、供应商或其他人［或在第 1842 条第（b）款第（6）项第（A）目描述的情况下的雇主或设施］：

（ⅰ）须按照部长指明以该服务的受益人的名义向承保人提出索赔的标准形式填写及递交申请；

（ⅱ）对于完成和提交该表格不得施加费用。

（B）**罚款**。

（ⅰ）关于索赔的任何地方指定的对于医生、供应商、供应商或其他人［在第 1842 条第（b）款第（6）项第（A）目描述的情况下的雇主或设施］根据第（A）目规定未提交该索赔要求的指定索赔，部长须根据这部分规定降低该索赔款项的 10%。

（ⅱ）如医生、供应商或其他人［在第 1842 条第（b）款第（6）项第（A）目描述的情况下的雇主或设施］根据第（A）目规定未提交这样的索赔要求或对违反该款规定收费，部长应以根据第 1842 条第（p）款第（3）项规定就第 1842 条第（p）款第（1）项施加制裁同样的方式施加制裁。

（5）**电子账单、直接储存**。部长应鼓励和发展以电子方式提交的索赔的系统。部长也应鼓励并提供激励机制，允许以直接存款支付由参与诊断的医师提供的服务付款。部长应提供必要的技术信息使该医生提出电子请求。部长应在 1990 年 5 月 1 日前向国会提交本项计划。

（6）**收费的监测**。

（A）**总则**。

（ⅰ）部长应监测 1991 年 1 月 1 日或之后向根据本款规定参保个人提供的非参与医师的服务；

（ⅱ）部长应监测以下项目中的变化（通过专业、服务类型、地理区域）：（Ⅰ）为根据本编规定提供由参与诊断的医师的医师服务的支出比重，（Ⅱ）根据本编转让基础上完成支付的该服务的支出比例，以及（Ⅲ）根据本编规定超过确认付款金额的收取款项。

（B）**报告**。部长须在每年 4 月 15 日（从 1992 年开始）之前向国会报告，实际收费超过限制收费，涉及的服务的数量和类型，超额费用的平均值以及第（A）目第（ⅱ）节规定的相关变化的信息。

（C）**计划**。如果部长认为第（A）目第（ⅱ）节第（Ⅰ）次和第（Ⅱ）次节所述比例明显下降或该款第（Ⅲ）次节所述金额有明显增加，部长应制订一个计划来解决该问题，并向大会转交有关建议的计划。医疗保险支付顾问委员会应当审查部长的计划和建议，并转交国会有关该计划的意见和建议。

（7）**利用和准入的监测**。

（A）**总则**。部长应监测：

（ⅰ）在地理、人口和服务相关类别内，根据本部分规定的提供服务的利用和获得；

（ⅱ）本部分中导致支出超额的服务被不恰当的利用的可能来源；

（ⅲ）这些变化及其关系的基础因素。

（B）**报告**。部长应在每年 4 月 15 日（从 1991 年开始）之前向国会报告第（A）目第（ⅰ）节所述的变化，并应在报告中包括造成变化的因素（包括不同的服务、具体类别和服务，以及地理和人口变化相关的因素）。

（C）**建议**。部长须在每个年度根据第（B）目规定报告建议。

（ⅰ）解决任何不当使用可识别的模式；

（ⅱ）对利用评审；

（ⅲ）对医生或患者的教育；

（ⅳ）解决在监测过程中受益人获得明显护理任何问题；

（ⅴ）部长认为适当的其他事项等。

医疗保险支付顾问委员会应评价部长的建议和意见，并应在评价时召集并请教医师专家小组评估病人照顾的质量及获得的医疗使用模式的影响。

（h）**给医生传送信息**。在每年（从 1992 年开始）开始之前，对于通常由医师、供应商或其他人提供的服务，部长应当向以下人士传达为参与医师和非参与医师该年在费用表区域适用费用表的信息，与第（g）款第（2）项相同的收费最高金额：每个根据本部分规定提供服务医生或非参加供应商或其他提供医师的服务［如第 1848 条第（j）款第（3）项中定义的］的医师。该年度根据第 1842 条第（h）款应向医师、供应商和其他人传送的通知（关于参加医师方案）。

（i）**杂项规定**。

（1）**行政和司法审查的限制**。不得根据第 1869 条规定或以其他方式进行任何行政或司法审查。

（A）调整后的历史支付基础的确定［在第（a）款第（2）项第（D）目第（i）节定义］；

（B）第（c）款所指的相对值和相对值单位的测定，包括根据第（c）款第（2）项第（F）目、第（c）款第（2）项第（H）目和第（c）款第（2）项第（I）目和《1993 年综合预算调整法》第 13515 条第（b）款①规定的调整；

（C）第（d）款所指的转换因素的测定，包括但不限于任何或所有以前财政年度重新确定前瞻性可持续增长率；

（D）第（e）款所指的地理调整因素的建立；

（E）根据本条规定医师的服务编码体系的建立。

（2）**手术助理**。

（A）**总则**。根据第（B）目规定，由医生提供手术服务，如果付款是根据本编规定分别用于作为一个手术助理服的医生服务，费用表的金额不得超过根据本条规定为全部手术服务金额的 16%。

（B）**拒绝某些情况的付款**。如果部长决定，根据最新数据，对于根据本部分规定进行的一个外科手术（或手术类）的全国平均比例低于5%，包括使用一个在外科助理医师，不得根据本部分向手术中助理服务支付费用。

---

① 参见第 2 卷《公法》第 103—66 期，第 13515 条第（b）款。

（3）**无可比性调整**。根据本部分规定为医生服务的收费根据本条由以下项目决定：

（A）在可比性服务及可比情况下，承保人根据 1842 条第（b）款第（3）项第（B）目在付款数额高于适用投保人和承保人用户的收费的基础上，不得做出付款调整；

（B）根据第 1842 条第（b）款第（8）项不得进行支付调整；

（C）第 1842 条第（b）款第（9）项不适用。

（j）**定义**。本条中：

（1）**类别**。对于 1998 年 1 月 1 日前提供服务，"类别"指针对医师的服务、手术服务（部长定义和包括麻醉服务）、初级护理服务［第 1842 条第（i）款第（4）项定义］，和所有其他医师的服务。部长应与医师组织代表协商后，确定手术服务并在 1990 年 5 月 1 日之前在《美国联邦法规》中公布该定义。

（2）**费用表区域**。"费用表区域"是指根据第 1842 条第（b）款计算医生提供的服务支付款项使用的地区①。

（3）**医师服务**。"医师服务"包括第（1）项、第（2）项第（A）目、第（2）项第（D）目、第（2）项第（G）目、第（2）项第（P）目［关于第 1861 条第（oo）款第（2）项第（A）目和第（C）目所述服务］，第（2）第（R）项［关于第 1861 条第（pp）款第（1）项第（B）目、第（C）目、第（D）目所述服务］，第（2）项第（S）目和第（2）项第（W）目，第（2）项第（AA）目②，第（3）项，第（4）项，第（13）项，第（14）项［关于第 1861 条（nn）款第（2）项所述服务］，以及第 1861 条第（s）款第（15）项［除临床诊断实验室检查和目的，除了为第（a）款第（3）项，第（g）款和第（h）款，部长服务可为指定其他项目及服务］所述的项目和服务。

---

① 关于医疗服务的州范围内费用表区域，参见第 2 卷《公法》第 101—508 期，第 4117 条第（a）款。

② 《公法》第 109—171 期，第 5112 条第（c）款，增加"第（2）项第（AA）目"。

《公法》第 110—275 期，第 144 条第（a）款第（2）项第（A）目，在第（2）项（AA）目后增加"第（2）项（DD）目"，**适用于 2010 年 1 月 1 日之后完成的项目和服务**。

《公法》第 110—275 期，第 152 条（b）款第（2）项第（C）目，在第（2）项（DD）目后增加"第（2）项（EE）目"，**适用于 2010 年 1 月 1 日之后完成的服务**。

(4) **实施费用**。"实施费用"是除医疗事故的费用，医师薪资、福利和其他医生附加福利之外医师的服务所有费用。

(k) **质量报告系统**。

(1) **总则**。部长应实施第（2）款指明的由合格的专业人士报告的一种质量指标体系。该数据应按照由部长指定的方式（由程序指令或其他方式）提交，其中可能包括对根据本部分规定索赔的数据。

(2) **使用共识为基础的质量指标**。

(A) **2007 年**。

（ⅰ）**总则**。2007 年 7 月 1 日开始至 2007 年 12 月 31 日结束提供的专业服务的质量措施的数据报告适用于本条规定，本款规定的质量措施是 2007 年医师自愿呈报计划的质量措施，截至本项颁布之日在医疗保险和医疗补助中心的网站上公布，除非在 2007 年 4 月 1 日之前部长根据以 2007 年 1 月的共识基础做出的改变在该网站上公布。

（ⅱ）**允许适用的后续改进**。部长可随时（但在 2007 年 7 月 1 日之前）在该网站上公布（不另行通知或征求公众意见）修改或完善（如代码添加、更正或修订）根据第（ⅰ）节规定以前公布的质量措施的适用范围，但不得根据该条款变更报告制度下的质量的措施。

（ⅲ）**实施**。尽管有其他法律的规定，部长可为 2007 年实施这个程序指令或以其他方式规定。

(B) **2008 年和 2009 年**①。

（ⅰ）**总则**。为报告在 2008 年和 2009 年提供②专业服务的质量措施数据，根据本项规定涵盖专业服务的质量措施，应是共识组织采用或批准的（如全国质量论坛或 AQA），包括由专业医生提交并且部长认定使用协商一致的方法推行这种措施。该措施应包括结构性措施，如电子医疗记录和电子处方技术。

（ⅱ）**提出的一系列的措施**。2007 年和 2008 年③每一年 8 月 15 日以

---

① 《公法》第 110—173 期，第 101 条第（b）款第（1）项第（A）目，增加"和 2009 年"，2007 年 12 月 29 日生效。

② 《公法》第 110—173 期，第 101 条第（b）款第（1）项第（B）目，增加"和 2009 年"，2007 年 12 月 29 日生效。

③ 《公法》第 110—173 期，第 101 条第（b）款第（1）项第（C）目第（ⅰ）节，删除"，2007 年"，修改为"2007 年和 2008 年"，2007 年 12 月 29 日生效。

前，部长须在《美国联邦法规》公布由部长决定的一套描述质量的措施，该措施由第（ⅰ）节所述并适合符合资格的专业人员用于 2008 年或 2009 年①向部长提交数据。部长应提供的该措施的公共评论期。

（ⅲ）**最后一套措施**。2007 年 11 月 15 日和 2008 年②之前，部长须在《美国联邦法规》公布由部长决定第（ⅰ）节描述的最后一组质量措施，并在 2008 年或 2009 年③符合资格的专业人员向部长提交适当使用数据，如可适用。

（C）④ **2010 年和随后几年**。

（ⅰ）**总则**。根据第（ⅱ）节规定，为报告的质量措施包括在 2010 年提供的专业服务和后续年度数据，按照第（m）款第（3）项第（C）目规定，根据本款规定的质量的措施（包括电子处方质量的措施）应是由部长从与部长根据第 1890 条第（a）款规定签订合约的机构核准的措施中选择而出的措施。

（ⅱ）**例外**。对于一个部长确定特定区域或医学主题，一个可行的和切实的措施并没有得到与根据第 1890 条第（a）款规定部长签订合约的机构的核准，只要通过适当地考虑由部长确定共识的组织，如 AQA 联盟已核准，部长可指定措施。

（D）⑤ **2009 年和后续年度提供措施准入的机会**。部长根据第（B）目（相对于 2009 年）或第（C）目规定采用的每个质量措施（包括电子处方质量措施），部长须确保符合资格的专业人士有机会在提供发展、认可，或适用于服务的措施时提供选择准入。

（3）**涵盖专业服务和有资格的专业人员界定**。就本款而言：

（A）**涵盖专业服务**。"所涵盖的专业服务"是指根据本条规定设立

---

① 《公法》第 110—173 期，第 101 条第（b）款第（1）项第（C）目第（ⅱ）节，增加"或 2009 年，如合适"，2007 年 12 月 29 日生效。

② 《公法》第 110—173 期，第 101 条第（b）款第（1）项第（C）目第（ⅰ）节，废除"，2007 年"，修改为"2007 年和 2008 年之中的每年"，2007 年 12 月 29 日生效。

③ 《公法》第 110—173 期，第 101 条第（b）款第（1）项第（C）目第（ⅱ）节，增加"或 2009 年，如合适"，2007 年 12 月 29 日生效。

④ 《公法》第 110—275 期，第 131 条第（b）款第（1）项，增加第（C）目，2008 年 7 月 15 日生效。

⑤ 《公法》第 110—275 期，第 131 条第（b）款第（1）项，增加第（D）目，2008 年 7 月 15 日生效。

费用表为基础付款，或由合格的专业人士提供服务。

（B）**合格专业人士**。"合格专业人士"是指下列任何一项：

（ⅰ）医生。

（ⅱ）第 1842 条第（b）款第（18）项第（C）目规定的执业医生。

（ⅲ）物理或职业治疗师或合格的语音语言病理学家。

（ⅳ）① 从 2009 年开始，一个合格的听力学家〔如第 1861 条第（ll）款第（3）项第（B）目规定〕。

（4）**使用基于注册表的报告**。根据第（2）项第（B）目第（ⅱ）节和第（ⅲ）节规定，作为 2008 年公布的最终质量的建议和措施的一部分，部长应建立处理的机制，使一符合资格的专业可以通过由部长确定适当的医疗注册表（如国家数据库的胸外科医师协会）提供质量措施的数据。

（5）**识别单位**。适用本款，部长可通过计费单位确定有资格的专业人士，其中包括使用供应商识别号码，唯一的医生识别号码〔第 1833 条第（q）款第（1）项所描述的使用〕、纳税人识别号码，或国家供应商标识。2007 年适用本款规定，部长须使用纳税人识别号作为计费单位。

（6）**教育与宣传**。根据本款运作，部长须为有资格的专业人士提供教育和宣传。

（7）**审查的限制**。根据第 1869 条、第 1878 条规定，不得制定和实施第（1）项所述的报告制度，有任何行政或司法或以其他方式的审查，包括根据第（2）项质量措施的确定和第（4）项及第（5）项规定的适用。

（8）**实施**。部长须通过医疗保险和医疗补助服务中心管理员履行本款。

（1）**医师协助与质量倡议创新基金**。

（1）**建立**。部长根据本款规定应建立一个医生援助和质量倡议基金（在本款中称为"基金"），应当提供给医生支付和质量改进措施，其中可包括根据第（d）款规定转换因素更新的调整。

---

① 《公法》第 110—275 期，131 条第（b）款第（4）项，增加第（ⅳ）节，2008 年 7 月 15 日生效。

（2）① **筹资**。

（A）② **可得金额**。

（ⅰ）**总则**。根据第（ⅱ）节，应当提供给基金的金额如下：

（Ⅰ）2008 年，金额等于 1.505 亿美元。

（Ⅱ）2009 年，金额等于 2450 万美元。

（Ⅲ）【已废除③】

（Ⅳ）【已废除④】

（ⅱ）**支出的限制**。

（Ⅰ）2008 年。2008 年期间，可供支出的数额应根据第 225 条第（c）款第（1）项第（A）目规定和《2008 年劳动卫生和福利部、教育、相关机构拨款法》第 524 条规定（《2008 年综合拨款法》第 G 部分规定）减少。

（Ⅱ）2009 年。2009 年期间的支出数额，根据第 225 条第（c）款第（1）项第（B）目规定减少。

（Ⅲ）【已废除⑤】

---

① 关于由于《公法》第 110—252 期制定的《2008 年综合拨款法》导致的第 131 条（a）款第（3）项第（C）目而不是第 131 条（a）款第（3）项第（A）目修正案的适用和制定的意外开支，参见第 2 卷《公法》第 110—275 期，第 131 条（a）款第（3）项第（B）目。

② 《公法》第 110—173 期，第 101 条第（a）款第（2）项第（A）目，整体修改第（A）目规定，2007 年 12 月 29 日生效。之前第（A）目规定，参见第 2 卷，J 补充，监督条款，《公法》第 110—173 期。关于生效日期，参见《公法》第 110—173 期，第 101 条第（a）款第（2）项第（B）目；关于基金转移到第 B 部分规定的信托基金，参见第 101 条第（a）款第（2）项第（C）目。

③ 《公法》第 110—275 期，第 131 条第（a）款第（3）项第（C）目第（ⅰ）节第（Ⅰ）次节，废除第（Ⅲ）次节，2008 年 7 月 15 日生效。之前第（Ⅲ）次节规定，参见第 2 卷《公法》第 110—275 期，J 补充，监督条款。

④ 《公法》第 110—275 期，第 131 条第（a）款第（3）项第（C）目第（ⅰ）节第（Ⅰ）次节，废除第（Ⅳ）次节 [如增加的《公法》第 110—252 期，第 7002 条第（c）款第（1）项第（B）目，2008 年 6 月 30 日生效]，2008 年 7 月 15 日生效。之前第（Ⅳ）次节规定，参见第 2 卷《公法》第 110—275 期，J 补充，监督条款。

⑤ 《公法》第 110—275 期，第 131 条第（a）款第（3）项第（C）目第（ⅰ）节第（Ⅱ）次节，废除第（Ⅲ）次节，2008 年 7 月 15 日生效。之前第（Ⅲ）次节规定，参见第 2 卷《公法》第 110—275 期，J 补充，监督条款。

（Ⅳ）【已废除①】

（B）**服务的所有可用资金及时义务**②。部长应以提供可供支出的全部款项的方式从基金中提供支出，（在最大程度上可行），在适用第（A）目第（ⅱ）节规定后：

（ⅰ）2008年为2008年期间医师提供服务的费用;③

（ⅱ）2009年为2009年期间医生提供服务的费用。④

（ⅲ）【已废除⑤】

（ⅳ）【已废除⑥】

（C）**从信托基金中支付**。第（A）目指定的款项将从基金中获得，根据第1841条，作为从该基金和从联邦补充医疗保险信托基金的支出。

（D）**筹资限制**。依照第（B）目规定，基金的数额须在拨款前提供，只有当根据第（A）目规定的债务基金不超过该基金总金额。只有在部长决定（和医疗保险和医疗补助服务中心的总精算师和适当的预算人员证明）基金中有足够数量的资金支付符合前款规定产生的债务，部长才可从基金中预留资金。

（E）**建立**。一年内从基金中的支出适用于，或以其他方式影响，根据第（d）款规定的一个转换因素，根据该款规定转换因素计算应为随后

---

① 《公法》第110—275期，第131条第（a）款第（3）项第（C）目第（ⅰ）节第（Ⅱ）次节，废除第（Ⅳ）次节［**如增加的《公法》第110—252期，第7002条第（c）款第（1）项第（B）目，2008年6月30日生效**］，2008年7月15日生效。之前第（Ⅳ）次节规定，参见第2卷《公法》第110—275期，J补充，监督条款。

② 《公法》第110—190期，第6条第（a）款第（A）目，废除"2008年完成"，2007年12月30日生效。

③ 《公法》第110—275期，第131条第（a）款第（3）项第（C）目第（ⅱ）节第（Ⅰ）次节，增加"和"。

④ 《公法》第110—252期，第7002条第（c）款第（3）项第（A）目，废除"和"。《公法》第110—275期，第131条第（a）款第（3）项第（C）目第（ⅱ）节第（Ⅱ）次节，废除分号并增加一个句号。

⑤ 《公法》第110—275期，第131条第（a）款第（3）项第（C）目第（ⅱ）节第（Ⅲ）次节，废除第（ⅲ）节，2008年7月15日生效。之前第（ⅲ）节规定，参见第2卷《公法》第110—275期，第J补充，监督条款。

⑥ 《公法》第110—275期，第131条第（a）款第（3）项第（C）目第（ⅱ）节第（Ⅲ）次节，废除第（ⅳ）节［**如增加的《公法》第110—252期，第7002条第（c）款第（3）项第（C）目，2008年6月30日生效**］，2008年7月15日生效。之前第（ⅳ）节规定，参见第2卷《公法》第110—275期，第J补充，监督条款。

的一年，好像如果这样适用或影响从未发生过。

(m)① **质量报告的奖励金**②。

(1)③ **奖金**。

(A) **总则**。2007—2010 年，对于在报告期内由合格的专业人士提供的专业服务：

(ⅰ) 如果根据适用于在上述报告期内提供的专业服务的医生的报告系统，已经建立质量措施；

(ⅱ) 在该报告期内按照该报告制度，以符合专业的、令人满意的方式提交（根据本款确定）给部长该质量措施的数据；

除了根据本部分规定的所支付的金额，应当支付给符合条件的专业人士［或雇主或在第 1842 条第 (a) 款第 (6) 项第 (ⅱ) 节所述设施］，或对于第 (3) 项第 (ⅲ) 节所述的合伙开业医生，从第 1841 条设立的联邦补充医疗保险信托基金中支付的费用等于部长估计的，在报告期内由合格的专业人士提供专业服务的允许收费［或在第 (c) 款第 (3) 项中，由合伙开业的医生提供］适用的质量比例（对报告期后 2 个月内提交的索赔）。

(B) **适用的质量比例**。第 (A) 目中，"适用的质量比例"指：

(ⅰ) 2007 年和 2008 年：1.5%；

(ⅱ) 2009 年和 2010 年：2.0%。

(2)④ **对电子处方奖励金**。

(A) **总则**。2009—2013 年，对于一个由合格的专业报告期内提供的专业服务，如果在该报告期间符合资格的专业人士是成功的电子处方的开

---

① 《公法》第 110—275 期，第 131 条第 (b) 款第 (2) 项，重新制定《公法》第 109—432 期第 B 部分作为第 (m) 款，2008 年 7 月 15 日生效。

② 《公法》第 110—275 期，第 131 条第 (b) 款第 (3) 项第 (A) 目，整体修改其开头部分，2008 年 7 月 15 日生效。之前开头部分的规定，参见第 2 卷《公法》第 110—275 期，第 J 补充，监督条款。

③ 《公法》第 110—275 期，第 131 条第 (b) 款第 (3) 项第 (B) 目，整体修改其第 (1) 项规定，2008 年 7 月 15 日生效。之前第 (1) 项规定，参见第 2 卷《公法》第 110—275 期，第 J 补充监督条款。

④ 《公法》第 110—275 期，第 132 条第 (a) 款第 (1) 项，增加第 (2) 款新规定，2008 年 7 月 15 日生效。关于电子陈述的美国总审计局报告，参见第 2 卷《公法》第 110—275 期，第 132 条第 (c) 款。

具者，除了根据本部分规定所支付的金额，还应当从第 1841 条规定建立的联邦补充医疗保险信托基金支付给合格的专业人士 [或第 1842 条第 (b) 款第 (6) 项第 (A) 目所述的雇主或设施]，或在对于第 (3) 项第 (C) 目的合伙开业的医生也应支付，支付金额等于，在报告期内，适用于部长的估计的对所有由合格的专业人士提供的专业服务 [或在对于第 (3) 项第 (C) 目的合伙开业的医生，由合伙开业的医生提供] 允许收费的电子处方比例。

(B) **电子处方质量测量的限制**。本项和第 (a) 款第 (5) 项规定不适用于合格的专业人士 [或在对于第 (3) 项第 (C) 目的合伙开业的医生]，如果在报告期间 [或第 (a) 款第 (5) 项规定报告期为一年]。

(ⅰ) 根据本部分规定对所有由合格的专业人士提供的专业服务 (或合伙开业医生，如适用) 电子处方质量措施适用的允许收费代码，(部长确定并于 2008 年 1 月 1 日之前在医保中心和医疗补助服务中心的网站公布，随后由部长修改) 都比根据本部分规定对所有由合格的专业人士提供的专业服务 (或合伙开业医生，如适用) 允许费用总额少不到 10%；

(ⅱ) 或者由部长决定适当的，合格的专业人士根据第 (D) 目规定没有提交 (包括电子和非电子) 足够数量的处方 (由部长决定)；

如果部长做出决定该时期适用于第 (ⅱ) 节规定，则第 (ⅰ) 节不得适用该期间。

(C) **适用的电子处方比例**。第 (A) 目中，"适用的电子处方比例"指：

(ⅰ) 2009 年和 2010 年：2.0%；

(ⅱ) 2011 年和 2012 年：1.0%；

(ⅲ) 2013 年：0.5%。

(3)[1] **令人满意的报告和成功的电子处方**[2]。

---

① 《公法》第 110—275 期，第 131 条第 (b) 款第 (3) 项第 (C) 目，废除第 (3) 项规定并重新制定之前的第 (2) 项和第 (3) 项规定，2008 年 7 月 15 日生效。之前第 (3) 项规定，参见《公法》第 110—275 期，第 2 卷第 J 补充，监督条款。

② 《公法》第 110—275 期，第 132 条第 (a) 款第 (2) 项，增加"成功的电子陈述"，2008 年 7 月 15 日生效。

（A）**总则**。第（1）项所称的①，合格专业应被视为令人满意提交一个报告期内专业服务的质量措施，如果数据质量的措施已报告如下：

（ⅰ）② **3 个或更少的可适用的质量措施**。如果在医生报告系统中提供不超过 3 个质量措施，并在该期间适用专业人士提供的服务，那么在至少 80% 措施可报告的情况下每一个质量措施都应报告。

（ⅱ）③ **4 个或更多的可适用的质量措施**。如果在医生报告系统中提供不超过 3 个质量措施，并在该期间适用专业人士提供的服务，那么在至少 80% 措施可报告的情况下应该报告至少 3 个这样的质量措施。

2008 年后，就本项规定的质量措施不包括电子处方质量的措施④。

（B）⑤ **成功的电子处方**。

（ⅰ）**总则**。第（2）项和第（a）款第（5）项规定，合格的专业人士被视为在一个报告期［或为第（a）款第（5）项规定，报告期为一年］成功的电子处方开具者，如果合格的专业人士符合第（ⅱ）节的规定，或者，如果部长确定适当的，符合第（ⅲ）节所述的要求。如果部长做出前一句中的决定适用第（ⅲ）节所述的要求，那么第（ⅱ）节中所述要求不得适用该期间。

（ⅱ）**提交对电子处方质量测量数据的要求**。对于在一个报告期内由合格的专业［或为第（a）款第（5）项规定，报告期为一年］人士提供的服务，在此条款中描述的要求是，如果在医师报告系统中已经建立电子处方质量措施，并适用本期间所提供的任何此类的专业服务，在至少 50% 措施可报告的情况下每一个质量措施都应报告。

（ⅲ）**根据第 D 部分规定电子处方的要求**。在本节中所述的要求是根据第 D 部分规定合格的专业人士在报告期间［或为第（a）款第（5）项

---

① 《公法》第 110—275 期，第 131 条第（b）款第（3）项第（D）目第（ⅰ）节，废除"所称的"，修改为"（A）总则。所称的"，2008 年 7 月 15 日生效。

② 《公法》第 110—275 期，第 131 条第（b）款第（3）项第（D）目第（ⅱ）节，重新制定之前的第（A）目规定作为第（ⅰ）节规定并移动到相应位置。

③ 《公法》第 110—275 期，第 131 条第（b）款第（3）项第（D）目第（ⅱ）节，重新制定之前的第（B）目规定作为第（ⅱ）节规定并移动到相应位置。

④ 《公法》第 110—275 期，第 131 条第（b）款第（3）项第（D）目第（ⅲ）节，增加本条规定，2008 年 7 月 15 日生效。

⑤ 《公法》第 110—275 期，第 132 条第（a）款第（2）项，增加第（B）目规定，2008 年 7 月 15 日生效。

规定，报告期为一年］电子方式提交足够数量的处方（由部长决定）。

（ⅳ）**使用第 D 部分数据**。尽管有第 1860D—15 条第（b）款第（2）项第（B）目和第 1860D－15 条第（f）款第（2）项规定，为部长可使用第（ⅲ）节，第（2）项第（B）目第（ⅱ）节，第（5）项第（G）目所需要的按第 1860D—15 条规定提交的药物数据。

（ⅴ）**电子处方的标准**。在可行的情况下，决定有资格的专业人士是否满足第（ⅰ）节、第（ⅱ）节和第（ⅲ）节的要求，部长须确保合格的专业人士利用电子处方系统时，按照第 1860D—4 条第（e）款规定遵守第 D 部分的电子处方计划建立的标准。

（C）[①] **联合执业满意报告措施**。

（ⅰ）**总则**。到 2010 年 1 月 1 日，部长应建立并已制定一个程序，合格的合伙医生（如部长定义）被视为令人满意地提交第（A）目规定的质量措施并且在报告期内［或为第（a）款第（5）项规定，报告期为一年］，符合第（B）目第（ⅱ）节所述专业服务的要求，如果代替根据第（k）款第（2）项第（C）目报告措施，合伙医生报告由部长认为合适的措施，例如按照部长指定的方式和时间报告高目标成本的慢性病和预防保健。

（ⅱ）**统计抽样模型**。第（ⅰ）节规定须使用统计抽样模型来提交措施，例如使用根据第 1866A 条规定的合伙医生实践示范项目中的模型。

（ⅲ）**没有双重支付**。根据第（ⅰ）节规定对于合伙医生的支付的收支应代替给予本款中合格的合伙医生令人满意地提交质量措施数据的付款。

（D）[②] **修改令人满意的报告数据的权利**。2009 年后年份，部长咨询利益相关者和专家，可根据本款修改第（A）目规定圆满提交质量措施的标准和根据第（B）目第（ⅱ）节规定提供电子处方质量措施的标准。

（4）**支付形式**。根据本款规定付款方式应为单一的综合付款方式。

---

① 《公法》第 110—275 期，第 131 条第（b）款第（3）项第（D）目第（ⅳ）节，增加第（C）目规定，2008 年 7 月 15 日生效。

② 《公法》第 110—275 期，第 131 条第（b）款第（3）项第（D）目第（ⅳ）节，增加第（D）目规定，2008 年 7 月 15 日生效。

（5）**应用**。

（A）**医师报告系统规则**。第（k）款第（5）项、第（6）项、第（8）项①应与本款适用方式相同②。

（B）**与其他红利支付协调**。本款规定不考虑 1833 条③第（m）款和第（u）款的适用以及根据本款规定允许的计算收费时不考虑任何根据该款规定的支付。

（C）**执行**。尽管有 2007 年、2008 年、2009 年④其他法律的规定，部长可根据本款规定或以其他方式实施程序指令。

（D）**确定**。

（ⅰ）**总则**。除本目随后的规定，对于确定一项措施是否适用根据本款⑤2007 年和 2008 年⑥的合格专业人士提供的专业服务，如果有资格专业人士提交测量数据，部长须推定该项措施适用于该专业人士。

（ⅱ）**方法**。部长可建立程序⑦，以确定（通过取样或部长决定是恰当的其他方式）措施是否适用于合格的专业人士已报告的专业服务。

（ⅲ）**拒绝付款权利**。如果部长确定一个合格的专业人士［在第（3）项第（C）目规定的合伙医生］⑧没有报告适用于该专业人士提供专业服

---

① 《公法》第 110—275 期，第 131 条第（b）款第（5）项第（A）目第（ⅰ）节第（Ⅰ）次节，废除"《社会保障法》第 1848 条第（k）款规定，增加第（b）款规定"，替代为"第（k）款规定"。

② 《公法》第 110—275 期，第 131 条第（b）款第（5）项第（A）目第（ⅰ）节第（ⅠⅠ）次节，废除"本条规定"，替代为"该款规定"。

③ 《公法》第 110—275 期，第 131 条第（b）款第（5）项第（A）目第（ⅱ）节，废除"《社会保障法》的（《美国法典》第 42 编第 13951 条）"。

④ 《公法》第 110—275 期，第 131 条第（b）款第（5）项第（E）目第（ⅰ）节，增加"2007 年、2008 年、2009 年"，2008 年 7 月 15 日生效。

⑤ 《公法》第 110—275 期，第 131 条第（b）款第（5）项第（E）目第（ⅱ）节第（aa）次节，增加"2007 年和 2008 年"，2008 年 7 月 15 日生效。

⑥ 《公法》第 110—275 期，第 131 条第（b）款第（5）项第（E）目第（ⅱ）节第（bb）次节，废除"第（2）项规定"并增加"本条规定"，2008 年 7 月 15 日生效。

⑦ 《公法》第 110—275 期，第 131 条第（b）款第（5）项第（E）目第（ⅱ）节第（Ⅱ）次节，废除"应该"并替代为"可能建立程序"，2008 年 7 月 15 日生效。

⑧ 《公法》第 110—275 期，第 131 条第（b）款第（5）项第（E）目第（ⅱ）节第（Ⅲ）次节第（aa）小节，增加"或者，根据第（3）项（C）目规定的集体行为，集体行为"，2008 年 7 月 15 日生效。

务的措施，部长不得根据本款①支付的奖金。如果该期间已经付款，部长应从合格的专业人士（或合伙医生）收回上述款项②。

（E）**对审查的限制**③。不得对下列有任何根据第 1869 条、第 1878 条规定或以其他方式④进行行政或司法审查。

（ⅰ）⑤ 确定的措施适用于由合格的专业人士根据本款规定提供的服务；

（ⅱ）⑥ 根据本款规定确定满意的报告⑦；

（ⅲ）⑧ 第（3）项规定确定一个成功的电子处方开具者，第（2）项第（B）目规定的限制，以及第（a）款第（5）项第（B）目规定的例外；

（ⅳ）⑨ 根据本款确定的任何⑩奖励费及第（a）款第（5）项第（A）

---

① 《公法》第 110—275 期，第 131 条第（b）款第（5）项第（E）目第（ⅱ）节第（Ⅲ）次节（bb），废除"激励支付'并替代为'根据本条规定的激励支付"，2008 年 7 月 15 日生效。

② 《公法》第 110—275 期，第 131 条第（b）款第（5）项第（E）目第（ⅱ）节第（Ⅲ）次节（cc），增加本条规定，2008 年 7 月 15 日生效。

③ 《公法》第 110—275 期，第 131 条第（b）款第（5）项第（E）目第（ⅲ）节第（Ⅰ）次节，废除"（ⅰ）总则。"，2008 年 7 月 15 日生效。

④ 《公法》第 110—275 期，第 131 条第（b）款第（5）项第（A）目第（ⅲ）节，废除"《社会保障法》第 1869 条和第 1878 条或其他'并替代为'第 1869 条、第 1878 条或其他"。

⑤ 《公法》第 110—275 期，第 131 条第（b）款第（5）项第（E）目第（ⅲ）节第（Ⅲ）次节，重新制定之前的第（Ⅰ）次节作为第（ⅰ）节。

⑥ 《公法》第 110—275 期，第 131 条第（b）款第（5）项第（E）目第（ⅲ）节第（Ⅲ）次节，重新制定之前的第（Ⅱ）次节作为第（ⅱ）节。

《公法》第 110—275 期，第 131 条第（b）款第（5）项第（E）目第（ⅲ）节第（Ⅱ）次节，废除之前的第（ⅱ）节规定，2008 年 7 月 15 日生效。之前第（ⅱ）节规定，见第 2 卷《公法》第 110—275 期，第 J 补充，监督条款。

⑦ 《公法》第 110—275 期，第 131 条第（b）款第（5）项第（E）目第（ⅱ）节第（Ⅳ）次节，废除"第（2）项规定，"，替代为"该款规定"，2008 年 7 月 15 日生效。

⑧ 《公法》第 110—275 期，第 131 条第（b）款第（5）项第（E）目第（ⅱ）节第（Ⅲ）次节，重新制定之前的第（Ⅲ）次节作为第（ⅲ）节。

《公法》第 110—275 期，第 132 条第（a）款第（3）项，整体修改第（ⅲ）节规定，2008 年 7 月 15 日生效。之前第（ⅲ）节规定，参见第 2 卷《公法》第 110—275 期，第 J 补充，监督条款。

⑨ 《公法》第 110—275 期，第 131 条第（b）款第（5）项第（E）目第（ⅲ）节第（Ⅲ）次节，重新制定之前的第（Ⅳ）次节作为第（ⅳ）节。

⑩ 《公法》第 110—275 期，第 131 条第（b）款第（5）项第（E）目第（Ⅴ）节第（aa）次节，废除"额外津贴"并替代为"任何"，2008 年 7 月 15 日生效。

目①规定的所指的支付款调整。

（F）**延期**。2008 年及以后年份②，部长应建立本款③规定的报告的替代标准，和其他根据第（k）款第（2）项第（B）目④的第（2）项（B）目报告措施的替代报告期［由第（6）项第（C）目规定］和用第（k）款第（4）项⑤报告规定的方法。

（G）⑥ **网络公布**。部长应当在医疗保险和医疗补助服务中心的国际互联网网址上以容易理解的格式公布下列名单：

（ⅰ）根据本款，圆满提交质量措施数据的符合条件的专业人员［根据第（3）项第（C）目是合伙医生］。

（ⅱ）成功开具电子处方的符合条件的人员［根据第（3）项第（C）目为合伙医生］。

（6）**定义**。就本款而言：

（A）**符合条件的专业人士、覆盖专业服务**。"符合资格的专业"和"涵盖专业服务"为第（k）款第（3）项⑦给予的含义。

（B）**医师报告制度**。"医师报告制度"指根据第（k）款⑧规定建立

---

① 《公法》第 110—275 期，第 131 条第（b）款第（5）项第（E）目第（ⅲ）节（ⅴ）次节（bb），增加"根据第（a）款第（5）项第（A）目规定对支付的调整"，2008 年 7 月 15 日生效。

② 《公法》第 110—275 期，第 131 条第（b）款第（5）项第（E）目第（ⅳ）节第（Ⅰ）次节，废除"2009 年，第（3）项不适用，以及'并替代为'随后的年度"，2008 年 7 月 15 日生效。

③ 《公法》第 110—275 期，第 131 条第（b）款第（5）项第（E）目第（ⅳ）节第（Ⅱ）次节，废除"第（2）项规定，"，替代为"该款规定"，2008 年 7 月 15 日生效。

④ 《公法》第 110—275 期，第 131 条第（b）款第（5）项第（A）目第（ⅳ）节第（Ⅰ）次节，废除"《社会保障法》［《美国法典》第 42 编第 1395w—4 条第（k）款］第 1848 条第（k）款第（2）项第（B）目规定，"，替代为"第（k）款第（2）项第（B）目规定"。

⑤ 《公法》第 110—275 期，第 131 条第（b）款第（5）项第（A）目第（ⅳ）节第（Ⅱ）次节，废除"本节第（4）项规定，"，替代为"第（k）款第（4）项规定"。

⑥ 《公法》第 110—275 期，第 131 条第（b）款第（5）项第（E）目第（ⅴ）节，增加第（G）目规定，2008 年 7 月 15 日生效。

⑦ 《公法》第 110—275 期，第 131 条第（b）款第（5）项第（B）目第（ⅰ）节，废除"《社会保障法》第 1848 条第（k）款第（3）项规定，作为第（b）款规定"，替代为"第（k）款第（3）项规定"。

⑧ 《公法》第 110—275 期，第 131 条第（b）款第（5）项第（B）目第（ⅱ）节，废除"《社会保障法》第 1848 条第（k）款第（3）项规定，作为第（b）款规定"，替代为"第（k）款规定"。

的制度。

（C）① **报告期**。

（ⅰ）**总则**。第（ⅱ）节及第（ⅲ）节规定，"报告期"是指：

（Ⅰ）2007 年：从 2007 年 7 月 1 日开始，并于 2007 年 12 月 31 日结束；

（Ⅱ）2008 年、2009 年、2010 年和 2011 年：为一整年。

（ⅱ）**修改报告期限的权利**。2009 年以后年份，如果部长决定修改是适当的，部长可根据第（ⅰ）节修改报告期，修改导致有效措施报告，与最大限度地发挥科学的有效性目标一致并减少行政负担。如果部长根据前句规定修改此期间，"报告期内"应为上述修订的时期。

（ⅲ）**参考**。适用第（a）款第（5）项，本款规定的报告期的参考，应被视为根据本款第（D）目第（ⅲ）节规定的报告期的参考。

（D）【已废除②】

（n）③ **医师反馈计划**。

（1）**设立**。

（A）**总则**。部长应建立一个医师反馈程序（在本款简称"纲要"），据此，根据本编规定对个人提供服务所涉及的资源的测量，部长须向医生（以及为部长确定适当的医生组）使用本款要求的数据（可能使用其他数据）提供的机密报告。如部长确定适当的、报告包括医生（或医师组）提供给个人的服务质量信息。

（B）**资源使用**。在第（A）目描述的资源的测量以下列为基础：

（ⅰ）情节环境的基础；

（ⅱ）按人均计算的；

（ⅲ）或者，在情节和人均的基础上。

----

① 《公法》第 110—275 期，第 131 条第（b）款第（3）项第（F）目，整体修改第（C）目，2008 年 7 月 15 日生效。之前第（C）目规定，参见第 2 卷《公法》第 110—275 期，第 J 补充，监督条款。

② 《公法》第 110—275 期，第 131 条第（b）款第（5）项第（C）目，废除第（D）目，2008 年 7 月 15 日生效。之前第（D）目规定，参见第 2 卷《公法》第 110—275 期，J 补充，监督条款。

③ 《公法》第 110—275 期，第 131 条第（c）款第（1）项，增加第（n）款，2008 年 7 月 15 日生效。

（2）**实施**。部长在 2009 年 1 月 1 日之前须执行计划。

（3）**数据报告**。在可行的情况下，该计划的报告应根据最新数据为基础。

（4）**焦点适用的权利**。部长可酌情聚焦计划的应用，如将计划集中于：

（A）对于所有为医生提供的服务的支出占一定比例的专科医师；

（B）根据本编规定具有成本高、大容量或两者兼有的条件下的医生；

（C）与其他医师相比，利用大量资源的医师；

（D）在特定区域工作的医师；

（E）或者，根据本编治疗最少人的医师。

（5）**如果信息不够充分的话排除特定信息的权力**。如果部长认为没有足够多的与服务相关的信息来形成一个与此服务相关的报告，部长可以在与某医师（或多名医师）相关的计划中从报告中排除有关服务的特定信息。

（6）**数据调整**。某种程度上是可行的，部长应将根据此项目用来准备报告的数据进行适当调整，例如考虑到健康状况的不同及病人特点而做出调整。

（7）**教育及延伸**。部长应根据本项目要求向医师提供关于实践和方法上的教育及延伸活动。

（8）**免于公开**。根据《美国法典》第 5 编第 552 条规定，根据项目做出的报告应免予公开。

第 C 部分　医疗保险 + 选择计划[①]

资格、选择以及申报登记

第 1851 条【《美国法典》第 42 编第 1395w—21 条】（a）通过医疗保险 + 选择计划选择医疗保险利益：

（1）**总则**。根据本条规定，每个有资格参与医疗保险 + 选择计划的

---

① 关于对为个体特殊需要而存在的专门的 MA 计划产生的影响的研究，参见第 2 卷《公法》第 108—173 期，第 231 条第（e）款。

关于指定计划和申请新计划的暂停，参见第 2 卷《公法》第 110—173 期，第 108 条第（b）款。

关于一项 MEDPAC 研究和质量措施的报告，参见第 2 卷《公法》第 110—275 期，第 168 条。

个体〔如第（3）项所述〕都有资格根据本编通过以下方式去选择接受的福利（而不是有处方药福利方面的资格）：

（A）根据第 A 部分和第 B 部分的规定，通过最初的医疗保险按次支付医疗费程序；

（B）或者，根据本部分规定通过在医疗保险＋选择计划中的申报登记；

且可以根据 1860D－1 的规定有资格选择处方药保险的范围。

（2）**医疗保险＋选择计划可适用的类型**。一个医疗保险＋选择计划可以是以下健康保险计划中的任何一种：

（A）**协调医疗保险计划（包括地区计划）**。

（ⅰ）**总则**。协调医疗保险计划提供保健服务，包括但不限于健康维护组织计划（有或没有服务点的选择）、供应商赞助组织提供的计划〔如第 1855 条第（d）款所规定〕，以及区域或局部首选供应商组织的计划（包括 MA 区域计划）。

（ⅱ）**个体特殊需要的专门的 MA 计划**。一个体特殊需要的专门的 MA 计划〔如第 1859 条第（b）款第（6）项规定〕可以是协助医疗计划中的任何一种。

（B）**MSA 计划和 MSA 医疗保险＋选择的结合的贡献**。一个第 1859 条第（b）款第（3）项所规定的 MSA 计划，以及贡献到一个医疗保险＋选择的医疗储蓄账户（MSA）。

（C）**私人按次支付医疗费计划**。一个医疗保险＋选择的私人按次支付医疗费计划，如第 1859 条第（b）款第（2）项所规定。

（3）**医疗保险＋选择的合格的参与个体**。

（A）**总则**。在本编根据第（B）目，医疗保险＋选择的合格的参与个体指的是根据第 A 部分有资格享有利益和根据第 B 部分可以进行申请的合格个体。

（B）**为末期肾病而定的特殊规则**。该术语不应包括在医学上已被认定为末期肾病患者，除非：（ⅰ）一名发展成末期肾病患者同时也是个医疗保险＋选择计划的参与者，其可以继续参加此计划；以及（ⅱ）根据第（ⅰ）节（或此款随后规定）参加医疗保险＋选择计划的个体，如果出现第（e）款第（4）项第（A）目所规定的情况而停止，那么此个体将被作为一名有资格参与医疗保险＋选择计划的个体，以便于其决定参与其他的医疗保险＋选择计划。

（b）**特殊规定**。

（1）**住所要求**。

（A）**总则**。除非部长提供且在第（C）目提供，一个个体只有在一个由医疗保险＋选择组织提供的计划适用其住所地时才有资格去选择。

（B）**允许加入的延长**。依据部长指定的规定，部长应规定一个医疗保险＋选择计划可以向住所在某个地理区域的个体提供继续参与计划的选择，尽管该个体不在居住计划的服务区域内，只要该计划规定了个体可行使此选择权，作为根据最初的医疗保险按次支付医疗费程序的选择产生的利益，受制于获得全部利益的合理的成本分担，在此地理区域内可获得此利益。

（C）**在服务发生变化的地方允许加入的延长**。尽管存在第（A）目和第（B）目的规定，如果一个医疗保险＋选择组织从原来是其医疗保险＋选择支付的区域的服务区域内消除，该组织可选择为居住在所有或部分受影响地区的个体提供，否则将没资格继续参与此选择，只要存在以下情况，即可继续参与其提供的 MA 区域计划：（ⅰ）在计划服务范围的组织指定的专用设施内，参与者同意接受全部范围内的基本利益（不包括紧急和迫切需要的照顾）；以及（ⅱ）组织的选择期间在参与者住所地没有其他的医疗保险＋选择计划。

（2）**关于被联邦雇员健康福利项目所覆盖的特定个体或有资格享有退伍军人或军人健康福利的个体的特殊规定**。

（A）**联邦雇员健康福利项目**。一个根据《美国法典》第5编第89章参与一个健康福利计划的个体没有资格参与一个 MSA 计划，直到行政管理与预算局主任向部长书面证明人事管理办公室已经采取政策确保这些计划中的这些个体的参与不会根据本编规定为联邦政府的健康福利计划造成支出的增长。

（B）**退伍军人和美国国防部**。在根据《美国法典》第10编第55章的规定或此法典第38编第17章的规定个体有资格享有医疗保健福利的情况下，部长可适用与第（A）目规定相似的规定。

（3）**在 MSA 计划中合格的医疗保险受益人及其他医疗保险受益人资格的限制**。一个个体如果是一个合格的医疗保险受益人［如第 1905 条第（p）款第（1）项所规定］或是工作能力不健全的［如第 1905 条第（s）

款所规定〕，或如第 1902 条第（a）款第（10）项第（E）目第（ⅲ）节所规定的，或除非是根据第十九编全国计划是合格的医疗保险成本分担者，那么就没有资格参加一个 MSA 计划。

（4）**MSA 计划下的保险范围**。

（A）**总则**。根据部长设立的规定，一个个体没有资格一整年参加（或继续参加）一个 MSA 计划，除非该个体向部长保证其全年至少有 183 天在美国。

（B）**评价**。部长应定期对根据本部分规定评价（包括相反的选择结果）允许参保 MSA 计划对选择（包括逆向选择）预防保健及获得保健和根据本编规定的信托基金的财政状况所产生的影响。

（C）**报告**。部长应定期向国会报告该计划中加入者的数目以及根据第（B）目正在进行评价的结果。

（c）**选择的过程**。

（1）**总则**。部长应通过做出和改变第（a）款规定的选择来建立一个程序，包括选择做出改变的形式和方式。这些决定的做出和改变只能在根据第（e）款特定的范围变更期间，且应根据第（f）款规定生效。

（2）**通过医疗保险 + 选择组织进行协调**。

（A）**加入**。该程序应允许想加入医疗保险 + 选择组织的计划的个体通过向组织递交合适的申请表来做出选择。

（B）**退出**。该程序应允许一个已经选择加入医疗保险 + 选择组织计划但想退出的个体通过向组织递交合适的申请表进行退出。

（3）**默认**。

（A）**最初的选择**。

（ⅰ）**总则**。根据第（ⅱ）节，一个未能在第（e）款第（1）项规定的最初的选择期间做出选择的个体则被认为已进行了最初的医疗按次支付医疗费程序选择。

（ⅱ）**范围的无间断延长**。部长可以设立程序规定，在最初选择期间加入了医疗保险 + 选择组织提供的健康计划（而不是医疗保险 + 选择机会）的个人，且没有通过组织选择接受保险项目，则被认为已经选择了由该组织提供的医疗保险 + 选择的机会（或者，如果该组织提供一个以上计划，部长在该程序下确认的一个或多个计划）。

（B）**持续期**。依据本条，做出选择（或被认为已经做出选择）的个人被认为持续该选择直到以下时间：（ⅰ）根据本条，个人改变选择；或者（ⅱ）医疗保险＋选择计划的有效选择停止，或依据第（ｂ）款第（１）项第（Ｂ）目不再在该人居住的区域提供。

（ｄ）**为知情选择提供信息。**

（１）**总则**。依据本款，部长应提供活动广泛传播保险项目选择方面的信息给医疗保险的受益者（和未来的医疗保险受益人）以促进其进行积极、明智的选择。

（２）**通知的规定。**

（Ａ）**开季通知**。每年开始至少１５天前，协调选择时期［根据第（ｅ）款第（３）项第（Ｂ）目规定］，部长应给符合医疗保健选择条件的居住在一定区域的个人通知下列信息：

（ⅰ）**总则**。一般信息的界定如第（３）项所述。

（ⅱ）**计划列表以及计划选择的对照表**。一份可以（或即将可以）对这个地区的居民公布的医疗保健选择计划的列表以及第（４）项中对有关计划阐述的具体信息。这些信息应以对照表的形式呈现。

（ⅲ）**附加信息**。任何部长确定的其他信息将会帮助在此条下进行选拔的个人。邮寄此类信息应是连贯的，最大限度可行的，任何第１８０４条的年报同时邮寄。

（Ｂ）**新近符合医疗保健选择条件的个人的通知**。为了最大限度地可行性，在首次对符合第（ｅ）款第（１）项的个人进行医疗保健选择登记前不少于３０天，部长应通知他们第（Ａ）目规定的信息。

（Ｃ）**格式**。此款规定下的信息应用医疗保健的受益者们所易于理解的语言书写和编排。

（Ｄ）**定期更新**。第（Ａ）目规定的信息至少应一年更新一次，反映医疗保险＋选择计划的可获得性和医疗保健每月基本的和补充受益人保险费的变化。

（３）**总体信息**。本项的一般信息，即一年期间里应包含下列信息：

（Ａ）**最初医疗保险按次支付医疗费计划选择的待遇**。一份第Ａ部分和第Ｂ部分下的最初医疗保险按次支付医疗费计划所涵盖的受益的一般概述，包括：（ⅰ）涵盖的服务和项目；（ⅱ）受益者的成本，例如可抵消的费用，共同保险，共同付出的款项；以及（ⅲ）为了平衡收支所欠的债务。

（B）**选择程序**。如何根据此条进行选择的信息和指示。

（C）**权利**。在最初医疗保险按次支付医疗费计划中，受益者所享有的程序上的权利（包括不满和申诉程序），和依据第 1852 条第（b）款，医疗保险＋选择计划为了反对差别待遇基于个人健康状况所规定的权利的一般概述。

（D）**补充性医疗计划和医疗保险选择的信息**。一份一般描述包括：对待遇登记注册的权利，以及其他根据第 1882 条规定的补充性医疗计划所需的条件，以及第 1882 条第（t）款所规定的有关医疗保险选择政策的规定。

（E）**合同终止的可能性**。医疗保险＋选择计划的组织可能终止合同，拒绝续约，或是缩小合同中所涉及的服务范围，拒绝续约或是服务范围的缩小只会发生在根据医疗保险＋选择计划下注册的个人。

（F）**灾难的保险项目范围和单项的可扣除费用**。在 MA 地区计划中，阐述了此计划下的灾难保险项目范围和单项的可扣除费用。

（4）**选择计划对照信息**。依据本项，关于一年医疗保险＋选择计划的信息应包括下列内容：

（A）**待遇**。此计划涵盖的待遇包括下列：

（ⅰ）最初医疗保险按次支付医疗费计划规定范围以外所包含的服务项目。

（ⅱ）任何受益者的成本，包括第 1858 条第（b）款第（1）项下的单项可扣除费用的信息（如果恰当）。

（ⅲ）自费费用的最大限制。

（ⅳ）对于 MSA 计划，在这个计划下成本分担，保险费用和收支平衡与其他的医疗保险＋选择计划相比的不同。

（ⅴ）在医疗保险＋选择私人按次支付医疗费计划中，在这个计划下成本分担，保险费用和收支平衡与其他的医疗保险＋选择计划相比的不同。

（ⅵ）每位注册者通过网外健康保健提供方可以得到待遇的范围。

（ⅶ）每位注册者可以选择网内提供方的范围以及参加此次计划系统的提供方的种类。

（ⅷ）组织对紧急情况和急需的保健范围的保险项目。

（B）**保险费**。

（ⅰ）**总则**①。每月的费用对个人征收②。

（ⅱ）**缩减**。如果有可能，第 B 部分费用的缩减③。

每月费用对个人征收。

（C）**服务范围**。此计划的服务范围。

（D）**质量和绩效**。在一定程度上，待遇的计划质量和绩效指标（包括与第 A 部分和第 B 部分所述的最初的医疗按次支付医疗费计划的指标相比），包括：

（ⅰ）在前两年时间里，通过此计划享受待遇的医疗保险的注册者们注销的比例（由于死亡或是搬离计划服务区域的不在此列）；

（ⅱ）有关医疗保险注册者满意度的信息；

（ⅲ）健康情况的信息；

（ⅳ）对于遵守该编要求（部长所确定的）的计划的最近记录。

（E）**补充待遇**。增补的健康保障金，包括第 1852 条第（a）款第（3）项下任何成本分担的减少以及针对这些待遇的条款和先决条件。

（5）**维持一个免费电话号码和网站**。对于咨询医疗保险＋选择计划和医疗保险＋选择计划涉及范围是如何运作的咨询，部长应维持一个免费电话号码，并且通过网站个人可以获得电子化的选择信息和医疗保险＋选择计划。

（6）**非联邦政府机构的使用**。部长可以依照此条与非联邦政府机构签订合同，开展活动。

（7）**信息的规定**。医疗保险＋选择的组织应提供给部长这些信息，该组织的有关信息，以及每一个医疗保险＋选择计划所能提供的对于第（2）项第（A）目提到的有关信息的准备。

（e）**选择期间**。

---

① 《公法》第 106—554 期，第 606 条第（c）款第（ⅰ）节，废除"保险费。"并且替代为"保险费。（ⅰ）总则"，从 2003 年开始适用。

② 《公法》第 108—173 期，第 222 条第（1）款第（3）项第（B）目第（ⅲ）节，废除"医疗保险＋选择计划月基本保险待遇并且医疗保险＋选择计划补充保险待遇，对于任何计划或 MSA 计划，医疗保险＋选择计划月 MSA 保险费"代替为"个人收取的月保险费。"，适用于2006 年 1 月 1 日及以后的年份。

③ 《公法》第 106—554 期，第 606 条第（c）款第（ⅱ）节，增加第（ⅱ）节，从 2003 年开始适用。

（1）**如果个人可以获得医疗保险＋选择计划，首次对符合条件人员的甄选**。如果当个人第一次有权根据第 A 部分领救济金和根据第 B 部分注册时，在这个人居住区域有一个或更多的医疗保险＋选择计划可供其选择时，根据本条，他应在部长特定的时间里做出选择，当他在这段时间里选择医疗保险＋选择计划，在个人开始接受该保险的第一个日期开始该保险生效。

（2）**开放的注册和注销机会**。根据第（5）项：

（A）**整个 2005 年连续开放的注册和注销**。1998 年 1 月 1 日至 2005 年 12 月 31 日的任何时间里，根据第（a）款第（1）项符合医疗保险＋选择条件的个人可以改变选择。

（B）**2006 年前半年连续开放的注册和注销**。

（ⅰ）**总则**。根据第（ⅱ）节，在 2006 年前半年任何时间里，或是当个人在 2006 年里第一次符合医疗保险＋选择条件，在 2006 年的前半年时间里已经是符合医疗保险＋选择计划条件，他可以根据第（a）款第（1）项改变选择。

（ⅱ）**一次改变的限制条件**。根据第（ⅰ）节个人只能行使此项权利一次。此节规定下的限制不能适用于第（3）项所述的在每年连续选择期间选择的改变或在第（4）项第一句所述的特殊的注册期间。

（C）**在接下一年的前 3 个月连续开放的注册和注销**。

（ⅰ）**总则**。根据第（ⅱ）节，2006 年后的一年中前 3 个月的任何时间，或当个人在 2006 年后第一次符合医疗保险＋选择计划条件，该年的前 3 个月里已经是符合医疗保险＋选择计划条件的个人，可以根据第（a）款第（1）项改变选择。

（ⅱ）**每年开放注册期间改变的限制**。根据第（ⅰ）节个人每年只能适用的 3 个月间行使权利一次。此节规定下的限制不能适用于第（3）项所述的在每年连续选择期间选择的改变或在或是第（4）项第一句所述的特殊的注册期间。

（D）**社会福利机构连续开放注册**。2005 年后的任意时间，当符合医疗保险＋选择计划条件的个人为收容于社会福利机构（部长界定），个人根据第（a）款第（1）项可以选择：（ⅰ）注册医疗保险＋选择计划；或者（ⅱ）改变个人所注册的医疗保险＋选择计划。

（E）**在医疗保险优势非处方药计划中最初的医疗保险按次支付医疗**

费计划注册者有限制的连续开放注册。

（ⅰ）**总则**。从 2007 年 1 月 1 日起至 2007 年 7 月 31 日①的任何一天，符合医疗优势的个人没有注册最初的按次支付医疗费计划［根据第（ⅱ）节规定］，根据第（a）款第（1）项，可以注册医疗保健优势计划（非 MA—PD 计划）。

（ⅱ）**未注册按次支付医疗费计划个人的界定**。在本目中，"按次支付医疗费计划个人"指，符合医疗保险优势条件的个人在这一天，他：

（Ⅰ）通过注册第 A 部分和第 B 部分所述的最初按次支付医疗费计划领取待遇；

（Ⅱ）在这一天未注册 MA 计划；

（Ⅲ）截止该日期不符合进行 MA 计划选择注册的条件。

（ⅲ）**在适用期间里改变的限制**②。个人根据第（ⅰ）节规定的时间里只能行使权利一次③。

（ⅳ）**处方药计划下的覆盖面没有影响**。本目不能解释为允许个人依照第（ⅰ）节行使权利。

（Ⅰ）注册第 D 部分所述的处方药计划，注销参加此计划或参加不同的处方药计划；

（Ⅱ）或者，没有注册处方药计划的个人注册参加此计划。

（3）**年度、连续选择期间**。

（A）**总则**。根据第（5）项，每个有资格根据此条参加选择的个人在年度连续选择期间可以改变选择。

（B）**年度、连续选择期间**。本条中，"年度、连续的选择期间"指：

（ⅰ）2002 年前每一年前一年的 11 月；

（ⅱ）2002—2005 年，该年前一年从 11 月 15 日起至 12 月 31 日止；

（ⅲ）至于 2006 年，从 2005 年 11 月 15 日起至 2006 年 5 月 15 日止；

（ⅳ）至于 2007 年及以后年度，该年前一年从 11 月 15 日起至 12 月

---

① 《公法》第 110—48 期，第 2 条第（1）款，废除"2007 年或 2008 年"并替代为"从 2007 年 1 月 1 日开始到 2007 年 7 月 31 日的时期"。

② 《公法》第 110—48 期，第 2 条第（2）项第（A）目，废除"年"并替代为"适用时期"，2007 年 7 月 18 日生效。

③ 《公法》第 110—48 期，第 2 条第（2）款第（A）目，废除"该年"并替代为"该目所述时期"，2007 年 7 月 18 日生效。

31 日止。

（C）**医疗保险 + 选择计划健康信息事务**。每年的秋季（1999 年起），为配合第（B）目所述的年度连续选择期间，部长应发起全国性的连续的教育和公共运动，让符合医疗保险 + 选择计划条件的个人知晓医疗保险 + 选择计划以及选择的进程。

（D）**1998 年间特殊信息运动**。1998 年 11 月，部长发起了一场教育和公共事业运动，让符合医疗保险 + 选择计划条件的个人知晓医疗保险 + 选择计划的可得性，根据第 1876 条有资格签订风险承担合同的组织，以及不同地区提供计划和选择进程。

（4）**特殊的选择期间**。从 2006 年 1 月 1 日生效，个人可以在年度连续选择期间以外的期间终止由医疗保险 + 选择组织提供的医疗保险 + 选择计划，并且根据本条做出新的选择，如果：

（A）（ⅰ）根据本部分，组织或计划的合格证明书已经终止，或是组织或计划通知个人合格证明书即将失效，或者（ⅱ）组织已经停止或在个人所居住的区域终止提供服务计划，或已经通知个人即将停止或终止此项计划；

（B）由于个人居住地点或是周围环境的其他改变，其不再有资格被选择参加此计划［部长确定的，但不包括基于第（g）款第（3）项第（B）目第（ⅰ）节或第（ⅱ）节规定的个人注册的终止］；

（C）个人示威游行（依照部长确立的准则）：（ⅰ）提供此计划的组织根本上违反了组织协议的重要规定，如个人（包括没有及时提供给注册者根据此计划下待遇，或是没有提供符合一定质量标准的医疗保健），或者（ⅱ）组织（或机构或代表组织的机构）在推销此项计划给个人时根本上错误的介绍计划的规定；

（D）或者，个人遇到的部长可能提及的例外情况。

从 2006 年 1 月 1 日生效，第（A）目所述的第一次有资格领取待遇满 65 岁的个人，根据该编注册了医疗保险 + 选择计划，个人可以终止这一项计划的选择，并在这一注册开始生效后的 1 年间的任何时候选择按次付费计划。

（5）**MSA 计划的特殊规定**。尽管有以前条款的规定，个人：

（A）可以只有在下列期间选择 MSA 计划：（ⅰ）第（1）项描述的首次开放注册期间，或者（ⅱ）第（3）项第（B）目描述的年度连续的选择期间；

（B）根据第（C）目，除非在第（A）目第（ⅱ）节或第（ⅲ）节描述的期间和第（4）项第一句描述的期间，个人不可以终止 MSA 计划的选择；

（C）在年度连续选择期间选择参加 MSA 计划的，且先前没有选择参加此项计划的个人，可以通过部长确定的方式，在选择日期后 12 月 15 日之前撤销此项选择。

（6）**开放注册期间**。根据第（5）项，医疗保险＋选择组织：

（A）应接受以下期间的选择和改变：第（1）项描述的首次注册期间、1998 年 12 月、第（3）项所述年度连续选择期间、第（4）项第一句描述的特殊选择期间；

（B）可以接受组织规定的其他时候对选择结果的改变。

（f）**选择和选择改变的生效**。

（1）**首次选择保险项目期间**。根据第（e）款第（1）项的首次选择保险项目期间，此期间从根据第 A 部分个人有权受领救济金那天且根据 B 部分注册那天起开始生效，除部长为了不让这段时间有追溯力有规定外（依照第 1838 条）。

（2）**连续开放注册期间**。根据第（e）款第（2）项进行的选择或是改变在此行为做出之日起的第一个月的第一天开始生效。

（3）**年度连续选择期间**。在年度连续选择期间进行的选择或是改变［第（e）款第（3）项第（D）目描述的］从下一年的第一天开始生效。

（4）**其他期间**。根据第（e）款第（4）项在其他期间进行的选择或是改变应以这种方式生效，这种方式是部长确定的为了保证健康保险利益的连续性而采取的方式。

（g）**有关保证和续约方面的事项**。

（1）**总则**。除了本款有所规定，医疗保险＋选择组织应规定在其提供的有关医疗保险＋选择计划中的选择结果被接受的任何时候，组织将无条件地让符合条件的个人参加选择。

（2）**优先事项**。有关医疗保险＋选择计划提供的医疗保险＋选择组织有其自身的人数限制，当根据本条选择参加医疗保险＋选择计划的个人超出了人数限制，组织可能限制依据本条参加计划的人员，但如果在选择中规定了优先事项：

（A）优先在确定时刻就已经选择参加此计划的人员；

（B）对那些希望参加此项计划的人员以第1852条第（b）款确定的无差别对待的原则进行对待。

依照部长制定的规制，如果前一句将导致注册者在此计划服务区域的需要医疗保健的人员中不具代表性，前一句就将不再适用。

（3）**选择终止的限制**。

（A）**总则**。根据第（B）目介绍，医疗保险＋选择组织不能以任何理由终止个人对医疗保险＋选择计划的选择。

（B）**选择终止的根据**。医疗保险＋选择组织可以终止本条关于个人对于提供的医疗保险＋选择计划的选择，如果：

（ⅰ）任何与医疗保险＋选择计划有关的每月基本的和补充的保险费没有及时付清（与第1856条规定的标准一致，允许最后付这些费用的一定的宽限期）。

（ⅱ）个人从事一些破坏行为（在这些标准中有具体阐述）；

（ⅲ）或者，此计划对于居住在此区域的所有个人终止。

（C）**终止的结果**。

（ⅰ）**终止的原因**。任何根据第（B）目第（ⅰ）节或第（ⅱ）节规定终止选择的个人被认为已经选择了第（a）款第（1）项第（A）目规定的最初按次付费的医疗保险计划。

（ⅱ）**计划终止或服务区域缩小的选择终止**。任何根据第（B）目第（ⅲ）节所述的选择终止的个人依照第（e）款第（4）项第（A）目有一段特别选拔期间，使其能将保险项目转向另一个医疗保险＋选择计划下的保险项目。任何在此期间未能选择的个人有理由认为其已经转向第（a）款第（1）项第（A）目所述的最初按次付费的保险计划。

（D）**组织对选择表格的义务**。依照第1857条下的协议，每一个医疗保险＋选择组织收到依第（c）款第（2）项填写的选择表格应转交给部长（以部长确定的时间和方式）一份这些表格的副本或是部长确定的有关选择的信息。

（h）**市场营销资料和申请表格的批准**。

（1）**提交**。市场营销的资料或是申请表格不能由医疗保险＋选择组织分发给（或使用）符合医疗保险＋选择资格的个人，除非：

（A）至少在组织提交这些资料或表格给部长审查前的45天〔或是依

据第（5）项所述为10天］；

（B）部长批准这些资料或表格的分发。

（2）**审查**。依照第1856条确立的标准应包括审查这些被提交的资料或表格的准则，以及如果这些资料或是表格有重大性的错误或是让人有重大误解的错误，在这些准则的指导下，部长应否决或是稍后修改这些资料或表格。

（3）**视为批准（一站式购物）**。依第（1）项第（A）目被提交给部长或是健康与公共服务部门的地区办公室的资料或是表格，部长或是办公室没有不批准第（1）项第（B）目有关一定区域里医疗保险＋选择计划的市场情况资料或是表格的发放，视为部长没有不批准此项计划涵盖区域里这些资料的发放，除非在所涉及的地区里有一定的这些资料或表格发放比例。

（4）**某些推销行为的禁止**。每一医疗保险＋选择组织应遵循与医疗保险＋选择计划有关的市场准则，这些准则包括在第1856条确立的准则中：

（A）依照第（j）款第（2）项第（C）目规定，不允许医疗保险＋选择组织为了吸引注册者提供现金、礼物、奖品①或是其他金钱上的退款；②

（B）包括禁止医疗保险＋选择组织（此组织的代理人）代表任何个人为参加该条下的选择而完成表格的任何部分；③

（C）④ 不允许医疗保险优势组织（或代理人、经纪人或是代表这些组织的第三方）进行第（j）款第（1）项阐述的禁止行为；

---

① 《公法》第110—275期，第103条第（a）款第（1）项第（A）目第（i）节第（I）次节第（aa）小节，废除"现金或货币退款"并且替代为"，根据第（j）款第（2）项第（C）目，现金、礼品、奖品或其他货币退款"，适用于2009年1月1日及以后开始的计划年度。

② 《公法》第110—275期，第103条第（a）款第（1）项第（A）目第（i）节第（I）次节第（bb）小节，废除"，和"并插入一个逗号。

③ 《公法》第110—275期，第103条第（a）款第（1）项第（A）目第（i）节第（II）次节，废除"该时期"并插入一个逗号。

④ 《公法》第110—275期，第103条第（a）款第（1）项第（A）目第（i）节第（III）次节，加入第（C）目，适用于2009年1月1日及以后的计划年度。

（D）① 仅允许任一医疗保险优势组织（或代理人、经纪人或是代表这些组织的第三方）按照本条规定的限制条件进行第（j）款第（2）项阐述的活动。

（5）**对于以规范的市场化语言阐述的市场情况资料的特殊对待**。对于组织使用的市场情况资料，没有经过修改，用卫生与公共服务部规范语言提交，第（1）项第（A）目规定的期间可以从 45 天缩减为 10 天。

（6）② **在计划名称里需要包括的计划种类**。从 2010 年 1 月 1 日起，医疗保险优势组织必须确定由医疗优势组织提供的每一医疗优势计划包括此计划的计划种类（使用卫生与公共服务部确定的标准术语）。

（7）③ **各州应与卫生与公共服务部加强合作通报欺诈或是不恰当的市场行为**。

（A）**代理人和经纪人的委派**。每一医疗保险优势组织应：

（ⅰ）只委派根据州法取得资质证书的代理人和经纪人来推销医疗保险优势组织提供的医疗保险优势计划；

（ⅱ）如果一个州有其相应的委派方面的法律，应遵守这些法律；

（ⅲ）通知州政府代理人或是经纪人的终止，包括终止的原因（相应的州法有规定）。

（B）**遵守州政府的信息要求**。每一医疗优势组织应及时遵守州政府对有关有资质的代理人，经纪人或是代表医疗优势组织的第三方的运作方面的有关信息的要求，作为审查代理人，经纪人或是其他第三方行为的一部分。

（i）**医疗保险 + 选择计划选择的影响**。

（1）**向组织的付款**。根据第 1852 条第（a）款第（5）项，第 1853 条第（a）款第（4）项，第 1853 条第（g）款，第 1853 条第（h）款，第 1863 条第（d）款第（11）项，第 1863 条第（h）款第（3）项第（D）目下的参加由医疗保险 + 选择组织提供的医疗保险 + 选择计划的个

---

① 《公法》第 110—275 期，第 103 条第（a）款第（1）项第（A）目，加入第（D）目，由部长确定生效的日期（但是不能晚于 2008 年 11 月 15 日）。

② 《公法》第 110—275 期，第 103 条第（c）款第（1）项，加入第（6）项，2008 年 7 月 15 日生效。

③ 《公法》第 110—275 期，第 103 条第（d）款第（1）项，加入第（7）项，适用于 2009 年 1 月 1 日及以后的计划年度。

人与此组织签订协议中的付款，而不是第 A 部分和第 B 部分中规定的针对个人应付的款项。

（2）**唯一有权接受付款的组织**。根据第 1853 条第（a）款第（4）项，第 1853 条第（e）款，第 1853 条第（g）款，第 1853 条第（h）款，第 1857 条第（f）款第（2）项，第 1858 条第（h）款，第 1886 条第（d）款第（11）项和第 1886 条第（h）款第（3）项第（D）目，只有医疗保险＋选择组织有权从部长接受针对个人提供服务的款项。

（j）① **禁止行为的阐述和某些其他行为的限制条件**。

（1）**禁止行为的阐述**。本项阐述下列禁止行为：

（A）**未经请求的直接接触**。未经请求的直接接触有意愿的注册者，包括主动挨家挨户的询问或是有意愿的注册者没有主动接触时就主动地进行电话推销。

（B）**交叉推销**。在进行医疗保险优势计划的推销或市场活动或介绍时，推销其他的与健康无关的保险产品（如养老年金金和人寿保险）。

（C）**进餐**。在进行推销和销售时，无论价值以任何形式提供有意愿的注册者进餐。

（D）**在卫生保健机构和公共健康教育活动中进行推销活动**。在下列场合中向个人推销医疗保险优势计划的行为：

（ⅰ）健康保健设施中向个人提供健康保健活动的区域（如医生办公室和药房），除非这些活动是在健康保健设施的公共区域中进行的；

（ⅱ）在教育活动中。

（2）② **限制条件**。在下列事项中，部长应确立限制条件：

（A）**市场委派的范围**。有关医疗保险优势计划的市场推广委派的范围。在与有意愿的注册者对市场委派的范围和医疗保险优势组织签订协议的记录等问题上提前签订协议时应规定一些限制条件。在市场委派是亲自进行的情况下，该文件应该以书面形式。

（B）**联合品牌**。在医疗保险优势计划会员和市场资料中使用联合品

---

① 《公法》第 110—275 期，第 103 条第（a）款第（1）项第（A）目第（ⅱ）节，加入第（j）款，适用于 2009 年 1 月 1 日及以后的计划年度。

② 《公法》第 110—275 期，第 103 条第（b）款第（1）项第（B）目，加入第（2）项，由部长确定生效日期（但不能迟于 2008 年 11 月 15 日）。

牌网络供应商的名字或标志。

（C）**象征金钱价值的礼物的限制条件**。在推销活动中向有意愿的注册者提供礼物或是其他为进行推销而赠送礼品，而不是赠送象征金钱价值的礼物（由部长确定）。

（D）**补偿金**。不是依照部长确定的准则而是使用补偿金。这些准则应确保补偿金的使用刺激代理人和经纪人在医疗保险优势计划中注册最能满足其健康所需的个人。

（E）**培训需要、每年的再培训和代理人、经纪人以及第三方机构的考察**。当代理人、经纪人或是代表组织的第三方机构没有完成首次培训和考察计划，没有完成每年的再培训和考察计划。

待遇和受益者的保护措施

第 1852 条 【《美国法典》第 42 编第 1395w—22 条】（a）**基本待遇**。

（1）**需要的条件**。

（A）**总则**。除了第 1859 条第（b）款第（3）项对 MSA 计划的规定和第（6）项对 MA 地区计划的规定，每一医疗保险＋选择计划应通过提供方和其他满足第十一编第 A 部分所需条件的个人为本编的参保个人提供最初按次付费医疗保险计划选择下的待遇［2006 年以前，依照第 1854 条第（f）款第（1）项第（A）目所需的额外待遇］。

（B）**最初按次付费医疗保险计划选择下的待遇的界定**。

（i）**总则**。依据本部分，"最初按次付费医疗保险计划选择下的待遇"指这些项目和服务（安养院除外），这些项目和服务保证第 A 部分和根据第 B 部分注册的有权获得这些待遇的个人能得到待遇，按照第 A 部分和第 B 部分规定，所需服务的成本费用分担或是与此部分确定的相同程度的成本费用分担。

（ii）**地区计划的特殊规定**。在 MA 地区计划在确定与最初医疗费用服务计划选择下的救济金有关的保险精算相同程度的成本分担时，只考虑第 1858 条第（b）款第（2）项申请的那部分费用，这些费用与第（A）目所述有关。

（2）**条件的满足**。

（A）**总则**。由医疗保险＋选择组织提供的医疗保险＋选择计划（而非 MSA 计划）满足第（1）项第（A）目的要求，通过条款和服务项目获得待遇而不是通过提供方或是其他与提供此计划签订协议的个人获得时，如果计划提供的款项达到了一定数量，以至于：

（ⅰ）这些款项的总数和此计划提供的成本至少是相等的；

（ⅱ）针对这些条款和服务的总的付款额根据第 A 部分和第 B 部分被授权委托（包括这些部分允许的任何收支平衡）。

（B）**参考相关规定**。相关的规定：

（ⅰ）为防止医疗保险＋选择组织与没有签订协议的提供方进行收支平衡的限制条件；

（ⅱ）限制注册者对待遇缴费的保险精算价值，见第 1854 条第（b）款。

（C）**统一的保险项目政策的选择**。当医疗保险＋选择组织提供的医疗保险＋选择计划所服务的区域里的不同部分使用超过一种地方保险项目的确定方式，组织可以选择这个区域中对医疗保险＋选择注册者最有利的保险项目确定方式（部长确定），从而适用于所有的医疗保险＋选择计划的注册者。

（3）**补充福利待遇**。

（A）**包括在部长批准下的待遇**。每一医疗保险＋选择组织可以提供给在该编下注册的个人而非 MSA 计划（不给予个人拒绝保险项目的选择权）下的个人由部长批准的增补的健康保健待遇。部长应批准这些增补的待遇，除非部长认为包括的这些增补待遇会很大程度上阻碍有资格参加医疗保险＋选择计划的个人进行注册。

（B）**注册者的选择权**。

（ⅰ）**总则**。根据第（ⅱ）节，医疗保险＋选择组织可以提供给该编下注册的个人补充健康保健待遇，但个人可以选择是否包括。

（ⅱ）**MSA 计划的特殊规定**。医疗保险＋选择组织在 MSA 计划下可以不提供包含第 1859 条第（b）款第（2）项第（B）目阐述的包含可扣除费用的补充健康保健待遇。在适用先前的判例时，第 1882 条第（u）款第（2）项第（B）目阐述的健康待遇不应认为包括这些可扣除的费用。

（C）**申请医疗保险＋选择私人按次付费的医疗保险计划**。本项不得解释为防止医疗保险＋选择私人按次付费的医疗保险计划提供增补的待遇，这些待遇包括第 1852 条第（k）款允许的一些或所有的收支平衡的款项，和计划认为医疗上所需的额外的服务。这些待遇可能包括第 1854

条第（e）款第（4）项第（B）目里的保险精算价值以下成本的削减。

（4）**组织作为第二支付人**。尽快有法律的其他规定，医疗保险＋选择组织可［依照第1862条第（b）款第（2）项，医疗保险＋选择计划里针对个人的条款和服务的规定组织作为第二支付人的情况］收费或授权服务提供方收费，与该款所述的法律、计划或是政策相一致：

（A）承保者、雇主或是根据法律、计划或是政策规定其他实体支付这些服务规定；

（B）或者，这些根据法律，计划或针对这些服务的政策已经被支付款项的个人。

（5）**国内保险项目确定方式和待遇方面的立法改变**。如果在第1853条第（b）款声明发布的日期起至依据本部分发表的下一声明日期止这段时间里，做出国内保险项目确定方式或是待遇方面的立法改变，部长认为此确定方式会导致提供这一国内保险项目确定方式下的待遇的医疗保险＋选择组织在成本方面的巨大改变，而且这些改变没有被包含在依据第1853条每年医疗保险＋选择人头付费率的确定里，除非法律另有需要：

（A）直到这一段期间结束的第一个合同年，这些确定方式或是待遇方面的立法改变才适用于本部分的合同；

（B）如果这些保险项目确定方式或立法方面的改变提供了额外待遇的保险项目或是其他情况下的保险项目，第1851条第（i）款第（1）项不应适用于支付这些额外待遇或是在其他情况下的待遇直到该期间结束的第一个合同年。

先前判例的设想应基于医疗保健和医疗救助服务中心的总保险精算师的分析报告和与保险项目确定方式或是待遇方面立法改变有关的保险精算成本。

（6）**地区计划中特殊的待遇规定**。在 MA 计划中，此计划下的待遇包括和第1858条第（b）款第（1）项和第（2）项所述的待遇。

（7）[①] **对于双重资格的医疗保健受益者成本分担的限制**。如果个人符合双重资格［第1935条第（c）款第（6）项界定］或是有资格的医疗保健受惠者［第1905条第（p）款第（1）项有界定］，且注册了专门医

---

① 《公法》第110—275期，第165条第（a）款，加入第（7）项，适用于2010年1月1日及以后的计划年度。

疗保险优势计划的专门需要，如果个人没有注册这一计划，这个计划不会强加成本超过第十九编允许的给个人的数量。

（b）**反差别对待**。

（1）**受益者**。

（A）**总则**。对于本编中个人愿意在该组织注册，基于《公共健康服务法》第 2702 条第（a）款第（1）项所述的健康状况有关的因素，医疗保险＋选择组织不会拒绝、限制、制约保险体检或待遇的规定。如果部长确定此计划的设计和它的待遇很有可能本质上阻碍有资格参加 MA 计划的个人注册，部长将不会批准此组织的计划。

（B）**解释**。第（A）目不得解释为需要医疗保健组织注册已经为晚期肾病的个人，除非第 1851 条第（a）款第（3）项第（B）目有规定。

（2）**提供方**。医疗保险＋选择组织不应仅基于资质或证书在参与、补偿、赔偿方面差别对待在提供者资质或州法下资质范围内活动的任何提供者。本项不应解释禁止计划包括供应商仅在需要时满足计划的参与者的需要或是建立旨在维护质量和控制成本与计划的责任相一致的措施。

（c）**披露的需要**。

（1）**计划规定的详尽阐述**。注册时以及至少每年医疗保险＋选择组织应清楚、准确地以标准的形式向组织提供计划的注册者披露以下计划的相关信息：

（A）**服务区域**。计划的服务区域。

（B）**待遇**。此计划提供的待遇，包括第 1851 条第（d）款第（3）项第（A）目阐述的信息和保险项目的例外，如果是在 MSA 计划中，还应有此计划与医疗保险＋选择计划下的待遇的对照表。

（C）**获得**。计划提供方的数目、混合、分布、计划规定的网外保险项目（如有），以及任何服务点选择（包括对这些选择的增补的费用）。

（D）**区域外的保险项目**。计划规定的区域外的保险项目。

（E）**紧急情况的保险项目**。紧急服务的保险项目，包括：

（ⅰ）紧急服务的恰当使用，包括 911 电话系统或是当地紧急情况下的应急系统和构成紧急情况的解释；

（ⅱ）得到紧急服务的计划的进程和程序；

（ⅲ）紧急部门、医生和医院提供紧急服务和稳定后护理的其他场所的分布和设置。

（F）**增补的待遇**。组织发放的增补的待遇，包括：

（ⅰ）增补的待遇是否是可选择的；

（ⅱ）包含增补的待遇；

（ⅲ）医疗保险＋计划每月的针对增补的待遇的增补的费用。

（G）**优先授权规定**。优先授权的规定或是其他导致不付款的审查需求。

（H）**计划的不满和申诉程序**。所有的计划申诉和不满的权利和程序。

（I）**改进计划的特点**。第（e）款下组织的改进计划的阐述。

（2）**需求的披露**。当有资格的医疗保险＋选择个人提出要求，医疗保险＋选择组织必须提供给这些个人下列信息：

（A）保险项目总体信息和根据第（ⅰ）节和第 1851 条第（d）款第（2）项第（A）目的总体计划对照信息。

（B）组织控制这些服务和费用程序的信息。

（C）有关不满，申诉数量的信息和这类问题总和的处置信息。

（D）参与医师补偿方法总的概述。

（d）**获得服务的途径**。

（1）**总则**。提供医疗保险＋选择计划的医疗保险＋选择组织可能选择提供待遇的提供方，只要：

（A）组织保证这些待遇迅速发放给计划服务区域下的有资格的个人并保证有关待遇条款的连贯性。

（B）当有医疗之需时，组织能保证一天 24 小时一周 7 天都能领到待遇。

（C）计划提供的第（A）目和第（B）目有关服务的补偿能发放给个人而不是通过组织，如果：

（ⅰ）服务不属于紧急服务［由第（3）项界定］，但：（Ⅰ）因为不能预见的疾病、伤害或者条件，此服务是医疗上所需的且是立即需要的，以及（Ⅱ）没有通过组织得到相关服务的合理条件；

（ⅱ）肾透析服务且不是通过组织提供，因为个人暂时不在计划的服务区域；

（ⅲ）服务是在第（2）项确立的准则下的保健和稳定后护理。

（D）为医疗上所需的治疗和服务，组织为恰当的提供方提供途径，包括专家信任书。

（E）为紧急服务提供的保险项目［第（3）项界定］不考虑优先授权或与紧急服务提供者与组织的合同关系。

（2）**有关连续的稳定后期护理的准则**。根据第 1867 条，医疗保险＋选择计划应遵从这些准则，该准则由部长规定，促进注册者高效及时的持续恰当康复和注册者稳定后的后期稳定照顾。

（3）**紧急服务的界定**。

（A）**总则**。紧急服务指注册这个组织的个人接受以下条件的住院病人和门诊病人的服务：

（ⅰ）由有资格提供本章下这些服务的提供方提供的；

（ⅱ）需要评价或稳定紧急的医疗情况［由第（B）目界定的］。

（B）**基于谨慎的外行判断的紧急医疗情况**。紧急的医疗情况指这样一种医疗情形，严重的紧急症状（包括剧烈的痛苦）以至于审慎的拥有一般健康和医疗知识的外行，没有立即合理地进行医疗关照，导致：

（ⅰ）让个人（或，如孕妇健康和她未出生的孩子）的健康处于严重危险中；

（ⅱ）身体机能的严重损伤；

（ⅲ）或者，身体器官或部分器官严重的机能障碍。

（4）**确保参加医疗保险＋选择私人按次付费医疗保险计划的途径**。除了此部分规定的其他条件，在医疗保险＋选择私人按次付费医疗保险计划情形中，提供此计划的组织应向部长表明组织有相当数量、范围之广的专业的健康保健人员，且提供方愿意提供该计划下的服务。根据第（5）项，部长[①]认为组织已经满足了专业健康保健所需要的条件：

（A）计划已经确定了由那一类提供方提供的服务的支付率，此比率不少于第 A 部分，第 B 部分或两部分针对这些服务的比率；

（B）或者，计划与在这些方面有相当数量和规模的提供方签订了合同和协议［不是第（j）款第（6）项所述的被视为合同或协议］，提供此计划下条款的服务[②]，或是两者的综合。先前的判例不应解释为限制相关

①　《公法》第 110—275 期，第 162 条第（a）款第（1）项第（A）目，废除"部长"并替代为"根据第（5）项，部长"，2008 年 7 月 15 日生效。

②　《公法》第 110—275 期，第 162 条第（a）款第（3）项第（A）目，废除"一个足够的数量和范围内的供应商以提供计划覆盖范围内的服务"并且替代为"一个足够的数量和范围内的供应商以满足第（1）项第（A）目到第（E）目的准入标准"，**适用于 2010 计划年及以后的计划年度**。

的注册者得到有关的待遇，除非如果计划完全符合第（B）目中的健康保健专业人或提供方类别的要求，那么对于这个种类的提供方没有合同和协议去提供包括的计划下条款的服务，提供方可能提供更高的、有利的共同支付计划。

（5）① **某些非雇主医疗保险和私人按次付费医疗保险计划的使用与提供方合同需要的条件**。

（A）**总则**。2011 年及以后年度计划，第 1857 条第（ i ）款第（1）项和第（2）项没有阐述的医疗保险和私人按次付费医疗保险计划在网内区域［由第（B）目规定］实施，该计划应只有通过缔结第（B）目规定的书面的合同并且不是完全或部分通过建立满足第（A）目要求的支付比例，来满足第（4）项下的进入标准。

（B）**网内区域的界定**。根据第（A）目，"网内区域"指，一个计划年内，部长确定的［根据第 1853 条第（b）款第（1）项第（B）目在部长以前计划年建议付款率声明中］在声明发布的这一年的第一天拥有至少两个网内［根据第（C）目规定］计划注册。

（C）**网络计划的界定**。

（ i ）**总则**。根据第（B）目，"网络计划"指：

（Ⅰ）除了第（ⅱ）节有规定，第 1851 条第（a）款第（2）项第（A）目第（ i ）节规定的连续医疗保险优势计划；

（Ⅱ）网络 MSA 计划；

（Ⅲ）根据第 1876 条合理的补偿成本。

（ⅱ）**非网络地区 PPOS 的例外**。"网络计划"不包括 MA 地区计划，在该地区实质上通过《美国联邦法规》第 42 章 422.112 条第（a）款第（1）项第（ⅱ）目的权威规定而不是通过书面合同满足准入标准。

（e）**保障水平改进计划**。

（1）**总则**。每个 MA 机构必须为其提供的 MA 计划（而非 MSA 计划或提供的有偿服务方案或方案）中的参保者提供一个保障水平改善计划

---

① 《公法》第 110—275 期，第 162 条第（a）款第（1）项第（B）目，加入第（5）项，2008 年 7 月 15 日生效。

（而非 MA 私人按次付费医疗保险计划或 MSA 计划）①，以便提高参保者的保障水平。

（2）**长期保障改善计划**。根据第（1）项，MA 机构必须在其保障水平改善计划中加入长期改善计划。长期改善计划中必须包含监测参保者长期的全方位的或实质的保障水平的方法，该方法必须符合本编的参保者的组织的确立的标准。对 MA 的私人按次付费医疗保险计划或 MSA 方案，前款所述的要求不得超出本目中为作为优先社保方案提供者 MA 地方方案所确立的标准，除非在 2011 计划年度内，第（ⅲ）节中的限制条款不适用，或者该条款不仅适用于政府提供的数据②。

（3）**数据**。

（A）**收集、分析、报告**。

（ⅰ）**总则**。除非本条第（2）项、第（3）项中有关方案的条款另有规定，或依照第（B）目，作为第（1）项中保障水平改善计划的一部分，MA 机构必须提供可收集、分析、公布的数据，以便评估其健康方面的结果或其他质量指标。

（ⅱ）③ **MA 地区性方案的适用**。部长应当为 MA 机构对于 MA 地区计划确定适当的收集、分析、公布数据的监管标准，以便评估其健康方面的结果或其他质量指标。上述标准超出本目中作为优先社保方案提供者的 MA 地方方案的标准。

（ⅲ）**适用于**④**首选提供者组织**⑤。对于 MA 本地计划中首选提供者组

---

① 《公法》第 110—275 期，第 163 条第（a）款，废除"而不是一个 MA 私人按次付费医疗保险计划或一个 MSA 计划"，**适用于 2010 年 1 月 1 日及以后的计划年度**。

② 《公法》第 110—275 期，第 163 条第（b）款第（1）项，加入该句，**适用于 2010 年 1 月 1 日及以后的计划年度**。

③ 《公法》第 110—275 期，第 163 条第（b）款第（2）项，废除第（ⅱ）节，**适用于 2010 年 1 月 1 日及以后的计划年度**。

《公法》第 110—275 期，第 164 条第（f）款第（1）项，加入一个新的第（ⅱ）节，由卫生与公共服务部部长确定生效的日期（但不能晚于 **2010 年 1 月 1 日**），并且不管何时该计划第一次进入《社会保障法》第十七编第 C 部分的医疗保险优先计划，对于由特殊需要的个人适用全部的医疗保险优先计划。

④ 《公法》第 110—275 期，第 163 条第（b）款第（3）项第（A）目第（ⅰ）节，插入"本地"，**适用于 2010 年开始及以后的计划年度**。

⑤ 《公法》第 110—275 期，第 163 条第（b）款第（3）项第（A）目第（ⅱ）节，插入"和 MA 地区计划"，**适用于 2010 年开始及以后的计划年度**。

织计划①，第（ⅰ）节应适用于提供该计划的 MA 组织，这些计划仅限于服务由提供者或服务者、医师及其他的医疗保健实践者提供，他们根据这些计划与这些组织签订合同来提供服务。

（ⅳ）**首选提供者组织计划的定义**。在本目中，"首选提供者组织计划"指的是下列情形下的一个 MA 计划：（Ⅰ）有一个提供者的网络，来允许提供计划的组织保险范围内对于待遇的特别约定的退款；（Ⅱ）为所有保险范围的待遇提供退款，而不论这些待遇是否由此提供者网络来提供；以及（Ⅲ）由一个没有资格或并未根据联邦法律组建为保健组织的组织来提供。

（B）**限制**。

（ⅰ）**数据的类型**。部长不应根据第（A）目来收集质量、产出和待遇满意度方面的数据，来便利客户选择和程序管理，而不是部长在 2003 年 11 月 1 日收集的数据的类型。

（ⅱ）**数据类型的改变**。根据第（ⅲ）节规定，部长可以只改变这些数据的类型，该数据在提交给国会一份报告之后仍需根据第（A）目提交，报告是关于与 MA 组织和私人认证机构协商的该变化的原因。

（ⅲ）**解释**。本款不得解释为限制部长根据第 1851 条第（d）款第（4）项第（D）目履行职责的能力。

（4）**认证的处理**。

（A）**总则**。部长应规定一个医疗保险＋选择组织被认为是满足第（B）目任何特别条款所述要求，如果该组织根据一个程序被一个私人合格组织认为是合格（并定期认证）的话，此程序是部长决定用来确保合格组织所适用的并强制规定符合或超过根据第 1856 条规定建立的标准来达到这些条款所规定的要求。

（B）**规定的要求**。本目规定如下：

（ⅰ）本款第（1）项和第（2）项（涉及质量确认程序）。

（ⅱ）第（b）款（涉及非歧视）。

（ⅲ）第（d）款（涉及服务途径）。

（ⅳ）第（h）款（涉及参与者记录的机密性和准确性）。

---

① 《公法》第 110—275 期，第 163 条第（b）款第（3）项第（B）目，插入"及 MA 地区计划"，适用于 **2010** 年开始及以后的计划年度。

（ⅴ）第（i）款（涉及预先指令的信息）。

（ⅵ）第（j）款（涉及提供者参与规则）。

（C）**及时的申请行为**。部长应规定，在部长收到一个私人合格组织的申请日之后的 210 天内且运用第 1865 条第（b）款第（2）项①规定的标准，决定私人合格组织是否满足涉及和申请相关的第（B）目特别条款要求的程序。部长不可否认一份申请是以努力满足这些特别条款中的一个或多个要求为基础的。

（D）**解释**。本项不得解释为限制部长根据第 1857 条履行权力，包括根据第（c）款第（2）项终止与医疗保险＋选择组织之间的合同的权力。

（5）**向国会报告**。

（A）**总则**。本项规定实施后的两年内，且之后都是两年一次，部长应向国会提交一份报告，内容为根据本款针对少数民族的质量保证系统是如何运行的。

（B）**报告内容**。每份这样的报告应包括以下内容：

（ⅰ）对这些系统的规定针对该种族和少数民族的途径的描述。

（ⅱ）对这些程序对减少健康不均等、增加健康支出、保健的持续性和协调性、慢性病管理以及客户满意度的影响的评估。

（ⅲ）降低在少数民族之间临床结构差异的方式的建议。

（f）**投诉机制**。每个医疗保险＋选择组织必须提供有意义的程序来听证和解决组织之间（包括组织提供保健服务的任何团体和个人）以及根据本部分的规定参与医疗保险＋选择计划的参与者与组织之间的抱怨。

（g）**保险范围的决定、再审查及请求**。

（1）**组织的决定**。

（A）**总则**。医疗保险＋选择组织应该制定决策程序以决定是否根据本部分的规定参保组织的计划的个人可以被授予根据本条接受健康服务的权利，以及决定该个人因该服务而要求支付的数额。根据第（3）项的规定，该程序应该规定相关决定必须及时做出。

（B）**决定的解释**。拒绝保险项目的决定应该全部或部分以书面形式

---

① 《公法》第 110—275 期，第 125 条第（b）款第（6）项，去掉"第 1865 条第（b）款第（2）项"，替换为"第 1865 条第（a）款第（2）项"，对于第 125 条第（d）款而言，**2010 年 7 月 15 日生效**。

做出，并且应该以易于理解的语言就否定的理由进行说明，还需说明再审的规定及申诉程序。

（2）**再审**。

（A）**总则**。组织应该根据相关参保人的要求就第（1）项第（B）目中的决定进行再审。再审应该在部长规定的期间进行，并且根据第（3）项的规定不得晚于收到再审申请之日起 60 日内。

（B）**特定再审的医师决定**。对因缺乏医疗必须拒绝保险项目的决定只能由在治疗所必需的药物方面具有适当专业知识的医师做出，但是该医师不得包括与做出原始决定相关的医师。

（3）**加快决定及再审**。

（A）**要求的接受**。

（ⅰ）**参保人要求**。医疗保险＋选择计划中的个人可以书面或口头要求医疗保险＋选择快速做出第（1）项规定的决定，或者做出第（2）项规定的再审。

（ⅱ）**医师要求**。无论是否该组织中的附属医师均可以书面或口头要求快速做出该决定或再审。

（B）**组织程序**。

（ⅰ）**总则**。医疗保险＋选择组织应该制定该组织快速做出决定或再审的程序，当根据参保人的要求，组织决定正常时间适用做出决定（或者与决定相关的再审）可能严重地危害参保人的生命或健康或参保人恢复最大功能的能力。

（ⅱ）**对医师要求必须加快**。在根据第（A）目第（ⅱ）节做出快速决定或快速再审的要求的情形下，组织应该加速决定或再审，如果该要求意味着适用正常时间做出决定（或者与决定相关的再审）可能严重地危害参保人的生命或健康或参保人恢复最大功能的能力。

（ⅲ）**及时回应**。在第（ⅰ）节和第（ⅱ）节规定的情形中，组织应该在部长确立的时间限制内通知参保人（如果合适，还包括相关医师）决定或再审，但是不得晚于接到决定或再审申请（或者接到做出决定或再审所必需的信息）后的 72 小时内，或者部长在特殊案件中允许的较长期间。

（4）**对某些保险项目拒绝进行独立审查**。部长应该与独立的外部主体签署协定以及时审查或解决复核该保险项目完全或部分拒绝的再审。根据本项之规定，第 1869 条第（c）款第（5）项的规定应该适用于与部长签署协议的独立外部主体。

（5）**上诉**。根据本部分的规定参保医疗保险＋选择组织提供的医疗保险＋选择计划的个人，因为参保人未能接受任何可以被授予福利待遇权利的健康服务，并且支付高于参保人认为要求支付的福利待遇而不满，如果争议数额为 100 美元或 100 美元以上，则与第 205 条第（b）款规定同样，可以规定在部长面前进行听证，并且部长应该在该听证中将组织作为听证一方。如果争议数额为 1000 美元或 1000 美元以上，则个人或者组织应该，根据通知另一方主体，被授予部长根据第 205 条第（g）款规定的对最终决定进行司法审查的权利，并且该组织及个人均应被授予参与该司法审查的权利。在适用第 205 条第（b）款及（g）款的规定于本项时，以及在适用于第 205 条第（l）款时，社会保障委员会委员或社会保障局的参考应该被认为是部长及卫生与公共服务部各自的参考。第 1869 条第（b）款第（1）项第（E）目第（ⅲ）节的规定应该以适用于第 1869 条第（b）款第（1）项第（E）目第（ⅰ）节规定的美元数额相同的方式适用于本项第 2 句规定的美元数额。

（h）**参保人记录的机密性及准确性**。在医疗保险＋选择根据本部分维护的与参保人相关的医疗记录或其他健康信息中，医疗保险＋选择应该确立程序：

（1）以保护任何参保人的身份信息的私密性；

（2）以精确及时的方式维持该记录及信息；

（3）以确保参保人可以及时获得该记录及信息。

（i）**提前发布指令方面的信息**。每一医疗保险＋选择应该满足第 1866 条第（f）款规定的要求（与维持书面政策及提前发布指令的程序相关）。

（j）**提供者参与的规则**。

（1）**程序**。在医疗保险＋选择根据医疗加服务计划通过与医师签订的合同提供福利待遇的情形下，该组织应该确立与该计划的医师参与相关的合理的程序。该程序应该包括：

（A）提供与参与相关的通知规则；

（B）提供不利于医师的参与决定的书面通知；

（C）在组织内部为该不利决定提供上诉程序，包括医师对于该决定的观点及信息陈述。

（2）**医疗政策咨询**。医疗保险＋选择组织应该就组织的医疗政策、质量及医疗管理程序咨询与组织签署参与协定的医师。

（3）**禁止干涉提供者向其参保人提出建议**。

（A）**总则**。根据第（B）目及第（C）目的规定，医疗保险＋选择（与组织根据本部分的规定提供的医疗保险＋选择计划相关的个人）不应该禁止或限制被涵盖的健康保健专业人员［参见第（D）目的定义］向其患者就该个人的健康状况或对该个人的条件及病情的医疗保健或治疗方面提供建议，而不管是否根据本计划向该保健或治疗提供了福利待遇，如果专业人员是在合法的范围内做出的话。

（B）**良心保护**。第（A）目的规定不得解释为要求医疗保险＋选择计划提供、偿还或提供保险项目建议或转诊服务，如果提供该计划的医疗保险＋选择组织为该计划提供：

（ⅰ）以道德或宗教理由提供该服务的对象；

（ⅱ）以该医疗保险＋选择认为合适的方式，并通过书面手段，提供与在参保之前或参保期间或者在组织或计划发生的关于该建议或转诊服务方面的政策变化之日起 90 日内向未来的参保人提供的该服务相关的政策方面的有用信息。

（C）**解释**。第（B）目的规定不得解释为能够影响国家法律或《1974 年雇员退休收入保障法》规定的披露要求。

（D）**健康保健专业人员的定义**。本项中，健康保健专业人员是指医师［参见第 1861 条第（r）款的定义］或其他健康保健专业人员，如果专业人员的服务范围为医疗保险＋选择计划规定的专业人员服务。该术语包括足科医师、验光师、脊椎指压治疗师、心理师、牙科医师、医师助理、身体或职业治疗学家及治疗助理、语言病理学家、听力病理学家、注册或许可的持证执业护士（包括护士从业人员、诊所护士专家、持证登记护士麻醉师以及持证护士助产士），许可持证社会工作者、登记的呼吸病专家以及持证的呼吸治疗技师。

（4）**医师激励计划的限制**。

（A）**总则**。任何医疗保险＋选择组织均不得运作医师激励计划［参见第（B）目的定义］，除非该组织保证能够满足部长规定的下列条件：

（ⅰ）根据该计划的规定未向医师或医师团体直接或间接做出专门

性的支付，以减少或限制向参保该组织的专业人员提供的医疗必需服务。

（ⅱ）如果该计划可能会使医师或医师团体处于未能提供服务的实质性财政风险（由部长决定），则该组织应该根据部长规定的标准向医师或其团体提供充分适当的停止损失保护，并且部长的标准应该考虑到团体中或者根据该计划处于该种实质性财政风险的医师人数，以及参保该组织并从医师或其团体处接受服务的个人的人数。

（B）**医师激励计划的定义**。本项中，医师激励计划是指医疗保险+选择及医师或医师团体之间的任何补偿安排，并且该安排可以直接或间接影响减少或限制根据本部分向参保组织的个人提供的服务。

（5）**提供者补偿的限制**。医疗保险+选择不得向健康保健专业人员、服务提供者或其他提供健康保健服务的实体（或该专业人员、提供者或实体的团体）提供（直接或间接）该组织因为否认医学上必要护理的民事行为从而导致根据本部分的规定参保医疗保险+选择计划的参保人造成损失的补偿责任。

（6）**医疗保险+选择私人按次付费医疗保险计划的特殊规则**。在适用于本部分的规定［包括第（k）款第（1）项及第1866条第（a）款第（1）项第（O）目］时，医院（或其他服务提供者）、医师或其他健康保健专业人员，或提供健康保健服务的其他实体应该被认为事实上已经与医疗保险+选择（与参保该组织提供的医疗保险+选择私人按次付费的医疗保险计划的个人相关的）签署了协定或合同，如果：

（A）提供者、专业人员或其他提供服务的实体向参保人提供该计划涵盖的服务。

（B）在提供该服务之前，提供者、专业人员或其他实体：

（ⅰ）已经被通知关于个人按该计划参保的事实；

（ⅱ）或者：（Ⅰ）已经被通知关于该计划服务支付的条款及条件，或者（Ⅱ）被授予合理的机会以获取与该条款或条件相关的信息；

以提供者设计合理的方式影响知情协定。前句应该仅适用于该提供者、专业人员或其他实体与医疗保险+选择之间缺乏明确的协定的情形。

（7）**MA计划中电子处方的推广**。

（A）**总则**。MA-PD计划为参与医师根据满足第1860D—4条第（e）款确立的标准的电子处方药项目开出第D部分规定的药物，可以提供分开支付或提供差异支付。

（Ｂ）**相关考虑事项**。该支付可以考虑医师在履行该项目时的成本，也可以增加参与医师的支付额，这些参与医师能够极大地增加：

（ⅰ）处方的合格程度；

（ⅱ）降低成本，或者进行更加有效的治疗；

（ⅲ）降低药物的副作用；

（ⅳ）通过减少行政成本更高效地开出药方。

（Ｃ）**构成**。根据本款附加或增加的支付的构成可以与医疗治疗管理费根据第 1860D—4 条第（ｃ）款第（２）项第（Ｅ）目的构成方式相同。

（ｋ）**特定提供者提供的服务的对待**。

（１）**总则**。除了第（２）项的规定外，未与第 1851 条第（ａ）款第（２）项第（Ａ）目规定的医疗保险＋选择或提供 MSA 的组织签署合同确立根据本编规定向参保的个人支付额的医师或其他实体（除了服务的提供者）应该全部接受如果该个人未参保时医师和其他实体根据本章为提供涵盖的服务而可以获得的数额。适用于与被授予福利待遇权利的个人（但是根据本部分未参保医疗保险＋选择）相关的支付的罚款或其他法律规定也同样适用于参保的个人。

（２）**医疗保险＋选择私人按次付费的医疗保险计划的适用**。

（Ａ）**合同期内根据医疗保险＋选择私人按次付费的医疗保险计划规定的差额计算限制**。

（ⅰ）**总则**。在个人根据本部分参保医疗保险＋选择私人按次付费的医疗保险计划的情形下，医师、服务提供者或者根据签署合同［包括通过第（ｊ）款第（６）项的运作］以确立向参保人提供服务的支付额，其应该接受支付作为根据本章向个人提供的涵盖的服务，且支付不超过（包括抵扣、共同保险、共担额或者根据该计划允许的差额）该支付比例的 115％。

（ⅱ）**执行限制的程序**。提供该计划的医疗保险＋选择组织应该确立与第 1848 条第（１）项第（Ａ）目类似的程序，以执行前句的规定。

（ⅲ）**确保执行**。如果医疗保险＋选择组织未能确立并执行第（ⅱ）节规定的程序，则组织应该根据第 1857 条第（ｇ）款受到中级处罚。

（Ｂ）**非合同提供者的参保人责任**。规定：（ⅰ）根据医疗保险＋选择私人按次付费的医疗保险计划规定的非合同提供者确立最低支付率，参见第 1852 条第（a）款第（2）项；或者（ⅱ）在该提供者提供的涵盖服务情形下，限制参保人责任，参见第 1866 条第（a）款第（1）项第（O）目及第（1）项的规定。

（C）**受益人责任方面的信息。**

（ⅰ）**总则。**提供医疗保险 + 选择私人按次付费的医疗保险计划的医疗保险 + 选择组织应该规定，根据该计划以支付而向其提供服务的参保人根据该计划应该给予适当的福利待遇的解释（与第 A 部分及第 B 部分的规定一致，如果适当，根据医疗补充政策），包括与该服务的支付相关的参保人责任数额（包括与本款相一致的结算负债的责任）的明晰解释。

（ⅱ）**住院病人医院服务及特定其他服务接受前进行提前通知。**此外，该组织应该，按照其向医院为住院病人住院服务及其他部长认可的服务规定的条款及条件，该差额标价的数额根据第（A）目的规定是实质性的，要求医院向参保人，在提供该服务前，并且如果医院根据第（A）目的规定强迫差额定价：（Ⅰ）因该服务而根据本项做出的差额负担事实的通知；（Ⅱ）对于该服务，根据参保人目前的条件进行良好的评估对该差额负担（如果存在）的可能的数额。

（1）**向涵盖的住院后扩展案件服务提供的家庭有技能的看护设施做出的返还。**

（1）**确保向家庭有技能的看护设施进行返还。**

（A）**总则。**为了提供住院后扩展护理服务，医疗保险 + 选择计划应该通过家庭有技能的护理设施提供该保险项目，如果满足下列条件：

（ⅰ）**参保人选择。**参保人选择通过该设施接受该保险项目。

（ⅱ）**熟练的护理设施协定。**该设施与医疗保险 + 选择之间签署提供该服务的协定，或者该设施同意根据相同的条款及条件接受实质上相同的支付，该条款及条件适用于根据与医疗保险 + 选择签署的协定而提供该服务的相似的满足条件的有技能的护理设施，同时参保人将会接受该服务。

（B）**向家庭有技能的看护设施进行支付的方式。**组织应该根据第（A）目第（ⅱ）节中规定的合同或协定向家庭有技能的看护设施提供支付。

（2）**不小于涵盖范围。**根据第（1）项提供的保险项目（包括服务的范围，成本分担以及涵盖范围的其他标准）对于参保人而言，应该不小于与有技能的护理设施相关的医疗保险 + 选择计划涵盖的住院后扩展服务。

（3）**解释规则**。本款中不应该解释为下列行为：

（A）通过根据第 A 部分不符合向尚未参保医疗保险＋选择计划的受益人提供福利待遇有技能的护理设施要求保险项目。

（B）用以防止有技能的护理措施拒绝接受，或增加参保人接受住院后扩张保健服务的接受条件。

（4）**定义**。在本款中：

（A）**家庭熟练护理设施**。对于根据医疗保险＋选择计划而被授予住院后扩展保健服务权利的参保人而言，"家庭熟练护理设施"是指下列熟练护理设施：

（ⅰ）**住院期间居住的熟练护理设施**。参保人在接受住院后扩展保健服务前而住院的期间所居住的熟练护理设施。

（ⅱ）**持续的保健退休社区内的熟练护理设施**。在持续的保健退休社区［参见第（B）目的定义］内提供该服务的，该社区为参保人住院期间向其提供居住的场所。

（ⅲ）**出院期间的配偶居住的熟练护理设施**。参保人的配偶在出院期间居住的熟练护理设施。

（B）**持续的保健退休社区**。对于参保医疗保险＋选择计划的参保人而言，"持续的保健退休社区"是指一项安排，根据该项安排通过某一组织向参保人提供住房及健康相关的服务，并且该项安排在参保人的一生或某一特定期间发生效力。

向医疗保险＋选择组织进行的支付[①]

第 1853 条【《美国法典》第 42 编第 1395w—23 条】（a）向组织进行的支付。

（1）货币支付。

（A）**总则**。根据第 1857 条规定的合同及第（e）款、第（g）款、

---

①　关于用于调整医疗人头付费率而开发的风险因素评估方法方面的 MEDPAC 研究及报告，参见第 2 卷《公法》第 106—113 期，第 1000 条（a）款第（6）项［第 511 条（b）款］；关于遇到数据的研究及报告［第 511 条（c）款］；关于特定医疗咨询委员会研究及报告方面的规定［第 511 条（a）款］。

第（i）款以及第1859条第（e）款第（4）项的规定，对于依据本编一个月在医疗保险＋选择支付区域的个人保险项目，部长应根据下列规定，每月提前向医疗保险＋选择组织支付相应款项：

（ⅰ）**2006年之前的款项**。2006年之前，该笔款项的数额应该相当于该领域个人每年MA人头付费率［根据第（c）款第（1）项计算］的1/12，并根据第（C）目进行相应调整，再减去根据第1854条第（f）款第（1）项第（E）目的规定减少的数额。

（ⅱ）**从2006年开始的初始按次付费医疗保险的待遇的支付款项**。从2006年开始，该笔款项应根据第（B）目计算。

（B）**支付从2006年开始的初始按次付费医疗保险的待遇的款项**。

（ⅰ）**低于投标标准的计划的投标款项**。在第1854条第（b）款第（3）项第（C）目或第1854条第（b）款第（4）项第（C）目规定人均每月储蓄的计划中，本目规定的数额相当于尚未调整的MA法定非药物每月投标数额，并根据第（C）目进行调整，并且（如果适当）根据第（F）目及第（G）目做出调整，加上根据第（E）目的规定贴现后的数额（如果存在）。

（ⅱ）**不低于投标标准的计划的支付标准**。如果该计划不存在第1854条第（b）款第（3）项第（C）目或第1854条第（b）款第（4）项第（C）目规定人均每月储蓄，则本项规定的数额应该相当于MA具体领域非药物按月标准数额，并根据第（C）目进行调整，并且（如果适当）根据第（F）目及第（G）目做出调整。

（ⅲ）**MAS计划中的支付标准**。不管第（i）节及第（ⅱ）节的规定，在MAS计划中，本项规定的数额应该相当于MA特定领域非药物按月标准数额，并根据第（C）目进行调整。

（C）**人口统计调整，包括健康状态的调整**。

（ⅰ）**总则**。部长应该根据诸如年龄、残疾状态、性别、个人现状以及部长认为适当的其他因素［包括第（3）项规定的健康状态］调整第（A）目第（i）节以及第（B）目第（i）节、第（B）目第（ⅱ）节、第（B）目第（ⅲ）节规定的支付数额，以确保精算上的一致性。部长可以增加、修改或替换上述调整因素，如果这些变化可以改进精算一致性的决定。

（ⅱ）**2006—2010年逐步废除预算中立因素期间的适用**。

（Ⅰ）在根据第（ⅰ）节适用健康状况调整支付数额时，部长应该确保该调整能够反映在按次付费部分的治疗和编码的变化，并且根据第 A 部分及第 B 部分能够反映医疗优势计划与供应者之间编码差异，一定程度上部长已经确认的不同。

（Ⅱ）为了确保支付的正确性，部长应该对第（Ⅰ）次节中出现的差异进行分析。部长应该在必需的时间内完成该分析以确保该分析的结果能够并入 2008 年、2009 年及 2010 年的风险得分中。在进行分析时，部长应该使用 2004 年及以后提交的数据。

（D）**联邦药物津贴的单独支付**。在参与 MA - PD 计划的情形中，支持该计划的 MA 组织也获得：

（ⅰ）第 1860D—15 条［除了第（g）款的规定外］规定的津贴；

（ⅱ）第 1860D—14 条第（c）款第（1）项第（ⅳ）节规定的低收入人群额外补贴及分担成本的返还额。

（E）**低于投标标准的计划的折现支付**。对于该计划存在第 1854 条第（b）款第（3）项第（C）目或第 1854 条第（b）款第（4）项第（C）目规定人均每月储蓄，视具体情况而定，则本项规定的数额是该计划该年度根据第 1854 条第（b）款第（1）项第（C）目第（ⅰ）节规定计算得出的按月折现额［并减去根据第 1854 条第（b）款第（1）项第（C）目第（ⅳ）节规定提供的信用额］。

（F）**内部区域变化的调整**。

（ⅰ）**地区内变化**。至于某一 MA 地区的 MA 地区计划的支付，部长在调整第（B）目第（ⅰ）节及第（B）目第（ⅱ）节规定的数额时，应该考虑该地区内不同 MA 地方区域之间的 MA 地方支付率的数额变化。

（ⅱ）**服务区域内变化**。对于包含多个服务区域的一个 MA 地方计划的支付，部长在调整第（B）目第（ⅰ）节及第（B）目第（ⅱ）节规定的数额时，也应该考虑区域内不同 MA 地方区域之间的 MA 地区支付率的数额变化。

（G）**与风险调整有关的调整**。部长在必要时应该调整与 MA 计划相关的支付以确保：

（ⅰ）下列款项的总数：（Ⅰ）根据第（A）目第（ⅱ）节做出的按月支付，（Ⅱ）第 1854 条第（b）款第（2）项第（A）目规定的 MA 按月基本受益津贴；

（ⅱ）等于未经调整的法定非药物按月投标额，并根据第（C）目规定方式进行调整以及根据第（F）目对某一 MA 地区计划进行调整。

（H）**肾脏疾病晚期的特殊规则**。部长向医疗保险＋选择组织进行支付时，应该根据患有晚期肾脏疾病以及参与组织医疗保险＋选择计划不同人群确定不同的支付率。根据《2003 年医疗保险处方药、改良和现代化法》①颁布生效的本条规定，该支付率应该相当于向 MA 支付区域（或者部长规定的其他区域）的其他参与者支付的比率相同。根据相关条例，部长应该将第 1881 条第（b）款第（7）项第 7 句适用于根据本条包括进行肾脏透析治疗而做出的支付，并且该条的适用应与该句规定适用于混合率支付的方式一致。在确定该比率时，部长应该进行适当的调整以增加每一比率来反映社会健康维持组织晚期肾脏疾病资本示范项目［根据《1984 年赤字消减法》第 2355 条建立，并由《1993 年综合预算调整法》第 13567 条第（b）款修正］的示范比率（包括与该比率相关的风险调整方法），同时在计算该比率时，还应考虑诸如肾脏治疗方式、年龄以及晚期肾脏疾病的潜在后果等因素。在考虑晚期肾脏疾病支付适用的风险调整方法时，部长可以使用本条规定的经过适当调整的竞争投标方法。

（2）**反映参与者人数的调整**。

（A）**总则**。考虑根据本部分加入某一组织的个人的实际数量与预计加入该组织的人数的任何差异，在决定提前支付额时，根据本款支付的数额可被追溯调整。

（B）**特定参与者的特殊规则**。

（ⅰ）**总则**。在考虑该个人依照其雇主或前雇主（或者该个人配偶的雇主或者前雇主）运作、发起或缴费的计划而加入医疗保险＋选择组织开始，到该个人根据本部分加入某一组织为止的参保个人，根据第（ⅱ）节的规定，部长可以根据第（A）目的规定做出具有溯及力的调整，除了根据本项做出具有溯及力的调整以外，该期间不得超过 90 日。

（ⅱ）**例外**。在该个人加入该组织时，如果该个人未证明该组织向该个人提供了第 1852 条第（c）款规定的披露说明，那么根据第（ⅰ）节不得做出任何调整。

---

① 2003 年 12 月 8 日（《公法》第 108—173 期；《美国联邦法律大全》第 110 编第 2480 条）。

（3）**风险调整因素的确定**。

（A）**报告**。部长应在 1999 年 3 月 1 日前做出并向国会提交关于支付率根据本条并依照第（C）目执行的风险调整方法的报告，说明以健康状态为基础的人均成本的变化。该报告应该包括外部独立精算师对于该建议的精算合理性的评估。

（B）**数据搜集**。为了执行本项规定，部长应该要求医疗保险＋选择组织（以及第 1876 条规定具有风险分担合同的合格组织）提交 1997 年 7 月 1 日以后住院病人医院服务方面的数据，其他服务方面的数据，以及 1998 年 7 月 1 日后部长认为必要的其他信息。部长不得要求任一组织在 1998 年 1 月 1 日前提交该数据。

（C）**初始履行**。

（ⅰ）**总则**。部长应该首先实施风险调整方法，该方法考虑到以健康状态以及 2000 年 1 月 1 日前支付的其他人口统计因素为基础的人均成本的变化。

（ⅱ）**逐步采用**。除了第（ⅳ）节的规定外，该风险调整方法应该以逐步采用的方式履行以使得反映健康状态的人头付费率调整也适用于：

（Ⅰ）2000—2003 年每年医疗保险＋选择按人头付费率 1/12 的 10%；

（Ⅱ）2004 年人头付费率的 30%；

（Ⅲ）2005 年人头付费率的 50%；

（Ⅳ）2006 年人头付费率的 75%；

（Ⅴ）2007 年以及以后人头付费率的 100%。

（ⅲ）**风险调整方法的数据**。2004 年以及随后年度的风险调整方法应该以住院病人医院及流动装置中获得的数据为准。

（ⅳ）**2001 年充血性心脏衰竭参与者风险调整的完全履行**。

（Ⅰ）**逐步采用的例外**。根据第（Ⅱ）次节的规定，对于以下情况的个人，部长应该完全采用第（ⅰ）节规定风险调整方法，即从 1999 年 7 月 1 日开始到 2000 年 6 月 30 日期间患有满足条件的充血性心脏衰竭住院病人诊疗（由部长根据该风险调整方法决定）以及加入 2001 年 1 月 1 日个人服务领域唯一存着的统一医疗计划的个人。

（Ⅱ）**适用期间**。第（Ⅰ）次节仅应该适用于从 2001 年 1 月 1 日开始的 1 年期间。

（D）**统一适用于所有类型的计划**。根据第 1859 条第（e）款第（4）

项，无论计划属于何种类型，方法均应统一适用。

（4）**联邦合格健康中心服务的支付规则**。如果根据本部分参加 MA 计划的个人从与以提供该计划中服务的［包括第 1857 条第（e）款第（3）项要求的任何协定］的 MA 组织签署书面协定的联邦合格医疗中心获得服务：

（A）部长应该至少每季度直接向联邦合格健康中心支付一次第 1833 条第（a）款第（3）项第（B）目规定的数额；

（B）部长不应因第（A）目适用的结果而减少按月支付的本款规定的数额。

（b）**支付率的年度公告**。

（1）**年度公告**。部长应该在 2004 年之前以及 2005 年之后的年份中每年不晚于该日历年度 3 月 1 日，或者在 2004—2005 年度不晚于该日历年度 5 月第二个星期一决定并予以公告：

（A）该年度每一医疗保险＋选择支付区域的年度医疗保险＋选择计划的人头付费率；

（B）用于调整本条第（a）款第（1）项第（A）目规定的该年度的月份中支付比率的风险及其他因素。

（2）**方法变化的提前通知**。部长应至少在该年度根据第（1）项进行公告前 45 日，向医疗保险＋选择组织通知关于先前公告中使用的方法及假设方面的方法上的变化，并且还需向该组织提供评论该变化的机会。

（3）**假设的说明**。在根据第（1）项做出的每一个公告中，部长应该对公告中使用的方法中存在的假设及变化进行说明。

（4）**人均服务费用开支信息的继续计算及公布**。部长应从第（1）项规定的医疗保险＋选择人头付费率公布的 2001 年开始，在年度基础上，每年通过卫生保健财政管理局首席精算师在公布之日前第 2 年每一个医疗保险＋选择支付区域计算并公布第 A 部分及第 B 部分所述（除了符合第 226A 条相关条件的个人）最初的按次付费医疗保险计划的以下信息：

（A）根据第 A 部分及第 B 部分单独计算得出的人均每月总支出。

（B）第（A）目规定的支付减去与理赔不相关的估算得出的最精确的开支（比如医疗教育以及不适当的医院支付部分）。

（C）医疗住院病人服务报告的诊断为基础的被保险的人群的平均风险因素，使用与第（a）款规定的支付时适用的相同方法。

（D）该以住院病人及其他服务场所的诊断为基础的平均风险因素，使用与第（a）款规定的支付时适用的相同方法。

（c）**年度医疗保险＋选择人头付费率的计算**。

（1）**总则**。本部分中，根据第（6）项第（C）目及第（7）项的规定，对于包括日历年度的契约年度，同时医疗保险＋选择计划支付区域是 MA 地方区域的，每一年度医疗保险＋选择计划的人头付费率以下列第（A）目、第（B）目、第（C）目或第（D）目规定的最大数额者为准：

（A）**混合人头付费率**。2005 年之前的年度，为下列总额：

（ⅰ）在医疗保险＋选择支付区域的特定区域，医疗保险＋选择人头付费率的特定区域百分比［该年度第（2）项规定的］，根据第（3）项决定该年度的具体比率；

（ⅱ）输入价格调整后年度全国医疗保险＋选择人头付费比率的国民百分比［根据第（2）项规定］，由第（4）项决定，乘以（除了 2004 年以外）根据第（5）项决定的预算中立调整因素。

（B）**最低额**。12 乘以下列数额：

（ⅰ）对于 1998 年，为 367 美元［如果该区域在 50 个州及哥伦比亚特区以外，则不得超过该区域根据第 1876 条第（a）款第（1）项第（C）目决定的 1997 年年度人均支付率的 150%］。

（ⅱ）根据第（ⅰ）节或本节分别决定 1999 年与 2000 年的最低额，前一年度的数额，加上第（6）项第（A）目规定的分别适用于 1999 年或 2000 年的国民人均医疗保险＋选择计划增长百分比。

（ⅲ）（Ⅰ）根据第（Ⅱ）次节的规定，2001 年对于人口超过 25 万的大都市统计区域内的任一区域，为 525 美元，而对于其他区域则为 475 美元。

（Ⅱ）如果该区域在 50 个州及哥伦比亚特区之外，则该条款中规定的数额不应该超过 2000 年该区域根据第（ⅱ）节决定的数额的 120%。

（ⅳ）对于 2002 年、2003 年及 2004 年，该条款［或第（ⅲ）节］规定前一年度的最低额加上第（6）项第（A）目规定的以后年度的国民人均医疗保险＋选择计划增长百分比。

（C）**最低增长的百分比**。

（ⅰ）对于 1998 年，为根据第 1876 条第（a）款第（1）项第（C）目决定的医疗保险＋选择支付区域 1997 年年度人均支付率的 102%。

（ii）对于 1999 年及 2000 年，为根据本项该地区前一年度年度医疗保险＋选择人头付费率的 102%。

（iii）对于 2001 年，为前一年根据本项该地区年度医疗保险＋选择人头付费率的 103%。

（iv）对于 2002 年及 2003 年，为前一年根据本项该地区年度医疗保险＋选择人头付费率的 102%。

（v）对于 2004 年以及以后的年度，则以下列较高者为准：

（I）先前年度根据本项该区域年度 MA 人头付费率的 102%；

（II）或者，先前年度该地区根据本项规定的年度 MA 人头付费率，加上第（6）项规定的随后年度的国民人均 MA 增长百分数，但是不考虑 2004 年前根据第（6）款第（C）目规定的任何调整。

（D）**按次付费成本的 100%**。

（i）**总则**。对于第（ii）节规定的每一年度而言，根据第 1876 条第（a）款第（4）项决定，对于该年度在 MA 支付区域尚未加入 MA 计划的个人，相关年度调整后的平均人均成本在风险调整中进行适当调整，但是调整时排除第 1886 条第（h）款规定的支付而产生的成本。

（ii）**定期贴现**。部长应该规定，第（i）节的规定应该适用于 2004 年及以后的年度（但是不少于每 3 年一次）。

（iii）**向医疗合格受益人提供的退伍军人事务局及国防部医疗服务的成本**。如果根据本编被授予福利待遇的个人未从国防部或退伍军人事务局获得相关服务，在根据第（i）节决定某一年度调整后的平均人均成本时，应该调整该成本以包括部长以人均为基础做出的附加支付额的估计。

（2）**区域**。特定及全国百分数。根据第（1）项第（A）目：

（A）对于 1998 年而言，特定区域的百分数为 90%，而全国百分数则为 10%；

（B）对于 1999 年而言，特定区域的百分数为 82%，而全国百分数则为 18%；

（C）对于 2000 年而言，特定区域的百分数为 74%，而全国百分数则为 26%；

（D）对于 2001 年而言，特定区域的百分数为 66%，而全国百分数则为 34%；

（E）对于 2002 年而言，特定区域的百分数为 58%，而全国百分数则为 42%；

（F）对于 2002 年以后的年度而言，特定区域的百分数为 50%，而全国百分数则为 50%。

（3）**年度特定区域医疗保险＋选择人头付费率**。

（A）**总则**。在第（A）目第（1）项中，根据第（B）及（E）目的规定，某一医疗保险＋选择支付区域的年度特定区域医疗保险＋选择人头付费率为：

（ⅰ）对于 1998 年而言，根据第（D）目的规定，为该区域内根据第 1876 条第（a）款第（1）项第（C）目决定的 1997 年年度人均支付率，增加 1998 年全国人均医疗保险＋选择增长百分数［参见第（6）项第（A）目中的规定］；

（ⅱ）或者，对于随后的年度而言，为该区域内根据本项决定的前一年的年度特定区域医疗保险＋选择人头付费率，加上该随后年度全国人均医疗保险＋选择增长百分数。

（B）**从调整平均人均成本计算中扣除医疗教育**。

（ⅰ）**总则**。在根据第（A）目决定任一年度（从 1998 年开始）的年度特定区域医疗保险＋选择人头付费率时，根据第 1876 条第（1）项第（C）目决定的 1997 年年度人均支付率应该进行调整排除第（C）目规定的支付调整适用百分数［参见第（ⅱ）节的规定］。

（ⅱ）**适用百分数**。在第（ⅰ）节中，下列年度的适用百分数为：

（Ⅰ）1998 年为 20%；

（Ⅱ）1999 年为 40%；

（Ⅲ）2000 年为 60%；

（Ⅳ）2001 年为 80%；

（Ⅴ）之后的年度为 100%。

（C）**支付调整**。

（ⅰ）**总则**。根据第（ⅱ）节的规定，本项规定的支付调整应为部长估算的 1997 年期间下列事项的支付调整：（Ⅰ）根据第 1886 条第（d）款第（5）项第（B）目规定的医疗教育间接成本；（Ⅱ）根据第 1886 条第（h）款规定的医疗教育直接成本。

（ⅱ）**根据医疗返还制度做出的保险金覆盖范围的处理**。在部长估计的第（ⅰ）节规定的 1997 年年度人均支付率反映向医院支付的根据第 1914 条第（b）款第（3）项规定需要返还的保险金，部长应该估算如果医院根据本条未获得返还保险金时，应根据第（ⅰ）节做出的相应可比支付调整。

（D）**高度变化的支付率的区域的认定**。如果根据第 1876 条第（a）款第（1）项第（C）目决定的 1997 年年度人均支付率所在的医疗保险＋选择支付区域与 1996 年该比率的变化达到 20% 以上，在本款中，对于 1997 年，部长可以用该区域参与者的成本具有代表性的比率代替该比率。

（E）**退伍军人事务局与国防部向医疗合格受益人的服务成本**。在根据第（A）目的规定决定某一年度（从 2004 年开始）特定区域 MA 人头付费率，如果根据本章被授予福利待遇的个人尚未从退伍军人事务局及国防部的设施获得服务，根据第 1876 条第（a）款第（1）项第（C）目决定的 1997 年年度人均支付率应该进行调整以将部长根据人均基础估算的关于额外保险金的数额包括在该比率中，该额外保险金根据本编应该包括在内。

（4）**年度全国医疗保险＋选择人头付费率的输入价格调整**。

（A）**总则**。在第（1）项第（A）目中，某一年度医疗保险＋选择支付区域的年度全国医疗保险＋选择人头付费率的输入价格调整相当于下列各种医疗服务类型的（部长进行分类）乘积（每一该类服务）的总额：

（ⅰ）该年度全国标准年度医疗保险＋选择人头付费率［根据第（B）目决定］；

（ⅱ）该年度因该类服务而产生的比率的百分数；

（ⅲ）反映（该年度、该种类型）该区域该服务的相关输入价格与该服务全国平均输入价格之比的参数。

在适用第（ⅲ）节时，根据第（C）目的规定，部长可以适用那些用来本编规定的适用（或更新）特定区域及地方的全国支付率的指数。

（B）**全国标准年度医疗保险＋选择人头付费率**。在第（A）目第（ⅰ）节中，某一年度全国标准年度医疗保险＋选择人头付费率相当于：

（ⅰ）下列事项乘积的总额（所有医疗保险＋选择支付区域）：（Ⅰ）根据第（3）项规定的该年度该区域的年度特定医疗保险＋选择人头付费率，以及（Ⅱ）该年度居住在该区域的医疗受益人平均数，乘以用于调整根据第（a）款第（1）项第（A）目决定的该区域受益人的保险金的风险调整因素权重的平均数；

（ⅱ）除以，该年度所有区域第（ⅰ）节第（Ⅱ）次节规定的乘积的总数。

（C）**1998 年度的特殊规则**。在本项适用于 1998 年时：

（ⅰ）医疗服务应该被分为两种类型的服务：第 A 部分及第 B 部分服务；

（ⅱ）第（A）目第（ⅱ）节规定的比例：（Ⅰ）对于第 A 部分服务时而言，为 1997 年第 A 部分全国平均人均年度支付率比 1997 年第 A 部分及第 B 部分全国平均年度人均支付率的比率（以百分数表示），（Ⅱ）对于第 B 部分服务而言，应该为 100% 减去第（Ⅰ）次节规定的比率；

（ⅲ）对于第 A 部分服务而言，该服务支付费用的 70% 应该根据第 1886 条第（d）款第（3）项第（E）目规定中使用的指数以调整相关支付区域包括的相对医院薪金水平支付率；

（ⅳ）对于第 B 部分服务而言，（Ⅰ）该服务的支付的 66% 应该根据第 1848 条第（e）款规定的用于调整该支付区域内提供的医师服务的地理区域因素进行调整，（Ⅱ）该付款数额剩余的 34% 中应该根据第（ⅲ）节规定的指数调整 40%；

（ⅴ）指数价值仅得根据 65 岁及其以上并且尚未被诊断为患有晚期肾脏疾病的受益人人群为基础进行计算。

部长可以在 1999 年继续适用本目规定的规则（或相似规则）。

（5）**支付调整预算中立因素**。在第（1）项第（A）目中，对于每一年而言（除了 2004 年以外），部长应该决定预算中立调整因素以加总根据本部分决定的保险金［除了第（a）款第（3）项第（C）目第（ⅳ）节、第（a）款第（4）项，以及第（ⅰ）节］应该相当于在支付完全是以特定人头付费率为基础的条件下根据本部分做出的加总的保险金。

（6）**确定的全国人均医疗保险＋选择计划增长百分数**。

（A）**总则**。在本部分中，每一年度的全国人均医疗保险＋选择增长百分数是部长根据该年度开始前 3 月 1 日的数据而决定的百分数，用以反映部长估计的根据本编第 A 部分决定被授予福利待遇的个人以及根据第 B 部分参加项目的个人做出的开支人均增长率，减去该年度第（B）目中规定的百分数。对年老的参保人，残疾参保人以及患有肾脏疾病晚期的参保人可以单独做出决定。

（B）**调整**。本目中规定的百分点数为：

（ⅰ）对于 1998 年而言，0.8 个百分点；

（ⅱ）对于 1999 年而言，0.5 个百分点；

（ⅲ）对于 2000 年而言，0.5 个百分点；

（ⅳ）对于 2001 年而言，0.5 个百分点；

（ⅴ）对于 2002 年而言，0.3 个百分点；

（ⅵ）对于 2002 年以后的年度而言，0 个百分点。

（C）**超过或低于国民人均医疗保险＋选择计划增长百分数项目的调整**。从 1999 年计算的比率开始，在计算第（1）项规定的比率之前，部长应该调整先前年度所有特定区域及全国的医疗保险＋选择人头付费率（并且从 2000 年开始，为最低额）在该年度及先前年度中全国人均医疗保险＋选择增长率项目与该年度该百分数的现在估计值之间存在的差异，此外在第（1）项第（C）目第（ⅴ）节第（Ⅱ）次节中，不得在 2004 年之前进行该调整。

（7）**福利待遇的全国涵盖范围决定及立法变化的调整**。如果部长根据本编做出涵盖范围方面的决定，或者如果根据本编要求提供的福利待遇存在变化，例如部长的项目会根据本部分的合同提供福利待遇的医疗保险＋选择成本会极大提高［第 1852 条第（a）款第（5）项规定的任何期间之后］，那么部长应该适当调整根据本部分向该组织支付的保险金。该项目及调整应该以医疗及医疗补助服务中心首席精算师对新福利待遇相关的精算成本进行的分析为基础。

（d）**MA 支付区域、MA 地方区域、规定的 MA 地区**。

（1）**MA 支付区域**。在本部分中，除了本款中的规定外，"MA 支付区域"是指：

（A）对于 MA 地方计划，则为 MA 地方区域［参见第（2）项的定义］；

（B）对于 MA 区域计划，则为 MA 区域［根据第 1858 条第（a）款第（2）项确立］。

（2）**MA 地方区域**。"MA 地方区域"是指县或者部长规定的相当于县的区域。

（3）**晚期肾脏疾病受益人的规则**。如果个人被诊断患有晚期肾脏疾病，那么医疗保险＋选择支付领域应该为一州或部长规定的其他支付区域。

（4）**地理调整**。

（A）**总则**。根据首席执行官在先前年度 2 月 1 日之前的合同年度的书面要求（从 1998 年后开始），部长应该在第（1）项规定的州的医疗保险＋选择区域内对 MA 地方计划进行地理调整：

（ⅰ）为一个单独的州内医疗保险＋选择支付领域；

（ⅱ）为第（C）目规定的大都市基础的制度；

（ⅲ）或者，将单一的医疗保险＋选择支付区域联合为州内非邻近的县［或者第（1）项第（A）目规定的等同区域］。

对于接到该请求之后下一年的 1 月开始的月份的保险金，该调整依旧有效。

（B）**预算中立调整**。如果一州要求根据本项进行调整，那么部长应该从一开始（以后每年）就调整根据本条确立的关于州内医疗保险＋选择支付区域的 MA 地方计划的支付率，这样根据本条加总该周内的该计划的保险金不应该超过在未根据本项调整时州内医疗保险＋选择保险金区域内的该计划中根据该条做出的总额。

（C）**以大都市为基础的制度**。本目中以大都市为基础制度应该是下列制度：

（ⅰ）州内每一大都市统计区域的所有部分，或者被联合的大多数统计区域，州内被联合区域内的每一主要大都市统计区域的所有部分均应该被认为是单独的医疗保险＋选择支付领域；

（ⅱ）州内不属于大都市统计区域的所有区域应该被认为是单独的医疗保险＋选择支付区域。

（D）**区域**。在第（C）目中，大都市统计区域，被联合的大都市统计区域以及主要大都市统计区域是指商务部长认定的任何区域。

（e）**选择 MSA 计划的个人的特殊规则**。

（1）**总则**。如果某一年度 MSA 计划的医疗保险＋选择月度 MSA 保险费［参见第 1854 条第（b）款第（2）项第（C）目的定义］少于该区域内涉及的年度根据本条适用的每一年度医疗保险＋选择人头付费率的1/12，那么部长应该储存个人相当于根据第（2）项确立（并且，如果适合指定）的医疗保险＋选择 MSA 中的差异的 100%。

（2）**作为保险缴费要求的医疗保险＋选择医疗服务账户的确立及指**

定。如果个人选择 MSA 计划下的保险项目，则根据第（1）项的规定，不得向个人的代理人在一个月份做出任何支付，除非个人：

（A）在医疗保险＋选择 MSA［参见《1986 年国内税收法》第 138 条第（b）款第（2）项的规定］月份（或者部长规定的其他截止日期）开始前已经确立；

（B）如果个人已经确立一个以上医疗保险＋选择 MSA，已经指定其中之一作为个人的医疗保险＋选择 MSA 账户。根据本条的规则，该个人在条中根据第（B）目的规定改变指定该账户。

（3）**医疗储蓄账户缴费的整存**。对于选择从一年的某月开始生效的 MSA 计划的个人，在该月和随后月份个人对医疗保险＋选择 MSA 计划的缴费金额应该从第一个月份开始储存。

（f）**从信托基金支付**。根据本条因根据本部分参保的个人而向医疗保险＋选择组织支付的缴费及根据第（e）款第（1）项向医疗保险＋选择 MSA 支付的缴费应该从联邦医院保险信托基金及联邦补充医疗保险信托基金中做出支付，该支付比例应该为部长根据本编认定的能反映根据第 A 部分及第 B 部分代表整体福利待遇精算价值而做出的相当权重。根据本条提供的法定药物福利待遇而向 MA 组织支付的保险缴费应该从联邦补充医疗保险信托基金的医疗处方药账户中进行支付。根据本条为 2000 年 10 月支付的按月保险金应该在该月份的第一个工作日计算出。而根据本条为 2001 年 10 月支付的按月保险金则应该在 2001 年 9 月最后一个工作日计算出。而根据本条为 2006 年 10 月支付的按月保险金则应该在 2001 年 10 月第一个工作日计算出。

（g）**特定住院病人住院期间的特殊规则**。如果个人从第（d）款规定［参见第 1886 条第（d）款第（1）项第（B）目的定义］的医院中接受住院病人住院服务，第 1886 条第（d）款第（1）项第（B）目第（ⅱ）节规定的康复医院或者第 1886 条第（d）款第（1）项第（B）目第（ⅴ）节规定的地区部分康复单位，或者长期保健医院［参见第 1886 条第（d）款第（1）项第（B）目第（ⅳ）节的定义］个人的生效日期的：

（1）根据本部分医疗保险＋选择组织提供的医疗保险＋选择计划部分的选择：

（A）直到个人出院之日，根据本章应通过医疗保险＋选择计划或第 1851 条第（a）款第（1）项第（A）目规定而在该组织选择前选择的原始医疗保险按次付费项目方案，支付该服务的保险金；

（B）在个人的出院日期之后，被选择的组织不应负责支付该项服务的款项；

（C）尽管如此，应该根据本部分向组织支付全额规定的数额。

（2）根据本部分与医疗保险＋选择组织相关的选择的终止：

（A）组织在该个人出院后对该服务的保险金应该负有资助责任；

（B）根据第1886条第（d）款，住院期间该服务的保险金不应该支付，或者根据本编，其他支付条件为住院病人服务因第（1）项规定的该设施、医院或包括的单位类型，或者由以后的医疗保险＋选择组织确定；

（C）在该个人未参保期间根据本部分，终止组织不应该获得任何支付。

（h）**医院保健的特殊规定。**

（1）**信息**。根据本部分的合同应该要求医疗保险＋选择通知根据本部分参保的每个人关于组织提供的医疗保险＋选择计划关于医疗保健的可用性的信息，如果：

（A）根据本编参与的临终关怀项目坐落在组织的服务区域内；

（B）或者，将病人加入该服务区域外的临终关怀项目是一般惯例。

（2）**保险金**。如果根据本部分参保医疗保险＋选择组织的个人根据第1812条第（d）款第（1）项从特殊临终关怀项目中接受临终关怀照料：

（A）部长向个人提供的临终关怀保险金应该向个人选择的临终关怀项目支付；

（B）虽然个人根据第1812条第（d）款第（1）项选择临终关怀，符合其他服务条件的个人的保险金，包括与该个人晚期疾病不相关的服务，应该由部长向医疗保险＋选择或替代根据第（a）款计算的保险金的服务的提供者或供应者进行支付；

（C）部长应该继续按月向医疗保险＋选择组织支付相当于第1854条第（f）款第（1）项第（A）目要求的额外福利待遇的费用。

（i）**新加入的奖金。**

（1）**总则**。根据第（2）项及第（3）项的规定，如果是医疗保险＋选择计划在1997年尚未实施的医疗保险＋选择支付领域（或者在所有直到该日期还提供计划的组织已经在1999年10月13日通知部长，它们在2000年10月3日后不再提供该计划，或者在2000年10月3日通知部长，它们在 2001 年 1 月 1 日后不再提供该计划），根据本条支付的按月保险金应该增加：

（A）若仅在该区域进行的任何医疗保险＋选择计划的第一个 12 个月份内，则为该支付区域内计算的总按月保险金的 5%；

（B）若为之后的 12 个月内，则为该支付区域内计算的总按月保险金的 3% 。

（2）**适用期间**。第（1）项应该仅适用于 2000 年 1 月 1 日开始的 2 年内医疗保险＋选择支付区域内首次提供的医疗保险＋选择计划保险金。

（3）**对在某一区域内提供首次计划的组织的限制**。第（1）项应该仅适用于向每一医疗保险＋选择支付区域内提供医疗保险＋选择计划的第一个医疗保险＋选择支付的保险金，此外如果在某一区域内同一日期首次提供该计划的组织多于一个，则第（1）项应该适用于支付给所有组织的保险金。

（4）**解释**。第（1）项的规定不得解释为影响任何支付区域的根据第（c）款规定的年度医疗保险＋选择人头付费率的计算，也不得解释为适用于非为本项及第（2）项规定的任何期间支付的保险金。

（5）**提供的定义**。本款中，对于某一具体日期的医疗保险＋选择计划而言，“提供的”是指医疗保险＋选择合格的个人可以在该日期参与该计划，而不管参保何时生效，或者该个人根据该计划何时可以获得福利待遇。

（j）**基准额的计算**。在本部分中，“MA 特定区域非药物按月基准额”是指该年度内该月份：

（1）与下列事项相关：

（A）如果该服务区域整个地坐落于 MA 地方区域内，则该数额应该相当于根据第 1853 条第（c）款第（1）项得出的年度 MA 人头付费率的 1/12，或者从 2007 年开始，为该年度该区域内根据第（k）款第（1）项决定的适当的数额，再以风险调整进行适当的调整（2007 年之前的）；

（B）或者，如果该服务区域包括一个以上 MA 地方区域，则该数额相当于第（A）目规定的每一地方 MA 区域的数额的平均额，再以居住在相关地方 MA 区域［正如在投标计划中使用，并且根据第 1854 条第（a）款第（6）项第（A）目第（ⅲ）节向部长披露］的参与该计划的参保人的预期数额进行加权，再以风险调整进行适合的调整（2007 年之前的）。

（2）某一年度某一月份的 MA 地区，MA 特定区域非药物按月基准额，正如该年度该地区第 1858 条第（f）款规定的那样。

（k）**关于计算基准额时适用额的决定。**

（1）**适用额的定义。** 在第（j）款中，根据第（2）项及第（4）项的规定①，某一区域的"适用额"是指：

（A）对于 2007 年而言：

（ⅰ）如果第（c）款第（1）项第（D）目第（ⅱ）节未规定的该年度，则该数额相当于 2006 年该区域第（c）款第（1）项第（C）目规定的数额：（Ⅰ）以 2006 年该区域〔部长可以根据第（b）款第（1）项的规定用于 2005 年 4 月 4 日宣告的比率，但是不包括任何用以该因素包括的编制强度及风险调整预算中立的全国调整因素〕重新调节因素进行首次调整，以及（Ⅱ）然后加上 2007 年第（c）款第（6）项规定的全国人均 MA 增长百分数，但是不考虑 2004 年前的任一年度根据本款第（C）目进行的任何调整；

（ⅱ）如果第（c）款第（1）项第（D）目第（ⅱ）节规定了该年度，则数额应以下列较大者为准：（Ⅰ）该年度该区域内第（ⅰ）节决定的数额，或者（Ⅱ）该年度该区域内第（c）款第（1）项第（D）目规定的数额。

（B）对于随后的年度而言：

（ⅰ）如果第（c）款第（1）项第（D）目未规定该年度，则该数额为该先前年度该区域根据本项决定的数额〔决定时不考虑第（2）项及第（4）项的规定②〕，加上该随后年度第（c）款第（6）项规定的全国人均 MA 增长百分数，但是 2004 年前某一年度根据本款第（C）目的规定不考虑任何调整；

（ⅱ）如果第（c）款第（1）项第（D）目第（ⅱ）节规定该年度，该数额应以下列较大者为准：（Ⅰ）该年度该区域根据第（ⅰ）节决定的

---

① 《公法》第 110—275 期，第 161 条第（a）款第（1）项，删除"第（2）项"，并以"第（2）项及第（4）项"代替，2008 年 7 月 15 日生效。

② 《公法》第 110—275 期，第 161 条第（a）款，删除"第（2）项"，并以"第（2）项及第（4）项"代替，2008 年 7 月 15 日生效。

数额，或者（Ⅱ）该年度该区域第（c）款第（1）项第（D）目规定的数额。

（2）**预算中立因素的逐步排除**。

（A）**总则**。除了第（D）目的规定外，2007—2010 年，根据第（1）项规定的适用额应该乘以一个因子，该因子相当于 1 加上下列乘积额的：

（ⅰ）该年度根据第（B）目决定的百分数；

（ⅱ）根据第（C）目的规定该年度适用的逐步排除因素。

（B）**百分数的决定**。

（ⅰ）**总则**。在第（A）目第（ⅰ）节中，根据第（ⅳ）节的规定，某一年度根据本目决定的百分数应该相当于第（ⅱ）节规定的分子及第第（ⅲ）节规定的分母的百分数。

（ⅱ）**以人口统计比率及风险率之间差异为基础的分子**。

（Ⅰ）**总则**。本节规定的分子是数额相当于第（Ⅱ）次节规定的人口统计比率超过第（Ⅲ）次节规定的风险率的数额。

（Ⅱ）**人口统计比率**。本次节规定的人口统计比率是部长对于该年度根据本部分做出的总保险金的估计，如果所有 MA 计划的所有按月保险金额相当于该年度该区域根据第（c）款第（1）项规定的年度 MA 人头付费率的 1/12，再根据第（a）款第（1）项第（C）目调整。

（Ⅲ）**风险率**。本次节规定的风险率是部长对于该年度根据本部分做出的总保险金的估计，如果所有 MA 计划的所有按月保险金额相当于该年度该区域根据第（j）款决定的第（j）款第（1）项第（A）目规定（正如本项未适用时决定的那样）的数额，再根据第（a）款第（1）项第（C）目进行调整。

（ⅲ）**以风险率为基础的分母**。本节规定的分母相当于根据第（ⅱ）节第（Ⅲ）次节决定的该年度估计的总额。

（ⅳ）**要求**。在根据前述条款估计该数额时，部长应该：

（Ⅰ）根据第（a）款第（3）项的规定使用一整套该年度宣告的风险调整模型中最近的最具代表性的医疗利益风险评分；

（Ⅱ）调整风险评分以反映按次付费的部门的处理及编码惯例的变化；

（Ⅲ）根据第 A 部分及第 B 部分，调整医疗保险按次付费项目在医疗利益计划与提供者之间编码模式中风险评分的差异，在部长已经认定的差异程度内，正如第（a）款第（1）项第（C）目要求的那样；

（Ⅳ）如有必要，为医疗利益组织最后日期提交而进行的调整风险评分；

（Ⅴ）如有必要，为滞后队列而调整风险评分；

（Ⅵ）如有必要，为该年度期间参保医疗保险计划的变化而进行的风险评分调整。

（Ⅴ）**授权**。在计算该数额时，部长可以该年度考虑参保首选提供者组织计划（包括 MA 地区计划）的参保人的被评估的健康风险。

（C）**适用的逐步排除因素**。在第（A）目第（ⅱ）节中，"适用的逐步排除因素"是指：

（ⅰ）对于 2007 年而言，为 0.55；

（ⅱ）对于 2008 年而言，为 0.40；

（ⅲ）对于 2009 年而言，为 0.25；

（ⅳ）对于 2010 年而言，为 0.05。

（D）**适用的终止**。第（A）目不应该适用于某一年度，如果根据第（B）目第（ⅱ）节第（Ⅲ）次节估计的该年度的数额相当于或者多于该年度根据第（B）目第（ⅱ）节第（Ⅱ）次节估计的数额。

（3）**不进行百分数中的修订**。

（A）**总则**。部长不可以做出任何关于任何年度根据第（2）项第（B）目决定的百分数方面的调整。

（B）**解释规则**。本款不得解释为限制部长调整根据第（1）项决定的适用额的授权，在更新数据中或在调整改善的风险调整方法。

（4）[①] **从人头付费率逐步排除医疗教育的间接成本**。

（A）**总则**。在根据第（1）项（于 2010 年开始）决定某一年度某一区域的适用额之后，部长应该调整该适用额以从该适用额中排除该年度的部长根据第 1886 条第（d）款第（5）项第（B）目做出该年度该区域内的关于保险金标准成本的估算的逐步采用的百分数［参见第（B）目第（ⅰ）节的定义］。根据前句规定的任何调整应该在第（2）项适用前做出。

---

① 《公法》第 110—275 期，第 161 条第（a）款第（2）项，增加第（4）项，2008 年 7 月 15 日生效。

（B）**百分数的定义**。在本项中：

（ⅰ）**逐步采用的百分数**。对于某一年度某一区域而言，"逐步采用的百分数"是指下列事项的比率（以百分数表示，但是不超过100%）：（Ⅰ）该年度［参见第（ⅲ）节的定义］最大累积的调整百分数；比（Ⅱ）该年度该区域标准 IME 成本百分数［参见第（ⅲ）节的定义］。

（ⅱ）**最大累计调整百分数**。"最大累计调整百分数"是指：

（Ⅰ）对于2010年而言，为0.60%；

（Ⅱ）对于随后的年度而言，先前年度的最大累计百分数加上0.60个百分点。

（ⅲ）**标准 IME 成本百分数**。对于某一年度某一区域而言，"标准 IME 成本百分数"是指该年度该区域根据第1886条第（d）款第（5）项第（B）目［以第（C）目规定的按次付费数额的百分数表示］决定的人均支付费用。

（C）**按次付费**。本目中规定的某一年度某一区域的按次付费数额是该年度该区域第（c）款第（1）项第（D）目规定的数额。

保险费和保险金额①

第1854条【《美国法典》第42编第1395w—24条】（a）建议的保险费的提交、所提交的费用数额②和相关的信息。

（1）③ 总则。

（A）**初次提交**。在2002年、2003年和2004年9月的第二个星期一（或者是每个第二年6月的第一个星期一）之前，每个 MA 组织应该为每项 MA 计划在接下来的一年中预计就下列事项要实施的服务区域［或根据

---

① 《公法》第108—173 期，第222 条，第1854 条修改了几处；适用于2006 年1 月1 日开始及以后的规划年度。

《公法》第108—173 期，第223 条第（b）款，规定部长应该修改以前颁布的规定，以便于实施《公法》第108—173 期的规定。

《公法》第108—173 期，第222 条第（g）款第（1）项第（A）目，在全文中修改了标题。

② 《公法》第108—173 期，第222 条第（g）款第（1）项第（B）目，插入"所提交的费用数额"。

③ 《公法》第108—173 期，第222 条第（g）款第（1）项第（A）目，在全文中修改了第（1）项，适用于2006 年1 月1 日开始及以后的规划年度。第（1）项以前的规定，参见第2 卷《公法》第108—173 期的取代规定。

第（h）款如果允许的话针对这样一个区域里的部分区域］，以部长所指定的方式向其提交：

（ⅰ）第（2）项、第（3）项、第（4）项或第（6）项第（A）目中表述的涉及计划格式和年度的信息。

（ⅱ）每个计划的格式。

（ⅲ）该计划和地区相关的参保能力（如果有的话）。

（B）**受益人折扣信息**。在根据第（b）款第（1）项第（C）目规定规划一年要提供每月折扣的情况下，提供计划的 MA 组织应将下列信息以其指定的样式、在指定的时间提交给部长：

（ⅰ）折扣的方式以本款第（ⅱ）节所提供的为依据；

（ⅱ）MA 中受益人每月的处方药保险费（如果有的话）及附加的受益人保险费（如果有的话）。

（C）**提供给在全国或多元化区域的区域计划的文书工作的减少**。部长应根据这款针对信息提出的格式提出要求，通过合并信息的申请来促使更多的地区提出 MA 区域计划（包括所有的地区）。

（2）**2006 年之前为协调医疗保健计划所需要的信息**①。对于第 1851 条第（a）款第（2）项第（A）目所描述的 2006 年前一年②的医疗保险＋选择规划，该款所述信息如下：

（A）**基础的（和额外的）福利待遇**。如第 1851 条第（a）款第（2）项第（A）目所描述的福利待遇。

（ⅰ）调整后的团体费率［如第（f）款第（3）项所规定的］；

（ⅱ）医疗保险＋选择模式下受益人每月的基础保险费［如第（b）款第（2）项第（A）目所规定的］；

（ⅲ）对适用计划的自付款、共同保险数额和共担额的描述以及在第（e）款第（1）项第（A）目所描述的保险估计的自付款、共同保险数额和共担额；

（ⅳ）如按第（f）款第（1）项的要求，根据本条提供的额外待遇和

---

① 《公法》第108—173 期，第 222 条第（g）款第（1）项第（C）目第（ⅰ）节，插入"2006 年之前"。

② 《公法》第108—173 期，第 222 条第（g）款第（1）项第（C）目第（ⅱ）节，插入"2006 年前的一年"。

该提出待遇决定值的描述。

（B）**补充待遇**。第 1852 条第（f）款第（3）项所述待遇是：

（ⅰ）调整后的团体费率［如第（f）款第（3）项所规定的］；

（ⅱ）医疗保险＋选择模式下受益人每月的补充保险费［如第（b）款第（2）项第（B）目所规定的］；

（ⅲ）对适用计划的自付款、共同保险数额和共担额的描述以及在第（e）款第（2）项所描述的保险估计的自付款、共同保险数额和共担额。

（3）**MSA 计划的要求**。对于任何一年①的 MSA 计划而言，本项所述信息如下：

（A）**基础的（和额外的）福利待遇**。如第 1852 条第（a）款第（1）项第（A）目所描述的福利待遇需求，医疗保险＋选择模式下受益人每月的 MSA 保险费的数额需求。

（B）**补充的福利待遇**。如第 1852 条第（a）款第（3）项所描述的福利待遇需求，医疗保险＋选择模式下每月受益人的补充的保险费的数额需求。

（4）**2006 年之前②私人医疗保险按次付费计划的需求**。对于 2006 年之前③，根据第 1851 条第（a）款第（2）项第（C）目规定的一个医疗保险＋选择计划的第 1852 条第（a）款第（1）项第（A）目所述福利待遇，本项所描述信息如下：

（A）**基础的（和额外的）福利待遇**。第 1852 条第（a）款第（1）项第（A）目所描述的福利待遇需求：

（ⅰ）调整后的团体费率［如第（f）款第（3）项所规定的］；

（ⅱ）医疗保险＋选择模式下受益人每月的基础保险费数额；

（ⅲ）对适用计划的自付款、共同保险数额和共担额的描述以及在第（e）款第（4）项第（A）目所描述的保险自付款、共同保险数额和共担额的精算值，如第（e）款第（4）项第（A）目所描述的；

---

① 《公法》第 108—173 期，第 222 条第（g）款第（1）项第（D）目，删去"描述的"并替换成"任何一年"。

② 《公法》第 108—173 期，第 222 条第（g）款第（1）项第（E）目第（ⅰ）节，插入"2006 年之前"。

③ 《公法》第 108—173 期，第 222 条第（g）款第（1）项第（E）目第（ⅱ）节，插入"2006 年前的一年"。

（ⅳ）根据第（f）款第（1）项要求，描述根据此款对额外福利待遇的描述及这些所提到的福利待遇的确定价值。

（B）**补充福利待遇**。如第 1852 条第（a）款第（3）项所描述的福利待遇，医疗保险＋选择模式下每月受益人的补充的保险费的数额［与第（b）款第（2）项第（B）目所述］。

（5）**审查**。

（A）**总则**。据第（B）目，部长应该审查调整后的团体费率、基础的和额外的保险费以及根据此款第（2）项和第（4）项①提出的价值，并且应该对提交的这些价格、数额和价值表示核准或不核准。医疗保险和医疗补助计划中心的首席保险精算师应审查医疗保险＋选择组织使用的所提交价格、数额和价值的保险精算的假设和数据，由此判定这些假设和数据的适当性。

（B）**例外情况**。依据第（3）项或依据第（A）目第（ⅱ）节和第（B）目 MA 私人医疗保险按次付费计划②情况下，部长不应检查、核准或不核准所提出的数额。

（6）③ **2006 年启动的 MA 组织投标金额的提出**。

（A）**信息的提出**。在 2006 年 1 月或之后开始的一个计划年，对于一个 MA 计划（而不是 MSA 计划）而言，此款描述的信息如下：

（ⅰ）根据计划，针对所有项目和服务的月累积投标保数额应基于支付地区的平均收益需求［符合《公共健康服务法》④ 第 1302 条第（8）项的立法宗旨］，对于具有全国平均风险状况的参保者，涉及第 1853 条第（a）款第（1）项第（C）目描述中的因素（部长指定的）。

（ⅱ）该投保数额比例由以下因素决定：（Ⅰ）在最初的医疗保险按次付费计划选择权下的有关福利待遇的规定［如第 1852 条第（a）款第（1）项第（B）目所规定］；（Ⅱ）基本处方药范围的规定；（Ⅲ）补充性

---

① 《公法》第 108—173 期，第 222 条第（g）款第（1）项第（F）目，插入"第（2）项和第（4）项"。

② 《公法》第 108—173 期，第 222 条第（g）款第（1）项第（G）目，插入"在一个 MA 私人报销计划的情况下"。

③ 《公法》第 108—173 期，第 222 条第（g）款第（1）项第（B）目，增加第（6）项，适用于在 2006 年 1 月或之后开始的计划。

④ 参见第 2 卷《公法》第 78—410 期，第 1308 条。

保健福利待遇的规定。

（ⅲ）依第（ⅰ）节确定数额的保险精算标准和第（ⅱ）节中描述的比例以及部长用来验证每个 MA 区域的保险精算标准和预计的参与者数量的额外信息。

（ⅳ）计划适用的自付款、共同保险数额和共担额的描述以及在第（e）款第（4）项第（A）目所描述的保险估计的自付款、共同保险数额和共担额。

（ⅴ）关于处方药范围的描述，相关信息应以第 1860D - 4 条为依据，与第 1860D - 11 条第（b）款第（2）项关于范围的规定相结合。

就针对个体的特别需要而特别制订的 MA 计划，本款所述信息为部长指定的这些信息。

（B）**投保数额的接受和商议：**

（ⅰ）**权力**。依据第（ⅲ）节和第（ⅳ）节，部长有权力商议依第（A）目提交的每月投保数额的相关事项［及第（A）目第（ⅱ）节描述的比例］，包括第（b）款第（1）项第（C）目第（ⅱ）节规定的补充的福利待遇，且为了行使此权力，部长应享有类似于人事管理办公室主任依《美国法典》第 5 编第 89 章①关于保健福利的权力。

（ⅱ）**福利计划标准的适用**。基于第（ⅳ）节，只有部长确定依第（A）目提供的保险精算的标准能够支持这些数额和比例，且根据计划合理并公正地反映了福利计划提供的福利待遇收益需要［符合《公共健康服务法》第 1302 条第（8）项②的立法宗旨］，才可以接受该投保数额或比例。

（ⅲ）**不干扰**。依据本部分和第 D 部分，为了促进竞争及实施这两部分的内容，根据本编，部长不可要求任何 MA 组织与某个特定的医院、医生或其他单位或个人订立合同来供给项目和服务或根据一个合同要求一个与本部分部长权力并存的支付特定价格结构。

（ⅳ）**例外**。在第 1851 条第（a）款第（2）项第（C）目所描述的计划的情形下，第（ⅰ）节和第（ⅱ）节的规定不应适用，并且第（5）项第（B）目的规定，禁止审查、核准或不核准本项所描述的数额，应适

---

① 参见第 2 卷《公法》《美国法典》第 5 编第 89 章。

② 参见第 2 卷《公法》第 78—410 期，第 1308 条。

用商议和拒绝第（A）目中涉及的每月的投保数额和比例。

（b）**每月收取的保险费用**。

（1）**总则**。

（A）**除 MSA 计划之外的规则**。根据第（C）目规定的折扣，在一个医疗保险＋选择组织提供的医疗保险＋选择计划（而不是 MSA 计划）中，每月向参保个人收取的保险费数额（如果有的话）① 应等同于以下金额的总和：医疗保险＋选择计划每月基本受益人保险费用和②医疗保险＋选择计划每月补充受益人保险费用的总额（如果有的话），且如果计划提供了处方药保险项目，包括 MA 每月处方药受益人保险费③的规定。

（B）**MSA 计划**。在一个医疗保险＋选择组织提供的医疗保险＋选择计划（而不是 MSA 计划）中，每月向个人计划参加人收取的保险费数额应等同于医疗保险＋选择计划每月补充受益人保险费用（如果有的话）。

（C）④ **受益人折扣规定**。

（ⅰ）**要求**。MA 计划应向计划参与者提供一个等同于第（3）项第（C）目或第（4）项第（C）目所述的人均储蓄 75% 的每月折扣，以适用于所涉及的计划和年份。

（ⅱ）**折扣形式**。本目要求的折扣应通过针对下列一项或多项提出的折扣额的申请提出：

（Ⅰ）**补充医疗福利和为此支付的保险费的规定**。第 1852 条第（a）款第（3）项规定的额外的医疗福利是以计划特定的格式，包括费用分担的降低，另外也适用于额外的医疗福利，而该福利待遇不是根据最初的医疗保险按次收费程序选择的福利，或适用于针对 MA 每月补充受益人保险费的贷款。

---

① 《公法》第 108—173 期，第 222 条第（b）款第（1）项第（A）目，插入"每月数额"并替换掉"归因于第（C）目规定的折扣，每月数额（如果有的话）"，适用于 2006 年 1 月开始及以后的计划年份。

② 《公法》第 108—173 期，第 222 条第（g）款第（1）项第（H）目，删除"和"并替换为逗号。

③ 《公法》第 108—173 期，第 222 条第（g）款第（1）项第（H）目，插入"且，如果计划提供了处方药范围，MA 每月处方药受益人保险费"，适用于 2006 年 1 月开始及以后的计划年份。

④ 《公法》第 108—173 期，第 222 条第（b）款第（1）项第（B）目，加上第（C）目，适用于 2006 年 1 月开始及以后的计划年份。

（Ⅱ）**处方药保险项目保险费用的支付**。针对 MA 每月处方药受益人保险费的贷款。

（Ⅲ）**第 B 部分保险费的支付**。针对第 B 部分保险费的贷款［与第（b）款、第（h）款和第（i）款的适用无关］。

（ⅲ）**折扣相关信息的披露**。计划应向部长披露本目所提供的折扣形式和数额的相关信息，或附加的医疗福利待遇的保险精算价值。

（Ⅳ）**第 B 部分减少保险费的适用**。MA 组织根据本目下本计划所选定的折扣作为第 B 部分保险费的贷款，以第（ⅱ）节第（Ⅲ）次节规定，部长应运用这些贷款来减少第 1840 条第（i）款提供的计划中每个计划参与人根据第 1839 条规定的保险费。

（2）**保险费和投保①的术语定义**。根据本部分：

（A）② **MA 每月基本的受益人保险费**。"MA 每月基本的受益人保险费"指的是，就一个 MA 计划来说：（ⅰ）如第 1853 条第（a）款第（1）项第（B）目第（ⅰ）节所描述（与提供折扣的计划相关）为零；或者（ⅱ）第 1853 条第（a）款第（1）项第（B）目第（ⅱ）节所描述，未调整的 MA 法定非药物每月投保数额［第（E）目所规定］超过了适用的未调整 MA 特定区域非药物每月投保的基准数额［如第 1853 条第（j）款所确定的］。

（B）**MA 每月受益人处方药保险费**。"MA 每月受益人处方药保险费"指的是，就一个 MA 计划而言，基础的受益人保险费［如第 1860D－13 条第（a）款第（2）项所确定的并根据第 1860D－13 条第（a）款第（1）项第（B）目调整］，减去根据第 1854 条第（b）款第（1）项第（C）目第（ⅱ）节第（Ⅱ）次节规定的折扣贷款的数额。

（C）**MA 每月补充受益人额外的保险费**。"MA 每月补充受益人额外的保险费"指的是，就一个 MA 计划而言，根据第（ⅱ）节第（Ⅲ）次节由于补充保健福利待遇的规定，依第（a）款第（6）项第（A）目第

---

① 《公法》第 108—173 期，第 222 条第（b）款第（2）项第（A）目，插入"和申请"，适用于 2006 年 1 月开始及以后的相关计划。

② 《公法》第 108—173 期，第 222 条第（b）款第（2）项第（C）目，去除原来的第（A）目和第（B）目，取而代之的是新的第（A）项和第（B）项并且加上了第（C）目，适用于 2006 年 1 月开始及以后的计划年份。原来的第（A）目和第（B）目见作废的第 2 卷《公法》第 108—173 期。

（ⅰ）节提交的每月投保的总额的一部分减去根据第 1854 条第（b）款第（1）项第（C）目第（ⅱ）节第（Ⅰ）次节规定的折扣贷款的数额。

（D）① **医疗保险＋选择每月 MSA 保险费**。"医疗保险＋选择每月 MSA 保险费"是指，就一个医疗保险＋选择计划而言，依第（a）款第（3）项第（A）目计划中提交的这些保险费的数额。

（E）② **未调整的 MA 中法律非药品每月投保数额**。"未调整的 MA 中法律非药品每月投保数额"是指，按照本款第（ⅱ）节第（Ⅰ）次节以最初医疗保险按次付费计划选择权的福利待遇［如第 1852 条第（a）款第（1）项第（B）目规定］的相关规定，一年中根据第（a）款第（6）项第（B）目第（ⅰ）节提交的投保数额的一部分。

（3）③ **地区计划中人均每月存款的估算**。基于第（1）项第（C）目第（ⅰ）节，本项提及的该年 MA 的本地计划中的人均每月存款如下所述：

（A）**本地计划中全国范围内平均风险调整的决定：**

（ⅰ）**总则**。基于第（ⅲ）节，部长应决定依第 1853 条第（a）款第（1）项第（C）目规定适用于当地 MA 地区计划参与者支付的平均的风险调整因素，且包括每州根据第 1853 条第（b）款第（1）项（开始于 2006 年）规定颁布的利率。

（ⅱ）**地区计划提供的第 1 年的地区待遇**。在某个州上一年未提供本地计划的情况下，部长应该估算平均值。在估算的过程中，部长可以使用适用于情况相当的州或全国基础的平均风险调整因素。

（ⅲ）**决定地区而非州的风险调整的权力**。部长可根据本目就地区而非州或特定计划为风险调整因素提供决定和适用。

（B）**地区计划的风险调整基准的决定和经过风险调整投保**。在每个适用于某州的 MA 计划中，部长应：（ⅰ）由根据第（A）目计算的平均风险调整因素调整合适的 MA 每月特定地区的非处方药的投保基准数［如第 1853 条第（j）款第（1）项所述］；以及（ⅱ）由适合的平均风险调

---

① 《公法》第 108—173 期，第 222 条第（b）款第（2）项第（B）目，重新指定前面的第（C）目为第（D）目。

② 《公法》第 108—173 期，第 222 条第（b）款第（1）项第（D）目，增加第（E）目，适用于从 2006 年 1 月开始及以后的相关计划年份。

③ 《公法》第 108—173 期，第 222 条第（b）款第（3）项，增加第（3）项和第（4）项，适用于从 2006 年 1 月开始及以后的相关计划年份。

整因素调整未曾被调整过的 MA 法定的每月非药物的投保数额。

（C）**人均每月存款的决定**。本目描述的一个 MA 地区计划中人均每月存款的数额（如果有的话）等同于：（ⅰ）根据第（B）目第（ⅰ）节计算的风险调整后的基准数；超过（ⅱ）根据第（B）目第（ⅱ）节估算的风险调整后的投保数。

（4）**区域计划的人均每月存款数额的计算**。根据第（1）项第（C）目第（ⅰ）节，本项涉及的该年度一个 MA 地区区域中的人均每月存款数额估算如下：

（A）**区域计划中整个地区范围内人均风险调整的决定**：

（ⅰ）**总则**。对于依第 1853 条第（a）款第（1）项第（C）目规定适用于当地 MA 区域计划参与者支付的平均的风险调整因素，部长应该同时决定包括各地根据第 1853 条第（b）款第（1）项（开始于 2006 年）规定颁布的费率。

（ⅱ）**区域计划适用地区第一年的待遇**。在某个地区上一年未提供区域计划的情况下，部长应该估算平均值。在估算的过程中，部长可以使用适用于情况相当的地区或全国基础的平均风险调整因素。

（ⅲ）**决定地区而非区域的风险调整的权力**。部长可根据本目就地区而非区域或特定计划为基础为风险调整因素提供决定和适用。

（B）**区域计划的风险调整基准的决定和风险调整后投保**。在每个适用于某地的 MA 区域计划中，部长应：（ⅰ）由根据第（A）目计算的平均风险调整因素调整该区域合适的 MA 每月特定地区的非处方药的基准数［如第 1853 条第（j）款第（2）项所述］；以及（ⅱ）由该平均风险调整因素调整未曾被调整过的 MA 法定的每月非药物的申请数额。

（C）**人均每月存款的决定**。本目描述的一个 MA 区域计划中人均每月存款的数额（如果有的话）等同于：（ⅰ）根据第（B）目第（ⅰ）节估算的风险调整后的基准数；超过（ⅱ）根据第（B）目第（ⅱ）节估算的风险调整后的投保数。

（c）① **固定的保险费和投保的数额**。除了第 1857 条第（i）款的规定

---

① 《公法》第 108—173 期，第 222 条第（g）款第（2）项，全面修正了第（c）款，适用于 2006 年 1 月开始及以后的相关计划年份。原来的第（c）款参见第 2 卷《公法》第 108—173 期作废的规定。

所允许的情况，本部分规定的依第（a）款第（6）项提交的 MA 每月投保数额、MA 每月的基础数额、处方药和补充保险福利的数额及 MA 每月根据第（b）款确定 MA 组织应缴纳的 MSA 保险费用的数额不应随着计划中的缴费个体而变化。

（d）**强制性保险费的期限和情形。**

（1）**总则**。每个①医疗保险＋选择组织应允许每月缴纳医疗保险＋选择基本的、处方药②和补充福利待遇的保险费，根据第 1851 条第（g）款第（3）项第（B）目第（ⅰ）节的规定，个人未缴纳保险费情况下可终止医疗保险＋选择计划，也不可提供现金或其他货币折扣以激励缴纳或其他方式。

（2）③ **受益人对缴纳方式的选择，或者是从社会保障费用中扣除，或者通过电子款项交易机制**。根据规定，一个 MA 组织应允许每个参保者根据自己的选择来根据本部分的规定通过以下方式来向相关组织来缴纳保险费（如果有的话）：

（A）根据第 1840 条规定的方式从福利款项中扣除第 1839 条规定的每月保险费应缴数额；

（B）电子款项交易机制（如从某个经济机构的账户、信用卡或借记卡账户的自动缴纳）；

（C）其他部长所特许的途径，包括通过雇主或根据代表雇员或前雇员在（或靠其生活者）以雇佣关系为基础的退休健康保险 ［如第 1860D－22 条第（c）款第（1）项规定］缴纳。所有根据第（A）目规定缴纳的保险费用应存入信托基金（或其中的银行账户），如部长所指定的那样，并根据本编应向相关的 MA 组织进行支付。涉及第（A）目规定的支付选择，根据一个 MA 计划不能强制要求支付。部长应同社会保障委员和财政部长商议根据第（A）目规定在合适的信托基金及账户中分配保险费的方法。

（3）**必要信息的收集**。对于选择适用本项的参保者，为了实施第

---

① 《公法》第 108—173 期，第 222 条第（c）款第（1）项，去掉"保险费用—每个"，替换为"保险费用（1）总则每个"。

② 《公法》第 108—173 期，第 222 条第（g）款第（3）项，插入"，处方药"。

③ 《公法》第 108—173 期，第 222 条第（c）款第（2）项，增加第（2）项、第（3）项、第（4）项，适用于从 2006 年 1 月开始及以后的相关计划年份。

（2）项第（A）目的规定，部长应向社会保障部委员传达以下信息：

（A）每年年初，这些参保者本年每月所拥有的姓名、社会保险账号、第（4）项所描述的每月合并的受益人保险费，以及其他部长认为适当的信息，与社会保障部委员商议；

（B）根据本项，全年定期更新前期传达的信息。

（4）**每月合并的受益人保险费用**。对 MA 参保者，部长应为下列项目的合并提供一种机制：

（A）MA 每月基本的受益人保险费用（如果有）；

（B）MA 每月补充受益人保险费用（如果有）；

（C）MA 每月受益人的处方药保险费用（如果有）。

（e）**参保者的责任限制**。

（1）**2006 年之前基本和额外的福利**。对于 2006 年之前的期间，在① 任何情况下：

（A）对于第 1851 条第（a）款第（1）项第（A）目要求的福利，以及一年中第（f）款第（1）项第（A）目所要求的额外福利（如果有），医疗保险＋选择计划每月基本的受益人保险费（乘以 12）和如第 1851 条第（a）款第（2）项第（A）目所描述的相关组织医疗保险＋选择计划中根据本部分适用于个体的对自付款、共同保险额、共付数额的平均精算价值；

（B）不得超过根据第 A 部分适于个人的对自付款、共同保险额、共付数额的平均精算价值所涉福利待遇，如果他们不是医疗保险＋选择组织的成员，该人根据第 A 部分有权获得待遇且根据第 B 部分参保。

（2）**2006 年之前附加的福利**。2006 年之前，如果②医疗保险＋选择组织根据本编，为其在第 1851 条第（a）款第（2）项第（A）目规定的医疗保险＋选择计划中的成员提供第 1852 条第（a）款第（3）项所述的附加福利待遇，缴纳的医疗保险＋选择每月补充受益人保险数额（乘以 12）与这些福利待遇相关的缴纳的自付款、共同保险额、共付数额的精

---

① 《公法》第 108—173 期，第 222 条第（g）款第（4）项第（A）目，去掉"在"，并以"2006 年之前。适用于 2006 年之前，在"替换。

② 《公法》第 108—173 期，第 222 条第（g）款第（4）项第（B）目，去掉"如果"，并以"2006 年之前。适用于 2006 年之前，如果"替换。

算价值的总和不可超过这些福利待遇调整过的总体费率［如第（f）款第（3）项所规定］。

（3）**其他基础上的决定**。如果部长认为没有足够可得的数据决定第（1）项第（A）目第（2）项或第（4）项①规定精算值，部长可以决定同一地理区域、州的或国家的所有根据本部分规定有权利参加医疗保险＋选择计划的个体该精算值或以其他合理基础上的数据为依据。

（4）**2006 年**②**开始的私人按次付费计划及基本福利的特殊规定**。对于私人按次付费计划［而不是一个 2006 年之前开始并涉及第 1851 条第（a）款第（2）项第（A）目③所规定的一个 MA 计划的 MSA 计划］，在任何情况下：（A）根据本部分参与计划中某组织的个体的自付款、共同保险额、共付额的精算价值，其涉及最初的医疗保险按次付费计划选择④福利，不得超过（B）根据第 A 部分适于个人的对自付款、共同保险额、共付数额的精算价值所涉福利待遇⑤，如果他们不是医疗保险＋选择组织的成员，该个人根据第 A 部分有权获得待遇且根据第 B 部分参保。

（f）**2006 年**⑥**之前的额外福利的要求**。

（A）**总则**。2006 年之前的年份，每个⑦医疗保险＋选择组织（与某个医疗保险＋选择计划相关，而不是它提供的某个 MSA 计划）应提供的是，若因本条规定得以成功实施，合同年计划存在超额［如第（B）目所

---

① 《公法》第 108—173 期，第 222 条第（g）款第（4）项第（C）目，去掉"或第（2）项"，并以"第（2）项或第（4）项"替换。

② 《公法》第 108—173 期，第 222 条第（g）款第（4）项第（D）目第（i）节，插入"及 2006 年之前的基础福利"。

③ 《公法》第 108—173 期，第 222 条第（g）款第（4）项第（D）目第（ii）节，插入"且适用于 2006 年之前的年份，涉及第 1851 条第（a）款第（2）项第（A）目所规定的一个 MA 计划。"。

④ 《公法》第 108—173 期，第 222 条第（g）款第（4）项第（D）目（iii）节，去掉"第 1852 条第（a）款第（1）项描述的必需利益"，并以"根据最初的医疗保险报销的程序选择的利益"替代。

⑤ 《公法》第 108—173 期，第 222 条第（g）款第（4）项第（D）目第（iv）节，插入"涉及这些利益"。

⑥ 《公法》第 108—173 期，第 222 条第（g）款第（5）项第（A）目，插入"2006 年之前"。

⑦ 《公法》第 108—173 期，第 222 条第（g）款第（5）项第（B）目，去掉"每年"，并以"2006 年之前的每年"替代。

述],该组织应向个体提供由部长决定的至少等于被调整的超额[如第(C)目所述]的额外福利(该组织可以进行指定)。

(B)**超额**。根据本项,某组织在某计划中的超额是指以下数额(如果有):(i)在合同年年初根据第 1853 条规定向组织支付的人均费用;超过(ii)根据本部分规定,计划中对个体而言如第 1852 条第(a)款第(1)项第(A)目所规定的要求福利待遇的精算价值,其根据第(3)项(因为缩减的自付款、共同保险额、共付数额的精算价值,以及其他根据第 A 部分和第 B 部分可缩减的)描述的已调整的总体费率而定。

(C)**已调整的超额**。基于本项,某组织在某计划中的已调整超额是指根据第(2)项规定减少的金额以反映扣缴的数额以及组织所保留的数额。

(D)**统一适用**。本项对于所有的参与者应根据计划统一适用。

(E)**保险费减少**。

(i)**总则**。根据第(ii)节规定,因为基于第(A)目要求而提供的任何额外福利的一部分,一个医疗保险 + 选择组织可以选择根据第 1851 条第(a)款第(1)项第(A)目规定医疗保险 + 选择计划而减少支付,且部长应将这些缩减用于减少根据第 1839 条规定每个参与者依第 1840 条第(i)款而缴纳的保险费。

(ii)**缩减数额**。根据第(i)节涉及全部参与者在医疗保险 + 选择计划中的缩减数额:(I)不可以超过第 1839 条第(a)款第(3)项规定的保险费的 125%;以及(II)每个医疗保险 + 选择计划的参与者在适用缩减上应统一适用。

(F)**解释**。本款任何内容不得解释为阻止一个医疗保险 + 选择组织提供除了保健福利之外的附加收益[如第 1852 条第(a)款第(3)项所规定],否则需要根据本项另行规定,也不能被解释为针对这些附加福利的强制性保险。

(2)**稳定金**。一个医疗保险 + 选择组织可规定第(1)项所述的超额的一部分可被部长扣留下来,并作为接下来合同年度一年的联邦医疗保险信托基金和联邦补充医疗保险信托基金(二者比例以部长认为合适为标准),在要求的范围内,该组织根据这些条款在那些接下来的年度内,稳定额外待遇和避免其不适当的波动。这些保留下来的款项如果没有像第(1)项第(A)目描述的那样提供给决定在该期限前根据这些条款符合医疗保险＋选择组织的计划的个体，那么应恢复这些信托基金的用途。

（3）**已调整的整体费率**。依照本条，根据第（4）项，服务项目的已调整的整体价格指的是在一个医疗保险＋选择组织的选择上，或者：

（A）部长每年决定的服务的支付率应适用于根据本部分规定选择医疗保险＋选择计划的个人，如果该支付率是根据整体费率系统〔如《公共健康服务法》第 1302 条第（8）项所规定，而非第（C）目规定〕来决定的话；

（B）或者，部长每年估计的这部分的加权总保险费应适用于这些个体，正如部长每年的估计都是以这些服务为依据一样；

但需调整两者间的差异，即根据本部分利用个人特征选择保险项目和利用计划中其他参与者特征选择（或若部长发现没有足够的数据来调解二者之间的差异，则利用个人特征选择其他医疗保险＋选择保险项目或在某地、某州甚至全国有资格选择医疗保险＋选择计划保险项目并根据本部分规定分别利用该地区、该州或国家其他人的特征）。

（4）**以不充分的信息为基础的决定**。基于本款，如果部长发现没有足够的登记信息在合同期间伊始根据本部分规定来决定人均支付额或决定（存在新的运营商情况下——赞助组织或其他新组织）组织的调整的整体费率，部长可以在签订的其他合同的登记信息的基础上根据本部分规定决定平均数，也可以根据通用商业市场上的数据决定费率。

（g）**禁止国家征收保险费税**。任何州不得征收第 1853 条规定对于医疗保险＋选择计划组织所支付的保险费税或相类似的税款。

（h）**允许对服务区域进行的分割**。部长应允许一个医疗保险＋选择组织决定将本条规定统一适用于服务区域的不同地段（而不是统一适用于整个服务区域），只要这些不同地段是一个或更多医疗保险＋选择支付区域的组成部分。

**医疗保险＋选择组织的组织和财政要求、
医疗服务提供者资助组织**

第 1855 条 【《美国法典》第 42 编第 1395w—25 条】（a）**根据州法律进行组织及申请许可**。

（1）**总则**。根据第（2）项及第（3）项的规定，在每一个提供医疗保险＋选择项目的州作为符合条件的提供健康保险或健康福利待遇保险项目的保险实体，医疗保险＋选择计划组织应该根据州法进行组织并许可。

（2）**医疗服务提供者资助组织的特殊例外。**

（A）**总则。**对于寻求在一州提供医疗保险＋选择计划的医疗服务提供者资助组织，则部长可以免除该组织在该州第（1）项规定的申请许可证的要求，如果：

（i）如果该组织在 2002 年 11 月 1 日前向部长申请该豁免权；

（ii）部长根据向其提供的申请及其他证据决定是否已经满足第（B）目、第（C）目、第（D）目的规定正式批准申请事由。

（B）**未能及时按照许可申请要求而导致的结果。**正式批准本目规定的免除申请的事由为该州未能在该州接受实质性完整证明书之日后 90 日内完成该组织许可证的申请。本条颁布之前的期间不应包括在决定该 90 日内。

（C）**因歧视性待遇而导致的申请失败。**正式批准本目规定的免除申请的事由为该州已经否定该许可证申请，并且：

（i）州规定的作为正式批准许可证的该组织必须具备的任何具体要求、程序或标准的条件的标准或审查过程不能普遍适用于其他从事实质上相似事业的企业；

（ii）或者，作为许可条件，该州要求组织提供除了医疗保险＋选择计划以外的任何产品或计划。

（D）**偿付能力要求为基础的申请失败。**关于根据第 1856 条第（a）款的规定在偿付能力标准公布之日及以后申请的豁免权，正式批准本目规定的豁免权的事由应为该州已经否认许可证申请，因（完全或部分）该组织未能满足偿付能力标准，并且：

（i）该要求与第 1856 条第（a）款规定的偿付能力标准不同；

（ii）或者，该州已经规定以下为核准的条件：与偿付能力相关的许可证文档或信息要求或与偿付能力相关的其他具体要求、程序或标准之类的条件与第（d）款第（2）项部长适用的要求、程序或标准不同。

在本项中，偿付能力要求是指与偿付能力相关的要求以及第 1856 条第（a）款确定的标准所涵盖的其他因素。

（E）**豁免处理。**如果某一州根据本项赋予医疗服务提供者资助组织豁免权，则与该州相关的：

（ⅰ）**州的限制**。豁免仅在该州生效，在其他州则不得生效。

（ⅱ）**36 个月期间的限制**。豁免仅在 36 个月内生效，并且不得延长。

（ⅲ）**遵守消费者保护及质量标准的条件**。豁免的持续条件是该组织必须遵守第（G）目规定的要求。

（ⅳ）**州法的优先权**。根据本部分的规定，该州关于组织许可证及禁止组织根据合同提供保险的规定应该优先适用。

（F）**尽快申请**。部长应该在部长认为已经提交实质性完整的豁免申请后 60 日内赋予或否定该豁免权申请。本条中的规定不得解释为防止未被赋予该豁免申请的组织再次提交豁免申请。

（G）**州消费者保护及质量标准的适用及执行**。

（ⅰ）**总则**。根据本项授予组织的关于州法规定的许可证方面的豁免是附条件的，即该组织应遵守所有消费者保护及质量标准方面的要求，只要该标准：

（Ⅰ）在该州适用于组织，如果根据州法被授予许可；

（Ⅱ）在该州普遍适用于其他医疗保险＋选择计划组织及计划；

（Ⅲ）与根据本部分确定的标准一致。该标准应该不包括任何根据第 1856 条第（b）款第（3）项第（B）目的规定优先适用的标准。

（ⅱ）**并入合同**。在授予该州相关的该组织的豁免中，部长应该并入相应规定，即该组织（以及其提供的医疗保险＋选择计划）遵守第（ⅰ）节规定的标准，正如部长与该组织根据第 1857 条订立的合同的一部分。

（ⅲ）**执行**。在授予该州相关的该组织的豁免中，部长可以与该州签署协定，规定根据该州关于该组织或医疗保险＋选择计划遵守标准而同意提供监管及执行行动。该监管及执行应该由州做出，并且应以该州在监管或执行与其他医疗保险＋选择组织或计划标准相关的方式做出，该标准适用的组织类型不得存在歧视。该协定应该规定或确立遵守相关行动的机制，并且根据本项之规定不得延长审查及办理该申请的时间。

（H）**报告**。部长应该在不晚于 2001 年 12 月 31 日前向方式方法委员会及众议院商务委员会和参议员的财政委员会提交关于根据本项进行的豁免程序在 2002 年 12 月 31 日之后是否应该继续进行的报告。在做出该建议时，部长应该根据本编的规定，在其他因素中，考虑该程序对受益人以及项目长期偿付能力的影响。

（3）**特许不得替代为或建立证明**。组织根据第（1）项的规定被授予许可证的事实根据本部分不得认为该组织已经满足其他要求。

（b）**完全财政风险的假设**。医疗保险＋选择组织在根据第 1852 条第（a）款第（1）项的规定在提供的福利待遇中的健康保健服务预期基础上应该假设完全财政风险，除了该组织：

（1）可以获得保险或为向任何参保人员提供该服务而加总产生的超过部长随时加总的价值的成本而做出其他安排；

（2）可以获得保险或因其参保该组织之前而获得医疗必需品而通过其他组织向其参保成员提供该服务的成本做出其他安排；

（3）可以获得保险或对于该财政年度花费数额超过该财政年度收入的 115% 的部分的不超过 90% 的部分做出其他安排；

（4）可以安排医师或其他医疗保健专业人员、医疗保健机构或任何该个人或机构的组合去承担因该医师或其他健康专业人员或通过机构提供基本健康服务而产生的所有或部分财政风险。

（c）**提供未经许可的 PSOS 预防偿付能力风险的证明**。

（1）**总则**。每一作为医疗服务提供者资助组织的医疗保险＋选择组织，其尚未由一州根据第（a）款的规定被授予许可证，并且已经根据第（a）款第（2）项的规定提交豁免申请，则应该满足第 1856 条第（a）款确定的关于该组织财政偿付能力及资本充足率方面的标准。

（2）**PSOS 偿付能力标准的证明程序**。部长应该确定接受并正式批准第（1）项规定的医疗服务提供者资助组织提交的申请以证明（或定期再证明）该组织满足该偿付能力标准。根据该程序，部长应该不晚于收到申请之日后 60 日内做出该证明申请。

（d）**医疗服务提供者资助组织的定义**。

（1）**总则**。在本部分中，医疗服务提供者资助组织是指满足下列条件的公共或私人实体：

（A）由健康保健提供者或附属的医疗保险提供者集团建立、组织或运营；

（B）根据本部分签订的合同，直接通过提供者或提供者的附属集团提供健康保健项目及服务的实质部分［参见部长根据第（2）项的定义］；

（C）关于附属提供者直接或间接分担与提供该项目及服务相关的实质财政风险，并且在该实体中享有主要财政利益。

（2）**实质部分**。在界定第（1）项第（B）目中的实质部分时：

（A）部长应该考虑该组织在提供下列事项时承担责任的需要：（ⅰ）根据本条签订的合同，通过其自身的附属提供者提供多于该项目及服务大部分的部分，以及（ⅱ）根据合同，通过与该组织签署协议提供该项目及服务的提供者提供该项目或服务剩余部分的大多数部分，为了保障财政稳定，并且解决整合服务提供者大范围递送方面的实际问题；

（B）根据合同，部长应该考虑该组织通过既非附属于该组织又未与该组织签署协定的提供者提供该项目及服务的有限部分的需求；

（C）部长在以组织间存在的相当差异为基础界定该组织之间的实质部分的定义时，可以允许存在变量，比如其是坐落于城市还是边远地区。

（3）**附属机构**。在本款中，如果通过合同，所有权或其他方式满足下列条件，则一提供者为另一提供者的附属机构：

（A）一提供者直接或间接控制，或被另一提供者控制；

（B）根据《1986年国内税收法》第1563条的规定，两个提供者同时为某一公司控股集团的部分；

（C）每一提供者均为某一合法联盟的参与者，在该合法联盟中，每一提供者分担与组织运作相关的实质财政风险；

（D）或者，根据该法第414条的规定，两个提供者均为附属服务集团的部分。

（4）**控制**。在第（3）项中，如果一方直接或间接所有、控制另一方，或持有另一方51%以上选举权或管理权而享有选举、代表的权力，则即存在控制。

（5）**健康保健提供者的定义**。在本款中，健康保健提供者是指：

（A）在某一州从事医疗保健服务的任何个人，以及州法或规章赋予许可或证明而在该州从事该种服务的个人；

（B）在某一州从事医疗保健服务的任何实体，以及如果州法或规章授予许可或该州证明的在该州从事该种服务的，则为被许可的任何实体。

（6）**规章**。部长应该签署规章以执行本款的规定。

标准的确立

第1856条 【《美国法典》第42编第1395w—26条】（a）医疗服务提供者资助组织偿付能力标准的确立。

（1）建立。

（A）**总则**。部长应该根据《美国法典》第 5 编第 5 章第 3 节，在加快进展的基础上，并使用经过协商的规则制定程序，确定第 1855 条第（c）款第（1）项规定的企业作为医疗服务提供者资助组织根据本部分必须满足的标准（关于组织的财政偿付能力及资本充足率）。

（B）**偿付能力标准考量的因素**。在根据第（A）目确立医疗服务提供者资助组织的偿付能力标准时，部长应该与利益相关者进行协商，并且应该考虑：

（ⅰ）该组织的供应系统的资产以及该组织直接通过附属提供者向参保人提供服务的能力；

（ⅱ）防止无偿付能力的替代方式，包括再保险、未拨付盈余、信用状、保证、组织的保险覆盖、与其他许可机构的合作以及因该组织通过直接提供保健而满足其服务义务的能力的评估；

（ⅲ）全国保险业同业公会关于以风险为基础的健康保健提供组织方面制定的任何标准。

（C）**参保人保护以防止无偿付能力**。在该组织无偿付能力的情形下，该标准应该做出相关规定以保护参保人不因医疗保险＋选择组织的债务而对个人或实体承担责任。

（2）**通知的公布**。在根据本款执行规则制定程序时，在咨询全国保险委员会联盟、美国精算师学会、医疗保险受益人的组织代表及其他利益主体后，部长应该根据《美国法典》第 5 章第 564 条第（a）款的规定，在本条颁布之日后不晚于 45 日内公布相关通知。

（3）**公布规则的目标日期**。作为第（2）项规定的通知部分，公布的目标日期［参见本编第 564 条第（a）款第（5）项］应该为 1998 年 4 月 1 日。

（4）**评论提交的缩减时期**。在根据本款适用于本编第 564 条第（a）款时，应以 15 日替代 30 日。

（5）**协商规则制定委员会及便利设施的委任**。部长应该规定：

（A）根据本编第 565 条第（a）款的规定不晚于本编第 564 条第（c）款规定［亦可根据第（4）项缩短］的时间内的评论结束后 30 日内委任协商规则制定委员会；

（B）在委员会委任之日后不晚于 10 日内根据本编第 566 条第（c）款的规定任命推动者。

（6）**初步的组委会报告**。根据第（5）项任命的协商规则制定组委会应该在不晚于 1998 年 1 月 1 日向部长进行关于组委会的规则制定程序达到一致的程序性方面的报告，以及关于是否该一致性可能在本规则颁布的目标日期之前的 1 月之前产生。如果组委会报告在一致性没有取得重大进展或不可能在目标日期内达到该一致性时，则部长可以终止该程序，并且应根据本款通过部长规定的其他方法规定公布规则。

（7）**组委会最终报告**。如果组委会未根据第（6）项终止该程序，则规则制定组委会应该在不晚于公布的目标日期前一个月内提交包括建议的规则方面的报告。

（8）**中期及最终影响**。部长应该根据本款在不晚于公布的目标日期内于《美国联邦法规》上公布规则。该规则应该生效，并且最终直接以中期基础，但是应该在公开的公告及公开评论的期间（不少于 60 日）的机会进行改变及修订。关于该规则，部长应该根据本款及该规则具体规定程序以及时对企业是否为医疗服务提供者资助组织的申请进行复审并正式通过。

（9）**公开评论后的公布规则**。部长应该在公布的目标日期后不晚于 1 年考虑相关评论并公布该规则。

（b）**其他标准的确定**。

（1）**总则**。部长应该根据本部分的规定以规则的方式确定医疗保险＋选择组织及其计划遵循和执行的其他标准［并非在第（a）款规定］。部长应该在 1998 年 6 月 1 日公布该规章。为了及时施行该要求，部长应该在通知及公共评论机会终止后公布中期生效的规则。

（2）**现行标准的使用**。与本部分的要求相一致，根据本款确立的标准应该以根据第 1876 条确定的执行本条相似规定。

（3）**与州法的关系**。根据本部分确立的标准应该取代任何根据本部分 MA 组织提供的 MA 计划相关的州法或规章（除了州许可法或与计划的偿付能力相关的州法）。

（4）**重要的新管制要求的年中履行的禁止**。部长不可以履行，除了在日历年度开始时，根据本条制定的关于要求新的、重要的关于医疗保险＋选择组织或计划的监管要求方面的规章。

与医疗保险＋选择组织签署的合同

第 1857 条【《美国法典》第 42 编第 1395w—27 条】（a）**总则**。根据第 851 条的规定部长不应该允许选择医疗保险＋选择组织根据本部分提供的医疗保险＋选择计划，并且根据第 1853 条的规定不得向某一组织支付保险金，除非部长已经根据本条规定与组织就该计划的提供签署协定。与某一组织签署的合同可以覆盖一项以上医疗保险＋选择计划。该合同应该规定，组织组织同意遵守本部分的适用要求及标准，以及本部分规定的保险金的术语及条件。

（b）**最低参保要求**。

（1）**总则**。根据第（2）项的规定，部长根据本条不得与医疗保险＋选择组织签署合同，除非该组织：

（A）至少拥有通过本组织获取健康福利待遇的 5000 个人（或者如果该组织为医疗服务提供者资助组织，则为 1500 个人）；

（B）或者，如果组织主要服务居住在都市区域以外的地方的个人，则至少拥有通过该组织获取健康福利待遇的 1500 个人（或者如果该组织为医疗服务提供者资助组织，则为 500 个人）。

（2）**MSA 计划的适用**。第（1）项适用于医疗保险＋选择组织提供 MSA 计划，第（1）项应该通过替代个人寿险的适用。

（3）**允许转变**。部长可以在与该组织签署合同的前 3 个合同年度内免除第（1）项的要求。

（c）**合同期间及生效**。

（1）**期间**。根据本条的每一合同应该为至少 1 年的时间，部长可以决定，并且缺少任何一方当前合同期结束时有终止的意图的通知，合同可以自动更新从一个期间到另一期间。

（2）**终止授权**。与根据第（h）款规定的程序相一致，部长可以在任何时候终止该合同，如果部长确定该组织：

（A）已经实质上执行该合同；

（B）执行该合同时不遵守本部分的有效并生效管理；

（C）或者，在实质上来满足本部分的适用条件。

（3）**合同的生效期间**。根据本条执行的任何合同的生效期间应该在合同中明确，任何合同在 1999 年 1 月前均不得规定生效的 MSA 计划的保险项目。

（4）**提前终止**。**总则**。

（A）部长不得与医疗保险＋选择组织签署合同，如果根据本条的规定与该组织签署的先前的合同根据组织的要求在先前的2年内终止，除了第（B）目的规定外，以及除了部长决定保证特殊考虑的其他情形。

（B）保险金计划变化时允许的早期重新投保。第（A）目不应该适用于医疗保险＋选择保险金区域医疗保险＋选择组织提供的医疗保险＋选择计划，如果在组织通知部长组织有意终止最近的先前合同之日开始的6个月内，有一个在医疗保险＋选择保险金区域根据第1853条对增加保险金数额的影响的立法变化（或采用的监管变化）。

（5）**订约权力**。不管法律或规章的制定、实施、修改或美国合同的修改的规定方面，根据本编合法授予部长的权力可以执行，正如部长可以决定与本编发展不一致。

（d）**反欺诈保护及受益人保护**。

（1）**定期审计**。部长应该规定至少对根据本部分提供医疗保险＋选择计划的医疗保险＋选择组织财政记录［包括与医疗效用及成本的数据，也包括第1858条第（c）款①规定的成本］进行年度审计。总审计长应该监管审计根据本款实施的活动。

（2）**检查与审计**。根据本条的每一份合同应该规定部长，或部长任命的任何个人或组织：

（A）应该有权检查或评估：（ⅰ）合同规定的质量、适当性以及时间，以及（ⅱ）组织的设施，当存在该检查需求的合理证据；

（B）应该有权审计并检查医疗保险＋选择组织的与下列事项相关的书册及记录：（ⅰ）组织承担潜在财政损失的风险的能力，或者（ⅱ）合同规定的支付数额的决定或实施的服务。

（3）**终止时的参保人通知**。本条规定的合同应该在合同终止前要求该组织向根据本部分参保该组织的个人提供（并支付）书面通知，以及根据本编获取福利待遇的备选方案。

---

① 《公法》第108—173期，第222条第（1）项第（3）项（C）目，删除"成本调整社区率的计算"，同时删除"以及成本，包括根据第1858条第（c）款允许的成本"，适用于2006年1月1日开始或之后的年度的计划。

（4）**披露**。

（A）**总则**。每一医疗保险＋选择组织按照部长规定的规章应该向部长报告包括下列事项的财政信息：

（ⅰ）部长要求证明该组织拥有会计优良运作方面的信息。

（ⅱ）如果存在，向部长提交的披露主体根据第1124条的规定报告的信息方面的报告的副本。

（ⅲ）部长规定的组织及利益主体之间的交易说明。该交易应该包括：

（Ⅰ）组织与利益主体之间财产的买卖或交易，或租赁；

（Ⅱ）组织与利益主体之间商品、服务（包括管理服务）设施的提供，但是不包括向其雇员在雇佣期间正常工作时提供服务以及医院其他提供者和雇员，个人执业协会，医疗集团或上述的结合，向其成员提供的健康保健服务支付的薪金；

（Ⅲ）组织与利益主体之间的货币借贷或信用扩充。

部长可以要求关于以统一该组织及该企业的财务记录的方式控制其他企业或被其他企业控制的组织的报告的信息。

（B）**利益相关者的定义**。在本项中，利益相关者是指：

（ⅰ）任何履行医疗保险＋选择组织管理与经营职责相关的主管、官员、合伙人或雇员，直接或间接拥有该组织5％以上股权的任何个人，担保、信托契据、票据或其他证券化利益的受益者，或拥有该组织5％以上价值的个人，并且在医疗保险＋选择组织是作为非营利公司组织的情形下，则为根据适用的州公司法该公司的法人创立者或成员。

（ⅱ）符合下列条件的第（ⅰ）节规定的个人隶属的实体：

（Ⅰ）是官员或主管；

（Ⅱ）是合伙人（如果该实体作为合伙企业组织起来的）；

（Ⅲ）直接或间接拥有5％以上股权；

（Ⅳ）或者，拥有抵押、信托契据、票据或其他超过股权资产5％以上价值的利益。

（ⅲ）直接或间接控制某一组织的任何个人，或被某一组织控制的任何个人。

（ⅳ）第（ⅰ）节规定的个人的任何配偶、孩子或父母。

（C）**信息的获得**。每一医疗保险＋选择组织应该根据第（A）目的规定向参保人根据其合理请求报告信息。

（5）**贷款信息**。合同应该要求组织通知部长关于该组织与分包商、附属机构及相关主体之间做出的贷款及其他具体财政安排。

（6）① **审查以确保遵守具有特殊需求的个人的专门医疗优势计划的保健管理要求**。根据第（1）项对特殊需求个人的专门医疗优势计划的定期审计中，部长应该进行审查以确保提供该计划的该组织满足第 1859 条第（f）款第（5）项规定的要求。

（e）**附加的合同条款**。

（1）**总则**。如果部长认为必须并适当，则合同应该包括与本部分不一致的（包括要求组织向部长提供该信息）其他条款与条件。

（2）**参保相关成本的分担**。

（A）**总则**。医疗保险＋选择组织以及第 D 部分②规定的 PDP 发起人应该支付部长根据第（B）目确定的费用。

（B）**授权**。部长可被授权向与其签署合同的本部分规定的每一医疗保险＋选择组织收取费用，也可被授权向与其签署合同的第 D 部分③规定的每一 PDP 发起人④收取费用，该费用相当于组织或者发起人的部长在某一财政年度收取的费用总额的成比例的份额（由部长决定）。在执行《1990 年综合预算调整法》（与健康保险建议及援助项目相关）第 1851 条（与参保及信息传播相关）、第 1860D—1 条第（c）款⑤以及第 4360 条的规定时，应该适用收取的任何数额，而不再向部长拨款。

（C）**拨款授权**。为实施第（B）目的规定，授权于 2001—2005⑥ 财

---

① 《公法》第 110—275 期，第 164 条第（d）款第（2）项，增加第（6）项，**适用于 2010 年 1 月 1 日或之后开始的年度的计划**。

② 《公法》第 108—275 期，第 222 条第（k）款第（1）项，插入"第 D 部分规定的 PDP 发起人"，适用于 2006 年 1 月 1 日起开始的年度的计划。

③ 《公法》第 108—173 期，第 222 条第（k）款第（2）项第（A）目，插入"以及根据第 D 部分与其签署合同的每一 PDP 发起人"，适用于 2006 年 1 月 1 日起开始的年度的计划。

④ 《公法》第 108—173 期，第 222 条第（a）款第（2）项第（B）目，插入"或者发起人的"，适用于 2006 年 1 月 1 日起开始的年度的计划。

⑤ 《公法》第 108—173 期，第 222 条第（k）款第（2）项第（C）目，插入"第 1860D—1 条第（c）款"。

⑥ 《公法》第 108—173 期，第 222 条第（k）款第（3）项第（A）目，插入"并且结束于 2005 财政年度"，适用于 2006 年 1 月 1 日起开始的年度的计划。

政年度拨款 1 亿美元，于 2006 年以后的每一财政年度拨款 2 亿美元①，减去该财政年度根据本项及第 1860D—12 条第（b）款第（3）项第（D）目②授权收取的费用额。

（D）**限制**。在任一财政年度中，部长根据第（B）目的规定收取的费用不得超过下列较少者：

（ⅰ）部长在该财政年度在执行《1990 年综合预算调整法》第 1851 条及第 1860D—1 条第（c）款③以及第 4360 条规定的行为时产生的估计的成本；

（ⅱ）或者（Ⅰ）1998 财政年度为 2 亿美元，（Ⅱ）1999 财政年度为 1.5 亿美元，（Ⅲ）2000 财政年度为 1 亿美元④，（Ⅳ）2001 财政年度以及随后的 2006 年之前财政年度的 1 亿美元中的医疗保险＋选择部分〔参见第（E）目的定义〕⑤，（Ⅴ）⑥ 2006 财政年度及随后的每一财政年度 2 亿美元的适用部分〔参见第（F）目的定义〕。

（E）**医疗保险＋选择部分的定义**。在本项中，某一财政年度中，"医疗保险＋选择部分"是指部长估计的下列事项的比率：（ⅰ）该财政年度参保医疗保险＋选择计划个人的平均数；除以（ⅱ）该财政年度根据第 A 部分被授予福利待遇以及根据第 B 部分参保的个人的平均数。

（F）⑦ **适用部分的定义**。在本项中，对于某一财政年度而言，"适用部分"是指：

（ⅰ）对于 MA 组织而言，部长根据本部分对支出的总比例进行的估算（包括根据第 D 部分向组织支付的保险金）；

---

① 《公法》第 108—173 期，第 222 条第（k）款第（3）项第（B）目，插入"并且在 2006 年以后的每一财政年度，为 2 亿美元"，适用于 2006 年 1 月 1 日起开始的年度的计划。

② 《公法》第 108—173 期，第 222 条第（k）款第（3）项第（C）目，插入"以及第 1860D—条第（b）款第（3）项第（D）目"。

③ 《公法》第 108—173 期，第 222 条第（k）款第（4）项第（A）目，插入"以及第 1860D—1 条第（c）款"。

④ 《公法》第 108—173 期，第 222 条第（k）款第（4）项第（B）目，删去"以及"。

⑤ 《公法》第 108—173 期，第 222 条第（k）款第（4）项第（C）目，插入"每一随后的 2006 年之前的财政年度；以及"，适用于 2006 年 1 月 1 日起开始的年度的计划。

⑥ 《公法》第 108—173 期，第 222 条第（k）款第（4）项第（D）目，增加第（Ⅴ）目适用于 2006 年 1 月 1 日起开始的年度的计划。

⑦ 《公法》第 108—173 期，第 222 条第（k）款第（5）项，增加第（F）目适用于 2006 年 1 月 1 日起开始的年度的计划。

（ⅱ）或者，对于 PDP 发起人而言，部长根据本编因根据第 D 部分向发起人做出的支出而产生的支出总比例的估计。

（3）① **与联邦合格医疗中心签署的协定。**

（A）**支付水准及数额。**在组织与联邦合格健康中心之间签署的第 1853 条第（a）款第（4）项规定的书面协议，根据本条与 MA 组织签署的合同应该要求该组织向联邦合格健康中心支付保险金的水准与数额不少于该计划为如果是由提供相似服务的非联邦合格健康中心提供的服务而支付的保险金的水准及数额。

（B）**成本分担。**根据第（A）目所指的书面协议，联邦合格健康中心必须接受本目规定的保险金数额加上第 1833 条第（a）款第（3）项第（B）目规定的联邦保险金数额的全部金额作为该协议涵盖的服务的全额，此外只要任何可扣除的数额，共同保险额或者共同负担额根据第 1854 条第（e）款遵守要求时，该健康中心可以收取本条规定的合同所允许的成本分担额。

（f）**医疗保险＋选择组织的立即付款。**

（1）**要求。**根据本部分的合同应该要求医疗保险＋选择组织根据合同向参保人提供的服务及供给提交的索赔进行立即付款［与第 1816 条第（c）款第（2）项及第 1842 条第（c）款第（2）项的规定一致］，如果该服务或供给根据组织与提供者或供应者签署的合同尚未提供（或者对于医疗保险＋选择按次付费医疗保险计划，则如果该索赔是由参保人提交到该组织）。

（2）**部长可以选择忽略不遵守的组织。**在向部长决定的合格的医疗保险＋选择组织进行通知并给予听证机会后，对于其未能支付第（1）项规定的保险金的数额，部长可以规定本部分合同涵盖的服务及向参保的个人提供供给而应直接向提供者或供应者（或者，如果是医疗保险＋选择按次付费医疗保险计划，则为应向参保人支付的数额）进行支付。如果部长规定直接支付，则部长应该规定在根据本部分向组织支付的保险金中做出适当的抵扣以反映部长的保险金额（以及部长支付时的成本）。

---

① 《公法》第 108—173 期，第 237 条第（c）款，增加第（3）项适用于从 2006 年 1 月 1 日起以及从 2006 年 1 月 1 日起的合同年度提供的服务。

（3）① **某些处方药计划合同要求的并入**。下列规定应该以适用于根据第 D 部分的规定提供处方药计划的 PDP 发起人签署的合同的相同方式，适用于与提供 MA－PD 计划的医疗优势组织签署的合同。

（A）**立即支付**。第 1860D—12 条第（b）款第（4）项。

（B）② **立即支付**。第 1860D—12 条第（b）款第（5）项。

（C）③ **处方药定价标准的经常性更新**。第 1860D—12 条第（b）款第（6）项。

（g）**中间处罚**。

（1）**总则**。如果部长认为签署合同的医疗保险＋选择组织根据本条：

（A）未能向根据合同被保险的个人实质提供所要求（根据法律或合同）的医疗必需项目及服务，如果该失误对于个人具有不利的影响（或具有实质的可能存在的不利影响）；

（B）向根据合同参保的个人收取保险费超过第 1854 条允许的医疗保险＋选择按月基础及补充受益人福利待遇；

（C）驱逐或拒绝违反本部分规定的个人再次参保；

（D）从事任何可以被合理预期能够影响符合条件的个人否认或不鼓励参保（除了本部分允许的之外）拥有的医疗条件或历史暗示着需要实质性未来医疗服务的组织；

（E）歪曲或伪造向下列人员提供的信息：（ⅰ）根据本部分向部长，或者（ⅱ）根据本部分向个人或向任何其他实体；

（F）未能遵守第 1852 条第（j）款第（3）项或第 1852 条第（k）款第（2）项第（A）目第（ⅱ）节的要求；

（G）或者，雇用任何个人或实体或与其签署合同，该个人或实体是从本编第 1128 条或第 1128A 条中的参与中排除医疗保健、效用审查、医疗社会工作或行政管理服务，或通过被排除在外的该个人或服务的实体雇用任何实体或与任何实体签署的合同提供服务（直接或间接）；

---

① 《公法》第 110—275 期，第 171 条第（b）款，增加第（3）项，**适用于 2010 年 1 月 1 日起开始的年度的计划**。

② 《公法》第 110—275 期，第 172 条第（a）款第（2）项，增加第（B）目，**适用于 2010 年 1 月 1 日起开始的年度的计划**。

③ 《公法》第 110—275 期，第 173 条第（b）款，增加第（C）目，适用于 2010 年 1 月 1 日起开始的年度的计划。

除了法律授权的其他补救外，部长可以规定第（2）项规定的补救措施。

（2）**补救措施**。本项规定的补救措施是：

（A）根据第（1）项的规定对于每一决定处以不超过2.5万美元的民事货币处罚，或关于根据该项第（D）目或第（E）目第（ⅰ）节做出的决定，为每一该决定处以不少于10万美元，加上，关于根据第（1）项第（B）目的决定，乘以违反该项之规定而收取的超额部分的两倍（该超额部分应该从处罚中抵扣，并且返还给相关的个人），再加上，关于根据第（1）项第（D）目的决定，为每一因该实践而未参保个人的处罚为1.5万美元；

（B）根据本部分的规定个人参保的暂停，在部长根据第（1）项的规定通知组织一个决定之后，直到部长认为该决定的基础已经修正，并且不再发生；

（C）或者，在部长根据第（1）项的规定通知组织一个决定之后，直到部长认为该决定的基础已经修正，并且不会发生，根据本部分对该参保个人所在的组织暂停支付保险金。

（3）**其他中间处罚**。当部长根据第（c）款第（2）项的规定对医疗保险＋选择组织做出决定时的基础并非第（1）项所述规定时，则部长可以使用下列中间处罚：

（A）根据第（c）款第（2）项对于每一决定处以不超过2.5万美元的民事货币罚金，如果根据组织的合同，决定基础缺乏会对参保个人产生直接的不利影响（或者具有产生实质的不利影响的可能性）。

（B）在存在缺乏第（c）款第（2）项规定的决定基础的事实期间，部长启动民事货币罚金程序后开始的每一周处以不超过1万美元的罚金。

（C）在部长根据第（c）款第（2）项通知组织一个决定之日后，直到部长认为缺乏决定基础的事实已经修正，并且不再发生，根据本部分这期间暂停该个人的保险。

（D）如果第（c）款第（2）项第（A）目的规定是根据本条以该组织终止合同的事由为基础，而非以第（a）款规定的时间及方式为基础，则处以不超过10万美元的民事货币罚金，或者部长以规章的形式确定的较高数额。

（4）**民事货币罚金**。根据第1128A条的规定［而不是第（a）款及第

（b）款〕应该以根据第 1128A 条第（a）款适用于民事货币罚金或程序的相同方式适用于第（2）项及第（3）项的规定民事货币罚金。

（h）**终止程序**。

（1）**总则**。部长可以根据本条的规定，在其确定的符合下列条件的正式调查研究及遵循程序基础上，终止与医疗保险＋选择组织签署的合同：

（A）部长应给该组织合理机会发展并实施正确的行为计划以校正部长根据第（c）款第（2）项做出的决定基础的不足；

（B）部长应在终止合同前提供给该组织合理的通知和听证的机会（包括对原始决定进行申诉的权利）。

（2）**危急并严重的健康风险的例外**。第（1）项的规定不应该适用，如果部长因为遵守本项规定的程序在该终止前而决定终止延迟，将导致根据本部分参保该组织的个人危急并严重的健康风险。

（i）**与雇主或工会团体健康计划兼容的医疗保险＋选择项目**。

（1）**与 MA 组织签署的合同**①。根据医疗保险＋选择组织与雇主、劳工组织或 1 个或 1 个以上的雇主或劳工组织为向其雇员或前雇员（或联合体）或者劳工组织的成员或前成员（或其联合体）提供福利待遇而建立的基金的受托人（或其联合体）签署的合同，为了便利医疗保险＋选择计划的提供，部长可以免除或修改隐藏该医疗保险＋选择计划的设计、提供或参保的要求。

（2）② **雇主发起的 MA 计划**。为了方便雇主、劳工组织或一个或多个雇主或劳工组织为向其雇员或前雇员（或联合体）或者劳工组织的成员或前成员（或其联合体）提供福利待遇而建立的基金的受托人（或其联合体）提供 MA 计划，部长可以免除或修改 MA 计划的设计、提供或参保的要求。虽然存在第 1851 条第（g）款的规定，前句规定的 MA 计划可以根据本部分限制该计划中的受益人或参与者的个人参保。

---

① 《公法》第 108—173 期，第 222 条第（j）款第（1）项，插入"（1）与 MA 组织签署的合同。"，适用于 2006 年 1 月 1 日起开始的年度的计划。

② 《公法》第 108—173 期，第 222 条第（j）款第（2）项，增加第（2）项，适用于从 2006 年 1 月 1 日开始的年度的计划。

MA 区域计划的特殊规则①

第 1858 条【《美国法典》第 42 编第 1395w—27a 条】（a）区域服务区域、MA 区域的确定。

（1）**整个 MA 区域的覆盖范围**。MA 区域计划的服务区域应该由根据第（2）项确定的整个 MA 区域构成，同时第 1854 条第（h）款的规定不应该适用于该计划。

（2）**MA 区域的确定**。

（A）**MA 区域**。在本编中，"MA 区域"是指部长根据本项确定的 50 个州及哥伦比亚特区内的某一区域。

（B）**确定**。

（ⅰ）**原始确定**。部长应该在不晚于 2005 年 1 月 1 日首次确定并公布 MA 区域。

（ⅱ）**服务区域的定期审查及修订**。部长可以根据本项定期审查 MA 区域，并且根据该审查，在部长认为适当的情况下可以修订该区域。

（C）**MA 区域的要求**。部长应该根据本项的规定以下列方式确定并修订 MA 区域：

（ⅰ）**区域数目**。区域的数目不应少于 10 个，不得多于 50 个。

（ⅱ）**最大化计划的可获得性**。区域应该最大化 MA 区域计划的对所有 MA 合格的与健康状态无关的，特别是居住在边远区域的个人的可获得性。

（D）**市场调查及分析**。在确定 MA 区域前，部长应该进行市场调查及分析，包括现行保险市场的测试，以决定如何建立区域。

（3）**全国计划**。本款不得解释为防止某一 MA 区域计划在一个以上 MA 区域（包括所有区域）实施。

（b）**单一自付款及付现费用的灾难性限制**。某一 MA 区域计划应该包括下列事项：

（1）**单一自付款**。根据最初的按次付费医疗保险项目方案而对福利待遇任何自付款应该是单一自付款（以替代分离的住院病人医院自付款

---

① 《公法》第 108—173 期，第 223 条第（b）款，规定主任应该在颁布前对为执行第十八编第 C 部分而制定的规章进行修订以执行第 108—173 期的规定。

及第 B 部分的自付款），可以分别适用于网内服务，并且可以免除预防性的或其他服务及项目。

（2）**灾难性的限制**。

（A）**网络**。根据最初的按次付费医疗保险项目方案，向网内福利待遇付现费用的灾难性限制。

（B）**总数**。根据最初的按次付费医疗保险项目方案，向所有福利待遇付现费用的灾难性限制。

（c）**根据风险在 2006 年和 2007 年而向某一组织支付的保险金总额部分**。

（1）**风险走廊的适用**。

（A）**总则**。本款应该仅适用于 2006 年或 2007 年提供的 MA 区域计划。

（B）**计划规定的可认可的成本的通知**。对于在 2006 年或 2007 年在 MA 区域提供 MA 区域计划的 MA 组织，组织应该在部长规定的随后年度的具体日期之前通知部长下列事项：

（ⅰ）组织根据最初的按次付费医疗保险项目方案向该年度该区域根据本计划的所有参保人提供福利待遇而产生的成本的总额，以及成本中第（C）目规定的行政支出成本部分；

（ⅱ）该组织因提供折扣的整体福利待遇［参见第（D）目的定义］而产生的成本的总额，以及与该福利待遇相关的第（C）目规定而非本项第（ⅰ）节所述的行政支出成本部分。

（C）**许可成本的定义**。在本款中，对于某一年度某一 MA 区域计划而言，"许可成本"是指该年度该计划第（B）目规定的成本总额，减去因提供本目规定的福利待遇而产生的行政支出成本部分。

（D）**折扣的完整福利待遇**。在本款中，"折现的完整福利待遇"是指根据第 1854 条第（b）款第（1）项第（C）目第（ⅱ）节第（Ⅰ）次节做出的根据部长认定为第（B）目第（ⅰ）节规定的福利待遇有机结合的本条中折扣的非药物补充福利待遇。

（2）**保险金的调整**。

（A）**如果许可成本在目标额的 3% 以内，则不做调整**。如果该年度该计划许可的成本至少该年度该计划目标额的 97%，但是不超过 103%，则根据本款的规定不得对该年度该计划的保险金进行调整。

（B）**如果许可成本超过目标额的103％，则应增加保险金。**

（ⅰ）**成本为目标额的103％—108％。** 如果该年度该计划许可的成本大于该年度该计划目标额的103％，但是不高于108％，则部长应该增加支付给根据第1853条第（a）款提供该计划的组织按月保险金的总额，该增加额为许可成本与该目标额的103％之间差额的50％。

（ⅱ）**成本超过目标额的108％。** 如果该年度该计划的许可成本超过该年度该计划目标额的108％，则部长应该增加支付给根据第1853条第（a）款提供该计划的组织按月保险金的总额，该增加额为下列总和：（Ⅰ）该目标额的2.5％；以及（Ⅱ）许可成本与该目标额的108％之间差额的80％。

（C）**如果许可成本低于目标额的97％，则应减少保险金。**

（ⅰ）**成本为目标额的92％—97％。** 如果该年度该计划许可成本小于该年度该计划目标额的97％，但是不低于92％，则部长应该减少支付给根据第1853条第（a）款提供该计划的组织按月保险金的总额，该减少额（或者从该计划中返还的数额）为许可成本与该目标额的97％之间差额的50％。

（ⅱ）**成本为目标额的92％以下。** 如果该年度该计划许可成本小于该年度该计划目标额的92％，则部长应该减少支付给根据第1853条第（a）款提供该计划的组织按月保险金的总额，该减少额（或者从该计划中返还的数额）为下列总和：（Ⅰ）该目标额的2.5％；以及（Ⅱ）许可成本与该目标额的92％之间差额的80％。

（D）**目标额的定义。** 在本项中，关于某一年度该组织提供的MA区域计划而言，"目标额"是指下列数额：

（ⅰ）下列总额：（Ⅰ）该年度因根据最初的按次付费的医疗保险项目方案［参见第1852条第（a）款第（1）项第（B）目的定义］而获得的福利待遇而产生在该年度向个人投保计划的组织支付的总按月保险金，（Ⅱ）该年度为参保人收取的MA按月基本受益人待遇总额，以及（Ⅲ）根据第1854条第（b）款第（1）项第（C）目第（ⅱ）节规定的折扣整体福利待遇而产生的抵扣总额；

（ⅱ）减去，正如因第（ⅰ）节第（Ⅰ）次节或第（ⅰ）节第（Ⅲ）次节规定的福利待遇而产生的投保，为投保中承担的行政支出额。

（3）**信息披露。**

（A）**总则**。根据本部分的每一份合同应该规定：（ⅰ）提供 MA 区域计划的 MA 组织应该向部长提供部长认为执行本款所必需的信息；（ⅱ）根据第 1857 条第（d）款第（2）项第（B）目的规定，部长有权调查并审计组织记载根据第（1）项第（B）目的规定向部长提供时产生成本的信息的任何书籍与记录。

（B）**信息使用方面的限制**。卫生与公共服务部的官员、雇员或合同方仅在执行本款所必需的范围内根据本款的规定使用披露或获得的信息。

（d）**组织的及财政的要求**。

（1）**总则**。如果某一 MA 组织在 MA 区域提供 MA 区域计划，并且：

（A）在该区域至少一个州满足第 1855 条第（a）款第（1）项规定的要求；

（B）在该区域其他州未满足相关要求，如果其向部长说明，其已提交必要的申请来满足该要求，则部长可以在每一个州及时处理该申请并在其认为适当的时间内均免除第（B）目规定要求（如果该申请未被通过，该计划年度结束时部长决定适当提供过渡期）；

（2）**合适的州的选择**。在使用第（1）项的规定时，在该区域一个以上的州内满足第 1855 条第（a）款第（1）项规定的要求的 MA 组织，该组织应该根据部长规定的方式选择这些州中一个州的使用规则适用于第（1）项第（B）目规定的各州。

（e）**稳定基金**。

（1）**确立**。部长应该根据本款的规定确定 MA 区域计划稳定基金（本款中简称"基金"），以实现如下两个目的：

（A）**计划加入**。根据第（3）项的规定，激励在每一 MA 区域提供拥有 MA 区域计划。

（B）**计划保持**。根据第（4）项的规定，激励某些低于全国平均 MA 市场渗透率的 MA 区域提供维持 MA 区域的计划。

（2）**资金**。

（A）**原始资金**。

（ⅰ）**总则**。为了有用于基金，2014 年从基金中做出的支出为 1 美元①。

（ⅱ）**从信托基金中做出的支付**。该数额应该用于基金，按第 1853 条第（f）款规定比例从该基金中做出，联邦医院保险信托基金以及联邦补充医疗保险基金支出。

（B）**从存款中支出的额外资金**。

（ⅰ）**总则**。根据第（ⅱ）节应该向基金提供 50% 的储蓄。

（ⅱ）**储蓄**。本节规定的储蓄为第 1854 条第（b）款第（4）项第（C）目规定的人均储蓄，该按月折扣是根据第 1854 条第（b）款第（1）项第（C）目在该财政年度因 MA 区域计划而产生的。

（ⅲ）**可获得性**。根据本目规定的基金从联邦住院保险信托基金中依据第 1853 条第（f）款规定的比例按月转移到财政部的特定账户中。

（C）**义务**。只有在满足第（5）项的规定时，基金中规定的数额可以提前向符合条件的 MA 区域的 MA 区域计划拨款。

（D）**顺序**。从基金中做出的支出应该首先从第（A）目规定的数额中做出。

（3）**计划进入资金**。

（A）**总则**。根据本项在某一年度做出的资金仅能用于如下目的：

（ⅰ）**全国计划**。对于第（B）目规定的该年度在每一 MA 区域的 MA 区域计划的单一 MA 组织提供的全国奖金支付而言，但是仅仅在该先前年度该区域未有提供该计划。根据本节规定的资金仅能在单一年度用于任何个人 MA 组织，但是可以在同一年度用于一个以上的组织。

（ⅱ）**区域计划**。根据第（ⅲ）节的规定，对于根据第（C）目的规定对在先前年度尚未提供 MA 区域计划的增加的数额。

（ⅲ）**在全国计划的情形下，对区域计划资金的限制**。根据第（C）

---

① 《公法》第 110—48 期，删除"2012 年 1 月 1 日至 2013 年 12 月 31 日期间的基金，总数为 35 亿美元"。并替代"基金"以及第（Ⅰ）次节及第（Ⅱ）次节，2007 年 7 月 18 日生效。

《公法》第 110—173 期，第 110 条，删除"基金"以及第（Ⅰ）次节与第（Ⅱ）次节，并且以"2013 年期间的基金，为 17.9 亿美元"替代，2007 年 12 月 29 日生效。对于一般认为的第（Ⅰ）次节及第（Ⅱ）次节而言，参见《公法》第 110—48 期，替代规定，第 2 卷 J 附录。

＊《公法》第 110—275 期，第 166 条第（1）项，删除"2013 年"，并以"2014 年"替代，2008 年 7 月 15 日生效。

＊＊《公法》第 110—275 期，第 166 条第（2）项，删除"17.9 亿美元"，并以"1 美元"替代，2008 年 7 月 15 日生效。

目的规定，在任何情形下，均不得根据第（B）目的规定在全国支付调整的年度中做出任何支付调整。

（B）**全国奖金支付**。根据本目规定的全国奖金支付应该：

（ⅰ）用于 MA 组织，仅当该组织在所有 MA 区域均提供 MA 区域计划；

（ⅱ）用于该组织的所有 MA 区域计划，不管是否任何其他 MA 区域计划在任何区域提供；

（ⅲ）根据某一年度第（5）项规定的数额，为该组织提供 MA 区域计划的基准额的 3%。

（C）**区域支付调整**。

（ⅰ）**总则**。部长决定的，MA 区域的某一 MA 区域计划某一年度根据本条文规定的增加额，由部长决定基于该计划（或几个计划）提交的投保，并且应该用于该区域该年度提供的所有 MA 区域计划。该数额可以该投保的方式、模型、中介或其他手段为基础，并且可以根据不同的区域而有所不同。部长不可以限制某一区域的计划或投保数目。

（ⅱ）**多年的资金**。

（Ⅰ）**总则**。根据第（5）项规定的数额，本目规定的资金应该用于部长决定的期间。

（Ⅱ）**报告**。如果部长认为资金将在第二个连续年度向某一 MA 区域提供，那么部长应该向国会提交报告以说明该区域基本的市场动态，同时还应该提出根据本部分的规定在 MA 区域计划中的支付方法上的改变。

（ⅲ）**适用于某一区域所有计划**。根据本目向 MA 区域支付的资金应该用于该区域提供的所有 MA 区域计划。

（ⅳ）**下一年度计划保持资金使用方面的限制**。如果增加额根据本目的规定向部长根据第（ⅱ）节第（Ⅰ）次节的规定决定的时间内的 MA 区域做出，则无论在何种情形下，根据第（4）项的规定，该资金均不得用于该期间后的年度该区域提供的 MA 区域计划。

（D）**适用**。根据本项某一年度向 MA 区域计划做出的任何附加支付应该被认为是适用于该年度该计划的基准额的增加值，但是不应该被用于计算任一以后的年度的任何基准额。

（4）**计划保持资金**。

（A）**总则**。某一年度本项规定的资金应该用于在 MA 区域提供的 MA

区域计划根据第（B）目规定的增加额，但是仅仅在该区域满足第（C）目及第（E）目的要求。

（B）**增加支付**。某一年度根据本目向 MA 区域的 MA 区域计划支付的增加额应该为部长决定的不超过下列较大者的数额：

（ⅰ）适用于该区域的基准额的 3%；

（ⅱ）或者，将会导致下列比率的数额（添加到适用于该区域的基准额）：（Ⅰ）该附加额加上该区域该年度第 1854 条第（b）款第（4）项第（B）目第（ⅰ）节计算的基准额，除以调整的该区域该年度的人均成本，由部长根据第 1876 条第（a）款第（4）项的规定估计并根据风险调整进行适当调整，该数额相当于（Ⅱ）该年度所有区域基准额的加权平均数，除以该年度美国的人均成本，由部长根据第 1876 条第（a）款第（4）项的规定估计，并根据风险调整进行适当调整。

（C）**区域要求**。某一年度 MA 区域的要求规定如下：

（ⅰ）**计划退出的通知**。部长收到（以部长规定的方式与手段）在先前年度该区域提供的一个以上 MA 区域计划在随后的年度不再提供的通知年度前。

（ⅱ）**在该区域少于 2 个 MA 组织提供的区域计划**。部长决定如果第（ⅰ）节所指的计划未在该年度提供，那么在该区域该年度少于 2 个 MA 组织将会提供 MA 区域计划。

（ⅲ）**低于全国平均水平的 MA 区域计划参保百分数**。对于先前的年度而言，部长决定居住在该区域的参保 MA 区域计划的 MA 合格个人的平均百分数少于居住在美国的参保该计划的个人的平均百分数。

（D）**适用**。本项规定的某一年度向 MA 区域计划做出的任何附加支付应该被认为是适用于该年度该计划的基准额的附加值，但是不应该被考虑进随后年度任何基准额的计算中。

（E）**连续两个年度的限制**。

（ⅰ）**总则**。根据本项的规定在任何情形下，资金均不得用于 MA 区域连续两个年度中适用。

（ⅱ）**报告**。如果部长决定根据本项在随后的第二个年度向 MA 区域提供资金，则部长应该向国会提交报告，说明基本的市场动态，同时还应该提出根据本部分的规定在 MA 区域计划中的支付方法上的改变。

（5）**资金限制**。

（A）**总则**。因为本款的适用而在整个年度结束时从基金中花费的总额不得超过用于该年度第 1 日的基金的数额。在本款中，根据本编支出的数额本不该支出但只有在适用本款的规定时才得以花费，作为该适用的结果。

（B）**限制的适用**。部长可以从基金中为某一年度预留资金，如果部长认为（以及医疗保险及医疗补助服务中心的首席精算师以及拨款预算官员证明）在该年度开始时在基金中有充足的数额可以涵盖根据第（A）目的规定产生的所有债务。部长应该采取行动，与计算第（3）项及第（4）项规定的额外支付额一致的，并包括参保获得该支付的 MA 区域计划的限制，以确保在该年度有充分的基金可做出该支付。根据依照适用的程序，资金仅应从基金中获得。

（6）**部长的报告**。部长应该在不晚于每年的 4 月 1 日（从 2008 年开始）向国会及美国总审计长提交报告，该报告应该包括：

（A）下列事项的详细说明：

（ⅰ）因先前年度本款的适用而花费的总额，相对于本款尚未颁布时该年度根据本编本应花费的总额；

（ⅱ）在报告提交的年度因本款的适用而花费的总额预测，相对于本款尚未颁布时该年度根据本编花费的总额；

（ⅲ）第（5）项规定的资金限制内的剩余数额；

（ⅳ）部长根据第（5）项第（B）目的规定采取措施以确保本款的适用不会导致超过可用基金的数额。

（B）医疗保险及医疗援助服务中心首席精算师出具的证明，以说明第（A）目规定的描述是合理的、准确的并且是以一般认可的精算原则及方法为基础而得出的。

（7）**两年一次的总审计报告**。美国总审计长应该在不晚于 2009 年、2011 年、2013 年以及 2015 年的 1 月 1 日向部长及国会提交关于本款规定的额外支付申请的报告。每一份报告均应该包括：

（A）下列事项的评估：

（ⅰ）根据本款向注入额外保险金的 MA 区域计划的参保个人提供的保健质量；

（ⅱ）个人满足该计划福利待遇的要求；

（ⅲ）向该计划支付医疗项目产生的成本；

（ⅳ）该计划规定的医疗保健服务的提供中的改进。

（B）根据本款获得支付的 MA 区域计划与未接受该支付的 MA 区域计划的比较分析。

（C）总审计长认为适当的立法或行政行为的建议。

（f）适用的 MA 区域特定非药物按月基准额的计算。

（1）**对于区域的计算**。在第 1853 条第（j）款第（2）项及本条中，根据第（e）款的规定，对于某一年度每一月份 MA 区域而言，"MA 特定区域非药物按月基准额"是指，该年度该区域第（2）项规定的 2 个部分的总数。部长应该在每一年度开始前第 1851 条第（e）款第（3）项第（B）目规定的协调的选择期间（从 2006 年开始）计算每一 MA 区域的每一基准额。

（2）**2 个构成要素**。在第（1）项中，该年度该 MA 区域本项规定的两个构成要素是指下列事项：

（A）**法定构成要素**。下列事项的乘积：

（ⅰ）**法定特定区域非药物数额**。该年度该区域的法定特定区域非药物数额［参见第（3）项的定义］。

（ⅱ）**法定国家市场份额**。第（4）项规定的该年度法定国家市场份额百分数。

（B）**计划投标构成要素**。为下列事项的乘积：

（ⅰ）**区域的 MA 计划投保的加权平均**。该年度该区域计划投保的加权平均［根据第（5）项第（A）目决定］。

（ⅱ）**非法定市场份额**。该年度根据第（4）项的决定，1 减去法定国家市场份额百分数。

（3）**法定特定区域非药物数额**。在第（2）项第（A）目第（ⅰ）节中，对于某一年度的某一 MA 区域而言，"法定特殊区域非药物数额"是指下列事项乘积额（对于该区域每一地方的区域）：

（A）该年度该区域第 1853 条第（j）款第（1）项第（A）目规定的 MA 特殊区域非药物按月基准额；

（B）居住在地方区域的 MA 合格个人的人数，除以居住在该区域的 MA 合格个人的总数。

（4）**法定市场份额百分数的计算**。

（A）**总则**。部长应该决定每一年度法定国家市场份额百分数，该百分数相当于在所指的月份中全国 MA 合格个人未参保 MA 计划的比率。

（B）**参考月份的定义**。本部分中，每一年度"参考月份"是指部长根据本部分认为数据可以用来计算第（A）目中规定的百分数以及其他相关百分数的先前年度的最近的月份。

（5）**某一区域加权平均 MA 投保的决定**。

（A）**总则**。在第（2）项第（B）目第（ⅰ）节中，对于第（D）目规定的该年度该区域的 MA 区域计划而言，每一年度某一 MA 区域的计划投保的加权平均为下列乘积的总数：

（ⅰ）**按月 MA 法定非药物投保额**。该计划未调整的 MA 法定非药物按月投保额。

（ⅱ）**该区域 MA 参保的计划份额**。该计划第（B）目规定的因素。

（B）**该区域 MA 参保的计划份额**。

（ⅰ）**总则**。根据本目之后的规定，本目规定的一个计划的因子等于第（C）目所述该计划规定的个人的数目，除以该区域该年度第（D）目规定的所有 MA 区域计划的总人数。

（ⅱ）**单一计划规则**。在某一 MA 区域只有唯一一个 MA 区域计划提供时，本目规定的因子应该是 1。

（ⅲ）**在计划第一次适用的年度多个计划的等额划分**。在 MA 区域第一个年度存在任何 MA 区域计划提供的情形下，如果多于 1 个 MA 区域计划在该年度提供，那么本目规定的某一计划的因子应该相当于（由部长规定）：

（Ⅰ）1 除以该年度提供的该计划的数量；

（Ⅱ）或者，该计划的因子是以组织估计的参保预测为基础，由部长审查并调整的以确保合理性，以及医疗保险及医疗援助服务的总精算师核定。

（C）**个人的计算**。在第（B）目第（ⅰ）节中，部长应该说明第（D）目规定的某一年度 MA 区域的每一 MA 区域计划中居住在该区域并且根据该部在所指的时间内参保的人数。

（D）**计划的覆盖**。对于某一年度的 MA 区域而言，本目规定的 MA 区域计划是在该年度该区域提供的 MA 区域计划以及在该区域曾经的参考月份提供的。

（g）**统一保险项目决定的选择**。替代第 1852 条第（a）款第（2）项第（C）目适用于某一 MA 区域计划，提供该计划的组织可以决定选择一个地方保险项目在整个 MA 区域的任何部分（由该组织选择）实行。

（h）**确保网络的充分性**。

（1）**总则**。在根据第 1852 条的规定，使提供 MA 区域计划的 MA 组织满足适当的提供者符合该计划的准入要求，在提供该计划的 MA 组织向部长说明对于该计划的服务的规定，组织不能与医院达成协议的地方，部长可以根据本条向该计划参保者提供住院病人医院服务的基本医院做出支付。该支付仅能在下列情形下使用：

（A）组织提供保证满足部长的要求，即该组织将会向住院病人医院服务的医院支付不少于将会根据第 1886 条的规定因该服务向医院支付的金额；

（B）对于向参保人提供的特殊住院病人医院服务，医院应该向部长证明，该医院提供该服务的成本超过第（A）目规定的支付额。

（2）**支付额**。根据本款为第（d）款规定的医院向参保 MA 区域计划的住院病人医院服务而进行的支付额在第（3）项的基金的限制下，为下列数额：

（A）如果参保人被最初的按次付费医疗保险项目覆盖，并且医院是紧急通道医院，根据本编本应为该服务支付的数额；

（B）超过根据第（1）项第（A）目为该服务而做出的支付额。

（3）**可用数额**。根据本款可用下列支付额：

（A）2006 年，为 2500 万美元；

（B）在以后的年度，本项规定的先前年度的数额加上该随后年度结束的财政年度的市场篮子百分数增长［参见第 1886 条第（b）款第（3）项第（B）目第（ⅲ）节的定义］。本款规定的支付应该从联邦医院保险信托基金中支出。

（4）**基本医院**。在本款中，对于 MA 组织提供的某一 MA 区域计划而言，"基本医院"是指部长以组织向部长提交的申请为基础决定的第（d）款的医院［参见第 1886 条第（d）款的定义］，且必须满足该计划第（1）项规定要求。

定义、各种规定

第 1859 条【《美国法典》第 42 编第 1395w—28 条】（a）与医疗保险＋选择组织相关的定义。在本部分中：

（1）**医疗保险＋选择组织**。"医疗保险＋选择组织"是指根据第

1856 条的规定被证明为满足关于该组织的本部分的要求及标准的公共或私人实体。

（2）**医疗服务提供者资助组织**。"医疗服务提供者资助组织"的定义可参见第 1855 条第（d）款第（1）项的规定。

（b）**关于医疗保险＋选择计划的定义**。

（1）**医疗保险＋选择计划**。"医疗保险＋选择计划"是指依照医疗保险＋选择组织在一个政策、合同或计划下根据第 1857 条中的合同提供的医疗福利待遇保险项目。

（2）**医疗保险＋选择私人按次付费医疗保险计划**。"医疗保险＋选择私人按次付费医疗保险计划"是指符合下列规定的医疗保险＋选择计划：

（A）偿还医院、医师及其他提供者在计划决定的按次付费为基础的费率，而不将提供者置于金融风险中；

（B）以该提供者的使用为基础的提供者的费率不应该不同；

（C）不得限制在合法授权提供涵盖的服务，并且同意接受该计划确定的条款的符合条件者中选择提供者。

对于不同提供者的专门性或提供者的位置或相关其他与使用无关的因素而使用不同的费率，第（B）目的规定不得解释为阻碍计划，或阻碍计划基于增加使用特定的预防或筛选服务而增加费率①。

（3）**MSA 计划**。

（A）**总则**。"MSA 计划"是指符合下列条件的医疗保险＋选择计划：

（ⅰ）仅在参保人发生可计算的支出（根据该计划规定的那样）等于年度自付款［参见第（B）目的规定］后，至少为第 1852 条第（a）款第（1）项规定的项目及服务在某一年度提供补偿；

（ⅱ）如果参保人已经选择通过本部分的规定接受福利待遇，计算该支出至少为根据第 A 部分及第 B 部分支付的所有数额，以及那些应该作为自付款、共同保险、共同额支付的数额；

（ⅲ）在满足 1 年的自付款和该年度第（ⅰ）节规定的项目和服务所有随后支出后，对于补偿水平是不少于：（Ⅰ）该支出的 100%，或者（Ⅱ）根据第 A 部分及第 B 部分对于该支出而支付的数额（不考虑任何抵扣或共同保险）的 100%；

---

① 《公法》第 110—275 期，第 162 条第（b）款，增加本句，2008 年 7 月 15 日生效。

以较少者为准。

（B）**自付款**。MSA 计划规定的年度自付款为：

（ⅰ）对于 1999 合同年度而言，应该不多于 6000 美元；

（ⅱ）对于随后的合同年度而言，应该不多于本项规定的先前合同年度自付款的最大数额，再加上第 1853 条第（c）款第（6）项规定的该年度全国人均医疗保险 + 选择计划增长率。

如果第（ⅱ）节规定的该免赔额不是 50 美元的倍数，则应该近似最近的 50 美元的倍数。

（4）**MA 区域计划**。"MA 区域计划"是指符合下列规定的第 1852 条第（a）款第（2）项第（A）目第（ⅰ）节规定的 MA 计划：

（A）与提供计划的组织签署合同规定提供涵盖的福利待遇的返还的提供者的网络；

（B）提供所有涵盖福利待遇返还，不管是否该福利待遇是在该提供者网络内提供的；

（C）服务区域多于一个以上的完整的 MA 区域。

（5）**MA 地区计划**。"MA 地区计划"是指非为 MA 区域计划的 MA 计划。

（6）**特殊需求个人的特定 MA 计划**。

（A）**总则**。"对特定需求的个人的专门 MA 计划"是指专门服务特殊需求个人［参见第（B）目的定义］的，并且在 2010 年 1 月 1 日满足第（f）款第（2）项、第（3）项或第（4）项适用要求的 MA 计划，视情形而定①。

（B）**特殊需求个人**。"特殊需求的个人"是指 MA 符合条件的满足下列条件的个人：

（ⅰ）被关在收容所里（参见部长的定义）；

（ⅱ）根据第十九编的州计划②被授予医疗援助；

① 《公法》第 110—275 期，第 164 条第（c）款第（1）项第（A）目，插入"并且在 2010 年 1 月 1 日，满足第（f）款第（2）项第（3）项或第（4）项适用的要求，视情形而定"。

② 《公法》第 110—275 期，第 164 条第（h）款，规定"第 164 条之规定或修正案不应该影响《社会保障法》第十九编医疗项目中为该法第 1895 条第（b）款第（6）项第（B）目第（ⅱ）节规定的［《美国法典》第 42 编第 1395w—28 条第（b）款第（6）项第（B）目第（ⅱ）节］特殊需求个人而做出的福利待遇"。

（ⅲ）或者，满足部长认定的要求，即可以从参保第（A）目规定为严重或残疾的慢性条件的个人利益的某一特定 MA 计划中获取利益的，并且该个人有一个或多个病性及医疗复杂慢性的实质上对身体或生命构成威胁的条件，或者很容易就可能住院或者其他巨大的不利健康后果，并且要求跨领域护理的专门递送制度①。

部长可以免除第 1851 条第（a）款第（3）项第（B）目的适用，在本目第（ⅰ）节、第（ⅱ）节或第（ⅲ）节的个人以及可以适用第 1894 条第（c）款第（4）项对于继续符合特殊需求个人的规则的情形下。

（c）**其他术语的定义**。

（1）**医疗保险 + 选择合格个人**。"医疗保险 + 选择合格个人"的定义参见第 1851 条第（a）款第（3）项的定义。

（2）**医疗保险 + 选择支付区域**。"医疗保险 + 选择支付区域"是指第 1853 条第（d）款的定义。

（3）**全国人均医疗保险 + 选择增长率**。"全国人均医疗保险 + 选择增长率"的定义参见第 1853 条第（d）款第（2）项的定义。

（4）**医疗保险 + 选择按月基础受益人待遇、医疗保险 + 选择按月补充受益人待遇**。"医疗保险 + 选择按月基础受益人待遇"、"医疗保险 + 选择按月补充受益人待遇"的定义参见第 1854 条第（a）款第（2）项的定义。

（5）**MA 地区**。"MA 地方"的定义参见第 1853 条第（d）款第（2）项的定义。

（d）**根据医疗保险 + 选择计划，合并急性的和长期护理福利待遇**。本部分中的规定不得解释为防止一州将第十九编规定的医疗补助计划的福利待遇与医疗保险 + 选择计划规定的福利待遇合并在一起，以确保持续向贫困的年老或残疾的符合本编该计划福利待遇条件的个人提供急性病护理及长期护理服务。

（e）**参保特定医疗保险 + 选择计划的限制**。

（1）**总则**。在第（2）项规定的医疗保险 + 选择区域宗教兄弟造福社会计划的情形下，虽然存在本部分的其他规定与部长的规章相反或一致，

---

① 《公法》第 110—275 期，第 164 条第（d）款第（2）项，插入"该个人有一个或多个病性及医疗复杂慢性的实质上对身体或生命构成威胁的条件，或者很容易就可能住院或者其他巨大的不利健康后果，并且要求医疗领域的专门传送制度"，**适用于从 2010 年 1 月 1 日开始的年度计划**。

提供该计划的社区可以根据本部分将参保的个人限制在第（3）项第（B）目规定的隶属于该社区的教堂成员、大会成员或团体成员中。

（2）**医疗保险＋选择区域宗教兄弟造福社会计划的定义**。在本款中，本项规定的医疗保险＋选择地区宗教兄弟造福社会计划是第 1851 条第（a）款第（2）项规定的符合下列条件的医疗保险＋选择计划：

（A）第（3）项规定的宗教兄弟造福社会的社区仅向第（3）项第（B）目规定的教堂成员、大会成员或集团成员提供的；

（B）允许所有成员参保该计划不考虑健康地位相关的因素。本款不应该解释为免除任何关于财政偿付能力的要求。

（3）**宗教兄弟造福社会计划社区的定义**。在第（2）项第（A）目中，本条规定的"宗教兄弟造福社会计划社区"是符合下列条件组织：

（A）《1986 年国内税收法》第 501 条第（c）款第（8）项规定的，并且根据该法第 501 条第（a）款免税的组织；

（B）隶属于执行教义并且分享宗教债券与教堂或大会或教堂协会，或教堂的隶属集团；

（C）除了医疗保险＋选择宗教兄弟造福社会计划外，还向未根据本编被授予福利待遇的属于该教堂、大会或集团的成员的个人提供医疗保险项目；

（D）没有强加任何关于以任何健康地位相关因素为基础的社区成员的限制。

（4）**支付调整**。根据部长的规章，在个人根据本部分参保第（2）项规定的医疗保险＋选择宗教兄弟造福社会计划的情形下，部长应该规定第 1854 条确定的支付额的调整，以确保适当的支付水平，并考虑精算特征以及该个人的经历。

（f）[1] **为特殊需求的个人而制订的专业 MA 计划的参保限制**[2]。在为

---

[1]　关于指定计划的延期给付及参保新计划的规定，参见第 2 卷《公法》第 110—173 期，第 108 条第（b）款。

关于授权运营但是不服务区域扩张为两个 SNP 的规定，参见第 2 卷《公法》第 110—275 期，第 164 条第（c）款第（2）项；关于州行政机关的资源的规定，参见第 164 条第（c）款；关于合同的非要求，参见第 164 条第（c）款第（4）项。

[2]　第 110—275 期，第 164 条第（c）款第（1）项第（B）目第（i）节，修正阅读的整体抬头为，"关于为特殊需求个人而制订的专业 MA 计划参保的要求"，**适用于 2010 年 1 月 1 日起的年度开始的计划**。

特殊需求个人［参见第（b）款第（6）项的定义］而制订的专门 MA 计划的情形下，虽然存在本部分的其他规定，以及部长的规章，对于 2011 年 1 月 1 日①前的阶段而言，计划可以将参保该计划的个人限制在一类或几类特殊需求个人之内②。

（2）③ **住院病人 SNPS 的额外要求**。在为第（b）款第（6）项第（B）目第（ⅰ）节规定的具有特殊需求的个人而制订专门的 MA 计划的情形下，本项规定的适用要求如下：

（A）从 2010 年 1 月 1 日起参保计划的每个人均为第（b）款第（6）项第（B）目第（ⅰ）节规定的特殊需求个人。如果个人生活在某一社区中，但是要求保健的制度化水准，该个人不应该被认为是第（b）款第（6）项第（B）目第（ⅰ）节规定的特殊需求个人，除非认为该个人获得制度化的保健水平是通过下列途径获得的：

（ⅰ）使用该个人居住州的州评估工具；

（ⅱ）通过除了提供计划的组织以外的实体而获得。

（B）该计划满足第（5）项规定的要求。

（3）④ **双重 SNPS 的附加要求**。在为第（b）款第（6）项第（B）目第（ⅰ）节规定的特殊需求个人而制订的专门 MA 计划而言，本项规定的适用要求如下：

（A）2010 年 1 月 1 日起参保计划的每个人均为第（b）款第（6）项第（B）目第（ⅰ）节规定的特殊需求个人。

（B）该计划满足第（5）项规定的要求。

---

① 第 110—173 期，第 108 条第（a）款，删除"2009 年"，并以"2010 年"替代，2007 年 12 月 29 日生效。

② 第 110—275 期，第 164 条第（c）款第（1）项第（B）目第（ⅱ）节，指定本项为第（1）项，标题为"**参保要求**"，**适用于 2010 年 1 月 1 日起的年度计划**。

③ 第 110—275 期，第 164 条第（c）款第（1）项第（B）目第（ⅲ）节，增加第（2）项，**适用于 2010 年 1 月 1 日起的年度计划**，并且同时适用于为特殊需求个人而制定的所有专门医疗优势计划，不管该计划根据《社会保障法》第十八编第 C 部分的规定何时加入医疗优势项目。

④ 第 110—275 期，第 164 条第（c）款第（1）项第（B）目第（ⅲ）节，增加第（3）项，**适用于从 2010 年 1 月 1 日起开始的年度计划**，并且同时适用于为特殊需求个人而制订的所有专门医疗优势计划，不管该计划根据《社会保障法》第十八编第 C 部分的规定何时加入医疗优势项目。

（C）该计划规定每一将来的参保人在参保之前以综合书面陈述（使用部长规定的标准化内容及模式），表明：

（ⅰ）该个人根据第十九编的州医疗援助项目而被授予的福利待遇及成本分担保护；

（ⅱ）该福利待遇及成本分担保护被该计划所涵盖。

该说明应该被包括在该计划提供的福利待遇的描述中。

（D）根据第十九编，该计划与州医疗援助机构之间签订了合同向被授予获得医疗援助的个人提供福利待遇或安排提供的福利待遇。该福利待遇可以包括与州政策一致的长期保健服务。

（4）① **服务或疾慢性疾病 SPNS 的附加要求**。在为第（b）款第（6）项第（B）目第（ⅰ）节规定的特殊需求个人而制订的专门 MA 计划而言，本项规定的适用要求如下：

（A）2010 年 1 月 1 日起参保计划的每个人均为第（b）款第（6）项第（B）目第（ⅰ）节规定的特殊需求个人。

（B）该计划满足第（5）项规定的要求。

（5）② **所有 SNPS 的保健管理要求**。本项规定的要求是为第（b）款第（6）项第（B）目第（ⅰ）节规定的特殊需求个人而提供专门 MA 计划的组织：

（A）拥有适当的提供者及专家网络的保健方面的证据基础的模型。

（B）对于参保计划的每一个人而言：

（ⅰ）对该个人的生理、心理及功能性需求进行的初始评估以及年度重新评估；

（ⅱ）尽可能与该个人协商，制订计划以确定目标及任务，包括可衡量的结果以及特殊服务及提供的福利待遇；

（ⅲ）在保健管理中使用跨学科团队。

---

① 第 110—275 期，第 164 条第（c）款第（1）项第（B）目第（ⅲ）节，增加第（4）项，**适用于 2010 年 1 月 1 日起的年度计划**，并且同时适用于为特殊需求个人而制订的所有专门医疗优势计划，不管该计划根据《社会保障法》第十八编第 C 部分的规定何时加入医疗优势项目。

② 《公法》第 110—275 期，第 164 条第（d）款第（1）项，加入第（5）项，**适用于 2010 年 1 月 1 日起的年度计划**，并且同时适用于为特殊需求个人而制订的所有专门医疗优势计划，不管该计划根据《社会保障法》第十八编第 C 部分的规定何时加入医疗优势项目。

第 D 部分　自愿处方药福利计划①

第 1 子部分　资格主体及处方药的福利

资格、登记和信息

第 1860D － 1 条【《美国法典》第 42 编第 1395w—101 条】（a）**根据加入计划获取的合格处方药保险的规定。**

（1）**总则。**根据本部分后面的规定，每一个第 D 部分的资合格主体 ［见第（3）项第（A）目的定义］都有权获得合格的处方药保险 ［见第 1860D － 2 条第（a）款的规定］，如下：

（A）**按次付费的加入者可以根据处方药计划接受保险。**符合第 D 部分条件而未加入 MA 计划的个人，可通过加入处方药计划 ［如第 1860D － 41 条第（a）款第（14）项所述］获取合格的处方药保险。

（B）**医疗优势保险的参保者。**

（ⅰ）**一个含有合格处方药保险的计划的加入者可依据该计划取得保险。**符合第 D 部分条件个人如果已加入了 MA － PD 计划，可获得 MA － PD 计划中的合格处方药保险。

（ⅱ）**限制 MA 计划的加入者加入处方药计划。**除第（ⅲ）节和第（ⅳ）节的规定外，符合第 D 部分条件且已加入 MA 计划的个人，不可以加入本部分规定的处方药计划。

（ⅲ）**不提供合格处方药保险 MA 计划中的私人按次付费的加入者允许加入处方药计划。**符合第 D 部分条件并且加入不提供合格处方药保险的 MA 计划中的私人按次付费计划 ［见第 1859 条第（b）款第（2）项的定义］的加入者，可以通过加入处方药计划获得合格处方药保险。

（ⅳ）**加入 MSA 计划的加入者允许进入处方药计划。**一个符合第 D 部分条件并且加入了 MSA 计划 ［见第 1859 条第（b）款第（3）项的定

---

① 关于提交立法提议的规定，参见第 2 卷《公法》第 108—173 期，第 101 条第（b）款；关于过渡时期的第 B 部分处方药保险研究的规定，参见第 101 条第（c）款；关于执行处方药过程的报告的规定，参见第 101 条第（d）款；关于州药商补助过渡时期委员会的规定，参见第 106 条；关于利益研究的冲突的规定，参见第 110 条。

义］的个人，可以通过加入处方药计划中获得合格处方药保险。

（2）**本保险于 2006 年 1 月 1 日正式生效**。在处方药计划和 MA－PD 计划下所产生的保险于 2006 年 1 月 1 日正式生效。

（3）**定义**。根据本部分的宗旨：

（A）**第 D 部分合格主体**。"D 部分的合格主体"是指享有第 A 部分待遇或者加入了第 B 部分的个人。

（B）**MA 计划**。"MA 计划"的定义参见第 1859 条第（b）款第（1）项规定的上述术语的含义。

（C）**MA－PD 计划**。"MA－PD 计划"是指提供合格处方药保险的 MA 计划。

（b）**处方药计划的加入程序**。

（1）**制定程序**。

（A）**总则**。部长应该根据本款的规定制定加入、注销、终止和变更第 D 部分的合格主体加入处方药计划的程序。

（B）**MA 计划的申请规则**。在制定上述程序时，部长应该根据第 1851 条的下列规定使用（并且协调）与加入、注销、终止和变更加入 MA－PD 计划的规则相类似的规则：

（ⅰ）**住所要求**。参见第 1851 条第（b）款第（1）项第（A）目关于住所要求的规定。

（ⅱ）**进行选择**。参见第 1851 条第（c）款［该条第（3）项第（A）目的规定除外］关于进行选择规定。

（ⅲ）**保险选择期间**。根据本款第（2）项和第（3）项的规定，第 1851 条第（e）款的规定［第（2）项第（B）目、第（C）目、第（E）目以及第（4）项中的第二句的规定除外］关于保险选择时期的规定，包括初始时期、每年统筹选择时期、特殊选择时期和例外情形选择时期。

（ⅳ）**保险期间**。参见第 1851 条第（f）款中关于选择效力和选择变更的规定。

（ⅴ）**担保事项与续签**。参见第 1851 条第（g）款关于保证事项与续签的规定［该条第（2）项和第（3）项第（C）目第（ⅰ）节以及第（ⅱ）节中的第二句的规定除外］。

（ⅵ）**市场资料和申请表格**。参见第 1851 条第（h）款关于批准市场资料和申请形式的规定。在适用第（ⅱ）节、第（ⅳ）节以及第（ⅴ）

节的规定时，第 1851 条第（e）款的任何参照规则都应当被视为根据第
（ⅲ）节的规定的参照规则。

（C）**特别规则**。对于拥有完全待遇符合第 D 部分条件双重合格［见
1935 条第（c）款第（6）项的定义］但未加入处方药计划或者 MA － PD
计划个人的情形，根据第（A）目的规定制定的程序应当包括，参保处方
药计划的受益人月保费不超过第 1860D － 14 条第（a）款第（1）项第
（A）目所规定的补助保费。如果能够获得一个以上的上述计划，部长应
该在随机的基础上使上述个人加入 PDP 区域中的所有上述计划。前款的
任何规定都不应该阻止上述个人退出或者变更参保。

（2）**初始加入期间**。

（A）**项目初始加入**。对 2005 年 11 月 15 日成为第 D 部分合格主体的
个人来说，初始加入期间应当与第 1851 条第（e）款第（3）项第（B）
目第（ⅱ）节规定的每年期、统筹开放期间相同，按照第（1）项第
（B）目第（ⅲ）节的规定适用。

（B）**持续期间**。对于 2005 年 11 月 15 日之后成为第 D 部分合格主体
的个人来说，初始注册期间为第 1851 条第（e）款第（1）项规定的期
间，按照该条第（1）项第（B）目第（ⅲ）节的规定进行适用，"享有
第 A 部分的待遇或者参保第 B 部分"可以修改为"享有第 A 部分的津贴
并且参保第 B 部分"，并且上述期间绝对不应当在第（A）目规定的期间
之前结束。

（3）**其他的特殊加入期间**。部长应该规定特别的加入期间，包括
下列：

（A）**可贷款的处方药保险的非自愿性损失**。

（ⅰ）**总则**。第 D 部分的合格主体非自愿地遭受处方药保险的损失
［见第 1860D － 13 条第（b）款的定义］。

（ⅱ）**通知**。在根据第（ⅰ）节的规定制定特殊加入期间时，部长应
该考虑何时向第 D 部分的合格主体通知可贷款处方药保险的损失。

（ⅲ）**未支付保费**。根据第（ⅰ）节，如果保险因未按照要求支付受
益人保费而终止，保险的损失应当被视为自愿性保险损失。

（ⅳ）**保险的减少**。根据第（ⅰ）节，保险减少而使该保险不再满足
第 1860D － 13 条第（b）款第（5）项（关于保险精算等值）规定的要求
应该被视为非自愿性的保险损失。

(B) **参保过程中的错误**。就第 1837 条第（h）款（关于参保过程中的错误）规定的情形来说，以该条规定适用于第 B 部分规定的同样方式进行适用。

(C) **例外情形**。第 D 部分的合格主体满足了部长规定的上述例外情形［包括根据第（1）项第（B）目第（ⅲ）节的规定可适用的情形］。

(D) **医疗补助保险**。成为具有完全待遇的双重合格主体［见第 1935 条第（c）款第（6）项的定义］的个人（由部长进行规定）。

(E) **在享有合格的第一年里终止 MA－PD 计划的选择**。在该人根据上述规定选择最初按次付费计划中的保险时，第 D 部分的合格主体可以根据第 1851 条第（e）款第（4）项的规定终止加入 MA－PD 计划。

(4) **便利加入的信息**。

（A）**总则**。尽管有其他法律的规定，但是根据第（B）目的规定，在部长认为对于促进向上述个人提供的处方药计划和 MA－PD 计划的有效市场化以及上述个人加入上述计划来说必要的时候，部长可以向每一个 PDP 供应商以及 MA 组织提供第 D 部分的合格主体的身份信息。

（B）**限制**。

（ⅰ）**信息规定**。部长可以根据第（A）目的规定提供信息，仅在实施本目规定的必要范围之内。

（ⅱ）**信息的使用**。由部长提供给 PDP 供应商或是 MA 组织的信息，可以被上述提供商或是组织仅用于促进第 D 部分的合格主体加入的处方药计划以及 MA－PD 计划的市场化。

（5）**MA－PD 计划的加入程序的参照规则**。关于第 D 部分的合格主体加入、注销、终止和变更加入 MA－PD 计划的可适用规则，参见第 1851 条。

（6）**延迟加入处罚的参照规则**。第 1860D－13 条第（b）款对下列延迟加入的第 D 部分的合格主体进行处罚

（A）在第（2）项规定的初始加入期间之后，加入处方药计划或 MA－PD 计划的；

（B）在非加入期间，没有维持持续的可贷款处方药保险的。

（c）**向受益人提供信息**。

（1）**活动**。部长应该组织活动以向第 D 部分的合格主体（和潜在的第 D 部分合格主体）广泛传播与本部分的保险有关的信息。上述活动应

该确保上述信息在第（b）款第（2）项第（A）目规定的初始加入期间之前至少30日内第一时间获得。

（2）**要求**。第（1）项规定的活动应当：

（A）与第1851条第（d）款规定的部长所实施的活动相类似的，包括传播（包括通过免费长途电话号码1－800－MEDICARE）处方药计划和MA－PD计划的比较信息；

（B）根据本条和第1804条的规定，与部长所实施的活动相协调的。

（3）**比较信息**。

（A）**总则**。根据第（B）目的规定，在第（2）项第（A）目中提到的比较信息应该包括下列合格处方药保险的比较：

（i）**待遇**。按计划规定提供的待遇。

（ii）**月受益人保费**。计划规定的月受益人保费。

（iii）**质量和执行**。计划规定的质量和执行。

（iv）**受益人的成本分担**。计划规定的第D部分的合格主体要求分担成本。

（v）**消费者满意程度的调查**。关于根据第1860D－4条第（d）款的规定实施的计划的消费者满意程度的调查结果。

（B）**不可获得的信息的例外规定**。对于以下的计划，不要求部长提供和第（A）目第（iii）节和第（v）节规定的比较信息：

（i）在提供计划的第一计划年内；

（ii）在计划并非切实可行或者信息不可获得的下一个计划年内。

（4）**延迟加入处罚的信息**。根据第（1）项规定应公布的信息包括第1860D－13条第（b）款规定的决定延迟加入处罚的方法有关的信息。

处方药津贴

第1860D－2条【《美国法典》第42编第1395w—102条】（a）**要求**。

（1）**总则**。根据本部分以及第C部分，"合格的处方药保险"是指下列情况之一：

（A）**可获得协商价格的标准处方药保险**。标准的处方药保险［见第（b）款的定义］并且可获得第（d）款规定的协商价格。

（B）**附带起码精算等值待遇和协商价格的可替代处方药保险**。满足第（c）款中关于可替代处方药保险的要求及第（d）款规定的协商价格的享有第 D 部分保险的药物的保险，但只有当部长依据第（c）款的规定批准上述保险的待遇设计。

（2）**允许补充处方药保险**。

（A）**总则**。根据第（B）目的规定，合格的处方药保险应该包括下列任意一种情况或是两种情况都包含的附加处方药保险：

（i）**成本分担中的已确定的减少**。

（Ⅰ）**总则**。年度自付费的减少，共同保险百分比的减少，或者是增加与第 D 部分覆盖的药物有关的初始保险封顶额度，或者是上述内容的任何合并，只要上述减少或者增加能够使津贴的精算值超过基础处方药保险的精算值的范围之内即可。

（Ⅱ）**解释**。本项的任何规定都不应当解释为影响第（c）款第（3）项规定的适用。

（ii）**可选择的药物**。除了适用于第（e）款第（2）项第（A）目的规定之外，任何药品的保险应当视为享有第 D 部分保险的药物。

（B）**要求**。根据第（A）目的规定 PDP 供应商不能在一个区域里供应包含附加处方药保险的处方药计划，除非该供应商同时在该区域供应仅含有基础处方药保险的处方药计划。

（3）**基本处方药保险**。根据本部分和第 C 部分，"基本处方药保险"是指下列情况之一：

（A）满足第（1）项第（A）目规定的要求的保险。

（B）满足第（1）项第（B）目中的要求但是没有第（2）项第（A）目规定的补充处方药保险的保险。

（4）**适用次级付款人的规定**。第 1852 条第（a）款第（4）项的规定应当以与该部分适用于第 C 部分相同的方式进行适用。

（5）**解释**。本款的任何规定不得解释为变更第（b）款第（4）项规定的产生成本的计算。

（b）**标准的处方药保险**。根据本部分和第 C 部分，"标准处方药保险"是指满足下列要求的第 D 部分覆盖的药物的保险：

（1）**自付费**。

（A）**总则**。该保险有年度自付费：（i）在 2006 年，等于 250 美元；或者（ii）在随后的年份，等于根据本项规定的前一年的数额按照该年第（6）项中规定的百分比增加。

（B）**四舍五入**。根据第（A）目第（ⅱ）节的规定确认的任何不是
5 美元的倍数的数额，均应被四舍五入为最近的 5 美元的倍数。

（2）**福利待遇结构**。

（A）**25％的共同保险自付比**。该保险的共同保险自付比［超过第
（1）项中规定的年付初付费的并且达到第（3）项规定的初始保险封顶额
度的成本］：（ⅰ）等于 25％；或者（ⅱ）上述费用的 25％的平均预期付
款的精算等值［使用第 1860D – 11 条第（c）款的规定的程序和方式］。

（B）**使用等级**。本部分的任何规定都不得解释为禁止 PDP 供应商或
MA 组织适用计划下的等级定额手续费，只要上述定额手续费与第（A）
目第（ⅱ）节的规定相一致。

（3）**初始保险封顶额度**。

（A）**总则**。除第（4）项的规定之外，保险为了付款可以确认初始
保险封顶额度的最大值（包括年度自付费）：（ⅰ）在 2006 年，等于 2250
美元；或者（ⅱ）在随后的年份，等于根据本项规定的前一年的数额按
照该年第（6）项中规定的百分比增加。

（B）**四舍五入**。根据第（A）目第（ⅱ）节的规定确认的任何不是
10 美元的倍数的数额，均应被四舍五入为最近的 10 美元的倍数。

（4）**防止高自付费用**。

（A）**总则**。

（ⅰ）**总则**。该保险提供福利待遇，在第 D 部分的合格主体由于第 D
部分规定保险药物在一年内产生费用［根据第（C）目的规定］等于第
（B）目规定的年自付临界值之后，并且成本分担等于以下较大者：（Ⅰ）普
通类药物或者复合源药物的 2 美元定额手续费或者其他药物的 5 美元定额
手续费；或者（Ⅱ）共同保险自付比为 5％。

（ⅱ）**数额的调整**。自 2006 年以后的一年，在第（ⅰ）节第（Ⅰ）
次节规定的美元数额应该等于本目规定的上一年的数额根据第（6）项中
规定的年份的百分比而增加的。该款规定的任何数额不是 5 美分的倍数
的，均应被四舍五入为最近的 5 美分的倍数。

（B）**年度自付临界值**。

（ⅰ）**总则**。根据本部分的宗旨，本目规定的"年度自付临界值"：
（Ⅰ）在 2006 年，等于 3600 美元；或者（Ⅱ）在随后的年份，等于根据
第（6）项中规定的本目规定的上一年的数额按所涉年份的百分比增加。

（ⅱ）**四舍五入**。第（ⅰ）节第（Ⅱ）次节规定的任何不是 50 美元的倍数的数额，均应被四舍五入为最近的 50 美元的倍数。

（C）**适用**。在适用第（A）目的规定时：

（ⅰ）可承担费用应该只包括关于第 D 部分覆盖的药物可承担的第（1）项规定的年度初付费，第（2）项规定的成本分担的费用以及由于适用于第（3）项关于初始保险封顶额度的规定未提供的津贴数额，但是不包括（或者视为包括）第 D 部分覆盖的药物不在计划范畴内的所承担的费用；

（ⅱ）只要第 D 部分的合格主体（或者代表该个人利益的其他人士，比如家庭成员），根据第 1860D－14 条的规定，或者是根据药品辅助项目，并且第 D 部分的合格主体（或是其他人）没有通过保险或其他方式，或团体健康计划，或是其他第三方付款协调被退还上述费用的，上述均应该被视为可承担的费用。

（D）**关于第三方退款的信息**。

（ⅰ）**交换信息的程序**。为了准确地适用第（C）目第（ⅱ）节规定的要求，部长有权经与财政部长和劳动部长协调制定程序：（Ⅰ）为了确定第 D 部分的合格主体的费用是否通过保险或其他方式，或团体健康计划，或是其他第三方付款协调进行退还；以及（Ⅱ）为了提醒提供上述个人加入的处方药计划和 MA－PD 计划的 PDP 供应商和 MA 组织上述退款安排。

（ⅱ）**有权从参保者处获取信息**。PDP 供应商或是 MA 组织可以定期询问加入了由该供应商或者组织提供的处方药计划或是 MA－PD 计划的第 D 部分的合格主体，是否上述个体收到或是期望收到第三方退款。前一款规定的该个人信息材料的虚假陈述（见部长设立的标准中的定义以及根据部长规定的程序进行确认）应当在部长具体规定的时间内构成终止加入第 1851 条（g）款第（3）项第（B）目规定的任何计划〔并且根据第 1860D－1 条第（b）款第（1）项第（B）目第（ⅴ）节的规定在本部分中进行适用〕的原因。

（5）**解释**。在本部分的任何规定都不应当解释为阻止提供 MA－PD 计划的 PDP 主办者或 MA 组织使成本分摊费用降到 0，除另外可适用于首选的或普通的药品的规定之外。

（6）**每年增长的百分比**。本项规定的一年里每年增长的百分比等于

第 D 部分的合格主体就美国内的第 D 部分被保险药物的人均总支出的每年增长的百分比，使用部长规定的方式在之前一年的 7 月结束的 12 个月期间里由部长进行确认。

（c）**可代替的处方药保险的要求**。处方药计划或是 MA – PD 计划就可以提供与标准处方药保险不同的处方药福利待遇设计，只要部长确认［根据第 1860D – 11 条第（c）款的规定］计划申请并经部长批准的上述待遇设计满足了下列要求：

（1）**保证起码的精算等值保险**。

（A）**保证全额保险的等值价值**。全额保险的等值价值至少等于标准处方药保险的精算值。

（B）**确保没有津贴的保险的等值价值**。保险中未获得津贴的价值至少等于标准处方药保险的未获得津贴的价值。根据本目的宗旨，保险的未获得津贴的价值为保险精算值超过根据第 1860D – 15 条规定关于上述保险的津贴付款的精算值的数额。

（C）**保证初始保险封顶额度的支付标准**。在利用精算模式的基础上，设计保险以支付该年内等于第（b）款第（3）项规定的初始保险封顶额度的可负担费用，数额等于下列乘积：（ⅰ）该年内第（b）款第（3）项规定的初始保险封顶额度大于该年内第（b）款第（1）项规定的年度自付费；以及（ⅱ）100% 减去第（b）款第（2）项第（A）目第（ⅰ）节规定的共同保险自付比。

（2）**法定的自付费的最大值**。该年内的保险规定的自付费不应当超过第（b）款第（1）项规定的自付费数额。

（3）**同样防止高自付费用**。该保险提供第（b）款第（4）项要求的保险。

（d）**获取协商价格**。

（1）**获取**。

（A）**总则**。根据提供处方药计划的 PDP 供应商或是提供 MA – PD 计划的 MA 组织提供的合格处方药保险的规定，该供应商或组织应该给参保者提供用于支付第 D 部分覆盖的药物的协商价格，不考虑因为自付费，或其他成本分担或初始保险封顶额度［见第（b）款第（3）项的规定］的适用保险可以不支付待遇的情况。

（B）**协商价格**。根据本部分，协商价格应该考虑协商价格的特许权，比如关于第 D 部分被保险药物的折扣、直接和间接的补贴、回扣以及直接和间接的赔偿金，并且包括对于该类药物的任何配发费用。

（C）**与医疗补助项目相关的规定**。处方药计划和 MA－PD 计划中关于第 D 部分被保险药物的协商价格，或合格的退休者处方药计划［见第 1860D－22 条第（a）款第（2）项的定义］中为第 D 部分合格主体的利益关于该类药物的协商价格，不应当（不考虑法律的其他规定）考虑根据第 1927 条第（c）款第（1）项第（C）目的规定制定最佳价格。

（2）**披露**。提供处方药计划的 PDP 供应商或是提供 MA－PD 计划的 MA 组织应该向部长披露第（1）项第（B）目规定的该供应商或负责人可以获得协商价格的优惠总计，上述优惠由一个生产商通过以较低的补贴的形式，较低的月受益人处方药保费，以及药商和其他配发人员通过的较低价格。第 1927 条第（b）款第（3）项第（D）目的规定适用于根据本项规定披露给部长的信息。

（3）**审计**。为了避免欺诈和滥用并且根据本部分的规定确保适当披露和说明以及根据第 1857 条第（d）款第（2）项第（B）目的规定［根据第 1860D－12 条第（b）款第（3）项第（C）目的规定进行适用］，部长可以直接或根据合同对 PDP 供应商关于处方药计划和 MA 组织关于 MA－PD 计划的财务报表和记录进行定期审计。

（e）**第 D 部分被保险的药物的定义**。

（1）**总则**。除本款规定之外，根据本部分，"第 D 部分被保险的药物"是指：

（A）必须是仅按照处方配发的，并且是第 1927 条第（k）款第（2）项中第（A）目第（ⅰ）节，第（A）目第（ⅱ）节或第（A）目第（ⅲ）节规定的药物；

（B）或者，该条的第（B）目第（ⅰ）节到第（ⅲ）节规定的生物药品或该条的第（C）目规定的胰岛素，以及与注射胰岛素有关的医疗供应（见部长行政法规中的定义）；

并且上述术语还包括根据《公共健康服务法》第 351 条①的规定登记的牛痘（和在 2008 年 1 月 1 日或之后管理的牛痘的行政管理）和使用的

---

① 参见第 2 卷《公法》第 78—410 期，第 351 条。

第 D 部分被保险药物的医疗可接受的指引［见第（4）项的定义］①。

（2）**排他性规定**。

（A）**总则**。上述术语不包括可能被保险排除或是第 1927 条第（d）款第（2）项中除第（E）目（与戒烟代理有关）②之外规定的，或是根据第 1927 条第（d）款第（3）项规定，受限制的药物或药物分类或它们的医学用途，上述条款在本部分规定生效之日起开始生效。上述术语还不包括用于治疗性病或是勃起功能失调的药物，除非该药物经食品和药物监督局批准被用于治疗除性病或是勃起功能失调之外的疾病。

（B）**医疗保险覆盖的药物**。如果根据处方以及配发或者行政管理进行付款对于那些根据第 A 部分或第 B 部分规定的（或者若没有自付费的适用规则将可以获得）人士是可获得，那么为第 D 部分的合格主体开出的并且是本部分规定的第 D 部分被保险的药物不得如此考虑。

（3）**一般排他性规定的适用规则**。处方药计划或是 MA - PD 计划可以从合格的处方药保险排除任何第 D 部分被保险的药物。

（A）如果第 1862 条第（a）款的规定适用于本部分，不再为其进行付款；

（B）或者，根据计划或者本部分的规定未开处方的。上述排他性规定分别根据第 1860D - 4 条第（g）款和第（h）款规定的复议和上诉进行决定。

（4）③ **医疗可接受指示的定义**。

（A）**总则**。根据第（1）项的宗旨，"医疗可接受指示"与下列术语具有相同的含义：

（i）关于用于抗癌化疗中的第 D 部分被保险药物，适用第 1861 条第（t）款第（2）项第（B）目的规定，除适用该条：（Ⅰ）"处方药计划或者 MA - PD 计划"应当在其出现的每一个地方都修改为"承保人"，

---

① 《公法》第 110—275 期，第 182 条第（a）款第（1）项，废除"［见第 1927 条第（k）款第（6）项的定义］"并且修改为"［见第（4）项的定义］"，2009 年 1 月 1 日生效。

② 第 110—275 期，第 175 条第（a）款，插入"除该条的第（Ⅰ）目的规定之外（关于巴比妥酸盐）如果巴比妥酸盐用于治疗癫痫、癌症或者长期精神失常，并且除了该条第（J）目的规定（关于苯二氮）**，可适用于 2013 年 1 月 1 日或者之后配发的处方**。

③ 第 110—275 期，第 182 条第（a）款第（1）项第（B）目，增加第（4）项规定，可适用于从 2009 年 1 月 1 日或者之后开始的计划年份。

以及（Ⅱ）根据第（B）目的规定，第 1927 条第（g）款第（1）项第（B）目第（ⅰ）节第（Ⅲ）次节规定的概要应当包括第 1861 条第（t）款第（2）项第（B）目第（ⅱ）节第（Ⅰ）次节规定的概要列表；

（ⅱ）关于其他任何第 D 部分被保险的药物，适用第 1927 条（k）款第（6）项的规定。

（B）**利益冲突**。在 2010 年 1 月 1 日及以后，不应当适用第（A）目第（ⅰ）节第（Ⅱ）次节的规定除非第 1927 条第（g）款第（1）项第（B）目第（ⅰ）节第（Ⅲ）次节规定的概要满足了第 1861 条第（t）款第（2）项第（B）目第（ⅱ）节第（Ⅰ）次节规定的要求。

（C）**更新**。为适用第（A）目第（ⅱ）节规定，部长可以在明确医疗可接受指示的药物的适当的时候修订第 1927 条第（g）款第（1）项第（B）目第（ⅰ）节规定的概要列表。任何修订都应当以与第 1861 条第（t）款第（2）项第（B）目规定的审查概要程序一致的方式进行。

获取合格的处方药保险的选择权

第 1860D - 3 条【《美国法典》第 42 编第 1395w—103 条】（a）**确保获得保险选择权**。

（1）**在每一个区域至少选择两个计划**。部长应当确保第 D 部分的合格主体根据第（2）项的规定获得加入其居住区域内的至少两个合格计划〔见第（3）项的定义〕的选择权，并且至少其中一个计划是处方药计划。在未获得上述计划的任何情形下，第 D 部分的合格主体都应当获得计划加入可撤销的处方药计划。

（2）**不同的计划供应商的要求**。如果仅有一个实体在该区域内提供了所有合格的计划，那么第（1）项的要求未满足。

（3）**合格计划的定义**。根据本条，"合格计划"是指：

（A）处方药计划；

（B）或者，提供下列保险的第 1851 条第（a）款第（2）项第（A）目第（ⅰ）节规定的 MA - PD 计划：（ⅰ）基本处方药保险，或者（ⅱ）提供补充处方药保险的合格处方药保险，只要由于申请贷款取消了第 1854 条第（b）款第（1）项第（C）目规定的上述保费的折扣而没有适用于该计划的 MA 月受益人保费。

（b）**风险假设的灵活性和可撤销计划的应用**。为了确保获得在一个区域内第（a）款规定保险。

（1）部长可以为该区域批准第 1860D-11 条第（f）款规定的有限制的风险计划；

（2）只要在适用第（1）项的规定之后仍然没有在该区域获得保险的，部长应当在该区域提供第 1860D-11 条第（g）款规定的可撤销处方药计划。

合格处方药保险中的受益人保护

第 1860D-4 条【《美国法典》第 42 编第 1395w—104 条】（a）公布信息。

（1）**一般信息。**

（A）**MA 信息的适用规则。**PDP 供应商应当以清晰、准确和标准化的形式向每一个加入的该供应商提供的处方药计划的个人在参保时披露并且此后至少每年一次披露，第 1852 条第（c）款第（1）项规定的关于上述计划的信息，该信息在部长就本部分提供的福利待遇来说认定为合适的范围之内的，并且包括第（B）目规定的信息。

（B）**药物特殊信息。**本目规定的信息是指关于下列的信息：

（ⅰ）通过药商网络获取特殊的第 D 部分被保险药物。

（ⅱ）供应商使用的处方（包括等级处方结构）如何发挥作用，包括描述第 D 部分的合格主体如何可以获得第（3）项规定的处方的信息。

（ⅲ）受益人分摊保险要求和第 D 部分的合格主体如何获得上述要求的信息，包括根据第（3）项的规定适用于每一药物（或者药物种类）的等级或其他支付水平。

（ⅳ）根据第（c）款规定的医药疗法管理项目。

（2）**应要求披露总体保险、就医及申诉信息。**根据有合格加入处方药计划的第 D 部分合格主体的请求，提供该计划的 PDP 供应商应该向上述个人提供第 1852 条第（c）款第（2）项第（A）目、第（B）目和第（C）目规定的类似（见部长的规定）信息。

（3）**特定信息的规定。**

（A）**对受益人问题的反馈。**每一个提供处方药计划的 PDP 供应商应该有一个及时地提供给加入个人特定信息的机制。该机制应该包括通过使用长途免费电话而获得信息的权利，并且请求应以书面形式给出特定信息。

（B）**通过网络更改处方信息的可获得性**。提供处方药计划的 PDP 供应商应该通过网络及时地获得项目的处方变更的信息（包括等级的和第 D 部分被保险药物的优选地位的变更）。

（4）**索赔信息**。一个提供处方药计划的 PDP 供应商必须以一种容易理解的形式提供给每一个参保者。

（A）待遇的说明〔根据第 1806 条第（a）款的规定以及同等的方式〕。

（B）当根据本部分的规定提供处方药福利待遇的时候，通知关于待遇的下列事项：

（ⅰ）当年的初始保险封顶额度；

（ⅱ）当年的年度自付临界点。提供第（B）目规定的通知次数不需要超过部长的规定并且根据部长的规定第（B）目第（ⅱ）节规定的通知在一定的可操作性上参照适用第 1860D－2 条第（b）款第（4）项第（C）目的规定。

（b）**获得第 D 部分被保险的药物**。

（1）**确保药商通道**。

（A）**任何有意愿的药商都可以参加**。处方药计划应该允许任何满足计划下的条款及条件的药商加入。

（B）**药商网络经批准的优惠**。对于通过网络药商配发的第 D 部分被保险的药物，处方药计划可以不管第（A）目的任何规定，减少加入该计划的第 D 部分合格主体的共同保险自付比或者共付额，使其低于其他规定的水平。上述减少绝不应当导致部长根据第 1860D－15 条的规定向计划支付的数额增加。

（C）**药商网络的便捷通道**。

（ⅰ）**总则**。处方药计划的 PDP 供应商应当确保足够的药商加入其网络，上述药商直接向病人发放（除了邮件订购之外）药物以确保便捷通道（根据部长制定的规则）。

（ⅱ）**军事医疗保险标准的适用规则**。部长应该根据本目的规定建立规则便于获取药商网络的通道，对于加入人来说该规则和包括 2003 年 3 月 13 日的军人医疗保险零售药商（TRRx）下的国防部的工作请求（#MDA906－03－R－0002）声明的药商通道规则一样发挥作用的。

（ⅲ）**充足的紧急通道**。上述规则应该包括充足的加入人紧急通道。

（ⅳ）**长期护理服务机构的便捷通道**。这些规定包括关于居住在长期的医疗服务机构中的加入人通道以及印第安健康服务会、印第安部落以及部落组织还有城市印第安组织经营的药商通道的标准（见《印第安卫生保健改进法》① 第 4 条的定义）。

（D）**支付领域的水平**。上述供应商应该允许参保者通过药商（除了邮寄订购药商）接受福利待遇（可以包括 90 日的药物或者生物制品供给），并且由加入人支付产生的任何差价。

（E）**无条件地接受保险风险**。第（A）目中的条款以及条件不可以要求药商以接受保险风险为参加条件。

（2）**使用标准技术**。

（A）**总则**。提供处方药计划的 PDP 供应商应该发布一种卡，参保者有凭借该卡确认第 1860D－2 条第（d）款规定的可议价格的权利。

（B）**标准**。

（ⅰ）**总则**。部长应该对关于磁卡标准化或是第（A）目中要求的其他技术的发展、采用或是认知而做出规定。这些标准应该与第十一编第 C 部分相兼容，并且应以合适的标准的建立组织所发展的标准为基础。

（ⅱ）**咨询**。为了发展第（ⅰ）节中的标准，部长应该向国家处方药计划委员会以及部长决定的标准的建立组织进行咨询。

（ⅲ）**实施**。在部长决定能足够确保 PDP 供应商在 2006 年 1 月 1 日使用该标准的日期，由部长根据第（ⅰ）节发展、采用或识别标准。

（3）**发展和处方一览表适用的要求**。如果一个提供处方药计划的 PDP 供应商使用处方一览表（包括分级成本分担的使用），应该满足以下要求：

（A）**药商以及治疗协会的发展和更新**。

（ⅰ）**总则**。必须由药商和治疗协会发展和更新处方。大多数的该协会的成员应该由有实践经验的内科医生或是配药师（或是两种）组成。

（ⅱ）**包括独立的专家**。该协会应该由至少 1 名有经验的内科医生或是至少 1 名有经验的配药师组成：（Ⅰ）或是独立的对于供应商和计划没有冲突的人；以及（Ⅱ）有照顾老人或是残疾人的经验的人。

---

① 参见第 2 卷《公法》第 94—437 期。

（B）**处方的发展**。在发展和更新处方的过程中，委员会应该：

（ⅰ）以科学证明和实践标准为临床决定的基础，包括评估医疗文献，例如偶然的临床试验、药物经济学研究、结果研究数据和其他委员会认为适当的一些信息；

（ⅱ）考虑到是否在处方应该包括第 D 部分覆盖的特别的、在安全和功效上有治疗优势的药物。

（C）**包含所有药物的治疗分类与级别**。

（ⅰ）**总则**。根据第（G）目，尽管不是所有药物都具备这些分类与级别，但是处方①也必须包括第 D 部分被保险的药物的每一个治疗分类与级别。

（ⅱ）**模拟指导**。部长应该要求《美国药典》形成，向制药利益管理者以及其他相关方咨询，依据本项的处方药计划使用的种类和类别并且不时更新该分类以反映第 D 部分被保险的药物在治疗过程中的反应变化以及第 D 部分被保险的新品药物的条件。

（ⅲ）**更改治疗分类的限制**。除非部长允许考虑新型的治疗应用和最新批准的第 D 部分被保险的药物，否则提供处方药计划的 PDP 供应商不可以在每一个计划开始的最初那一年更改在处方中的治疗分类与级别。

（D）**提供者与病人的教育**。PDP 供应商应该建立一套政策与程序来教育和通知健康护理提供者与参保者关于处方一览表的信息。

（E）**从处方中移除药物或是更换更好的或是药物的等级之前要进行通知**。任何从处方中移除第 D 部分覆盖的药物以及更换任何更好的药物和分担成本级别的药物都应该只是在适当通知部长、受到影响的参保者、医生、药商、配药师之后才开始生效［例如根据第（a）款第（3）项］。

（F）**医疗方案的定期评估**。与处方相关，提供处方药计划的供应商应该提供一个针对治疗方案和程序的定期的评估与分析。PDP 供应商直接或是通过另一个实体的安排进满足本款的要求。

（G）②　**要求包括的一定分类与级别的药物**。

---

①　《公法》第 110—275 期，第 176 条第（1）款，废除"处方"并且修改为"根据第（G）目的规定，处方"，2008 年 7 月 15 日生效。

②　《公法》第 110—275 期，第 176 条第（2）款，增加第（G）目，2008 年 7 月 15 日生效。

（ⅰ）**确认特定药物的分类与级别**。从 2010 年计划开始，部长应该确认满足以下两个条件的药物的分类与级别：

（Ⅰ）对于通过有严重或危及生命临床后果的类别或种类药物治疗疾病的个人，限制获得此类别或种类的药。

（Ⅱ）有显著的临床需要的这些人能够获得一个类别或类别中多种药物，由于独特的化学作用和药理作用的药物在该种类或类别内，如在治疗癌症的药物。

（ⅱ）**处方要求**。根据第（ⅲ）节，要求提供处方药计划的 PDP 供应商包括由部长根据第（ⅰ）节确认的所有第 D 部分必须覆盖药物的类别和种类。

（ⅲ）**例外**。部长应建立例外情况，以允许处方药计划的 PDP 提供者从处方一览表中排除根据第（ⅱ）节要求包括在处方一览表中（或者限制获得的药物，包括通过事先授权或使用管理）的第 D 部分覆盖的一个类别或种类的特定药物。根据前句建立的任何例外应按以下程序提供：（Ⅰ）确保任何此类要求的例外是基于科学证据和医疗实践标准（并且，对于抗逆转病毒药物，在卫生与公共服务部指引的基础上，感染 HIV－1 的成年人和青少年使用抗逆转病毒药物服务指南）；以及（Ⅱ）包括公告、评论期。

（c）**成本与使用的管理、质量保证、药物治疗管理方案**。

（1）**总则**。PDP 的供应商对于包括第 D 部分药物直接或通过适当的安排，应具备的如下：

（A）一个成本有效的药物使用管理方案，包括在医疗中使用降低成本的激励机制，如通过使用多源药物［由第 1927 条第（k）款第（7）项第（A）目第（ⅰ）节定义］。

（B）质量保证措施和制度以减少药物不良反应药物错误及相互作用，提高药物的使用。

（C）药物治疗管理方案第（2）项所述的。

（D）一个用来控制欺诈、滥用和浪费的程序。本条不得解释为在所有的运行方法中有损于 PDP 供应商管理运行成本的工具（包括差异支付）。

（2）**药物治疗管理方案**。

（A）**解释**。

（ⅰ）**总则**。药物治疗管理方案是在本项所述的药物治疗管理方案，可能是由药剂师提供并且旨在保证，第（ⅱ）节规定的目标受益者，这包括在第 D 部分处方药药物计划是适当的治疗结果进行优化，通过提高药物的使用，并减少不良反应，包括不良药物相互作用的风险。这样的程序可以区分服务的门诊和机构设置。

（ⅱ）**受益对象描述**。本节所述的目标受益对象时第 D 部分符合条件的个人：（Ⅰ）有多个（如糖尿病、哮喘、高血压、高血脂、充血性心力衰竭等）慢性疾病；（Ⅱ）正在服用多种第 D 部分覆盖的药物；以及（Ⅲ）被确定为可能引起第 D 部分的药物的年度费用超过由部长指定的水平。

（B）**要素**。这些方案可能包括促进以下事项的元素：

（ⅰ）加强参保者理解以促进参保者正确使用药物，并通过受益人教育、咨询和其他适当的手段适当降低与药物相关的潜在的不良事件的风险；

（ⅱ）通过药物治疗提醒，特殊包装处方药，及其他合格方案和其他适当方法增加参保者坚持处方药物治疗；

（ⅲ）检测药品不良事件和过度使用处方药的使用不足和模式。

（C）**程序开发与执业药师的合作**。这些方案应在与授权和执业药师和医师的合作。

（D）**配合护理管理计划**。部长应根据本项建立准则，对于任何照顾管理计划下根据第 1807 条设立一个长期保健的改善方案的目标受益人，协调任何药物治疗管理方案。

（E）**医药费用的考虑因素**。在建立药剂师和其他提供服务的费用时，一个处方药计划的 PDP 提供者应当考虑到资源使用、所需的时间、实施根据本项的药物治疗管理方案。每一个提供者应当按要求向秘书长披露任何此类管理或配药费数额。第 1927 条第（b）款第（3）项第（D）目的规定适用于根据本目规定披露信息。

（d）**消费者满意度调查**。根据第 1860D−1 条第（c）款第（3）项第（A）目第（Ⅴ）节，为了提供比较资料，部长应进行有关的 PDP 供应商和处方药计划的消费者满意度调查，方式类似第 C 部分 MA 组织和 MA 计划的消费者满意度调查。

（e）① **电子处方计划**。

---

① 关于授权医生实施电子处方项目的规定，参见第 2 卷《公法》第 108—173 期，第 108 条。

（1）**应用标准**。根据部长所指明的日期，但不晚于根据第（4）项第（D）目的最终执行标准颁布之日 1 年之后，第（2）项第（A）目所述处方和其他信息，电子传输给第 D 部分合格个人开具的第 D 部分覆盖的药物，只有按照满足第（2）项的要求的根据电子处方药计划的标准传输。

（2）**计划要求**。符合根据第（3）项建立统一标准。

（A）**有处方权的卫生保健专业人士和分配的药商和药剂师信息的规定**。电子处方药计划的应提供的电子传送给有处方权的卫生保健专业人士和分配的药商和处方的药剂师和合格性和福利待遇的信息（包括适用的药方一览表、一览表结构分级和以前的权威要求），和以下关于开具和分配第 D 部分覆盖药物的信息：

（i）开具或配发的处方药物和其他用药史上的药物的信息，包括药物之间的相互作用、警告或提醒信息和表示剂量的调整的信息。

（ii）成本较低，对处方药物治疗上适当的替代品的供应的信息。

（B）**医疗历史资料的适用**。在部长指定的日期及之后生效，建立适当的标准来进行本目之后，该方案应按照专业人士或药剂师的要求，用与第（A）目相似的方式电子传递个人医疗历史资料和正在开具或配发的涵盖第 D 部分处方药相关的信息。

（C）**限制**。根据《1996 年健康保险流通和责任法》第 264 条第（c）款颁布的联邦法规（关于个人可识别健康信息的隐私），信息应仅根据第（A）目或第（B）目的规定披露。

（D）**时序**。在可行的情况下，信息交换应根据本项在互动，实时的基础。

（3）**标准**。

（A）**总则**。部长应根据第（2）项规定的，提供与颁布统一标准的方案一致的电子处方药物方案的要求。

（B）**目标**。这些标准必须符合改善以下目标：

（i）病人安全；

（ii）在向病人提供护理服务质量；

（iii）保健服务递送过程中的效率，包括节约成本。

（C）**设计标准**。这些标准应：

（i）设计以便在切实可行范围内标准不会在开处方的医护专业人员和配发药商和药剂师强加一个不当行政负担；

（ⅱ）根据第（b）款第（2）项第（B）目第（ⅰ）节制定的标准，和一般医疗信息技术标准与第十一编第 C 部分建立的标准一致；

（ⅲ）设计以便允许药品标签和美国食品和药品管理局和美国国家医学图书馆维持药物列表信息的电子信息交换。

（D）**允许使用适当的报文发送**。这些标准允许信息通信，只有当它涉及恰当的处方药物，包括质量保证措施和第（c）款第（1）项第（B）目所指的制度。

（E）**允许病人指定配药的药商**。

（ⅰ）**总则**。根据第（ⅱ）节规定，这些标准应允许第 D 部分的合格主体指定一个特定的药房来配处方药。

（ⅱ）**福利没有变化**。第（ⅰ）节不得解释为影响：

（Ⅰ）通过处方药计划要求通道应提供给药商；

（Ⅱ）或者，基于药商配发第 D 部分覆盖处方药的计划的任何待遇或支付差异的应用。

（4）**开发、公布和标准的修改**。

（A）**最初的标准**。不迟于 2005 年 9 月 1 日，部长须制定、通过、承认或修改初始统一标准，该标准关于第（2）项所述的电子处方药方案的要求，考虑到来自国家卫生统计委员会 ｛根据《公共卫生服务法》第 306 条第（k）款［《美国法典》第 42 编第 242 条第（k）款］建立｝的建议（如果有）。

（B）**NCVHS 作用**。国家卫生统计委员会对于下列咨询项目的要求建议统一标准：

（ⅰ）现有的标准组织［由第 1171 条第（8）项定义］。

（ⅱ）执业医师。

（ⅲ）医院。

（ⅳ）药商。

（ⅴ）执业药师。

（ⅵ）药房福利管理。

（ⅶ）国家药学委员会。

（ⅷ）国家医学委员会。

（ⅸ）电子处方专家。

（ⅹ）其他适当的联邦机构。

（C）**试点项目测试最初的标准**。

（i）**总则**。从 2006 年 1 月 1 日开始 1 年内，在根据第（D）目颁布最终统一标准之前，为了有效执行第（2）项所述的要求，部长须进行一项试验计划测试根据第（A）目建立的初始标准。

（ii）**例外**。在部长征询受影响的标准制定机构和行业用户之后决定这些标准已经足够的行业经验，不要求根据第（i）节的标准测试。

（iii）**自愿参与的医生和药商**。根据第（i）节规定，为了进行试验项目，部长应与医师、医师团体、药商、医院、PDP 提供者、MA 组织和其他有关实体签订协议，根据该协议，由卫生保健专业人员利用电子手段传递处方到药商和药剂师，并根据这些标准配药。

（iv）**评估及其报告**。

（Ⅰ）**评估**。根据第（i）节，部长应进行一次对所进行的试点项目的评估。

（Ⅱ）**给国会的报告**。根据第（Ⅰ）次节，部长不迟于 2007 年 4 月 1 日，须向国会提交评估报告。

（D）**最终标准**。基于第（C）目第（iv）节第（Ⅰ）次节中的试点项目评估并且不迟于 2008 年 4 月 1 日，部长应公布有关第（2）项所述要求的统一标准。

（5）**有关的国家法律**。该标准公布根据本款的规定取代任何国家的法律或法规：

（A）违反标准或限制的能力来进行这项的一部分；

（B）适合于电子传输医疗历史信息和合格信息，福利待遇和第 D 部分被保险的药物的处方。

（6）**建立安全的港湾**。在与总检察长协商后，根据第 1128B 条第（b）款第（1）项和第（2）项的制裁和第 1877 条第（a）款第（1）项中关于禁止非货币性薪酬（以硬件、软件或信息技术和培训服务）的例外，部长应颁布法规提供惩罚的安全港，仅用于接收和传输与本款公布的标准一致的电子处方信息：

（A）对于医院，是由医院到医院的医务人员；

（B）对于集团实体［由第 1877 条第（h）款第（4）项定义］，是由该实体到组成该实体的健康保健专业人员；

（C）对于 PDP 的提供者或 MA 组织，则应由提供者或组织到参与提供者或组织网络的药剂师和药商，以及传递到以开具处方的健康保健专业人员。

（f）**投诉机制**。每个 PDP 供应商应当提供有效的程序去听取和解决供应商（包括任何实体或个人通过该供应商提供福利待遇的）与拥有处方药计划的参保者之间的不满，这部分应与第 1852 条第（f）款一致。

（g）**保险项目决定和复议**。

（1）**保险项目决定和复议适用的规定**。在这部分中，与在第 C 部分中根据 MA 计划提供的待遇的 MA 组织适用同样的方式，PDP 供应商将符合第 1852 条第（g）款第（1）项到第（3）项关于处方药计划覆盖的待遇的要求。

（2）**要求分层处方药物治疗的决定**。对于提供处方中分层成本分担的药物及提供处方中低成本分担的首选药物的 PDP 供应商提供的处方药计划，第 D 部分该计划的合格参保者可以请求一个特殊的分层成本分担结构的例外，在这样的例外情况下，如果开处方的医生确定为首选药物用于相同条件下的治疗，或是不会被视为对个人有效或对个人将有不利影响或两者兼而有之，非首选药物可以包括在首选药物的适用范围。对于这样的请求，根据本款中由部长设立与这样的要求相一致的指导方针，一个 PDP 供应商应当有一个例外情况处理程序。拒绝这种例外情况，应视为适用第（h）款的一个保险拒绝。

（h）**申诉**。

（1）**总则**。根据第（2）项，PDP 供应商应满足第 1852 条第（g）款第（4）项和第（5）项的关于福利待遇要求［包括关于第（g）款第（2）项所述的分级成本分担适用的决定］，适用方式于在第 C 部分中根据 MA 计划在最初的按次付费的医疗保险项目选择之下提供待遇的 MA 组织适用于该要求的方式类似。在适用本项只有第 D 部分的合格主体有权提出这样的上诉。

（2）**关于非处方决定案件的限制**。根据第（1）项，只有在处方医师确定范围内的所有第 D 部分覆盖的药物在相同条件下的处方不会被视为与非处方药物同样有效，将会对个人有不利影响，或两者都有的条件下，一个符合第 D 部分条件并加入 PDP 供应商提供的处方药计划的个体有权上诉，决定不提供在该计划中不在处方药一览表上第 D 部分被保险的药物。

（3）**对非处方决定的治疗**。如果 PDP 供应商决定一个提供第 D 部分被保险的药物保险的计划不在该计划的处方中，则第 1860D - 2 条第（b）款第（4）项第（C）目第（i）节规定药物应该被视为包括在处方中的。

（i）**隐私、保密和参保者记录的准确性**。第 1852 条第（h）款中的条款应该像它适用于 MA 组织和 MA 计划一样适用于 PDP 供应商和处方药计划。

（j）**认证治疗**。第 1852 条第（e）款第（4）项（关于认证治疗）的第（A）目将适用于 PDP 供应商这部分以下要求，与它适用于 MA 组织关于第（B）目〔非第（ⅶ）节〕：

（1）本条第（b）款（关于获得第 D 部分覆盖药物）。

（2）本条第（c）款（关于质量保证和药物治疗管理）。

（3）本条第（i）款（关于参保者记录的保密和准确性）。

（k）**公开透露等效药物的配药价格**。

（1）**总则**。提供处方药计划的 PDP 供应商应该提供每一个分配第 D 部分覆盖药物的药商，在该计划中通知参保者给参保者的药物价格与该药商提供的治疗等值和生物等值效应的第 D 部分覆盖的普通药物最低价格之间的所有差别。

（2）**通知时间**。

（A）**总则**。根据第（B）目，第（1）项资料应在购买该药时提供，或在通过邮购配药的情况下，在递送该药物时提供。

（B）**放弃**。由于部长指明，部长在这种情况下可免除第（A）目。

（l）①**销售和市场营销的要求**。下列规定适用于 PDP 供应商（和代理商、经纪人以及代表该供应商的其他第三方）与该规定适用医疗保险优势组织（和代理商、经纪人，以及代表该供应商的其他第三方）的方式相同：

（1）根据第 1851 条第（h）款第（4）项第（C）目规定，禁止开展第 1851 条第（j）款第（1）项所述的活动。

（2）②根据第 1851 条第（h）款第（4）项第（D）目要求，根据该

---

①《公法》第 110—275 期，第 103 条第（a）款第（2）项，增加第（l）款和第（1）项，适用于自 2009 年 1 月 1 日及以后开始的计划年。

②《公法》第 110—275 期，第 103 条第（b）款第（2）项，增加第（2）项，在卫生部部长具体规定的日期开始生效（但是绝不迟于 2008 年 11 月 15 日）。

款规定设立的限制进行第 1851 条第（j）款第（2）项描述的活动。

（3）① 根据第 1851 条第（h）款第（6）项，在计划名称中列入计划类型。

（4）② 根据第 1851 条第（h）款第（7）项规定，关于代理人和经纪人的任命应该分别遵照第（A）目和第（B）目的国家信息要求。

第 2 子部分　处方药计划、PDP 供应商、PDP 区筹资

PDP 范围、投标的提交、计划批准③

第 1860D—11 条【《美国法典》第 42 编第 1395w—111 条】（a）建立 PDP 区域、服务区域。

（1）**整个区域的保险**。在处方药计划的服务区域应该包括依据第（2）款规定建立的整个 PDP 区域。

（2）**建立 PDP 区域**。

（A）**总则**。以与第 1858 条第（a）款第（2）项第（B）目和第（C）目的建立要求以及 MA 区域更新要求一致的方式，部长应该建立并且可以更新 PDP 区域。

（B）**关于 MA 区域**。在切实可行的范围内，PDP 区域应该与第 1858 条第（a）款第（2）项中关于 MA 区域的规定相同。如果部长决定在这一部分下的不同区域的建立会提高这一部分的福利，部长可以建立与 MA 区域不同的 PDP 区域。

（C）**范围的职权**。部长应该不在美国的 50 个州内或是不在哥伦比亚区内建立和更新 PDP 区域。

（3）**国家计划**。本款不得解释为阻止提供处方药计划给多于一个的 PDP 区域（包括所有的 PDP 区域）。

（b）**递交投标、保险费以及相关信息**。

---

① 《公法》第 110—275 期，第 103 条第（c）款第（3）项，增加第（3）项，2008 年 7 月 15 日生效。

② 《公法》第 110—275 期，第 103 条第（d）款第（2）项，增加第（4）项，适用于自 2009 年 1 月 15 日及以后开始的计划年。

③ 关于处方药消费区域多样性研究的规定，参见第 2 卷《公法》第 108—173 期，第 107 条第（a）款。

（1）**总则**。PDP 供应商应该递交给部长第（2）项所述的关于每一个它提供处方药计划的信息。该信息应该以同 MA 组织根据该条中的第（1）项的规定提交第 1854 条第（a）款第（6）项所述的信息相同的方式和时间而递交。

（2）**所述的信息**。在这一项中所述的信息如下：

（A）**提供保险**。根据该计划，处方药保险会被提供，包括自付款和其他的成本分担。

（B）**精算价值**。对于有第 1860D – 15 条第（c）款第（1）项第（A）目所述因素的国家平均风险分布的符合第 D 部分条件的个体，在这个区域内，合格的处方药保险的精算价值。

（C）**投标**。关于投标的信息，包括以下项目的精算证明：

（i）以第（B）目所述的精算价值为承担该投标的基础；

（ii）该投标的份额归因于基本处方药保险，如果适用，和该投标的份额归因于补充福利待遇；

（iii）第 1860D – 15 条第（b）款规定，从对于该投标提供的精算价值减去假设关于再保险津贴的支付；

（iv）该投标承担的管理费用。

（D）**服务区域**。针对这个计划的服务区。

（E）**风险承担的级别**。

（i）**总则**。PDP 供应商是否需要更改第（ii）节下的风险级别，如果需要更改，说出更改的程度。任何更改都应该适用于相关的 PDP 供应商在 PDP 区域提供的所有处方药计划。本目不适用于 MA – PD 计划。

（ii）**风险级别的描述**。本节下的风险级别的更改包括以下 1 个或多个条件：

（I）**增加承担最初的风险保额联邦的指数**。百分点增量与第 1860D – 15 条第（e）款第（2）项第（B）目第（i）节，第（B）目第（ii）节第（I）次节，第（C）目第（i）节以及第（C）目第（ii）节第（I）次节中适用的百分比相等。前句适用于不会防止根据第 1869D – 15 条第（e）款第（2）项第（B）目第（iii）节更高的百分比的应用。

（II）**增加承担第二风险保额联邦的指数**。百分点增量与第 1860D – 15 条第（e）款第（2）项第（B）目第（ii）节第（II）次节以及第

（C）目第（ⅱ）节第（Ⅱ）次节中适用的百分比相等。

（Ⅲ）**减少风险保额的类型**。根据第 1860D－15 条第（e）款第（3）项第（C）目的规定，降低风险百分比的界限。

（F）**附加信息**。部长要求在这一部分中实施的其他的信息。

（3）**减少在全国或是多个区域提供处方药计划的文书工作**。根据本款，部长应建立信息提交要求，与通过填写巩固信息提高在多个 PDP 区域（包括所有区域）提供该计划的方式一样。

（c）**精算评估**。

（1）**程序**。根据这一部分的规定，部长应该建立一些程序和方法针对决定处方药保险的精算评估，包括：

（A）第 1860D－2 条第（b）款规定的标准处方药保险的精算价值；

（B）第 1860D－2 条第（c）款第（1）项规定的可选择的处方药保险的精算价值；

（C）第 1860D－15 条第（b）款规定的再保险待遇支付的精算价值；

（D）普遍接受的实际的原则和方法论的应用；

（E）同一种方法在决定第（A）目和第（B）目中的精算价值的应用。

（2）**药物使用说明**。针对决定精算价值的程序和方法应该考虑到提供有可选择处方药保险（而不是标准处方药保险）的对于药物使用的影响。

（3）**责任**。

（A）**计划责任**。PDP 供应商和 MA 组织有责任准备和递交这一部分规定的他们提供的处方药计划和 MA－PD 计划的精算价值。

（B）**外部保险公司的应用**。根据第（1）项规定建立的程序和方法，提供处方药计划的 PDP 供应商和提供 MA－PD 计划的 MA 组织可以使用被独立的、合格的保险公司认可的精算选择去建立精算价值。

（d）**信息以及协商的复审**。

（1）**信息的复审**。为了执行第（2）项规定的协商，部长应该复审由第（b）款呈递的信息。

（2）**关于条款与条件的协商**。根据第（ⅰ）节，部长在行使第（1）项规定的权利时：

（A）有权利去协商递交投标上提议的条款和条件和计划上提议的其

他条款和条件；

（B）根据《美国法典》第 5 编第 89 章关于健康福利计划，部长有与人事管理办公室主管一样的权力。

（e）**提议计划的批准**。

（1）**总则**。在复审和协商之后，部长将会批准或是驳回该处方药计划。

（2）**批准要求**。只要满足以下要求，部长可以批准处方药计划：

（A）**遵从要求**。该计划及提供该计划的 PDP 供应商要遵从这一部分的要求，包括合格的处方药保险的规定。

（B）**精算决定**。部长决定该计划及 PDP 供应商满足这一部分关于精算决定的要求，包括第 1860D－2 条第（c）款所述的要求。

（C）**适用于联邦职工健康津贴计划标准**。

（ⅰ）**总则**。部长确定的根据第（b）款提交投标款部分属于基本处方药保险，精算基础支持的并且合理和公平反映的该计划提供的福利收入要求［正如用于《公共健康服务法》第 1302 条第（8）项第（C）目］减去根据第 1860D－15 条第（b）款再保险的支付精算价值的总和（由月人均额为基础）。

（ⅱ）**补充保险**。部长确定的根据第（b）款提交投标款部分是属于根据第 1860D－2 条第（a）款第（2）项的补充处方药保险，基于该款精算基础支持，并合理和公平地反映该计划下该保险的收入要求［正如用于《公共健康服务法》第 1302 条第（8）项第（C）目］。

（D）**计划设计**。

（ⅰ）**总则**。部长没有发现该计划的设计及福利待遇（包括任何处方和分级处方结构）可能基本上不鼓励一定的符合第 D 部分条件的个体加入该计划。

（ⅱ）**处方分类与级别的使用**。如果该分类与级别与《美国药典》建立的分类与级别指引一致的话，部长未发现处方分类与级别违背第（ⅰ）节规定。

（f）**限制风险计划的适用**。

（1）**批准限制风险计划的条件**。要不是该计划［或者根据第（g）款一个后备处方药计划］被批准，将不会满足这个区域第 1860D－3 条第（a）款规定的要求的条件下，部长只可批准关于 PDP 区域的限制风险计划〔由第（4）项第（A）目定义〕。

（2）**规则**。关于在 PDP 区域批准限制风险计划，以下规则将会被适用：

（A）**权利的限制**。为了满足第 1860D－3 条第（a）款规定的获取要求，只有该计划中的最小的数目被批准。

（B）**风险的最大假设**。部长应该给予这些承担最高风险水平（由部长计算而得）计划批准的优先权，但是部长要考虑到该计划递交投标的级别。

（C）**限制风险计划的非全部承担责任保险**。在任何情况下，对于没有经济风险级别的更改，部长都不应该批准限制风险计划。

（3）**全额风险合同的接受**。不应该限制根据第（e）款批准的全额风险计划的数量。

（4）**风险计划**。在这款中：

（A）**限制风险的计划**。"限制风险的计划"是指提供基本处方药保险的处方药计划和 PDP 供应商包括在根据该款递交的投标书中更改第（b）款第（2）项第（E）目所述的风险级别。该术语不包括后备处方药计划。

（B）**全额风险计划**。"全额风险计划"是指处方药计划中不限制风险计划或后备处方药计划。

（g）**保证获得保险的权利**。

（1）**鼓励投标**。

（A）**总则**。除了第（b）款中的投标程序，部长应该鼓励为合格的属于后备处方药计划〔由第（4）项定义〕的一个或者超过一个的 PDP 区域内提供多有的后备服务区〔由第（3）项定义〕的后备单位〔由第（2）项定义〕投标。

（B）**接受投标**。

（i）**总则**。除了本目所述的，第（e）款中的规定应该适用于关于批准或是不批准后备处方药计划。部长应该根据本款与合格的在后备服务区域内批准的提供后备处方药计划的后备单位签订合同。

（ii）**在 PDP 区域内对所有的后备服务区的 1 计划的限制**。在合同期间，关于在任何 PDP 区域内的所有的后备服务区，部长应该批准唯一后备处方药计划。

（ⅲ）**竞争程序**。竞争程序｛由《联邦政府采购政策办公室法》[《美国法典》第41编第403条第（5）项]第4条第（5）项定义｝应该被用于签订合同。第1874A条第（d）款中的规定应该以他们适用该条款中合同的同样的方式适用于这一条款的合同。

（ⅳ）**时序**。如果在这个区域内有任何满一年的后备服务区，部长应该在一个PDP区域批准一个后备处方药计划，后备处方药计划应该与处方药计划同时被提供。

（ⅴ）**无国界后备计划**。部长不应该与为美国提供后备计划的单一后备单位签订合同。

（2）**合格的后备单位**。针对本条，"合格的后备单位"是指关于合同期内的所有的在PDP区域的后备服务区，该单位：

（A）满足成为PDP供应商的要求（或者满足该要求，但对于该实体不是一个风险承担实体）；

（B）根据1860D-11条第（b）款没有在该合同期的第一年在任何PDP区域为任何处方药计划提交投标。根据第（B）目，一个实体将被视为提交了一个处方药计划的投标，如果该实体作为提供该计划的PDP供应商的分包商。前句不适用于MA组织的分包商，除非该组织作为处方药计划的PDP供应商。

（3）**备用服务区域**。根据本款，"备用服务区域"是指对一个PDP区域，一年中部长在该地区该年居住的第D部分合格个人不满足第1860D-3条第（a）款第一句的进入要求那一年之前，确定的该区域的任何部分区域。

（4）**后备处方药计划**。根据该部分，"后备处方药计划"是指一个处方药计划：

（A）仅提供标准处方药保险和获得第1860D-2条第（a）款第（1）项第（A）目所述的协议价格以及不包括任何补充处方药保险；

（B）满足部长确定的其他要求。

（5）**合同支付款项**。

（A）**总则**。根据本款签订合同应提供：

（ⅰ）给第D部分合格个人参保该实体提供的后备处方药计划的第D部分覆盖药物实际成本支付[考虑第1860D-2条第（d）款第（1）项第（B）目所述的议价特许权]；

（ⅱ）支付部长为管理、行政和合同福利待遇的传送建立的与工作指标相关的管理费。

（B）**工作指标**。根据第（A）目第（ⅰ）节，部长建立的工作指标将至少包括以下指标：

（ⅰ）**成本**。实体包含医疗保险处方药账户和对第 D 部分合格个人参保由该实体提供的后备处方药计划，该计划通过普通替代药和价格折扣机制等提供。

（ⅱ）**质量计划**。该实体提供给该参保者质量计划并且减少医疗错误。

（ⅲ）**消费者服务**。该实体及时准确提供服务和医药备用品和受益人支持服务。

（ⅳ）**福利管理和索赔判决**。该实体提供高效有效的福利管理和索赔判决。

（6）**月受益人保险费**。除了第 1860D - 13 条第（b）款提供的（有关晚参保处罚）和根据第 1860D - 14 条（关于低收入补助），在 PDP 区域所有的后备服务地区提供的后备处方药计划收取的月受益人保险费应该统一并等于以下数额的 25.5%：部长估计的月人均精算成本平均数，包括由医疗保险和医疗补助服务中心的首席精算师计算而得该区域的后备处方药计划的行政成本。

（7）**总的合同条款和条件**。

（A）**总则**。除了适于执行本条，合格后备实体提供后备处方药计划合同条款与本部分的处方药计划合同条款相同。

（B）**合同期**。

（ⅰ）**总则**。根据第（ⅱ）节，本条中 PDP 区域的后备服务地区的后备处方药计划的合同应为 3 年期（除了随后的招标过程后续约）。

（ⅱ）**限制**。一年中在某个服务区域根据合同提供的后备处方药计划，仅当那个区域是那年的后备服务区域时。

（C）**后备处方药计划的实体不允许市场营销和品牌推广**。根据本款，一个有合同的合格实体不能参与任何后备处方药计划的市场营销和品牌推广。

（h）**使用限制风险计划和后备计划的年报**。部长将提交给国会一份年报，描述根据第（f）款和第（g）款提供的限制风险计划和后备计划

的情况。根据第（f）款，部长在该报告中应包括适于限制需要该计划的
规定并且最大化承担金融风险。

（i）**不干涉**。为了促进本部分的竞争和执行本部分规定，部长：

（1）不得干涉制药生产商和药商和 PDP 供应商之间的谈判；

（2）不要求一个特殊的处方或制定第 D 部分覆盖药物补偿的价格
结构。

（j）**待遇的协调**。一个 PDP 供应商提供处方药计划应允许第 1860D－23
条和第 1860D－24 条所述的国家医药援助计划和接收计划与该计划协调
待遇，并不强加于协调成本无关的费用。

与处方药计划（PDP）供应商签订合同的要求

第 1860D－12 条 【《美国法典》第 42 编第 1395w—112 条】（a）**总
则**。处方药计划项下的每一个 PDP 供应商都应当满足下列要求：

（1）**登记**。根据第（c）款的规定，供应商作为有义务在某一州提供
处方药计划提供健康保险以及健康待遇且风险自负组织，应当按照该州法
律的要求进行机构组织以及登记。

（2）**无补助保险的金融风险假设**。

（A）**总则**。根据第（B）目，供应商会面临一定程度的风险。这种
金融风险假定为处方药计划的预期待遇的风险，而且不包含在第 1860D－
15 条第（b）款所规定的情形中。

（B）**再保险许可**。当供应商在提供上述保险金存在风险时，它可以
购买保险或就所付款项另签协议。

（3）**未登记供应商的偿付能力**。没有在第（1）项中描述且按照第
（c）款规定批准了豁免书的 PDP 供应商，应当满足第（d）款中部长设
定的偿付能力标准。

（b）**合同要求**。

（1）**总则**。除非部长与 PDP 供应商签订了关于提供下列项目的合同，
部长不应当许可按照第 1860D－1 条参保由 PDP 供应商提供的处方药计
划，并且供应商不对第 1860D－14 条或第 1860D－15 条规定的支付情形
负责。与供应商签订的合同应覆盖一个以上的处方药计划。合同应当保证
供应商同意遵守本部分的适用规定、标准、相关术语以及支付条件。

（2）**供应商提供后备处方药计划的例外规定**。部长不应当与供应商

就提供 PDP 项下的处方药计划（除了后备处方药计划）签订一年期的合同，如果供应商是下列情形的：

（A）在 PDP 区域，根据第 1860D - 11 条第（g）款的规定在该款规定的合同期的第一年的后备处方药计划提交了招标计划的；

（B）在这一年里任何 PDP 区域提供后备处方药计划；

（C）或者，之前一直在 PDP 区域提供后备处方药计划。根据本项，作为提供上述计划的 PDP 供应商的分包单位，也应当提交关于处方药的投标计划或者提供一项后备处方药计划。前句不适用于 MA 机构的分包单位，除非该 MA 机构迄今为止承担着处方药计划的 PDP 供应商的责任。

（3）**医疗保险优势合同的合并**。除另有规定外，第 1857 条的相应条款适用于本条的情形，并且按照第 1857 条第（a）款规定的合同适用方式进行适用。

（A）**最低加入标准**。按照第 1857 条第（b）款第（1）项和第（3）项的规定，除下列情形外：（ⅰ）当部长认为有必要时，可以增加第（1）项中规定的最低加入人数；以及（ⅱ）对于某一区域内的组织，在合同期的第一年可以免除第（1）项的条件要求。

（B）**合同期限以及效力**。适用于第 1857 条第（c）款，除了适用于该条的第（4）项第（B）目，第 1853 条支付金额参考应被视为按照第 1860D - 15 条的规定数目。

（C）**反欺诈保护以及受益人保护条款**。适用于第 1857 条第（d）款。

（D）**合同附加条款**。适用第 1857 条第（e）款，其中第 1857 条第（e）款第（2）项仅适用于 PDP 供应商并且按照第 D 部分中作为支出项的 MA - PD 计划支付。但是，关于第 1857 条第（e）款第（1）项中合同的适用规定的其他法律规定以及向部长提供的信息，在本条中应当按照下列规定进行：

（ⅰ）当部长认为情况合适，可用作下列用途：通过研究健康医疗服务来提高公共卫生的效用、安全性、效率、公平以及效果；

（ⅱ）可用于国会支持机关（按照他们的义务，以支持国会在其授权的法规中规定）实施监督，发表建议以及分析本编下的项目①。

（E）**居间人许可**。除第 1857 条第（g）款第（1）项第（B）目应当

---

① 《公法》第 110—275 期，第 181 条，增加本句，2008 年 7 月 15 日生效。

参照第 1854 条适用外，本部分应当参照适用于第 1857 条其他款项［除了该条第（1）项第（F）目外］。

（F）**终止程序**。适用第 1857 条第（h）款。

（4）① **清偿请求的及时支付**。

（A）**及时支付**。

（ⅰ）**总则**。签订合同的 PDP 供应商，对其提供的处方药计划应当在接到声明通知书之后的合理期限内，就药商（除了药商仅通过信件订购的配发药品或联系长期的医疗设施）提出的清偿请求的支付进行讨论、邮寄或以其他方式进行转账。

（ⅱ）**清偿请求的定义**。在本项中，"清偿索赔"是指针对缺陷或不适当（包括缺少任一法定实体性要求的文档）或其他阻止本部分及时支付的特殊情形而进行的一种请求。

（ⅲ）**收到索赔的时间**。在本项中，下列情形视为索赔已经被接收到：（Ⅰ）对于电子提交的索赔，则为索赔被传达之日起；以及（Ⅱ）若索赔以其他方式提交的，则以索赔信邮戳日期后 5 日起算或按照邮票上记载的具体传达时间为准。

（B）**合理期限的定义**。在本项中，"合理期限"是指：（ⅰ）若索赔以电子形式提交，则为 14 天；以及（ⅱ）若以其他方式提交的，则为30 天。

（C）**利息支付**。

（ⅰ）**总则**。根据第（A）目第（ⅱ）节的规定，如果 PDP 供应商在接收到药商的清偿索赔之后未在合理期限内［如第（B）目的规定］就支付事项进行讨论、信件或以其他方式进行转账的，供应商应当按照财政部这一时期决定的利率的近 3 个月的平均水平向提出索赔的药商支付利息，每增加一天便增加 0.1 个百分点直到支付之日［根据第（D）目第（ⅳ）次节的规定］。本目规定的利息支付的数目不能扣除处方药计划的行政成本或被视为第 1860D－15 条第（e）款规定的允许的风险走廊成本。

（ⅱ）**授权不支付利息**。部长可以允许 PDP 供应商在紧急情况下不支

---

① 《公法》第 110—275 期，第 171 条第（a）款，增加第（4）项，**适用于自 2010 年 1 月 1日及以后开始的计划年度**。

付前一款中规定的利息，如自然灾害或其他不能预见事件阻止了及时支付程序时。

（D）**索赔程序**。

（ⅰ）**视为清偿索赔**。若索赔人向 PDP 供应商提出索赔之后，PDP 供应商并未提供偿付能力不足的通知，则视为清偿索赔：（Ⅰ）若索赔是以电子方式提交的，应当以收到之日起 10 天内做出通知；以及（Ⅱ）若是以其他方式提交的，则应当自收到之日起 15 天。

（ⅱ）**认定非清偿索赔**。

（Ⅰ）**总则**。如果 PDP 供应商认定一项索赔为非清偿索赔，则 PDP 供应商应当在不迟于第（ⅰ）节规定的最后期限内，通知该项决定中的索赔人。通知书中应当详细阐明索赔中所指的缺陷以及不当之处，并且列出为正当程序以及偿付索赔必须提供的额外信息以及文件。

（Ⅱ）**提交额外信息后做出决定**。如果 PDP 供应商在自接收到索赔人按照本项的规定提交额外信息之日起 10 日内，就缺陷以及不当之处未对索赔人提供任何通知的，该索赔视为偿付索赔。

（ⅲ）**支付义务**。提交给 PDP 供应商的索赔，既没有支付也没有在合理时间内［参看第（B）目的规定］予以驳回，自索赔被提交之日起应当被视为清偿索赔，并且 PDP 供应商应当按照第（A）目的规定予以偿付。

（ⅳ）**索赔的偿付之日**。本目规定下列情形为清偿索赔的支付之日：（Ⅰ）如果以电子形式支付的，以转账之日为支付之日；以及（Ⅱ）如果以其他方式进行支付的，以交付美国邮政服务或者普通快运之日为交付之日。

（E）**电子支付基金**。如果药商方面提出电子支付的索赔或者之前曾有这样的索赔，PDP 供应商应当通过电子支付基金对所有偿付索赔进行电子支付。在上述情况下，如果是电子支付，那么汇款也应当以电子形式进行。

（F）**保护索赔人的权利**。

（ⅰ）**总则**。本项不得解释为阻止或者限制任何个人或者组织反对计划提供者或者 PDP 供应商的索赔或者行动，即使该项索赔或行动不包含在本条的主体内容中。

（ⅱ）**禁止报复**。与已经生效适用的联邦或州法保持一致，PDP 供应商不应对行使权利以采取本目的行动的个人展开报复。

（G）**解释**。本项规定药商提交的索赔为清偿索赔的决定并不能理解为由于本编规定的足够偿付能力的积极决定，也不是政府批准许可的指示或是政府关于这项索赔的默认。该项决定不能免除任何一方在该索赔中应当承担的民事或刑事责任，同时它也不是一项行政处罚或民事、刑事处罚。

（5）① **安装或约定长期使用医疗设备的药商提交索赔**。PDP 供应商在其制定的处方药计划中应当允许提供安装或者约定长期使用医疗设备（不少于 30 天，不多于 90 天）的药商提交退还索赔。

（6）② **处方药价格标准的定期更新**。如果 PDP 供应商或一项处方药计划依照药品的价格制定药商的清退标准，那么该 PDP 供应商或者制定这项计划的供应商应当自每年的 1 月 1 日起至少 7 天一次主动更新药品价格标准，以准确反映购买药品的市场价。

（c）**取消一定条件以扩大选择范围**。

（1）**授权的豁免**。

（A）**总则**。如果某一寻求在州内提供处方药计划的实体经过州登记，并且部长根据申请书以及其他证据认为第（2）项中规定的允许申请的条件均已满足，则部长可以豁免第（a）款第（1）项中规定的要求。

（B）**区域计划豁免规则的适用**。除了第（A）目中规定的豁免情形，第 1858 条第（d）款的规定也适用于本部分规定的 PDP 供应商以及第 C 部分的 MA 机构，除非根据本条第（1）项第（B）目的规定在州方面不要求申请，也不对该供应商提供登记程序。

（2）**批准的事由**。

（A）**总则**。本项规定的批准事由如下：

（ⅰ）根据第（B）目规定，批准事由适用于第 1855 条第（a）款第（2）项第（B）目、第（C）目、第（D）目的内容；

（ⅱ）根据州的要求而非联邦的法定要求进行申请。

（B）**特殊规定**。适用第（A）目第（ⅰ）节：

---

① 《公法》第 110—275 期，第 172 条第（a）款第（1）项，增加第（5）项，**适用于自 2010 年 1 月 1 日及以后开始的计划年度**。

② 《公法》第 110—275 期，第 173 条第（a）款，增加第（6）项，适用于自 2009 年 1 月 1 日及以后开始的计划年度。

（ⅰ）如果州就 PDP 供应商并没有一个生效的登记程序，那么视为已经满足第 1855 条第（a）款第（2）项第（B）目规定的批准事由；

（ⅱ）在 2008 年 1 月 1 日计划开始之前，州并没有一个生效的登记程序的，那么按照该条的规定提交了申请书的被视为满足了该条规定的批准事由。

（3）**申请取消条件的程序**。在本款第（1）项第（A）目中规定的申请取消条件（或取消条件授权），应当适用于第 1855 条第（a）款第（2）项第（E）目、第（F）目、第（G）目的规定，除第（E）目中的第（ⅰ）节、第（ⅱ）节内容不适用于第（2）项第（B）目第（ⅰ）节中规定的无生效登记程序州的情形。

（4）**参照条款**。在本款第（2）项和第（3）项规定的处方药计划以及 PDP 供应商适用于第 1855 条第（a）款第（2）项：

（A）第 1855 条关于豁免申请的任一参照条款都可视为本款第（1）项第（A）目参照；

（B）任一关于偿付能力标准的参照都可以视为本条第（d）款的参照。

（d）**未登记实体的偿付能力标准**。

（1）**设立和公布**。部长经与国家保险委员会协商后，应当至迟于 2005 年 1 月 1 日设定并公布第（2）项中规定的实体的金融偿付能力以及资本充足率标准。

（2）**遵守标准**。未按照第（a）款第（1）项在州登记的 PDP 供应商，按照第（c）款的规定通过了取消条件申请的，应当满足第（1）项中设定的偿付能力和资本充足率标准。部长应当根据第 1855 条第（c）款第（2）项规定的偿付能力标准对该种 PDP 供应商制定相应的证明程序。

（e）**不能代替或构成上述的证明程序发放许可**。PDP 供应商按照第（a）款第（1）项进行登记或者按照第（c）款规定准获取消条件申请的，并不代表该供应商满足了本部分所要求的供应商应当具备的其他条件。

（f）**定期审查以及标准的修订**。

（1）**总则**。根据第（2）项的要求，部长可以定期检查本条所规定的标准，检查之后，如果部长认为有必要的，可以对标准进行修订。

（2）**禁止年中执行重大的新的监管要求**。除非在年初，否则部长不能对本条所规定的 PDP 供应商或处方药计划执行新的、重大的监管要求。

（g）**禁止各州对保险费征税、参见州法**。本部分规定的 PDP 供应商和处方药计划适用于本法第 1854 条第（g）款和第 1856 条第（b）款第（3）项的规定，同时第 C 部分规定的 MA 组织以及 MA 计划参照适用于上述条款。

保险费、延迟加入的处罚

第 1860D－13 条【《美国法典》第 42 编第 1395W—113 条】（a）**月受益人保费**。

（1）**计算**。

（A）**总则**。处方药计划中的月受益人保费是第（2）项中调整计算时的基础保费。

（B）**调整以反映招投标与全国平均报价的不同**。

（ⅰ）**超过全国平均水平**。如果月标准报价［参照第（5）项的定义］超出调整的全国平均月报价［参照第（ⅲ）节的规定］，基础保费根据超出的部分进行上调。

（ⅱ）**低于全国平均水平**。如果调整的全国平均月报价超出月标准报价，基础保费应当根据超出的部分适当下调。

（ⅲ）**调整的全国平均月报价的定义**。根据本目规定，"调整的全国平均月报价"是指按照第（4）项计算出的全国平均报价，在此基础上根据第 1860D－15 条第（c）款第（2）项的规定进行调整后的数量。

（C）**增加补充处方药待遇**。基础保费应当根据 PDP 已获批准的报价中的补充处方药待遇的比例而增加。

（D）**作为延迟加入的处罚而增加保费**。根据第（b）款规定，只要因延迟加入受到处罚，就应当增加基础保费。

（E）**对低收入扶助人员降低保费**。根据第 1860D－14 条的规定享受津贴补助的个人，月基础保费应当降低。

（F）**统一保费**。除第（D）目和第（E）目的规定之外，PDP 区域内的所有处方药计划的月基础保费，对于在该计划中加入的符合第 D 部分规定的个人来说，都是一样的。

（2）**基础受益人保费**。本项中规定的处方药计划中的月基础受益人保费等于下列两项内容的乘积：

（A）受益人费率［详见第（3）项中的规定］；

（B）该月的全国平均月报价［按照第（4）项的规定计算］。

（3）**受益人费率**。根据本款，每年的受益人费率应当是这样一个分数：

（A）分子为 25.5%。

（B）分母为 100% 减去下列比例：（ⅰ）根据第 1860D - 15 条第（b）款规定的在保险年应当支付的由部长预计的再保险总额；除以（ⅱ）下列数额之和：（Ⅰ）根据第（ⅰ）节规定的年估算数额，以及（Ⅱ）部长预测的支付给处方药计划和 MA - PD 计划中该年标准投标额，考虑由部长和参保者支付的数额之后的总支付额。

（4）**计算全国平均月报价**。

（A）**总则**。（自 2006 年开始）每一年部长都应当计算全国平均月报价使其等于第 1851 条第（a）款第（2）项第（A）目第（ⅰ）节规定的处方药计划和 MA - PD 计划中的标准报价［见第（5）项的定义］。平均数的计算不考虑 MSA 计划、MA 私人按次收费计划，以及为有特殊需要的个人提供的专门 MA 计划提交的报价，不考虑第 1894 条规定的 PACE 项目［按照第 1860D - 21 条第（f）款的规定］，也不考虑第 1876 条第（h）款规定的退还合同中的合理支出［按照第 1860D - 21 条第（e）款的规定］。

（B）**加权平均数**。

（ⅰ）**总则**。根据第（A）目计算出的一年中每一个月的全国平均月报价应当是加权平均数，每项计划的权重为参照月［见第 1858 条第（f）款第（4）项的定义］中第 D 部分规定的加入该计划的合格主体的平均数。

（ⅱ）**适用于 2006 年的特殊规则**。为使本项规定能在 2006 年适用，部长应当制定一定的程序以便决定适用于第（ⅰ）节中规定的加权平均数（2005 年）。

（5）**标准报价的定义**。根据本款的宗旨，"标准报价"的含义如下：

（A）**处方药计划**。

（ⅰ）**基础保险**。至于提供处方药基础保险的处方药计划，为 PDP 公认报价［见第（6）项的定义］。

（ⅱ）**补充保险**。至于提供处方药补充保险的处方药计划，PDP 公认报价的部分可归入基础处方药保险项下。

（B）**MA-PD 计划**。至于 MA-PD 计划，公认报价的部分可归入处方药基础保险项下。

（6）**PDP 公认报价的定义**。根据本部分的宗旨，"PDP 公认报价"是指本部分规定的处方药计划中公认的报价。

（b）**延迟加入的处罚**。

（1）**总则**。根据本款后几项的规定，符合第 D 部分条件且按照第（2）项的规定具有持续合格期限的个人，其月受益人保费应当按照第（a）款的制定的程序以及第（3）项规定的数目上浮。

（2）**受处罚的个人**。本项中涉及的第 D 部分的合格主体，其持续合格期限为 63 天或者更长（所有个人都遵照这样的持续合格期限）。期限起始于第 1860D-1 条第（b）款第（2）项规定的个人初始加入期限的最后一天，结束于加入了处方药计划或者 MA-PD 计划之日，其中不包括任何给予信用贷款的处方药计划中的个人。

（3）**罚款**。

（A）**总则**。本项中规定的符合第 D 部分条件且具有持续合格期限的个人，报价数应当高于：

（ⅰ）在同一持续合格期限期间，部长决定的每一未覆盖保险的月份的报价数应当经过合理精算；

（ⅱ）或者，在上述时间内，每一未覆盖保险的月份的报价数应当为基础受益人保费［按照第（a）款第（2）项进行计算］的 1%。

（B）**保险未覆盖月的定义**。根据本款规定的宗旨，"保险未覆盖月"是指就第 D 部分的合格主体来说，根据第 1860D-1 条第（b）款第（2）项的规定初始加入期满后的任何一个月份，除非该个人能够证明在这些月份中的任何一段时间内获得了可给予信用贷款的处方药计划［见第（4）项的定义］。

（4）**可给予信用贷款的处方药保险的定义**。根据本部分，"可给予信用贷款的处方药保险"是指下列任何一项保险，前提是这些保险应当符合第（5）项的条件。

（A）**处方药计划或 MA-PD 计划下的保险**。处方药计划或 MA-PD 计划规定的保险项目。

（B）**医疗补助计划**。根据第十九编规定的医疗补助计划项下的保险项目或者第 1115 条规定的豁免条款下的保险项目。

（C）**健康团体计划**。健康团体项下的保险项目，包括《美国法典》（通常称为联邦雇员健康津贴计划）第 5 编第 89 章规定的健康津贴计划，以及合格退休人员的处方药计划［见第 1860D－23 条第（b）款第（1）项的定义］。

（D）**州医疗辅助项目**。根据第 1860D－23 条第（b）款第（1）项规定的州医疗辅助项目下的保险。

（E）**退役军人的处方药保险**。退役军人、幸存者以及退役军人家属根据《美国法典》第 38 编第 17 章可享有的保险。

（F）**附加医疗保险政策中的处方药保险**。第 1882 条规定的提供处方药待遇的附加医疗保险政策中的处方药保险［无论该保险是否符合第 1882 条第（p）款第（1）项规定的一揽子待遇标准］。

（G）**军事保险（包括医疗）**。《美国法典》第 10 编第 55 章规定的保险。

（H）**其他保险**。部长认为有必要的其他保险。

（5）**精算等价的条件**。本项中的保险应当符合的条件是：决定（按照部长明确的具体方式）提供处方药费的保险，其精算值（参照部长的定义）应当等于个人的实际支出或超过标准处方药保险的精算值［参见第 1860D－11 条第（c）款的规定］。

（6）**可给予信用贷款的处方药保险的文件审查程序**。

（A）**总则**。部长应当制定可给予信用贷款的处方药保险的文件审查程序（包括形式、方式和时间），并且包含辅助审查该保险是否满足第（5）项规定的条件的程序。

（B）**提供可给予信用贷款的处方药保险的组织的披露义务**。

（i）**总则**。符合第（B）目以及第（4）项中第（H）目规定的提供处方药保险的组织，应当按照部长制定的形式、方式以及时间标准，向部长以及第 D 部分的合格主体披露相关信息，证明其是否满足第（5）项规定的条件或已经发生变更不再满足该节的条件。

（ii）**非可给予信用贷款的处方药保险的信息披露**。至于不满足条件的保险，依照本目的规定，应当向第 D 部分的合格主体披露如下信息：不符合条件的保险在合格期限之内可以申请加入处方药计划或 MA－PD

计划，但是任何加入人都将受到本款规定的迟到加入处罚。

（C）**除外条款**。至于根据第（B）目以及第（4）项中第（H）目规定，因为不符合第（5）项规定的条件而不可给予信用贷款的处方药保险的参保者，符合第 D 部分条件的，可以就该保险不满足条件一事未获充分通知为由向部长提起视为可给予信用贷款的处方药保险的索赔。

（7）**持续合格期限**。

（A）**总则**。根据本款以及第（B）目的规定，"持续合格期限"是指，就第 D 部分的合格主体来说，自该人加入了处方药计划的第一天开始到其死亡。

（B）**独立期限**。第 D 部分的合格主体在任何一个时间段内都有权获得第 A 部分对顶的医疗保险待遇并且：（ⅰ）在该人满 65 岁之前的月份或者当月；或者（ⅱ）权利合格的基础如果在第 226 条第（b）款和第 226 条第（a）款，第 226 条第（b）款和第 226A 条，以及第 226条第（a）款和第 226A 条之间发生变化，就个人来说，可享有一个独立的合格期限（但是该期限终止后应当视为不存在，以免影响本项以后的适用）。

（8）① **补贴享有者的处罚豁免条款**。在任何情况下，都不得对符合第 D 部分条件且享有补贴的个人，依据第（a）款制定的条款增加其月受益人保费。

（c）**收取月受益人保费**。

（1）**总则**。根据第（2）项和第（3）项的规定，PDP 供应商应适用第 1854 条第（d）款，MA 组织可适用于本部分关于保费的规定（包括任何一项延迟加入的处罚），除信托基金外的老年人及无能力人处方药账户可参照适用于第 C 部分的受益人保费规则。

（2）**收取延迟加入的处罚**。

（A）**可归入精算成本的部分**。就第（b）款中规定的延迟加入处罚，部长应当细化其制定的处罚中可归入精算成本的部分。PDP 供应商或 MA组织应承担增加的精算成本部分［不考虑根据第 1860D - 15 条第（c）款第（1）项做出的风险调整以及第 1860D - 15 条第（b）款规定的再保险

---

① 《公法》第 110—275 期，第 114 条第（a）款第（1）项，增加第（8）项，适用于自 2009 年 1 月开始的月份补贴。

费用〕作为延迟加入的后果。

（B）**扣缴**。就根据第 1854 条第（d）款第（2）项第（A）目规定的方式向第 D 部分的合格主体收取的延迟加入处罚来说，部长应对第（A）目估计的处罚部分支付给供个人可加入的第 D 部分计划的 PDP 供应商以及 MA 组织。

（C）**按计划收取**。就除按照第 1854 条第（d）款第（2）项第（A）目规定的方式收取的，第 D 部分的合格主体应缴纳的延迟加入处罚来说，部长应制定减少支付款项的程序，或者向 PDP 供应商以及 MA 组织收取低于第（A）目的处罚数额的罚金。

（3）**后备计划**。就后备的处方药计划来说，适用本款规定而不适用于第（2）项的规定，其月受益人保费应当按照第 1854 条第（d）款第（2）项第（A）目规定的具体方式收取（第 1839 条规定的月保费按照第 1840 条规定其他方式进行收取）。

保费以及低收入个人的成本分摊补贴①

第 1860D － 14 条【《美国法典》第 42 编第 1395w—114 条】（a）**收入达到贫困线 150％的个人享有与收入相关的补贴**。

（1）**收入低于贫困线 135％的个人**。收入被认定为在贫困线 135％以下的个人或同样规模的家庭，满足第（3）项第（D）目规定的资源条件或根据第（3）项第（B）目第（ⅰ）节的规定享有本节的保险。就该补贴享有者来说，享有如下权利：

（A）**完全保费补贴**。与收入相关的保费补贴 100％等于第（b）款第（1）项规定的数额，但是不应超过第（b）款第（2）项第（B）目规定的特殊保费②。

（B）**免除自付费**。适用于第 1860D － 2 条第（b）款第（1）项的每年的年度自付费规定，可减至 0 美元。

---

① 关于与补助享有者的资产测试影响有关的总审计局研究规定，参见第 2 卷《公法》第 108—173 期，第 107 条第（e）款。

② 《公法》第 110—275 期，第 114 条第（a）款第（2）项，废除"等于"以及第（ⅰ）节和第（ⅱ）节，并且修改为"100％等于第（b）款第（1）项规定的数额，但是不应超过第（b）款第（2）项第（B）目规定的特殊保费"，适用于 2009 年 1 月开始的月补贴。至于之前的第（ⅰ）节和第（ⅱ）节的规定，参见第 2 卷《公法》附录 J，替代规定，第 110—275 期。

（C）**在初始保险封顶额度基础上的续保**。续保应当在初始保险的总赔付额度限制［参见第 1860D－2 条第（b）款第（3）项的规定］的基础上，按照本条第（4）项的规定给予补贴，该补贴应当遵守第（D）目规定的成本分摊扣除规定。

（D）**成本分摊减少至预算外最低限度以下**。

（ⅰ）**团体中的个人**。就完全待遇的双重合格主体来说，可以是团体中的个人也可以是夫妻［按照第 1860D－2 条第（b）款第（2）项的规定］消除任何受益人共同保险［因为总赔付数额都可以按照第 1860D－2 条第（b）款第（4）项的规定获得待遇］。

（ⅱ）**享有双重合格的最低收入者**。就不属于第（ⅰ）节中所说的享有完全待遇的双重合格的个人并且收入不超过贫困线的 100% 的个人和同样规模的家庭来说，第 1860D－2 条第（b）款第（2）项的规定的受益人共同保险的替代方案［因为总赔付数额都可以按照第 1860D－2 条第（b）款第（4）项的规定获得津贴］，是一般药物或有多家供应商的特殊药品［参见第 1927 条第（k）款第（7）项第（A）目第（ⅰ）节的定义］定额手续费不超过 1 美元，其他药品不超过 3 美元，或者如果定额手续费更少，参照第（ⅲ）节的规定。

（ⅲ）**其他个人**。就不符合第（ⅰ）节和第（ⅱ）节规定的个人来说，第 1860D－2 条第（b）款第（2）项的规定的受益人共同保险的替代方案［因为总赔付数额都可以按照第 1860D－2 条第（b）款第（4）项的规定获得津贴］，是定额手续费不超过第 1860D－2 条第（b）款第（4）项第（A）目第（ⅰ）节规定的当年所涉药品的具体定额手续费。

（E）**免除超过每年预算最低限度地成本分摊**。免除第 1860D－2 条第（b）款第（4）项第（A）目规定的任何成本分摊。

（2）**其他收入低于贫困线 150% 的个人**。就第（1）项中未规定的补贴合格主体来说，该个人享有下列权利：

（A）**保费补贴的滑动调整**。与收入相关的保费补贴有一定的线性滑动调整，即从按照第（1）项第（A）目规定的收入为贫困线 135% 及以下的个人应缴数额的 100% 到收入为贫困线 150% 的个人应缴数额的 0%。

（B）**自付费的减少**。适用于第 1860D－2 条第（b）款第（1）项的每年年度自付费规定，可减至 50 美元。

（C）**在初始保险封顶额度基础上的续保**。续保应当在初始保险的总赔付额度限制［参见第1860D－2条第（b）款第（3）项的规定］的基础上，按照本条第（4）项的规定给予补贴，该补贴应当遵守第（D）目规定的成本分摊扣除规定。

（D）**成本分摊减少至自费临界值以下**。第1860D－2条第（b）款第（2）项的规定的受益人共同保险的替代方案［因为总赔付数额都可以按照第1860D－2条第（b）款第（4）项的规定获得待遇］，是由15%的共同保险代替第1860D－2条第（b）款第（2）项规定的25%的共同保险。

（E）**减少超过每年自费临界值成本分摊**。按照第（c）款的规定，第1860D－2条第（b）款第（4）项第（A）目规定的成本分摊的替代方案，是定额手续费或者共同保险不超过第1860D－2条第（b）款第（4）项第（A）目第（ⅰ）节规定的当年所涉药品的具体定额手续费。

（3）① **合格的确认**。

（A）**补贴合格主体的定义**。根据本部分以及第（F）目的规定，"补贴合格主体"是指符合第 D 部分条件的下列个人：

（ⅰ）加入了处方药计划或者 MA－PD 计划；

（ⅱ）收入在贫困线150%之下的个人以及同等规模的家庭；

（ⅲ）满足第（D）目或第（E）目规定的资源条件。

（B）**确认**。

（ⅰ）**总则**。各州可按照第1935条第（a）款规定的州计划或者适用于州的第十九编或者社会保障的委员，决定居住在各州第 D 部分的合格主体为合格主体，也可决定第（1）项中规定的相关个人为合格主体。社会保障行政管理部分适用于拨款专项处理本目规定的合格确认。

（ⅱ）**有效期限**。本目规定的资格确认时间应当自该个人提交确认为资格主体的申请之月起生效，按照卫生部部长的规定，享受补贴资格的主体在一定时期内均可享受，但是最长不超过 1 年。

（ⅲ）**通过公共医疗补助制度进行重新确认和申诉**。根据第（ⅰ）节规定，依据第十九编下的州计划的规定进行的资格确认，应当按照一定的频率和方式重新确认和申诉。重新确认和申诉可通过上述条款和计划中的

---

① 《公法》第110—275期，第116条第（a）款第（1）项、第（2）项、第（3）项，分别修订为第（a）款第（3）项第（C）目、第（D）目、第（E）目，并且第（a）款第（4）项增加第（G）目，**对 2010 年 1 月 1 日及之后提交的申请生效**。

公共医疗补助制度来进行。

（ⅳ）**通过社会保障委员进行重新确认和申诉**。就第（ⅰ）节规定的由社会保障委员进行的资格确认来说：（Ⅰ）应当按照委员规定的时间和次数进行重新确认；①（Ⅱ）委员应根据第 205 条第三句的程序规定来制定对资格确认的申诉的相关程序；以及②（Ⅲ）对于委员会的终局决定是否采用了听证程序可在一定程度上提请司法审查，并且根据第 1631 条第（c）款第（1）项第（A）目中的第（g）款和第（h）款规定，该司法审查也将受到同样的限制。

（ⅴ）**公共医疗补助制度受益人的待遇**。根据第（F）目的规定，卫生部部长：（Ⅰ）按规定，符合第 D 部分条件的全额补贴的双重资格主体［参照第 1935 条第（c）款第（6）项的定义］以及根据第十六编享有附加社会保险收入津贴的受益者，应同样被视为第（1）项中所规定的受益者；以及（Ⅱ）应当规定符合第 D 部分条件但是不符合第（Ⅰ）次节规定的个人，如果根据第十九编规定的州计划的目的确认其享有第 1902 条第（a）款第（10）项第（E）目第（ⅰ）节、第（ⅲ）节或第（ⅳ）节规定的医疗辅助计划的资格，应当被视为第（1）项规定的补贴享有者；只要卫生部部长参照第（Ⅱ）次节确认的州计划项下的医疗救助的资格条件，基本上与第（1）项规定的补贴享有者的资格条件是一样的，卫生部部长应提供本次节中所规定的待遇。

（C）**确认收入**。为达到本条适用的目的：

（ⅰ）就符合第 D 部分条件的，但是又不享受第（B）目第（ⅴ）节所提供的待遇的个人，其待遇应该参照第 1905 条第（p）款第（1）项第（B）目规定的方式来确定，而不适用于第 1902 条第（r）款第（2）项的规定；

（ⅱ）"贫困线"的含义与《社区服务固定拨款法》［《美国法典》第 42 编第 9902 条第（2）项］第 673 条第（2）项以及其修订条款所规定的术语的含义一致，第（ⅰ）节中的任何规定都不得影响第 1902 条第（r）款第（2）项所规定的适用于第十九编下的医疗救助资格的确认。

---

① 《公法》第 110—275 期，第 117 条第（a）条第（1）项，废除"和"。
② 《公法》第 110—275 期，第 117 条第（a）款第（2）项，废除"期间"并且修改为"；以及"。

（D）**适用完全低收入、为 SSI 资产标准 3 倍的补贴的资产标准**。资产条件是指本目中规定的个人资产（根据补充社会保险收入项目的宗旨，由第 1613 条规定）不超过：

（ⅰ）基于 2006 年按照这一项目规定的个人所拥有和获得的最大资产的 3 倍；

（ⅱ）之后的年份，根据上一年 9 月的消费者价格指数（所有条目，美国城市平均数）的增加来提高每年的百分比，并应当据此制定本节规定的资产限制。第（ⅱ）节规定的任一资产限制并不是 10 美元的倍数，而是近似为 10 美元的倍数。

（E）**替代性资源标准**。

（ⅰ）**总则**。本目中规定的资源标准，是指个人资源（根据补充社会保险收入项目的宗旨，由第 1613 条规定）就 2006 年来说不超过：（Ⅰ）1 万美元（或是 2 万美元，如果将个人的资产和资源合并计算或合并计算该人配偶的资产和资源）；以及（Ⅱ）之后的年份，根据上一年 9 月的消费者价格指数（所有条目，美国城市平均数）的增加来提高每年的百分比，并应当据此制定本项条款规定的具体数额。第（ⅱ）节规定的任一数额并不都是 10 美元的倍数，而是近似于 10 美元的倍数。

（ⅱ）**简易申请表和申请程序的运用**。卫生部部长连同社会保障委员会，应当：（Ⅰ）为本目规定的确认和验证第 D 部分的资格主体的资产和资源的过程，制定一套简易申请表格和程序的模板，该模板应当符合第（ⅲ）节的规定；以及（Ⅱ）将该表格向各州公布。

（ⅲ）**文件提交和保证条款**。基于下述程序：（Ⅰ）申请表格应包括两部分，一是指基于对资产（也指就符合第 D 部分条件的已婚个人来说共有的资产）等级伪证处罚的认证；二是指一般类别资产的估价；（Ⅱ）表格应附有支持该人员申请的金融机构近期声明的复印件（如果有的话）；以及（Ⅲ）为申请证明的其他材料应当以符合验证要求的适宜方式提交。

（ⅳ）**方法的灵活性**。只有卫生部部长认为使用下列方法不会在确认资格主体的人数上导致重大的不同，卫生部部长允许各州可以在确认保费和补贴成本分摊的资格主体时，使用与第 1905 条第（p）款规定的医疗救助计划成本分担资格主体的资产或资源一样的验证方法。

（F）**区域居民的待遇**。就第 D 部分的资格主体来说，如果既不是 50 个州的居民也不属于哥伦比亚特区的居民，那么该居民就不属于本条规定的补贴享有者，但是可享有第 1935 条第（e）款规定的对处方药费提供的财政补助。

（G）① **人寿保险政策的除外条款**。根据第（D）目和第（E）目的宗旨以及第 1613 条的规定，确认个人的资源（如果有的话，及其合法配偶的资源）时，不考虑任何人寿保险政策的价值。

（4）**数额指标**。

（A）**最低收入双重资格主体缴纳的共付费金额**。数额适用第（1）项第（D）目第（ⅱ）节的规定：

（ⅰ）以 2007 年为例，就本项规定的数额来说，根据前节规定的上一年 9 月的消费者价格指数（所有条目；美国城市平均数）的增加提高每年的百分比进行细化；

（ⅱ）或者，之后的年份，就本节［或者第（ⅰ）节］规定的数额来说，根据上一年 9 月的消费者价格指数（所有条目；美国城市平均数）的增加来提高每年的百分比进行细化。第（ⅰ）节或第（ⅱ）节规定的任何数额都应当按照 1 美元或 3 美元的幅度增加，当然，这并不是说它们分别应该是 5 美分或 10 美分的倍数，而是指它们应分别近似为 5 美分或 10 美分的倍数。

（B）**扣减部分**。数额适用于第（2）项第（B）目的规定：

（ⅰ）就 2007 年来说，本项中规定的数额应当根据第 1860D‐2 条第（b）款第（6）项的规定的每年百分比的增加进行明确和细化；

（ⅱ）或者，随后的年份，本节［或者第（ⅰ）节］规定的数额应当根据第 1860D‐2 条第（b）款第（6）项规定所涉年份的之前年份百分比的增加来进行明确和细化。第（ⅰ）节或第（ⅱ）节规定的任何数额都不是 1 美元的倍数，而应当近似为 1 美元的倍数。

（b）**保费补贴额**。

（1）**总则**。本款规定的居住在 PDP 区域内且加入了 PDP 处方药计划或 MA 计划的适合补贴享有者应缴纳的保费补贴，是居住在 PDP 区域内的个人的低收入基准保费［参照第（2）项的定义］。如果享有更多的补贴，参见第（3）项规定的具体数额。

---

① 《公法》第 110—275 期，第 116 条第（a）款第（4）项，增加第（G）目，**对 2010 年 1 月及以后提起的申请生效**。

（2）**低收入基准保费的定义**。

（A）**总则**。根据本款的宗旨，"低收入基准保费"是指，就在 PDP 地域来说：

（ⅰ）同一 PDP 供应商提供的所有处方药计划项下数额的加权平均数，参见第（B）目第（ⅰ）节的规定；

（ⅱ）或者，有多个 PDP 供应商提供处方药计划的话，第（B）目规定的 PDP 计划项下数额以及在该区域内按照第 1851 条第（a）款第（2）项第（A）目第（ⅰ）节规定的 MA – PD 计划项下的数额的加权平均数。

（B）**保费的规定**。本目中规定的保费是：

（ⅰ）就基础处方药计划来说，指该种计划中的月受益人保费；

（ⅱ）就提供可替代处方药保险，且保险精算值超过标准处方药保险的处方药计划来说，指可归入基础处方药保险中的月受益人的保费部分；

（ⅲ）就 MA – PD 计划来说，可归入基础处方药保险中［参见第 1852 条第（a）款第（6）项第（B）目第（ⅱ）节的规定］的 MA 月处方药收益人保费的部分。本目规定的保费不包括任何可归入第 1860D – 13 条第（b）款规定的迟缴处罚的数额。

（3）**0 保费计划的获取权**。本款项下的 PDP 区域内的保费补贴决不应低于该区域内提供处方药基础保险的处方药计划项下的最低月受益人保费。

（c）**补贴项目的行政管理**。

（1）**总则**。卫生部部长应制定下列程序：该程序用于决定，在任何情况下，符合第 D 部分条件且加入了处方药计划或加入了 MA 计划的个人为补贴享有者。

（A）卫生部部长应向提供该计划的 PDP 供应商以及 MA 组织告知补贴享有者和相应的补贴额度；

（B）该计划的供应商或组织者根据应得补贴额减收保费或进行成本分摊，并将扣减数额的信息提交卫生部部长；

（C）卫生部部长应定期及时地偿付供应商或组织者减收的数额；

（D）卫生部部长应确保个人身份信息的保密性。适用于第（C）目时，卫生部部长应当在第（a）款第（1）项第（D）目和第（a）款第（2）项第（E）目规定的不可扣减的定额手续费的基础上减收保费或者进行成本分摊。

（2）**适用总额支付形式**。就成本分摊补贴来说，本条中规定的经济偿还应当在总额支付的基础上进行计算，考虑保费的精算值的同时还要根据实际涉及的风险进行适当的调整。

（d）**与医疗补助项目的关系**。就医疗补助项目与医疗处方药保险津贴相关的特殊规定，参见第 1935 条。

符合第 D 部分条件且符合参加处方药保险的参保者的补贴

第 1860D－15 条【《美国法典》第 42 编第 1395—115 条】（a）**支付补贴**。为了减少适用于符合第 D 部分条件，且符合参加处方药保险的参保者的保费水平，应给予其补贴，使该保费水平为基础处方药保险的 74.5%，为了减少处方药计划和 MA－PD 计划中的逆向选择，同时为了提高本部分中规定的 PDP 供应商以及第 C 部分中规定的 MA 组织的参与度，卫生部部长应当根据本条向处方药计划的 PDP 供应商以及提供 MA－PD 计划的 MA 组织提供下列补贴：

（1）**直接补贴**。为符合第 D 部分条件且加入了处方药计划或者 MA－PD 计划的个人每月提供的直接补贴为：（A）根据第（c）款第（1）项进行调整的计划标准报价［参见第 1860D－13 条第（a）款第（5）项的定义］；该报价要减去（B）基础受益人保费［根据第 1860D－13 条第（a）款第（5）项第（2）项的规定进行计算并且按照该条第（1）项第（B）目进行调整］。

（2）**再保险形式的补贴**。为再保险支付数额［见第（b）款的定义］。本条可先于拨款法规定预算行政管理机构，并且重申卫生部部长应当按照本条规定支付数额的义务。

（b）**再保险支付数额**。

（1）**总则**。本款中规定的为符合第 D 部分条件且加入了处方药计划或 MA－PD 计划的个人每年提供的再保险支付数额为可允许的再保险成本［见第（2）项的规定］的 80%。上述再保险成本为可归入第（3）项规定的总处方药保险成本的部分，在保险覆盖的一年期内，这部分为个人按照第 1860D－2 条第（b）款第（4）项第（B）目的规定每年支付超出其年预算最低限度的部分。

（2）**可允许的再保险成本**。根据本条，"可允许的再保险成本"是指，就 PDP 供应商提供的处方药计划或者 MA 组织提供的 MAPPED 计划项下的总处方药保险费用来说,该费用中的部分由上述供应商及组织或者上述计划中的覆盖人员(或代表者)进行实际支付(通过网络回扣、退款或者平均贴现百分点),但是如果该计划下的处方药保险是基础处方药保险的话,那么超出部分决不应支付,或者就提供附加处方药保险的计划来说,该保险属于标准处方药保险。

(3)**总处方药保险成本**。根据本条,"总处方药保险成本"是指,就符合第 D 部分条件且加入了处方药计划或 MA – PD 计划的个人来说,保险覆盖的一年期内,按照计划所花费的费用,不包括行政管理费用,但是包括发放保险药品的直接成本和可扣除的成本。上述费用应当由个人进行支付或者按计划进行规定,即使计划中规定的保险超过了基础处方药保险的范围,仍然应当按照上述方式支付。

(4)**保险覆盖年的定义**。根据本条,"保险覆盖年"是指,能够发放第 D 部分保险药品的年份,发放应当依据对该类药品的需求(同时应当支付费用)进行,关于对该药品需求的请求至迟应当在该年结束后由卫生部部长规定的具体日期内提出。

(c)**调整报价**。

(1)**健康状况风险调整**。

(A)**指定风险调整人**。综合考虑处方药计划或者 MA – PD 计划下的基础处方药保险中的多元成本,卫生部部长应当制定调整第(a)款第(1)项(A)目规定的标准报价风险的适当方法。上述成本的多元性主要是计划服务的服务对象不同,而使其精算值也各不相同造成的。上述风险应通过第(a)款第(1)项第(B)目规定的月处方药保险受益人保费和 MA 月处方药保险受益人保费的比例进行调整,且该风险调整不改变第(a)款第(1)项规定的计划应支付的总额。

(B)**可考虑因素**。在制定第(A)目规定的方法的时候,卫生部部长可参考适用于 MA 组织的第 1853 条第(a)款第(3)项规定的类似的方法,上述方法主要用来调整应付给具有初始医疗保险按项目收费选择权的 MA 组织的津贴。

(C)**收集收据**。为了实施本项的规定,卫生部部长应当要求:

(ⅰ)PDP 供应商提交与药品请求相关的数据(这些数据能够将第 A 部分和第 B 部分中有关个人情况的信息结合起来)以及卫生部部长认为必要的其他信息;

（ⅱ）MA 是 MA－PD 计划的组织方，它应该向卫生部部长提供与药品索取相关的并且与个人状况信息有关的数据。同时，凡是卫生部部长认为必要的其他信息也应该提交。

（D）**公布**。卫生部部长在公布第 1853 条第（b）款第（1）项第（B）目第（ⅰ）节第（Ⅰ）次节规定的风险调整因素的同时，应当公布该款规定的下一年风险调整因素。

（2）**地域调整**。

（A）**总则**。根据第 1860D－13 条第（a）款第（1）项第（B）目第（ⅲ）节的宗旨和第（B）目的规定，卫生部部长应当综合考虑 PDP 区域内第 D 部分保险药品的不同价格并据此制定调整全国平均月报价［参照第 1860D－13 条第（a）款第（4）项的规定进行计算］的适当方法。

（B）**最低豁免规则**。如果卫生部部长认定第（A）目规定的 PDP 区域内不同价格为最低，那么卫生部部长不应当根据本节的规定进行调整。

（C）**调整不涉及预算**。本项中规定的进行风险调整的方式不改变本部分的支付总额，上述支付总额由卫生部部长在未适用上述调整条款之前制定。

（d）**支付方式**。

（1）**总则**。本条规定的支付应当按照卫生部部长决定的方式进行，卫生部部长应当制定过渡时期的支付方式，本条规定的过渡时期的支付数额在卫生部部长估计的最佳数额的基础上确定，该数额的最佳值应该是通过得到所有信息之后得出的可以支付的金额。

（2）**信息条款的要求**。

（A）**要求**。本条规定的向 PDP 供应商或者 MA 组织的支付应当在向卫生部部长提交了有关实施本条相关信息的条件下进行，并且这些信息应该按照卫生部部长规定的形式和方法进行提交。

（B）**关于信息使用的限制**。职员、雇员或者卫生与公众福利部的合同相对人按照根据第（A）子节披露或者获取信息时，只有以保证本条实施并且在一定程序上是以保证本条实施的必要信息为目的才能够披露或者获取信息。

（3）**资金来源**。本条中所提到的支付中的资金均来自医疗保障处方药账户。

（4）**被选取人调整的应用**。第 1853 条第（a）款第（2）项的规定适用于本条规定的向 PDP 供应商予以支付的情形，也适用于第 1853 条第（a）款规定的向 MA 组织予以支付的情形。

（e）**总支付中根据风险应支付给供应商或组织的部分（适用于风险通道）。**

（1）**调整的可容许的风险通道成本的计算。**

（A）**总则**。根据本款的宗旨，"调整的已批准的风险通道成本"是指在计划中的每一保险覆盖年内［参见第（b）款第（4）项的规定］：（i）该计划中的一年内已批准的风险通道成本［参见第（B）目的规定］；减去（ii）下列两项的和：（I）根据第（b）款的规定在该计划中的一年内应当支付给供应商的再保险总额，以及（II）根据第 1860D–14 条的规定在该计划中的一年内应支付给供应商的补贴总额。

（B）**可容许的风险通道成本**。根据本款的宗旨，"已批准的风险通道成本"是指，就 PDP 供应商提供的处方药计划或者 MA 组织提供的 MA–PD 计划来说，上述计划中的供应商或组织花费的部分成本（不包括行政管理成本，但是包括发放保险药品的直接成本）已由该供应商或组织进行了实际支付（通过网络回扣、退款或者平均贴现百分点），但是如果计划中的处方药保险是基础处方药保险的话，绝不应当超过计划中规定的此类成本，同时，就提供附加处方药保险的计划来说，如果上述保险属于根据第 1860D–11 条第（c）款第（2）项进行调整的基础处方药保险的话，也绝不应当超过计划中规定的此类成本。在计算本项中规定的可允许的成本时，卫生部部长应当根据第 1860D–14 条第（a）款第（1）项第（D）目和第（2）项第（E）目中定额手续费的最高限额的强制性规定来计算此类成本。

（2）**支付调整。**

（A）**如果调整的可容许的风险通道成本包含在风险通道成本之内，则无须调整**。如果该计划中的一年的调整的已批准的风险通道成本［参见第（1）项的定义］，至少等于该计划中的一年的风险通道成本下限的第一阈值［参见第（3）项第（A）目第（i）节的规定］，但是不高于该计划中的一年的风险通道成本上限的第一阈值［参见第（3）项第（A）目第（iii）节的规定］，根据本款的规定不予支付调整。

（B）**如果调整的已批准的风险通道成本超过风险通道成本的上限，应当增加支付。**

（ⅰ）**成本在上限的首个临界值和第二阈值之间时。** 如果该计划中的一年经调整可容许的风险通道成本超过该计划中的一年的风险通道上限的第一阈值，但是不高于其第二阈值，根据本条的规定，卫生部部长应当向该年内提供计划的供应商或组织增加总支付额，增加的数额应当为此类调整的已批准的风险通道成本与风险通道成本第一阈值上限差额的 50%〔或者，就 2006 年和 2007 年来说，如果当年满足第（ⅲ）节所规定的条件，可以为 75% 或 90%〕。

（ⅱ）**成本超过上限的第二个临界值时。** 如果该计划中的一年内经调整可容许的风险通道成本超过该计划中的一年风险通道的第二阈值上限，根据本条的规定，卫生部部长应当向该年内提供计划的供应商或组织增加总支付额。增加的数额应当为下列两项之和：（Ⅰ）风险通道成本上限的首个临界值与其第二个临界值的差额的 50%〔或者就 2006 年和 2007 年来说，如果当年满足第（ⅲ）节所规定的条件，可以为 75% 或 90%〕；以及（Ⅱ）此类调整的可容许的风险通道成本与风险通道成本上限的第二阈值的差额的 80%。

（ⅲ）**2006 年以及 2007 年可适用于较高百分比的条件。** 这些条件主要包括：如果卫生部部长认定在上述年份内：（Ⅰ）就适用于本款规定的处方药计划或 MA 计划来说，应有 60% 以上的上述计划的当年调整的可容许风险通道成本超过该计划中的一年的风险通道成本上限的首个临界值；以及（Ⅱ）上述计划应当能够代表 60% 的符合第 D 部分条件且加入了处方药计划或 MA－PD 计划的个人。

（C）**如果经调整的可容许的风险通道成本少于风险通道成本的下限，应当减少支付。**

（ⅰ）**成本在下限的首个临界值和第二个临界值之间。** 如果该计划中一年经调整可容许的风险通道成本少于该计划中一年的风险通道成本的下限，但是不少于该成本下限的第二阈值，根据本条的规定，卫生部部长应当向该年内提供计划的供应商或组织减少总支付额。减少的数额应当为风险通道成本下限的第一阈值与此类调整的已批准的风险通道成本的差额的 50%（或者，如果就 2006 年和 2007 年的标准来说，则为 75%）。

（ⅱ）**成本低于第二阈值下限。** 如果该计划中一年内经调整可容许的风险通道成本低于该计划中一年的风险通道成本的第二阈值下限时，根据本条的规定，卫生部部长应当向该年内提供计划的供应商或组织减少总支付额。减少的数额应当为下列两项之和：（Ⅰ）应当为风险通道成本第一阈值下限与其第二阈值的差额的50%［或者，就2006年和2007年来说，为75%］；以及（Ⅱ）风险通道成本第二阈值上限与此类经调整可容许的风险通道成本的差额的80%。

（3）**风险通道的建立**。

（A）**总则**。卫生部部长应在每一年内就每一处方药计划或者每一MA－PD计划都建立风险通道，每年每一计划的风险通道如下所示（与下述范围相同）：

（ⅰ）**第一阈值下限**。该通道第一阈值的下限为：（Ⅰ）第（B）目规定的计划中的目标数额；减去（Ⅱ）上述目标数额中的第一阈值的风险比例数［见第（C）目第（ⅰ）节的规定］。

（ⅱ）**第二阈值下限**。该通道第二阈值下限为：（Ⅰ）第（B）目规定的计划中的目标数额；减去（Ⅱ）上述目标数额中的第二阈值风险比例数［见第（C）目第（ⅱ）节的规定］。

（ⅲ）**第一阈值上限**。第一阈值上限等于下列两项之和：（Ⅰ）上述目标数额；以及（Ⅱ）第（ⅰ）节第（Ⅱ）次节规定的数额。

（ⅳ）**第二阈值上限**。上限的第二个临界值等于下列两项之和：（Ⅰ）上述目标数额；以及（Ⅱ）第（ⅱ）节第（Ⅱ）次节规定的数额。

（B）**目标数额规定**。本节中规定的目标数额是指，就每一年的处方药计划或MA－PD计划来说，该年内应向处方药计划中的PDP供应商或MA－PD组织支付的总额，在考虑由卫生部部长和参保者应支付金额的前提下，在标准出价的基础上［参见第1860D－13条第（a）款第（5）项的定义并且按照第（c）款第（1）项的规定进行风险调整］还应减去当年的行政管理费用。

（C）**第一阈值和第二阈值风险百分比的定义**。

（ⅰ）**第一阈值风险百分比**。根据本条的宗旨及第（ⅲ）节的规定，第一阈值风险百分比是指：（Ⅰ）就2006年和2007年来说，为2.5%；（Ⅱ）自2008年至2011年，为5%；以及（Ⅲ）自2012年以后，应当由卫生部部长制定该百分比，但绝不能少于5%。

（ⅱ）**第二阈值的风险百分比**。根据本条的宗旨及第（ⅲ）节的规定，第二阈值的风险百分比是指：（Ⅰ）就2006年和2007年来说，为5%；（Ⅱ）自2008年至2011年，为10%；以及（Ⅲ）自2012年以后，卫生部部长规定的百分比应大于根据第（ⅰ）节第（Ⅲ）次节制定的当年的百分比，但绝不能小于10%。

（ⅲ）**减少风险百分比以确保2个计划能够在同一领域内**。根据第1860D－11条第（b）款第（2）项第（E）目第（ⅱ）节的规定，PDP供应商可以提交一个报价，该报价可按照第一和第二阈值风险比例的要求减少或者按照第（2）项的规定的百分比增加。

（4）**关于附加处方药保险总额的风险的计划**。提供附加处方药津贴计划的PDP主办机和MA组织应当对此类附加津贴条款担负全部金融风险。

（5）**不影响月保费的效力**。根据本款的规定，总额的调整不影响受益人月保费或MA处方药受益人的月保费。

（f）**信息披露**。

（1）**总则**。本部分及第C部分规定的合同应提交：

（A）提供处方药计划的PDP供应商或者提供MA－PD计划的MA组织应向卫生部部长提交有关卫生部部长认为为实施本条必不可少的信息；

（B）根据第1857条第（d）款第（2）项第（B）目的规定，卫生部部长有权给PDP供应商或者MA组织的任何账单或记录，该账单或记录涉及卫生部部长按第（A）目规定制定的有关成本的信息。

（2）**限制信息的使用**。官员、雇员以及卫生和健康服务部的负责人根据第（A）目规定披露或者获取信息时，必须以保证本条实施并且在一定程序上是以保证本条实施的必要信息的目的作为前提。

（g）**可撤回的处方药计划的支付**。除必须支付的数额外，提供可撤回的处方药计划［参见第1860D－3条第（c）款第（4）项的定义］的PDP供应商的其他可替代的数额适用本条规定；该计划项下合同规定的必须支付的数额适用于第1860D－11条第（g）款第（5）项的规定。

联邦附加医疗保险信托基金中的医疗保险处方药账户

第1860D－16条【**《美国法典》第42编第1395w—116条**】（a）账户的开设及其运作。

（1）**设立**。由根据第1841条建立的联邦附加医疗保险信托基金创设"医疗保险处方药账户"（在本条中指"账户"）。

（2）**基金**。账户由第201条第（ⅰ）款第（1）项规定的赠予组成，账户中的结余利息应累积，并且上述数额可根据本部分的规定存入或者划拨进入此类账户。

（3）**与其余信托基金相分离**。本部分规定的基金账户应当与联邦附加医疗保险信托基金中的其他基金相分离，但是应当以与其他信托基金相同的方式进行投资和补偿。

（b）**账户支付**。

（1）**总则**。信托管理人应当时常通过账户支付那些卫生部部长证明其对实施本项目必不可少的数额，包括：

（A）第 1860D–14 条规定的支付（参见低收入者的补贴支付）；

（B）第 1860D–15 条规定的支付（参见补贴支付和可撤回计划的支付）；

（C）第 1860D–22 条第（a）款规定的向合格退休人员处方药计划的赞助商进行的支付；

（D）第 201 条第（g）款规定的就本部分中的行政费用进行的支付。

（2）**将增加的行政费用划拨到医疗补助计划账户**。根据第 1935 条第（b）款的规定，信托管理人应定期从该账户向各州医疗补助账户划拨金额。

（3）**保费扣缴**。信托管理人应当向 PDP 供应商或 MA 组织支付按照第 1854 条第（d）款第（2）项第（A）目规定的方式收取的保费（以及迟缴罚金），上述保费为 PDP 供应商或 MA 组织提供的处方药计划或 MA–PD 计划中规定的必须支付的。

（4）**第 B 部分保费的处理**。该账户的精算利率以及第 1839 条规定的保费不在该账户的支付数额之内。

（c）**账户储蓄**。

（1）**低收入转账**。第 1935 条第（c）款规定的支付数额［或者按照该条第（1）项第（C）目规定收取或者抵消的任何数额］应存入账户。

（2）**扣缴数额**。根据第 1860D–13 条第（c）款和第 1854 条第（d）款（适用于本部分）的规定，扣缴（或者分配）的数额应当存入账户。

（3）**划拨以支付政府税**。应按照规定定期及时的下昂该账户中划拨金额（除对国库的供款之外没有其他款项），这一资金数额应等于按照第（b）款之规定的该账户的支出额，并且这一资金额作为受托人管理的证明，须保留适当的应急保证金，同时，这一资金额还要减去由第（1）项和第（a）款第（2）项规定的储蓄额。

（4）**原始基金和准备金**。为了确保及时支付本部分规定的津贴以及项目早期产生的行政费用，该笔资金授权划拨给相应账户，该资金来源除财政部拨款之外没有其他的，并且数额被卫生部部长证明是必要的，这笔资金的数额不能超过 2006 年该账户总支出的 10%。

第 3 子部分　联邦医疗保险优先项目适用规则和雇主赞助项目以及其他处方药计划的待遇

联邦医疗保险优先项目适用规则以及相关医疗管理项目

第 1860D － 21 条【《美国法典》第 42 编第 1395w—131 条】（a）**与提供合格的处方药保险相关的特殊规则。**

（1）**总则**。MA 组织于 2006 年 1 月 1 日及以后：

（A）在服务领域可不提供第 1851 条第（a）款第（2）项第（A）目规定的 MA 计划。如果这一计划（或该组织在同一服务领域提交的另一 MA 计划）不包括法定的处方药保险［见第（2）项的定义］；

（B）可不向加入人提供处方药保险（除了第 A 部分以及第 B 部分规定的法定情形）：（ⅰ）根据 MSA 计划的规定，或者（ⅱ）根据下列 MA 计划的规定，如果上述计划中规定的处方药保险不提供法定处方药保险并且不满足本条中关于此类保险所规定的条件。

（2）**法定处方药保险**。根据第（1）项第（A）目的宗旨，"法定处方药保险"是指，就 MA － PD 计划来说：

（A）基础处方药保险；

（B）或者，提供附加处方药保险的法定处方药保险，只要根据计划的规定没有 MA 月附加受益人保费即可［因为按照第 1854 条第（b）款第（1）项第（C）目的描述，信贷的申请程度与此保费是相冲突的］。

（b）**不履行加入规则的适用范围。**

（1）**无缝接续**。根据第 1851 条第（c）款第（3）项第（A）目第（ⅱ）节的规定，加入了健康津贴计划的个人不应当视为已经选择了 MA － PD 计划，除非上述健康津贴计划提供任一处方药保险。

（2）**MA 接续**。根据第 1851 条第（c）款第（3）项第（B）目的规定，加入了 MA 计划的个人不应视为已选择了 MA － PD 计划，除非：

（A）根据 2006 年 1 月 1 日的筛选宗旨，在 2005 年 12 月 31 日提供的 MA 计划，任一处方药保险；

（B）或者，2006 年 1 月 1 日之后的时期，上述 MA 计划应为 MA - PD 计划。

（3）**取得资格第一年内的 MA - PD 选择可不继续**。根据第 1851 条第（e）款第（4）项第二句的规定，就决定不继续加入 MA - PD 计划的个人来说，该个人可根据初始医疗保险按项目付费加入第 D 部分规定的处方药计划。

（4）**不提供法定处方药保险的 MA 计划加入人的适用规则**。就加入了不提供法定处方药保险的 MA 计划（除了 MSA 计划）的个人来说，如果提供上述保险的组织向所有 MA 计划下的个人提供服务，且 MA 计划也不提供该类保险，那么：

（i）该个人视为选择了原始医疗保险按项目付费的服务项目，除非该个人明确选择加入 MA - PD 计划；

（ii）就当然的选择来说，根据第 1882 条第（s）款第（3）项的宗旨，对于不加入者，则应视为依据第 1882 条第（s）款第（3）项第（B）目第（ii）节中所规定的 MA 计划的非自愿终止，根据第 1852 条第（c）款第（1）项的规定应向加入 MA 计划的个人披露的信息中应包括关于上述规则的信息。

（c）**第 D 部分处方药保险的适用规则**。就本部分规定的由 MA 组织提供的法定处方药保险来说，自 2006 年 1 月 1 日及以后：

（1）**总则**。除特殊规定外，本部分的条款适用于第 C 部分规定的 MA - PD 计划提供的处方药保险，并且可代替第 C 部分能够对上述计划中的上述保险的其他条款。

（2）**豁免**。卫生部部长的豁免权，应该参照第（1）项规定的下列条款：卫生部部长认为上述条款存在重复以及相冲突的部分，但是上述条款却适用于第 C 部分规定的组织或计划以及被认为提高该部分各条款之间的协调性以及考虑到该部分的优点。

（3）**MA 所有并经营的药商的待遇**。就通过 MA 组织所有并经营的药商提供法定处方药保险的通道（包括电子订购）的 MA - PD 计划来说，如果卫生部部长认为该组织的药商网络能够充分提供同样的通道。卫生部部长可以不考虑第 1860D - 4 条第（b）款第（1）项第（C）目规定的条件。

(d) **提供处方药计划的私人按项目付费服务计划的特殊规则**。就按照第 1851 条第 (a) 款第 (2) 项第 (C) 目的规定,提供处方药保险的 MA 计划来说,自 2006 年 1 月 1 日及以后,适用下列规则:

(1) **关于协商价格的规定**。第 1860D - 2 条第 (a) 款第 (1) 项和第 (d) 款第 (1) 项以及第 1860D - 4 条第 (6) 项第 (2) 项第 (A) 目不能用于解释要求计划提供协商价格 [参见本条第 (d) 款第 (1) 项第 (B) 目的规定],但是它可用于解释该计划所规定的程度。

(2) **药商进入通道标准的修改以及披露规则**。如果该计划所提供保险中的药品全部来自药商处,并不收取额外的共同分摊费用,并且不管他们是否是通过网络加入了药商还是通过与药商签署了口头还是书面协议来向该计划的覆盖对象提供药品,第 1860D - 4 条第 (b) 款第 (1) 项第 (C) 目和第 (k) 款并不适用于该计划。

(3) **药效管理项目以及医疗疗法管理项目的不适用性**。第 1860D - 4 条第 (c) 款第 (1) 项第 (A) 目和第 (C) 目的规定不适用于该计划。

(4) **再保险申请**。卫生部部长应用下列方法决定第 1860D - 15 条第 (b) 款规定的再保险支付额

(A) 以卫生部部长估计的应付数额为基础。如果该计划为第 1851 条第 (a) 款第 (2) 项第 (A) 目第 (ⅰ) 节规定的 MA - PD 计划且不适用于前款规定;

(B) 考虑向上述条款中规定的 MA - PD 计划下拥有相同风险的人群支付的第 1860D - 15 条第 (b) 款规定的平均再保险支付额。

(5) **风险通道免除条款**。不适用于 1860D - 15 条第 (e) 款的规定。

(6) **协商免征条款**。不适用于第 1860D - 11 条第 (d) 款和第 (e) 款第 (2) 项第 (C) 目。第 1854 条第 (a) 款第 (5) 项第 (B) 目关于禁止审查、批准或不批准数额的规定应适用于第 1860D - 11 条第 (d) 款描述的建议报价、条款以及适用情形。

(7) **与处方无关的成本的处理**。第 D 部分药品的费用应该排除在外,第 D 部分药品并不包含 (或者应被视为被列入药品) 在该计划的方案之内,只要该计划不利用这一方案,那么第 1860D - 2 条第 (b) 款第 (4) 项第 (B) 目第 (ⅰ) 节不适用于此规定。

(e) **合理费用偿还合同的适用规则**。

(1) **总则**。根据第 (2) 项和第 (3) 项的规定以及卫生部部长制定

的规则，如果该组织提供第 1876 条第（h）款规定的合理费用偿还合同的津贴，并且选择向加入了上述合同的第 D 部分的资格主体提供法定处方药保险的，本部分的条款（包括第 C 部分中的相关条款）应适用于此类保险及加入人，并且也以同样的方式适用于第 1851 条第（a）款第（2）项第（A）目第（ⅰ）节规定的 MA – PD 地方计划中的此类保险。提供法定处方药保险的上述合同应视为 MA – PD 地方计划。

（2）**对加入的限制**。适用于第（1）项的规定，组织不能加入那些没有加入合理费用偿还合同的第 D 部分的资格主体。

（3）**偿还金额不包括国家确定的每月的偿还金额**。本款规定的提供处方药保险的组织的出价，不考虑全国平均月偿还金额的计算以及本部分中规定的低收入基准保费。

（f）**PACE 的适用规则**。

（1）**总则**。根据第（2）项和第（3）项的规定以及卫生部部长制定的规则，如果第 1894 条规定 PACE 项目选择向加入了上述项目的第 D 部分的资格主体提供法定处方药保险的，本部分的条款（包括第 C 部分中的相关条款）应适用于此类保险及加入人，并且也以同样的方式适用于第 1851 条第（a）款第（2）项第（A）目第（ⅱ）节规定的 MA – PD 地方计划中的此类保险。提供法定处方药保险的 PACE 项目可视为 MA – PD 地方计划。

（2）**对加入的限制**。适用于第（1）项的规定，组织不能吸收那些没有加入 PACE 项目的第 D 部分的资格主体。

（3）**补偿金额不包括国家规定的每月偿还金额**。本款规定的提供处方药保险的组织的补偿金额，本部分中规定的低收入基准保费和国家规定的每月偿还金额不计算在内。

雇主出资项目的特殊规则

第 1860D – 22 条 【《美国法典》第 42 编第 1395w—132 条】（a）支付补贴。

（1）**总则**。根据本款规定，卫生部部长应向法定退休人员处方药计划［见第（2）项的定义］的出资人予以支付特殊补贴，就本计划下的每一个合格的被保险的退休人员［见第（4）项的定义］来说，支付额等于第（3）项具体规定的数额。本款符合预算授权提前拨款法，并且本条阐述了卫生部部长提供该款中所列支付数额的义务。

（2）**法定退休人员处方药计划的定义**。根据本款的宗旨，"法定退休人士处方药计划"是指以雇佣为基础的退休人士健康保险［见第（C）目第（i）节的定义］如果，就参加上述保险并从中受益的第 D 部分的资格主体来说，所需条件包括：

（A）**精算值等于法定处方药保险的证明书**。该计划的提供者应当每年或者应在规定的期限内向卫生部部长提供一份证明，证明该计划规定的处方药保险精算值［由第 1860D - 11 条第（c）款规定的程序和方法进行计算］至少应等于法定处方药保险的精算值。

（B）**审计**。为保证卫生部部长确保处方药保险的完整以及本条所规定的支付的精确性从而进行的审计或者其他监督活动，计划提供者或者由该提供者指派的项目行政管理人，应当保存（并且保证卫生部部长能够获得）上述记录。第 1860D - 2 条第（d）款第（3）项应适用于本条规定的该类信息（包括精算值和证明书），并且该条应以同样或类似的方式适用于 PDP 的提供者和 MA 组织的财务记录。

（C）**与处方药相关的信息披露规定**。该计划的提供者应当依照第 1860D - 13 条第（b）款第（6）项第（B）目的规定对处方药保险的相关信息进行披露。

（3）**雇主以及工会的特殊补贴**。

（A）**总则**。根据本款的宗旨，参加合格退休处方药计划的退休人员依据本项规定，在一年内所领取的特殊津贴的数额是可允许退休人员金额的 28%［参加第（C）目第（i）节之规定］这样的处方药费用。在该年内，与被保险的退休人员相关的处方药总费用的部分费用可超过第（B）目所规定的费用的下限额，但是没有超过该目规定的封顶线。

（B）**费用起点和费用限制的适用规则**。

（i）**总则**。根据第（ii）节的规定：（Ⅰ）截至 2006 年，本目中规定的费用起付点为 250 美元；以及（Ⅱ）本目中规定的费用封顶线为 5000 美元。

（ii）**索引**。截至 2006 年，第（i）节第（Ⅰ）次节和第（Ⅱ）次节具体规定的在 2006 年后截止的每一计划年内的费用起付线和封顶线应当分别按照第（1）项和第 1860D - 2 条第（b）款第（4）项第（B）目之规定的每年抵扣部分和自付费部分的调整而进行同样的调整。

（C）**定义**。根据本项的宗旨：

（i）**可批准的退休人员费用**。"可批准的退休人员费用"是指，就该计划供应者提供的法定退休人员处方药总费用来说，其中由提供者为了本计划项下合格的被保险的退休人员的利益而实际支付的部分（通过网络回扣、退款或者平均贴现百分点）或者本项目下合格的被保险的退休人员实际支付的部分。

（ii）**与被保险的退休人员相关的处方药总费用**。根据本条的宗旨，"与被保险的退休人士相关的处方药总费用"是指，就每一保险年内已加入了法定退休人员处方药计划的合格的被保险的退休人员来说，在执行本计划过程中发生的费用，不包括行政管理成本，但是包括发放保险药品的直接成本。上述费用应当由退休人员支付或者按照计划规定支付。

（iii）**保险年**。"保险年"的含义参见第 1860D－15 条第（b）款第（4）项的规定。

（4）**合格的被保险的退休人士的定义**。根据本款的宗旨，"合格的被保险的退休人士"是指既没有加入处方药计划也没有加入 MA－PD 计划，但是享有法定退休人员处方药保险的第 D 部分的资格主体。

（5）**支付方式以及必要信息的提供**。第 1860D－15 条第（d）款的规定应适用于本款规定的支付，并且以相同或类似的方式适用于第 1860D－15 条第（b）款规定的支付。

（6）**解释**。本款的任何规定都不应解释为：

（A）排除享有处方药计划或 MA－PD 计划项下的以雇佣为基础的退休人员健康保险的第 D 部分的资格主体；

（B）排除上述以雇佣为基础的退休人士健康保险或雇主以及其他人为上述个人支付全部或部分上述处方药计划或 MA－PD 保险的法定保费；

（C）为以雇佣为基础的退休人士健康保险提供的保险：（i）不能好于享受合格退休人员处方药计划下的退休人员处方药保险的标准，或者（ii）不是处方药计划或 MA－PD 计划津贴的补充，包括不享有合格的退休人士处方药保险单加入了上述的处方药计划或 MA－PD 计划的退休人士；

（D）或者，禁止雇主制定津贴分配的灵活性以及药商通道规定，不需考虑基础处方药保险的要求，只要满足第（2）项第（A）目规定的精算值相等的要求即可。

（b）**MA 豁免权的适用规则**。第 1857 条第（i）款应适用于与以雇佣为基础的退休人员健康保险相关的处方药计划，并且以相同或类似的方式适用于与雇主有关的 MA 计划，根据上述保险以及加入上述保险的第 D 部分的资格主体应遵守的加入限制，有权针对不同的处方药计划的加入人设置不同的保费。

（c）**定义**。根据本条的宗旨：

（1）**以雇佣为基础的退休人士健康保险**。"以雇佣为基础的退休人士健康保险"是指在该计划中以退休人员的身份进入团体健康计划中的第 D 部分的资格主体（或上述个人或他们的配偶及赡养费）的健康保险或其他医疗费用保险（由自愿保险规定或根据法定或合同的义务）。

（2）**提供者**。"提供者"是指计划的提供者，参照《1974 年雇员退休收入保障法》第（16）项第（B）目的定义，与团体健康计划相关，除下列情形外：雇主和雇员组织共同维持的计划以及雇主提供基础财政来源的计划。这里的提供者就是雇主。

（3）**团体健康计划**。"团体健康计划"包括《1974 年雇员退休收入保障法》第 607 条第（1）项定义的计划，也包括下列情形：

（A）**联邦以及州政府计划**。以美国政府、各州政府或上述政府的下属部门，或者任意一个代理机构或部门为其雇员建立及维持的计划；包括《美国法典》第 5 编第 89 章规定的健康津贴计划。

（B）**集体协商计划**。该计划根据或依据一个或多个集体协商协议建立和维持。

（C）**教堂计划**。由教堂或享有《1986 年国内税收法》第 501 条规定的税收豁免权的教堂联盟或联合会为其雇员（或他们的受益人）建立及维持的计划。

州处方药援助项目

第 1860D－23 条【《美国法典》第 42 编第 1395w—133 条】（a）**津贴协调的条件**。

（1）**总则**。在 2005 年 6 月 1 日以前，卫生部部长应当制定与本条规定的处方药计划条件相一致的标准以确保第 D 部分规定的计划［见第（5）项的定义］与州处方药援助项目［见第（b）款的定义］之间的有效协调，并且要考虑到：

（A）保费的支付和覆盖面；

（B）向加入了上述两种计划且第 D 部分资格的个人支付附加处方药津贴。

（2）**协调要素**。第（1）项规定的标准应当包括下列要件：

（A）加入文件的复印件。

（B）诉讼程序，包括电子程序。

（C）诉讼费用。

（D）诉讼和解文件。

（E）根据第 1860D－2 条第（b）款第（4）项申请的高反预算外支出的保护令。

（F）由卫生部部长规定的其他行政程序。

上述条件应当与保护任何单独可识别的受益人信息中的隐私的适用法律相一致。

（3）**人均一次性总额支付方法的运用**。这些条件当中应当包含将州处方药援助项目中规定的第 D 部分计划的具体基金数额适用于已经加入了附加处方药保险的个人。

（4）**协商**。在制定本款规定的条件时，卫生部部长应当与以下组织或个人进行协商，包括各州处方药援助项目、MA 组织、各州政府、处方药津贴经理人、雇员，加入第 D 部分计划个人的代表、数据处理专家、药品销售商、药品生产商及其他专家协商。

（5）**第 D 部分计划的定义**。根据本条以及第 1860－24 条的宗旨，"第 D 部分计划"是指处方药计划以及 MA－PD 计划。

（b）**州处方药援助项目**。根据本部分的宗旨，"州处方药援助项目"是指这样一个州项目：

（1）该州项目依据附加处方药保险的条款或者为了第 D 部分资格个人的利益为买者提供经济援助；

（2）确认该项目规定的第 D 部分资格个人的主体资格以及扶助金额，向所有第 D 部分计划的上述主体提供扶助，并且不得歧视加入第 D 部分计划的个人；

（3）该计划满足第（a）款和第（c）款规定的条件。

（c）**其他相关条款**。

（1）**医疗保险的首要支付人**。本条规定的条件不应当改变或者影响

第 D 部分计划的首要支付人的地位。

（2）**一卡通用**。根据第 1860D－4 条第（b）款第（2）项第（A）目发行的用于第 D 部分计划的卡也可以用于与州处方药援助项目提供的津贴相关的保险并且，在此种情况下，有图案或符号来表示这种相互衔接关系。

（3）**其他规定**。第 1860D－24 条第（c）款的规定应当适用于本条规定的条件。

（4）**预算外规则特殊处理**。适用于第 1860D－2 条第（b）款第（4）项第（C）目第（ii）节的规定，州处方药援助项目产生的费用可以按照每年的预算外起付线计算。

（5）**解释**。本条的规定不应当被解释为要求州处方药援助项目要对任一第 D 部分计划来进行协调或者提供经济援助。

（d）**促进州处方药援助计划的过渡以及协调**。

（1）**过渡时期的援助项目**。卫生部部长应当在申请根据本款规定获得批准之后向各州处方药援助项目支付。

（2）**基金的使用**。本条规定的支付可用于本项目规定的下列任意一项：

（A）对加入州处方药援助项目的第 D 部分资格主体进行培训，使其了解如何通过本部分规定的第 D 部分计划获得处方药保险。

（B）为方便上述加入人选择和加入上述计划，提供技术帮助、电话支持以及咨询。

（C）为促进上述州医疗援助项目和第 D 部分计划之间在参与、覆盖面以及支付之间有效协调的其他活动。

（3）**基金的分配**。就每一年为实施本款进行的财政拨款来说，卫生部部长应当将财政拨款按比例分配给该项目的参与者，同时，这些参与者必须是在 2003 年 10 月 1 日之前加入了在该财政年度根据第（4）项的规定获得批准的项目。

（4）**申请**。除非已经按照卫生部部长规定的具体时间、方式以及形式提交了申请并且获得了批准，否则不应当进行本款规定的任何支付。

（5）**基金**。就财政部的划拨基金来说，2005 年和 2006 年每年的财政拨款为 6250 万美元以实施本款规定。

提供处方药保险的计划的协调条件

第 1860D－24 条 【《美国法典》第 42 编第 1395w—134 条】 (a) 津贴协调条件适用于附加计划。

(1) **总则**。卫生部部长应当将第 1860D－23 条第 (a) 款规定的协调条件适用于第 (b) 款规定的 RX 计划，并且上述条件以同样的方式也适用于州处方药援助项目。

(2) **一定范围内的自付费用的适用规则**。在卫生部部长具体规定的范围内，第 (1) 项中所指的条件应当适用于第 1860D－2 条第 (b) 款第 (4) 项第 (D) 目规定的程序。

(3) **用户费用**。

(A) **总则**。卫生部部长可以依据第 1860D－2 条第 (b) 款第 (4) 项第 (D) 目的规定向享用者征收津贴协调的必要信息的传送费用，该费用的征收方式与第 1842 条第 (h) 款第 (3) 项第 (B) 目规定的使用者征收方式相同，除此之外，卫生部部长还可按照第 1860D－2 条第 (b) 款第 (4) 项第 (D) 目的规定收取一定比例的使用者的费用来支付改程序实行过程中的费用。

(B) **适用规则**。就州处方药援助项目来说，用户费用不可以根据第 (A) 目的规定进行征收。

(b) **RX 计划**。本款规定的 RX 计划是指下列任意一项：

(1) **医疗补助计划**。根据第十九编条规定的州计划，包括第 1115 条规定的豁免条款下的保险项目，如果上述计划满足第 1860D－23 条第 (b) 款第 (2) 项规定的条件。

(2) **团体健康计划**。指雇主团体健康计划。

(3) **FEHBP**①。《美国法典》第 5 编第 89 章规定的联邦雇员健康津贴计划。

(4) **军事保险 (包括医疗)**。《美国法典》第 10 编第 55 章规定的保险。

(5) **其他处方药保险**。上述其他为买者提供保险或者金融辅助又或者为了第 D 部分资格个人的利益提供处方药保险条款的健康津贴计划或

---

① 即 The Federal Employees Health Benefits Plan。

项目。

（c）**其他相关规定**。

（1）**成本管理工具的使用**。本条规定的条件不应当削弱或者妨碍 PDP 供应商或者 MA 组织在所有操作方法中所使用的成本管理工具（包括差别支付）。

（2）**不应对预算外费用的处理产生影响**。本条规定的条件不应当影响第 1860D－2 条第（b）款第（4）项第（D）目规定的程序的适用。

第 4 子部分　医疗处方药保险优惠卡以及 过渡时期的援助项目

医疗处方药保险优惠卡以及过渡时期的援助项目①

第 1860D－31 条【《美国法典》第 42 编第 1395w—141 条】（a）立项。

（1）**总则**。卫生部部长应当根据以下规定进行立项：

（A）通过使满足本条规定的条件的处方药优惠卡项目让全美范围内处方药优惠卡的持有者通过处方药卡的提供者获得处方药折扣；

（B）向加入了上述已经通过的项目并且能够获得过渡时期援助的资格主体提供过渡时期援助。

（2）**执行期限**。

（A）**实施的截止期限**。卫生部部长应当执行本条规定的项目以便优惠卡以及过渡时期的援助能在不迟于本条生效之日起的 6 个月内的第一时间获得。

（B）**迅速执行**。卫生部部长应当立即根据过渡时期的基本情况制定有效的终局法规到过渡时期终局决策的公布之日之时为止。如果卫生部部长制定过渡时期的终局决策，应当在公布之日后规定公众对上述决策的评论时期。公众评论期满之后，卫生部部长可以改动或者修订上述法规。

（C）**终止与过渡**。

（i）**总则**。根据第（ii）节：（Ⅰ）本条规定的项目不应当适用于 2005 年 12 月 31 日之后发放的享受保险优惠卡中的药物；以及（Ⅱ）在

---

① 关于实施规则的规定，参见第 2 卷《公法》第 108—173 期。

上述时期之后可获得过渡时期的援助，按同样标准就上述日期及之前发放的药物给予援助。

（ⅱ）**过渡**。就 2005 年 12 月 31 日加入了上述已经通过的优惠卡项目的个人来说，根据第（ⅲ）节规定的个人过渡时期（如果有的话），应符合卫生部部长具体规定的过渡时期规则：（Ⅰ）上述已通过的项目应当继续适用于被保险且享受优惠卡的药物，这些药物已经发放给了在上述过渡时期内的项目规定下的个人；（Ⅱ）在过渡时期不应当收取年加入费；（Ⅲ）在上述过渡时期，个人不能改变他们已经加入了的已通过的项目计划；以及（Ⅳ）2006 年 1 月 1 日仍有的任何过渡时期援助款余额，应仍由在个人过渡时期使用。

（ⅲ）**过渡时期**。本节规定的个人过渡时期始于 2006 年 1 月 1 日，当个人发生下列情况时终止：（Ⅰ）在第 1860D － 1 条第（b）款第（2）项第（A）目规定的初始加入期限的最后一天之前或者在本部分规定额个人保险的有效日加入了处方药计划或 MA － PD 计划；或者（Ⅱ）在上述初始期限的最后一天，未做加入。

（3）**项目的自愿性**。本条的规定不应当被解释为要求享有优惠卡的资格主体加入本条规定的已通过的优惠卡项目。

（4）**术语汇编及定义**。根据本条的宗旨：

（A）**享有优惠卡的被保险药物**。"享有优惠卡的被保险药物"参照第 1860D － 2 条第（e）款规定的"被保险的第 D 部分的药物"。

（B）**享有优惠卡的资格主体**。"享有优惠卡的资格主体"的定义见第（b）款第（1）项第（A）目的规定。

（C）**已通过的优惠卡项目、已通过的项目**。"已通过的优惠卡项目"和"已通过的项目"是指根据本条规定通过（因为该负责人与卫生部部长签订了合同）的处方药优惠卡项目。

（D）**协商价格**。"协商价格"的定义见第（e）款第（1）项第（A）目第（ⅱ）节的规定。

（E）**处方药卡负责人、负责人**。"处方药卡负责人"和"负责人"的定义见第（h）款第（1）项第（A）目的规定。

（F）**州**。"州"的定义参照第十九编的宗旨。

（G）**享有过渡时期援助的资格主体**。"享有过渡时期辅助的资格主体"的定义见第（b）款第（2）项的规定。

（b）**享有折扣卡以及过渡时期辅助的资格**。根据本条的宗旨：

（1）**享有优惠卡的资格主体**。

（A）**总则**。"享有优惠卡的资格主体"是指下列个人：（ⅰ）有权享有津贴，或者按照第 A 部分的规定加入，或者按照第 B 部分的规定加入；以及（ⅱ）根据第（4）项的规定，不是第（B）目规定的个人。

（B）**主体规定**。本目规定的主体是指根据第（A）目第（ⅰ）节的规定加入了第十九编规定的计划（或者因为满足上述条款的条件而享有第 1115 条规定的豁免）并且有权享有就第 1905 条第（a）款第（12）项规定的门诊处方药来说的任何医疗援助。

（2）**享有过渡时期援助的资格主体**。

（A）**总则**。根据第（B）目的规定，"享有过渡时期援助的资格主体"是指居住在 50 个州之中的任意一州或者哥伦比亚特区的个人，且该个人的收入［见第（f）款第（1）项第（B）目的规定］应当不超过贫困线的 135%［参见《社区服务固定拨款法》第 673 条第（2）项的定义，《美国法典》第 42 编第 9902 条第（2）项，包括上述条款的任何修订条款］，也适用于有关家庭规模的相关规定［见第（f）款第（1）项第（B）目的规定］。

（B）**享有某些处方药保险的个人除外**。上述术语不包括下列享受药物优惠卡中规定的任意保险、任意援助的个人：

（ⅰ）团体健康计划或者健康保险（上述术语的定义参见《公众健康服务法》第 2791 条的规定），除了根据第 C 部分计划规定的保险，也除了只包括期望津贴的保险（见上述条款的定义）。

（ⅱ）《美国法典》第 10 编第 55 章（与不享有统一服务的成员的医疗以及牙齿保健相关的规定）。

（ⅲ）《美国法典》第 5 编第 89 章规定的计划（与联邦雇员健康津贴项目相关的规定）。

（3）**特殊过渡性援助的资格主体**。"特殊过渡性援助的资格主体"是指那些个人收入［见第（f）款第（1）项第（B）目的规定］不超过贫困线［参见《社区服务固定拨款法》第 673 条第（2）款的定义］，《美国法典》第 42 编第 9902 条第（2）项的享有过渡时期援助的资格主体，同样的，也适用于家庭规模的相关规定［见第（f）款第（1）项第（B）目的规定］。

（4）**Medicaid 医疗援助享受者的待遇**。根据本条的宗旨，卫生部部长应当为个人制定合适的规则和治疗，上述个人为第 1902 条第（a）款第（10）项第（C）目规定的享有优惠卡的以及享有过渡时期辅助的资格主体。

（c）**加入以及加入费**。

（1）**加入程序**。卫生部部长应当依据下列规则制定程序，通过这一程序可以使得享有优惠卡的适合主体可以加入或者注销本条规定的已通过的优惠卡项目：

（A）**持续开放加入**。根据本项以及第（h）款第（9）项的宗旨，享有优惠卡的适合主体没有加入已通过的任何优惠卡项目并且居住在上述任何一州之内的，可以加入下列任一合规的优惠卡项目：（ⅰ）为全体州居民提供服务的；以及（ⅱ）在 2006 年 1 月 1 日之前，在卫生部部长规定的具体初始加入时间之内的任何时间开始的。

（B）**使用标准加入表格**。任何合规项目的加入只有填写完成卫生部部长具体制定的标准加入表格才能生效。每一个合规项目的负责人都应当向卫生部部长提交（按照卫生部部长具体规定的标准以及形式）完成加入表格的个人信息并且，同样的还要提供根据第（f）款所规定的与享有过渡时期辅助的资格主体的证明文件有关的信息。

（C）**只能加入一个程序**。

（ⅰ）**总则**。根据第（ⅱ）节和第（ⅲ）节的规定，享有优惠卡的资格主体只能加入一个本条规定的合规的优惠卡项目。

（ⅱ）**在 2005 年改变合规优惠卡项目的批准**。卫生部部长应当制定一个程序，改程序与每年的基本相似（并且相互协调），协调在 2004 年根据第 1851 条第（e）款第（3）项规定做出的选择，并且根据上述规定加入了合规优惠卡项目的享有优惠卡的资格主体到 2005 年可以改变其加入的已通过的项目。

（ⅲ）**例外的附加条款**。卫生部部长应当允许加入了合规优惠卡项目的个人改变其加入的项目，如果该个人改变了其居住地，使其超出了上述项目的服务区域以及卫生部部长可以规定的其他例外情形［考虑第 1851 条第（e）款第（4）项规定的特殊竞选时期的情形］。根据前款的规定，卫生部部长可以考虑改变居民设施（比如安放护理服务机构）或者加入或者注销第 C 部分规定的合规的计划，个人通过上述计划加入了一个合规项目可以视为例外情形。

（D）**注销**。

（ⅰ）**自愿**。个人可以在任何时候自愿注销其已经加入的合规优惠卡项目。就上述自愿注销的情形来说，个人不可以再加入另外的优惠卡项目，除非处于根据第（C）目第（ⅲ）节规定的卫生部部长承认的上述例外情形或者处于第（C）目第（ⅱ）节规定的年度协调加入时期。

（ⅱ）**非自愿**。如果上述个人没有支付按照项目规定的年度加入费，那么加入了合规的优惠卡项目且不享有过渡时期援助的个人可以由该项目的负责人注销。

（E）**适用于某些参保者的规则**。就加入了第 1851 条第（a）款第（2）项第（A）目规定的计划的享有优惠卡的资格主体来说，或者按照第 1876 条第（h）款规定偿还合理报销费用的组织［该组织同时也是提供合规优惠卡项目的组织者，个人可以加入该优惠卡项目且选择适用于第（h）款第（9）项第（B）目规定的特殊规则］来说，个人只能选择加入由上述负责人提供的唯一一个合规优惠卡项目。

（2）**加入费**。

（A）**总则**。根据本项的规定，处方药卡的负责人可以向加入了上述负责人提供的合规优惠卡项目的享有优惠卡的资格主体收取年度加入费。2004 年以及 2005 年的年度加入费都不应当作为该年的摊派部分。自 2005 年之后不应当有年度加入费。

（B）**数额**。根据第（A）目规定的可收取的任何年度加入费都不得超过 30 美元。

（C）**统一加入费**。处方药卡的负责人应当确保合规优惠卡项目的年度加入费（如果有的话）对所有加入了上述项目并且居住在该州内的享有优惠卡的资格主体来说都是一样的。

（D）**征收**。因加入已通过项目的应收取的年度加入费应当由项目的负责人征收。

（E）**为享有过渡时期援助的资格主体支付费用**。根据第（g）款第（1）项第（A）目的规定，向享有过渡时期援助的资格主体收取的加入费（如果有的话）应当由卫生部部长为了上述主体而支付。

（F）**州对加入费用进行的选择性支付**。

（ⅰ）**总则**。依据州协议的具体规定，卫生部部长应当制定一个协议，根据该协议的规定，州可以为部分或者全部未享有过渡时期援助的资格主体支付部分或者全部加入费。就上述协议的范围内的加入人来说，加入费应当直接由州政府支付给负责人。

（ⅱ）**Medicaid 医疗救助计划下非联邦可用匹配项**。第（1）项所描述的由州支出的加入费用不能作为第十九编和第二十一编下的以联邦配套费用为目的的州支出。

（G）**一年内项目加入的变化规则**。卫生部部长应当制定特殊规则，该特殊规则适用于为改变该年内加入的合规项目的享有优惠卡的适合主体进行年度加入费的支付。

（3）**优惠卡的发行**。合规优惠卡项目的处方药卡负责人应当按照卫生部部长具体规定的标准格式发行该卡，对于加入了上述项目的每一个享有优惠卡的适合主体来说，该卡可以作为加入的证据并且以协调的方式来确认负责人、项目以及根据本条规定的项目的宗旨规定的主体。

（4）**获得时期**。就加入了已通过项目的享有优惠卡的主体来说，获得上述合规项目规定的协商价格和过渡援助，如果有的话，该项目应当自卫生部部长具体规定之日起生效。

（d）**加入信息以及项目特征的适用条款**。

（1）**部长的职责**。

（A）**总则**。卫生部部长应当根据本款规定制定各项活动以向享有优惠卡的资格主体（以及预期的资格主体）广泛公布下列信息：（ⅰ）合规的优惠卡项目的加入信息；以及（ⅱ）本条规定的项目特征，包括如何获得过渡时期的援助。

（B）**促进知情选择**。为了促进对合规的处方药优惠卡项目做出知情选择，卫生部部长应当制定公布下列信息的规则：（ⅰ）比较年度加入费以及上述项目的其他特征，包括享有优惠卡的被保险药物的比较价格；以及（ⅱ）包括合规项目涉及的享有优惠卡优惠的保险药物的各类优惠信息的培训材料。根据第（ⅰ）节的规定，信息的公布应当在一定可操作性的程度上，与其他医疗保险教育信息的公布相互协调。

（C）**上述项目的初始加入日期的特殊规则**。从可操作的角度来讲，卫生部部长应当确保，通过第（A）目和第（B）目规定的活动，享有优惠卡的资格主体应当至少在第（c）款第（1）项第（A）目第（ⅱ）节规定的初始加入日期之前的 30 天获得上述信息。

（D）**医疗保险免费电话号码的使用**。卫生部部长应当制定下列规则：通过医疗保险免费电话号码 1 – 800 – 医疗照护来接收和回复与本条规定的项目以及已通过项目相关的咨询和投诉。

（2）**处方药卡负责人的职责**。

（A）**总则**。每一个提供已通过的优惠卡项目的处方药卡负责人应当使享有优惠卡的适合主体（通过网络或其他途径）获得卫生部部长确认的信息，对于加入合规优惠卡项目的上述主体来说是促进知情选择的必要信息，包括加入费以及向上述主体收取的享有优惠卡的被保险药物的协商价格的有关信息。

（B）**回复参保者的问题**。每一个提供合规优惠卡项目的负责人应当建立一个向加入了项目的优惠卡的资格主体就具体信息（比如协商价格以及项目规定的可获得的过渡时期援助金余额）的回复机制（包括长途免费电话号码）。负责人应当通知加入该项目的享有过渡期援助的资格主体如何获取上述长途免费电话号码，以便向其提供可获得的过渡期援助金的信息。

（C）**过渡性援助在点销售终端的余额信息**。每一个提供合规的优惠卡项目的负责人应当有一个机制以便参保者能够在销售终端就享有优惠卡保险药物获得第（g）款第（1）项第（B）目规定过渡时期援助金余额的相关信息（通过电子的形式或者通过电话）。

（3）**公开披露相同药物的制药价格**。

（A）**总则**。提供合规优惠卡项目的处方药卡负责人应当规定，分配享有优惠卡的被保险药物的药商应当通知加入了上述项目的享有优惠卡的资格主体。

（B）**通知时间**。

（i）**总则**。根据第（ii）节的规定，应当在购买上述药物时，或者，就邮件订购的分配药物的情况来说，在邮寄上述药物之时，提供第（A）目规定的信息。

（ii）**豁免条款**。根据卫生部部长的具体规定，卫生部部长可以免除第（i）节规定的上述情形。

（e）**优惠卡的特征**。

（1）**通过协商价格参保者的储蓄金**。

（A）**协商价格的获得**。

（ⅰ）**总则**。每一个提供合规优惠卡项目的处方药卡负责人应当向每一个加入了上述项目的享有优惠卡的适合主体，提供协商价格通道。

（ⅱ）**协商价格**。根据本条的宗旨，协商价格应当考虑协商价格的减让，比如说优惠，直接或间接的补贴、折扣，以及直接或间接的退还，对于在优惠卡中规定的被保险药物来说，还包含上述药物的任何配发费用。

（Ｂ）**保证药商通道**。每一个提供合规优惠卡项目的处方药卡负责人应当保证有足够多的药厂参与到该网络中来向参保者配发（除了仅邮件订购的）药物以保证能够在协商价格（与卫生部部长制定的规则相一致）下便利得到保险优惠卡药物。

（Ｃ）**禁止就法定服务收费**。

（ⅰ）**总则**。根据第（ⅱ）节的规定，处方药卡负责人（以及针对加入了上述负责人的已通过的优惠卡项目的享有优惠卡的资格主体，任一与负责人签订合同中涉及优惠卡保险药物的条款的药商）不可以针对负责人根据本条规定的任一项目或者服务向参保者收取任何费用。

（ⅱ）**解释**。第（ⅰ）节的规定不应当被解释为禁止：（Ⅰ）负责人收取年度保费（除了就享有过渡时期援助金的资格主体来说）；以及（Ⅱ）配发优惠卡保险药物的药商因配发这些药物而收取一定的费用（与协商价格相一致）并减去可获得的过渡期的援助金。

（Ｄ）**不适用医疗救助的最佳价格规则**。根据本条规定的合规优惠卡项目，与药品制造商就优惠卡保险药物的价格进行协商时应当（不管其他法律规定）不必考虑根据第 1927 条第（ｃ）款第（１）项第（Ｃ）目制定最佳价格的目的。

（２）**医疗失误及药物不良反应的减少**。每一个合规优惠卡项目应当实施和确立一个系统来减少医疗失误和药物不良反应的影响的概率，从而促进药物的利用。

（ｆ）**合规项目和过渡期援助的规范程序**。

（１）**确认**。

（Ａ）**程序**。确认一个人是否应享有优惠卡的资格主体或者享有过渡期援助的适合主体还是享有过渡期特殊援助的资格主体［见第（ｂ）款的定义］应当按照卫生部部长根据本款规定具体制定的程序进行。

（Ｂ）**收入以及家庭规模的确认**。根据本条的宗旨，卫生部部长应当定义"收入"和"家庭规模"并且应当具体制定确认上述规定的方式和日期。如果按照上述方法以规定日期之前的收入和家庭规模来确认收入和家庭规模，卫生部部长应当允许（是否通过复议程序或其他方式）那些因收入或者家庭规模的变化而不再是享有过渡期援助资格的个人以更近日期的收入或者家庭规模来进行确认。

（2）**过渡期援助的自证**。

（A）**总则**。根据第（1）项第（A）目规定的程序，希望获得本条规定的过渡期援助或过渡期特殊援助的资格待遇的个人（或者为了上述个人利益的其他资格主体）应当在第（c）款第（1）项第（B）目规定的加入表格（或者卫生部部长具体规定的类似表格）中以卫生部部长规定的简洁方式做出证明，并且辅以做伪证或者虚假陈述的惩罚，至于个人的收入、家庭规模，以及个人的处方药保险（如果有的话）则在与享有过渡期援助资格或过渡期特殊援助资格相关的范围之内。上述证明应视为同意核查第（3）项中规定的各自的资格。本款规定的证明应当根据已通过项目的内容在加入之前、之时或之后予以提供。

（B）**自证的处理**。在任何一个合规项目内，卫生部部长可以在整个加入期间对第（A）目规定的证明进行处理。上述证明用于证实第（3）项中规定的确认所涉及的个人是否是过渡期援助或过渡期特殊援助（依照具体情况）的资格主体。

（3）**核实**。

（A）**总则**。卫生部部长应当制定一套方法［包括使用模板以及使用第（B）目规定的信息］，用于核实意欲加入合规项目的以及提供第（2）项所规定证明个人具有该资格的证明。

（B）**信息规定**。本目规定的信息如下：

（ⅰ）**与医疗救助项目相关的信息**。第十九编规定的信息，以及根据卫生部部长与州政府之间的协商向卫生部部长提交以核实意欲加入合规项目的以及提供第（2）项规定的证明的个人的主体资格的信息。

（ⅱ）**社会保险信息**。卫生部部长根据其与社会保障委员会之间做出的协调，可获得的用于核实提供上述证明的个人的主体资格的财政信息。

（ⅲ）**财政部部长的信息**。财政部部长根据《1986年国内税收法》第6103条第（1）款第（19）项的规定可获得的用于核实提供上述证明的个人的主体资格的财政信息。

（C）**核实医疗救助项目的参保者**。

（ⅰ）**总则**。本条的任何规定都不得解释为禁止卫生部部长发现满足第（b）款第（2）项第（A）目条件的享有优惠卡的资格主体，如果上述主体在享有优惠卡的资格主体的名单之中并且根据第十九编加入［比如法定医疗保险受益人（QMBs），并且是指定的低收入医疗保险受益人（SLMBs），以及确定的法定主体（QI－1s）］的话。

（ⅱ）**核查信息的获得**。根据第十九编规定，作为联邦政府向州（50个州中的任意一个）或哥伦比亚地区提供资金来实施本款规定的条件，州政府应当按照卫生部部长规定的具体方式向卫生部部长提交信息以便卫生部部长确认第（b）款第（1）项第（B）目规定的主体或者享有过渡期援助的资格主体或者享有过渡期特殊援助的资格主体。

（4）**复议**。

（A）**总则**。卫生部部长应当制定一个程序，经第（2）项和第（3）项规定的证明和核实方式未能成为享有过渡期援助或者过渡期特殊援助的享有优惠卡的资格主体，可以通过上述程序请求对确认程序予以复议。

（B）**合同权利**。卫生部部长应请求实施第（A）目规定的复议时，应当签订合同。

（C）**告知结果**。经第（A）目规定的程序，应将复议结果告知给个人以及所涉及的处方药卡负责方。

（g）**过渡期援助**。

（1）**过渡期援助条款**。享有过渡期援助（根据本条规定进行确认）且加入了合规项目的主体有权：

（A）享有因加入项目而收取的第（c）款第（2）项规定任何年度保费的补偿；

（B）达到第（2）项规定的具体数额，根据上述已通过项目的90%（或者就享有过渡期特殊援助的资格主体来说95%）的购买项目下的优惠卡保险药物所花费的费用的补偿，上述花费还包括该项目下的药物的协商价格（如果有的话）。

（2）**金额限制**。

（A）**总则**。根据第（B）目的规定，对享有优惠卡的资格主体来说该节规定的具体数额：

（ⅰ）2004 年产生的费用是 600 美元；

（ⅱ）或者，2005 年产生的费用，是（Ⅰ）600 美元，加 32 美元，

（Ⅱ）除第（E）目的规定之外，本项规定的 2004 年个人可以获得的金额应当超过该个人根据第（1）项第（B）目的规定就 2004 年产生费用所享有的补偿金额。

（B）**分摊**。

（ⅰ）**总则**。就第（ⅱ）节中未规定的个人来说，在一年内，卫生部部长可以按照其具体规定的方式，根据第（A）目的规定分摊当年涉及的余额的具体金额。

（ⅱ）**规定的主体**。本节规定的主体是指下列享有过渡期援助的资格主体：（Ⅰ）就 2004 年来说，加入了合规项目，并且提交了第（f）款第（2）项规定的证明，在本条规定的项目初始实施期间之前；（Ⅱ）就 2005 年来说，在 2005 年 2 月 1 日之前加入了合规项目，并且提交了上述证明。

（C）**就改变加入项目中可获得的余额的说明**。就改变了个人加入的本条规定应当加入的优惠卡项目的享有优惠卡的资格主体来说，卫生部部长应当制定一个程序，为了上述个人的利益，卫生部部长可以通过这个程序根据本节的规定向个人加入的合规项目的负责人提供与该个人可获得的余额相关的信息。

（D）**基金使用的受限情况**。根据第（a）款第（2）项第（C）目的规定，就 2005 年 12 月 31 日之后配发的优惠卡保险药物来说，不应当享有第（1）项第（B）目规定的援助。

（E）**就自愿注销来说不允许发行新券偿还旧债**。除了卫生部部长规定的上述例外情形之外，就自愿注销合规计划的享有过渡期援助的资格主体来说，不适用于第（A）目第（ⅱ）节第（Ⅱ）次节的规定。

（3）**补偿**。卫生部部长应当规定向处方药卡负责人退还本款规定的补偿的方式。

（4）**共同保险的保险范围**。

（A）**药商允许撤销**。根据第 1128B 条第（b）款第（3）项第（G）目，本条的任何规定都不得被解释为禁止药商免除或者撤销第（1）项第（B）目规定的强制性共同保险的申请。

（B）**州政府对共同保险的选择性补偿**。

（ⅰ）**总则**。卫生部部长应当进行协调安排，据此州政府可以向第（1）项第（B）目中规定的部分或者全部共同保险中的该州内的部分或者全部参保者提供补偿，按照州政府根据协议做出的具体规定进行。就在上述补偿协调范围内的参保者来说，共同保险金应当由州政府直接支付给所涉药商。

（ⅱ）**医疗救助下非联邦政府匹配项**。第（ⅰ）节中的联邦支出的共同保险的金额不应被视为第十九编和第二十编中联邦政府匹配支付中的金额。

（ⅲ）**不应当被视为医疗保险的成本分摊的情况**。根据第 1905 条第（p）款第（3）项第（B）目的宗旨，第（1）项第（B）目规定的共同保险不应当被视为该编下的共同保险。

（C）**共同保险的处理**。第（1）项第（B）目规定的任何强制性共同保险金额，依据该项规定，不管是补偿还是免除，都不应当参考适用于第（2）项规定的金额限制规定。

（5）**确保居住在长期护理机构的法定居民以及美国印第安人能够获得过渡期援助**。

（A）**居住长期护理机构的法定居民**。为了确保居住在长期护理机构的享有过渡期援助的资格主体能够获得过渡期援助，卫生部部长应当制定程序并且可以撤销本条中所列的关于与负责人协商药商提供长期照护机构的药品的一些必要条件。

（B）**美国印第安人**。为了提供过渡期援助，卫生部部长应当制定程序并且撤销本条规定的条件，以确保印第安人健康服务机构控制的药商、印第安部落和部落组织，以及城镇印第安人组织（见《印第安人健康医疗促进法》第 4 条的定义）有机会参与到上述药商实际经营的范围内至少 2 个已通过项目的药商网络，上述经营范围在 50 个州之中的任意一个州以及哥伦比亚特区。

（6）**不影响其他项目下的津贴**。根据本条规定获得的协商价格或者过渡期援助不应当被视为津贴或者其他联邦项目中规定的决定个人资格的方式或者津贴数额。

（7）**第 C 部分宗旨的不适用情况**。因实施本条规定而导致津贴的不统一（包括过渡期援助的规定和非过渡期援助的规定以及本节规定的对参保费的补偿或者免除）不应当参考适用于第 1854 条第（f）款的规定。

（h）**处方药卡负责人的资格认证以及优惠卡项目的批准、受益人保护**。

（1）**处方药卡负责人和资格认证**。

（A）**处方药卡负责人的定义**。根据本条的宗旨，"处方药卡负责人"和"负责人"是指卫生部部长认为适合提供本条规定的合规优惠卡项目的任一非政府组织，包括：

（ⅰ）制药津贴管理公司；

（ⅱ）配售系统的批发或零售药商；

（ⅲ）保险公司（包括根据第1882条的规定提供附加医疗保险的保险公司）；

（ⅳ）提供第C部分计划的组织；

（ⅴ）或者，第（ⅰ）节规定与第（ⅳ）节规定的组织的合并体。

（B）**行政管理资格认证**。每个合规优惠卡项目应当直接操作，或者通过与有分支机构的组织（或者多个组织）之间的协调安排，由一个或者多个证明其具有能够操作上述项目或者类似项目的经验和专门技术的组织进行，并且上述组织应当满足卫生部部长规定的关于商业稳定性和完整性的条件。

（C）**对过渡期援助的说明**。合规优惠卡项目的负责人应当做出符合卫生部部长要求的安排来说明依据第（g）款规定的对享有过渡期援助的资格主体所提供的援助。

（2）**合规项目的申请程序**。

（A）**提交**。每一个想要获得批准关于本条规定的处方药优惠卡项目的处方药卡负责人应当向卫生部部长提交申请，在上述时间按照卫生部部长规定的上述方式，申请应包括卫生部部长要求的上述信息。

（B）**批准、符合可适用条件**。卫生部部长应当对根据第（A）目的规定提交的申请进行审查并且应当决定是否批准处方药优惠卡项目。卫生部部长不应当批准这一项目，除非：

（ⅰ）项目以及提供项目的处方药卡负责人符合本条规定的可适用条件；

（ⅱ）该负责人已经与卫生部部长签订了合同来实施上述条件。

（C）**合规效力以及合同的终止**。第（B）目规定的合规项目的合规效力以及合同应当在本条规定的项目期间一直持续［包括适用第（a）款第（2）项第（C）目第（ⅱ）节的任何辅助］，除非卫生部部长警告或诉讼（见卫生部部长的定义），终止上述合规效力和合同。

（D）**确保项目的选择**。

（ⅰ）**总则**。卫生部部长应当确保每一个享有优惠卡的资格主体能够获得至少两个合规项目（每一个由不同的负责人提供）的选择。

（ⅱ）**数目限制**。卫生部部长可以限制（但是不能低于两个）一州之内的依据该节所授予合同的负责人数目。

（3）**服务区域遍布全州**。除第（9）项的规定之外，如果提供合规项目的处方药卡负责人在项目中加入了居住在州内任一部分的主体的话，负责人必须允许居住在该州其他部分的享有优惠卡的资格主体加入该项目。

（4）**医疗保险受益人的储蓄金**。每一个提供合规项目的处方药卡负责人应当按照第（ⅰ）节第（Ⅰ）次节所规定的披露程度将优惠卡保险药物的协商价格告知加入上述项目的享有优惠卡的资格主体，包括与药商以及制造商协商的优惠。

（5）**投诉机制**。每一个处方药卡负责人应当提供有实际意义的程序，按照与第1852条第（f）款规定的相类似的方式听取和解决负责人与加入了负责人提供的合规的优惠卡项目的参保人的投诉。

（6）**参保人记录的保密性**。

（A）**总则**。根据本条规定的项目的宗旨，根据可适用的第十一编第C部分的宗旨以及此后制定的所有行政法规的规定，合规项目的运作是保险机制，处方药卡负责人是保险组织。上述颁布的行政法规包括依据《1996年健康保险流通和责任法》［参见《美国法典》第42编第1320d条］第264条第（c）款规定的卫生部部长有权做出的规则（与隐私有关）。

（B）**免除权**。为了促进负责人参与到本节规定的项目中来，卫生部部长可以参照第（A）目的规定免除上述与隐私有关的相关法律规章，例如由卫生部部长规定的合理的限制期。

（7）**限制条款以及产品和服务的市场化**。合规项目的负责人：

（A）根据项目可提供：（ⅰ）一项产品或者服务只要该项产品或者服务是与优惠卡保险药物直接相关的；或者（ⅱ）非处方药的优惠价格。

（B）可以在一定程度上根据第（6）项规定的可允许的其他方式（参照适用HIPAA的条件），在市场上销售项目规定的一项产品或者服务只要该产品或者服务是直接关于：（ⅰ）优惠卡保险药物；或者（ⅱ）第（A）目第（ⅱ）节中所规定的药物并且该交易包含就所涉药物可获得优惠价格的信息。

（8）**附加保护**。每一个合规的优惠卡项目都应当满足卫生部部长为保护和促进享有优惠卡的资格主体的利益而规定的下列附加条件，包括：确保加入了合规优惠卡项目的享有优惠卡的资格主体不被收取超过低于协商价格的药价或者收取超过规定价格的药价。

（9）**适用于特定组织的特殊规则**。

（A）**总则**。就提供了第 C 部分规定的计划或者加入了第 1876 条第（h）款规定的合理费用补偿合同的组织来说，且该组织致力于成为本条所规定的处方药保险卡的负责人。该组织适用于特殊规则，该规则基于第（B）目中能为参保者提供第 1851 条第（a）款第（2）项第（A）目规定的任一计划或者基于该合同和合规优惠卡项目其能为参保者提供的任一计划但是除非它限制加入了上述计划或者合同的主体去加入上述项目。

（B）**特殊规则**。本目规定的特殊规则是指下列：

（ⅰ）**限制加入**。如果合规优惠卡项目中的合规优惠卡主体已经加入了第 C 部分计划或者是合理药费补偿合同中到享受者，那么合规优惠卡项目的负责人限制该类主体加入，并且该项目不要求也不允许加入其他主体。

（ⅱ）**药商通道**。如果药商通道通过药商网络可以获得（并且不仅通过邮件订购）并且负责人使用的网络是经过卫生部部长批准的，那么就视其为已满足了第（e）款第（1）项第（B）目规定的药商通道的要件。

（ⅲ）**负责人要件**。当卫生部部长认为要件是重复的或者与第 C 部分或第 1876 条规定的组织要件相互冲突或者对于促进本节与上述部分或者条款规定的津贴相协调来说是必需的。卫生部部长可以豁免负责人要件的上述要件的申请。

（i）**披露和监督**。

（1）**披露**。每一个提供合规项目的处方药卡负责人应当向卫生部部长（按照卫生部部长规定的具体方式）披露下列相关信息：项目实施，加入了项目的享有优惠卡的资格主体对处方药的使用，组织可获得的第（e）款第（1）项第（A）目第（ⅱ）节规定的通过制造商、加入人、药商或者其他途径的协商价格的减让程度，以及卫生部部长规定的其他相关信息。药物价格数据报告应当适用于第 1927 条第（b）款第（3）项第（D）目以前的规定（除了合计形式的数据）。

（2）**监督、审计和检查权**。为确保项目负责人遵守合规优惠卡项目以及本节规定的要件，卫生部部长应当进行适当的监督。卫生部部长有权审计和检查处方药优惠卡负责人［并且有分支机构的组织参照第（h）款第（1）项第（B）目的规定］的任何属于本条的合规优惠卡项目的账册和记录，以及本节规定的可补偿给负责人的金额。

（3）**错误行为的处罚**。如果卫生部部长认定负责人或者项目不再满足本条的适用要件或者负责人从事了虚假的或者误导的市场行为的话，卫生部部长可以执行过渡期处罚或者根据本节规定取消负责人提供的合规项目。卫生部部长可对负责人课以不超过1万美元的民事罚金以引导一方知晓或者应该知道违反本条的结果。第1128A条［除第（a）款和第（b）款以及第（f）款的第二句之外］应适用于前款规定的民事罚金，并且前款以相同的方式适用于罚金或者第1128A条第（a）款规定的诉讼程序。

（j）**地域范围的处理**。

（1）**总则**。就某一区域（不是50个州和哥伦比亚特区）的某一居民（除了50个州和哥伦比亚特区）来说，在卫生部部长认定必须确保享有优惠卡的资格主体能够获得协商价格的范围之内的［或者根据卫生部部长的选择，第（b）款第（1）项第（A）目的第（ⅱ）节规定的主体］，卫生部部长可以豁免本条的任何规定［包括第（h）款第（2）项第（D）目］。

（2）**过渡期援助**。

（A）**总则**。就除50州和哥伦比亚特区之外的区域来说，如果该区域制订了第（B）目规定的计划［根据处方药规定向该州符合第（B）目第（ⅰ）节的部分或者全部居民提供过渡期援助］，卫生部部长应当在本节规定的运作日期向州政府支付全部金额，该金额等于第（C）目规定的应分配给该地区的数额。

（B）**计划**。本目规定的计划是指：

（ⅰ）根据享有优惠卡的被保险药物的规定向享有第A部分规定的津贴或者加入第B部分居住在该州的，并且个人收入在低于贫困线135%以下的个人提供部分或全部过渡期援助；

（ⅱ）确保州政府根据本节规定收到的补偿金只用于上述援助。

（C）**配额限制**。本目规定的向该州支付的金额为3500万美元乘以下列比率（见卫生部部长的规定）：

（ⅰ）截至 2007 年 7 月 1 日，享有第 A 部分规定的津贴或者加入第 B 部分的且居住在该州（由卫生部部长在 2003 年 7 月 1 日进行认定）的人数；

（ⅱ）本项规定的所有州的上述主体的总数。

（D）**基金的可持续性**。为了实施第 1935 条第（e）款的目的，根据本项规定，所属一州但未使用的基金应该划拨入该州可使用基金的数额中。

（k）**筹资**。

（1）**设立过渡期援助基金账户**。

（A）**总则**。根据第 1841 条设立的联邦医疗附加保险信托基金创建"过渡期援助基金账户"（在本款中指"账户"）。

（B）**基金**。账户由第 201 条第（ⅰ）款第（1）项规定的赠予和遗赠组成，增加账户余额的利息，并且上述数额可根据本部分的规定存入或者划拨进入此类账户。

（C）**与其他信托基金相分离**。本款规定的基金账户应当与联邦附加医疗保险信托基金中的其他基金相分离，但是应当以与其他信托基金相同的方式进行投资和补偿。

（2）**账户支付**。

（A）**总则**。信托管理人应当时常通过账户支付过渡期援助支付的数额，该数额是卫生部部长认为必须支付的。

（B）**有关第 B 部分保费的处理**。账户支付的数额不考虑计算准确率或者第 1839 条规定的保费数额。

（3）**划拨以支付津贴**。财政年度内账户中的应有基金数额（不包括财政部中的资金）应该等于该账户在一年内所支付的数额。

（4）**支付行政费用**。授权账户划拨给卫生部部长为实施本节规定的职责所必需的上述金额。

（5）**将余额划拨到医疗保险处方药账户**。自卫生部部长确认对于实施本条规定来说账户基金不再必需之后，账户内的任何余额都应当划拨并存入第 1860D - 16 条规定的医疗保险处方药。

（6）**解释**。本条的任何规定都不得被解释为授权卫生部部长应当补偿〔除按照第（g）款第（1）项第（A）目的规定为了享有过渡期援助的资格主体利益补偿的加入费用之外〕负责人为实施本条规定〔包括根据第（f）款和第（g）款的规定对过渡时期援助进行管理〕所产生的行政费用。

第5子部分　定义及各种规定

定义、参照第C部分规定进行处理

第1860D-41条【《美国法典》第42编第1395w—151条】（a）定义。根据本部分的宗旨：

（1）**基础处方药保险**。"基础处方药保险"的定义参见第1860D-2条第（a）款第（3）项的规定。

（2）**第D部分保险药物**。"第D部分保险药物"的定义参见第1860D-2条第（e）款的规定。

（3）**可信赖的处方药保险**。"可信赖的处方药保险"的定义参见第1860D-13条第（b）款第（4）项规定的上述术语的含义。

（4）**第D部分的资格主体**。"第D部分的资格主体"的定义参见第1860D-1条第（a）款第（4）项第（A）目规定的上述术语的含义。

（5）**可撤回的处方药计划**。"可撤回的处方药计划"的定义参见第1860D-11条第（g）款第（4）项规定的上述术语的含义。

（6）**初始保险范围的限制**。"初始保险范围的限制"是指第1860D-2条第（b）款第（3）项规定的限制，或者就非标准处方药保险的保险范围来说，保险范围应规定同等限制（如果有的话）。

（7）**保险风险**。"保险风险"是指，就参加保险的药商来说，风险类别通常只能由州政府颁发执照的保险公司制定并且不包括设计出来的由药商控制的以劳动或表现为依据计算的各种金额的支付，比如说，依存性或者通用要的替代品。

（8）**MA计划**。"MA计划"的定义参见第1860D-1条第（a）款第（4）项第（B）目规定的上述术语的含义。

（9）**MA-PD计划**。"MA-PD计划"的定义参见第1860D-1条第（a）款第（4）项第（C）目规定的上述术语的含义。

（10）**医疗处方药保险账户**。"医疗处方药保险账户"是指根据第1860D-16条第（a）款创建的账户。

（11）**PDP已批准的报价**。"PDP已批准的报价"的定义参见第

1860D－13 条第（a）款第（6）项规定的上述术语的含义。

（12）**PDP 区域**。"PDP 区域"是指第 1860D－11 条第（a）款第（2）项规定的区域。

（13）**PDP 供应商**。"PDP 供应商"是指经证实满足本部分规定的负责人应具备的条件和标准的非政府组织。

（14）**处方药计划**。"处方药计划"是指已提供的处方药保险：

（A）根据政策、合同，或者根据第 1860D－11 条第（e）款的规定已批准的计划；

（B）由负责人遵守或者根据卫生部部长与负责人按照第 1860D－12 条第（b）款的规定签订的合同提供。

（15）**法定处方药保险**。"法定处方药保险"的定义参见第 1860D－2 条第（a）款第（1）项的规定。

（16）**标准处方药保险**。"标准处方药保险"的定义参见第 1860D－2 条第（b）款的规定。

（17）**州制药援助项目**。"州制药援助项目"的定义参见第 1860D－23 条第（b）款规定的上述术语的含义。

（18）**享有补贴的资格主体**。"享有补贴的资格主体"的定义参加第 1860D－14 条第（a）款第（3）项第（A）目规定的上述术语的含义。

（b）**第 C 部分的规定适用于本部分**。根据第 C 部分的规定适用于本部分的宗旨，本部分另有规定除外，下列条款适用于处方药计划以及 PDP 供应商：

（1）处方药计划可以参照适用 MA 计划的任一参照规则；

（2）PDP 供应商可以参照适用于 MA 组织或者供应者赞助组织的任一参照规则；

（3）第 1860D－12 条第（b）款规定的合同可以参照适用于第 1857 条规定的合同的任一参照规则；

（4）本部分可以参照适用于第 C 部分的规则；

（5）第 1860D－1 条规定的加入期间可以参照适用于第 1851 条规定的选举期间规则的任一参照规则。

各种规定

第 1860D－42 条【《美国法典》第 42 编第 1395w—152 条】（a）在

一定范围内获得保险。卫生部部长可以豁免本部分的上述规定，包括第1860D－3条第（a）款第（1）项，在卫生部部长认定必须如此才能保证居住在某一地区内的（除 50 个州和哥伦比亚特区之外）第 D 部分资格主体获得法定处方药保险的情况下。

（b）**证明权的适用条款**。《1967 年社会保障法修正案》（《公法》第90－428 期）第 402 条规定适用于本部分以及第 C 部分，并且以同样的方式适用于第 A 部分、第 B 部分，但信托基金参照适用的与本部分规定的处方药保险相关的实验和证明计划的规则应当被视为联邦附加处方药保险信托基金中的医疗处方药保险账户的参照规则除外。

后　记

　　20 世纪 90 年代初，中国开始构建社会保障制度。经过七八年的努力，到 20 世纪末 21 世纪初，社会保障制度经历了一个政策密集发布和制度快速建设的历史时期，各项社会保障制度逐步建立起来。进入 21 世纪以来，社会保障制度建设进入快速成长期。截至目前，中国已经建立起覆盖人数和支付规模相当可观的社会保障制度，取得了令世人瞩目的伟大成就。但总体来看，中国社会保障制度相关法律体系仍需要不断完善和调整，亟须借鉴国外一些国家社会保障法律法规作为参考。

　　2009 年 12 月，中国社会科学院世界社保研究中心受中华人民共和国人力资源和社会保障部基金监督司（现中华人民共和国人力资源和社会保障部社会保险基金监督局）委托，牵头分别组建了中国社会科学院世界社保研究中心项目组和中国政法大学项目组，共同完成了部分国家的社会保障法律的翻译工作。此后的半年多时间里，在人力资源和社会保障部基金监督司的领导下，两个项目组共十余人，多次开展交流活动，密切合作，互通有无，团队成员付出极大的努力，初译了筛选的相关国家社会保障法律文件。后期又通过几次封闭式研讨，对中英文逐句对照校对，规范了大量的法律词汇和社会保障专业词汇，最终翻译国外社会保障法律共16 部。但由于经费等原因，这些翻译稿件一直没有公开出版发行。

　　几年来，中国社会科学院世界社保研究中心越来越认识到，了解和借鉴国外社会保障法律法规具有极大的理论和现实意义。因此，2015 年 7 月再次启动该项工作，增选翻译了多部经典的国外社会保障法律并顺利完成。对本译丛的出版起关键性推动作用的是，2015 年 4 月在北京郊区开会时得到了中国社会科学院科研局局长马援同志的支持，从而纳入中国社会科学院创新工程学术出版资助项目之中，获得近百万元的资助，使这套几百万字的译丛"起死回生"。从那时到现在，两年多时间过去了，终于迎来了付梓面世的这一刻。应该说，20世纪建立社会保障制度至今尚未有专业翻译出版的国外社会保障法律的丛书，这套译丛的出版填补了这一空白。为此，对中国社会科学院的支持、对马援局长的伯乐精神表示衷心感谢！

本译丛的出版历时两期、跨度长达8年，如今能够顺利出版发行，实属不易。这不仅是翻译团队成员努力的结果，与政府、学界和企业界等各方的大力支持也分不开。

其一，要感谢中华人民共和国人力资源和社会保障部原副部长、中国社会保险学会会长胡晓义先生的支持和指导，是他在2009年催生了这个宏大的翻译项目。还要感谢人力资源和社会保障部基金监督司原司长陈良先生，在他的直接指导下，这个项目才得以集中社会力量进入实际操作层面。另外，还要重点感谢基金监督司林志超处长，他在2009年启动的第一期翻译工作时，多次亲自组织团队成员进行封闭式研讨，并提出了很多建设性意见；在此期间，翻译团队还得到了胡玉玮和肖宏振等专业人士的大量建议，这些都为第二期翻译工作的顺利开展奠定了坚实的基础。

其二，要感谢中国证券投资基金业协会的支持。由于这套译丛是开放式的，不断增加新的翻译内容就意味着需要不断地增加出版经费。在中国证券投资基金业协会的倡议和资助下，增加了新的法律文件翻译，为此，这里要感谢洪磊会长和钟蓉萨副会长的支持，钟蓉萨副会长还在百忙中多次询问这个项目的进展情况。黄钊蓬、靳珂语、胡俊英和姚竣曦等其他同志都积极参与了翻译和出版的协调工作，为此，他们付出了大量汗水。

其三，要感谢中国社会科学出版社赵剑英社长的支持。重大项目出版中心王茵主任多次抽出宝贵时间参加翻译合同的草拟和协调工作，为本译丛的顺利出版花费了大量时间。重大项目出版中心王衡女士，作为主要协调人和责任编辑，与译丛出版所涉及的多个单位和部门做了大量沟通工作，使得出版工作顺利开展。

其四，要感谢中国政法大学的胡继晔教授的热情参与和敬业精神。胡继晔教授既是社会保障专家，在法律研究上也颇有造诣，与他合作，使得整个翻译团队工作效率更高，水平大幅提升。在他的指导下，中国政法大学项目组所有成员保质保量的完成了大量翻译工作，为出版工作争取了宝贵时间。

其五，感谢西北大学的校译团队，他们的教学和学习任务重，却欣然承担了《美国社会保障法》三卷 200 多万字的校译工作，专业又高效。这支团队由西北大学公共管理学院社会保障学系系主任许琳教授率领，唐丽娜副教授负责，成员有朱楠副教授、杨波老师，以及硕士研究生高静瑶、贺文博、杨娜和赵思凡。感谢校译者们的辛勤付出。

最后，还要感谢中国社会科学院世界社保研究中心团队的诸多同事。从 2009 年开始，中心副秘书长齐传钧博士就一直负责这个项目的组织和联络工作，后来，张盈华博士也加入进来。房连泉博士和高庆波博士等为这个项目也做出了很多努力，包括董玉齐和闫江两位同志。因此，对中国社会科学院拉丁美洲研究所和中国社会科学院美国研究所的支持表示感谢，同时也要感谢拉美所的吴白乙和王立峰两位老同事，以及美国所的孙海泉、郭红和陈宪奎等同事。

这套译丛是开放式的，目前出版了六卷，即将出版的还有两卷德国的社会保障法律。之后，这套译丛将不断"扩容"，尤其那些具有重要意义的社会保障法律，欢迎业内同行踊跃推荐。愿这套译丛成为中国社会保障工作者案头的一部重要工具书。

翻译社会保障法律不仅需要较高的外语翻译水平，还需要具有社会保障专业知识和法律知识，所有这些对翻译者和校对者都是极大的挑战和考验。因此，尽管所有参与者付出了极大的艰辛和努力，但由于时间、水平和理解等诸多方面的原因，本译丛中存在的错误、遗漏和不当之处在所难免，敬请读者批评指正。

郑秉文

中国社会科学院世界社保研究中心主任

中国社会科学院美国研究所所长

2017 年 6 月 12 日